石油和化工行业“十四五”规划教材

物理化学

（简明版）

广东工业大学物理化学课程组　主编

化学工业出版社

·北京·

内容简介

《物理化学》（简明版）是根据工科物理化学课程教学基本要求编写的，是一本面向工科类各专业本科物理化学课程的简明教材，全书共10章，包括气体状态方程、热力学第一定律及应用、热力学第二定律及应用、多组分系统热力学、化学平衡、相平衡、电化学、表面化学、化学动力学、胶体化学。本书强调工科特色，注重理论应用，除系统地阐述了物理化学的基本概念和基本理论外，还在相关章节介绍了物理化学理论与工程技术问题相结合的内容。

本书可作为高等学校工科类各专业本科物理化学课程教材，也可供广大工程技术人员参考。

图书在版编目（CIP）数据

物理化学 / 广东工业大学物理化学课程组主编. 北京 : 化学工业出版社, 2025. 7. --（石油和化工行业“十四五”规划教材）. -- ISBN 978-7-122-47596-1

Ⅰ. O64

中国国家版本馆CIP数据核字第2025889S7V号

责任编辑：李 琰　　文字编辑：杨玉倩
责任校对：李露洁　　装帧设计：关 飞

出版发行：化学工业出版社（北京市东城区青年湖南街13号　邮政编码100011）
印　　装：三河市航远印刷有限公司
787mm×1092mm　1/16　印张25½　字数630千字　2025年7月北京第1版第1次印刷

购书咨询：010-64518888　　售后服务：010-64518899
网　　址：http://www.cip.com.cn
凡购买本书，如有缺损质量问题，本社销售中心负责调换。

定　　价：59.80元

前言

物理化学是化学学科的一个重要分支，以物理的原理和技术来研究化学体系的性质及行为，建立化学体系中最基本的规律和理论。经典物理化学的核心是化学热力学和化学动力学。

物理化学是化学、化工、应用化学、食品、能源、材料、环境、生物等专业学生的一门基础理论课程。本课程通过课堂讲授、习题答疑、物理化学实验三环节，使学生掌握物理化学的基本概念及计算方法，同时训练学生掌握基本的科学实验方法，培养学习能力、科学思维能力，并为学生开展科学研究提供初步的基础知识，为今后从事化工类相关的科学实验研究打下坚实的基础。

本书的特色是把专业教育与思政教育相结合，切实提高学生思想政治素养和专业学术水平。物理化学是基于物质的物理现象和化学变化的联系，研究物质在化学过程中基本规律的一门科学，是研究化学学科中的原理和方法、体系行为的最一般规律和理论的学科。理论化、系统化是其核心特征，化学过程的本质及规律蕴含着深刻的哲学辩证思维，即事物的普遍性与特殊性、主要矛盾和次要矛盾及质变与量变等。因此，通过物理化学课程的教学，引导学生形成辩证思维，用理论联系实际的方法对物理化学知识点进行思考和理解，运用所学理论解释现象、解决实际问题；学会透过现象看本质，在学习中领会物理化学解决实际问题的科学方法；在知行统一中提高学生利用马克思主义立场、观点、方法分析问题、解决问题的能力。

物理化学的概念、理论过于抽象，在其推导过程中往往使用理想化的方法，通过对复杂问题进行必要的抽象化，从而建立相应的理论模型及理论体系。基于马克思主义哲学原理中普遍性与特殊性以及主-次要矛盾关系的原理，可知所学概念、理论往往都是从客观实际中概括、归纳出来的，学习时如能时刻联系客观现象进行思考、推理，运用所学理论解释客观现象，创造性地解决实际问题，就会对理论的实质产生更深一层的认识。

本书坚持以结果为导向的教学理念，根据物理化学课程的特点，构思教学实践的操作方式。物理化学最鲜明的特点是用物理的方法解决化学的问题，并且用数学语言来表达化学的思想。因此，教学导入可以从日常现象描述展开，把常看到的现象用物理化学术语进行规范，即给出定义。教学导入也可以针对现象引发思考：为什么会出现这种现象？背后的原因是什么？通过给出相应的演示视频，开启问题分析过程，建立相应模型，把化学思想转变为数学表达。

本书由广东工业大学物理化学课程组编写，由潘湛昌、胡光辉、李垒、李成超等统稿、定稿。

教材编写过程得到广东工业大学教务处的支持和轻工化工学院主管教学副院长郑育英教授的关心、鼓励，对他们表示感谢；感谢化学工业出版社的热情支持，使本教材得以顺利出版。

在本书的编写过程中，参阅了国内外有关院校所编的同类教材，从中借鉴了某些内容，在此，编者特致谢意。

由于编者水平有限，书中不足之处难以避免，诚恳希望广大读者批评指正。

编者

2024 年 12 月

目录

绪论 ————————————————————————————————— / 001

第 1 章 气体状态方程 ————————————————————— / 004

1.1 理想气体 / 004
    1.1.1 理想气体状态方程 / 004
    1.1.2 摩尔气体常数 / 005
    1.1.3 理想气体模型 / 006
1.2 理想气体混合物 / 007
    1.2.1 混合物的组成 / 007
    1.2.2 理想气体状态方程对理想气体混合物的应用 / 008
    1.2.3 道尔顿分压定律 / 009
    1.2.4 阿马加分体积定律 / 010
1.3 气体的液化及临界参数 / 010
    1.3.1 液体饱和蒸气压 / 010
    1.3.2 临界参数 / 012
    1.3.3 真实气体的 p-V_m 图及气体的液化 / 012
1.4 真实气体状态方程 / 013
    1.4.1 范德华方程 / 014
    1.4.2 位力方程 / 015
1.5 对应状态原理与普遍化压缩因子图 / 015
    1.5.1 压缩因子 / 016
    1.5.2 对应状态原理 / 017
习题 / 019

第 2 章 热力学第一定律及其应用 ————————————— / 021

2.1 热力学基本概念 / 022

2.1.1　系统和环境　　　　　　　　　　　　　　/ 022

2.1.2　状态和状态函数　　　　　　　　　　　　/ 023

2.1.3　过程和途径　　　　　　　　　　　　　　/ 024

2.2　热力学第一定律　　　　　　　　　　　　　　/ 024

2.2.1　功　　　　　　　　　　　　　　　　　　/ 024

2.2.2　热　　　　　　　　　　　　　　　　　　/ 027

2.2.3　内能　　　　　　　　　　　　　　　　　/ 028

2.2.4　热力学第一定律的文字表述及数学表达式　　/ 028

2.3　恒容热、恒压热　　　　　　　　　　　　　　/ 030

2.3.1　恒容热（Q_V）　　　　　　　　　　　　/ 030

2.3.2　恒压热（Q_p）　　　　　　　　　　　　/ 030

2.3.3　$Q_V = \Delta U$ 与 $Q_p = \Delta H$ 的意义　　　/ 031

2.4　热容、绝热过程与过程方程　　　　　　　　　/ 032

2.4.1　热容　　　　　　　　　　　　　　　　　/ 032

2.4.2　绝热过程和过程方程　　　　　　　　　　/ 035

2.5　相变过程　　　　　　　　　　　　　　　　　/ 040

2.5.1　可逆相变　　　　　　　　　　　　　　　/ 040

2.5.2　不可逆相变　　　　　　　　　　　　　　/ 040

2.5.3　相变焓随温度的变化　　　　　　　　　　/ 040

2.6　化学反应焓　　　　　　　　　　　　　　　　/ 042

2.6.1　反应进度　　　　　　　　　　　　　　　/ 042

2.6.2　反应焓变　　　　　　　　　　　　　　　/ 043

2.6.3　$Q_{p,m}$ 与 $Q_{V,m}$ 的关系　　　　　　　/ 044

2.7　焓的计算　　　　　　　　　　　　　　　　　/ 045

2.7.1　由生成焓计算反应焓　　　　　　　　　　/ 045

2.7.2　由燃烧焓计算反应焓　　　　　　　　　　/ 046

2.7.3　离子标准摩尔生成焓的计算　　　　　　　/ 046

2.7.4　由燃烧焓间接计算生成焓　　　　　　　　/ 047

2.8　基尔霍夫公式及最高温度计算　　　　　　　　/ 047

2.8.1　基尔霍夫公式　　　　　　　　　　　　　/ 047

2.8.2　爆炸反应的最高温度　　　　　　　　　　/ 049

习题　　　　　　　　　　　　　　　　　　　　　/ 052

第 3 章　热力学第二定律及应用　　　　　　　/057

3.1　引言　　　　　　　　　　　　　　　　　　　/ 057

3.2　卡诺循环　　　　　　　　　　　　　　　　　/ 058

3.3 热力学第二定律 / 060
3.3.1 自发过程 / 061
3.3.2 热力学第二定律的文字表述 / 062
3.4 卡诺定理与熵 / 063
3.4.1 卡诺定理 / 063
3.4.2 卡诺定理的推论 / 065
3.5 熵与克劳修斯不等式 / 066
3.5.1 熵的导出 / 066
3.5.2 熵的物理意义 / 067
3.5.3 克劳修斯不等式 / 067
3.5.4 熵判据——熵增原理 / 068
3.6 熵变的计算 / 069
3.6.1 环境熵变的计算 / 069
3.6.2 系统熵变的计算 / 070
3.6.3 理想气体 pVT 变化过程熵变的计算 / 072
3.7 相变过程熵变的计算 / 074
3.7.1 可逆相变 / 075
3.7.2 不可逆相变 / 075
3.8 热力学第三定律和化学变化过程熵变的计算 / 077
3.8.1 能斯特热定理 / 078
3.8.2 热力学第三定律 / 079
3.8.3 规定熵和标准熵 / 079
3.9 亥姆霍兹函数和吉布斯函数 / 082
3.9.1 亥姆霍兹函数 / 082
3.9.2 吉布斯函数 / 083
3.10 等温过程ΔA和ΔG的计算 / 085
3.11 热力学基本方程 / 086
3.11.1 热力学基本方程 / 086
3.11.2 由热力学基本方程计算物质 pVT 变化过程的ΔA、ΔG / 087
3.12 麦克斯韦关系式及其应用 / 090
3.12.1 麦克斯韦关系式 / 090
3.12.2 麦克斯韦关系式的应用 / 091
3.13 吉布斯-亥姆霍兹方程 / 096
3.14 热力学对单组分体系的应用 / 097
3.14.1 克拉佩龙方程 / 098
3.14.2 克劳修斯-克拉佩龙方程 / 099
3.14.3 特鲁顿规则 / 101
3.14.4 外压对液体饱和蒸气压的影响 / 101

习题 / 103

第 4 章　多组分系统热力学 / 111

4.1　偏摩尔量 / 111

4.1.1　偏摩尔量的提出 / 111
4.1.2　偏摩尔量的定义 / 113
4.1.3　偏摩尔量的测定 / 114
4.1.4　偏摩尔量与摩尔量的差别 / 115
4.1.5　吉布斯-杜亥姆方程 / 116
4.1.6　偏摩尔量之间的函数关系 / 116
4.1.7　偏摩尔量的求解 / 116

4.2　化学势 / 118

4.2.1　多组分单相系统的热力学公式 / 118
4.2.2　多组分多相系统的热力学公式 / 120
4.2.3　化学势判据及应用举例 / 121
4.2.4　化学势与温度和压力的关系 / 121

4.3　气体组分的化学势 / 122

4.3.1　纯理想气体的化学势 / 122
4.3.2　理想气体混合物中任一组分的化学势 / 123
4.3.3　纯真实气体的化学势 / 123
4.3.4　真实气体混合物中任一组分的化学势 / 124

4.4　拉乌尔定律和亨利定律 / 125

4.4.1　拉乌尔定律 / 125
4.4.2　亨利定律 / 125
4.4.3　拉乌尔定律与亨利定律的微观解释 / 126

4.5　理想液态混合物 / 128

4.5.1　理想液态混合物的定义 / 128
4.5.2　理想液态混合物中任一组分的化学势 / 129
4.5.3　理想液态混合物的混合性质 / 130

4.6　理想稀溶液 / 132

4.6.1　溶剂的化学势 / 132
4.6.2　分配定律 / 134

4.7　稀溶液的依数性 / 135

4.7.1　溶剂蒸气压下降 / 135
4.7.2　凝固点降低（析出固态纯溶剂） / 136
4.7.3　沸点升高（溶质不挥发） / 138
4.7.4　渗透压 / 139

习题 / 142

第5章 化学平衡 /147

5.1 化学反应的等温方程 / 147
5.1.1 摩尔吉布斯函数变与化学反应亲和势 / 147
5.1.2 摩尔吉布斯函数变与反应进度的关系 / 148
5.1.3 化学反应的等温方程 / 149
5.2 理想气体化学反应的标准平衡常数 / 150
5.2.1 标准平衡常数 / 150
5.2.2 有纯凝聚态物质参加的理想气体化学反应 / 152
5.2.3 相关化学反应标准平衡常数之间的关系 / 154
5.2.4 标准平衡常数 $K^{\ominus}$ 的测定 / 155
5.2.5 平衡组成的计算 / 157
5.2.6 其他平衡常数 / 159
5.3 温度对标准平衡常数的影响——范特霍夫方程 / 159
5.4 其他因素对理想气体化学平衡的影响 / 165
5.4.1 压力对平衡转化率的影响 / 166
5.4.2 惰性组分对平衡转化率的影响 / 167
5.4.3 反应物的物质的量之比对平衡转化率的影响 / 169
5.5 同时反应平衡组成的计算 / 170
5.6 真实气体反应的化学平衡 / 172
5.7 混合物和溶液中的化学平衡 / 174
5.7.1 常压下液态混合物中的化学平衡 / 175
5.7.2 常压下液态溶液中的化学平衡 / 175
习题 / 176

第6章 相平衡 /182

6.1 相律 / 182
6.1.1 自由度 / 183
6.1.2 相律的推导 / 183
6.1.3 组分数 / 185
6.1.4 相律的说明 / 186
6.1.5 相律的意义 / 187
6.2 单组分系统相图 / 187
6.3 二组分系统气-液平衡相图 / 189
6.3.1 理想完全互溶的气-液相图 / 190
6.3.2 非理想完全互溶的气-液相图 / 195
6.4 二组分液态部分互溶及完全不互溶系统的气-液平衡相图 / 199

6.4.1 部分互溶的双液系 / 199
6.4.2 完全不互溶的双液系 / 202
6.5 二组分固态不互溶系统液-固平衡相图 / 204
6.5.1 低共熔相图的绘制 / 204
6.5.2 低共熔相图的应用 / 207
6.6 二组分固态互溶系统液-固平衡相图 / 208
6.6.1 固态完全互溶系统 / 208
6.6.2 固态部分互溶系统 / 210
6.7 生成化合物的二组分凝聚系统相图 / 211
6.7.1 生成稳定化合物系统 / 212
6.7.2 生成不稳定化合物系统 / 212
6.8 三组分系统平衡相图简介 / 214
6.8.1 三组分系统的相图表示法 / 214
6.8.2 三组分部分互溶系统的溶解度图 / 215
6.8.3 简单共晶三元系 / 216
习题 / 217

第 7 章 电化学 / 224

7.1 电化学基本概念和法拉第定律 / 224
7.1.1 电化学基本概念 / 224
7.1.2 法拉第定律 / 226
7.2 离子迁移数和离子迁移率 / 228
7.2.1 离子迁移数 / 228
7.2.2 离子迁移率 / 231
7.3 电解质溶液的电导 / 232
7.3.1 电导、电导率、摩尔电导率 / 232
7.3.2 电导率、摩尔电导率与浓度的关系 / 233
7.3.3 离子独立迁移定律和离子摩尔电导率 / 234
7.3.4 电导测定的应用 / 235
7.4 强电解质溶液活度、平均活度系数及离子强度 / 237
7.4.1 强电解质离子的平均活度和平均活度系数 / 237
7.4.2 离子强度 / 239
7.4.3 电解质溶液理论简介 / 240
7.5 可逆电池电动势 / 242
7.5.1 可逆电池和不可逆电池 / 243
7.5.2 原电池的表示法 / 244
7.5.3 电池电动势的测定 / 244

7.6 可逆电池的热力学 /246
7.6.1 电池反应的吉布斯自由能的变化与电池电动势的关系 /246
7.6.2 原电池电动势与浓度的关系——能斯特方程 /246
7.6.3 电动势产生的机理 /248
7.7 电极电势与电池电动势 /249
7.7.1 电极电势 /249
7.7.2 标准电极电势 /250
7.7.3 可逆电极电势与浓度的关系 /251
7.7.4 浓差电池 /253
7.7.5 可逆电极的种类 /253
7.7.6 液体接界电势的计算和消除 /255
7.7.7 电动势测定的应用 /257
7.8 电极过程 /261
7.8.1 电极过程中的基本反应步骤及特征 /262
7.8.2 电极反应速率的表示 /262
7.8.3 极化现象 /262
7.8.4 分解电压 /263
7.8.5 析出电势和溶解电势 /264
7.8.6 超电势与极化曲线 /264
7.8.7 电解池与原电池的极化现象 /265
7.8.8 测定极化曲线的方法 /265
7.8.9 氢的析出电势与其对金属自水溶液中电积的影响 /267
习题 /269

第8章 表面化学 /275

8.1 表面吉布斯自由能和表面张力 /276
8.1.1 表面吉布斯自由能和表面张力概述 /276
8.1.2 表面张力的微观解释 /278
8.1.3 影响表面张力的因素 /278
8.2 弯曲液面下的附加压力和毛细现象 /279
8.2.1 弯曲液面下的附加压力 /279
8.2.2 毛细现象 /280
8.2.3 亚稳状态和新相生成 /282
8.3 固体表面 /284
8.3.1 物理吸附和化学吸附 /285
8.3.2 吸附热 /286
8.3.3 常用吸附剂 /287

8.3.4 吸附量 / 288
8.3.5 吸附等温线 / 289
8.3.6 影响气-固界面吸附的因素 / 290
8.3.7 吸附等温式 / 290
8.4 液-固表面 / 294
8.4.1 接触角 / 294
8.4.2 黏附功、内聚功、浸湿功和铺展系数 / 296
8.4.3 固体自溶液中的吸附 / 297
8.5 溶液表面的吸附 / 299
8.5.1 溶液的表面吸附现象 / 299
8.5.2 吉布斯吸附等温式 / 301
8.6 表面活性剂 / 302
8.6.1 表面活性剂及分类 / 302
8.6.2 表面活性剂溶液性质 / 303
8.6.3 表面活性剂的 HLB 值 / 305
8.6.4 表面活性剂的一些重要作用 / 305
8.7 膜 / 306
8.7.1 单分子膜 / 306
8.7.2 LB 技术和 LB 膜 / 307
习题 / 307

第 9 章 化学动力学 / 311

9.1 化学反应速率的表示方法和测定方法 / 311
9.1.1 化学反应速率的表示方法 / 311
9.1.2 化学反应速率的测定方法 / 313
9.2 化学反应的速率方程 / 314
9.2.1 基元反应和非基元反应 / 314
9.2.2 基元反应速率方程——质量作用定律 / 314
9.2.3 反应级数 / 315
9.2.4 反应分子数 / 316
9.3 具有简单级数的反应 / 316
9.3.1 一级反应 / 316
9.3.2 二级反应 / 318
9.3.3 三级反应 / 321
9.3.4 其他级数的反应 / 322
9.3.5 反应级数的确定 / 323
9.4 典型复杂反应 / 324

9.4.1 对峙反应 / 324
9.4.2 平行反应 / 325
9.4.3 连续反应 / 327
9.5 温度对反应速率的影响 / 328
9.5.1 范特霍夫经验规则 / 328
9.5.2 温度对反应速率影响的类型 / 328
9.5.3 阿仑尼乌斯公式 / 328
9.5.4 活化能 / 330
9.6 复合反应速率的近似处理法 / 332
9.6.1 控制步骤法 / 332
9.6.2 平衡态近似法 / 332
9.6.3 稳态近似法 / 333
9.7 链反应 / 335
9.7.1 单链反应 / 335
9.7.2 由单链反应的机理推导反应速率方程 / 336
9.7.3 用键能估算元反应的活化能 / 337
9.7.4 支链反应与爆炸界限 / 337
9.8 光化学反应 / 338
9.8.1 光化学反应的初级过程、次级过程和猝灭 / 339
9.8.2 光化学定律 / 339
9.8.3 温度对光化学反应速率的影响 / 340
9.8.4 化学激光 / 341
9.9 溶液反应和多相反应 / 341
9.9.1 溶剂对反应组分无明显相互作用 / 341
9.9.2 多相反应 / 343
9.9.3 催化作用与催化剂 / 344
习题 / 346

第 10 章 胶体化学 / 354

10.1 概论 / 354
10.1.1 分散系统的分类 / 354
10.1.2 胶体和胶体科学 / 355
10.2 胶体的制备 / 356
10.2.1 胶体系统的制备 / 356
10.2.2 胶体系统的纯化 / 357
10.3 胶体的动力性质 / 358
10.3.1 布朗运动 / 358

10.3.2 扩散和渗透压 /359
10.3.3 沉降和沉降平衡 /360
10.4 胶体的光学性质 /360
10.4.1 丁铎尔效应 /360
10.4.2 瑞利公式 /361
10.4.3 散射与超显微镜 /362
10.5 胶体的电学性质 /362
10.5.1 电动现象 /362
10.5.2 双电层理论 /364
10.5.3 溶胶的胶团结构 /367
10.6 胶体的稳定与聚沉 /369
10.6.1 胶体稳定理论 /369
10.6.2 溶胶稳定的原因 /370
10.6.3 溶胶的聚沉 /371
10.6.4 胶体稳定性的应用实例——污水处理的絮凝 /374
10.7 乳状液 /375
10.7.1 乳状液的基本概念 /375
10.7.2 乳状液的性质 /376
10.7.3 影响乳状液稳定性的因素 /376
10.7.4 影响乳状液类型的因素 /377
10.7.5 乳状液的制备 /378
10.7.6 微乳液 /378
10.7.7 乳状液的去乳化 /379
10.8 泡沫 /379
10.9 气溶胶 /380
10.9.1 粉尘的分类 /380
10.9.2 粉尘的性质 /381
10.10 高分子化合物 /383
10.10.1 高分子化合物基本性质 /383
10.10.2 高分子溶液的性质 /383
10.10.3 凝胶的溶胀 /384
习题 /385

附录 /387

参考文献 /394

绪论

（1）物理化学的学习目标

通过物理化学的学习，掌握物理化学的基本理论，强调学习、培养科学的思维模式和研究方法，注意理论联系实际，透过现象看本质。

（2）物理化学的概念

物理化学是从物质物理现象和化学现象的联系入手来探讨化学变化基本规律的一门科学。化学反应的本质是原子和分子的重新组合及此过程中能量的转化。化学和物理学是紧密相连的，化学过程伴随有物理过程，如化学反应伴随有温度、体积、压力的变化，也伴随有热效应、光效应和电效应等；反之，温度、压力和浓度的改变及施加电压、光照等会引起化学变化。此外，分子中电子的运动、原子的转动和振动以及原子相互间的作用等，则直接决定了物质的性质及化学反应能力。人们在长期的实践中注意到这种相互联系并加以总结，逐步形成了一门独立的学科分支——物理化学。物理化学用物理的理论及实验方法来研究化学的理论问题。由于它所研究的是普遍适用于各个化学分支的理论问题，所以物理化学曾称为理论化学。

（3）物理化学的内容

① 热力学。即化学反应的能量转换、方向和限度。一个化学反应在指定条件下反应的热效应是多少？这涉及能量的合理利用。一个化学反应在指定条件下将朝哪个方向进行？这是化学反应的方向问题。如果反应向某个方向进行，它将进行到何时为止？这是化学反应的限度问题。温度、压力和浓度等因素对化学反应的方向和限度有什么影响？如何控制外界条件使化学反应按我们所希望的方向进行？这些都是热力学研究的问题。

② 动力学。即化学反应的速率和机理。一个化学反应的速率究竟有多大？反应是经过什么样的途径（历程、机理）进行的？外界条件（如温度、压力、浓度和催化剂等）对反应速率有多大的影响？怎样才能有效地控制化学反应的速率、反应选择性，使之按我们所希望的方向和速率进行？这些都是化学反应的速率和机理问题，即动力学问题。

例如，目前合成氨的工业生产都是在高温高压下进行的，这种流程不仅对设备要求高、投资多，而且生产条件不易控制。能否在常温常压下合成氨？如果可能，氨的理论产率是多少？这些问题都属于热力学问题。热力学理论表明，常温常压下合成氨是完全可能的。然而常温常压下合成氨反应实际上却不能进行。由此可知，热力学和动力学分别涉及化学体系是否可以按预期进行的可能性和可行性问题。要使特定化学过程进行，首先需解决热力学障碍，其次在考虑经济性的前提下解决动力学障碍。如可通过调节温度、压力和浓度及选择合适的催化剂等，实现热力学及动力学过程的调控。

③ 结构化学。即物质结构与性能之间的关系。物质结构与性能是密切相关的，物质的内部结构决定了物质的性质。研究物质的内部结构，不仅可以帮助我们理解化学变化的内因，而且可以在适当的外因作用下，预测物质结构将发生什么样的变化。关于物质结构与性能的研究则构成了物理化学中的另一个部分——结构化学。

进入20世纪以来，物理化学广泛应用于工业生产和科学研究。工业技术和其他学科的发展，又促进了物理化学各分支的兴起和发展。特别是各种物理测试手段的大量涌现，极大地促进物理化学的发展。

（4）学习物理化学的要求及方法

如上所述，物理化学是一门研究物质性质及物质变化规律的专业基础课程，因此众多专业（如化工、制药、生物、食品、材料、环境等）都必须把物理化学课程的学习放在十分重要的地位。

物理化学是一门自然科学，一般的科学方法对物理化学都是适用的，如一切事物都是一分为二的辩证唯物主义的方法；实践、认识、再实践、再认识这一认识论的方法；对复杂事物进行简化抽象至理论后，再回归实践中加以检验的科学模型方法等。

此外，由于学科本身的特殊性，具有物理化学学科特征的研究方法即热力学方法、量子力学方法及统计热力学方法，可归属于宏观方法、微观方法、从微观到宏观的方法。以上方法，在物理化学教学过程中均有适度的要求和体现。

为了学好物理化学课程，每位初学者都应该根据自己的经验摸索出一套适合本身特点的学习方法。下面所建议的方法供读者学习时参考。

① 寻找学习兴趣。教育家马卡连柯说：“热爱是最好的老师”。要相信学好物理化学可以提高分析问题、解决问题的能力，对以后发展是有用的。

② 注意理解基本概念及作用。如对于状态函数、内能、熵、自由能，初学者往往感到这些概念太抽象，难以捉摸。其实这些概念、理论都是从客观实际中概括、归纳出来，并用来解决实际问题的，学习时要时刻联系客观现象进行思考、推理，再运用所学理论解释客观现象，创造性地解决实际问题，这样就会对理论的实质产生更深一层的认识。

③ 注意公式的应用条件。初学者往往感到物理化学的公式繁多，应用条件复杂，难以掌握。但若经过自己推导就会发现，所依据的基本公式并不多，只不过是少数基本公式在不同条件下的运用而已。

④ 多做习题。物理化学课程中的习题是引导学生运用所学理论解决实际问题必不可少的手段。对于物理化学的某些原理，因其高度抽象和概括，初学者不易通过一次学习就能全部领会，往往需要经过多次反复学习，才能逐渐加深理解。

⑤ 注意领悟物理化学解决实际问题的科学方法。例如从实际中抽象出理想气体、卡诺循环、离子氛、朗缪尔单分子层吸附等理想模型的方法，就是一种常用的科学方法。这些理想模型巧妙地排除了错综复杂的次要矛盾的干扰，突出了事物的主要矛盾，揭示了事物的本质。有了理想模型就可先集中全力研究理想模型的规律，然后进一步找出理想与实际的偏差，针对偏差做适当的修正，使对事物的认识前进一步，实际问题就可以逐渐解决。

思考

简述物理化学的基本内容，查阅文献说明其应用。

（5）物理化学发展简史

物理化学正式形成是从 1887 年德国化学家奥斯特瓦尔德和荷兰化学家范特霍夫创刊的物理化学杂志开始的。从这一时期到 20 世纪初，物理化学以化学热力学的蓬勃发展为其特征。

20 世纪 20 年代至 20 世纪 40 年代是结构化学领先发展的时期，这时的物理化学研究已深入到微观的原子和分子世界，改变了对分子内部结构的复杂性茫然无知的状况。

第二次世界大战后到 20 世纪 60 年代期间，物理化学以实验研究手段、测量技术（特别是各种谱学技术的飞跃发展）和由此而产生的丰硕成果为其特点。

20 世纪 60 年代，激光器的发明和不断改进的激光技术、大容量高速电子计算机的出现以及微弱信号检测技术的发明，孕育着物理化学中新的生长点。

20 世纪 70 年代以来，分子反应动力学、激光化学和表面结构化学代表着物理化学的前沿阵地。研究对象从一般键合分子扩展到准键合分子、原子簇、分子簇和非化学计量化合物。

中国物理化学的发展大致可以分为两个阶段。在 20 世纪 30 年代至 20 世纪 40 年代，尽管当时物质条件薄弱，但老一辈物理化学家不仅在化学热力学、电化学、胶体化学、表面化学、分子光谱学、X 射线晶体学、量子化学等方面取得了相当的成绩，而且培养了许多物理化学方面的人才。1949 年以后，经过几十年的努力，在许多高等学校设置物理化学教研室进行人才培养的同时，还在中国科学院各有关研究所和重点高等学校建立了物理化学研究室，在结构化学、量子化学、催化化学、电化学、分子反应动力学等方面取得了可喜的成绩。

第1章
气体状态方程

物理化学是基于物理和化学两大学科发展起来的，通过大量理论与实验来探索、研究、归纳化学的基本规律和理论。在众多物质中，物质的聚集状态一般可分为三种，即气体、液体和固体。气体与液体均可流动，统称为流体；液体和固体统称为凝聚态。三种状态中，固体虽然结构较复杂，但粒子排列的规律性较强，对它的研究已有了较大的进展；液体由于其分子或者离子不断运动，人们对其认识还不充分；气体则最为简单，容易用模型进行研究，所以对它的研究最多，气体模型的建立和气体状态方程的学习可以使我们领悟科学研究的思维方法。

物理化学研究过程中需要测定各种物理量，测量的方法很多，主要归纳为两大类：

① 直接测量。可以直接从仪表上读出所测数据。

② 间接测量。所测的物理量不能直接从仪表上读出，而需将可直接测量的某些物理量代入公式或通过作图求出。

物质处于某一状态，可以用许多宏观性质来描述，如压力 p、体积 V、温度 T、密度 ρ、热力学能 U 等。众多宏观性质中，p、V、T 三者物理意义非常明确且易于直接测量。实践表明，对于一定量的纯物质，只要任意两个宏观性质确定，其他性质就随之确定，此时就说物质处于一定的状态。处于一定状态的物质，各种宏观性质都有确定的值和确定的关系。宏观性质之间存在相互联系，联系宏观性质（如 p、V、T）之间关系的方程称为状态方程，描述状态的宏观性质又称为状态函数。

1.1 理想气体

1.1.1 理想气体状态方程

自 17 世纪中期，人们开始研究低压（$p<1$ MPa）下气体的 p、V、T 关系，发现了三个对各种气体均适用的经验定律：

① 玻意耳（Boyle）定律（1662 年）。在物质的量和温度恒定的条件下，气体的体积与压

力成反比，即

$$pV=\text{常数}（n、T\text{一定}）$$

② 盖-吕萨克（Gay J-Lussac J）定律（1808 年）。在物质的量与压力恒定的条件下，气体的体积与热力学温度成正比，即

$$V/T=\text{常数}（n、p\text{一定}）$$

③ 阿伏伽德罗（Avogadro）定律（1869 年）。在相同的温度、压力下，1mol 任何气体占有相同体积，即

$$V/n=\text{常数}（T、p\text{一定}）$$

将上述三个经验定律整合，可得到如下的状态方程：

$$pV=nRT \tag{1.1.1a}$$

式（1.1.1a）称为理想气体状态方程。式中，p 的单位为 Pa；V 的单位为 m^3；n 的单位为 mol；T 的单位为 K；R 称为摩尔气体常数，$R=8.314J \cdot mol^{-1} \cdot K^{-1}$。因为摩尔体积 $V_m=V/n$，气体的物质的量 n 又可表示为气体的质量 m 与其摩尔质量 M 之比，即 $n=m/M$，所以理想气体状态方程又常采用式（1.1.1b）和式（1.1.1c）两种形式。

$$pV_m=RT \tag{1.1.1b}$$

$$pV=(m/M)RT \tag{1.1.1c}$$

且由于密度 $\rho=m/V$，故通过式（1.1.1a）、式（1.1.1b）、式（1.1.1c）可进行气体 p、V、T、n、m、M、ρ 之间的有关计算。

❖ **例 1.1.1** 将 1 kmol 甲烷压缩储存于容积为 0.125 m^3、温度为 323.16 K 的钢瓶内。此时甲烷产生的压力多大？其实验值为 1.875×10^7 Pa。

解：

$$p=\frac{nRT}{V}=\frac{1000\ \text{mol}\times8.314\ \text{J}\cdot\text{mol}^{-1}\cdot\text{K}^{-1}\times323.16\ \text{K}}{0.125\ \text{m}^3}=2.150\times10^7\ \text{Pa}$$

$$\text{误差}=\frac{(2.150-1.875)\times10^7\ \text{Pa}}{1.875\times10^7\ \text{Pa}}\times100\%=14.67\%$$

1.1.2 摩尔气体常数

理想气体状态方程中，摩尔气体常数 R 的准确值是通过实验测定出来的。实践证明真实气体只有在压力趋于零且温度较高时才严格服从理想气体状态方程，所以原则上应测量一定量气体在压力趋于零时的 p、V、T 数据，代入理想气体状态方程后可求算 R 的数值。但由于压力趋于零时，数据不易测准，所以 R 值的确定，实际是采用外推法来进行的。首先测量在一定温度 T 时于不同压力 p 下某些真实气体的摩尔体积 V_m，然后将 pV_m 对 p 作图，外推求所对应的 pV_m 值，进而计算 R 值。按照玻意耳定律，理想气体的 pV_m 不应随 p 变化而变化，而真实气体在不同 p 下，却有着不同的 pV_m 值。尽管不同的真实气体的 pV_m-p 等温线的状态不同，但在 $p\to0$ 时，pV_m 却趋于一共同值，即 2494.35 $J \cdot mol^{-1}$，由此可得：

$$R = \lim(pV_m)_T / T = 2494.35\ \mathrm{J \cdot mol^{-1}} / 300\ \mathrm{K} = 8.314\ \mathrm{J \cdot mol^{-1} \cdot K^{-1}}$$

在其他温度条件下进行类似的测定，所得 R 值完全相同。这一事实表明：在压力趋于零的极限条件下，各种气体的 p、V、T 行为均服从 $pV_m = RT$ 的定量关系。

由上可知，R 是一个对各种气体都适用的常数，且不同真实气体在压力趋于零时其 p、V、T 三个参量都近乎完美符合理想气体状态方程。由此，可推断理想气体状态方程描述的是一种特殊的气体，即理想气体，不同理想气体分子不影响气体的 p、V、T 关系。各种真实气体在压力趋于零时适用理想气体状态方程及摩尔气体常数 R，由此可建立理想气体的物理模型。

思考

摩尔气体常数 R 为什么称为普适常数？理想气体状态方程和摩尔气体常数是如何得到的？从理想气体状态方程的导出谈谈设计实验和归纳实验结果的思路。

科学家简介

玻意耳，英国物理学家、化学家，化学科学的开山祖师，近代化学的奠基人。化学史家都把 1661 年作为近代化学的元年，因为这一年有一本对化学发展产生重大影响的著作出版问世，这本书就是玻意耳所著的《怀疑派化学家》。革命导师马克思、恩格斯也同意这一观点，他们誉称“玻意耳把化学确立为科学”。玻意耳用水银封的 U 形玻璃管进行实验，发现了很多值得注意的现象。当他向堵住的空气施加双倍的压力时，空气的体积就会减半；施加 3 倍的压力时，体积就会变成原来的 1/3。当受到挤压时，空气体积的变化与压强的变化总是成比例的。他创建了一个简单的数学等式来表示这一比例关系，如今我们称之为“玻意耳定律”。就认识大气、利用大气为人类服务而言，这一定律是极为重要的，是人类历史上第一个被发现的“定律”。在玻意耳众多的科研成果中，还有几项不能被磨灭的化学成就，即酸碱指示剂、制取黑墨水的方法、磷元素的性质等的发现。玻意耳常说：“要想做好实验，就要敏于观察。”这几项成就都是实验中敏锐观察的结果。

阿伏伽德罗，意大利科学家。1811 年，他发现了阿伏伽德罗定律，对科学的发展，特别是原子量的测定工作，起了重大的推动作用。他明确地提出了分子的概念，修正了盖·吕萨克的假说，提出：“在同温同压下，相同体积的不同气体具有相同数目的分子。”由“原子”到“分子”，一字之改正是阿伏伽德罗定律的奇妙之处。由此可见，对科学概念的理解必须一丝不苟。

1.1.3 理想气体模型

物质无论以何种状态存在，其内部的分子之间都存在相互作用。相互作用包括分子之间的相互吸引和相互排斥。按照伦纳德-琼斯（Lennard-Jones）理论，两个分子之间的排斥作用与距离 r 的 12 次方成反比，而吸引作用与 r 的 6 次方成反比。以 E 代表两分子之间总的相互作用势能，则其可表示如下：

$$E = E_{吸引} + E_{排斥} = -\frac{A}{r^6} + \frac{B}{r^{12}} \tag{1.1.2}$$

式中，A、B 分别为吸引常数和排斥常数，其值与物质的分子结构有关。将式（1.1.2）以图的形式表示，即为著名的伦纳德-琼斯势能曲线（图 1.1.1）。由图 1.1.1 可知，当两个分子相距较远时，它们之间几乎没有相互作用。随着距离的减小，分子之间整体表现为相互吸引作用，当距离接近 r_0 时，吸引作用达到最大。分子进一步靠近时，则排斥作用很快上升为主导作用，使得分子间势能迅速增加。

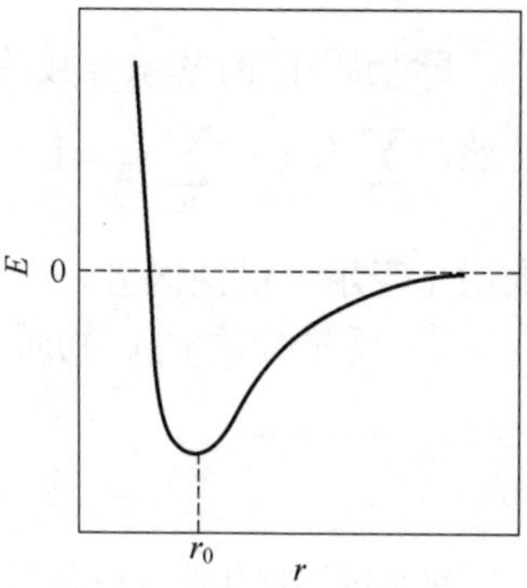

图 1.1.1　伦纳德-琼斯势能曲线

由伦纳德-琼斯理论可知，分子间的作用与其相互间的距离直接相关，理想气体状态方程是研究低压下气体的行为导出的。各气体在使用理想气体状态方程时存在偏差，而且压力越低时偏差越小，在极低压力下理想气体状态方程可较准确地描述气体的行为。极低的压力意味着分子之间的距离非常大，由图 1.1.1 可知，分子之间的相互作用非常小；同时由于分子本身所占的体积与此时容器所具有的体积相比可忽略不计，因而分子可近似被看作是没有体积的质点。于是从极低压力下气体的行为出发，抽象出理想气体模型。理想气体在微观上具有以下两个特征：

① 分子之间无相互作用力。

② 分子本身不占体积。

理想气体可以看作是真实气体在压力趋于零时的极限情况。严格说来，只有符合理想气体模型的气体才能在任何温度和压力下均服从理想气体状态方程，因此把任何温度、压力下均服从理想气体状态方程的气体称为理想气体。然而，实际上绝对的理想气体是不存在的，它只是一种假想的气体。基于理想气体状态方程推导过程及假设，通常可把较低压力下的气体作为理想气体处理。将理想气体状态方程作为低压气体近似服从的最简单的 p、V、T 关系，具有最重要的实际意义。至于多大压力范围内可以使用 $pV=nRT$ 来计算真实气体的 p、V、T 关系，尚无明确的界限。因为这不仅与气体的种类和性质有关，还取决于对计算结果的精度要求。通常，在低于几千帕的压力下，理想气体状态方程往往能满足一般的工程计算要求。此外，易液化的气体如水蒸气、氨气、二氧化碳适用的压力范围要窄些；而难液化的气体如氦气、氢气、氧气等所适用的压力范围相对较宽。

1.2　理想气体混合物

将不同的纯理想气体混合在一起，即形成了理想气体混合物。本节讨论混合物的 p、V、T 关系。

1.2.1　混合物的组成

混合物比纯物质多了组成变量，组成有多种表示法，这里介绍其中的 3 种。

① 物质 B 的摩尔分数。其定义为

$$x_B(\text{或}y_B) \overset{\text{def}}{=} n_B / \sum_B n_B \tag{1.2.1}$$

即物质 B 的摩尔分数等于物质 B 的物质的量与混合物总的物质的量之比，其量纲为 1。显然，$\sum_B x_B = 1$，$\sum_B y_B = 1$。本书对气体混合物的摩尔分数用 y 表示，对液体混合物的摩尔分数用 x 表示，以便区分。

② 质量分数 w_B。物质 B 的质量分数定义为

$$w_B \overset{\text{def}}{=} m_B / \sum_B m_B \tag{1.2.2}$$

即物质 B 的质量分数等于 B 的质量与混合物的总质量之比，其量纲为 1。

③ 体积分数 φ_B。物质 B 的体积分数定义为

$$\varphi_B \overset{\text{def}}{=} x_B V_{m,B}^* / \sum_B x_B V_{m,B}^* \tag{1.2.3}$$

式中，$V_{m,B}^*$ 表示在一定温度、压力下纯物质 B 的摩尔体积。故物质 B 的体积分数等于混合前纯物质 B 的体积与各纯组分体积总和之比，其量纲为 1。

1.2.2 理想气体状态方程对理想气体混合物的应用

如前所示，由于理想气体的分子之间没有相互作用力，分子本身又没有体积，故理想气体的 p、V、T 性质与气体的种类无关。一种理想气体的部分分子被另一种理想气体的分子所置换，形成理想气体混合物后，理想气体的 p、V、T 性质并不改变，只是 $pV = nRT$ 中的 n 此时代表的是混合物中物质总的物质的量，所以理想气体混合物的状态方程为

$$pV = nRT = \left(\sum_B n_B\right) RT \tag{1.2.4a}$$

即

$$pV = \frac{m}{M_{mix}} RT \tag{1.2.4b}$$

式中，n_B 为混合物中某种气体的物质的量；m 为混合物的总质量；M_{mix} 为混合物的摩尔质量。注意式中的 p、V 为混合物的总压及总体积。

混合物的摩尔质量定义为

$$M_{mix} \overset{\text{def}}{=} \sum_B y_B M_B \tag{1.2.5}$$

式中，M_B 为混合物中某一组分 B 的摩尔质量。混合物的摩尔质量等于混合物中各物质摩尔质量与其摩尔分数的乘积之和。

因混合物中任一组分 B 的质量 $m_B = n_B M_B$，而 $n_B = y_B n$，所以混合物的总质量 m 与 M_{mix} 有如下关系：

$$m = \sum_B m_B = \sum_B n_B M_B = n \sum_B y_B M_B = n M_{mix}$$

因此

$$M_{mix} = m / n = \sum_B m_B / \sum_B n_B \qquad (1.2.6)$$

式（1.2.5）和式（1.2.6）都可以用来计算混合物的摩尔质量 M_{mix}。

1.2.3 道尔顿分压定律

对于混合气体，无论是理想气体还是非理想气体，都可以用分压的概念来描述其中某一种气体产生的压力，或者说某一种气体对总压力的贡献。分压的数学定义为

$$p_B \overset{\text{def}}{=} y_B p \qquad (1.2.7)$$

即混合物中某一组分 B 的分压 p_B 等于其摩尔分数 y_B 与总压 p 的乘积。

$$p = \sum_B p_B \qquad (1.2.8)$$

因此，各种气体的分压之和等于总压。

式（1.2.7）及式（1.2.8）对所有混合气体都适用，即使是高压下远离理想状态的气体混合物也同样适用。

对于理想气体混合物，$pV = \left(\sum_B n_B\right) RT$，将其与 $y_B = n_B / \sum_B n_B$ 代入式（1.2.7），可得

$$p_B = n_B RT / V \qquad (1.2.9)$$

即理想气体混合物中某一组分 B 的分压等于该组分单独存在于混合气体的温度 T 及总体积 V 的条件下所具有的压力；而混合气体的总压等于各组分单独存在于混合气体的温度、体积条件下产生的压力总和。它是道尔顿（Dalton）于 1810 年发现的，亦称为道尔顿分压定律。原则上道尔顿分压定律只适用于理想气体混合物，但对于低压下的真实气体也可近似适用，常用来近似计算低压下真实气体混合物中某一组分的分压。

对于真实气体，分子之间是有相互作用的，且在混合气体中的相互作用不同于纯气体，所以在压力相对较高时，这种差别不可忽略，此时混合物中某气体的分压将不等于其单独存在时的压力，故分压定律不适用。

科学家简介

道尔顿（1766—1844 年）把原子学说第一次从推测转变为科学概念，他首先研究了法国化学家普鲁斯特于 1806 年发现的有趣结论——参与化学反应的物质质量都成一定的 整数比（定比定律），例如 1 g 氢和 8 g 氧化合成 9 g 水，假如不按这个一定的比例，多余 的就要剩下而不参加化合。道尔顿自己又发现：当两种元素所组成的化合物具有两种以上时，在这些化合物中，如果一种元素的量是一定的，那么与它化合的另一种元素的量总是成倍数地变化的（倍比定律）。为什么元素间的化合总是成整数和倍数的关系呢？

道尔顿丰富的想象力激励着他自己。他感到，这一事实暗示物质是由某种可数的最小单位构成的。于是，道尔顿把这些事实总结概括加以分析，提出了关于原子的著名论断：物质是由具有一定质量的原子构成的；元素是由同一种类的原子构成的；化合物是由构成该化合物成分的元素的原子结合而成的；原子是化学作用的最小单位，它在化学变化中不会改变。

1.2.4 阿马加分体积定律

对理想气体混合物，除有道尔顿分压定律外，还有与之相应的阿马加（Amagat）分体积定律。该定律的定义：理想气体混合物的总体积 V 为各组分分体积 V_B^* 之和。数学表达式为

$$V = \sum_B V_B^* \tag{1.2.10}$$

由理想气体混合物的状态方程很容易证明阿马加分体积定律。

$$V = nRT/p = \left(\sum_B n_B\right) RT/p = \sum_B \frac{n_B RT}{p} = \sum_B V_B^*$$

其中

$$V_B^* = n_B RT/p \tag{1.2.11}$$

式（1.2.11）表明理想气体混合物中物质 B 的分体积 V_B^* 等于纯气体 B 在混合物的温度及总压条件下所占有的体积。阿马加分体积定律表明理想气体混合物的体积具有加和性，在同温度、压力下，混合后的总体积等于混合前各组分的体积之和。

将式（1.2.11）及式（1.2.9）与式（1.2.4a）和式（1.2.1）相结合，可有

$$y_B = V_B^*/V = p_B/p \tag{1.2.12}$$

即理想气体混合物中某一组分 B 的分体积与总体积之比或分压与总压之比等于该组分的摩尔分数 y_B。

阿马加分体积定律是 19 世纪阿马加在研究低压混合气体时发现的。从原则上讲，它只适用于理想气体混合物，但对低压下的真实混合气体也近似适用。式（1.2.11）常用来计算低压下真实气体混合物中某一组分的分体积。高压下，混合前后气体的体积一般将发生变化，阿马加分体积定律不再适用，这时需引入偏摩尔体积的概念进行加和计算，详见第 4 章。

1.3 气体的液化及临界参数

1.3.1 液体饱和蒸气压

理想气体分子之间没有相互作用力，所以在任何温度、压力下都不可能使其液化。而真

实气体则不同，其分子之间相互作用随分子间距离而变化，情况如图 1.1.1 伦纳德-琼斯势能曲线所示。降低温度和增加压力都可使气体的摩尔体积减小，即分子间距离减小，这使得分子间引力增加，最终导致气体变成液体。

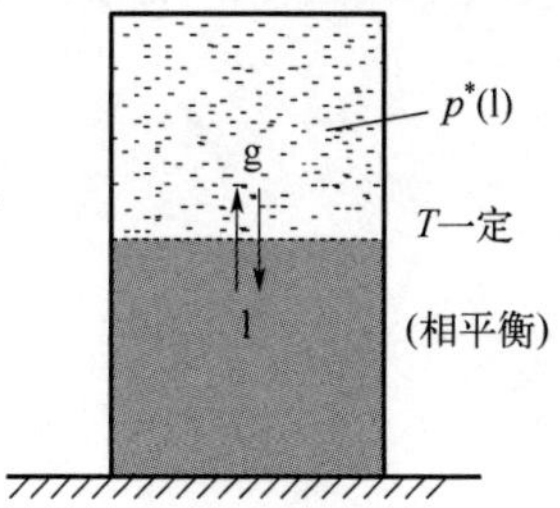

图 1.3.1　液体饱和蒸气压示意图

在一个密封容器中，当温度一定时，某一物质的气体和液体可达成一种动态平衡，即单位时间内由气体分子变为液体分子的数目与液体分子变为气体分子的数目相同，宏观上表现为气体的凝结速度与液体的蒸发速度相同，把这种状态称为气-液平衡。处于气-液平衡的气体称为饱和气体，液体称为饱和液体。在一定温度下，与液体形成平衡的饱和蒸气所具有的压力称为饱和蒸气压（图 1.3.1）。

不同物质在同一温度下通常具有不同的饱和蒸气压，所以饱和蒸气压首先是由物质的本性所决定的。而对于任意一种物质来说，不同温度下其具有不同饱和蒸气压，所以饱和蒸气压是温度的函数，是随温度的升高而急速增大的。当液体饱和蒸气压与外界压力相等时，液体沸腾，此时相应的温度称为液体的沸点。习惯将 101.325 kPa 外压下的沸点称为正常沸点。如水的正常沸点为 100 ℃，乙醇的正常沸点为 78.4 ℃，苯的正常沸点为 80.1 ℃（表 1.3.1）。在 101.325 kPa 的压力下，如果将水从 20 ℃开始加热，随温度上升，水的饱和蒸气压会不断上升，当加热到 100 ℃时，水的饱和蒸气压达到 101.325 kPa，这时不仅液体表面的分子可以汽化，液体内部的分子也可汽化产生气泡，所以液体在沸点时沸腾。

表 1.3.1　水、乙醇和苯在不同温度下的饱和蒸气压

水		乙醇		苯	
T/℃	p^*/kPa	T/℃	p^*/kPa	T/℃	p^*/kPa
20	2.338	20	5.671	20	9.9712
40	7.376	40	17.395	40	24.411
60	19.916	60	46.008	60	51.993
80	47.343	78.4	101.325	80.1	101.325
100	101.325	100	222.48	100	181.44
120	198.54	120	422.35	120	308.11

在一定温度下，在某气-液共存的系统中，如果蒸气的压力小于其饱和蒸气压，液体将蒸发变为气体，直至蒸气压增至该温度下的饱和蒸气压，达到气-液平衡为止。反之，如果蒸气的压力大于饱和蒸气压，则蒸气将部分凝结为液体，直至压力降至该温度下的饱和蒸气压，达到气-液平衡为止（图 1.3.2）。只要压力不太高，有其他不溶于液体的惰性气体存在时，液体的蒸发和气体的凝结也是如此。水在 20 ℃时的饱和蒸气压为 2.338 kPa，在大气环境中尽管有其他气体存在，但只要大气中水的分压小于 2.338 kPa，液体水就会蒸发成水蒸气。反之，如果大气中水蒸气的

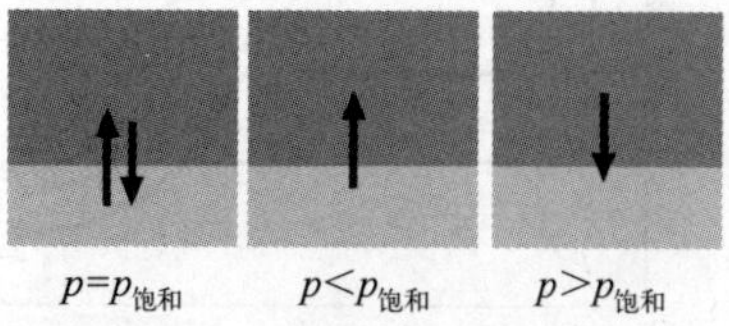

图 1.3.2　饱和蒸气压与蒸发、凝结关系示意图

分压大于同温度下水的饱和蒸气压，水就会凝结成液体水。秋夜温度低，使大气中水蒸气的分压大于饱和蒸气压，于是结出露珠。大气中水蒸气的压力达到其饱和蒸气压时的情况，称为相对湿度为100%。

和液体类似，固体也存在饱和蒸气压。固体升华成蒸气、蒸气凝华成固体的现象，与液体的蒸发、气体的凝结现象是类似的。

思考

为什么夏季相同温度下，人们在北方感觉凉快，而在南方感觉天气闷热？

1.3.2 临界参数

液体的饱和蒸气压随温度的升高而增大，因而温度越高，使气体液化所需的压力也越大。实验证明，每种液体都存在一个特殊的温度，在该温度以上，无论施加多大压力，都不可能使气体液化，将这个温度称为临界温度，临界温度是使气体能够液化所允许的最高温度，以 T_c 表示。

在临界温度以上，气体无法液化。由于不再有液体存在，如以饱和蒸气压对温度作图，曲线将终止于临界温度。将临界温度 T_c 时的饱和蒸气压称为临界压力，以 p_c 表示。临界压力是在临界温度下使气体液化所需的最低压力。在临界温度与临界压力下，物质的摩尔体积称为临界摩尔体积，以 $V_{m,c}$ 表示。临界温度、临界压力下的状态称为临界状态。

T_c、p_c、$V_{m,c}$ 统称为物质的临界参数，是物质的特性参数，某些纯物质的临界参数列于附录2中。

1.3.3 真实气体的 $p-V_m$ 图及气体的液化

一定条件下真实气体的液化以及存在着临界点的情况，可以从根据实验数据绘制的 p-V_m 图上清楚地看出来。图1.3.3是纯气体 p-V_m 一般规律的示意图。图上每条曲线都是等温线，即真实气体在一定温度下摩尔体积随压力的变化情形。不同的物质因性质不同，p-V_m 图会有所差异，但图所示的基本规律对各种气体都是相同的。p-V_m 等温线一般可以划分为 $T>T_c$、$T<T_c$ 及 $T=T_c$ 三种类型。

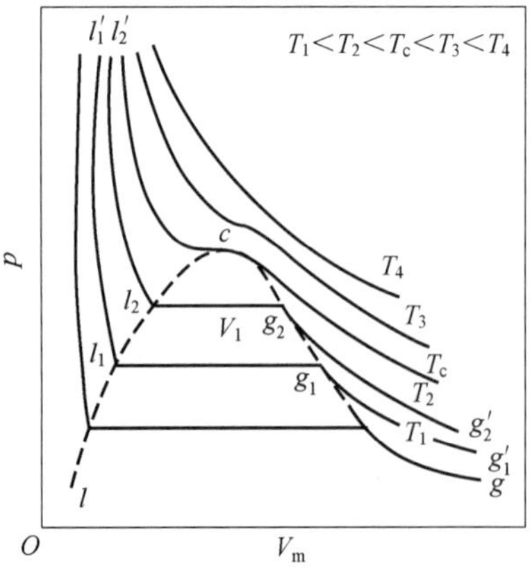

图 1.3.3 真实气体 p-V_m 等温线示意图

① $T<T_c$。以 T_1 等温线为例，其中 $g_1'g_1$ 段表示气体的摩尔体积随压力的增加而减小的情形。当压力增加到状态点 g_1 时，气体为饱和蒸气，压力为饱和蒸气压，体积为饱和蒸气的摩尔体积 $V_m(g)$。恒温继续压缩，气体开始并不断液化，产生状态为 l_1 的饱和液体，其摩尔体积为 $V(l)$。由于温度一定时，液体的饱和蒸气压一定，故只要有气相存在，压力就维持在饱和蒸气压值不变。随着气体不断变为液体，摩尔体积不断减小，当达到状态点 l_1 时，气体全部液化，均变为饱和液体，摩尔体积为饱和液体的摩尔体积 $V_m(l)$。再继续加压则为液体的恒温压缩，由于液体的可压缩性很小，所以液体的压缩曲线很陡。

② $T = T_c$。等温线在临界点处，数学上有

$$\left(\frac{\partial p}{\partial V_m}\right)_{T_c} = 0, \left(\frac{\partial^2 p}{\partial V_m^2}\right)_{T_c} = 0$$

这个特征在讨论真实气体状态方程时将会用到。

③ $T > T_c$。以 T_4 曲线为例，此时无论施加多大压力，气体也不能变为液体，等温线为一条光滑曲线。

由以上讨论可知，图 1.3.3 中 *lcg* 虚线所包含的区域为气-液两相共存区，*lcg* 曲线以外为单相区。既然在临界点气、液已不可区分，那么在单相区内气态、液态是连续的，并不存在气相区与液相区的分界线。

温度、压力略高于临界点的状态，称为超临界状态，此状态下的物质称为超临界流体，超临界流体密度很大，具有溶解性能，在恒温变压或恒压变温时，体积变化很大，可改变溶解能力，故可用于提取某些物质，这种技术称为超临界萃取。

例如，CO_2 超临界萃取在工业上得到广泛应用。利用 CO_2 流体在超临界状态下对有机物有极高的溶解度而在低于临界状态下对有机物基本不溶解的特性，将 CO_2 流体不断在萃取釜和分离釜间循环，从而有效地将需要分离提取的组分从原料中分离出来。

科学家在对大西洋底一处高温热液喷口进行考察时发现，这个喷口附近的水温最高竟然达到 464 ℃，这是人类第一次在自然状态下观察到自然界温度最高的液体，即超临界状态水的存在，以前人们只能在实验室通过技术来达到水的超临界状态。超临界水是指当气压和温度达到一定值时，因高温而膨胀的水的密度和因高压而被压缩的水蒸气的密度正好相同时的水。此时，水的液态和气态便没有区别，完全交融在一起，成为一种新的呈现高压高温状态的液体。超临界水具有两个显著的特性。一个是具有极强的氧化能力，将需要处理的物质放入超临界水中，充入氧和过氧化氢，这种物质就会被氧化和水解，有的还能够发生自燃，在水中冒出火焰。另一个特性是可以与油等物质混合，具有较广泛的融合能力。这些特点使超临界水能够产生奇异功能。因此，对于超临界状态水的研究非常有意义。目前世界上有许多国家都在进行超临界水的研究和开发利用，例如利用超临界水对有机污染物进行处理。

1.4 真实气体状态方程

在压力较高时，将理想气体状态方程用于真实气体将产生偏差。为了描述真实气体的 p、V、T 性质，曾提出过上百种状态方程。这里主要介绍范德华方程及简述位力方程。真实气体状态方程有一个共同的特点，即在理想气体状态方程的基础上经过修正得出，在压力趋于零时，均可还原为理想气体状态方程。

描述真实气体的状态方程一般可分为两类，一类是纯经验公式，另一类则是有一定物理模型基础的半经验方程。后一类中最具有代表性的是范德华方程。

1.4.1 范德华方程

1873 年荷兰科学家范德华（van der Waals）从理想气体与真实气体的差别出发，用硬球模型来处理真实气体，提出了压力修正项（a/V_m^2）及体积修正项 b，得出了一定压力下适用于真实气体的状态方程。

理想气体的压力是分子间无相互作用力时的表现，理想气体的摩尔体积是每摩尔气体分子自由活动的空间。范德华认为真实气体处在实际的 p、V_m、T 条件时，如果分子间的相互引力不复存在，则表现出的压力应高于压力 p，为 $p+a/V_m^2$；由于分子本身占有体积，所以每摩尔气体分子的自由活动空间应小于它的摩尔体积 V_m，为 V_m-b。将修正后的压力、摩尔体积代入理想气体状态方程的对应项，即得

$$\left(p+\frac{a}{V_m^2}\right)(V_m-b)=RT \tag{1.4.1a}$$

式（1.4.1a）为著名的范德华方程。将 $V_m=V/n$ 代入上式，经整理得到适用于气体物质的量为 n 的范德华方程，即

$$\left(p+\frac{n^2a}{V^2}\right)(V-nb)=nRT \tag{1.4.1b}$$

式中，a、b 称为范德华常数。某些气体的范德华常数见附录 3。

压力修正项（a/V_m^2）又称为内压力，说明分子间相互吸引力对压力的影响反比于 V_m^2，也就是反比于分子间距离 r 的 6 次方。一般说来，分子间引力越大，则 a 值越大。a 的单位是 $Pa \cdot m^6 \cdot mol^{-2}$。范德华认为，常数 a 只与气体种类有关，与温度条件无关。

体积修正项 b 表示每摩尔真实气体因分子本身占有体积而使分子自由活动空间减小的数值。显然，常数 b 应与体积性质有关，也是物质的一种特性常数。b 的单位是 $m^3 \cdot mol^{-1}$。范德华还按照硬球模型，进一步导出 b 是 1 mol 硬球气体分子本身体积的 4 倍，范德华认为常数 b 也与气体的温度无关。

当真实气体压力 $p\to 0$ 时，$V_m\to\infty$，此时范德华方程中的（$p+a/V_m^2$）及（V_m-b）两项分别简化为 p 及 V_m，还原为理想气体状态方程。

范德华方程提供了一种真实气体的简化模型，从理论上分析了真实气体与理想气体的区别，是被人们公认的处理真实气体的经典方程。实践表明，许多气体在几兆帕的中压范围内，其 p、V、T 性质能较好地服从范德华方程，计算精度要高于理想气体状态方程。但由于范德华方程未考虑温度对 a、b 值的影响，故在压力较高时，还不能满足工程计算上的需要。值得指出的是，范德华提出的从分子间相互作用力与分子本身体积两方面来修正其 p、V、T 行为的思想与方法，为以后建立某些更准确的真实气体状态方程奠定了一定的基础。

思考

真实气体的范德华方程如何从理想气体状态方程演变过来？

科学家简介

范德华，1910 年因研究气态和液态方程获诺贝尔物理学奖。原子间和分子间的吸引力被命名为范德华力。1873 年他最先假设了这种力，以研究关于真实气体的理论。他认识到如果假定气体分子不占有体积，而且分子之间不存在引力，则可从气体分子运动论得出理想气体的状态方程，但是，这两项假定不符合事实。1881 年，他给这个方程引入两个参量，分别表示分子的大小和引力，得出一个更准确的方程即范德华方程。

1.4.2 位力方程

位力一词来源于拉丁文 virial，是“力”的意思。位力方程是卡末林-昂内斯（Kammerlingh-Onnes）于 20 世纪初作为纯经验方程提出的，一般有两种形式，即

$$pV_{\mathrm{m}} = RT\left(1 + \frac{B}{V_{\mathrm{m}}} + \frac{C}{V_{\mathrm{m}}^2} + \frac{D}{V_{\mathrm{m}}^3} + \cdots\right) \tag{1.4.2a}$$

$$pV_{\mathrm{m}} = RT(1 + B'p + C'p^2 + D'p^3 + \cdots) \tag{1.4.2b}$$

式中，B，C，D，$\cdots$与B'，C'，D'，$\cdots$分别称为第二、第三、第四$\cdots$位力系数。它们都是温度 T 的函数，并与气体的本性有关。两式中的位力系数有不同的数值和单位，其值通常由实测的 p、T、V 数据拟合得出。当压力 $p \to 0$，摩尔体积 $V_{\mathrm{m}} \to \infty$ 时，位力方程还原为理想气体状态方程。虽然位力方程表示成无穷级数的形式，但实际上通常只利用最前面的几项进行计算。在计算精度要求不高时，有时只用到第二项即可，所以第二位力系数较其他位力系数更为重要。

位力方程最初虽然完全是一个经验方程，但后来从统计力学的角度得到了证明，所以位力方程已由原来的纯经验方程式发展为具有一定理论意义的方程。第二位力系数反映了双分子相互作用对气体 p、V、T 关系的影响，第三位力系数则反映了三分子相互作用引起的偏差。因此，通过由宏观 p、V、T 性质测定拟合得出的位力系数，可建立起宏观的 p、V、T 性质与微观领域的势能函数之间的联系。

除范德华方程和位力方程外，还有许多其他描述真实气体行为的状态方程。它们大多从范德华方程或位力方程的基础出发，引入更多的参数来修正真实气体与理想气体的偏差，以提高计算精度。

1.5 对应状态原理与普遍化压缩因子图

理想气体状态方程是一个不涉及各种气体各自特性的普遍化方程。真实气体状态方程中常含有与气体种类有关的特性常数，如范德华常数、位力系数等。能否导出一个普遍化的真实气体状态方程，这一直是从事工程计算的人员颇感兴趣的课题，而对应状态原理在这方面

给了人们很大的启迪。

1.5.1 压缩因子

描述真实气体的p、T、V性质中，最简单、最直接、最准确、适用的压力范围也最广泛的状态方程，是将理想气体状态方程用压缩因子Z加以修正，即

$$pV = ZnRT \tag{1.5.1a}$$

或

$$pV_{\rm m} = ZRT \tag{1.5.1b}$$

由此可知，压缩因子的定义为

$$Z = \frac{pV}{nRT} = \frac{pV_{\rm m}}{RT} \tag{1.5.1c}$$

Z的大小反映出真实气体对理想气体的偏差程度，即$Z = \dfrac{V_{\rm m}(\text{真实})}{V_{\rm m}(\text{理想})}$。对于理想气体，在任何温度、压力下$Z$恒等于1。当$Z<1$时，说明真实气体的$V_{\rm m}$比同样条件下理想气体的小，此时真实气体比理想气体易于压缩；反之，当$Z>1$时，说明真实气体的$V_{\rm m}$比同样条件下理想气体的大，此时真实气体比理想气体难以压缩。由于Z反映出真实气体压缩的难易程度，所以将它称为压缩因子。

引入压缩因子概念后，表示真实气体对理想情况的偏差随压力的变化就可以不用$pV_{\rm m}$-p等温线，而用Z-p等温线（图1.5.1、图1.5.2）。由于任何气体在$p\to 0$时均接近理想气体，故Z-p图中所有真实气体在任何温度下的曲线，在$p\to 0$时均趋于$Z=1$。Z-p图中等温线的形状与$pV_{\rm m}$-p图中曲线的形状是相同的。

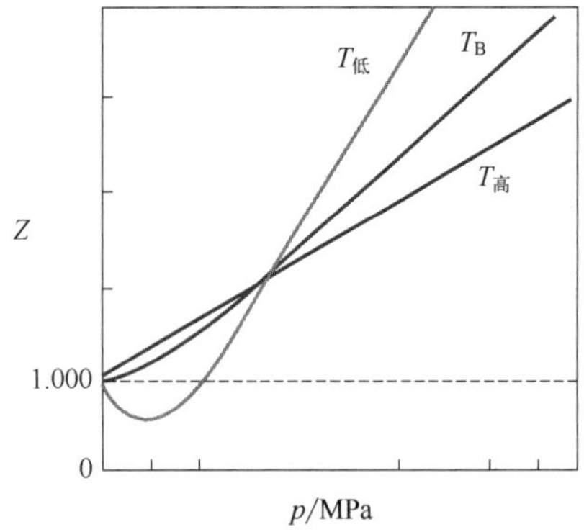

图1.5.1 N_2的Z-p图

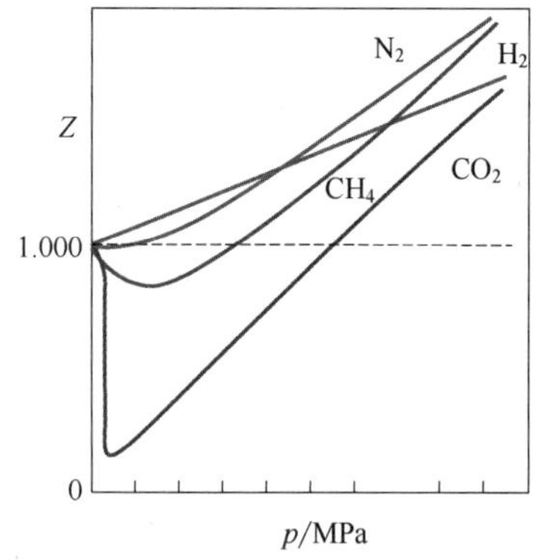

图1.5.2 不同气体0 ℃时的Z-p图

真实气体的压缩因子在一般计算中可用压缩因子图的方法来求，但在精确计算时，则需通过实测真实气体的p、V、T数据，然后由定义式（1.5.1c）来求算。许多真实气体的p、V、T数据可由手册和文献查出。值得一提的是，以前受技术条件的制约，气体的p、V、T数据多是中低压范围的，但随着科学技术的进步，测量几十甚至几百兆帕下气体的p、V、T数据

已不是难事，所以现在有许多气体在高压下的 p、V、T 数据可以从手册或文献中查到。实际工作中，可根据需要作出某种气体在某一温度下的 Z-p 曲线或将 Z-p 关系用计算机关联，然后求出工作压力下 Z 的数值，代入式（1.5.1a）来计算真实气体的 p、V、T 数值。在压力变化较大的情况下，计算机关联可采用分段进行的方法，以提高关联的精度。

1.5.2　对应状态原理

各种真实气体虽然性质不同，但在临界点时却有一共同性质，即临界点处的饱和蒸气与饱和液体无区别。以临界参数为基准，将气体 p、V_m、T 分别除以相应的临界参数，则有

$$p_r = p / p_c \qquad V_r = V_m / V_{m,c} \qquad T_r = T / T_c \tag{1.5.2}$$

p_r、V_r、T_r 分别称为对比压力、对比体积和对比温度，它们统称为气体的对比参数。注意，对比温度必须使用热力学温度。对比参数反映了气体所处状态偏离临界点的倍数。三个量的量纲均为 1。

人们测量了一些常用物质的 p、V_m、T 关系，换算成对比参数后作 Z-p_r 图（图 1.5.3），发现了一个规律：各种不同的气体，只要有两个对比参数相同，则第三个对比参数必定(大致)相同。这就是对应状态原理，人们把具有相同对比参数的气体称为处于相同的对应状态。

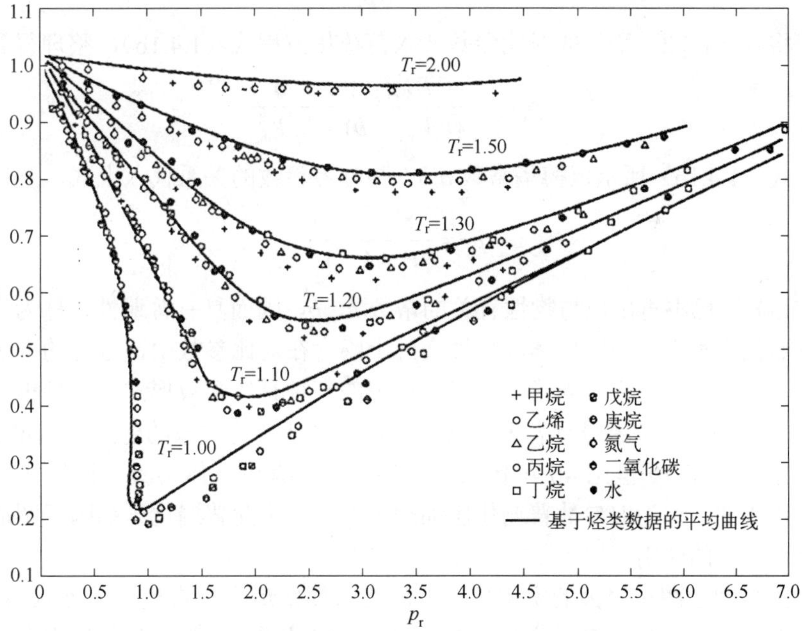

图 1.5.3　双参数普遍化压缩因子图

将范德华方程（1.4.1b）改写成

$$p = RT / (V_m - b) - a / V_m^2$$

在临界点求微分，根据式（1.3.1），得

$$\left(\frac{\partial p}{\partial V_{\mathrm{m}}}\right)_{T_{\mathrm{c}}}=0$$

$$\left(\frac{\partial^2 p}{\partial V_{\mathrm{m}}^2}\right)_{T_{\mathrm{c}}}=0$$

有

$$\left(\frac{\partial p}{\partial V_{\mathrm{m}}}\right)_{T_{\mathrm{c}}}=\frac{-RT_{\mathrm{c}}}{(V_{\mathrm{m,c}}-b)^2}+\frac{2a}{V_{\mathrm{m,c}}^3}=0$$

$$\left(\frac{\partial^2 p}{\partial V_{\mathrm{m}}^2}\right)_{T_{\mathrm{c}}}=\frac{2RT_{\mathrm{c}}}{(V_{\mathrm{m,c}}-b)^3}-\frac{6a}{V_{\mathrm{m,c}}^4}=0$$

联立求解得

$$a=\frac{27R^2T_{\mathrm{c}}^2}{64p_{\mathrm{c}}}$$

$$b=\frac{RT_{\mathrm{c}}}{8p_{\mathrm{c}}}$$

范德华将式（1.5.2）所示的对比参数代入范德华方程式（1.4.1b），整理得到

$$p_{\mathrm{r}}p_{\mathrm{c}}=\frac{RT_{\mathrm{r}}T_{\mathrm{c}}}{(V_{\mathrm{r}}V_{\mathrm{m,c}}-b)}-\frac{a}{V_{\mathrm{r}}^2V_{\mathrm{m,c}}^2}$$

然后将式（1.4.1b）所示范德华常数 a、b 与临界参数的关系代入上式，整理后得

$$p_{\mathrm{r}}=\frac{8T_{\mathrm{r}}}{3V_{\mathrm{r}}-1}-\frac{3}{V_{\mathrm{r}}^2} \tag{1.5.3}$$

式（1.5.3）中已不再出现与物性有关的常数 a、b，因而具有普遍性，称为普遍化范德华方程。在普遍化方程中，不同气体的特性实际上隐含在对比参数中，方程的准确性也绝不会超出范德华方程的水平，它应当是对应状态原理的一种具体函数形式。这种推导揭示了一种把实际气体的 p、V、T 关系进行普遍化的方法，对其他普遍关系的建立有一定的启发。

荷根及华德生在 20 世纪 40 年代用若干种无机、有机气体实验数据的平均值，描绘出图 1.5.3 的曲线图，称为双参数普遍化压缩因子图。由于此普遍化压缩因子图适用于各种气体，可满足工业上的应用。

普遍化压缩因子图有很大的实用价值，因为只要知道了真实气体所处状态及临界参数，即可从图上查出 Z 值，然后通过式（1.5.1b）对真实气体进行计算。具体运用在后续课程如化工热力学中介绍。

思考

1. 对应状态原理与普遍化压缩因子图和真实气体状态方程推算真实气体状态各有什么特点？

2. 如何从本章介绍的内容领悟前人建立模型的思维方法？

习题

1. 气柜内有 121.6 kPa、27 ℃的氯乙烯（C_2H_3Cl）气体 300 m^3，若以每小时 90 kg 的流量输往使用车间，试问贮存的气体能用多长时间。

答：10.144 h

2. 0 ℃、101.325 kPa 的条件常称为气体的标准状况。试求甲烷在标准状况下的密度。

答：0.714 $kg \cdot m^{-1}$

3. 一抽成真空的球形容器，质量为 25.0000 g。充以 4 ℃水之后，总质量为 125.0000 g。若改用充以 25 ℃、13.33 kPa 的某碳氢化合物气体，则总质量为 25.0163 g。试估算该气体的摩尔质量。

答：30.31 $g \cdot mol^{-1}$

4. 两个体积均为 V 的玻璃球泡之间用细管连接，泡内密封着标准状况条件下的空气。若将其中一个球加热到 100 ℃，另一个球则维持 0 ℃，忽略连接管中气体体积，试求该容器内空气的压力。

答：117.0 kPa

5. 0 ℃时氯甲烷（CH_3Cl）气体的密度 ρ 随压力的变化如下。试作 ρ/p-p 图，用外推法求氯甲烷的分子量。

p/kPa	101.325	67.550	50.663	33.775	25.331
ρ/（$g \cdot dm^{-3}$）	2.3074	1.5263	1.1401	0.75713	0.56660

答：50.50

6. 今有 20 ℃的乙烷-丁烷混合气体，充入一抽真空的 200 cm^3 容器中，直至压力达 101.325 kPa，测得容器中混合气体的质量为 0.3879 g。试求该混合气体中两种组分的摩尔分数及分压。

答：0.401，0.599，40.63 kPa，60.70 kPa

7. 氯乙烯、氯化氢及乙烯构成的混合气体中，各组分的摩尔分数分别为 0.89、0.09 和 0.02。于恒定压力 101.325 kPa 条件下，用水吸收掉其中的氯化氢，所得混合气体中增加了分压为 2.670 kPa 的水蒸气。试求洗涤后的混合气体中 C_2H_3Cl 及 C_2H_4 的分压。

答 96.487 kPa，2.168 kPa

8. 室温下一高压釜内有常压的空气。为在进行实验时确保安全，采用同样温度的纯氮气进行置换，步骤如下：向釜内通氮气直到压力为空气的 4 倍，然后将釜内混合气体排出直至恢复常压。这种步骤共重复 3 次。求釜内最后排气至恢复常压时其中气体含氧的摩尔分数。设空气中氧气、氮气的摩尔分数之比为 1∶4。

答：3.125×10^{-3}

9. 25 ℃时饱和了水蒸气的乙炔气体（即该混合气体中水蒸气分压为同温度下水的饱和蒸气压）总压力为 138.7 kPa，于恒定总压下冷却到 10 ℃，使部分水蒸气凝结成水。试求每摩尔干乙炔气在该冷却过程中凝结出水的物质的量。已知 25 ℃及 10 ℃时水的饱和蒸气压分别为 3.17 kPa 和 1.23 kPa。

答：0.0144 mol

10. 一密闭刚性容器中充满了空气，并有少量的水，当容器于 300 K 条件下达到平衡时，器内压力为 101.325 kPa。若把该容器移至 373.15 K 的沸水中，试求容器中达到新的平衡时应有的压力。设容器中始终有水存在，且可忽略水的体积变化。300 K 时水的饱和蒸气压为 3.567 kPa。

答：222.92 kPa

11. CO_2 气体在 40 ℃时的摩尔体积为 0.381 $dm^3 \cdot mol^{-1}$。设 CO_2 为范德华气体，试求其压力，并与实验值 5066.3 kPa 作比较。

答：5187.7 kPa，2.4%

12. 把 25 ℃的氧气充入 40 dm^3 的氧气钢瓶中，压力达 202.7×10^2 kPa。试用普遍化压缩因子图求解钢瓶中氧气的质量。

答：11.02 kg

13. 在 300 K 时 40 dm^3 钢瓶中贮存乙烯的压力为 146.9×10^2 kPa。欲从中提用 300 K、101.325 kPa 的乙烯气体 12 m^3，试用压缩因子图求解钢瓶中剩余乙烯气体的压力。

答：1.977×10^3 kPa

第 2 章

热力学第一定律及其应用

热力学理论是 19 世纪中叶在实验的基础上建立起来的。英国人焦耳（Joule）在 1850 年建立了热力学第一定律，英国人开尔文（Kelvin）和德国人克劳修斯（Clausius）分别在卡诺（Carnot）工作基础上于 1848 年和 1850 年建立了热力学第二定律。这两个定律组成了一个系统、完整的热力学。

热力学第一定律和热力学第二定律是热力学的基础，是人类经验的总结，有着牢固的实验基础，是物理化学中最基本的定律。这两个定律不能从逻辑上用其他理论来证明，但其正确性已被实践所证实。

把热力学中最基本的原理用来研究化学现象以及和化学有关的物理现象的科学，称为化学热力学。化学热力学的主要内容：利用热力学第一定律来计算化学反应的热效应；利用热力学第二定律来解决化学反应的方向和限度问题，以及相平衡和化学平衡中的有关问题。20 世纪初又建立了热力学第三定律，它是一个关于低温现象的定律，主要用来计算化学反应的熵变。

热力学是解决实际问题的一种非常有效的工具。例如，1774 年，当人们知道金刚石是由碳组成时，就尝试用石墨制造金刚石，但所有的实验都以失败告终。后来通过热力学计算才知道，只有当压力超过 1.5×10^4 atm（1 atm=101325 Pa）时，石墨才有可能转变成金刚石。现在已成功地实现了这个转变过程。

热机是人类历史上第一次大规模、有意识的能量转换尝试。它的成功成就了人类史上第一次工业革命（18 世纪—19 世纪）。研究热机原理而建立的科学，就是今天的热力学。

热力学的普适性在于它只关心一个过程的能量守恒、热功转化等能量关系，至于时间和具体过程，先不予考虑。这样构成的经典热力学就有了它的局限性，它只能告知一个事件的可能性，而不能告知该事件发生的快慢，也不能告知该事件如何发生。

本章要求理解热力学基本概念、热力学第一定律的表达式及热力学能和焓的定义，掌握运用热力学数据计算系统中的物质在单纯 pVT 变化、相变化和化学变化这三类不同过程中，系统的热力学能变、焓变，以及过程的热和体积功等。

2.1 热力学基本概念

2.1.1 系统和环境

热力学把相互联系的物质区分为系统与环境两部分。

系统是所研究的那部分物质，即研究对象。例如研究化学变化时，反应器内的全部物质（从反应物到产物）构成系统；又如研究气缸内气体膨胀做功时，该气体就是系统；再如喷射过程中，研究钢瓶内气体的性质，则钢瓶内剩余的气体是系统。

环境是系统以外与之相联系的那部分物质。环境又称为外界。需要指出的是，隔离系统与环境间的界面可以实际存在，也可以假想。如图 2.1.1 所示，钢瓶内气体喷射过程中，剩余的气体（系统）与排出的气体（环境的一部分）之间存在假想界面。

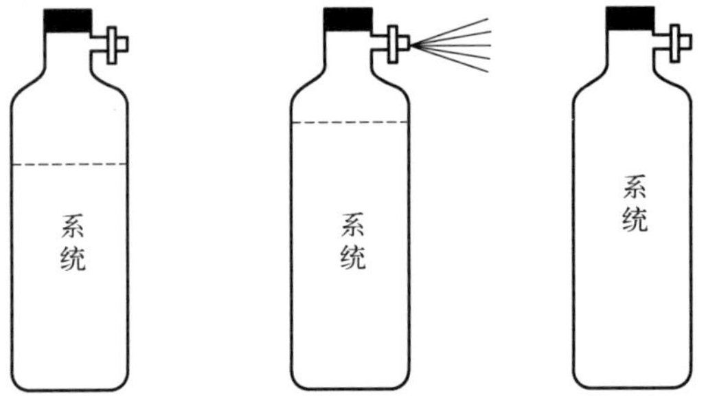

图 2.1.1 喷射气体钢瓶中的系统

系统与环境之间的联系包括两者之间的物质交换和能量交换（热和功）。根据两者之间联系情况的不同，系统分成以下三种。

（1）封闭系统

与环境间无物质交换，而可以有能量交换的系统称为封闭系统。封闭系统是最常见的系统，是研究的重点，今后除非特别说明，所讨论的系统即为封闭系统。

（2）隔离系统

与环境既无物质交换，又无能量交换的系统为隔离系统。环境对隔离系统中发生的一切变化不会有任何影响。既绝热又恒容，且无非体积功的封闭系统即为隔离系统。密闭恒容反应器壁若是绝热的，即为隔离系统。如果密闭恒容反应器壁虽不绝热，但容器内化学反应快到瞬间完成，在这么短的时间内，热量来不及传递，研究此瞬间反应前后系统的变化，可以近似按绝热对待，因而这时系统也可按隔离系统考虑。此外，在第 3 章用熵判据讨论过程的方向时，要把系统及其环境作为一个整体来研究，这个整体也就成为了隔离系统。隔离系统也称为孤立系统。

（3）敞开系统

与环境既有能量交换又有物质交换的系统称为敞开系统。敞开系统又称为开放系统，如后面将要提到的稳流系统等。

2.1.2 状态和状态函数

这里所说的状态指的是静止的系统内部的状态，即其热力学状态。系统的状态可以用各种宏观性质去描述，例如纯物质单相系统有各种宏观性质，如温度 T、压力 p、体积 V、密度 ρ、定压热容 C_p、黏度 η、热力学能 U 等。热力学用系统的所有性质来描述它所处的状态。也就是说，系统的状态是它所有性质的总体表现。状态确定后，系统的所有性质均有各自的确定值。换言之，系统的各种性质均随状态的确定而确定，与达到此状态的经历无关。

各种性质均为状态的函数，称为状态函数。因各种性质间存在着一定的联系，故而为确定系统的状态并不需要指定所有的性质。经验表明，对于由一定量的纯物质构成的单相系统，只需要指定任意两个能独立改变的性质，即可确定系统的状态。如果选系统的性质 x 和 y 作为两个独立变量，则系统的其他任一性质 X 就是这两个变量的函数，即

$$X=f(x,y) \tag{2.1.1}$$

一般来说，这两个变量为温度 T 和压力 p。例如，物质的量为 n 的某种物质，其状态即可由 T、p 来确定。状态确定后，其他性质如体积 V 即有确定的值，$V=f(T,p)$，若该物质为理想气体，则 $V=nRT/p$。

状态函数有如下两个重要的性质。

① 状态函数 X 值取决于状态，状态改变，状态函数值也要发生改变。若系统始态时函数值为 X_1，变化到末态时该状态函数值变为 X_2，该状态函数的变化值 ΔX 为 X_2-X_1，ΔX 只取决于始末状态，而与变化的经历无关。

② 状态函数微变 $\mathrm{d}X$ 为全微分。全微分的积分与积分途径无关，即

$$\Delta X=\int_{X_1}^{X_2}\mathrm{d}X=X_2-X_1 \tag{2.1.2}$$

其全微分为

$$\mathrm{d}X=(\partial X/\partial x)_y\mathrm{d}x+(\partial X/\partial y)_x\mathrm{d}y \tag{2.1.3}$$

例如 $V=f(T,p)$，则

$$\mathrm{d}V=(\partial V/\partial T)_p\mathrm{d}T+(\partial V/\partial p)_T\mathrm{d}p \tag{2.1.4}$$

利用这两个性质，可判断某函数是否为状态函数。热力学解决各种实际问题，正是以状态函数的上述性质为基础的。若单相系统为一定数量的混合物，则确定其状态的变量除了两个性质外，还有该相的组成。因为在一定的温度、压力下，混合物的性质还与混合物的组成有关。组成一定的混合物，其性质只由两个变量如 T、p 决定。系统内若有 n 个不同的相，只有当每一个相的状态均确定之后，整个系统的状态才完全确定。

物质性质分为宏观性质和微观性质。前面提到的 T、p、V、ρ、η、U 等均为宏观性质。微观性质则是指原子、分子等粒子的结构、运动状况，以及它们之间的相互作用等。宏观性质与微观性质有关，是微观性质的综合体现。热力学中讨论的是宏观性质，通常简称为性质。

按性质是否与物质的数量有关，将其分为广度量（或广度性质）和强度量（或强度性质）。凡性质与物质的数量成正比的称为广度量，如 V、C_p、U 等；凡性质与物质的数量无关的称为强度量，如 T、p、ρ、η 等。广度量具有加和性，强度量不具有加和性。两个广度量之比为强度量，如 $\rho=\frac{m}{n}$。

上面所讨论的状态，均处于平衡状态，简称平衡态。所谓平衡态是指在一定的条件下，系统中各个相的宏观性质不随时间变化，且将系统与环境隔离，系统的性质仍不改变的状态。仅当系统处于平衡态时，每个相的各种性质才有确定不变的值。

系统若处于平衡态，一般应满足如下条件：

① 系统内部处于热平衡，即系统有单一的温度。

② 系统内部处于力平衡，即系统有单一的压力。

③ 系统内部处于相平衡，即系统内宏观上没有任何一种物质从一个相转移到另一个相。

④ 系统内部处于化学平衡，即宏观上系统的化学反应已经停止。

总之，当系统的温度、压力及各个相中各个组分的物质的量均不随时间变化时的状态，即为平衡态。

2.1.3 过程和途径

系统从某一状态变化到另一状态的经历，称为过程。过程前的状态称为始态，过程后的状态称为末态。而将实现这一过程的具体步骤称为途径。过程相当于事件，而途径相当于方式。实现同一始末态的过程可以有不同的途径，并且一个途径可由一个或几个步骤所组成。若一途径由几个步骤组成时，还要经过某些实际的或假想的中间态。

有时途径与过程并不严格区分，不仅常将途径称为过程，甚至将步骤亦称为过程。

按照系统内部物质变化的类型，将过程分为单纯 pVT 变化、相变化和化学变化三类。

根据过程进行的特定条件，又将过程分为恒温过程（$T=T_{环境}$ =定值）、恒压过程（$p=p_{环境}$=定值）、恒容过程（$V=$ 定值）、绝热过程（系统与环境间无热交换的过程）、循环过程（系统从始态出发经一系列步骤又回到始态的过程）等。

有时并不一定给出过程进行的条件，要计算这种过程中某些状态函数的变化时，常需要假设途径。先求出假设途径中状态函数的变化，再进行加和求出该过程状态函数的变化。这种利用“状态函数变化只取决于始末态而与途径无关”的方法称为状态函数法。

2.2 热力学第一定律

热力学第一定律的本质是能量守恒定律。它表示系统的热力学状态发生变化时系统的热力学能与过程的热和功的关系。

2.2.1 功

系统与环境之间的能量有两种形式，即热和功。

当系统在广义的力的作用下，产生了广义的位移时，就做广义功。一般说来，做功的结果是系统的状态发生了改变。功的符号为 W，微量的功用 δW 表示，单位为 J。规定 $W>0$ 时，系统得到环境所做的功；$W<0$ 时，环境得到系统所做的功。这个规定符合系统能量收入为正、支出为负的原则。

在物理化学中，功分为体积功和非体积功。体积功（又称为膨胀功）是在一定的环境压力下，系统的体积发生变化而与环境交换的能量。除了体积功以外的一切其他形式的功，如电功、表面功等称为非体积功（又称为非膨胀功或其他功）。非体积功以符号 W'表示。电功、表面功这两种非体积功，将在以后的有关章节中介绍。

功不能说是强度量和广度量微分的乘积。因为力是物体对物体的作用，不是系统的性质，因而无强度量和广度量之言，如重力 mg 就不是系统的性质，高度 h 也不是系统的性质。功只能说是广义力和广义坐标的增量（广义位移）的乘积。

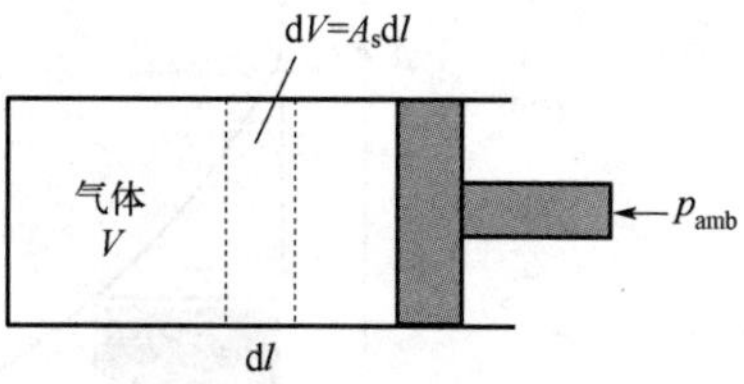

图 2.2.1　体积功示意图

体积功示意见图 2.2.1，以带活塞的气缸中的气体为系统。活塞的面积，即气缸的内截面积为 A_s，活塞至气缸底部的长度为 l，则气体的体积为 $V=A_s l$。

假设活塞无质量，与气缸无摩擦，今在环境压力 p_{amb} 下移动了 dl 的距离，根据功的定义，有

$$\delta W=-F\mathrm{d}l$$

式中，F 为外力。将 $F=p_{amb}A_s$ 代入上式，得

$$\delta W=-p_{amb}A_s\mathrm{d}l=-p_{amb}\mathrm{d}(A_s l)=-p_{amb}\mathrm{d}V \tag{2.2.1}$$

功不是状态函数，证明如下：

以理想气体恒温膨胀为例，系统反抗恒定外压做功为

$$W=-p_{amb}\Delta V \tag{2.2.2}$$

如果是分段膨胀或压缩，则

$$W=-\sum_i p_{amb}\Delta V_i \tag{2.2.3}$$

功的大小可用图 2.2.2 中水平线下的面积表示。可见在同样的始末态间膨胀，过程不同，功的大小不同，所以功不是状态函数。它与具体途径有关，所以称为途径函数。

式（2.2.3）也可写为

$$W=-\sum_i(p_i\pm\Delta p_i)\Delta V_i=-\sum_i(p_i\Delta V_i\pm\Delta p_i\Delta V_i) \tag{2.2.4}$$

如果分段膨胀或压缩的每一步中系统和环境的压力差极小，则体积变化也极小，$\Delta p_i\Delta V_i$ 是高阶无穷小，可忽略，于是式（2.2.4）改为

$$W=-\sum_{i=1}^{\infty}p_i\Delta V_i=-\int_{V_1}^{V_2}p\mathrm{d}V \tag{2.2.5}$$

这个功的绝对值为图中曲线下的面积。对理想气体等温膨胀，上式改为

$$W = -\int_{V_1}^{V_2} p\mathrm{d}V = -nRT\int_{V_1}^{V_2} \frac{\mathrm{d}V}{V} = -nRT\ln\frac{V_2}{V_1} \tag{2.2.6}$$

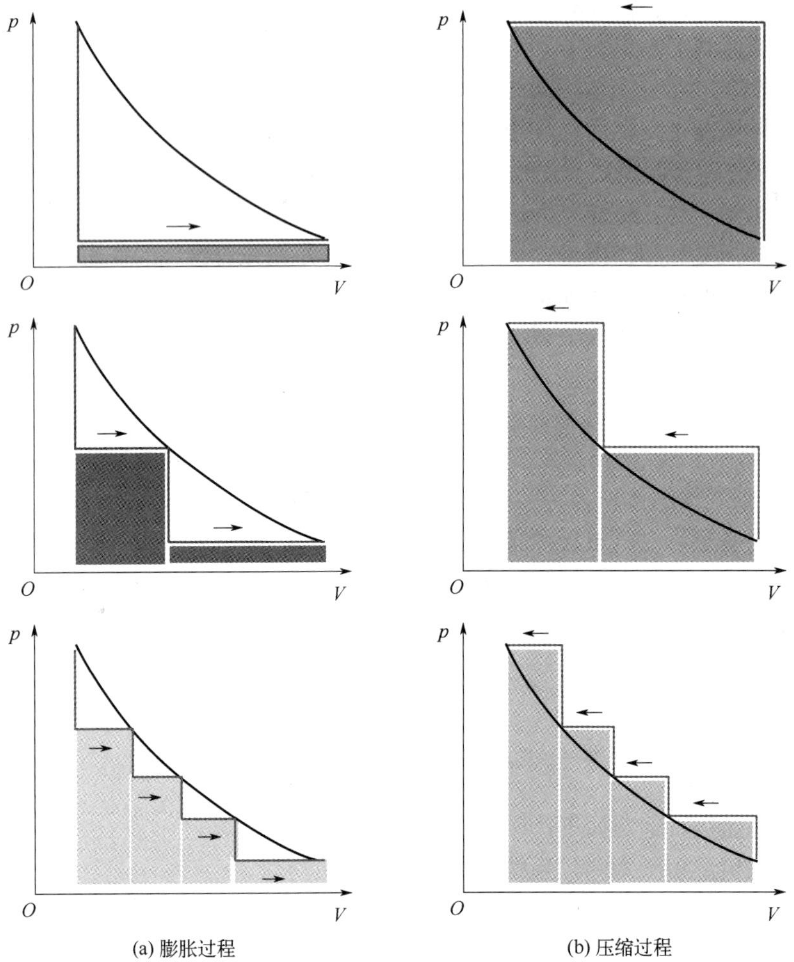

图 2.2.2　不同途径体积功示意图

由此也可证明功不是状态函数。以可逆体积功为例，即

$$W = -\int_{V_1}^{V_2} p\mathrm{d}V$$

循环一周，有

$$W = -\oint p\mathrm{d}V \tag{2.2.7}$$

由数学分析知，顺时针循环一周，有

$$\oint\left[M(p,V)\mathrm{d}V + N(p,V)\mathrm{d}p\right] = \iint_D \left[\left(\frac{\partial M}{\partial p}\right)_V - \left(\frac{\partial N}{\partial V}\right)_p\right]\mathrm{d}p\mathrm{d}V \tag{2.2.8}$$

所以

$$W = -\oint p\mathrm{d}V = -\iint_D \left[\left(\frac{\partial p}{\partial p}\right)_V - 0\right]\mathrm{d}p\mathrm{d}V = -\iint_D \mathrm{d}p\mathrm{d}V = -A \neq 0 \quad (2.2.9)$$

A 是封闭路径所围成的面积。由此同样证明功不是状态函数。

① 准静态过程。如果过程进行时，系统内、外压力差为无限小，过程进行无限缓慢，慢到以零为极限，过程每一瞬间系统都无限接近平衡态，则整个过程可看作是由一系列极接近平衡的状态所构成的。这样的过程称为准静态过程。例如，若气体分无限多次膨胀就是准静态膨胀。

② 可逆过程。在相同的始末态间，准静态膨胀和压缩所做功的绝对值相等。如把准静态膨胀过程中系统对环境做的功全部收集起来，然后用于准静态压缩，若无摩擦损耗，可使系统和环境完全复原。当一系统经过一过程，由始态变为终态后，如果用任何曲折复杂的方法，沿着原路径再由终态回到始态可使系统和环境复原，即系统回到原来的状态（$\Delta U=0$），同时消除原来过程对环境所产生的一切影响，环境也复原（$Q=0$，$W=0$），则这样的过程就称为可逆过程，否则为不可逆过程。上述准静态过程就是可逆过程。可逆过程中系统做功的绝对值最大。

从图 2.2.2 和图 2.2.3 的膨胀与压缩过程看出，功与变化的途径有关。虽然始、终态相同，但途径不同，所做的功也大不相同。显然，可逆膨胀，系统对环境做最大功；可逆压缩，环境对系统做最小功。

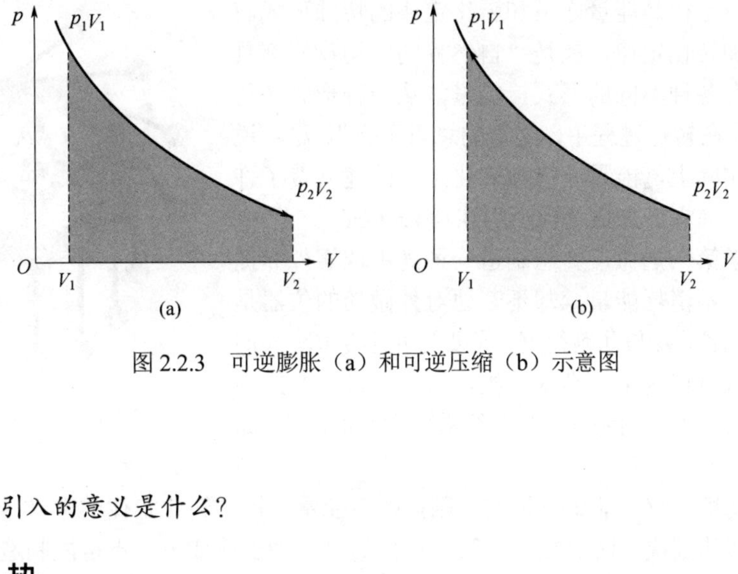

图 2.2.3　可逆膨胀（a）和可逆压缩（b）示意图

思考

可逆过程引入的意义是什么？

2.2.2　热

系统（体系）和环境之间，因温度差而引起的能量传递，称为热，也称热量，记作 Q。体系吸热，$Q>0$（Q 为正）；体系放热，$Q<0$（Q 为负）。这个规定也符合体系能量收入为正、支出为负的原则。

热不是状态函数，而是个过程量，没有过程就没有热量。体系从 A 态变化到 B 态，采取的途径不同，过程中传递的热量也不一定相同。非状态函数没有全微分，微小的热量不记作 dQ 而记作 δQ。

常见的热有三种，即显热、潜热、化学反应热。

热力学的方法是宏观的方法，它不考虑热的本质。人们对燃烧和热的本质的认识经历了漫长的探索过程。直到 19 世纪下半叶，人们才逐渐认识到热是物质运动的一种表现形式，是大量分子无规则运动的结果。分子无规则运动的强度越大，则分子的平均动能越大，体系的温度越高。当两个温度不同的物体相接触时，由于两个物体中分子无规则运动的程度不同，它们就可能通过分子碰撞而交换能量，经由这种方式传递的能量就是热。

热不是状态函数，但其被证明依赖于实验或热力学第一定律。

2.2.3 内能

热力学能是系统内部能量的总和，其中包括分子运动的动能、分子之间相互作用的势能，以及分子内部各种粒子运动的动能及它们相互作用的势能等。内能是反映内部能量的函数，该函数值只取决于始末状态，故是一个状态函数。热力学能也称为内能（U），单位为 J。

由于内能涉及物质的内部运动，而人们对物质的内部运动的认识永无止境，所以内能的绝对值是无法确定的，但这并不影响热力学第一定律的应用，因为热力学第一定律的数学表达式中的内能是以增量的形式出现的。

2.2.4 热力学第一定律的文字表述及数学表达式

热力学第一定律是能量守恒和转化定律的特殊形式。所谓能量守恒和转化定律，就是“自然界的一切物质都具有能量，能量有各种不同的形式，能量能从一种形式转化为另一种形式，在转化过程中，能量的总量不变”。尽管说起来简单，但实际上，能量守恒和转化定律的建立费了许多工夫，并最终确立下来热功当量为 4.184 $J \cdot cal^{-1}$。

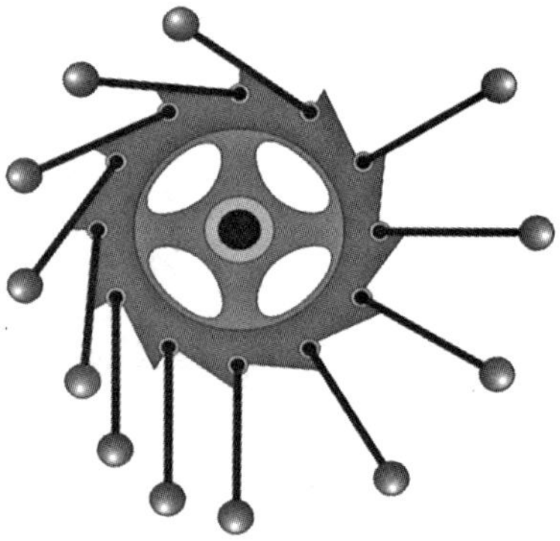

图 2.2.4　第一类永动机“魔轮”

根据热力学第一定律，要想制造一种既不依靠外界提供能量，本身也不消耗能量，却不断地对外做功的仪器是不可能的。这好比又要马儿跑得好，又要马儿不吃草。人们把这种假想的机器称为第一类永动机。历史上最著名的第一类永动机是法国人亨内考在 13 世纪提出的“魔轮”，如图 2.2.4 所示。

第一类永动机违背了能量守恒的原则，随着能量守恒与转化定律的建立，对制造永动机的幻想作了最后的判决，因而热力学第一定律的另一种表述如下：不可能制造出第一类永动机。由此可见，热力学第一定律就是涉及热现象领域内的能量守恒与转化定律。

在热力学第一定律被发现之前近 200 年的时间内，不知有多少仁人志士曾专心致志研究第一类永动机，最后都以失败告终。但研究者们不甘于失败，仍然坚持该研究，以至于 1775 年巴黎科学院不得不宣布不再接受永动机之类的发明专利的申请。但辩证地看，人们在探索永动机的过程中，对技术进步是有贡献的。

热力学第一定律认为：体系由状态 1 经任意过程和任意途径变化到状态 2，若在过程中交换了 δQ 的热，并做了 δW 的功，则体系的内能变化为

$$dU = \delta Q + \delta W \tag{2.2.10}$$

或者

$$\Delta U = Q + W \tag{2.2.11}$$

以上即为封闭系统热力学第一定律的数学表达式。公式表明，热力学能变化，可由过程中的热和功之和来衡量，虽然 Q 和 W 是途径函数，但是它们的和却由系统始末状态的改变量 ΔU 来决定。

研究气体内能的实验，是焦耳于 1845 年完成的。容器 A 内装有气体，容器 B 抽成真空，盛有水的容器 D 用绝热壁制成，A、B 浸在温度为 T 的水中，达到热平衡后打开活栓 C，气体膨胀而进入 B，因气体膨胀时不受阻碍，所以称为自由膨胀（图 2.2.5）。气体因膨胀而改变了体积，从温度计 E 读数的变化来测定气体内能与体积变化的关系（质量不变）。实验发现，气体的内能只是温度的函数，与体积无关，称之为焦耳定律。实验证明，遵守焦耳定律的气体也遵守玻意耳定律，这种气体称为理想气体。理想气体的内能只和温度有关，这是因为理想气体分子之间与距离有关的相互作用可忽略不计，而实际气体则需考虑这部分相互作用，因此，实际气体的内能会受体积和压力的影响。

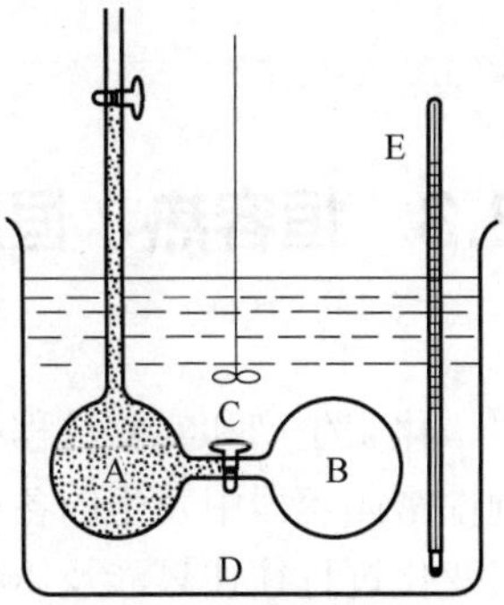

图 2.2.5　焦耳实验示意图

实验完毕，水温未变，$\Delta T = 0$，所以 $Q = 0$；体系未对外做功，$W = 0$。所以

$$\Delta U = Q + W = 0$$

即气体自由膨胀，内能不变。对于单组分体系，$U = f(T,V)$，所以

$$dU = \left(\frac{\partial U}{\partial T}\right)_V dT + \left(\frac{\partial U}{\partial V}\right)_T dV$$

因对本实验，$dT = 0$，$dU = 0$，$dV \neq 0$，所以

$$\left(\frac{\partial U}{\partial V}\right)_T = 0$$

上式表明：气体内能与体积无关，只是温度的函数。向真空膨胀，外压为零，故膨胀功为零；过程水温未变，表明没有热交换，$Q=0$。所以，焦耳实验给出结论：理想气体的热力学能 U 只是温度 T 的函数，即 $U=f(T)$。

科学家简介

焦耳于 1835 年进入曼彻斯特大学就读，毕业后开始参加经营自家的啤酒厂，直到 1854 年卖出啤酒厂。科学开始只是焦耳的一个爱好，直到后来他开始研究用新发明的电动机来替换啤酒厂的蒸汽机的可行性。然而焦耳的兴趣从通过给定来源提取多少功这样的狭隘的经济问题开始转向，最终到思考能量的可转换性。他发表的一些实验结果显示，他在 1841 年所定量化的热效应是因为导体本身的发热，而不是从装置其他部分传来的热量。这个结论对当时的热质说是一个直接的挑战。1843 年，焦耳设计了一个新实验，他将一个小线圈绕在铁芯上，用电流计测量感生电流，把线圈放在装水的容器中，测量水温以计算热量。这个电路是完全封闭的，没有外界电源供电，水温的升高只是机械能转化为电能、电能又转化为热的结果，整个过程不存在热质的转移。这一实验结果完全否定了热质说。焦耳在研究热的本质时，发现了热和功之间的转换关系，并由此得到了能量守恒定律，最终发展出热力学第一定律。他和开尔文合作发展了温度的绝对尺度。他还发现了导体电阻以及通过导体的电流及其产生热能之间的关系，也就是常称的焦耳定律。

2.3 恒容热、恒压热

化工生产和实验过程中，常常遇到特殊的反应过程，如恒容过程和恒压过程，前者为在刚性密闭容器中发生的各种过程，后者通常为大气压力下进行的过程。由于一般化学变化和相变化过程往往只涉及体积功，不做其他的机械功、电功之类的非体积功，所以本节内容将重点讨论恒容过程和恒压过程的热效应。

2.3.1 恒容热（Q_V）

恒容热是系统在恒容且非体积功为零的过程中与环境交换的热，其符号为 Q_V。恒容过程，即 $\mathrm{d}V=0$，过程的体积功为零；非体积功为零，即 $\delta W'=0$，所以过程的总功为零。根据热力学第一定律，恒容热的数学表达如下：

$$\begin{aligned} \delta Q &= \mathrm{d}U + p_{\mathrm{amb}}\mathrm{d}V - \delta W' \\ \delta Q_V &= \mathrm{d}U \quad (\mathrm{d}V=0, \delta W'=0) \end{aligned} \tag{2.3.1a}$$

积分上式得

$$Q_V = \Delta U \quad (\mathrm{d}V=0, W'=0) \tag{2.3.1b}$$

上式表明，恒容热 Q_V 与过程的 ΔU 在量值上相等，而 ΔU 只取决于系统的始末状态，故 Q_V 亦只取决于系统的始末状态。

2.3.2 恒压热（Q_p）

恒压热是系统在恒压且非体积功为零的过程中与环境交换的热，其符号为 Q_p。恒压过程，即 $\mathrm{d}p=0$；非体积功为零，即 $\delta W'=0$，所以过程的总功为体积功。根据热力学第一定律，恒压热的数学表达如下：

$$\delta Q_p = \mathrm{d}U + p\mathrm{d}V = \mathrm{d}U + \mathrm{d}(pV) = \mathrm{d}(U+pV) \tag{2.3.2a}$$

定义：

$$H \xrightarrow{\mathrm{def}} U + pV \tag{2.3.2b}$$

H 称为焓。由于 U、p、V 均为状态函数，且 U 和 V 是广度量，故 H 也是有广度性质的状态函数，具有能量单位（J）。将式（2.3.2b）代入式（2.3.2a），可得：

$$\delta Q_p = \mathrm{d}H \quad (\mathrm{d}p = 0, \delta W' = 0)$$
$$Q_p = \Delta H \quad (\mathrm{d}p = 0, W' = 0) \tag{2.3.3}$$

故恒压热 Q_p 与过程的ΔH 在量值上相等，而 ΔH 只取决于系统的始末状态，故 Q_p 亦只取决于系统的始末状态。

系统的焓等于系统的热力学能与系统的压力和体积乘积之和（不是体积功）。系统状态发生微变时，焓的微变为

$$\mathrm{d}H = \mathrm{d}U + p\mathrm{d}V + V\mathrm{d}p$$

由状态 1 变化到状态 2，则

$$H_2 - H_1 = (U_2 + p_2V_2) - (U_1 + p_1V_1)$$

即

$$\Delta H = \Delta U + \Delta(pV) \tag{2.3.4}$$

1840 年俄国化学家盖斯在实验中发现：一确定的化学反应的恒容热或恒压热只取决于过程的始态与末态，而与中间经过的途径无关。这一发现也称为盖斯定律。通过恒容热与恒压热的探讨可知，盖斯定律实际上是热力学第一定律应用于恒容、恒压和不做非体积功时的推论。

2.3.3 $Q_V=\Delta U$与 $Q_p=\Delta H$的意义

不同途径的恒容热相等，不同途径的恒压热也相等，即 Q_V、Q_p 与途径无关。根据这一状态函数的特征，人们可以从已知反应的热效应求未知反应的热效应。

例如，碳和氧气完全燃烧生成二氧化碳的热效应可以测量，纯一氧化碳燃烧生成二氧化碳的反应热效应也可以测量，而碳与氧气不完全燃烧生成一氧化碳的反应热效应却难以测量，可以通过三个反应热效应的关系求出生成一氧化碳的反应热效应，请同学们自行设计（提示：利用反应式加和以及状态变化示意图）。

❖ **例 2.3.1** 在水的正常沸点，1 mol 液体水的体积为 0.0188 $\mathrm{dm^3}$，1 mol 水蒸气的体积为 30.22 $\mathrm{dm^3}$，水的蒸发热为 40.71 $\mathrm{kJ \cdot mol^{-1}}$，试计算此蒸发过程的$Q$、$\Delta H$、$W$ 及ΔU。

解：此蒸发过程为恒温恒压过程（373.15 K，101.325 kPa），所以

$Q = 1\ \mathrm{mol} \cdot 40.71\ \mathrm{kJ \cdot mol^{-1}} = 40.71\ \mathrm{kJ} = \Delta H$

$W = -p\Delta V = -101.325\ \mathrm{kPa} \cdot (30.22-0.0188)\ \mathrm{dm^3} = -3.06\ \mathrm{kJ}$

$\Delta U = Q + W = 40.71\ \mathrm{kJ} - 3.06\ \mathrm{kJ} = 37.65\ \mathrm{kJ}$

❖ **例 2.3.2** 设在容积为 0.25 $\mathrm{dm^3}$ 的密闭容器内进行一气相化学反应，测得始态压力为 3039.75 kPa，终态压力为 2837.10 kPa，放热 18.92 kJ，试求W、Q、ΔU 及ΔH。

解：$W = 0$，$Q = -18.92\ \mathrm{kJ}$

$\Delta U = Q + W = Q = -18.92\ \mathrm{kJ}$

$\Delta H = \Delta U + V\Delta p = -18.92\ \mathrm{kJ} + 0.25\ \mathrm{dm^3} \times (2837.10-3039.75)\ \mathrm{kPa} = -18.97\ \mathrm{kJ}$。

计算表明，恒容条件下，$\Delta H \neq Q$。

2.4 热容、绝热过程与过程方程

在加热过程中，物质温度升高，分子热运动增强，系统中处于高能级的分子数量增多，这要求物质在加热过程中吸收热量。吸收多少热量随物质种类、相态而异，为描述物质的吸热能力，本节内容引入热容的概念。

2.4.1 热容

（1）热容的定义

对于没有相变和化学变化，且非体积功为零的均相封闭系统，热容的定义为系统升高单位热力学温度时所吸收的热量，用符号 C 表示，单位是 $\mathrm{J\cdot K^{-1}}$。加给系统一个微小的热量 δQ 而温度升高 $\mathrm{d}T$ 时，$\delta Q/\mathrm{d}T$ 这个量即是热容，即

$$C \xrightarrow{\text{def}} \frac{\delta Q}{\mathrm{d}T} \tag{2.4.1}$$

热容与系统所含的物质的量及升温条件有关，可以定义摩尔热容为

$$C_{\mathrm{m}} \xrightarrow{\text{def}} \frac{1}{n}\times\frac{\delta Q}{\mathrm{d}T} \tag{2.4.2}$$

若升温的方式分别为恒容过程和恒压过程，则可以定义摩尔定容热容和摩尔定压热容，即

$$C_{V,\mathrm{m}} = \frac{1}{n}\times\frac{\delta Q_V}{\mathrm{d}T} = \frac{1}{n}\left(\frac{\partial U}{\partial T}\right)_V = \left(\frac{\partial U_{\mathrm{m}}}{\partial T}\right)_V \tag{2.4.3}$$

$$C_{p,\mathrm{m}} = \frac{1}{n}\times\frac{\delta Q_p}{\mathrm{d}T} = \frac{1}{n}\left(\frac{\partial H}{\partial T}\right)_p = \left(\frac{\partial H_{\mathrm{m}}}{\partial T}\right)_p \tag{2.4.4}$$

两者的单位为 $\mathrm{J\cdot mol^{-1}\cdot K^{-1}}$。

（2）热容的应用

① 计算内能。由摩尔定容热容与 Q_V、ΔU 的关系式可知，利用 $C_{V,\mathrm{m}}$ 可计算系统发生恒容的单纯 pVT 变化过程的 Q_V 和 ΔU，即

$$Q_V = \Delta U = n\int_{T_1}^{T_2} C_{V,\mathrm{m}}\mathrm{d}T \tag{2.4.5}$$

理想气体的单纯 pVT 变化过程中，不论过程恒容与否，系统的热力学能增量均可由摩尔定容热容计算。恒容与否的区别在于：恒容时过程的热与系统的热力学能变的量值相等，而不恒容时过程的热与热力学能变的量值不相等，即 $Q \neq \Delta U$ 。

对于真实气体，内能可以看成温度和体积的函数，即 $U(T,V)$，把内能展开，其全微分为

$$\mathrm{d}U = \left(\frac{\partial U}{\partial T}\right)_V \mathrm{d}T + \left(\frac{\partial U}{\partial V}\right)_T \mathrm{d}V = nC_{V,\mathrm{m}}\mathrm{d}T + \left(\frac{\partial U}{\partial V}\right)_T \mathrm{d}V$$

积分为

$$\Delta U = n\int_{T_1}^{T_2} C_{V,\mathrm{m}}\mathrm{d}T + \int_{V_1}^{V_2}\left(\frac{\partial U}{\partial V}\right)_T \mathrm{d}V \tag{2.4.6}$$

由式（2.4.6）可知，对于真实气体内能变化的量值，恒容与不恒容的计算公式不一样。

② 计算焓变。同理，单纯 pVT 变化过程的ΔH 计算，可以利用 $C_{p,\mathrm{m}}$ 展开为

$$Q_p = \Delta H = n\int_{T_1}^{T_2} C_{p,\mathrm{m}}\mathrm{d}T \tag{2.4.7}$$

理想气体的单纯 pVT 变化过程中，不论过程恒压与否，系统的焓变均可由摩尔定压热容计算。恒压与否的区别在于：恒压时过程的热与系统焓变的量值相等，而不恒压时过程的热与焓变的量值不相等。

对于真实气体，焓可以看成温度和压力的函数，即 $H(T,p)$，把焓展开，其全微分为

$$\mathrm{d}H = \left(\frac{\partial H}{\partial T}\right)_p \mathrm{d}T + \left(\frac{\partial H}{\partial p}\right)_T \mathrm{d}p = nC_{p,\mathrm{m}}\mathrm{d}T + \left(\frac{\partial H}{\partial p}\right)_T \mathrm{d}p$$

积分为

$$\Delta H = n\int_{T_1}^{T_2} C_{p,\mathrm{m}}\mathrm{d}T + \int_{p_1}^{p_2}\left(\frac{\partial H}{\partial p}\right)_T \mathrm{d}p \tag{2.4.8}$$

由式（2.4.8）可知，对于真实气体焓变的量值，恒压与不恒压的计算公式不一样。

③ 计算凝聚态物质的内能与焓变。凝聚态物质是指处于液态或固态的物质，如液态水、固态冰、固态金属等。对于凝聚态物质，温度一定时，压力变化不大，则压力对焓变的影响可忽略不计，故凝聚态物质发生单纯 pVT 变化过程时，系统焓变计算取决于始末态的温度，即

$$\Delta H = n\int_{T_1}^{T_2} C_{p,\mathrm{m}}\mathrm{d}T$$

由于

$$\Delta H = \Delta U + \Delta(pV)$$

且对于凝聚态系统有

$$\Delta(pV) \approx 0$$

故

$$\Delta U \approx \Delta H = n\int_{T_1}^{T_2} C_{p,\mathrm{m}}\mathrm{d}T$$

（3）$C_{p,\mathrm{m}}$ 与 $C_{V,\mathrm{m}}$ 的关系

从摩尔定压热容和摩尔定容热容的定义式，可以导出两者之间的关系，即

$$C_{p,\mathrm{m}}-C_{V,\mathrm{m}}=\left(\frac{\partial H_\mathrm{m}}{\partial T}\right)_p-\left(\frac{\partial U_\mathrm{m}}{\partial T}\right)_V$$
$$=\left[\frac{\partial(U_\mathrm{m}+pV_\mathrm{m})}{\partial T}\right]_p-\left(\frac{\partial U_\mathrm{m}}{\partial T}\right)_V$$
$$=\left(\frac{\partial U_\mathrm{m}}{\partial T}\right)_p+p\left(\frac{\partial V_\mathrm{m}}{\partial T}\right)_p-\left(\frac{\partial U_\mathrm{m}}{\partial T}\right)_V$$

式中$\left(\frac{\partial U_\mathrm{m}}{\partial T}\right)_p$和$\left(\frac{\partial U_\mathrm{m}}{\partial T}\right)_V$的关系，可以通过 $U_\mathrm{m}(T,V_\mathrm{m})$函数的全微分得到，即

$$\mathrm{d}U_\mathrm{m}=\left(\frac{\partial U_\mathrm{m}}{\partial T}\right)_V\mathrm{d}T+\left(\frac{\partial U_\mathrm{m}}{\partial V_\mathrm{m}}\right)_T\mathrm{d}V_\mathrm{m}$$

在恒定压力条件下，左右两侧同时对温度进行偏导，则

$$\left(\frac{\partial U_\mathrm{m}}{\partial T}\right)_p=\left(\frac{\partial U_\mathrm{m}}{\partial T}\right)_V+\left(\frac{\partial U_\mathrm{m}}{\partial V_\mathrm{m}}\right)_T\left(\frac{\partial V_\mathrm{m}}{\partial T}\right)_p$$

所以

$$\left(\frac{\partial U_\mathrm{m}}{\partial T}\right)_p-\left(\frac{\partial U_\mathrm{m}}{\partial T}\right)_V=\left(\frac{\partial U_\mathrm{m}}{\partial V_\mathrm{m}}\right)_T\left(\frac{\partial V_\mathrm{m}}{\partial T}\right)_p$$

可得

$$C_{p,\mathrm{m}}-C_{V,\mathrm{m}}=\left[\left(\frac{\partial U_\mathrm{m}}{\partial V_\mathrm{m}}\right)_T+p\right]\left(\frac{\partial V_\mathrm{m}}{\partial T}\right)_p \tag{2.4.9}$$

式中$\left(\frac{\partial U_\mathrm{m}}{\partial V_\mathrm{m}}\right)_T$可以由热力学基本方程进行转化，即

$$dU_\mathrm{m}=T\mathrm{d}S_\mathrm{m}-p\mathrm{d}V_\mathrm{m}$$

在恒温条件下，左右两侧对摩尔体积进行偏导，即

$$\left(\frac{\partial U_\mathrm{m}}{\partial V_\mathrm{m}}\right)_T=T\left(\frac{\partial S_\mathrm{m}}{\partial V_\mathrm{m}}\right)_T-p$$

式中熵对体积的偏导，可运用 Maxwell 关系式进行转化，可得

$$\left(\frac{\partial S_\mathrm{m}}{\partial V_\mathrm{m}}\right)_T=\left(\frac{\partial p}{\partial T}\right)_{V_\mathrm{m}}$$

所以最终 $C_{p,\mathrm{m}}$与 $C_{V,\mathrm{m}}$的关系为

$$C_{p,\mathrm{m}}-C_{V,\mathrm{m}}=\left[\left(\frac{\partial U_\mathrm{m}}{\partial V_\mathrm{m}}\right)_T+p\right]\left(\frac{\partial V_\mathrm{m}}{\partial T}\right)_p$$
$$=\left[T\left(\frac{\partial p}{\partial T}\right)_{V_\mathrm{m}}-p+p\right]\left(\frac{\partial V_\mathrm{m}}{\partial T}\right)_p$$
$$=T\left(\frac{\partial p}{\partial T}\right)_{V_\mathrm{m}}\left(\frac{\partial V_\mathrm{m}}{\partial T}\right)_p$$

引入体积膨胀系数 $\alpha_V=\frac{1}{V}\left(\frac{\partial V}{\partial T}\right)_p$ 和等温压缩率 $\kappa_T=-\frac{1}{V}\left(\frac{\partial V}{\partial p}\right)_T$，$C_{p,\mathrm{m}}$ 与 $C_{V,\mathrm{m}}$ 的关系可简化为

$$C_{p,\mathrm{m}}-C_{V,\mathrm{m}}=TV_\mathrm{m}\frac{\alpha_V^2}{\kappa_T}$$

对于理想气体，有

$$\left(\frac{\partial p}{\partial T}\right)_{V_\mathrm{m}}=\left[\frac{\partial\left(\frac{RT}{V_\mathrm{m}}\right)}{\partial T}\right]_{V_\mathrm{m}}=\frac{R}{V_\mathrm{m}}$$
$$\left(\frac{\partial V_\mathrm{m}}{\partial T}\right)_p=\left[\frac{\partial\left(\frac{RT}{p}\right)}{\partial T}\right]_p=\frac{R}{p}$$

所以

$$C_{p,\mathrm{m}}-C_{V,\mathrm{m}}=T\times\frac{R}{V_\mathrm{m}}\times\frac{R}{p}=p\times\frac{R}{p}=R \tag{2.4.10}$$

理想气体还区分为单原子理想气体（如氦等惰性气体），以及双原子理想气体（如 H_2、O_2）等。不同类型的理想气体，其 $C_{p,\mathrm{m}}$ 与 $C_{V,\mathrm{m}}$ 数值不同，即

单原子：

$$C_{V,\mathrm{m}}=\frac{3}{2}R,\quad C_{p,\mathrm{m}}=\frac{5}{2}R$$

双原子：

$$C_{V,\mathrm{m}}=\frac{5}{2}R,\quad C_{p,\mathrm{m}}=\frac{7}{2}R$$

理想气体的摩尔热容可利用统计热力学知识得出。

2.4.2 绝热过程和过程方程

如果体系和环境之间有绝热壁，则体系进行的过程为绝热过程。现将热力学第一定律用于求一般体系和理想气体体系绝热过程的功。因为

$$dU = \delta Q + \delta W = \delta W$$

所以

$$W = \int \delta W = \int dU = \Delta U \tag{2.4.11}$$

即一般体系绝热过程的功等于内能的变化。由于绝热条件限制了一个变量，所以非完整微分 δW 成了完整微分。对理想气体，式（2.4.11）改为

$$W = \int_{T_1}^{T_2} C_V dT \tag{2.4.12a}$$

这就是理想气体体系绝热过程的功。如果 C_V 为常数，上式改为

$$W = C_V(T_2 - T_1) \tag{2.4.12b}$$

下面用热力学第一定律来推导理想气体绝热可逆过程的过程方程。对无非体积功的可逆绝热过程，有

$$\delta Q = dU - \delta W = dU + pdV = 0$$

将上式用于理想气体，则

$$C_V dT + \frac{nRT}{V} dV = 0$$

上式两边除 T，得

$$C_V \frac{dT}{T} + \frac{nR}{V} dV = 0$$

将 $C_p - C_V = nR$ 代入上式，得

$$C_V \frac{dT}{T} + \frac{C_p - C_V}{V} dV = 0$$

上式两边除 C_V，得

$$\frac{dT}{T} + \frac{\gamma - 1}{V} dV = 0$$

式中，$\gamma = \dfrac{C_p}{C_V} > 1$，称为绝热指数。设 γ 为常数，积分上式，得

$$\ln \frac{T}{T_0} + (\gamma - 1) \ln \frac{V}{V_0} = 0$$

或

$$\frac{T}{T_0} \left(\frac{V}{V_0} \right)^{\gamma - 1} = 1$$

或

$$TV^{\gamma - 1} = T_0 V_0^{\gamma - 1} = 常数 \tag{2.4.13a}$$

将$T=\dfrac{pV}{nR}$代入式（2.4.13a）得

$$pV^{\gamma}=\text{常数} \tag{2.4.13b}$$

将$V=\dfrac{nRT}{p}$代入（2.4.13a）得

$$p^{1-\gamma}T^{\gamma}=\text{常数} \tag{2.4.13c}$$

式（2.4.13）均为理想气体可逆绝热过程的过程方程。

理想气体等温可逆膨胀：

$$pV=\text{常数}$$

理想气体绝热可逆膨胀：

$$pV^{\gamma}=\text{常数}$$

体系与恒温热源接触发生绝热可逆膨胀和等温可逆膨胀是气体膨胀的两个极端情况。绝热膨胀要求体系和环境一点热交换都没有，要绝对的绝热，如果不是绝对的绝热，则膨胀必须在一瞬间完成。而等温膨胀要求体系和环境热交换情况极好，要绝对的透热，如果不是绝对的透热，则膨胀必须在无穷长的时间内完成。气体的实际膨胀在这两个极端之间。气体的实际膨胀过程称多方过程，它的过程方程为

$$pV^{n}=\text{常数}\ (1\leqslant n\leqslant\gamma)$$

将式（2.4.12b）与$T=\dfrac{pV}{nR}$联立，得

$$W=C_V(T_2-T_1)=\frac{C_V}{nR}(p_2V_2-p_1V_1)$$

因$C_p-C_V=nR$，$\dfrac{nR}{C_V}=\dfrac{C_p}{C_V}-1=\gamma-1$，所以

$$W=\frac{p_2V_2-p_1V_1}{\gamma-1} \tag{2.4.14a}$$

理想气体绝热可逆膨胀功也可表示为

$$W=-\int_{V_2}^{V_2}p\mathrm{d}V$$

$$pV^{\gamma}=p_1V_1^{\gamma}$$

绝热线在等温线的下面，因$p=\dfrac{nRT}{V}$，等温膨胀只有V引起p下降，而绝热膨胀除V引起p下降外，还有T引起p下降。

$$p_2V_2^{\gamma}=p_1V_1^{\gamma}$$

$$\frac{p_2}{p_1}=\left(\frac{V_1}{V_2}\right)^{\gamma}$$

$$\frac{p_2V_2}{p_1V_1}=\left(\frac{V_1}{V_2}\right)^{\gamma}\frac{V_2}{V_1}=\left(\frac{V_1}{V_2}\right)^{\gamma-1}$$

所以

$$W=\frac{p_1V_1}{\gamma-1}\left[\left(\frac{V_1}{V_2}\right)^{\gamma-1}-1\right] \tag{2.4.14b}$$

当$V_2\to\infty$，$W\to-\dfrac{p_1V_1}{\gamma-1}=-\dfrac{p_1V_1}{\dfrac{C_p}{C_V}-1}=-\dfrac{p_1V_1C_V}{C_p-C_V}=-\dfrac{nRT_1C_V}{nR}=-T_1C_V$。

对于理想气体等温可逆膨胀，有

$$W=-\int_{V_1}^{V_2}p\mathrm{d}V=-p_1V_1\int_{V_1}^{V_2}\frac{\mathrm{d}V}{V}=-p_1V_1\ln\frac{V_2}{V_1} \tag{2.4.15}$$

绝热线比等温线的坡度陡，证明如下：

因绝热线为$p=\dfrac{k}{V^{\gamma}}$，所以绝热线的斜率为

$$\left(\frac{\partial p}{\partial V}\right)_S=-\gamma\frac{k}{V^{\gamma+1}}=-\gamma\frac{pV^{\gamma}}{V^{\gamma+1}}=-\gamma\frac{p}{V} \tag{2.4.16}$$

令$\gamma=1$，得等温线的斜率为

$$\left(\frac{\partial p}{\partial V}\right)_T=-\frac{p}{V} \tag{2.4.17}$$

由式（2.4.16）与式（2.4.17）对比知

$$\left|\left(\frac{\partial p}{\partial V}\right)_S\right|>\left|\left(\frac{\partial p}{\partial V}\right)_T\right|$$

所以绝热线比等温线的坡度陡。

❖ **例 2.4.1** 设在 273.2 K 和 1013.25 kPa 时，有 10.00 $\mathrm{dm^3}$ 的理想气体，由下列几种不同过程膨胀至压力为 101.325 kPa 的状态：（1）恒温可逆膨胀；（2）绝热可逆膨胀；（3）反抗恒外压 101.325 kPa 绝热不可逆膨胀。计算气体最后的体积和所做的功。设$C_{V,\mathrm{m}}=\dfrac{3}{2}R$。

解：（1）恒温可逆膨胀

$$V_2=\frac{p_1V_1}{p_2}=\frac{1013.25\ \text{kPa}\times 10.00\ \text{dm}^3}{101.325\ \text{kPa}}=100.0\ \text{dm}^3$$

$$W=-nRT_1\ln\frac{V_2}{V_1}=-p_1V_1\ln\frac{p_1}{p_2}$$

$$=-1013.25\times 10^3\ \text{Pa}\times 10.00\times 10^{-3}\ \text{m}^3\times\ln\frac{1013.25\times 10^3\ \text{Pa}}{101.325\times 10^3\ \text{Pa}}=-23.333\ \text{kJ}$$

（2）绝热可逆膨胀

$$\gamma=\frac{C_{p,\text{m}}}{C_{V,\text{m}}}=\frac{C_{V,\text{m}}+R}{C_{V,\text{m}}}=1+\frac{R}{C_{V,\text{m}}}=1+\frac{R}{\frac{3}{2}R}=\frac{5}{3}$$

因 $p_2V_2^{\gamma}=p_1V_1^{\gamma}$，$V_2^{\gamma}=\left(\frac{p_1}{p_2}\right)V_1^{\gamma}$，所以

$$V_2=\left(\frac{p_1}{p_2}\right)^{\frac{1}{\gamma}}V_1=10^{\frac{3}{5}}\times 10.00\ \text{dm}^3=39.81\ \text{dm}^3$$

$$W=\frac{p_2V_2-p_1V_1}{\gamma-1}$$

$$=\frac{101.325\ \text{kPa}\times 39.81\times 10^{-3}\ \text{m}^3-1013.25\ \text{kPa}\times 10.00\times 10^{-3}\ \text{m}^3}{\frac{5}{3}-1}=-9.15\ \text{kJ}$$

用公式 $p^{1-\gamma}T^{\gamma}$=常数，可求得 $T_2=108.7\ \text{K}$。

（3）反抗恒外压 101.325 kPa 绝热不可逆膨胀：对于绝热不可逆膨胀，不能使用绝热可逆膨胀的过程方程求 V_2，只能使用理想体状态方程 $\frac{p_2V_2}{T_2}=\frac{p_1V_1}{T_1}$ 求 V_2，所以

$$V_2=\frac{p_1V_1}{T_1}\times\frac{T_2}{p_2}=\frac{p_1}{p_2}\times\frac{T_2}{T_1}V_1$$

但上式右边有一个未知数 T_2，因此必须先求 T_2。方法如下：

$$\Delta U=Q+W=W$$

$$nC_{V,\text{m}}(T_2-T_1)=-p_2(V_2-V_1)=-p_2nR\left(\frac{T_2}{p_2}-\frac{T_1}{p_1}\right)$$

$$C_{V,\text{m}}(T_2-T_1)=-R\left(T_2-p_2\frac{T_1}{p_1}\right)$$

由上式求得 $T_2=174.8\ \text{K}$。因此

$$V_2=\frac{p_1}{p_2}\times\frac{T_2}{T_1}V_1=10\times\frac{174.8\ \text{K}}{273.16\ \text{K}}\times 10.00\ \text{dm}^3=63.98\ \text{dm}^3$$

于是

$$W = -p\Delta V = -101.325\ \mathrm{kPa} \times (63.98 - 10.00) \times 10^{-3}\ \mathrm{m}^3 = -5.742\ \mathrm{kJ}$$

由例 2.4.1 可知，可逆绝热功数值比不可逆绝热功数值大，可逆绝热末态温度比不可逆绝热末态温度低。

2.5 相变过程

系统中物理性质和化学性质完全相同的均匀部分称为相。同一种物质在不同相之间的转变即相变，如水的蒸发、冷凝，冰的熔化、升华等。相变如非特别指明，一般是恒温过程。当纯物质液态蒸发为同温度气态时，分子热运动能量变化不大，但分子间距离增大，为克服分子间作用力，必须吸收能量，因此蒸发过程吸热，反之则放热。

2.5.1 可逆相变

纯物质在恒定温度及其平衡压力下发生的相变为可逆相变，1 mol 纯物质发生可逆相变时的焓变，称为摩尔相变焓，记为 $\Delta_{\alpha}^{\beta}H_{\mathrm{m}}$（α、β 为始、末相态，单位为 kJ • mol^{-1}）。

上述 1 mol 纯物质的可逆相变过程中，恒温、恒压，且无非体积功，所以摩尔相变焓量值上等于摩尔相变热。对于纯物质两相平衡系统，温度一旦确定，平衡压力也确定，故摩尔相变焓仅仅是温度的函数，即 $\Delta_{\alpha}^{\beta}H_{\mathrm{m}}(T)$。同一物质、相同条件下互为相反的相变过程，其摩尔相变焓量值相等、符号相反，即

$$\Delta_{\alpha}^{\beta}H_{\mathrm{m}} = -\Delta_{\beta}^{\alpha}H_{\mathrm{m}}$$

摩尔凝固焓：$\Delta_{\mathrm{l}}^{\mathrm{s}}H_{\mathrm{m}} = -\Delta_{\mathrm{s}}^{\mathrm{l}}H_{\mathrm{m}} = -\Delta_{\mathrm{fus}}H_{\mathrm{m}}$。

摩尔凝结焓：$\Delta_{\mathrm{g}}^{\mathrm{l}}H_{\mathrm{m}} = -\Delta_{\mathrm{l}}^{\mathrm{g}}H_{\mathrm{m}} = -\Delta_{\mathrm{vap}}H_{\mathrm{m}}$。

摩尔凝华焓：$\Delta_{\mathrm{g}}^{\mathrm{s}}H_{\mathrm{m}} = -\Delta_{\mathrm{s}}^{\mathrm{g}}H_{\mathrm{m}} = -\Delta_{\mathrm{sub}}H_{\mathrm{m}}$。

摩尔转变焓：$\Delta_{\mathrm{trs}}H_{\mathrm{m}}(\alpha \to \beta)$。

物质的熔点和转变点受压力的影响很小，故一般不注明压力，近似处理为可逆相变过程。蒸发或升华等涉及气相的相变过程，压力影响大，可逆相变一定要在平衡温度和平衡压力下进行。

2.5.2 不可逆相变

纯物质在恒定温度、无非体积功时，在非平衡压力下发生的相变为不可逆相变。比如纯水在 100 ℃、101.325 kPa 时蒸发为水蒸气，是可逆相变过程；但是若在 20 ℃、101.325 kPa 时蒸发为水蒸气，就是不可逆相变过程。因为纯水在 20 ℃时对应的平衡压力是 2.338 kPa。

不可逆相变焓的计算，需要借助已知的可逆相变焓，通过设计路径，利用状态函数法进行求算，如 2.5.3 小节所示。

2.5.3 相变焓随温度的变化

通常文献给出一个大气压力（101.325 kPa）及其平衡温度时的相变焓数据，而其他温度

下的相变焓可以利用已知温度下的数据进行计算。相变焓随温度变化的求算又分为可逆相变与不可逆相变两种情况，分别讨论如下。

（1）可逆相变时，相变焓与温度的关系

液态的B物质蒸发为气态的B，在 T_1、p_1 和 T_2、p_2 条件下，都是可逆相变过程。若 T_2、p_2 条件下液态的B为始态、气态的B为末态，则有两条路径，即路径Ⅰ和路径Ⅱ（图2.5.1）。

由于焓是状态函数，因此两途径的相变焓要相等，即

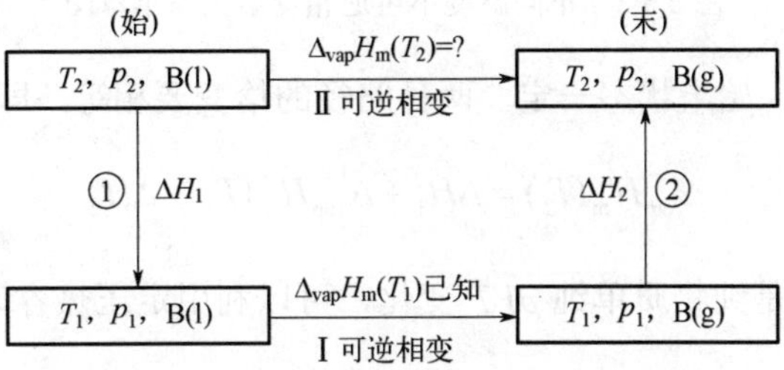

图2.5.1　不同温度可逆相变焓关系示意图

$$\Delta_l^g H_m(T_2) = \Delta H_1 + \Delta_l^g H_m(T_1) + \Delta H_2$$

ΔH_1 和 ΔH_2 的计算是纯物质单纯 pVT 变化，可以利用定压热容计算，即

$$\Delta H_1 = \int_{T_2}^{T_1} nC_{p,m}(\mathrm{l})\mathrm{d}T + \int_{p_2}^{p_1}\left(\frac{\partial H}{\partial p}\right)_T \mathrm{d}p$$

$$\Delta H_2 = \int_{T_1}^{T_2} nC_{p,m}(\mathrm{g})\mathrm{d}T + \int_{p_1}^{p_2}\left(\frac{\partial H}{\partial p}\right)_T \mathrm{d}p$$

对于凝聚态的液体，恒温时压力变化对焓值的影响可以忽略；对于理想气体，焓只是温度的函数，焓不随压力改变，所以上述的 ΔH_1 和 ΔH_2 可以简化为

$$\Delta H_1 = \int_{T_2}^{T_1} nC_{p,m}(\mathrm{l})\mathrm{d}T$$

$$\Delta H_2 = \int_{T_1}^{T_2} nC_{p,m}(\mathrm{g})\mathrm{d}T$$

所以

$$\begin{aligned}\Delta_l^g H_m(T_2) &= \Delta_l^g H_m(T_1) + \int_{T_1}^{T_2} n[C_{p,m}(\mathrm{g}) - C_{p,m}(\mathrm{l})]\mathrm{d}T \\ &= \Delta_l^g H_m(T_1) + \int_{T_1}^{T_2} n\Delta_l^g C_{p,m}\mathrm{d}T\end{aligned} \tag{2.5.1}$$

（2）不可逆相变时，相变焓与温度的关系

同理，若液态的B物质蒸发为气态的B，在 T_1、p 条件下是可逆相变，而在 T_2、p 条件下，是不可逆相变过程。那么，T_2、p 条件下的相变焓计算，仍然要设计路径Ⅰ和路径Ⅱ。

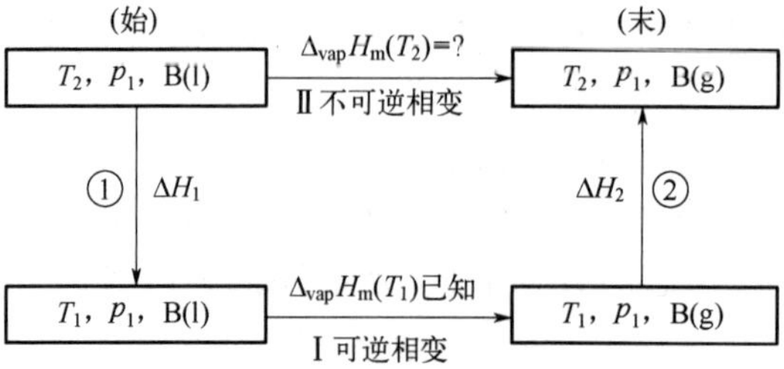

图 2.5.2　不同温度不可逆相变焓关系示意图

根据状态函数特点，始末状态一定，两种路径的焓变要相等，即

$$\Delta_{\text{vap}}H_{\text{m}}(T_2)=\Delta H_1+\Delta_{\text{vap}}H_{\text{m}}(T_1)+\Delta H_2$$

ΔH_1 和 ΔH_2 的计算是纯物质单纯 pVT 变化，可以利用定压热容计算，即

$$\Delta H_1=\int_{T_2}^{T_1} nC_{p,\text{m}}(\text{l})\,\text{d}T$$

$$\Delta H_2=\int_{T_1}^{T_2} nC_{p,\text{m}}(\text{g})\,\text{d}T$$

所以

$$\Delta_{\text{vap}}H_{\text{m}}(T_2)=\Delta_{\text{vap}}H_{\text{m}}(T_1)+\int_{T_1}^{T_2} n\Delta_{\text{l}}^{\text{g}}C_{p,\text{m}}\text{d}T$$

思考

1. 贴肚皮的暖宝宝的发热原理是什么？采用什么材料可以防止发热温度过高造成烫伤皮肤的情况出现？

2. 能否选择材料使房子保持温度稳定？

3. 如何计算火力发电厂在 800 K 高温下水的蒸发热？

2.6　化学反应焓

化学变化常伴有吸热或放热现象，当系统温度返回反应前温度后，所吸收或释放的热称为热效应。恒压条件下发生的反应热是等压热效应（Q_p），恒容条件下发生的反应热是等容热效应（Q_V）。

2.6.1　反应进度

讨论化学反应时，常用到一个重要的物理量——反应进度（ξ）。反应进度可以描述化学反应进行的程度，它是比利时化学家德唐德引入的，后经国际纯粹与应用化学联合会（IUPAC）推荐，在化学平衡、反应速率表达中被普遍采用。

设有化学反应

$$aA + bB \Longrightarrow yY + zZ$$

移项后得

$$0 = -aA - bB + yY + zZ$$

简写成通式

$$0 = \sum_{B} \nu_B B$$

式中，B 代表物质；ν_B 代表化学计量数，对反应物为负值，对产物为正值，与反应物减少、产物增加相对应。化学计量数由反应方程式的写法而定，因此，同一反应可以有不同的化学计量数。

化学反应的程度可用反应进度 ξ 表示，其定义式为

$$d\xi = \frac{dn_B}{\nu_B} \tag{2.6.1a}$$

反应开始时 $\xi_0 = 0$，对上式积分，则

$$\int_{\xi_0}^{\xi} d\xi = \int_{n_B(\xi_0)}^{n_B(\xi)} \frac{dn_B}{\nu_B}$$

$$\Delta\xi = \xi - 0 = \frac{n_B(\xi) - n_B(\xi_0)}{\nu_B} = \frac{\Delta n_B}{\nu_B} \tag{2.6.1b}$$

因各反应组分物质的量的变化正比于其化学计量数 ν_B，即对产物，Δn_B（生成的量）、ν_B 均为正值；而对反应物，Δn_B（消耗的量）、ν_B 均为负值，故 ξ 总是正值，单位为 mol。

2.6.2 反应焓变

（1）摩尔反应焓变

反应焓变 $\Delta_r H$ 是指在一定温度、压力下，化学反应中生成的产物之焓与反应掉的反应物之焓的差值。以反应 $-\nu_A A - \nu_B B \Longrightarrow \nu_Y Y + \nu_Z Z$ 为例，其反应焓变计算为

$$\Delta_r H = -n_A H_m^*(A) - n_B H_m^*(B) + n_Y H_m^*(Y) + n_Z H_m^*(Z)$$

在恒定温度、压力下，若进行微量化学反应，则反应进度为 $d\xi$，反应焓变为 dH，则

$$dH = \sum_B dn_B \times H_m^*(B) = \sum_B d\xi \times \nu_B \times H_m^*(B) = d\xi \times \sum_B \nu_B \times H_m^*(B)$$

左右两侧同时除以 $d\xi$，则可以得到反应的摩尔焓变，即

$$\Delta_r H_m = \frac{dH}{d\xi} = \sum_B \nu_B \times H_m^*(B)$$

$\Delta_r H_m$ 单位为 $kJ \cdot mol^{-1}$。

（2）标准摩尔反应焓变

热力学函数的测量需要设定一个参考点，或者确定一个基线，标准态就相当于热力学函

数的基线，确定基线后，热力学函数的差值就方便求算了。处于标准态的物理量，左上角有标准态的符号“$\ominus$”，如标准态的压力 $p^{\ominus}$=100 kPa。

气、液、固的标准态：标准压力下的纯理想气体、纯液体和纯固体；温度未规定，但常选 25 ℃。

反应中的各个组分均处在温度 T 的标准态下，其摩尔反应焓变即标准摩尔反应焓变。

$$\Delta_r H_m^{\ominus} = \sum_B \nu_B \times H_m^{\ominus}(B) \tag{2.6.2}$$

在常压 p 下，p 和 $p^{\ominus}$ 相差不大，且压力对焓值影响较小，化学反应的摩尔反应焓变可以认为近似等于同温度下该反应的标准摩尔反应焓变。反应物和产物不为纯态时，混合焓变可以忽略，仍可以认为摩尔反应焓变近似等于标准摩尔反应焓变。

2.6.3 $Q_{p,m}$ 与 $Q_{V,m}$ 的关系

若某无非体积功的化学反应，分别在恒温恒压和恒温恒容条件下，进行 1 mol 的化学反应，则分别有恒压热效应与恒容热效应存在，其关系如图 2.6.1 所示。

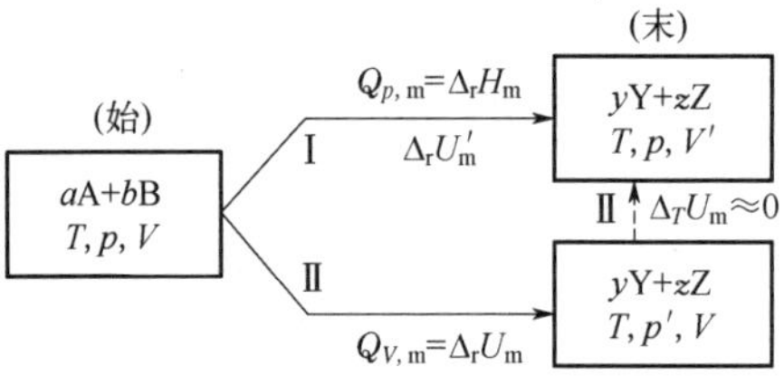

图 2.6.1　$Q_{p,m}$ 与 $Q_{V,m}$ 关系示意图

由图可知，始末状态确定后，两条路径下得到的总内能改变是相同的，即

$$\Delta_r U'_m = \Delta_r U_m + \Delta_T U_m \approx \Delta_r U_m$$

在路径 I 的过程中，有

$$\Delta_r H_m = \Delta_r U'_m + p\Delta V \approx \Delta_r U_m + p\Delta V$$

所以

$$Q_{p,m} - Q_{V,m} = \Delta_r H_m - \Delta_r U_m = p\Delta V$$

反应前后只考虑气态物质引起的体积变化，按理想气体处理，则

$$Q_{p,m} - Q_{V,m} = \sum \nu_B(g)RT = \Delta nRT \tag{2.6.3a}$$

没有气态物质参加的凝聚态之间的化学反应，一般在恒温恒压下进行，$Q_p = \Delta H$。即使恒温下进行时系统的压力有所变化，因系统的体积几乎没有变化，可以认为体积功 $W \approx 0$，同时系统的 $\Delta(pV) \approx 0$，故根据热力学第一定律及焓的定义式，有 $Q \approx \Delta U \approx \Delta H$。

对于有气态物质参加的化学反应，恒温下的恒容反应热 $Q_V = \Delta U$，恒压反应热 $Q_p = \Delta H$，两者可能不同也可能相同。若反应物及产物中的气态物质均适用理想气体状态方程式，则有

$$\Delta_r H_m = \Delta_r U_m + \sum_B \nu_B(g) RT \tag{2.6.3b}$$

式中 $\sum_B \nu_B(g)$ 为化学反应方程式中气态反应物及气态产物的化学计量数之和。显然，$\sum_B \nu_B(g) \neq 0$ 时，$\Delta_r H_m \neq \Delta_r U_m$；$\sum_B \nu_B(g) = 0$ 时，$\Delta_r H_m = \Delta_r U_m$。

2.7 焓的计算

一定温度下由热力学稳定单质生成化学计量数为1的物质B的标准摩尔反应焓，称为物质B在该温度下的标准摩尔生成焓，符号为 $\Delta_f H_m^\ominus$。稳定单质的标准摩尔生成焓等于零。

一定温度下化学计量数为1的物质B与氧气进行完全燃烧反应生成规定的燃烧产物时的标准摩尔反应焓，称为物质B在该温度下的标准摩尔燃烧焓，符号为 $\Delta_c H_m^\ominus$。

物理化学中热力学知识是学习的重点和难点，尤其是热力学中焓的理解与计算较为复杂，如焓的概念有反应焓 $\Delta_r H$、生成焓 $\Delta_f H$、燃烧焓 $\Delta_c H$、溶解焓 $\Delta_{sol} H$、稀释焓 $\Delta_{dil} H$ 等概念。不同物理意义的焓，给教学过程和记忆过程，特别是给计算过程造成了一定的困难。因为焓是状态函数，焓变只与始末状态有关，与过程无关，因此在确定始末状态后，可以设计各种不同的反应途径，并且可由已知焓变的反应途径，计算另一途径的未知焓变。根据这一原理，本节通过能级图的设计把焓的文字表达和数学表达转化为图形表达。

2.7.1 由生成焓计算反应焓

在温度为 T 的标准态下，由稳定相态的单质生成化学计量数为1的β相态的化合物B(β)，该生成反应的焓变即为该化合物在温度为 T 时的标准摩尔生成焓，以 $\Delta_f H_m^\ominus(B,\beta,T)$ 表示，单位为 $kJ \cdot mol^{-1}$。

除核反应外，化学反应都具有一共同特性，即始态反应物与末态产物均可由相同种类和相同物质的量的单质生成。根据这一原理，可以设计能级图计算化学反应的焓变，如图2.7.1所示。以单质为始态，产物为末态，即确立了化学反应的始末状态。始末状态确定了以后，因为焓变只与始末状态有关，与途径无关，故而图2.7.1中所示的两种途径的焓变相等。途径Ⅰ：由单质直接生成产物。途径Ⅱ：单质先生成反应物，后由反应物变成产物。

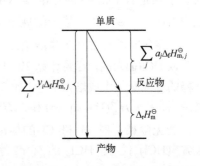

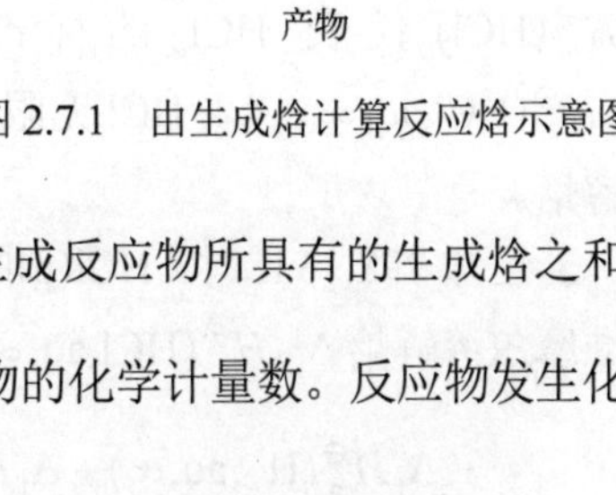

图2.7.1　由生成焓计算反应焓示意图

由图2.7.1可知，对于 $a_j A + \cdots \longrightarrow y_i Y + \cdots$ 的化学反应，单质生成产物的生成焓之和为 $\sum_i y_i \Delta_f H_{m,i}^\ominus$，而单质生成反应物所具有的生成焓之和为 $\sum_j a_j \Delta_f H_{m,j}^\ominus$。式中，$y_i$ 和 a_j 分别为化学反应中产物和反应物的化学计量数。反应物发生化学

反应变为产物的标准摩尔反应焓为

$$\Delta_r H_m^{\ominus} = \sum_i y_i \Delta_f H_{m,i}^{\ominus} - \sum_j a_j \Delta_f H_{m,j}^{\ominus} \tag{2.7.1}$$

2.7.2 由燃烧焓计算反应焓

在温度为 T 的标准态下，由化学计量数为–1 的 β 相态的物质 B(β)与氧气进行完全氧化反应时，该反应的焓变即为该物质在温度为 T 时的标准摩尔燃烧焓，以 $\Delta_c H_m^{\ominus}(B,\beta,T)$ 表示，单位为 $kJ \cdot mol^{-1}$。

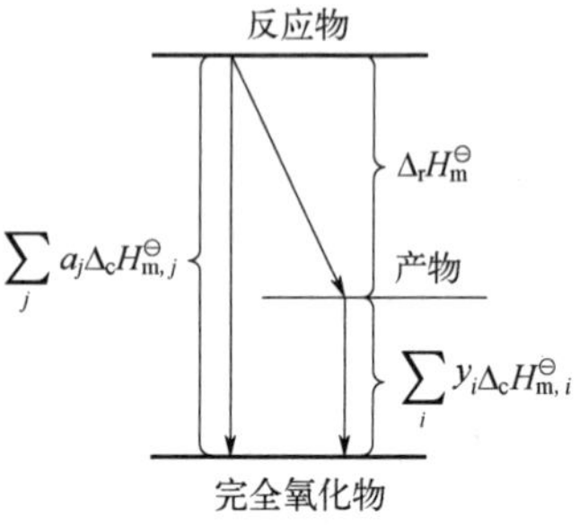

图 2.7.2　由燃烧焓计算反应焓示意图

在化学反应中，若令其反应物、产物分别进行完全氧化反应，会生成种类、物质的量完全相同的完全氧化物。依据这一原理，可以对 $a_j A + L \longrightarrow y_i Y + L$ 的化学反应设计能级图，计算该反应的焓变，如图 2.7.2 所示。

反应物完全氧化具有的燃烧焓之和为 $\sum_j a_j \Delta_c H_{m,j}^{\ominus}$，而产物完全氧化所具有的燃烧焓之和为 $\sum_i y_i \Delta_c H_{m,i}^{\ominus}$。因此，反应物发生化学反应变为产物的标准摩尔反应焓为

$$\Delta_r H_m^{\ominus} = \sum_j a_j \Delta_c H_{m,j}^{\ominus} - \sum_i y_i \Delta_c H_{m,i}^{\ominus} \tag{2.7.2}$$

2.7.3 离子标准摩尔生成焓的计算

在水溶液中进行离子反应时，也会伴有热的交换，为了计算这种热，需要引入离子的标准摩尔生成焓。由于溶液中离子总是同时存在的，为了获得单一离子无限稀释时的标准摩尔生成焓，热力学规定 $H^+(aq,\infty)$ 的标准摩尔生成焓为零，即 $\Delta_f H_m^{\ominus}(H^+,aq,\infty) = 0$。基于此规定可以获得其他离子无限稀释时的标准摩尔生成焓。

以 HCl(g)为例，若要计算 298.15 K 时，Cl^-无限稀释的标准摩尔生成焓，可设计如图 2.7.3 所示的能级图。图中 $\Delta_f H_m^{\ominus}(H^+, aq, \infty)$ 和 $\Delta_f H_m^{\ominus}(Cl^-, aq, \infty)$ 分别代表无限稀释时 H^+和 Cl^-的标准摩尔生成焓；$\Delta_f H_m^{\ominus}(HCl)$ 代表 HCl 的标准摩尔生成焓；$\Delta_{sol} H_m^{\ominus}(HCl,aq,\infty)$ 代表 HCl 无限稀释时的标准摩尔溶解焓。

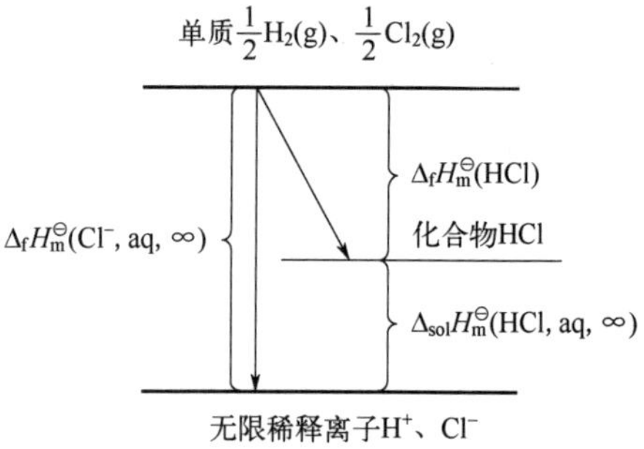

图 2.7.3　离子标准摩尔生成焓计算示意图

若已知 298.15 K 时，HCl(g)的标准摩尔生成焓 $\Delta_f H_m^{\ominus}(HCl) = -92.31\ kJ \cdot mol^{-1}$ 和无限稀释标准摩尔溶解焓 $\Delta_{sol} H_m^{\ominus}(HCl,aq,\infty) = -74.77\ kJ \cdot mol^{-1}$，则

$$\Delta_f H_m^{\ominus}(H^+,aq,\infty) + \Delta_f H_m^{\ominus}(Cl^-,aq,\infty) = \Delta_f H_m^{\ominus}(HCl) + \Delta_{sol} H_m^{\ominus}(HCl,aq,\infty)$$

规定 $\Delta_f H_m^\ominus(H^+,aq,\infty)=0$，所以

$$\Delta_f H_m^\ominus(Cl^-,aq,\infty)=\Delta_f H_m^\ominus(HCl)+\Delta_{sol} H_m^\ominus(HCl,aq,\infty)=-167.08\ kJ\cdot mol^{-1}$$

同理，可以设计类似的能级图进行其他离子无限稀释标准摩尔生成焓的计算。

2.7.4 由燃烧焓间接计算生成焓

许多有机化合物与氧气进行完全氧化反应很容易，而由单质直接合成却很难在实验中进行。因此，有些有机化合物的标准摩尔生成焓是通过标准摩尔燃烧焓推算得到的。如已知 298.15 K 时苯乙烯（$C_6H_5C_2H_3$，g）的标准摩尔燃烧焓 $\Delta_c H_m^\ominus=-4437\ kJ\cdot mol^{-1}$，进而求其同温度下的标准摩尔生成焓 $\Delta_f H_m^\ominus$。对于该计算过程，可以设计相应的能级图，如图 2.7.4 所示。

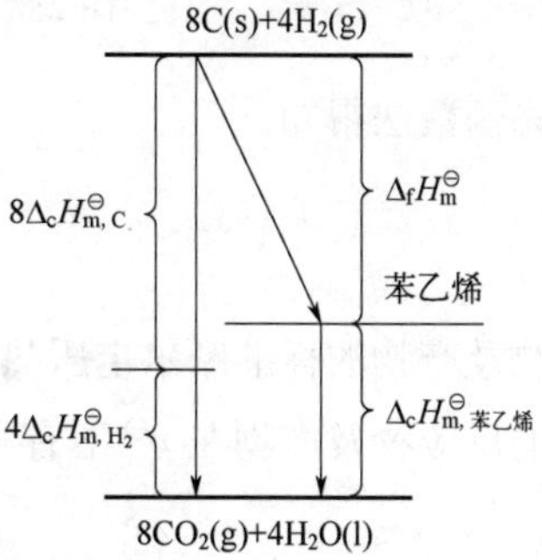

图 2.7.4　苯乙烯标准摩尔生成焓计算示意图

由图 2.7.4 可知，要计算苯乙烯的标准摩尔生成焓，可通过单质石墨和氢气的燃烧焓与苯乙烯的燃烧焓进行计算。由于苯乙烯中含碳原子 8 个，含氢原子 8 个，故单质石墨和氢气的物质的量分别为 8 mol 和 4 mol。所以苯乙烯的标准摩尔生成焓为

$$\Delta_f H_m^\ominus=8\Delta_c H_{m,C}^\ominus+4\Delta_c H_{m,H_2}^\ominus-\Delta_c H_{m,苯乙烯}^\ominus$$

经查表可知，石墨和氢气的标准摩尔燃烧焓分别为 $-393.51\ kJ\cdot mol^{-1}$ 和 $-285.83\ kJ\cdot mol^{-1}$，所以苯乙烯的标准摩尔生成焓为

$$\Delta_f H_m^\ominus=\left[8\times(-393.51)+4\times(-285.83)-(-4437)\right]kJ\cdot mol^{-1}=145.6\ kJ\cdot mol^{-1}$$

2.8 基尔霍夫公式及最高温度计算

2.8.1 基尔霍夫公式

由某一温度（通常是 25 ℃）下的标准摩尔生成焓或标准摩尔燃烧焓，只能求得该温度下的标准摩尔反应焓。但是经常需要其他温度下的标准摩尔反应焓，因此这里讨论标准摩尔反应焓随温度变化的函数关系。

设在温度 T 下一化学反应的标准摩尔反应焓为 $\Delta_r H_m^\ominus$，反应温度发生微变 dT，同时标准摩尔反应焓发生微变 $d\Delta_r H_m^\ominus$，即温度由 T 变至 $T+dT$，标准摩尔反应焓由 $\Delta_r H_m^\ominus$ 变至 $\Delta_r H_m^\ominus+d\Delta_r H_m^\ominus$，设计途径如图 2.8.1 所示。

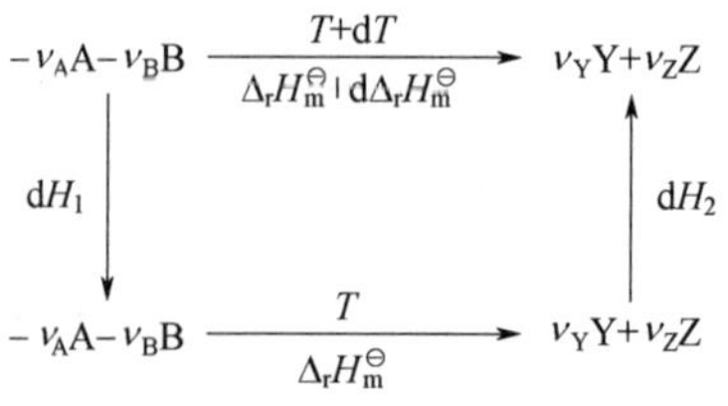

图 2.8.1 基尔霍夫公式推导示意图

由状态函数法得知

$$\mathrm{d}\Delta_{\mathrm{r}}H_{\mathrm{m}}^{\ominus}=\mathrm{d}H_1+\mathrm{d}H_2$$

反应物及产物的标准摩尔定压热容分别为$C_{p,\mathrm{m}}^{\ominus}(\mathrm{A})$、$C_{p,\mathrm{m}}^{\ominus}(\mathrm{B})$、$C_{p,\mathrm{m}}^{\ominus}(\mathrm{Y})$及$C_{p,\mathrm{m}}^{\ominus}(\mathrm{Z})$，则各自单独存在的反应物及产物在$p^{\ominus}$下有

$$\begin{aligned}\mathrm{d}H_1&=[-\nu_{\mathrm{A}}C_{p,\mathrm{m}}^{\ominus}(\mathrm{A})-\nu_{\mathrm{B}}C_{p,\mathrm{m}}^{\ominus}(\mathrm{B})](-\mathrm{d}T)\\&=[\nu_{\mathrm{A}}C_{p,\mathrm{m}}^{\ominus}(\mathrm{A})+\nu_{\mathrm{B}}C_{p,\mathrm{m}}^{\ominus}(\mathrm{B})]\mathrm{d}T\end{aligned}$$

$$\mathrm{d}H_2=[\nu_{\mathrm{Y}}C_{p,\mathrm{m}}^{\ominus}(\mathrm{Y})+\nu_{\mathrm{Z}}C_{p,\mathrm{m}}^{\ominus}(\mathrm{Z})]\mathrm{d}T$$

故

$$\begin{aligned}\mathrm{d}\Delta_{\mathrm{r}}H_{\mathrm{m}}^{\ominus}&=[\nu_{\mathrm{A}}C_{p,\mathrm{m}}^{\ominus}(\mathrm{A})+\nu_{\mathrm{B}}C_{p,\mathrm{m}}^{\ominus}(\mathrm{B})+\nu_{\mathrm{Y}}C_{p,\mathrm{m}}^{\ominus}(\mathrm{Y})+\nu_{\mathrm{Z}}C_{p,\mathrm{m}}^{\ominus}(\mathrm{Z})]\mathrm{d}T\\&=\sum_{\mathrm{B}}\nu_{\mathrm{B}}C_{p,\mathrm{m}}^{\ominus}(\mathrm{B})\mathrm{d}T\end{aligned}$$

令

$$\Delta_{\mathrm{r}}C_{p,\mathrm{m}}^{\ominus}=\sum_{\mathrm{B}}\nu_{\mathrm{B}}C_{p,\mathrm{m}}^{\ominus}(\mathrm{B})\qquad(2.8.1)$$

则得

$$\mathrm{d}\Delta_{\mathrm{r}}H_{\mathrm{m}}^{\ominus}=\Delta_{\mathrm{r}}C_{p,\mathrm{m}}^{\ominus}\mathrm{d}T$$

或写为

$$\mathrm{d}\Delta_{\mathrm{r}}H_{\mathrm{m}}^{\ominus}/\mathrm{d}T=\Delta_{\mathrm{r}}C_{p,\mathrm{m}}^{\ominus}\qquad(2.8.2)$$

此式称为基尔霍夫公式。此公式表明：化学反应的标准摩尔反应焓随温度的变化率等于反应物及产物的标准摩尔定压热容与其化学计量数的乘积之和。

将式（2.8.2）积分，在温度区间T_1至T_2内，若所有反应物及产物均不发生相变化，则得

$$\Delta_{\mathrm{r}}H_{\mathrm{m}}^{\ominus}(T_2)=\Delta_{\mathrm{r}}H_{\mathrm{m}}^{\ominus}(T_1)+\int_{T_1}^{T_2}\Delta_{\mathrm{r}}C_{p,\mathrm{m}}^{\ominus}\mathrm{d}T\qquad(2.8.3)$$

具体积分式要看各物质的标准摩尔定压热容与温度的函数关系式。

若反应物及产物的标准摩尔定压热容表示成

$$C_{p,\mathrm{m}}^{\ominus} = a + bT + cT^2$$

令 $\Delta a = \sum_{\mathrm{B}} \nu_{\mathrm{B}} a_{\mathrm{B}}, \Delta b = \sum_{\mathrm{B}} \nu_{\mathrm{B}} b_{\mathrm{B}}, \Delta c = \nu_{\mathrm{B}} c_{\mathrm{B}}$，则有

$$\Delta_{\mathrm{r}} C_{p,\mathrm{m}}^{\ominus} = \Delta a + \Delta bT + \Delta cT^2$$

可得不定积分式

$$\Delta_{\mathrm{r}} H_{\mathrm{m}}^{\ominus}(T) = \Delta H_0 + \Delta aT + \frac{1}{2}\Delta bT^2 + \frac{1}{3}\Delta cT^3$$

式中，ΔH_0 为积分常数，将某一温度以及该温度下的标准摩尔反应焓代入，即可求出。上式表示了化学反应的标准摩尔反应焓与温度的函数关系。公式的适用范围和物质的标准摩尔定压热容与温度的函数关系式所适用的范围相同。

上述基尔霍夫积分式适用于在所讨论的温度区间所有反应物及产物均不发生相变的情形。若在讨论的温度范围内反应物或产物之中一种或几种发生相变，就要按照状态函数法设计途径，由已知温度下的标准摩尔反应焓，结合有关物质在相变温度下的摩尔相变焓及有关的标准摩尔定压热容，求算另一温度下的标准摩尔反应焓。

2.8.2 爆炸反应的最高温度

恒温下的放热反应，如果反应较快，热量向环境的传递较慢，则产物的温度就要升高。在极限情况下，如燃烧爆炸反应几乎是瞬间完成的，可以认为系统与环境之间是绝热的，产物的温度可以达到最高。

恒压燃烧反应所能达到的最高温度称为最高火焰温度。恒容爆炸反应，在产物达到最高温度时，系统内的压力也达到最大。因此计算最高火焰温度、爆炸反应的最高温度和最大压力，有着重要的理论及实际意义。

计算恒压燃烧反应的最高火焰温度的依据是

$$Q_p = \Delta H = 0$$

计算恒容爆炸反应的最高温度的依据是

$$Q_V = \Delta U = 0$$

下面以烃类 $C_xH_{2y}(g)$在化学计量的氧气 $O_2(g)$中恒压燃烧为例，说明计算最高火焰温度的原理。

始态为常压下温度为 T_0 的反应物 $C_xH_{2y}(g) + (x + 0.5y)O_2(g)$，末态为常压下温度为 T 的产物 $xCO_2(g) + yH_2O(g)$，反应式为

$$C_xH_{2y}(g) + (x + 0.5y)O_2(g) = xCO_2(g) + yH_2O(g)$$

设计途径如图 2.8.2 所示。

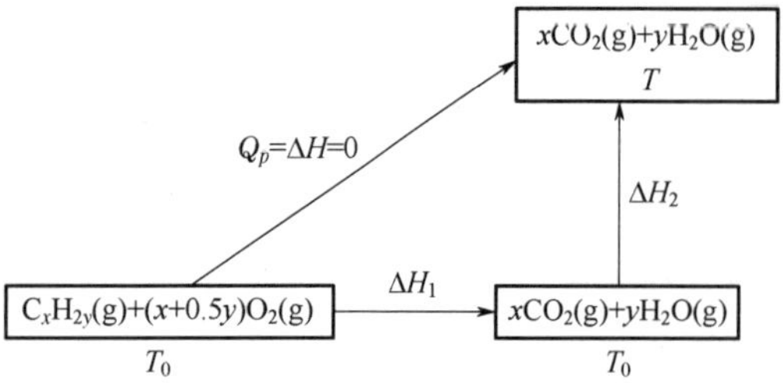

图 2.8.2　最高火焰温度推导示意图

$$\Delta H_1 = \Delta_r H_m(T_0) \approx \Delta_r H_m^{\ominus}(T_0)$$

$$\Delta H_2 = \int_{T_0}^{T} [xC_{p,m}(CO_2,g) + yC_{p,m}(H_2O,g)]dT$$

因

$$Q_p = \Delta H = \Delta H_1 + \Delta H_2 = 0$$

得

$$\int_{T_0}^{T} [xC_{p,m}(CO_2,g) + yC_{p,m}(H_2O,g)]dT + \Delta_r H_m^{\ominus}(T_0) = 0$$

将产物的摩尔定压热容表示成温度的函数代入，积分，即可解得最高火焰温度 T。

若已知产物在 T_0～T 间的平均摩尔定压热容，且

$$\Delta H_2 = [x\overline{C}_{p,m}(CO_2,g) + y\overline{C}_{p,m}(H_2O,g)] \times (T - T_0)$$

结合 $\Delta H_2 = -\Delta H_1 = -\Delta_r H_m^{\ominus}(T_0)$，可得

$$T = \frac{-\Delta_r H_m^{\ominus}(T_0)}{x\overline{C}_{p,m}(CO_2,g) + y\overline{C}_{p,m}(H_2O,g)} + T_0$$

因为燃烧产物的温度 T 很高，得到的水只能以气态形式存在，故在上述途径中温度 T_0 下的产物即为水蒸气(H_2O,g)。这样，在水蒸气(H_2O,g)由 T_0 升温至 T 时，就不必再考虑水(H_2O,l)的相变。但要注意在 T_0 的烃 C_xH_{2y}(g)的燃烧产物也应是 H_2O(g)而非 H_2O(l)，故 $\Delta H_1 = \Delta_r H_m(T_0)$ 并非 C_xH_{2y}(g)的摩尔燃烧焓。

此外，如果燃料不是在化学计量的氧气中燃烧，而是在过量的氧气中燃烧，或在空气中燃烧，由于过量氧气及氮气也要升温，则燃烧产物的最终温度就要低于在化学计量的氧气中燃烧所能达到的最高火焰温度。

❖ **例 2.8.1**　甲烷(CH_4,g)与 2 倍理论量的空气混合，始态温度为 25 ℃，在常压($p \approx 100$ kPa)下燃烧，求燃烧产物所能达到的最高温度。设空气中氧气的摩尔分数为 0.21，其余均为氮气，所需数据查附录。

解： 甲烷 CH_4(g)的燃烧反应为

$$CH_4(g) + 2O_2(g) \Longrightarrow CO_2(g) + 2H_2O(g)$$

如取 1 mol CH_4(g)在 O_2(g)中燃烧，理论上需 2 mol O_2(g)，产生 1 mol CO_2(g)、2 mol H_2O(g)。现 CH_4(g)在过量 1 倍的空气中燃烧，1 mol CH_4(g)则需 4 mol O_2(g)，同时还有 $4 \times (0.79 / 0.21)$ mol = 15.05 mol N_2(g)，这是始态时各物质的量。1 mol CH_4(g)完全燃烧后，则生成 1 mol CO_2(g)、2 mol H_2O(g)，还有过量的 O_2(g) 2 mol 及不参加反应的 N_2(g)15.05 mol，这是系统末态时各物质的量。始态温度 T_0 = 298.15 K，末态温度为 T。过程压力不变，假设途径如下。

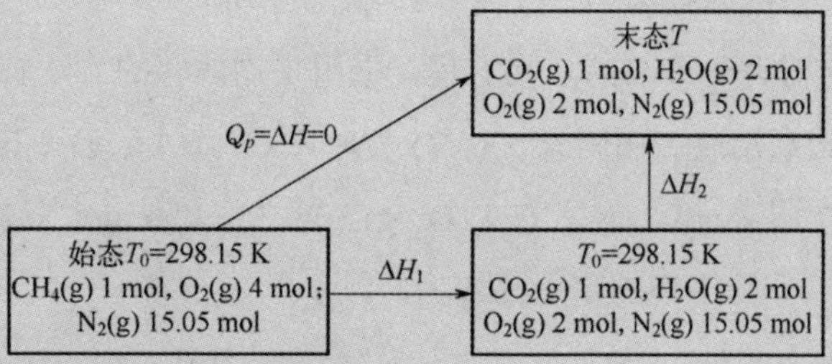

恒压燃烧求最高温度，过程等压绝热，即

$$Q_p = \Delta H = \Delta H_1 + \Delta H_2 = 0$$

（1）ΔH_1 的求解

ΔH_1 不等于 1 mol CH_4(g)在 298.15 K 的标准摩尔燃烧焓。因为在方程式中选择的 H_2O 的状态不是液态水(H_2O,l)而是水蒸气(H_2O,g)，这样做是为了在假设途径的第二步骤时 H_2O(g)的相态不再改变而便于计算。

可以采用两种方法求 ΔH_1。

① 利用方程式中各物质的标准摩尔生成焓。在 298.15 K 时，有

$$\Delta_r H_m^{\ominus} = -\Delta_f H_m^{\ominus}(CH_4,g) + \Delta_f H_m^{\ominus}(CO_2,g) + 2\Delta_f H_m^{\ominus}(H_2O,g)$$

查附录 5，$\Delta_f H_m^{\ominus}(CH_4,g) = -74.81\ kJ \cdot mol^{-1}$，$\Delta_f H_m^{\ominus}(CO_2,g) = -393.509\ kJ \cdot mol^{-1}$，$\Delta_f H_m^{\ominus}(H_2O,g) = -241.818\ kJ \cdot mol^{-1}$，则

$$\Delta_f H_m^{\ominus} = [-(-74.81) + (-393.509) + 2 \times (-241.818)]\ kJ \cdot mol^{-1} = -802.335\ kJ \cdot mol^{-1}$$

$\Delta\xi = 1mol$，故

$$\Delta H_1 = \Delta\xi \Delta_f H_m^{\ominus} = 802.335\ kJ$$

② 应用 CH_4(g)的标准摩尔燃烧焓及 H_2O(l)的标准摩尔蒸发焓。查附录 6，CH_4(g)的 $\Delta_c H_m^{\ominus} = -890.31\ kJ \cdot mol^{-1}$，而 H_2O 在 25 ℃时 $\Delta_{vap} H_m^{\ominus} = \Delta_f H_m^{\ominus}(H_2O,g) - \Delta_f H_m^{\ominus}(H_2O,l)$。

查附录 5，$\Delta_f H_m^{\ominus}(H_2O,g) = -241.818\ kJ \cdot mol^{-1}$，$\Delta_f H_m^{\ominus}(H_2O,l) = -285.830\ kJ \cdot mol^{-1}$，于是得

$$\Delta_{vap} H_m = [-241.818 - (-285.830)]\ kJ \cdot mol^{-1} = 44.012\ kJ \cdot mol^{-1}$$

$$\begin{aligned}\Delta_r H_m^{\ominus} &= \Delta_c H_m^{\ominus}(CH_4,g) + 2\Delta_{vap} H_m^{\ominus}(H_2O)\\ &=(-890.31+2 \times 44.012)\ kJ \cdot mol^{-1}\\ &= -802.286\ kJ \cdot mol^{-1}\end{aligned}$$

可以得

$$\Delta H_1 = \Delta\xi \times \Delta_r H_m^{\ominus} = -802.286\ kJ$$

（2）ΔH_2 的求解

现在要把 ΔH_2 表示成温度的函数。因燃烧的最高温度很高，各物质的摩尔定压热容是温度的函数，将附录中 CO_2(g)、H_2O(g)、O_2 (g)、N_2 (g)的摩尔定压热容（$C_{p,m}$=a+bT+cT^2）

代入 $\Delta H_2=\int_{T_0}^{T}[n(CO_2,g)C_{p,m}(CO_2,g)+n(H_2O,g)C_{p,m}(H_2O,g)+n(O_2,g)C_{p,m}(O_2,g)+n(N_2,g)$ $C_{p,m}(N_2,g)]dT$，则将得到一个 T 的三次方程，采用平均热容的方法解该方程。

① 先估计一下最高温度。由附录 5 得 25 ℃时，$C_{p,m}(CO_2,g)=37.11\ J^{-1}\cdot mol^{-1}\cdot K^{-1}$ $C_{p,m}(H_2O,g)=33.577\ J^{-1}\cdot mol^{-1}\cdot K^{-1}$, $C_{p,m}(O_2,g)=29.355\ J^{-1}\cdot mol^{-1}\cdot K^{-1}$, $C_{p,m}(N_2,g)=$ $29.125\ J^{-1}\cdot mol^{-1}\cdot K^{-1}$，得产物的定压热容为

$$\begin{aligned}C_p&=\sum_B \nu_B C_{p,m}(B)\\&=(1\times37.11+2\times33.577+2\times29.355+15.05\times29.125)\ J^{-1}\cdot K^{-1}\\&=601.3\ J^{-1}\cdot K^{-1}\end{aligned}$$

因 $\Delta H_2=\overline{C}\times(T-T_0)$，且认为 $\overline{C}_p=C_p$，由 $\Delta H_2=-\Delta H_1$，得末态温度约为

$$T=-\Delta H/C_p+T_0\approx1632\ K$$

但因温度升高气体的热容增大，故实际最高应低于 1632 K，大致为 1500 K。

② 然后利用各物质摩尔定压热容 $C_{p,m}$ 随 T 的函数关系求各气体在 298～1500 K 范围的平均摩尔定压热容。所应用的公式为 $\overline{C}_{p,m}(B)=\dfrac{\int_{T_0}^{T}C_{p,m}(B)dT}{T-T_0}$ 求得 298～1500 K 各物质的平均摩尔定压热容：$\overline{C}_{p,m}(CO_2,g)=51.51\ J^{-1}\cdot mol^{-1}\cdot K^{-1}$，$\overline{C}_{p,m}(H_2O,g)=40.31 J^{-1}\cdot mol^{-1}\cdot K^{-1}$，$\overline{C}_{p,m}(O_2,g)=33.14\ J^{-1}\cdot mol^{-1}\cdot K^{-1}$，$\overline{C}_{p,m}(N_2,g)=32.03\ J^{-1}\cdot mol^{-1}\cdot K^{-1}$。由此得 298～1500 K 范围内产物平均定压热容为

$$\begin{aligned}\overline{C}_p&=\sum \nu_B \overline{C}_{p,m}(B)\\&=(1\times51.51+2\times40.31+2\times33.14+15.05\times32.03)\ J^{-1}\cdot K^{-1}\\&=680.46\ J^{-1}\cdot K^{-1}\end{aligned}$$

③ 最后由 $\overline{C}_p\times(T-T_0)=-\Delta H_1$ 得所求最高温度。即

$$\begin{aligned}T&=-\Delta H_1/\overline{C}_p+T_0\\&=(802.34\times10^3/680.46+298.15)\ K\\&=1477\ K\end{aligned}$$

习题

1. 1 mol 理想气体于恒定压力下升温 1 ℃，试求过程中气体与环境交换的功。

答：−8.314 kJ

2. 1 mol 水蒸气(H_2O,g)在 100 ℃、101.325 kPa 下全部凝结成液态水，求过程的功。

答：3.102 kJ

3. 在 25 ℃及恒定压力下，电解 1 mol 水(H_2O,l)，求过程的体积功。

$$H_2O(l) = H_2(g)+\frac{1}{2}O_2(g)$$

答：−3.718 kJ

4. 系统由相同的始态经过不同途径达到相同的末态。若途径 a 的 $Q_a = 2.078$ kJ，$W_a = -4.157$ kJ；而途径 b 的 $Q_b = -0.692$ kJ。求 W_b。

答：−1.387 kJ

5. 始态为 25 ℃、200 kPa 的 5 mol 某理想气体，经 a、b 两不同途径到达相同的末态。途径 a 先经绝热膨胀到−28.57 ℃、100 kPa，步骤做功 $W_a = -5.57$ kJ；然后在恒容加热到压力 200 kPa 的末态，步骤的热 $Q_a = 25.42$ kJ。途径 b 为恒压加热过程，求途径 b 的 W_b 及 Q_b。

答：−7.940 kJ，27.79 kJ

6. 4 mol 某理想气体，温度升高 20 ℃，求$\Delta H - \Delta U$的值。

答：665.12 kJ

7. 已知水在 25 ℃的密度 ρ=997.04 kg・m^{-3}。求 1 mol 水(H_2O,l)在 25 ℃下：

（1）压力从 100 kPa 增加到 200 kPa 时的ΔH。

（2）压力从 100 kPa 增加到 1 MPa 时的ΔH。

假设水的密度不随压力改变，在此压力范围内水的摩尔热力学能近似认为与压力无关。

答：（1）1.8 J

（2）16.2 J

8. 某理想气体 $C_{V,\mathrm{m}} = 1.5R$。今有该气体 5 mol 在恒容下温度升高 50 ℃，求过程的 W、Q、ΔH 和ΔU。

答：0，3.118 kJ，3.118 kJ，5.196 kJ

9. 某理想气体 $C_{V,\mathrm{m}} = 2.5R$。今有该气体 5 mol 在恒压下温度降低 50 ℃，求过程的 W、Q、ΔH 和ΔU。

答：2.079 kJ，−7.275 kJ，−7.275 kJ，−5.196 kJ

10. 2 mol 某理想气体，$C_{p,\mathrm{m}} = \dfrac{7}{2}R$。由始态 100 kPa、50 dm^3，先恒容加热使压力升高至 200 kPa，再恒压冷却使体积缩小至 25 dm^3。求整个过程的 W、Q、ΔH 和ΔU。

答：5.00 kJ，5.00 kJ，0，0

11. 4 mol 某理想气体，$C_{p,\mathrm{m}} = \dfrac{5}{2}R$。由始态 100 kPa、100 dm^3，先恒压加热使体积升增大到 150 dm^3，再恒容加热使压力增大到 150 kPa。求过程的 W、Q、ΔH 和ΔU。

答：−5.00 kJ，23.75 kJ，−31.25 kJ，18.75 kJ

12. 已知 CO_2(g)的 $C_{p,\mathrm{m}}$ =[26.75+42.258×10^{-3}(T/K)−14.25×10^{-6}(T/K)^2]J・mol^{-1}・K^{-1}，求：

（1）300 K 至 800 K 间 CO_2(g)的 $\overline{C}_{p,\mathrm{m}}$。

（2）1 kg 常压下的 CO_2(g)从 300 K 恒压加热至 800 K 的 Q。

答：（1）45.38 J・mol^{-1}・K^{-1}

（2）515.5 kJ

13. 容积为 27 m^3 的绝热容器中有一小加热器件，器壁上有一小孔与 100 kPa 的大气相通，以维持容器内空气的压力恒定。今利用加热器件使容器内的空气由 0 ℃加热至 20 ℃，问需供给容器内的空气多少热量。已知空气的 $C_{V,\mathrm{m}} = 20.4\ \mathrm{J \cdot mol^{-1} \cdot K^{-1}}$。假设空气为理想气体，加热过程中容器内空气的温度均匀。

答：659 kJ

14. 容积为 0.1 m^3 的恒容密闭容器中有一绝热隔板，其两侧分别为 0 ℃、4 mol 的 Ar(g)

及 150 ℃、2 mol 的 Cu(s)。现将隔板撤掉，整个系统达到热平衡，求末态温度 T 及过程的ΔH。已知：Ar(g)和 Cu(s)的摩尔定压热容 $C_{p,m}$ 分别为 20.786 $J \cdot mol^{-1} \cdot K^{-1}$ 及 24.435 $J \cdot mol^{-1} \cdot K^{-1}$，且假设均不随温度而变。

答：74.23 ℃，2.47 kJ

15. 水煤气发生炉出口的水煤气温度是 1100 ℃，其中 CO(g)及 H_2(g)的体积分数各为 0.50。若每小时有 300 kg 水煤气由 1100 ℃冷却到 100 ℃，并用所回收的热来加热水，使水温由 25 ℃升高到 75 ℃。试求每小时生产热水的质量。CO(g)和 H_2(g)的摩尔定压热容 $C_{p,m}$ 与温度的函数关系查本书附录 4，水(H_2O，l)的定压比热容 c_p=4.184 $J \cdot g^{-1} \cdot K^{-1}$。

答：2992.4 kg

16. 单原子理想气体 A 与双原子理想气体 B 的混合物共 5 mol，摩尔分数 $y_B = 0.4$，始态温度 T_1 = 400 K，压力 p_1 = 200 kPa。今该混合气体绝热反抗恒外压 p = 100 kPa 膨胀到平衡态。求末态温度 T_2 及过程的 W、ΔU、ΔH。

答：331.03 K，−5.448 kJ，−5.448 kJ，−8.315 kJ

17. 在一带活塞的绝热容器中有一绝热隔板，隔板的两侧分别为 2 mol、0 ℃的单原子理想气体 A 及 5 mol、100 ℃的双原子理想气体 B，两气体的压力均为 100 kPa。活塞外的压力维持 100 kPa 不变。今将容器内的绝热隔板撤去，使两种气体混合达到平衡态。求末态温度 T 及过程的 W、ΔU。

答：350.93 K，−369.2 kJ，−369.2 kJ

18. 在一带活塞的绝热容器中有一固定绝热隔板，隔板活塞一侧为 2 mol、0 ℃的单原子理想气体 A，压力与恒定的环境压力相等；隔板的另一侧为 6 mol、100 ℃的双原子理想气体 B，其体积恒定。今将绝热隔板的绝热层去掉使之变成导热隔板，求系统达平衡时的 T 及过程的 W、ΔU。

答：348.15 K，−1.247 kJ，−1.247 kJ

19. 已知水(H_2O，l)在 100 ℃的饱和蒸气压 p_s = 101.325 kPa，在此温度、压力下水的摩尔蒸发焓 $\Delta_{vap}H_m$ = 40.668 $kJ \cdot mol^{-1}$。求在 100 ℃、101.325 kPa 下使 1 kg 水蒸气全部凝结成液体水时的 Q、W、ΔU 及ΔH。设水蒸气适用理想气体状态方程。

答：−2258 kJ，172.3 kJ，−2085.65 kJ，−2258 kJ

20. 某双原子理想气体 1 mol 从始态 350 K、200 kPa 经过如下四个不同过程达到各自的平衡态：（1）恒温可逆膨胀到 50 kPa；（2）恒温反抗 50 kPa 恒外压不可逆膨胀；（3）绝热可逆膨胀到 50 kPa；（4）绝热反抗 50 kPa 恒外压不可逆膨胀。求各过程的功 W。

答：（1）−4.034 kJ；
（2）−2.182 kJ；
（3）−2.379 kJ；
（4）−1.559 kJ

21. 5 mol 双原子理想气体 1 mol 从始态 300 K、200 kPa，先恒温可逆膨胀到压力为 50 kPa，再绝热可逆压缩至末态压力 200 kPa。求末态温度 T 及整个过程的 Q、W、ΔU 及ΔH。

答：445.80 K，17.29 kJ，−2.14 kJ，15.15 kJ，21.21 kJ

22. 一水平放置的绝热圆筒中装有无摩擦的绝热理想活塞，左、右两侧分别为 50 dm^3 的单原子理想气体 A 和 50 dm^3 的双原子理想气体 B。两气体均为 0 ℃、100 kPa。A 气体内部有一体积及热容均可忽略的电热丝，现在经通电无限缓慢加热左侧气体 A，推动活塞压缩右侧气体B使压力最终到达200 kPa。求：

（1）气体B的最终温度。

（2）气体B得到的功。

（3）气体A的最终温度。

（4）气体A从电热丝得到的热。

答：（1）332.97 K

（2）2.738 kJ

（3）759.69 kJ

（4）16.095 kJ

23. 在带活塞的绝热容器中有4.25 mol的某固态物质A及5 mol某单原子理想气体B，物质A的$C_{p,m} = 24.454\ J \cdot mol^{-1} \cdot K^{-1}$。始态温度$T_1 = 400\ K$，压力$p_1 = 200\ kPa$。今以气体B为系统，求经可逆膨胀到$p_2 = 100\ kPa$时，系统的$T_2$及过程的$Q$、$W$、$\Delta U$及$\Delta H$。

答：303.14 K，10.07 kJ，−16.11 kJ，−6.04 kJ，−10.07 kJ

24. 已知100 kPa下冰的熔点为0 ℃，此时冰的比熔化焓$\Delta_{fus}H = 333.3\ J \cdot g^{-1}$。水和冰的平均定压比热容$\bar{c}_p$分别为$4.184\ J \cdot g^{-1} \cdot K^{-1}$及$2.000\ J \cdot g^{-1} \cdot K^{-1}$。今在绝热容器内向1 kg、50℃的水中投入0.8 kg、20 ℃的冰。求：

（1）末态的温度。

（2）末态水和冰的质量。

答：（1）0 ℃

（2）1.532 kg，0.268 kg

25. 蒸气锅炉中连续不断地注入20 ℃的水，将其加热并蒸发成180 ℃、饱和蒸气压为1.003 MPa的水蒸气。求每生产1 kg饱和水蒸气所需的热。已知：水(H_2O,l)在100 ℃的摩尔相变焓$\Delta_{vap}H_m(373.15K) = 40.668\ kJ \cdot mol^{-1}$，水的平均摩尔定压热容、水蒸气($H_2O$,g)的摩尔定压热容与温度的关系自行查附录。

答：2.741×10^3 kJ

26. 100 kPa下，冰(H_2O,s)的熔点为0℃，在此条件下冰的摩尔熔化焓$\Delta_{fus}H_m = 6.012\ kJ \cdot mol^{-1}$。已知在−10～0 ℃范围内过冷水($H_2O$, l)和冰的摩尔定压热容分别为$C_{p,m}(H_2O,l)=76.28\ J \cdot mol^{-1} \cdot K^{-1}$和$C_{p,m}(H_2O,s)=37.20\ J \cdot mol^{-1} \cdot K^{-1}$。求在常压下及−10 ℃下过冷水结冰的摩尔凝固焓。

答：$-5.621\ kJ \cdot mol^{-1}$

27. 已知水(H_2O, l)在100 ℃的摩尔蒸发焓$\Delta_{vap}H_m = 40.668\ kJ \cdot mol^{-1}$，水和水蒸气在25～100 ℃的平均摩尔定压热容分别为$75.291\ J \cdot mol^{-1} \cdot K^{-1}$和$33.577\ J \cdot mol^{-1} \cdot K^{-1}$。求在25 ℃时水的摩尔蒸发焓。

答：43.64 kJ

28. 25 ℃下，密闭恒容的容器中有10 g固体萘$C_{10}H_8$(s)在过量的O_2(g)中完全燃烧成CO_2(g)和H_2O(l)，过程放热401.727 kJ。求：

（1）$C_{10}H_8(s) + 12O_2(g) = 10CO_2(g) + 4H_2O(l)$的反应进度。

（2）$C_{10}H_8$（s）的$\Delta_c U_m^{\ominus}$。

（3）$C_{10}H_8$（s）的$\Delta_c H_m^{\ominus}$。

答：（1）0.078 mol；（2）−5149 kJ；（3）−5153.9 kJ

29. 应用附录 5 中有关物质在 25 ℃的标准摩尔生成焓的数据，计算下列反应的 $\Delta_r H_m^\ominus(298.15\ K)$、$\Delta_r U_m^\ominus(298.15\ K)$。

（1）$4NH_3(g) + 5O_2(g) = 4NO(g) + 6H_2O(g)$

（2）$3NO_2(g) + H_2O(l) = 2HNO_3(l) + NO(g)$

（3）$Fe_2O_3(s) + 3C$(石墨) $= 2Fe(s) + 3CO(g)$

答：（1）−905.47 kJ • mol^{-1}，−907.95 kJ • mol^{-1}

（2）−71.66 kJ • mol^{-1}，−66.70 kJ • mol^{-1}

（3）492.63 kJ • mol^{-1}，485.19 kJ • mol^{-1}

30. 应用附录中有关物质的热化学数据，计算 25 ℃时反应 $2CH_3OH(l) + O_2(g) = HCOOCH_3(l) + 2H_2O(l)$ 的标准摩尔反应焓，要求：

（1）应用 25 ℃的标准摩尔生成焓数据。

（2）应用 25 ℃的标准摩尔燃烧焓数据。

答：（1）−473.41 kJ • mol^{-1}

（2）−473.52 kJ • mol^{-1}

31. 已知 25 ℃甲酸($HCOOCH_3$,l)的标准摩尔燃烧焓 $\Delta_c H_m^\ominus$ 为−979.5 kJ • mol^{-1}，甲酸($HCOOCH_3$,l)、甲醇(CH_3OH,l)、水(H_2O,l)及二氧化碳(CO_2,g)的标准摩尔生成焓数据 $\Delta_f H_m^\ominus$ 分别为−424.72 kJ • mol^{-1}，−238.66 kJ • mol^{-1}，−285.830 kJ • mol^{-1} 及−393.509 kJ • mol^{-1}。应用这些数据求 25 ℃时下列反应的标准摩尔反应焓。

$$HCOOH(l) + CH_3OH(l) = HCOOCH_3(l) + H_2O(l)$$

答：−1.628 kJ • mol^{-1}

32. 已知 $CH_3COOH(g)$、$CO_2(g)$和 $CH_4(g)$的平均摩尔定压热容 $\overline{C}_{p,m}$ 分别为 66.5 J • mol^{-1} • K^{-1}，37.11 J •mol^{-1} •K^{-1}，35.309 J •mol^{-1} •K^{-1}。试由附录中各化合物的标准摩尔生成焓计算 1000 K 时下列反应 $CH_3COOH(g) = CH_4(g) + CO_2(g)$ 的 $\Delta_r H_m^\ominus$

答：−31.913 kJ • mol^{-1}

33. 对于化学反应 $CH_4(g) + H_2O(g) = CO(g) + 3H_2(g)$，应用附录 5 中各物质在 25 ℃时标准摩尔生成焓数据及摩尔定压热容与温度的函数关系式，求：

（1）将 $\Delta_r H_m^\ominus(T)$ 表示成温度的函数关系式。

（2）该反应在 1000 K 时的 $\Delta_r H_m^\ominus$。

答：（1）$\Delta_r H_m^\ominus(T) = [189.93\times10^3 + 63.867(T/\mathrm{K}) - 34.6309\times10^{-3}(T/\mathrm{K})^2 + 5.9535\times10^{-6}(T/\mathrm{K})^3]\ \mathrm{J\cdot mol^{-1}}$

（2）225.13 kJ • mol^{-1}

34. 甲烷与过量 50%的空气混合，为使恒压燃烧的最高温度能达 2000 ℃，求燃烧前混合气体应预热到多少摄氏度？所需数据见附录。

答：535.4 ℃

35. 1 mol H_2 与过量 50%的空气的混合物的始态为 25 ℃、101.325 kPa。若该混合气体于容器中发生爆炸，试求所能达到的最高温度和压力。设所有气体均可按理想气体处理，$H_2O(g)$、O_2 及 N_2 的 $\overline{C}_{V,m}$ 分别为 37.66 J • mol^{-1} • K^{-1}、25.1 J • mol^{-1} • K^{-1} 及 25.1 J • mol^{-1} • K^{-1}。

答：2121.5 ℃，715.1 kPa

第3章

热力学第二定律及应用

3.1 引言

热力学第一定律指出了能量守恒和转化及转化过程中各种能量具有的等量关系，但不能指出变化的方向和限度。例如，对式（3.1.1）所示反应，热力学第一定律只能指出正反应和逆反应的反应热数值相等而符号相反，至于在给定条件下，此反应朝哪个方向进行，第一定律不能回答。自然界的变化都不违反热力学第一定律，但不违反热力学第一定律的变化未必都能发生。判断一过程能否发生以及过程进行的限度依靠热力学第二定律。

$$\mathrm{A+B} \underset{-\Delta U,-\Delta H}{\overset{\Delta U,\Delta H}{\rightleftharpoons}} \mathrm{C+D} \tag{3.1.1}$$

热力学第一定律反映了过程的能量守恒，但不违背热力学第一定律的过程并非都能自动进行的。若从状态 1 到状态 2 能自动进行，则在同样条件下，从状态 2 到状态 1 不能自动进行，也就是从某一状态到另一状态存在着自动进行的方向问题，热力学第二定律讲的就是过程的方向和限度。

热力学第二定律的发现和建立过程完全是由对热机效率的研究所推动的。18 世纪初，欧洲资本主义的大工业生产使蒸汽机得到了广泛应用，这一方面加速了工业生产的发展，另一方面也提出了提高蒸汽机热效率的要求，因此极大地促进了热力学的发展。1824 年，卡诺（Carnot，1796—1832 年，法国）设计了卡诺循环，提出了著名的卡诺定理：工作于两个恒温热源之间的所有热机，其效率都不会超过可逆热机。即

$$\eta_{\mathrm{a}} \leqslant \eta_{\mathrm{r}} \tag{3.1.2}$$

式中，a 代表 arbitrary，任意的；r 代表 reversible，可逆的。1834 年，法国工程师克拉佩龙（Clapeyron，1799—1864 年）研究了卡诺的文章，并用几何图形将卡诺循环表示出来。

1848 年，开尔文（Kelvin，1824—1907 年）根据克拉佩龙转述的卡诺循环研究了卡诺定理。他还根据卡诺原理，提出了绝对热力学温标。

1850 年，克劳修斯（Clausius，1822—1888 年）也研究了卡诺的工作，澄清了能量守恒定律在卡诺原理中的意义，同时发现了其中包含着一个新的自然规律，他将这个规律表述如下：不可能把热从低温物体转移至高温物体而不引起其他变化。这就是热力学第二定律的克劳修斯说法。制冷机可使热从低温物体转移至高温物体，但引起了其他变化。

1851 年，开尔文再度研究了卡诺原理，提出了热力学第二定律的开尔文说法：不可能从单一热源吸热使之完全变为有用的功而不产生其他变化。

本章在卡诺定理的基础上，推导出一个重要的状态函数——熵，并且得出熵判据。熵判据表明隔离系统中任何可能发生的过程的方向和限度。

在熵判据的基础上，在恒温恒容且非体积功为零，或恒温恒压且非体积功为零的条件下，又得出系统发生自发过程的判据，即亥姆霍兹函数判据和吉布斯函数判据，同时引入两个新的状态函数：亥姆霍兹函数和吉布斯函数。

在综合热力学第一定律和热力学第二定律之后，推导出热力学能、焓、亥姆霍兹函数和吉布斯函数这四个状态函数随平衡系统状态变化的热力学基本方程。

除了应用热力学基本方程进行某些计算外，还由它推导出纯物质两相平衡时温度与压力间关系的克拉佩龙方程，以及液体饱和蒸气压随温度变化的克劳修斯-克拉佩龙方程。

本章最后由基本方程得出麦克斯韦关系式等重要公式，介绍如何推导、证明热力学关系式。

因此，本章要求在深入理解熵、亥姆霍兹函数、吉布斯函数这三个状态函数的前提下，掌握封闭系统发生 pVT 变化、相变化和化学变化这三类过程的熵变、亥姆霍兹函数变和吉布斯函数变的计算，并学会使用判据；正确应用克劳修斯-克拉佩龙方程；理解热力学基本方程及其应用。

3.2 卡诺循环

下面介绍热功转换的理论模型，即著名的卡诺循环。

利用热对外连续做功必须借助一种能够循环操作的机器，把通过工质从高温热源吸热、向低温热源放热并对环境做功的循环操作的机器称为热机。热机从高温热源 T_1 吸热 Q_1，一部分对外做功 W，另一部分放热 Q_2 到低温热源 T_2，如图 3.2.1 所示。

将在一次循环中，热机对环境所做的功 $-W$ 与其从高温吸收的热 Q_1 之比称为热机效率，其符号为 η 。

$$\eta = -W/Q_1 \tag{3.2.1}$$

蒸汽机发明并用于生产后，人们在使用过程中发现蒸汽机的热效率不足 5%，其他放热到环境白白浪费了，于是竞相研究如何提高热机效率。但通过各种改进后的效果都不明显，人们逐渐意识到可能存在一个决定热机效率高低的本质问题。1824 年卡诺发现：热机在最理想的情况下，也不能把从高温热源吸收的热全部转化为功，即热机效率存在着极限。

卡诺设想了一理想热机，以气缸中的理想气体为工质，经过如图 3.2.2 所示的四个可逆步骤构成一个循环，推导出可逆热机效率与高温热源及低温热源温度间的关系，图中阴影面积为对外做功$-W$，整个循环过程分为四个阶段。

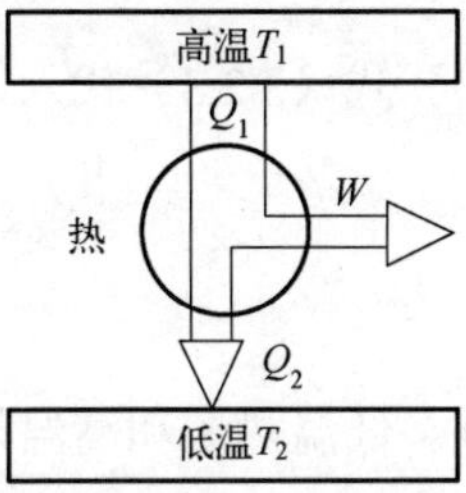

图 3.2.1　热机能量流向示意图

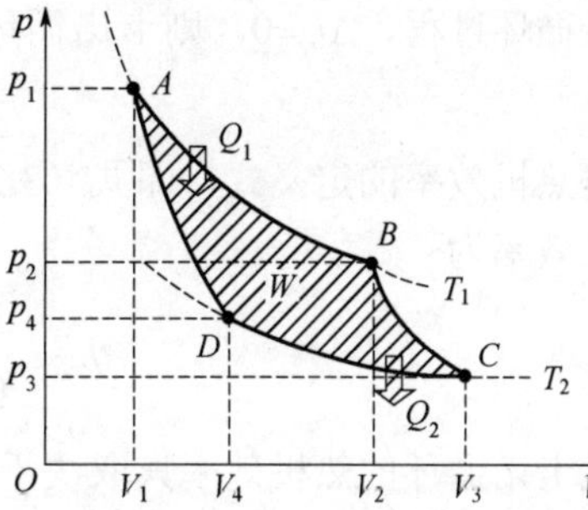

图 3.2.2　卡诺循环示意图

① 恒温可逆膨胀。物质的量为 n 的理想气体，在高温热源 T_1 下从状态 A（T_1, p_1, V_1）恒温可逆膨胀到状态 B（T_2, p_2, V_2），系统从高温热源吸热并对外做功。

$$Q_1=-W_1=\int_{V_1}^{V_2} p\mathrm{d}V = nRT_1\ln(V_2/V_1) \qquad (3.2.2\mathrm{a})$$

② 绝热可逆膨胀。系统从状态 B 绝热可逆膨胀降温到低温热源 T_2 下的状态 $C(T_2, p_3, V_3)$，系统靠降低热力学能而对外做功。

$$Q'=0,\quad W'=DU'=nC_{V,\mathrm{m}}(T_2-T_1) \qquad (3.2.2\mathrm{b})$$

③ 恒温可逆压缩。系统在低温热源 T_2 下从状态 C 恒温可逆到状态 $D(T_2, p_4, V_4)$，环境对系统做功且系统向低温热源放热。

$$Q_2=-W_2=\int_{V_3}^{V_4} p\mathrm{d}V = nRT_2\ln(V_4/V_3) \qquad (3.2.2\mathrm{c})$$

④ 绝热可逆压缩。系统从状态 D 绝热可逆压缩回到状态 A，环境对系统做功使其热力学能增加。

$$Q''=0,\quad W''=\Delta U''=nC_{V,\mathrm{m}}(T_1-T_2) \qquad (3.2.2\mathrm{d})$$

在这四个状态中，状态 A 和状态 B 在一条绝热线上，状态 C 和状态 D 在另一条绝热线上。将理想气体绝热可逆过程方程式应用于这两条绝热线，有

$$(T_2/T_1)^{C_{V,\mathrm{m}}}(V_4/V_1)^R=1$$

$$(T_2/T_1)^{C_{V,\mathrm{m}}}(V_3/V_2)^R=1$$

故

$$V_3/V_2=V_4/V_1$$

即

$$V_3 / V_4 = V_2 / V_1$$

代入式（3.2.2c）得

$$Q_2 = -W_2 = -nRT_2\ln(V_2 / V_1) \tag{3.2.3}$$

对于循环过程，ΔU=0，则卡诺循环过程系统对环境所做的功为

$$-W = Q = Q_1 + Q_2$$

根据热机效率的定义式，即式（3.2.1），再将式（3.2.2）、式（3.2.3）代入，得出卡诺循环的热机效率为

$$\eta = -\frac{W}{Q_1} = \frac{Q_1 + Q_2}{Q_1} = \frac{T_1 - T_2}{T_1} \tag{3.2.4}$$

可见卡诺循环的热机效率只取决于高、低温热源的温度。低温热源和高温热源温度之比越小，热机效率越高。若低温热源温度相同，高温热源的温度越高，则从高温热源传出同样热量对环境所做的功越多，这说明温度越高，热的品质越高。

“撇开了这些对主要过程无关重要的次要情况而设计了一部理想的蒸汽机（或煤油机）。的确，这样一部机器就像几何学上的线或面一样是绝不可能制造出来的，但是它按照自己的方式起了像这些数学抽象所起的同样的作用：它表现纯粹的、独立的、真正的过程”，这是恩格斯在《自然辩证法》中对卡诺热机的高度评价。

由式（3.2.4）还可以整理为

$$Q_1 / T_1 + Q_2 / T_2 = 0 \tag{3.2.5}$$

式（3.2.5）表明卡诺循环的热温商之和等于零。

因卡诺循环是可逆循环，每一步骤均是可逆的。式中，T_1、T_2为两热源的温度，也是第1步和第3步中系统的温度，Q_1、Q_2是相应步骤的可逆热。式（3.2.5）是导出熵的依据，具有重要意义。

卡诺循环是可逆循环，因可逆过程系统对环境做最大功，故卡诺热机的热机效率最大。一切工作于同样高温热源和同样低温热源间的其他可逆热机，均有与卡诺热机相同的热机效率，而一切不可逆热机的热机效率均要小于卡诺热机的热机效率。

思考

1. 火力发电厂为什么要用高温高压气体发电？

2. 请查阅资料，叙述卡诺循环的逆循环，即热泵的原理及应用。

3. 冬季热泵从 0 ℃的室外吸热，向 18 ℃的室内放热，如果每分钟用 100 kJ 的电功开动热泵，每分钟能向室内供热多少？从结果讨论热力学学习对节能降耗和逆向思维的重要性。

3.3 热力学第二定律

和热力学第一定律一样，热力学第二定律也是人类经验的总结，它的正确性不能用数学逻辑来证明，但由它出发推演出的各种结论，无一与实验事实相违背，因而其正确性是毋庸置疑的。

必须指出，热力学第二定律关于指定条件下某过程不能发生的结论是十分肯定的，而某过程可能发生的结论虽然同样十分肯定，但只是指出有发生的可能性，并不能肯定在某一时刻一定发生。

例如，在常温常压下，水不可能自动地分解成氢气和氧气，但氢气与氧气的混合气体却能自动地化合成水。这都是热力学第二定律得出的结论。事实上，氢与氧混合气体可以长时间不发生化学反应，而一个小的火花却可以使适当比例的氢与氧混合气体爆炸。因为可能进行的过程还要受到某种动力学因素的制约，而经典热力学不涉及速率问题。因此，不能因能够进行的过程没有发生而怀疑热力学第二定律的正确性。

3.3.1 自发过程

在不借助外力的自然条件下，能够发生的过程，称为自发过程。自发过程的例子如下。

（1）高温物体向低温物体的传热过程

物体 A 的温度为 T_1，物体 B 的温度为 T_2，$T_1 > T_2$（图 3.3.1）。两物体接触后，有热量从物体 A 自动地流向物体 B，直到两物体的温度相等。

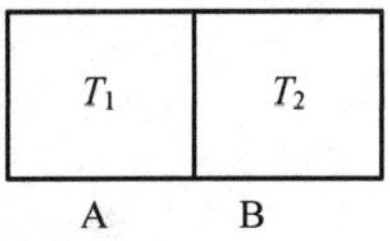

图 3.3.1 传热过程

相反的过程，即热量从 T_2 的物体 B 流向 T_1 的物体 A，使高温物体 A 的温度更高、低温物体 B 的温度更低的过程，不可能自动发生。

（2）高压气体向低压气体的扩散过程

A、B 两球间以二通活塞相隔开，两球中充以同种气体，温度相同，A 球中气体压力为 p_1，B 球中气体压力为 p_2，$p_1 > p_2$（图 3.3.2）。打开活塞使两球连通后，A 球中的气体要自动地扩散到 B 球中，直到两球中的压力相等。

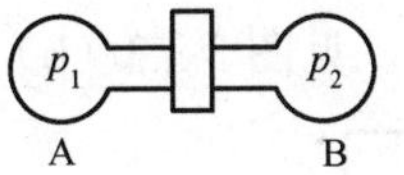

图 3.3.2 气体扩散过程

相反的过程，即 B 球中的气体流向 A 球中，使 A 球中气体的压力更高、B 球中气体的压力更低的过程，不可能自动发生。

（3）溶质自高浓度向低浓度的扩散过程

A、B 两容器中分别盛有温度相同、浓度为 c_1 与 c_2 的同种溶液，$c_1 > c_2$。两容器用虹吸管相连通后，溶质会自动地从 A 容器通过虹吸管扩散到 B 容器中，直到两容器中溶质的浓度相等为止。

相反的过程，即 B 容器中的溶质自动聚集到 A 容器，使 A 容器中溶质的浓度更高、B 容器中溶质的浓度更低的过程，不可能自动发生。

（4）锌与硫酸铜溶液的化学反应

在一定温度下 Zn 可以自动地将 $CuSO_4$ 溶液中的 Cu^{2+} 还原成 Cu，而 Zn 变成 Zn^{2+}。

在同样条件下，相反的过程，即 Cu 与 Zn^{2+} 变成 Cu^{2+} 和 Zn 的过程，却不可能自动发生。

从上面四个例子可以看出，在自然条件下，从某一状态到另一状态能否自发进行是有方向的。

虽然在自然条件下自发过程的逆向过程不能自动进行，但并不能说在其他条件下逆向过程也不能进行。如果环境对系统做功，就可以使自发过程的逆向过程能够进行。

对上述四个例子，通过冷冻机就可以把热从低温物体转移到高温物体；通过压缩机就可以使气体从低压容器中抽出并注入高压容器中；将两不同浓度的溶液设计成浓差电池，通过直流电就可以使溶质从低浓度溶液转移到高浓度溶液中；而将铜和硫酸铜溶液作为正极、锌和硫酸锌溶液作为负极，通过电解就可以实现 Cu、Zn^{2+}变成 Cu^{2+}、Zn 的过程。可见，要使自发过程的逆过程能够进行，环境必须对系统做功。

3.3.2 热力学第二定律的文字表述

热力学第二定律有两种不同的说法，即前述的克劳修斯说法和开尔文说法。克劳修斯说法：不可能把热从低温物体转移至高温物体而不引起其他变化。开尔文说法：不可能从单一热源吸热使之完全变为有用的功而不产生其他变化。以上两种说法是一致的，违反了其中一种，必违反另一种。

可以用反证法证明，如果克劳修斯说法不成立，则开尔文说法也不成立。假设克劳修斯说法不成立，有一热机把热从低温热源转移至高温热源而未引起其他变化，如图 3.3.3（a）所示。两热机联合运行一周的结果是，从单一的高温热源吸热（Q_1+Q_2）而对外做功 W，即

$$Q_1+Q_2+W=0$$

$$Q_1+Q_2=-W>0$$

因此开尔文说法也不成立。

同样也可证明，如果开尔文说法不成立，则克劳修斯说法也不成立。假设开尔文说法不成立，有一热机从单一的高温热源吸热（Q_1+Q_2）而对外做功W，用W推动另一热机逆转，从低温热源吸热$-Q_1$，向高温热源放热$-Q_2$，两热机联合运行一周的结果，是有热量$-Q_1$从低温热源转移至高温热源而未引起其他变化，因而克劳修斯说法也不成立，见图 3.3.3（b）。

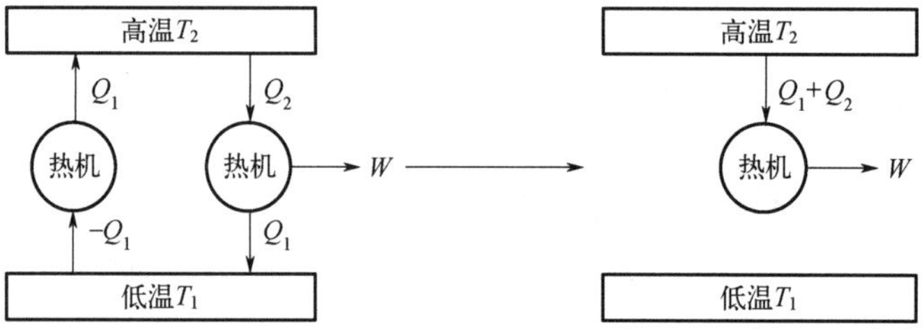

(a)

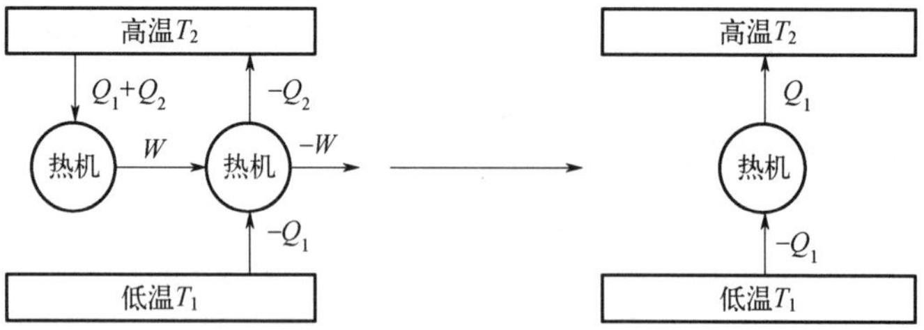

(b)

图 3.3.3　热力学第二定律证明

历史上人们曾幻想制造出一种从单一热源吸热而对外不断做功的机器，并称之为第二类永动机。热力学第二定律可表述如下：第二类永动机是不可能造成的。这种机器不违反热力

学第一定律，却永远造不出来。这好像要造一台无需水位差就能发电的水力发电机一样，是不可能的。

3.4 卡诺定理与熵

3.4.1 卡诺定理

1824 年，卡诺发表了关于蒸汽机效率的著作，《关于火的动力之见解》一书指出："所有工作在同温热源之间的热机，其效率不可能超过可逆热机。"即

$$\eta_a \leqslant \eta_r \tag{3.4.1}$$

此为卡诺定理。卡诺定理问世时，热力学第一定律还未发现，但第一类永动机不可能造成的道理许多人都懂。所以卡诺是用"热质论"和"第一类永动机不可能造成"来证明他的这条定理。由于"热质论"是错误的，因此他的证明是无效的，尽管他的结论是对的。要证明卡诺定理，需要热力学第一定律再加一个新的定律，这个新的定律就是热力学第二定律。热力学第二定律就是克劳修斯为证明卡诺定理而提出来的。下面就用热力学第一定律和热力学第二定律来证明卡诺定理。

在高、低温两个热源间工作的所有热机中，以可逆热机的热机效率最大，这就是卡诺定理。这里所说的可逆热机，指的是卡诺热机。

在证明卡诺定理之前先介绍卡诺循环。由于卡诺循环是可逆循环，所以沿卡诺循环过程中每一步的热功，在数值上与正向卡诺循环的相等，正负号相反。

为了证明卡诺定理，这里采用反证法（归谬法）。假设某不可逆热机的热机效率 η_{ir} 大于卡诺热机的热机效率 η_r。将此不可逆热机与卡诺热机在两热源间联合操作，如图 3.4.1 所示。

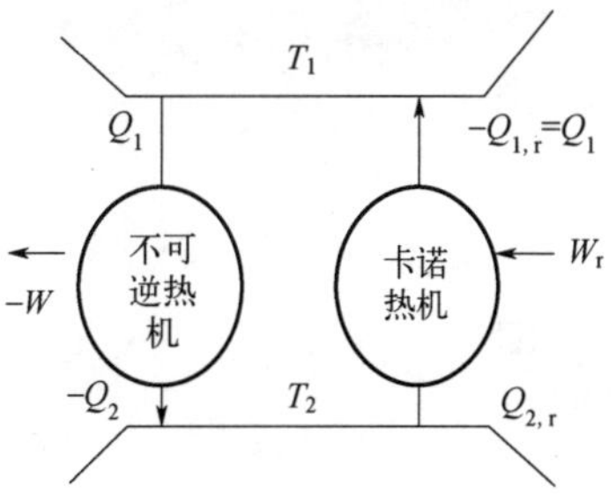

图 3.4.1　卡诺定理的证明

不可逆热机从高温热源 T_1 吸热 Q_1（$Q_1>0$），向低温热源 T_2 放热 $-Q_2$（$Q_2<0$），对环境做功 $-W$（$W<0$）；卡诺热机从环境得功 W_r（$W_r>0$），从低温热源 T_2 吸热 $Q_{2,r}$（$Q_{2,r}>0$），向高温热源放热 $-Q_{1,r}$（$Q_{1,r}<0$）。

使卡诺热机向高温热源放出的热 $-Q_{1,r}$ 与不可逆热机从高温热源吸收的热 Q_1 相等，$-Q_{1,r}=Q_1$，即 $Q_1+Q_{1,r}=0$，按热机效率定义式得

$$\eta_{ir}=\frac{-W}{Q_1}=\frac{Q_1+Q_2}{Q_1}$$

$$\eta_r=\frac{-W_r}{Q_{1,r}}=\frac{Q_{1,r}+Q_{2,r}}{Q_{1,r}}=\frac{W_r}{-Q_{1,r}}=\frac{-Q_{1,r}-Q_{2,r}}{-Q_{1,r}}$$

现已假设 $\eta_{ir}>\eta_r$，故有

$$-W > W_r,\quad Q_1 + Q_2 > -Q_{1,r} - Q_{2,r}$$

即

$$Q_2 > -Q_{2,r}$$

因此得

$$-(W + W_r) > 0,\quad Q_2 + Q_{2,r} > 0$$

这说明：如上条件的不可逆热机与卡诺热机联合运行的结果是不可逆热机对环境做的功 $-W$ 大于卡诺热机得自环境的功 W_r，不可逆热机向低温热源放出的热 $-Q_2$ 小于逆向卡诺热机从低温热源吸收的热 $Q_{2,r}$，总的结果是得自单一低温热源的热（$Q_2 + Q_{2,r}$）变成了对环境做的功 $-(W + W_r)$，这违背了热力学第二定律的开尔文说法，显然是不可能的。可见前面对于不可逆热机的热机效率大于卡诺热机的热机效率这一假设是不可能成立的，因此证明了卡诺定理。

上述两热机联合运行时，若令卡诺热机从低温热源吸收的热等于不可逆热机释放到低温热源的热，即 $Q_{2,r} = -Q_2$，经推导可以得出总的结果是从单一高温热源吸热而对环境做功。这同样违背了热力学第二定律的开尔文说法。因此，结论只能是 $\eta_{ir} < \eta_r$。

$$\eta_r = \frac{Q_{1,r} + Q_{2,r}}{Q_{1,r}} = \frac{T_1 - T_2}{T_1} = 1 - \frac{T_2}{T_1}$$

$$\eta_{ir} = \frac{Q_1 + Q_2}{Q_1} = 1 + \frac{Q_2}{Q_1}$$

因

$$\eta_{ir} < \eta_r$$

则

$$\frac{Q_2}{Q_1} < -\frac{T_2}{T_1}$$

即

$$\frac{Q_1}{T_1} + \frac{Q_2}{T_2} < 0 \tag{3.4.2}$$

将此式与式（3.2.5）合并，可表示成

$$\frac{Q_1}{T_1} + \frac{Q_2}{T_2} \leqslant 0 \begin{pmatrix} <，不可逆循环 \\ =，可逆循环 \end{pmatrix} \tag{3.4.3a}$$

式中，T_1、T_2 为高、低温热源的温度，可逆时等于系统的温度。

对于无限小的循环，有

$$\frac{\delta Q_1}{T_1}+\frac{\delta Q_2}{T_2}\leqslant 0\begin{pmatrix}<，不可逆循环\\=，可逆循环\end{pmatrix} \quad (3.4.3b)$$

对于任意循环，应有

$$\sum(\delta Q/T)\leqslant 0\begin{pmatrix}<，不可逆循环\\=，可逆循环\end{pmatrix} \quad (3.4.4)$$

3.4.2 卡诺定理的推论

根据卡诺定理可以推论：在高温、低温两热源间工作的所有可逆热机，其热机效率必然相等，与工质及其变化的类型无关。

工质可以是真实气体，也可以是易挥发的液体，除了 pVT 变化外，还可以有相变化如液体的蒸发和气体的凝结，也可以有化学变化如气相化学反应。但是，只要高温热源和低温热源的温度均确定，则工作于此两热源间的热机，无论何种工质、无论何种变化，只要每一步是可逆的，则所有热机的热机效率均相同。

假定两可逆热机的热机效率不等，使两可逆热机联合操作，令热机效率大的可逆热机正向运行，令热机效率小的可逆热机逆向运行，和证明卡诺定理一样，联合操作必然得出从单一热源吸热对环境做功的结论，从而违背热力学第二定律的开尔文说法。因此，工作在两热源之间的所有可逆热机的热机效率必然相同。

由此推论可知，前面导出的式（3.4.4）适用于任何工质和任何变化的循环过程。

科学家简介

卡诺于 1832 年死于霍乱，时年 36 岁。直到 1878 年才发表的他的一些笔记表明，事实上他认为热质论是错误的，并设计了实验来证明这一点。因此，从某种意义上说，我们可把卡诺看作是热力学第二定律的发现者，尽管他关于热和功的结论在别人发现第一定律以前一直没发表过。

卡诺的书在 1824 年出版后，对科学届几乎没影响，因为卡诺工作在热质论统治时期，而他的书中采用了此理论。当卡诺的书在 1840 年被开尔文等人重新发现时，曾在一段时期内引起了混乱，因为焦耳的著作否定了热质论。最后，开尔文和克劳修斯于 1850 年修正了卡诺的著作。

思考

1. 卡诺循环的提出给我们的启示是什么？
2. 卡诺循环的逆循环可以得到什么？
3. 举例说明节能降耗与卡诺循环的关系。

3.5 熵与克劳修斯不等式

3.5.1 熵的导出

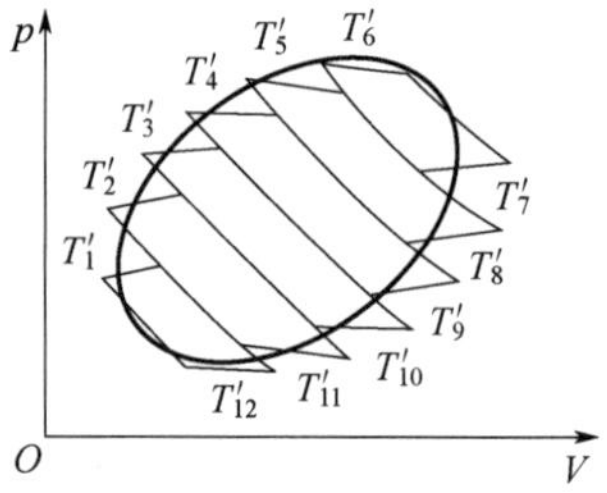

图 3.5.1　任意卡诺循环的分割

对可逆卡诺循环，曾得到

$$\frac{Q_1}{T_1}+\frac{Q_2}{T_2}=0$$

现在把这个结果推广到任意可逆循环（图 3.5.1）。

$$\frac{\delta Q_1'}{T_1'}+\frac{\delta Q_{12}'}{T_{12}'}=0,\quad \frac{\delta Q_2'}{T_2'}+\frac{\delta Q_{11}'}{T_{11}'}=0,\quad \frac{\delta Q_3'}{T_3'}+\frac{\delta Q_{10}'}{T_{10}'}=0 \tag{3.5.1a}$$

$$\frac{\delta Q_4'}{T_4'}+\frac{\delta Q_9'}{T_9'}=0,\quad \frac{\delta Q_5'}{T_5'}+\frac{\delta Q_8'}{T_8'}=0,\quad \frac{\delta Q_6'}{T_6'}+\frac{\delta Q_7'}{T_7'}=0 \tag{3.5.1b}$$

两式相加，得

$$\sum_{i=1}^{12}\left(\frac{\delta Q_i'}{T_i'}\right)_{\mathrm{r}}=0 \tag{3.5.2}$$

而无限分割时，式（3.5.2）改为

$$\sum_{i=1}^{\infty}\left(\frac{\delta Q_i}{T_i}\right)_{\mathrm{r}}=0 \tag{3.5.3a}$$

或

$$\oint\frac{\delta Q}{T}=0 \tag{3.5.3b}$$

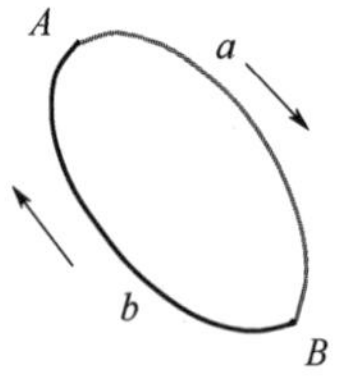

图 3.5.2　可逆循环示意图

$\left(\dfrac{\delta Q}{T}\right)_{\mathrm{r}}$ 沿封闭路径积分一周为 0，由数学分析可知，它必是某个函数的全微分。

如图 3.5.2 所示，系统由状态 A 沿可逆途径 a 到达状态 B，再由状态 B 沿另一可逆途径 b 回到状态 A 构成一可逆循环。根据式（3.4.4）可得

$$\oint(\delta Q_{\mathrm{r}}/T)=\int_A^B\left(\frac{\delta Q_{\mathrm{r}}}{T}\right)_a+\int_B^A\left(\frac{\delta Q_{\mathrm{r}}}{T}\right)_b=0$$

得

$$\int_A^B\left(\frac{\delta Q_r}{T}\right)_a=-\int_B^A\left(\frac{\delta Q_r}{T}\right)_b$$

故得

$$\int_A^B\left(\frac{\delta Q_r}{T}\right)_a=\int_A^B\left(\frac{\delta Q_r}{T}\right)_b \tag{3.5.4}$$

$\delta Q_r/T$ 的积分值只取决于过程的始末态而与过程的途径无关，表明积分变量是某一函数的全微分，该变量属于状态函数。

克劳修斯定义此函数为 S，并称之为熵。所以

$$\mathrm{d}S=\left(\frac{\delta Q}{T}\right)_r$$

积分上式，得

$$\Delta S=S_B-S_A=\int_A^B\left(\frac{\delta Q}{T}\right)_r \tag{3.5.5}$$

熵是状态函数，是容量性质，绝对值是未知的，量纲为 $\mathrm{J\cdot K^{-1}}$。

3.5.2 熵的物理意义

熵是物理的性质。系统的状态一定，有一定的 p、V、T、U、H，也有确定的 S。状态发生变化，S 也要发生变化。

熵是热力学中非常重要的状态函数，对于过程熵变的计算将是本章的重点之一。

以低温下晶体恒压加热成高温下气体为例，整个过程都在吸热，因而这是熵不断增大的过程。晶体中的分子（原子或离子）按一定的方向、距离规则地排列，分子只能在其平衡位置附近振动。在熔化时，分子的能量大到可以克服周围分子对它的引力，而离开原来的位置成为液体。在沸腾时，液体分子完全克服其他分子对它的束缚，成为能在整个空间自由运动的气体。从晶体到液体再到气体的变化，物质分子的有序度连续减小，无序度连续增大。

在一定温度下，气体膨胀过程的可逆热也大于零，也是熵增大的过程，无序度也增大。恒温恒压下两种不同气体的混合过程，每种气体压力均减小，是熵增大的过程，气体由纯物质变为混合物，无序度增大。

可见无序度增大的过程是熵增大的过程，因此可以说，熵是量度系统无序度的函数。

3.5.3 克劳修斯不等式

设有一不可逆循环，它由可逆和不可逆两部分构成，如图 3.5.3 所示。由式（3.5.3）知

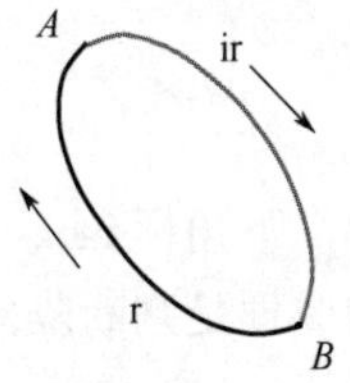

图 3.5.3 不可逆循环示意图

$$\oint\frac{\delta Q}{T_{环}}=\int_A^B\left(\frac{\delta Q}{T_{环}}\right)_{ir}+\int_B^A\left(\frac{\delta Q}{T}\right)_r<0$$

即

$$\int_A^B \left(\frac{\delta Q}{T_{环}}\right)_{ir} < \int_A^B \left(\frac{\delta Q}{T}\right)_r = \Delta S$$

上式可改写为

$$\Delta S \geqslant \int_A^B \frac{\delta Q}{T_{环}} \begin{pmatrix} >，不可逆 \\ =，可逆 \end{pmatrix} \tag{3.5.6a}$$

这就是克劳修斯不等式。上式表明，当体系从 A 经过一过程到达 B 时，如果过程是可逆的，则体系的熵变等于过程的热温商；如果过程是不可逆的，则体系的熵变大于过程的热温商。式中的 $T_{环}$ 是热源的温度，对可逆过程，它等于体系的温度。

对微小的变化，克劳修斯不等式为

$$\mathrm{d}S \geqslant \frac{\delta Q}{T_{环}} \begin{pmatrix} >，不可逆 \\ =，可逆 \end{pmatrix} \tag{3.5.6b}$$

3.5.4 熵判据——熵增原理

由克劳修斯不等式即式（3.5.6）可以得出结论：在绝热情况下，系统发生不可逆过程时，其熵值增大；系统发生可逆过程时，其熵值不变；不可能发生熵值减小的过程。此即熵增原理。

若系统与环境之间不绝热，系统可以发生熵减小的过程。但将系统与环境合在一起形成一个隔离系统时，隔离系统与其外界当然是绝热的。因此，此隔离系统则只能发生熵增过程，而不可能发生熵减的过程。熵增原理的一个推论是隔离体系的熵永不减少，因此，熵增原理可表示为

$$\Delta S_{iso} = \Delta S_{sys} + \Delta S_{amb} \geqslant 0 \begin{pmatrix} >，不可逆 \\ =，可逆 \end{pmatrix} \tag{3.5.7a}$$

$$\mathrm{d}S_{iso} = \mathrm{d}S_{sys} + \mathrm{d}S_{amb} \geqslant 0 \begin{pmatrix} >，不可逆 \\ =，可逆 \end{pmatrix} \tag{3.5.7b}$$

式中，下角标 iso、sys、amb 分别代表隔离系统、系统及环境。

熵增原理是判断隔离系统内部发生一过程时，该过程可逆与否的依据，故式（3.5.7）又称熵判据。

作为热源与功源的环境，通常由大量的不发生相变化和化学变化的物质所构成，它处于热力学平衡态。当环境与系统间交换了一定量的热和功之后，其温度、压力只发生极其微小的变化，甚至可以看作不变，因而认为环境内部不存在不可逆变化，所以，通过熵判据即可判断系统进行的过程是否可逆。

$$\Delta S_{环} = -\int_A^B \frac{\delta Q}{T_{环}} \tag{3.5.8}$$

科学家简介

克劳修斯（1822—1888 年）是德国物理学家，对气体动力论和热力学都有重要贡献。1850 年他提出热力学第二定律，这是热力学的重要基础。但他把该定律不恰当地引用到宇宙范围，提出了“热寂说”这一错误的理论。1865 年，克劳修斯在那篇全面论证热力学的基本理论的论文的结尾，用最简练的语言表述了热力学的两条基本原理：宇宙的能量是常数；宇宙的熵趋于极大。

他认为这是宇宙的基本原理。1867 年，克劳修斯又进一步指出，宇宙越接近于其熵为最大的极限状态，它继续发生变化的机会也越少；如果最后完全达到了这个状态，也就不会再出现进一步的变化，宇宙将处于死寂的永远状态。克劳修斯的“死寂的永远状态”一直受到一些人的批评，因其有宣扬“上帝创造世界”和“世界末日”之嫌。对此，革命导师恩格斯曾指出：“放射到太空中去的热一定有可能通过某种途径（指明这一途径，将是以后自然科学的课题）转变为另一种运动形式，在这种运动形式中，它能够重新集结和活动起来。因此，阻碍已死的太阳重新转化为炽热的星云的主要困难便消失了。”

3.6 熵变的计算

计算过程的熵变时，应注意熵是状态函数，先确定体系的始末态，在始末态之间设计一个可逆过程，然后由熵的定义式出发来求体系的熵变。

应当注意 $S=\int(\delta Q_r/T)$中的 $\delta Q_r/T$ 为可逆热温商。当过程不可逆进行时，根据克劳修斯不等式，绝不可能用过程的实际热温商代入，而应假设任一可逆途径，用此途径的可逆热温商代入计算。

物质 pVT 变化过程，可区分为变温过程及气体膨胀压缩过程。无相变化和化学变化的单纯变温过程，就是单纯地加热或冷却的传热过程。可逆传热过程正如 2.6 节所述，要求系统与环境的温差无限小。然而对于系统，由于恒容变温、恒压变温过程的热已经分别等于热力学能变和焓变，故这两种热只取决于始末态而与加热过程可逆与否无关，直接将过程热代入式（2.3.3b）即可求得这两种过程的熵变。

3.6.1 环境熵变的计算

若环境由处于热力学平衡态的不发生相变化和化学变化的物质所构成，其质量为 m，质量热容为 c，温度为 T_{amb}，则 $\delta Q_{amb}=mc\mathrm{d}T$。当环境吸收到系统放出的热量$-Q_{sys}=Q_{amb}$后，环境温度由 T_{amb} 变到 T'_{amb}，假设环境的质量热容 c 不随温度变化，由 $Q_{amb}=mc(T'_{amb}-T_{amb})$，可解得环境末态温度为

$$T'_{amb}=T_{amb}+Q_{amb}/mc$$

将 $\delta Q_{amb}-mc\mathrm{d}T$ 代入熵变的定义式，环境的熵变为

$$\mathrm{d}S_{amb}=mc\mathrm{d}T/T$$

积分后，将 $T'_{amb}=T_{amb}+Q_{amb}/mc$ 代入积分式，得

$$\Delta S=\int mc\mathrm{d}T=mc\ln(T'_{amb}/T_{amb})=mc\ln[1+Q_{amb}/(mcT_{amb})]$$

当相对于 Q_{amb}，m 很大时，$\ln[1+Q_{amb}/(mcT_{amb})]\approx Q_{amb}/(mcT_{amb})$，得到

$$\Delta S_{amb}=Q_{amb}/T_{amb}=-Q_{sys}/T_{amb} \tag{3.6.1}$$

这就是环境熵变的计算式。式中，Q_{sys} 为系统与环境的实际热效应。式（3.6.1）表明，环境的熵变等于环境吸收的热与环境热力学温度之比。

通过上面的讨论可知，当环境由大量不发生相变化和化学变化的物质构成时，在与环境交换了一定量热以后，环境的状态发生了极其微小的变化，单位质量环境的熵变很小，但是环境的量很大，故环境的熵变有确定的值。

3.6.2 系统熵变的计算

（1）单纯的状态变化

由 3.5 节式（3.5.5）知，对于系统，有

$$\Delta S=S_B-S_A=\int_A^B\left(\frac{\delta Q}{T}\right)_\mathrm{r} \tag{3.6.2}$$

对于恒压过程，有

$$\Delta S=\int_A^B\frac{\mathrm{d}H}{T}=\int_A^B\frac{C_p\mathrm{d}T}{T} \tag{3.6.3}$$

对于恒容过程，有

$$\Delta S=\int_A^B\frac{\mathrm{d}U}{T}=\int_A^B\frac{C_V\mathrm{d}T}{T} \tag{3.6.4}$$

对于恒温过程，有

$$\Delta S=\frac{Q_\mathrm{r}}{T}=\frac{\Delta U-W_\mathrm{r}}{T} \tag{3.6.5}$$

对于一般过程（无非体积功），因

$$\mathrm{d}U=\delta Q_\mathrm{r}+\delta W_\mathrm{r}=\delta Q_\mathrm{r}-p\mathrm{d}V$$
$$\delta Q_\mathrm{r}=p\mathrm{d}V+\mathrm{d}U$$

将式（3.6.5）代入，得

$$\Delta S=\int_A^B\frac{p\mathrm{d}V+\mathrm{d}U}{T}=\int_A^B\frac{p\mathrm{d}V}{T}+\int_A^B\frac{\mathrm{d}U}{T} \tag{3.6.6}$$

（2）物质变温过程熵变的计算

在 2.4 节已讨论了凝聚态物质变温过程热的计算公式为 $\delta Q = \mathrm{d}H = nC_{p,\mathrm{m}}\mathrm{d}T$，此式对恒压过程是准确的，在变温过程中只要压力改变不大，亦可近似适用。因此凝聚态物质变温过程熵变的计算式通常可表示为

$$\Delta S = \int nC_{p,\mathrm{m}}\mathrm{d}T / T \tag{3.6.7}$$

式中，$C_{p,\mathrm{m}}$ 为 T 的函数。

严格地讲，物质的熵变是温度、压力的函数，即 $S = S(T, p)$。

$$\mathrm{d}S = \left(\frac{\partial S}{\partial T}\right)_p \mathrm{d}T + \left(\frac{\partial S}{\partial p}\right)_T \mathrm{d}p$$

用式（3.6.3）和麦克斯韦关系式（3.12.5）得

$$\mathrm{d}S = nC_{p,\mathrm{m}}\,\mathrm{d}T-(\mathrm{d}V / \mathrm{d}T)_p\mathrm{d}p \tag{3.6.8}$$

对于凝聚态物质，$(\mathrm{d}V / \mathrm{d}T)_p$ 很小，在压力改变不大时，$(\mathrm{d}V / \mathrm{d}T)_p\mathrm{d}p$ 相对于 $\int nC_{p,\mathrm{m}}\mathrm{d}T / T$ 可以忽略，因而式（3.6.8）成为式（3.6.7）。

❖ **例 3.6.1** 在 200 dm^3 的绝热容器中有始态为 0 ℃、100 kPa 的氩气 Ar(g)及 100 ℃的铜 Cu(s) 500g，求达到平衡态时的 T、p 及过程的ΔH、ΔS。已知 Ar(g)和 Cu(s)的摩尔定压热容分别为 20.786 $\mathrm{J \cdot mol^{-1} \cdot K^{-1}}$ 及 24.435 $\mathrm{J \cdot mol^{-1} \cdot K^{-1}}$，且均不随温度而变，Ar(g)适用于理想气体状态方程。

解：过程绝热恒容，$Q_V = \Delta U = 0$，末态温度为 T_2，由

$$\Delta U(\mathrm{Ar}) = \int n(\mathrm{Ar})C_{V,\mathrm{m}}(\mathrm{Ar})\mathrm{d}T = n(\mathrm{Ar})C_{V,\mathrm{m}}(\mathrm{Ar})[T_2-T_1(\mathrm{Ar})]$$

$$\Delta U(\mathrm{Cu})\approx\Delta H = \int n(\mathrm{Cu})C_{p,\mathrm{m}}(\mathrm{Cu})\mathrm{d}T = n(\mathrm{Cu})C_{p,\mathrm{m}}(\mathrm{Cu})[T_2- T_1(\mathrm{Cu})]$$

得

$$n(\mathrm{Ar})\, C_{V,\mathrm{m}}(\mathrm{Ar})[T_2-T_1(\mathrm{Ar})] + n(\mathrm{Cu})C_{p,\mathrm{m}}(\mathrm{Cu})[T_2- T_1(\mathrm{Cu})] = 0$$

故末态温度为

$$T_2= [n(\mathrm{Ar})C_{V,\mathrm{m}}(\mathrm{Ar})T_1 + n(\mathrm{Cu})C_{p,\mathrm{m}}(\mathrm{Cu})T_1] / [n(\mathrm{Ar})C_{V,\mathrm{m}}(\mathrm{Ar})+ n(\mathrm{Cu})C_{p,\mathrm{m}}(\mathrm{Cu})]$$

因

$$n(\mathrm{Ar}) = p_1V / [RT_1(\mathrm{Ar})] = [100 \times 200 / (8.314\times273.15)]\ \mathrm{mol} = 8.807\ \mathrm{mol}$$

$$n(\mathrm{Cu}) = m(\mathrm{Cu}) / M(\mathrm{Cu}) = 7.868\ \mathrm{mol}$$

$$C_{V,\mathrm{m}}(\mathrm{Ar}) = C_{p,\mathrm{m}}(\mathrm{Ar})-R = (20.786-8.314)\ \mathrm{J \cdot mol^{-1} \cdot K^{-1}} = 12.472\ \mathrm{J \cdot mol^{-1} \cdot K^{-1}}$$

将 $C_{p,\mathrm{m}}(\mathrm{Cu}) = 24.435\ \mathrm{J \cdot mol^{-1} \cdot K^{-1}}$, $T_1(\mathrm{Ar}) = 273.15\mathrm{K}$, $T_1(\mathrm{Cu}) = 373.15\mathrm{K}$ 代入，求得

$$T_2=[(8.807\times12.472\times273.15+7.868\times24.435\times373.15)/(8.807\times12.472+7.868\times24.435)]\ \mathrm{K}=336.79\ \mathrm{K}$$

因系统恒容，过程中可以认为 Ar(g)的体积未变，故

$$p_2 = T_2p/ T_1(\mathrm{Ar}) = [(336.79/273.15) \times 100]\ \mathrm{kPa} = 123.30\ \mathrm{kPa}$$

$$\Delta H = \Delta U + \Delta(pV) = \Delta(pV) = V\Delta p = V[p_2 - p_1(\mathrm{Ar})] = [200 \times (123.30 - 100)]\mathrm{J} = 4.66\ \mathrm{kJ}$$

或

$$\Delta H = \Delta(pV) = n(\mathrm{Ar})R[T_2 - T_1(\mathrm{Ar})] = [8.807 \times 8.314 \times (336.79 - 273.15)]\ \mathrm{kJ} = 4.66\ \mathrm{kJ}$$

$$\Delta S(\mathrm{Ar}) = \int n(\mathrm{Ar})C_{V,\mathrm{m}}(\mathrm{Ar})\mathrm{d}T / T = n(\mathrm{Ar})C_{V,\mathrm{m}}(\mathrm{Ar})\ln(T_2 / T_1)$$

$$=[8.807 \times 12.472\ln(336.79/273.15)]\ \mathrm{J \cdot K^{-1}} = 23.00\ \mathrm{J \cdot K^{-1}}$$

$$\Delta S(\mathrm{Cu}) = \int n(\mathrm{Cu})C_{p,\mathrm{m}}(\mathrm{Cu})\mathrm{d}T / T = n(\mathrm{Cu})C_{p,\mathrm{m}}(\mathrm{Cu})\ln[T_2 / T_1(\mathrm{Cu})]$$

$$= [7.868 \times 24.435\ln(336.79/373.15)]\ \mathrm{J \cdot K^{-1}} = -19.71\ \mathrm{J \cdot K^{-1}}$$

$$\Delta S = \Delta S(\mathrm{Ar}) + \Delta S(\mathrm{Cu}) = (23.00-19.71)\ \mathrm{J \cdot K^{-1}} = 3.29\ \mathrm{J \cdot K^{-1}}$$

此过程绝热，$\Delta S>0$，故过程不可逆。

注意此例子中的系统恒容，Cu(s)的体积变化很小，Ar(g)可以认为恒容，系统压力增大。计算 Cu(s)的热力学能变和熵变时，均不能按真正的恒容过程计算，而是按近似恒压过程计算。

3.6.3 理想气体 pVT 变化过程熵变的计算

对理想气体，式（3.6.6）成为

$$\Delta S = \int_A^B \frac{nR\mathrm{d}V}{V} + \int_A^B \frac{C_V \mathrm{d}T}{T} = nR\ln\frac{V_B}{V_A} + \int_A^B \frac{C_V \mathrm{d}T}{T} \tag{3.6.9}$$

如果恒容热容是常数，式（3.6.9）成为

$$\Delta S = nR\ln\frac{V_B}{V_A} + C_V \ln\frac{T_B}{T_A} \tag{3.6.10a}$$

利用状态方程及恒压热容与恒容热容的关系，式（3.6.9）还可化为下面两种形式，即

$$\Delta S = C_p \ln\frac{T_B}{T_A} - nR\ln\frac{p_B}{p_A} \tag{3.6.10b}$$

$$\Delta S = C_p \ln\frac{V_B}{V_A} + C_V \ln\frac{p_B}{p_A} \tag{3.6.10c}$$

❖ **例 3.6.2** 设有 1 mol 理想气体在 300 K 下从 1013.250 kPa 膨胀至 101.325 kPa，试计算下列过程的熵变 ΔS 和热温商并判断过程的可逆性。（1）恒温可逆膨胀；（2）恒温恒外压 101.325 kPa 膨胀；（3）恒温自由膨胀。

解：（1）恒温可逆膨胀

$$\Delta S = -nR\ln\frac{p_B}{p_A} = \left(-1 \times 8.314 \times \ln\frac{101.325}{1013.250}\right)\mathrm{J \cdot K^{-1}} = 19.14\ \mathrm{J \cdot K^{-1}}$$

过程热温商为

$$\int_A^B \frac{\delta Q}{T_{环}} = \Delta S = 19.14\ \mathrm{J \cdot K^{-1}}$$

$$\Delta S_{体} - \int_A^B \frac{\delta Q}{T_{环}} = 19.14\ \mathrm{J \cdot K^{-1}} - 19.14\ \mathrm{J \cdot K^{-1}} = 0$$

过程可逆。

（2）恒温恒外压 101.325kPa 膨胀

由于始末态同（1），故ΔS同（1），而

$$\int_A^B \frac{\delta Q}{T_{环}} = \frac{Q}{T_{环}} = \frac{\Delta U - W}{T_{环}} = \frac{p_{外}\Delta V}{T_{环}} = \frac{p_2}{T} nRT\left(\frac{1}{p_2} - \frac{1}{p_1}\right) = nR\left(1 - \frac{p_2}{p_1}\right)$$

$$= \left[1 \times 8.314 \times \left(1 - \frac{1}{10}\right)\right] \mathrm{J \cdot K^{-1}} = 7.48\ \mathrm{J \cdot K^{-1}}$$

$$\Delta S_{体} - \int_A^B \frac{\delta Q}{T_{环}} = 19.14\ \mathrm{J \cdot K^{-1}} - 7.48\ \mathrm{J \cdot K^{-1}} = 11.66\ \mathrm{J \cdot K^{-1}} > 0$$

不可逆。

（3）恒温自由膨胀

因过程（3）始末态同过程（1），故ΔS同过程（1），而

$$\int_A^B \frac{\delta Q}{T_{环}} = \frac{Q}{T_{环}} = \frac{\Delta U - W}{T_{环}} = \frac{0-0}{T_{环}} = 0$$

所以

$$\Delta S_{体} - \int_A^B \frac{\delta Q}{T_{环}} = 19.14\ \mathrm{J \cdot K^{-1}} - 0 > 0$$

不可逆。因$\Delta U = 0, W = 0$，故此体系为隔离体系。

❖ **例 3.6.3** 设有被隔板分开的两种理想气体 A 和 B，其温度和压强均相同，两种气体的物质的量分别为n_A和n_B。抽走隔板后，两种气体均匀混合。混合后气体的温度和总压与两种气体单独存在时的温度和压强相同。试求此混合过程的熵，并判断过程的可逆性。

解：

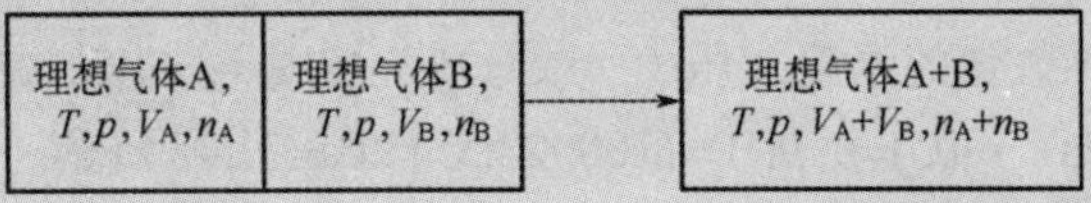

理想气体分子间无作用力，它的性质不因其他气体的存在而受到影响。因此上述混合过程可看作气体 A 和 B 各自作恒温膨胀。所以

$$\Delta S_A = n_A R \ln \frac{V}{V_A}$$

$$\Delta S_B = n_B R \ln \frac{V}{V_B}$$

因熵是容量性质，所以

$$\Delta S = \Delta S_A + \Delta S_B = n_A R \ln \frac{V}{V_A} + n_B R \ln \frac{V}{V_B}$$

$$= -nR\left(\frac{n_A}{n} \ln \frac{V_A}{V} + \frac{n_B}{n} \ln \frac{V_B}{V}\right) = -nR(x_A \ln x_A + x_B \ln x_B) > 0$$

$$\int_A^B \frac{\delta Q}{T_{环}} = \frac{Q}{T_{环}} = \frac{\Delta U - W}{T_{环}} = \frac{0-0}{T_{环}} = 0$$

$$\Delta S - \int_A^B \frac{\delta Q}{T_{环}} > 0$$

不可逆。因$\Delta U = 0, W = 0$，故此体系为隔离体系。

❖ **例 3.6.4** 始态为0 ℃、100 kPa的2 mol单原子理想气体B与150 ℃、100 kPa的5 mol双原子理想气体C，在恒压100 kPa下绝热混合达到平衡态，求过程的ΔS、ΔU及W。

解：先根据题给条件恒压绝热（$Q_p = \Delta H = 0$），以及理想气体的焓只是温度的函数，求出末态温度T_2。已知：$n_B = 2$ mol，$T_1(B) = 273.15$ K，$C_{p,m}(B) = 2.5R$，$n_C = 5$ mol，$T_1(C) = 423.15$ K，$C_{p,m}(C) = 3.5R$。

$$\Delta H = \Delta H_B + \Delta H_C$$

$$0 = n_B C_{p,m}(B)[T_2 - T_1(B)] + n_C C_{p,m}(C)[T_2 - T_1(C)]$$

求得

$$T_2 = \{n_B C_{p,m}(B)[T_2 - T_1(B)] + n_C C_{p,m}(C)[T_2 - T_1(C)]\} / [n_B C_{p,m}(B) + n_C C_{p,m}(C)]$$
$$= [(2\times2.5\times273.14+5\times3.5\times423.15) / (2\times2.5+5\times3.5)]\ \text{K}$$
$$= 389.82\ \text{K}$$

$$W = \Delta U = n_B C_{V,m}(B)[T_2 - T_1(B)] + n_C C_{V,m}(C)[T_2 - T_1(C)]$$
$$= [2\times1.5\times8.314\times(389.82-273.15)\times5\times2.5\times8.314\times(389.82-423.15)]\ \text{J}$$
$$= -554\ \text{J}$$

或

$$\Delta U = W = -\Delta p(V) = -\Delta(pV)$$
$$= -\{(n_B + n_C)RT_2 - [n_B RT_1(B) + n_C RT_1(C)]\}$$
$$= -[(2+5)\times8.314\times389.82 - (2\times8.314\times273.15 + 5\times5\times8.314\times423.15)]\ \text{J}$$
$$= -555\ \text{J}$$

最后由始末态两种气体的温度及压力（或分压）按式（3.6.10）求ΔS。末态分压$p_2(B) = [n_B/(n_B+n_C)]p = 28.57$ kPa，$p_2(C) = p - p(B) = (100-28.57)$ kPa$=71.43$ kPa。

$$\Delta S_B = n_B C_{p,m}(B)\ln[T_2/T_1(B)] - n_B R\ln[p_2(B)/p_1(B)]$$
$$= [2\times2.5\times8.314\ln(389.82/273.15) - 2\times8.314\ln(28.57/100)]\ \text{J}\cdot\text{K}^{-1}$$
$$= 35.62\ \text{J}\cdot\text{K}^{-1}$$

$$\Delta S_C = n_C C_{p,m}(C)\ln[T_2/T_1(C)] - n_C R\ln[p_2(C)/p_1(C)]$$
$$= [5\times3.5\times8.314\ln(389.82/423.15) - 5\times8.314\ln(71.43/100)]\ \text{J}\cdot\text{K}^{-1}$$
$$= 2.05\ \text{J}\cdot\text{K}^{-1}$$

$$\Delta S = \Delta S_B + \Delta S_C = (35.62+2.05)\ \text{J}\cdot\text{K}^{-1} = 37.67\ \text{J}\cdot\text{K}^{-1}$$

过程绝热，$\Delta S > 0$，故为不可逆过程。

3.7 相变过程熵变的计算

为了计算相变过程的熵变，首先要确定给定的相变过程是可逆相变还是不可逆相变。

3.7.1 可逆相变

纯物质两相平衡时，相平衡温度是相平衡压力的函数。当压力确定时，相平衡温度才能确定，反之亦然。在两相平衡压力和温度下的相变，即是可逆相变。如在一个大气压下，100 ℃的水蒸发为 100 ℃的水蒸气就是可逆相变；0 ℃的冰融化为 0 ℃的水也是可逆相变。因为压力恒定，此时相变焓在量值上等于可逆热。又因为温度不变，所以物质 B 从 α 相变到 β 相的相变熵 $\Delta_{\alpha}^{\beta}S$ 就等于相变焓 $\Delta_{\alpha}^{\beta}H$ 与相变温度之比，即

$$\Delta_{\alpha}^{\beta}S = \Delta_{\alpha}^{\beta}H / T \tag{3.7.1}$$

可以用式（3.7.1）从熔点下的熔化焓计算熔化熵，从一定压力时沸点下的蒸发焓计算蒸发熵。

3.7.2 不可逆相变

不在相平衡温度或相平衡压力下的相变即为不可逆相变，即不在相平衡条件下发生的相变为不可逆相变。为计算不可逆相变过程的熵变，通常必须设计一条包括有可逆相变步骤在内的可逆途径，可逆途径的热温商即是该不可逆过程的熵变。

在常压、低于熔点（凝固点）的温度下过冷液体凝固成固体的过程，在一定温度、低于液体饱和蒸气压力下液体蒸发成蒸气的过程，在一定温度、高于液体饱和蒸气压力下的过饱和蒸气凝结成液体的过程，以及在一定压力、高于沸点的温度下过热液体的蒸发过程等，均属于不可逆相变过程。如一大气压下，−10 ℃的冰融化为−10 ℃的水就是不可逆相变。

❖ **例 3.7.1** 已知在 100 kPa 下冰的熔点为 0 ℃，比熔化焓 $\Delta_{fus}H$ =333.3 J·g^{-1}。过冷水和冰的质量定压热容（定压比热容）分别为 $c_p(l) = 4.184$ J·g^{-1}·K^{-1} 和 $c_p(s)$=2.000 J·g^{-1}·K^{-1}。求在 100 kPa 及−10 ℃下 1 kg 的过冷水凝结成冰时过程的 Q、ΔS 及隔离系统的熵变 ΔS_{iso}。

解：100 kPa 下冰与水之间在 0 ℃时的相变为可逆相变，对−10 ℃的冰，设计可逆途径如下，各状态的压力均为 100 kPa。系统中水的质量 m=1 kg。

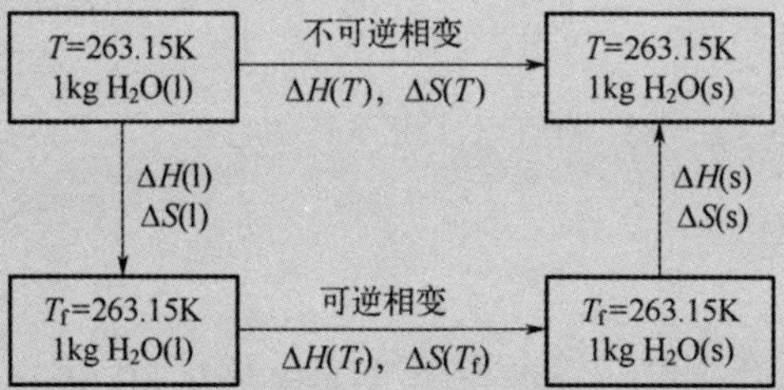

本过程恒压，则

$$Q_p = \Delta H(T)$$

由

$$\Delta H(l) = \int_{T}^{T_f} mc_p(l)dT$$

$$\Delta H(T_f)=m[-\Delta_{fus}H(T_f)]$$

$$\Delta H(s)=\int_{T_f}^{T} mc_p(s)dT$$

得

$$Q_p=\Delta H(T)=\Delta H(l)+\Delta H(T_f)+\Delta H(s)$$

$$=m\left\{-\Delta_{fus}H(T_f)+\int_{T_f}^{T}[c_p(s)-c_p(l)]dT\right\}$$

$$=10^3\ g\times[-333.3\ J\cdot g^{-1}+(2.000-4.184)\ J\cdot g^{-1}\cdot K^{-1}\times(263.15-273.15)\ K]$$

$$=-311.46\ J$$

可逆途径各步骤的熵变为

$$\Delta S(l)=\int_{T}^{T_p}\frac{mc_p(l)dT}{T}$$

$$\Delta S(T_f)=\frac{m[-\Delta_{fus}H(T_f)]}{T_f}$$

$$\Delta S(s)=\int_{T_f}^{T}\frac{mc_p(s)dT}{T}$$

故所求系统的熵变为

$$\Delta S(T)=\Delta S(l)+\Delta S(T_f)+\Delta S(s)=m\left\{-\frac{\Delta_{fus}H(T_f)}{T_f}+\int_{T_f}^{T}\frac{[c_p(s)-c_p(l)]dT}{T}\right\}=-1.139\ kJ\cdot K^{-1}$$

环境熵变为

$$\Delta S_{amb}=\frac{Q_{amb}}{T_{amb}}=-\frac{Q_p}{T_{amb}}=\frac{311.46\ kJ}{263.15\ K^{-1}}=1.84\ kJ\cdot K^{-1}$$

隔离系统熵变为

$$\Delta S_{iso}=\Delta S(T)+\Delta S_{amb}=(-1.139+1.184)\ kJ\cdot K^{-1}=45\ J\cdot K^{-1}$$

$\Delta S_{iso}>0$，过程不可逆。

❖ **例 3.7.2** 已知 H_2O 在 100 ℃的饱和蒸气压为 101.325 kPa，在此条件下的$\Delta_{vap}H_m=40.668\ kJ\cdot mol^{-1}$；今在一带活塞的恒温气缸中有 1 mol 的 $N_2(g)$，底部有一小玻璃瓶，瓶中有 4 mol $H_2O(l)$。气缸置于 100 ℃的恒温槽中维持恒温，外压恒定在 150 kPa。现将小玻璃瓶打破，水蒸气至平衡态，求过程的 Q、W、ΔU、ΔH、ΔS 及ΔS_{iso}。

解：本题虽然系统的压力为 150 kPa，大于水在 100 ℃时的饱和蒸气压，但因有 $N_2(g)$ 的存在，在气相中水蒸气的分压小于其饱和蒸气压时，水即可蒸发。本题因水的量较多，水部分蒸发至气相中（水蒸气达到饱和为止）。

先求水蒸发的量，水的饱和蒸气压 $p(H_2O)$ = 101.325 kPa，末态 $N_2(g)$的分压 $p_2(N_2)=p-p(H_2O)$=48.675 kPa。$N_2(g)$的物质的量 $n(N_2)$=1 mol，根据分压定律，求得水蒸气的物质的量为

$$n(H_2O,g)=\frac{p(H_2O,g)}{p(N_2)}\times n(N_2)=\frac{101.325\text{kPa}}{48.675\text{kPa}}\times 1\ \text{mol}=2.082\ \text{mol}$$

现尚有 $n_2(H_2O,l)=n_1(H_2O,l)-n(H_2O,g)=(4-2.082)\ \text{mol}=1.918\ \text{mol}$ 的液态水未蒸发。因 $\Delta H(N_2)=0$，$\Delta H(H_2O)=\Delta_{vap}H(H_2O)$，故

$$Q_p=\Delta H=\Delta_{vap}H(H_2O)=n(H_2O,g)\Delta_{vap}H_m(H_2O)=2.082\ \text{mol}\times 40.668\ \text{kJ}\cdot\text{mol}^{-1}=84.67\ \text{kJ}$$

$$W=-p\Delta V=-\Delta n(g)RT=n(H_2O,g)RT=-2.082\ \text{mol}\times 8.314\ \text{J}\cdot\text{mol}^{-1}\cdot\text{K}^{-1}\times 373.15\ \text{K}=-6.460\ \text{kJ}$$

$$\Delta U=Q+W=(84.671-6.460)\ \text{kJ}=78.211\ \text{kJ}$$

系统的熵变等于水的蒸发熵与 $N_2(g)$的膨胀熵之和。虽然此过程不可逆，但因末态水蒸气的压力等于水的饱和蒸气压，与 100 ℃的水处于相平衡，故蒸发焓与温度之比，即

$$\Delta S(H_2O)=\frac{\Delta H(H_2O)}{T}=\frac{n(H_2O,g)\Delta_{vap}H_m(H_2O)}{T}$$

$$=2.082\ \text{mol}\times 40.668\times 10^3\ \text{J}\cdot\text{mol}^{-1}/373.15\ \text{K}=226.91\ \text{J}\cdot\text{K}^{-1}$$

始态 $N_2(g)$的压力 $p_1(N_2)$=150 kPa，由式（3.4.8b）得

$$\Delta S(N_2)=-n(N_2)R\ln\frac{p_2(N_2)}{p_1(N_2)}=-1\ \text{mol}\times 8.314\ \text{J}\cdot\text{mol}\cdot\text{K}^{-1}\times\ln\frac{48.675\ \text{kPa}}{150\ \text{kPa}}=9.36\ \text{J}\cdot\text{K}^{-1}$$

过程的熵变为

$$\Delta S=\Delta S(H_2O)+\Delta S(N_2)=(226.91+9.36)\ \text{J}\cdot\text{K}^{-1}=236.27\ \text{J}\cdot\text{K}^{-1}$$

环境的熵变为

$$\Delta S_{amb}=-Q_p/T_{amb}=-84.671\times 10^3\ \text{J}/373.15\ \text{K}=-226.91\ \text{J}\cdot\text{K}^{-1}$$

隔离系统的熵变为

$$\Delta S_{iso}=\Delta S+\Delta S_{amb}=(236.27-226.91)\ \text{J}\cdot\text{K}^{-1}=9.36\ \text{J}\cdot\text{K}^{-1}$$

$\Delta S_{iso}>0$，说明过程不可逆。

环境和隔离体系熵变的计算：环境熵变按定义计算。

$$\Delta S_{环}=-\int_A^B\frac{\delta Q}{T_{环}}$$

δQ 为体系实际过程体系所吸收的热，不是虚拟过程体系所吸收的热。例 3.7.2 中体系实际进行的过程中体系所吸收的热和虚拟过程体系所吸收的热是相等的，因为两个过程都是恒压的。

3.8 热力学第三定律和化学变化过程熵变的计算

一定条件下化学变化通常是不可逆的，化学反应热也是不可逆热，因而化学反应热与反应温度之比并不等于化学反应的熵变。要想由熵变的定义式计算，必须设计一条含有可逆化学变化步骤在内的可逆途径，但很难设计这样的可逆途径。

然而，由于能斯特热定理的发现、热力学第三定律的提出以及物质标准摩尔熵值的确立，化学变化熵变的计算变得简单。

3.8.1 能斯特热定理

是否存在降低温度的极限？1702 年，法国科学家阿蒙顿提到了“绝对零度”的概念。他从空气受热时体积和压强都随温度升高而增加的实验事实，设想在某个温度下空气的压力将等于零。盖-吕萨克定律提出之后，存在绝对零度的思想得到物理学界的普遍承认。1848 年，英国科学家汤姆逊在确立热力学温标时，重新提出了绝对零度是温度的下限。人们从化学反应的热力学性质中发现，恒温化学反应的熵变随着温度的降低而减小。能斯特对物质在绝对零度下的比热容进行实验研究，通过实验发现许多物质在接近绝对零度时的比热容趋向于零，这表明物质在绝对零度附近的等压反应热不再受到温度的影响。1906 年，能斯特提出了著名的能斯特热定理：凝结系统中的恒温物理和化学变化的熵变随热力学温度趋于零。这条定理在 1912 年能斯特的著作《热力学与比热》中被表述为热力学第三定律，其通用说法为“不可能通过有限的循环过程，使物体冷到绝对零度”，即绝对零度不可能达到，用公式表示为

$$\lim_{T\to 0\,\mathrm{K}} \Delta_r S(T) = 0$$

或

$$\Delta_r S(0\,\mathrm{K}) = 0$$

此式为能斯特热定理。

这一结果对于计算纯物质间假想的化学变化的熵变提供了便利。

以常压下温度 T 时各自处于纯态的反应物 $a\mathrm{A}+b\mathrm{B}$ 反应生成各自处在纯态的产物 $y\mathrm{Y}+z\mathrm{Z}$ 为例。先让反应物从 T 降温至 0 K，再在 0 K 下反应生成产物，最后使产物从 0 K 升温至 T，示意见图 3.8.1。

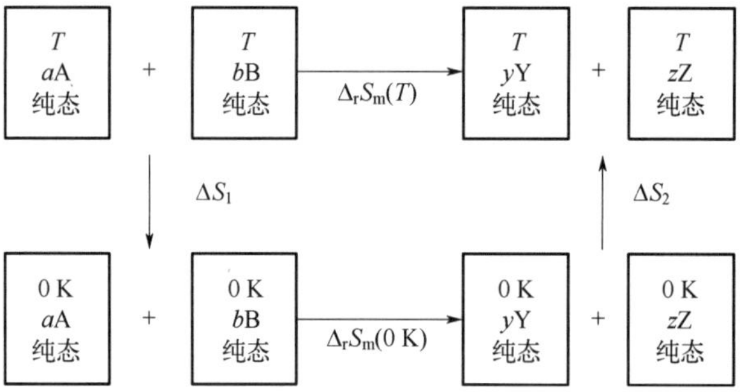

图 3.8.1　化学反应熵变计算示意图

以上角标*代表纯物质，$S_m^*(\mathrm{B},T)$代表任一纯物质 B 在温度 T 时的摩尔熵，以 S_m^*（B,0 K）代表该纯物质在 0 K 时的摩尔熵，则有

$$\Delta S_1 = a\left[S_m^*(\mathrm{A},0\,\mathrm{K}) - S_m^*(\mathrm{A},T)\right] + b\left[S_m^*(\mathrm{B},0\,\mathrm{K}) - S_m^*(\mathrm{B},T)\right]$$

$$\Delta_r S_m^*(0\,\mathrm{K}) = 0$$

$$\Delta S_2 = y\left[S_{\rm m}^*({\rm Y},T) - S_{\rm m}^*({\rm Y},0\,{\rm K})\right] + b\left[S_{\rm m}^*({\rm Z},T) - S_{\rm m}^*({\rm Z},0\,{\rm K})\right]$$

于是所求温度 T 下各纯态物质化学变化的摩尔反应熵为

$$\Delta_{\rm r} S_{\rm m}(T) = \Delta S_1 + \Delta_{\rm r} S_{\rm m}(0\,{\rm K}) + \Delta S_2$$

将 ΔS、$\Delta_{\rm r} S_{\rm m}(0\,{\rm K})$、$\Delta S_2$ 代入，整理得

$$\Delta_{\rm r} S_{\rm m}(T) = \sum_{\rm B} \nu_{\rm B}\left[S_{\rm m}^*({\rm B},T) - S_{\rm m}^*({\rm B},0\,{\rm K})\right] \tag{3.8.1}$$

式（3.8.1）表明：温度 T 下假想的纯态物质化学变化的摩尔反应熵等于参加反应的各种纯物质在温度 T 的摩尔熵和 0 K 的摩尔熵之差与其化学计量数的乘积之和。

3.8.2 热力学第三定律

熵的绝对值是不知道的，应用熵的定义式求得的只是始末态之间的熵变。对于一物质，如果规定某一状态的摩尔熵值，就可以求得该物质在其他状态的摩尔熵值，这显然是一个相对值。

纯物质的摩尔熵是温度、压力的函数。温度越低，摩尔熵值越小。在温度趋于 0 K 时，摩尔熵值趋于最小。

根据能斯特热定理，在 0 K 时，对于任何化学变化，其纯物质凝聚态反应物的总熵相等，因此，可以设想，若选定 0 K 时各凝聚态纯物质的摩尔熵值为零，则既可满足能斯特热定理，又可使由式（3.6.2）计算温度 T 下摩尔反应熵变得简单。

热力学第三定律叙述如下：0 K 时纯物质完美晶体的熵等于零。用公式表示为

$$\lim_{T\to 0\,{\rm K}} S_{\rm m}^*(\text{完美晶体}, T)=0 \tag{3.8.2a}$$

或

$$S_{\rm m}^*(\text{完美晶体}, 0\,{\rm K})=0 \tag{3.8.2b}$$

热力学第三定律是普朗克于 1912 年提出，并经其他学者补充修正的。

热力学第三定律除了温度 0 K 条件以外，还有两条规定，即纯物质及完美晶体。这是因为如果物质不纯，混在该物质中杂质的存在会使该物质的熵增加；完美晶体的规定则针对某些物质晶体可能存在着无序排列而言，而这种无序排列同样会使熵值增大。例如，NO 分子晶体中分子的规则排列顺序应为 NO NO NO…，但有的分子反向排列成 NO NO ON…，则熵要增大。前者规则排列的晶体为完美晶体，后者不规则排列的晶体则不是完美晶体。

3.8.3 规定熵和标准熵

在热力学第三定律基础上，相对于 $S_{\rm m}^*(0\,{\rm K},\text{完美晶体})=0$，求得纯物质 B 在某一状态的熵称为该物质 B 在该状态的规定熵。而在标准态下温度 T 时的规定熵，则称为物质在 T 时的标准熵。标准熵的符号为 $S^\ominus$。标准熵是计算化学平衡的重要基础数据。

以气体的标准摩尔熵为例。

将 0 K 下的完美晶体，在 100 kPa 下加热到温度 T，由固、液、气态时的 $C_{p,\mathrm{m}}^{\ominus}(\mathrm{s})$、$C_{p,\mathrm{m}}^{\ominus}(\mathrm{l})$、$C_{p,\mathrm{m}}^{\ominus}(\mathrm{g})$，以及 T_{f} 下的 $\Delta_{\mathrm{fus}}H_{\mathrm{m}}^{\ominus}$，$T_{\mathrm{b}}$ 下的 $\Delta_{\mathrm{vap}}H_{\mathrm{m}}^{\ominus}$，即可求得该气体物质在温度 T 时的 $S_{\mathrm{m}}^{\ominus}(\mathrm{g},T)$。

$$S_{\mathrm{m}}^{\ominus}(\mathrm{g},T)=\int_{0}^{T_{\mathrm{f}}}\frac{C_{p,\mathrm{m}}^{\ominus}(\mathrm{s})\mathrm{d}T}{T}+\frac{\Delta_{\mathrm{fus}}H_{\mathrm{m}}^{\ominus}}{T_{\mathrm{f}}}+\int_{T_{\mathrm{f}}}^{T_{\mathrm{b}}}\frac{C_{p,\mathrm{m}}(\mathrm{l})\mathrm{d}T}{T}+\frac{\Delta_{\mathrm{vap}}H_{\mathrm{m}}^{\ominus}}{T_{\mathrm{b}}}+\int_{T_{\mathrm{b}}}^{T}\frac{C_{p,\mathrm{m}}(\mathrm{g})\mathrm{d}T}{T}+\Delta_{\mathrm{g}}^{\mathrm{pg}}S_{\mathrm{m}}(T) \tag{3.8.3}$$

式中，$\Delta_{\mathrm{g}}^{\mathrm{pg}}S_{\mathrm{m}}(T)$ 是在温度 T 下，将 100 kPa 该物质的实际气体换算成理想气体时的熵变，因为气体物质的标准态是 100 kPa 下理想状态时的气体。

（1）标准摩尔反应熵的计算

根据热力学第三定律，0 K 时纯物质的完美晶体的摩尔熵等于零，则式（3.8.3）可表示成

$$\Delta_{\mathrm{r}}S_{\mathrm{m}}=\sum_{\mathrm{B}}\nu_{\mathrm{B}}S_{\mathrm{m}}^{*}(\mathrm{B}) \tag{3.8.4}$$

式中，$S_{\mathrm{m}}^{*}(\mathrm{B})$ 的意义已与式（3.8.2）中的 $S_{\mathrm{m}}^{*}(\mathrm{B},T)$ 不同。式（3.8.2）中的 $S_{\mathrm{m}}^{*}(\mathrm{B},T)$ 代表了纯物质 B 在温度 T 时的摩尔熵值，而式（3.8.4）中的 $S_{\mathrm{m}}^{*}(\mathrm{B})$ 代表了纯物质 B 在温度 T 时的摩尔规定熵值，即以 0 K 时的摩尔熵等于零为基准，纯物质 B 在 T 时的相对摩尔熵值。

当反应物及产物均为标准态纯物质时，一定温度 T 下的摩尔反应熵即称为该温度下该化学变化的标准摩尔反应熵，它与参加反应的各物质的标准摩尔熵的关系为

$$\Delta_{\mathrm{r}}S_{\mathrm{m}}^{\ominus}=\sum_{\mathrm{B}}\nu_{\mathrm{B}}S_{\mathrm{m}}^{\ominus}(\mathrm{B}) \tag{3.8.5}$$

也就是在某温度下化学变化的标准摩尔反应熵等于同样温度下各自处在纯态的标准摩尔熵与其化学计量数的乘积之和。

（2）标准摩尔反应熵随温度的变化

由某一温度（通常是 25 ℃）下的标准摩尔熵，可以求得该温度下的标准摩尔反应熵。如果要求其他温度下的标准摩尔反应熵，就要讨论温度对标准摩尔反应熵的影响。

设在温度 T 下一化学反应的标准摩尔熵为 $\Delta_{\mathrm{r}}S_{\mathrm{m}}^{\ominus}$，令反应温度发生微变 $\mathrm{d}T$，同时标准摩应熵发生微变 $\mathrm{d}\Delta_{\mathrm{r}}S_{\mathrm{m}}^{\ominus}$，即温度由 T 变至 $T+\mathrm{d}T$，标准摩尔反应熵由 $\Delta_{\mathrm{r}}S_{\mathrm{m}}^{\ominus}$ 至 $\Delta_{\mathrm{r}}S_{\mathrm{m}}^{\ominus}+\mathrm{d}\Delta_{\mathrm{r}}S_{\mathrm{m}}^{\ominus}$，设计途径如下。

$$\begin{array}{ccc}
-\nu_{\mathrm{A}}\mathrm{A}-\nu_{\mathrm{B}}\mathrm{B} & \xrightarrow[\Delta_{\mathrm{r}}S_{\mathrm{m}}^{\ominus}+\mathrm{d}\Delta_{\mathrm{r}}S_{\mathrm{m}}^{\ominus}]{T+\mathrm{d}T} & \nu_{\mathrm{Y}}\mathrm{Y}+\nu_{\mathrm{Z}}\mathrm{Z} \\
\downarrow \mathrm{d}S_1 & & \uparrow \mathrm{d}S_2 \\
-\nu_{\mathrm{A}}\mathrm{A}-\nu_{\mathrm{B}}\mathrm{B} & \xrightarrow[\Delta_{\mathrm{r}}S_{\mathrm{m}}^{\ominus}]{T} & \nu_{\mathrm{Y}}\mathrm{Y}+\nu_{\mathrm{Z}}\mathrm{Z}
\end{array}$$

由状态函数法可知

$$\mathrm{d}\Delta_{\mathrm{r}}S_{\mathrm{m}}^{\ominus}=\mathrm{d}S_1+\mathrm{d}S_2$$

因反应物及产物均单独存在且处于标准压力 $p^{\ominus}$ 下，故有

$$dS_1=\left[\frac{-\nu_A C_{p,m}^{\ominus}(A)-\nu_B C_{p,m}^{\ominus}(B)}{T}\right](-dT)$$

$$=\left[\frac{\nu_A C_{p,m}^{\ominus}(A)+\nu_B C_{p,m}^{\ominus}(B)}{T}\right]dT$$

$$dS_2=\left[\frac{\nu_Y C_{p,m}^{\ominus}(Y)+\nu_Z C_{p,m}^{\ominus}(Z)}{T}\right]dT$$

式中，$C_{p,m}^{\ominus}$为物质的标准摩尔定压热容。因此

$$d\Delta_r S_m^{\ominus}=\left\{\left[\nu_A C_{p,m}^{\ominus}(A)+\nu_B C_{p,m}^{\ominus}(B)+\nu_Y C_{p,m}^{\ominus}(Y)+\nu_Z C_{p,m}^{\ominus}(Z)\right]/T\right\}dT$$

即

$$d\Delta_r S_m^{\ominus}=(\Delta_r C_{p,m}^{\ominus}/T)dT \tag{3.8.6a}$$

$$\Delta_r C_{p,m}^{\ominus}=\sum_B \nu_B C_{p,m}^{\ominus}(B)$$

或写为

$$d\Delta_r S_m^{\ominus}/dT=\Delta_r C_{p,m}^{\ominus}/T \tag{3.8.6b}$$

将式（3.8.6）积分，在温度区间 T_1 至 T_2 内，若所有反应物及产物不均不发生相变化，则

$$\Delta_r S_m^{\ominus}(T_2)=\Delta_r S_m^{\ominus}(T_1)+\int_{T_1}^{T_2}(\Delta_r C_{p,m}^{\ominus}/T)dT \tag{3.8.7}$$

若反应物及产物的标准摩尔定压热容均表示成 $C_{p,m}^{\ominus}=a+bT+cT^2$ 的形式，将 $\Delta_r C_{p,m}^{\ominus}=\Delta a+\Delta bT+\Delta cT^2$ 代入式（3.8.7），可得不定积分式

$$\Delta_r S_m^{\ominus}(T)=\Delta a+IR+\Delta a\ln T+\frac{1}{2}\Delta cT^2 \tag{3.8.8}$$

式中，$\Delta a+IR$ 为积分常数，将某一温度下的标准摩尔反应熵代入即可求得。将积分常数写成 $\Delta a+IR$，是为了与后面推导的有关公式中使用的符号一致。

科学家简介

能斯特是德国卓越的物理学家、物理化学家和化学史家，发明了闻名于世的白炽灯（能斯特灯），从热力学导出了电极电势与溶液浓度的关系式，即电化学中著名的能斯特方程。他还引入溶度积这个重要概念，用来解释沉淀反应。此外，他提出能斯特热定理（即热力学第三定律），以及低温下固体比热的测定等，因而获 1920 年诺贝尔化学奖。他把成绩的取得归功于导师奥斯特瓦尔德的培养，因而自己也毫无保留地把知识传给学生，他的学生中先后有三位诺贝尔物理学奖获得者（米利肯 1923，安德森 1936 年，格拉泽 1960 年），这在诺贝尔奖历史上罕见。

3.9 亥姆霍兹函数和吉布斯函数

熵增原理给出了系统变化时过程可逆与否的判据，应用此判据时除了要计算系统的熵变外，还要计算环境的熵变。

大多数化学变化是在恒温恒容或恒温恒压且非体积功为零的条件下进行的。从熵判据出发，可以得出在这两种条件下的两种判据，并引出两个新的状态函数——亥姆霍兹函数和吉布斯函数，从而避免了单独计算环境熵变的麻烦。

3.9.1 亥姆霍兹函数

熵判据式为

$$\mathrm{d}S_{\mathrm{sys}}+\mathrm{d}S_{\mathrm{amb}}\geqslant 0 \quad \begin{pmatrix} >，\text{不可逆} \\ =，\text{可逆} \end{pmatrix}$$

即

$$\mathrm{d}S_{\mathrm{sys}}+\delta Q_{\mathrm{amb}}/T_{\mathrm{amb}}\geqslant 0 \quad \begin{pmatrix} >，\text{不可逆} \\ =，\text{可逆} \end{pmatrix}$$

在恒温恒容及非体积功为零的条件下，将 $T_{\mathrm{amb}}=T_{\mathrm{sys}}$、$\delta Q_{\mathrm{amb}}=-\delta Q_{\mathrm{sys}}=-\mathrm{d}U_{\mathrm{sys}}$ 代入上式，因所有的量均是系统的性质，故略去下角标 sys，得

$$\mathrm{d}S-\mathrm{d}U/T\geqslant 0 \quad \begin{pmatrix} >，\text{自发} \\ =，\text{平衡} \end{pmatrix}$$

因 T 不变，上式变为

$$\mathrm{d}(U-TS)\leqslant 0 \quad \begin{pmatrix} <，\text{自发} \\ =，\text{平衡} \end{pmatrix}$$

定义

$$A \xrightarrow{\mathrm{def}} U-TS \tag{3.9.1}$$

A 称为亥姆霍兹（Helmholtz，1821—1894 年）函数。于是得

$$\mathrm{d}A_{T,V}\leqslant 0 \quad \begin{pmatrix} <，\text{自发} \\ =，\text{平衡} \end{pmatrix} \quad (\text{恒温，恒容，}\delta W'=0) \tag{3.9.2a}$$

或

$$\Delta A_{T,V}\leqslant 0 \quad \begin{pmatrix} <，\text{自发} \\ =，\text{平衡} \end{pmatrix} \quad (\text{恒温，恒容，}W'=0) \tag{3.9.2b}$$

式（3.9.2）称为亥姆霍兹函数判据。

亥姆霍兹函数判据表明：在恒温恒容及非体积功为零的条件下，系统亥姆霍兹函数减少的过程能够自发进行；亥姆霍兹函数不变时处于平衡状态；不可能发生亥姆霍兹函数增大的过程。

亥姆霍兹函数是状态函数，单位是 J，其绝对值不知，是广度量。摩尔亥姆霍兹函数 $A_m = A/n$，单位是 $J \cdot mol^{-1}$；质量亥姆霍兹函数（或比亥姆霍兹函数）$a = A/m$，单位为 $J \cdot kg^{-1}$。

A 的物理意义可从下面推导中看出：

在恒温可逆下因可逆热 $\delta Q_r = TdS$，由

$$dA = d(U - TS) = dU - TdS = dU - \delta Q_r$$

得

$$dA_T = \delta W_r \tag{3.9.3a}$$

或

$$\Delta A_T = W_r \tag{3.9.3b}$$

这说明恒温可逆过程系统的亥姆霍兹函数变化等于过程的可逆功。

3.9.2 吉布斯函数

对于恒温恒压而无非体积功的过程，可引入吉布斯函数判据。对于恒温恒压而无非体积功的过程，$T = T_环$ =常数，$\delta Q = dH$。将 $dS > \delta Q / T$ 代入，得

$$d(TS) \geqslant dH \text{ 或 } d(H-TS) \leqslant 0 \tag{3.9.4}$$

由于 H、T 和 S 均为状态函数，它们的组合也为状态函数。定义新的状态函数

$$G = H - TS \tag{3.9.5}$$

则式（3.9.4）可写为

$$dG_{T,p} \leqslant 0 \begin{pmatrix} <，自发 \\ =，平衡 \end{pmatrix} \quad (恒温，恒压，\delta W' = 0) \tag{3.9.6a}$$

$$\Delta G_{T,p} \leqslant 0 \begin{pmatrix} <，自发 \\ =，平衡 \end{pmatrix} \quad (恒温，恒压，W' = 0) \tag{3.9.6b}$$

G 为吉布斯（1839—1903 年）函数，简称自由焓。由上式知，在恒温恒压而无非体积功的条件下，对于不可逆过程，体系自由焓下降；对于可逆过程，体系自由焓不变。引入吉布斯自由能以后，判断恒温恒压而无非体积功的过程的可逆性就变得非常简单了，只要按定义式（3.9.5）计算该过程吉布斯自由能的增量就可作出判断。由于吉布斯自由能是状态函数，计算状态函数的增量并不是难事。由 G 的定义知，G 是容量性质，绝对值为未知。由式(3.9.6)知，在恒温恒压而无非体积功的条件下，$dG > 0$ 的过程是不可能发生的。

如果恒温恒压而有非体积功 $\delta W'$，则

$$T = T_环 = 常数$$

$$\delta Q = dU - \delta W = dH - \delta W'$$

类似地可导出

$$dG \leqslant \delta W' \quad \begin{pmatrix} <，不可逆 \\ =，可逆 \end{pmatrix} \tag{3.9.7}$$

由式（3.9.7）知，在恒温恒压而无非体积功的条件下，对于不可逆过程，体系自由焓变化小于体系做的非体积功；对于可逆过程，体系自由焓变化等于体系做的非体积功。

式（3.9.7）表明，对恒温恒压可逆过程，外界对体系做的非体积功，全部用来增加体系的自由焓；或体系自由焓的减少，全部用来对外做功。对恒温恒压不可逆过程，外界对体系做的非体积功，只有部分用来增加体系的自由焓；或体系自由焓的减少，只有部分用来对外做功。

如前所述，在恒温恒压而无非体积功的条件下，$dG > 0$ 的过程是不可能发生的。但在恒温恒压而有非体积功的条件下，$dG > 0$ 的过程是可能发生的，只要满足下式即可。

$$0 < dG \leqslant \delta W'$$

可见，在恒温恒压而有非体积功的条件下，要使 $dG > 0$ 的过程发生，需外界对体系做功（因 $\delta W' > 0$），如电解。

科学家简介

1863 年，吉布斯在耶鲁大学以齿轮设计的论文获得工程博士学位。1866—1869 年，吉布斯在欧洲学习数学和物理。1871 年，他被耶鲁大学聘为无薪金的数学物理教授。那时他唯一发表的著作就是铁路制动装置的专利。1876—1878 年，他在康涅狄格州科学技术协会的学报上分两次发表了长达 300 页的题为《关于多相物质平衡》的划时代的大论文。该文包括 700 多个公式，对于多组分体系物质的平衡条件进行了全面的论述。吉布斯发表的另外两篇论文是《流体的热力学图解法》和《物质的热力学性质的（几何）曲面表示法》，这两篇论文于 1873 年发表在《康涅狄格州学院院报》上。这两篇文章一经发表，立即引起了麦克斯韦的注意。麦克斯韦在他的《热的理论》一书特别加进了一章，用于叙述吉布斯的工作。吉布斯第二个重要的贡献是他的《统计力学基本原理》一书（1902 年），这本书奠定了统计力学的主要基础。奥斯特瓦耳德（Ostwald）曾评价吉布斯说："他对物理化学的形式和内容的贡献相当于一百年。"普朗克对吉布斯的评价是"他的名字将永远载入有史以来最著名的理论物理学家的行列之中"。

亥姆霍兹，德国物理化学家、数学家，"能量守恒定律"的创立者。在生理学、光学、电动力学、数学、热力学等领域中均有重大贡献。1847 年，亥姆霍兹出版了《力量的守恒》，阐明了能量守恒的原理，亥姆霍兹自由能即以他来命名。他也研究过电磁学，他的研究预测了麦克斯韦方程组中的电磁辐射，相关的方程式以他来命名。除了物理，亥姆霍兹也对感知的研究做出贡献。他发明了检眼镜，以及以他命名的共鸣器，他的两部光学和声学的著作《作为乐理的生理学基础的音调感受的研究》《生理光学手册》，对后世影响很大。《论音调的感觉》是亥姆霍兹 1863 年的作品，主要从物理学的角度论述了各音调给人的感觉，同时具有很高的美学价值。

3.10 等温过程ΔA和ΔG的计算

❖ **例 3.10.1** 证明理想气体恒温可逆膨胀过程 ΔA 和 ΔG 相等。

解：理想气体恒温过程 $\Delta U = 0$、$\Delta H = 0$，所以

$$\Delta A = \Delta U - \Delta(TS) = -T\Delta S$$
$$\Delta G = \Delta H - \Delta(TS) = -T\Delta S$$

❖ **例 3.10.2** 300.2 K 的 1 mol 理想气体的压力从$10p^{\ominus}$等温可逆膨胀至 $p^{\ominus}$，求 W、Q、ΔU、ΔH、ΔS、ΔA 及ΔG。

解： $$W = -nRT\ln\frac{V_2}{V_1} = nRT\ln\frac{p_2}{p_1} = \left(1\times 8.314\times 300.2\times \ln\frac{1}{10}\right)\text{kJ} = -5.747\text{ kJ}$$

$$Q = -W = 5.747\text{ kJ}，\Delta U = 0，\Delta H = 0$$

$$\Delta S = \frac{Q}{T} = \frac{5.747\text{ kJ}}{300.2\text{ K}} = 19.14\text{ J}\cdot\text{K}^{-1}$$

$$\Delta A = \Delta G = -T\Delta S = -Q = W = -5.747\text{ kJ}$$

❖ **例 3.10.3** 在 298.15 K、101.325 kPa 下，使 1 mol 液体水蒸发为同温同压下的水蒸气。已知液体水在 298.15 K 时的饱和蒸气压为 3.168 kPa，试计算该过程的ΔG。

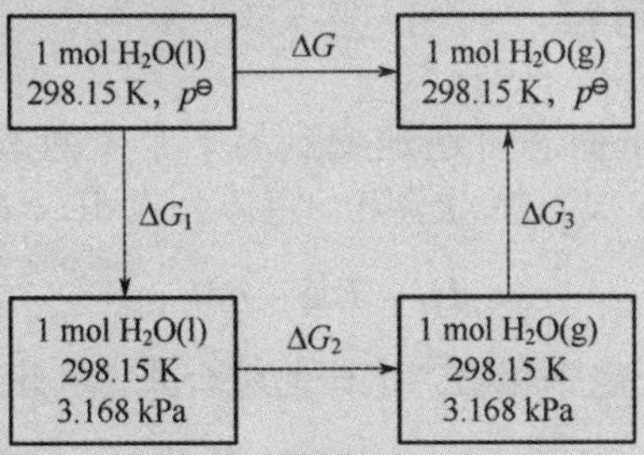

解：

方法一：

$$\Delta G = \Delta H - T\Delta S = 43.870\text{ kJ} - (298.15\times 0.118)\text{ kJ} = 8.524\text{ kJ}$$

方法二：恒温下 $\mathrm{d}G = V\mathrm{d}p$，所以

$$\Delta G_1 = \int_{p^{\ominus}}^{3.168\text{ kPa}} V_1\mathrm{d}p$$

$$\Delta G_2 = 0$$

$$\Delta G_3 = \int_{3.168\ \mathrm{kPa}}^{p^\ominus} V_{\mathrm{g}} \mathrm{d}p$$

$$\begin{aligned}\Delta G &= \Delta G_1 + \Delta G_2 + \Delta G_3 = \Delta G_1 + \Delta G_3 \\ &= \int_{p^\ominus}^{3.168\ \mathrm{kPa}} V_1 \mathrm{d}p + \int_{3.168\ \mathrm{kPa}}^{p^\ominus} V_{\mathrm{g}} \mathrm{d}p = \int_{3.168\ \mathrm{kPa}}^{p^\ominus} (V_{\mathrm{g}} - V_1) \mathrm{d}p \approx \int_{3.168\ \mathrm{kPa}}^{p^\ominus} V_{\mathrm{g}} \mathrm{d}p \\ &= \int_{3.168\ \mathrm{kPa}}^{p^\ominus} \frac{nRT}{p} \mathrm{d}p \\ &= \left(1 \times 8.314 \times 298.15 \times \ln \frac{101.325}{3.168}\right) \mathrm{kJ} = 8.59\ \mathrm{kJ}\end{aligned}$$

计算结果表明，在恒温恒压而无非体积功的条件下，上述过程不可能发生。

3.11 热力学基本方程

前面已介绍了 U、H、S、A、G 等五个热力学状态函数。U、S 的引入是热力学第一定律和第二定律的结果，这是两个基本的状态函数。由 U、S 及 p、V、T 结合得出了 H、A、G 三个状态函数，引入这三个状态函数的目的是提供应用上的便利。U、H 主要解决能量计算问题，S、A 和 G 主要解决过程方向性的问题。

前面从定义式出发介绍了单纯 pVT 变化、相变化和化学变化三类过程中这五个状态函数变的计算。

本节将给出封闭的热力学平衡系统在状态变化时，其热力学状态函数 U、H、A、G 如何随状态参变量的改变而变化。

3.11.1 热力学基本方程

热力学封闭系统从一个平衡态可逆地变到另一个平衡态时，可以不做非体积功。将 $\delta W_{\mathrm{r}}' = 0$、$p_{\mathrm{amb}} = p$ 及 $\delta Q_{\mathrm{r}} = T\mathrm{d}S$ 代入热力学第一定律公式 $\mathrm{d}U = \delta Q - p_{\mathrm{amb}}\mathrm{d}V + \delta W'$ 得

$$\mathrm{d}U = T\mathrm{d}S - p\mathrm{d}V \tag{3.11.1}$$

式（3.11.1）为热力学第一定律和第二定律的综合式，从此式出发还可以得出另外的三个方程式。

由焓的定义式 $H = U + pV$，得 $\mathrm{d}H = \mathrm{d}U + p\mathrm{d}V + V\mathrm{d}p$ ，将式（3.11.1）代入，得

$$\mathrm{d}H = T\mathrm{d}S + V\mathrm{d}p \tag{3.11.2}$$

由亥姆霍兹函数的定义式 $A = U - TS$，得 $\mathrm{d}A = \mathrm{d}U - T\mathrm{d}S - S\mathrm{d}T$，将式（3.11.1）代入，得

$$\mathrm{d}A = -S\mathrm{d}T - p\mathrm{d}V \tag{3.11.3}$$

由吉布斯函数的定义式 $G = U + pV - TS$，得 $\mathrm{d}G = \mathrm{d}U + p\mathrm{d}V + V\mathrm{d}p - T\mathrm{d}S - S\mathrm{d}T$，将式（3.11.1）代入，得

$$\mathrm{d}G = -S\mathrm{d}T + V\mathrm{d}p \tag{3.11.4}$$

式（3.11.1）～式（3.11.4）称为热力学基本方程。

从推导可知，热力学基本方程的适用条件为封闭的热力学平衡系统的可逆过程。它不仅适用于无相变化、无化学变化的平衡系统（纯物质或多组分、单相或多相）发生的单纯 pVT 变化的可逆过程，也适用于相平衡和化学平衡系统同时发生 pVT 变化及相变化和化学变化的可逆过程。

状态函数的变化只取决于状态的变化，故从同一始态到同一末态间不论过程是否可逆，状态函数的变化均可用热力学基本方程计算，但积分时要找出可逆途径中平衡时 V-p 及 T-S 间的函数关系。

热力学基本方程是热力学中重要的公式，有着广泛的应用，应掌握公式的适用条件及用法。

本节及下两节将介绍热力学基本方程的不同用法。

3.11.2　由热力学基本方程计算物质 pVT 变化过程的 ΔA、ΔG

在四个热力学基本方程中常用到式（3.11.3）和式（3.11.4），特别是后者。

在恒温下，两式分别变成

$$\mathrm{d}A_T = -p\mathrm{d}V \tag{3.11.5}$$

$$\mathrm{d}G_T = V\mathrm{d}p \tag{3.11.6}$$

对气态物质，应用状态方程可积分计算。

对于理想气体，将 $pV = nRT$ 代入式（3.11.5）和式（3.11.6），积分得

$$\Delta A_T = -\int_{V_1}^{V_2} p\mathrm{d}V = -nRT\ln(V_2/V_1)$$

$$\Delta G_T = \int_{p_1}^{p_2} V\mathrm{d}p = nRT\ln(p_2/p_1)$$

对凝聚态物质，因物质的等温压缩率很小，体积可以认为不变，则

$$\Delta A_T = -\int_{V_1}^{V_2} p\mathrm{d}V \approx 0 \tag{3.11.7}$$

$$\Delta G_T = \int_{p_1}^{p_2} V\mathrm{d}p \approx 0 \tag{3.11.8}$$

在压力改变不大时，$\Delta G_T \approx V\Delta p \approx 0$。压力改变较大时，$G$ 不可忽视。

凝聚态间的化学反应物及各产物均为纯态时，恒温改变压力，每一种纯物质的 V 随压力变化很小，可看作常数，则在恒温下摩尔反应吉布斯函数随压力的变化可表示成

$$\mathrm{d}\Delta_r G_m = \Delta_r V_m \mathrm{d}p$$

其中 $\Delta_r V_m = \sum_B \nu_B V_m^*(\mathrm{B}) = -aV_m^*(\mathrm{A}) - bV_m^*(\mathrm{B}) + yV_m^*(\mathrm{Y}) + zV_m^*(\mathrm{Z})$，为摩尔反应系统体积的变化。

在各物质的压力均从标准压力 $p^\ominus$ 变至某一压力 p 时，则在压力 p 下的摩尔反应吉布斯函数变化为

$$\Delta_r G_m - \Delta_r G_m^\ominus + \int_{p^\ominus}^{p} \Delta_r V_m \mathrm{d}p = \Delta_r G_m^\ominus + \Delta_r V_m (p - p^\ominus)$$

凝聚系统$\Delta_r V_m \approx 0$，在 p 与 $p^\ominus$ 相差不太大时，有

$$\Delta_r G_m \approx \Delta_r G_m^\ominus$$

纯物质恒容变温过程有

$$\mathrm{d}A = -S\mathrm{d}T$$

恒压变温过程有

$$\mathrm{d}G = -S\mathrm{d}T$$

这里 S 是系统的熵值。由于熵的绝对值不知，故不能用规定熵值代入积分。但是在讨论恒压下温度对于相变化、化学变化过程吉布斯函数变的影响时，对相变前后、化学变化前后的各物质均应用上式，可得

$$\mathrm{d}\Delta G = -\Delta S\mathrm{d}T \qquad (3.11.9a)$$

式中，ΔG 和ΔS 分别为相变过程和化学变化过程的吉布斯函数变和熵变。在这种情况下，即可以应用式（3.11.9a）积分得

$$\Delta G(T_2) - \Delta G(T_1) = -\int_{T_1}^{T_2} \Delta S\mathrm{d}T \qquad (3.11.9b)$$

ΔS 为 T 的函数。

❖ **例 3.11.1** 石墨和金刚石在 25 ℃、100 kPa 下的有关数据如下。从下面数据可知，在 25 ℃、100 kPa 下，反应 C（石墨）══C（金刚石）不能自发进行。根据平衡移动原理，增加压力则有可能进行。问：

（1）在 25 ℃时施加多大压力，才能使反应变为可能。

（2）为了提高转化速率，若反应在 1700 K 下进行，最少需要多大压力。假设在所讨论的温度压力范围内、密度不随温度、压力改变，C_p（石墨）≈ C_p（金刚石）。

物质	$\Delta_f H_m^\ominus$ /（kJ • mol^{-1}）	$\Delta_f G_m^\ominus$ /（kJ • mol^{-1}）	$S_m^\ominus$ /（J • mol^{-1} • K^{-1}）	ρ/（kg • m^{-3}）
C（石墨）	0	0	5.740	2.260×10^3
C（金刚石）	1.897	2.900	2.38	30515×10^3

解：将热力学基本方程即式（3.11.4）应用于每一相的变温变压过程：

$$\mathrm{d}G_m(\text{石墨}) = -S_m(\text{石墨})\mathrm{d}T + V_m(\text{石墨})\mathrm{d}p$$
$$\mathrm{d}G_m(\text{金刚石}) = -S_m(\text{金刚石})\mathrm{d}T + V_m(\text{金刚石})\mathrm{d}p$$

令

$$\Delta_r G_m = G_m(\text{金刚石}) - G_m(\text{石墨})$$
$$\Delta_r S_m = S_m(\text{金刚石}) - S_m(\text{石墨})$$

$$\Delta_r V_m = V_m(\text{金刚石}) - V_m(\text{石墨})$$

则有

$$d\Delta_r G_m = -\Delta_r S_m dT + \Delta_r V_m dp$$

（1）25 ℃，标准压力 $p^\ominus$ 下，对于反应 C(石墨) ══ C(金刚石)有

$$\Delta_r G_m^\ominus = \Delta_f G_m^\ominus(\text{金刚石}) - \Delta_f G_m^\ominus(\text{石墨}) = 2.900\ \text{kJ}\cdot\text{mol}^{-1} > 0$$

上述变化不能进行。

在 25 ℃将压力从 $p^\ominus$ 增至 p，积分 $\Delta_r G_m(p) - \Delta_r G_m^\ominus = \int_{p^\ominus}^{p} \Delta_r V_m dp$ 得

$$\Delta_r G_m(p) = \Delta_r G_m^\ominus + \Delta_r V_m(p - p^\ominus)$$

若要石墨变为金刚石能够在 25 ℃、压力 p 下进行，必须使 $\Delta_r G_m(p) < 0$。

$$\begin{aligned}\Delta_r V_m &= [1/\rho(\text{金刚石}) - 1/\rho(\text{石墨})] \times M(\text{C})\\ &= [1/(3.515\times10^3\ \text{kg}\cdot\text{m}^{-3}) - 1/(2.260\times10^3\ \text{kg}\cdot\text{m}^{-3})] \times 12.011\times10^{-3}\ \text{kg}\cdot\text{mol}^{-1}\\ &= -1.898\times10^{-6}\ \text{m}^3\cdot\text{mol}^{-1}\end{aligned}$$

将 $\Delta_r G_m^\ominus = 2.900\ \text{kJ}\cdot\text{mol}^{-1}$、$\Delta_r V_m$ 及 $p^\ominus = 100\ \text{kPa}$ 代入 $\Delta_r G_m^\ominus(p) < 0$，则得

$$0 < \Delta_r G_m^\ominus + \Delta_r V_m(p - p^\ominus)$$

即

$$p > -\Delta_r G_m^\ominus / \Delta_r V_m + p^\ominus$$

$$p > -2.9000\times10^3\ \text{J}\cdot\text{mol}^{-1} / (-1.898\times10^{-6}\ \text{m}^3\cdot\text{mol}^{-1}) + 10^5\ \text{Pa}$$

$$p > 1.528\ \text{GPa}$$

（2）在标准压力下温度从 $T = 298.15$ K 到 $T = 1700$ K，对 $d\Delta_r G_m^\ominus = -\Delta_r S_m^\ominus dT$ 积分得

$$\Delta_r G_m^\ominus(T) - \Delta_r G_m^\ominus(T_0) = -\int_{T_0}^{T} \Delta_r S_m^\ominus dT$$

因 C_p(金刚石) = C_p(石墨)，即 $\Delta C_p = 0$，故相变过程，均不随温度变化，则

$$\Delta_r G_m^\ominus(T) = \Delta_r G_m^\ominus(T_0) - \Delta_r S_m^\ominus(T - T_0)$$

$$\Delta_r G_m^\ominus(T_0) = 2.900\ \text{kJ}\cdot\text{mol}^{-1}$$

$$\begin{aligned}\Delta_r S_m^\ominus &= S_m^\ominus(\text{金刚石}) - S_m^\ominus(\text{石墨})\\ &= (2.38 - 5.740)\ \text{J}\cdot\text{mol}^{-1}\cdot\text{K}^{-1}\\ &= 3.36\ \text{J}\cdot\text{mol}^{-1}\cdot\text{K}^{-1}\end{aligned}$$

$$\begin{aligned}\Delta_r G_m^\ominus(T) &= 2.900\times10^3\ \text{J}\cdot\text{mol}^{-1} - (-3.36\ \text{J}\cdot\text{mol}^{-1}\cdot\text{K}^{-1})\times(1700 - 298.15)\ \text{K}\\ &= 7.610\ \text{kJ}\cdot\text{mol}^{-1}\end{aligned}$$

$\Delta_r G_m^\ominus(T)$ 还可以由公式 $\Delta_r G_m^\ominus(T) = \Delta_r H_m^\ominus - T\Delta_r S_m^\ominus$ 求得。$\Delta_r G_m^\ominus(T) > 0$，说明在 $T = 1700\text{ K}$ 及 $p = 100\text{ kPa}$ 下，相变不能进行。

类似地，可以求得在 T=1700 K 下，有

$$p > -\Delta_r G_m^\ominus(T) \ / \ \Delta_r V_m + p^\ominus$$

$$p > -7.610\times 10\text{ J}\cdot\text{mol}^{-1} / (-1.898\times 10\text{ m}^3\cdot\text{mol}^{-1}) + 10^5\text{ Pa}$$

$$p > 4.010\text{ GPa}$$

实际上此问可直接应用 $\text{d}\Delta_r G_m = \Delta_r S_m \text{d}T + \Delta_r V_m \text{d}p$ 积分，温度从 $T = 298.15\text{ K}$ 至 $T = 1700\text{ K}$，压力从 p 至 $p^\ominus$。

$$\Delta_r G_m(T,p) - \Delta_r G_m^\ominus(T) = -\int_{T_0}^{T} \Delta_r S_m^\ominus \text{d}T + \int_{p^\ominus}^{p} \Delta_r V_m \text{d}p$$

因 $\Delta_r S_m$、$\Delta_r V_m$ 均视为定值，则

$$\Delta_r G_m(T,p) = \Delta_r G_m^\ominus(T) - \Delta_r S_m^\ominus(T - T_0) + \Delta_r V_m(p - p^\ominus)$$

要使变化能进行，必须使 $\Delta_r G_m(T,p) < 0$，求得 $p > 4.010\text{ GPa}$。

思考

“点石成金”给我们的启示是什么？

3.12 麦克斯韦关系式及其应用

3.12.1 麦克斯韦关系式

设有二元连续函数 $z = f(x,y)$，则全微分

$$\text{d}z = \frac{\partial z}{\partial x}\text{d}x + \frac{\partial z}{\partial y}\text{d}y = M(x,y)\text{d}x + N(x,y)\text{d}y$$

因 $\dfrac{\partial^2 z}{\partial y\partial x} = \dfrac{\partial M}{\partial y}$，$\dfrac{\partial^2 z}{\partial x\partial y} = \dfrac{\partial N}{\partial x}$，且如果一个函数的二阶偏导连续，则这个函数的二阶偏导与求导顺序无关，即 $\dfrac{\partial^2 z}{\partial x\partial y} = \dfrac{\partial^2 z}{\partial y\partial x}$，所以有

$$\frac{\partial M}{\partial y} = \frac{\partial N}{\partial x} \tag{3.12.1}$$

其中 $M = \left(\dfrac{\partial z}{\partial x}\right)_y$，$N = \left(\dfrac{\partial z}{\partial y}\right)_x$，因 $\left[\dfrac{\partial}{\partial y}\left(\dfrac{\partial z}{\partial x}\right)_y\right]_x = \left[\dfrac{\partial}{\partial x}\left(\dfrac{\partial z}{\partial y}\right)_x\right]_y$，故 $\left(\dfrac{\partial M}{\partial y}\right)_x = \left(\dfrac{\partial N}{\partial x}\right)_y$

根据这一原理，由 $\text{d}U = T\text{d}S - p\text{d}V$，得

$$(\partial T / \partial V)_s = -(\partial p / \partial S)_V \tag{3.12.2}$$

由 $dH = TdS + Vdp$，得

$$(\partial T / \partial p)_S = (\partial V / \partial S)_p \tag{3.12.3}$$

由 $dA = -SdT - pdV$，得

$$(\partial S / \partial V)_T = (\partial p / \partial T)_V \tag{3.12.4}$$

由 $dG = -SdT + Vdp$，得

$$-(\partial S / \partial p)_T = (\partial V / \partial T)_p \tag{3.12.5}$$

上面四个等式称为麦克斯韦关系式。

麦克斯韦关系式把一些不能直接测量的量用易于直接测量的量表示出来，并用于热力学关系式的推导中。例如恒温下压力对物质熵值的影响，就可以通过物质的体膨胀系数来计算。体膨胀系数 $\alpha_V = (\partial V / \partial T)_p / V$，故从式（3.12.5）可得 $(\partial S / \partial p)_T = -V\alpha_V$

3.12.2 麦克斯韦关系式的应用

（1）内能随体积的变化

因 $dU = TdS - pdV$，恒温下此式两边对体积微分，得

$$\left(\frac{\partial U}{\partial V}\right)_T = T\left(\frac{\partial S}{\partial V}\right)_T - p = T\left(\frac{\partial p}{\partial T}\right)_V - p \tag{3.12.6}$$

由式（3.12.6）可知，只要知道了物系的状态方程，就可求出 $\left(\frac{\partial U}{\partial V}\right)_T$。

（2）C_p 和 C_V 的关系

因 $C_p - C_V = \left[p + \left(\frac{\partial U}{\partial V}\right)_T\right]\left(\frac{\partial V}{\partial T}\right)_p$，代入式（3.12.6），得

$$C_p - C_V = T\left(\frac{\partial p}{\partial T}\right)_V\left(\frac{\partial V}{\partial T}\right)_p \tag{3.12.7}$$

（3）C_V 随体积的变化

因 $C_V = \left(\frac{\partial U}{\partial T}\right)_V$，所以有

$$\left(\frac{\partial C_V}{\partial V}\right)_T = \left[\frac{\partial}{\partial V}\left(\frac{\partial U}{\partial T}\right)_V\right]_T = \left[\frac{\partial}{\partial T}\left(\frac{\partial U}{\partial V}\right)_T\right]_V$$

代入式（3.12.6），得

$$\left(\frac{\partial C_V}{\partial V}\right)_T = \left(\frac{\partial p}{\partial T}\right)_V + T\left(\frac{\partial^2 p}{\partial T^2}\right)_V - \left(\frac{\partial p}{\partial T}\right)_V = T\left(\frac{\partial^2 p}{\partial T^2}\right)_V \tag{3.12.8}$$

（4）焓随压力的变化

因 $dH = TdS + Vdp$，恒温下此式两边对压力微分，得

$$\left(\frac{\partial H}{\partial p}\right)_T = T\left(\frac{\partial S}{\partial p}\right)_T + V = V - T\left(\frac{\partial V}{\partial T}\right)_p \tag{3.12.9}$$

（5）C_p随压力的变化

因$C_p = \left(\frac{\partial H}{\partial T}\right)_p$，所以有

$$\left(\frac{\partial C_p}{\partial p}\right)_T = \left[\frac{\partial}{\partial p}\left(\frac{\partial H}{\partial T}\right)_p\right]_T = \left[\frac{\partial}{\partial T}\left(\frac{\partial H}{\partial p}\right)_T\right]_p$$

代入式（3.12.9），得

$$\left(\frac{\partial C_p}{\partial p}\right)_T = \left(\frac{\partial V}{\partial T}\right)_p - \left(\frac{\partial V}{\partial T}\right)_p - T\left(\frac{\partial^2 V}{\partial T^2}\right)_p = -T\left(\frac{\partial^2 V}{\partial T^2}\right)_p \tag{3.12.10}$$

式中的状态参变量p、V、T、C_V、C_p，均是能够直接测量的量。因而这些公式均可用来由p、V、T、C_V、C_p等分别计算ΔU、ΔH和ΔS等难以直接测量的量。

❖ **例 3.12.1** 已知25 ℃液体汞的体膨胀系数$\alpha_V = 1.82\times10^{-4}\ \mathrm{K}^{-1}$，$\rho = 13.534\times10^3\ \mathrm{kg\cdot m^{-3}}$。设外压改变时液体汞的体积不变。求在25 ℃压力从100 kPa增至1 MPa时，Hg(l)的ΔU_m、ΔH_m、ΔS_m、ΔA_m、ΔG_m。

解：本题ΔA_m、ΔG_m可以从热力学基本公式求出，但要求ΔU_m和ΔH_m，无论应用基本还是用函数关系式，均需知道ΔS_m，故求ΔS_m是关键。

Hg的摩尔质量$M = 200.59\ \mathrm{g\cdot mol^{-1}}$，Hg(l)的密度$\rho = 13.534\times10^3\ \mathrm{kg\cdot m^{-3}}$，故Hg(l)的摩尔体积为

$$V_\mathrm{m} = \frac{M}{\rho} = \frac{200.59\times10^{-3}\ \mathrm{kg\cdot mol^{-1}}}{13.534\times10^3\ \mathrm{g\cdot m^{-3}}} = 14.82\times10^{-3}\ \mathrm{m^3\cdot mol^{-1}}$$

Hg(l)在25 ℃的$\alpha_V = (\partial V/\partial T)_p/V = 1.82\times10^{-4}\ \mathrm{K}^{-1}$。根据麦克斯韦关系式（3.12.5）可知，$-(\partial S/\partial p)_T = (\partial V/\partial T)_p$，则

$$\mathrm{d}S_\mathrm{m} = -\left(\frac{\partial V_\mathrm{m}}{\partial T}\right)_p \mathrm{d}p = -V_\mathrm{m}\times\frac{1}{V}\left(\frac{\partial V}{\partial T}\right)_p = -V_\mathrm{m}\alpha_V\mathrm{d}p$$

设在$p_1 = 100\ \mathrm{kPa}$至$p_2 = 1\ \mathrm{MPa}$范围内，Hg(l)的摩尔体积和膨胀系数均不随压力变化，积分上式，得

$$\begin{aligned}\Delta S_\mathrm{m} &= -\int_{p_1}^{p_2} V_\mathrm{m}\alpha_V\mathrm{d}p \\ &= -V_\mathrm{m}\alpha_V\Delta p \\ &= -14.82\times10^{-3}\ \mathrm{m^3\cdot mol^{-1}}\times1.82\times10^{-4}\ \mathrm{K^{-1}}\times(1-0.1)\times10^6\ \mathrm{Pa} \\ &= -2.43\times10^{-3}\ \mathrm{J\cdot mol^{-1}\cdot K^{-1}}\end{aligned}$$

下面对其余四个状态函数变量均用热力学基本方程来求解，注意 $\mathrm{d}T=0$、$\mathrm{d}V\approx 0$ 。

$$\Delta A_{\mathrm{m}}=-\int_{V_1}^{V_2}p\,\mathrm{d}V_{\mathrm{m}}=0$$

$$\Delta G_{\mathrm{m}}=\int_{p_1}^{p_2}V_{\mathrm{m}}\,\mathrm{d}p=V_{\mathrm{m}}\Delta p=14.82\times10^{-6}\ \mathrm{m^3\cdot mol^{-1}}\times(1-0.1)\times10^{6}\ \mathrm{Pa}$$
$$=13.34\ \mathrm{J\cdot mol^{-1}}$$

$$\Delta U_{\mathrm{m}}=\int_{S_1}^{S_2}T\,\mathrm{d}S_{\mathrm{m}}=T\Delta S_{\mathrm{m}}=298.15\mathrm{K}\times(-2.43\times10^{-3})\ \mathrm{J\cdot mol^{-1}\cdot K^{-1}}$$
$$=-0.72\ \mathrm{J\cdot mol^{-1}}$$

$$\Delta H_{\mathrm{m}}=\int_{S_1}^{S_2}T\,\mathrm{d}S_{\mathrm{m}}+\int_{p_1}^{p_2}V_{\mathrm{m}}\,\mathrm{d}p=T\Delta S_{\mathrm{m}}+V_{\mathrm{m}}\Delta p$$
$$=\left[298.15\times(-2.43\times10^{-3})+14.82\times10^{-6}\times(1-0.1)\times10^{-6}\right]\mathrm{J\cdot mol^{-1}}$$
$$=12.62\ \mathrm{J\cdot mol^{-1}}$$

对 ΔU_{m}、H_{m} ，还可以从 ΔA_{m}、ΔG_{m} 及 ΔS_{m} 由恒温过程的公式 $\Delta U_{\mathrm{m}}=\Delta A_{\mathrm{m}}+T\Delta S_{\mathrm{m}}$、$\Delta H_{\mathrm{m}}=\Delta G_{\mathrm{m}}+T\Delta S_{\mathrm{m}}$ 求得。

从此例题还可以看出凝聚态物质在恒温下压力改变不大时，ΔU_{m}、ΔS_{m}、ΔA_{m} 极小，可以不考虑；ΔH_{m}、ΔG_{m} 一般可以忽略。

热力学中还有很多类似的公式，如

$$C_{p,\mathrm{m}}-C_{V,\mathrm{m}}=TV_{\mathrm{m}}\alpha_V^2/\kappa_T$$

$$\mu_{\mathrm{J\text{-}T}}=[T(\partial V_{\mathrm{m}}/\partial T)_p-V_{\mathrm{m}}]/C_{p,\mathrm{m}}$$

这些都是重要的公式，均可由热力学基本关系式或麦克斯韦关系式导出。

对纯物质和组成不变的单相系统，状态函数 z 是两个独立变量 x、y 的函数，$z=f(x,y)$，其全微分为

$$\mathrm{d}z=\left(\frac{\partial z}{\partial x}\right)_y\mathrm{d}x+\left(\frac{\partial z}{\partial y}\right)_x\mathrm{d}y$$

$\mathrm{d}z=0$ 时，$\left(\frac{\partial z}{\partial x}\right)_y\left(\frac{\partial x}{\partial y}\right)_z=-\left(\frac{\partial z}{\partial y}\right)_x$，故

$$\left(\frac{\partial z}{\partial x}\right)_y\left(\frac{\partial x}{\partial y}\right)_z\left(\frac{\partial y}{\partial z}\right)_x=-1$$

对于上述全微分式，当状态函数 w 恒定时，有

$$\left(\frac{\partial z}{\partial x}\right)_w=\left(\frac{\partial z}{\partial x}\right)_y+\left(\frac{\partial z}{\partial y}\right)_x\left(\frac{\partial y}{\partial x}\right)_w$$

这是两个常用的公式。

此外，还有一些常用关系式，如

$$\left(\frac{\partial S}{\partial T}\right)_V=\frac{C_V}{T}$$

$$\left(\frac{\partial S}{\partial T}\right)_p=\frac{C_p}{T}$$

这两个关系式可分别由恒容可逆过程 $\delta Q_V=T\mathrm{d}S=C_V\mathrm{d}T$、恒压可逆过程 $\delta Q_p=T\mathrm{d}S=C_p\mathrm{d}T$ 得出。

❖ **例 3.12.2** 求证：（1）$\mathrm{d}U=C_V\,\mathrm{d}T+[T(\partial p/\partial T)_V-p]\mathrm{d}V$；（2）对于理想气体，$(\partial U/\partial V)_T=0$；（3）对于范德华气体，$(\partial U/\partial V)_T=a/V^2$。

证明：（1）设 U 是 T、V 的函数，$U=U(T,V)$，其全微分为

$$\mathrm{d}U=(\partial U/\partial T)_V\,\mathrm{d}T+(\partial U/\partial V)_T\,\mathrm{d}V$$

根据热力学基本方程 $\mathrm{d}U=T\mathrm{d}S-p\mathrm{d}V$，得

$$(\partial U/\partial V)_T=T(\partial S/\partial V)_T-p$$

再根据 $(\partial U/\partial T)_V=C_V$，以及麦克斯韦关系式 $(\partial S/\partial V)_T=(\partial p/\partial T)_V$，得

$$\mathrm{d}U=C_V\,\mathrm{d}T+[T(\partial p/\partial T)_V-p]\mathrm{d}V$$

（2）$(\partial U/\partial V)_T=T(\partial p/\partial T)_V-p$

对于理想气体，有 $p=nRT/V$，则

$$(\partial p/\partial T)_V=nR/V$$

故

$$(\partial U/\partial V)_T=nRT/V-p=0$$

（3）对于范德华气体，$p=nRT/(V-nb)-a/V^2$，即

$$(\partial p/\partial T)_V=nR/(V-nb)$$

故

$$(\partial U/\partial V)_T=nRT/(V-nb)-p=p+a/V^2-p=a/V^2$$

因范德华常数 $a>0$，故范德华气体恒温膨胀时其热力学能增大，表明范德华气体分子间存在吸引力。

❖ **例 3.12.3** 求证：（1）$(\partial C_{p,\mathrm{m}}/\partial p)_T=-T(\partial^2 V_\mathrm{m}/\partial T^2)_p$；（2）对于理想气体，$(\partial C_{p,\mathrm{m}}/\partial p)_T=0$。

证明：（1）$(\partial C_{p,m}/\partial p)_T = T[\partial(C_{p,m}/T)/\partial p]_T$

根据 $C_{p,m}/T = (\partial S_m/\partial T)_p$，得

$$(\partial C_{p,m}/\partial p)_T = T[\partial(\partial S_m/\partial T)_p/\partial p]_T$$
$$= T[\partial(\partial S_m/\partial p)_T/\partial T]_p$$

由麦克斯韦关系式 $-(\partial S_m/\partial p)_T = (\partial V_m/\partial T)_p$，得

$$(\partial C_{p,m}/\partial p)_T = -T[\partial(\partial V_m/\partial T)_p/\partial T]_p$$
$$= -T(\partial^2 V_m/\partial T^2)_p$$

（2）对于理想气体，$V_m = RT/p$, $(\partial^2 V_m/\partial T^2)_p = 0$, 故

$$(\partial C_{p,m}/\partial p)_T = 0$$

❖ **例 3.12.4** 求证：物质的摩尔定压热容 $C_{p,m}$ 与摩尔定容热容 $C_{V,m}$ 之差 $C_{p,m} - C_{V,m} = TV_m\alpha_V^2/\kappa_T$。式中，体膨胀系数 $\alpha_V = (\partial V/\partial T)_p/V$，等温压缩率 $\kappa_T = -(\partial V/\partial p)_T/V$。

证明：由摩尔定压热容定义式 $C_{p,m} = \left(\partial H_m/\partial T\right)_p$ 及热力学基本方程 $dH_m = TdS_m + V_m dp$，可得

$$C_{p,m} = (\partial H_m/\partial T)_p = T(\partial S_m/\partial T)_p$$

由摩尔定容热容定义式 $C_{V,m} = (\partial U_m/\partial T)_V$ 及热力学基本方程 $dU_m = T\,dS_m - p\,dV_m$，可得

$$C_{V,m} = (\partial U_m/\partial T)_V = T(\partial S_m/\partial T)_V$$

即

$$C_{p,m} - C_{V,m} = T[(\partial S_m/\partial T)_p - (\partial S_m/\partial T)_V]$$

设 S_m 为 T、V_m 的函数，即

$$dS_m = (\partial S_m/\partial T)_V dT + (\partial S_m/\partial V_m)_T dV_m$$

得

$$(\partial S_m/\partial T)_p = (\partial S_m/\partial T)_V + (\partial S_m/\partial V_m)_T(\partial V_m/\partial T)_p$$

则

$$C_{p,m} - C_{V,m} = T(\partial S_m/\partial V_m)_T(\partial V_m/\partial T)_p$$

利用麦克斯韦关系式 $(\partial S_m/\partial V_m)_T = (\partial p/\partial T)_V$，以及$p = f(T,V)$、$(\partial p/\partial T)_V(\partial T/\partial V_m)_p(\partial V_m/\partial p)_T = -1$，得

$$(\partial S_{\mathrm{m}}/\partial V_{\mathrm{m}})_T=(\partial p/\partial T)_V=-(\partial V_{\mathrm{m}}/\partial T)_p/(\partial V_{\mathrm{m}}/\partial p)_T$$

代入$C_{p,\mathrm{m}}-C_{V,\mathrm{m}}=T(\partial S_{\mathrm{m}}/\partial V_{\mathrm{m}})_T(\partial V_{\mathrm{m}}/\partial T)_p$，得

$$C_{p,\mathrm{m}}-C_{V,\mathrm{m}}=-T(\partial V_{\mathrm{m}}/\partial T)_p^2/(\partial V_{\mathrm{m}}/\partial p)_T$$

再由$\alpha_V=(\partial V_{\mathrm{m}}/\partial T)_p/V_{\mathrm{m}}$及$\kappa_T=-(\partial V/\partial p)_T/V_{\mathrm{m}}$，得

$$(\partial V_{\mathrm{m}}/\partial T)_p=V_{\mathrm{m}}\alpha_V$$

$$(\partial V_{\mathrm{m}}/\partial p)_T=-V_{\mathrm{m}}\kappa_T$$

最后得到

$$C_{p,\mathrm{m}}-C_{V,\mathrm{m}}=-TV_{\mathrm{m}}\alpha_V^2/\kappa_T$$

思考

1. 热力学基本方程和麦克斯韦关系式主要解决什么问题?

2. 用热力学基本方程，可以计算出石墨制备金刚石需要1.5万个大气压，从而为人造金刚石的制备指明了方向。而近代在低于1个大气压下可以制备金刚石薄膜，这是否违反了热力学第二定律?

3.13 吉布斯-亥姆霍兹方程

下面推导一个有重要应用的方程——吉布斯-亥姆霍兹方程。

因$G=H-TS$，所以

$$-S=\frac{G}{T}-\frac{H}{T}$$

又因$\left(\frac{\partial G}{\partial T}\right)_p=-S$，所以

$$\left(\frac{\partial G}{\partial T}\right)_p=\frac{G}{T}-\frac{H}{T}\text{或}\frac{1}{T}\left(\frac{\partial G}{\partial T}\right)_p-\frac{G}{T^2}=-\frac{H}{T^2}$$

即

$$\left[\frac{\partial}{\partial T}\left(\frac{G}{T}\right)\right]_p=-\frac{H}{T^2} \tag{3.13.1a}$$

上式可改写为另一形式，即

$$\left[\frac{\partial}{\partial T}\left(\frac{\Delta G}{T}\right)\right]_p=-\frac{\Delta H}{T^2} \tag{3.13.1b}$$

类似地，可得

$$\left[\frac{\partial}{\partial T}\left(\frac{A}{T}\right)\right]_V=-\frac{U}{T^2} \qquad (3.13.2a)$$

$$\left[\frac{\partial}{\partial T}\left(\frac{\Delta A}{T}\right)\right]_V=-\frac{\Delta U}{T^2} \qquad (3.13.2b)$$

式（3.13.1）和式（3.13.2）称为吉布斯-亥姆霍兹方程。这两个方程分别表示了 A/T 在恒容下随 T 的变化及 G/T 在恒压下随 T 的变化。

恒压下对式（3.13.1b）积分，得

$$\frac{\Delta G_T}{T}=\frac{\Delta G_{298\,\mathrm{K}}}{298}-\int_{298\,\mathrm{K}}^{T}\frac{\Delta H}{T^2}\mathrm{d}T \qquad (3.13.1c)$$

使用式（3.13.1c）可由 298.15 K 的化学反应的自由焓及反应热与温度的关系式求另一温度下化学反应的自由焓。

对于化学反应 $0=\sum_{\mathrm{B}}\nu_{\mathrm{B}}\mathrm{B}$ 中标准状态下的每一种反应物及每一种产物均应用式（3.13.1），可以得到化学反应的相应公式，即

$$\frac{\mathrm{d}(\Delta_{\mathrm{r}}G_{\mathrm{m}}^{\ominus}/T)}{\mathrm{d}T}=-\frac{\Delta_{\mathrm{r}}H_{\mathrm{m}}^{\ominus}}{T^2}$$

如果任一物质 B 的摩尔定压热容 $C_{p,\mathrm{m}}=a+bT+cT^2$，则化学反应的标准摩尔反应焓与温度的关系为

$$\Delta_{\mathrm{r}}H_{\mathrm{m}}^{\ominus}(T)=\Delta H_0+\Delta a\,T+\frac{1}{2}\Delta bT^2+\frac{1}{3}\Delta cT^3$$

将其代入积分

$$\int\frac{\Delta_{\mathrm{r}}G_{\mathrm{m}}^{\ominus}(T)}{T}=-\int\frac{\Delta_{\mathrm{r}}H_{\mathrm{m}}^{\ominus}(T)}{T^2}\mathrm{d}T=-\int\left(\frac{\Delta H_0}{T^2}+\frac{\Delta a}{T}+\frac{1}{2}\Delta b+\frac{1}{3}\Delta cT\right)\mathrm{d}T$$

得不定积分

$$\frac{\Delta_{\mathrm{r}}G_{\mathrm{m}}^{\ominus}(T)}{T}=\frac{\Delta H_0}{T}-IR-\Delta a\ln T-\frac{1}{2}\Delta bT-\frac{1}{6}\Delta cT^2$$

式中，IR 为积分常数。

最后得化学反应的标准摩尔反应吉布斯函数变与温度的函数关系式为

$$\Delta_{\mathrm{r}}G_{\mathrm{m}}^{\ominus}(T)=\Delta H_0-IR\ln T-\frac{1}{2}\Delta bT^2-\frac{1}{6}\Delta cT^3$$

3.14 热力学对单组分体系的应用

纯物质在恒温恒压下发生可逆相变时，其温度和压力并不是两个独立的变量，它们之间存在着一定的关系，这个关系就是克劳修斯-克拉佩龙方程。下面就用热力学原理导出这个方程。

3.14.1 克拉佩龙方程

先讨论内纯物质 B 在 α 相和 β 相可以分别是固、液、气中的任何一种，也可以是两种不同的晶形。纯物质单相的状态是由两个变量决定的，因而状态函数也是两个变量的函数。

根据吉布斯函数判据式，在两相平衡温度 T 和 p 下，两相的摩尔吉布斯函数应当相等，$G(\alpha)=G(\beta)$。当两相平衡温度改变了 $\mathrm{d}T$，平衡压力改变了 $\mathrm{d}p$，两相的摩尔吉布斯函数分别改变了 $\mathrm{d}G(\alpha)$和 $\mathrm{d}G(\beta)$，若两相仍成平衡时，改变后的摩尔吉布斯函数仍一定相等。设在温度 T 和压力 p 下纯物质 α 和 β 两相达到平衡，则

$$\alpha \xlongequal{} \beta$$

$$G_{\mathrm{m}}^{\alpha} = G_{\mathrm{m}}^{\beta}$$

在温度（$T+\mathrm{d}T$）和压力（$p+\mathrm{d}p$）下纯物质 α' 和 β' 两相达到新的平衡，则

$$\alpha' \xlongequal{} \beta'$$

$$G_{\mathrm{m}}^{\alpha} + \mathrm{d}G_{\mathrm{m}}^{\alpha} = G_{\mathrm{m}}^{\beta} + \mathrm{d}G_{\mathrm{m}}^{\beta}$$

所以有

$$\mathrm{d}G_{\mathrm{m}}^{\alpha} = \mathrm{d}G_{\mathrm{m}}^{\beta}$$

或

$$-S_{\mathrm{m}}^{\alpha}\mathrm{d}T + V_{\mathrm{m}}^{\alpha}\mathrm{d}p = -S_{\mathrm{m}}^{\beta}\mathrm{d}T + V_{\mathrm{m}}^{\beta}\mathrm{d}p$$

即

$$(S_{\mathrm{m}}^{\beta} - S_{\mathrm{m}}^{\alpha})\mathrm{d}T = (V_{\mathrm{m}}^{\beta} - V_{\mathrm{m}}^{\alpha})\mathrm{d}p$$

令 $\Delta_{\alpha}^{\beta}S_{\mathrm{m}} = S_{\mathrm{m}}(\beta) - S_{\mathrm{m}}(\alpha)$，$\Delta_{\alpha}^{\beta}S_{\mathrm{m}} = V_{\mathrm{m}}(\beta) - V_{\mathrm{m}}(\alpha)$，则

$$\frac{\mathrm{d}T}{\mathrm{d}p} = \frac{\Delta_{\alpha}^{\beta}V_{\mathrm{m}}}{\Delta_{\alpha}^{\beta}S_{\mathrm{m}}}$$

又因为 $\Delta_{\alpha}^{\beta}S_{\mathrm{m}} = \Delta_{\alpha}^{\beta}H_{\mathrm{m}}/T$，最后得

$$\frac{\mathrm{d}T}{\mathrm{d}p} = \frac{T\Delta_{\alpha}^{\beta}V_{\mathrm{m}}}{\Delta_{\alpha}^{\beta}H_{\mathrm{m}}} \tag{3.14.1}$$

式（3.14.1）即克拉佩龙方程。它表示了纯物质两相平衡时温度与压力变化的函数关系。它是法国工程师克拉佩龙于 1834 年从卡诺循环中首先得到的，当时热力学第二定律还未发现，而克劳修斯第一个根据热力学原理导出了此方程。

纯物质单相时，温度、压力均可独立变化，但在两相平衡共存时，由于有摩尔吉布斯函数相等的限制，温度、压力两个变量中只有一个变量能独立改变，另一个变量则是这一个变量的函数。如果另一个变量也要独立改变，则必然有一个相消失而不能够两相共存。

❖ **例 3.14.1** 冰在 273.15 K 时的摩尔熔化热、水的摩尔体积和冰的摩尔体积分别为 $\Delta H_f = 6.025\ \text{kJ} \cdot \text{mol}^{-1}$、$V_{m,l} = 1.8018 \times 10^{-2}\ \text{dm}^3 \cdot \text{mol}^{-1}$、$V_{m,s} = 1.9652 \times 10^{-2}\ \text{dm}^3 \cdot \text{mol}^{-1}$。求在 273.15 K 时，使水的凝固点降低 1 K 需增加多大压强。

解：$\dfrac{dp}{dT} = \dfrac{\Delta H_f}{T\Delta V_m}$

$$= \frac{6025\ \text{J} \cdot \text{mol}^{-1}}{273.15\ \text{K} \times (1.8018 - 1.9652) \times 10^{-5}\ \text{m}^3 \cdot \text{mol}^{-1}}$$

$$= -13499.068\ \text{kPa} \cdot \text{K}^{-1}$$

计算结果表明，使水的凝固点降低 1 K 需增加 13499.068 kPa。

3.14.2 克劳修斯-克拉佩龙方程

蒸发平衡、升华平衡的共同特点是其中的一个相为气相。

以蒸发平衡为例，将式（3.14.1）写成如下形式：

$$\frac{dp}{dT} = \frac{\Delta_{vap} H_m}{T\Delta_{vap} V_m}$$

$\Delta_{vap}H_m > 0$，$\Delta_{vap}V_m = V_m(g) - V_m(l) > 0$，故 $dp/dT > 0$，表明温度升高，液体的饱和蒸气压增大。随 T 增大，$\Delta_{vap}H_m$ 减小，但 $\Delta_{vap}V_m$ 减少得更快，导致 dp/dT 随温度升高而增大。

在远低于临界温度下，若 $V_m(g) \gg V_m(l)$，近似有 $\Delta_{vap}V_m \approx V_m(g)$。如果饱和蒸气的摩尔体积近似用理想气体状态方程描述，$V_m(g) = RT/p$，代入上式，得

$$\frac{dp}{dT} = \frac{\Delta_{vap} H_m}{RT^2 / p}$$

$$\frac{d\ln p}{dT} = \frac{\Delta_{vap} H_m}{RT^2} \tag{3.14.2}$$

式（3.14.2）即克劳修斯-克拉佩龙方程的微分式。

若在两不同的温度 T_1、T_2 间，$\Delta_{vap} H_m$ 可视为定值，将式（3.14.2）积分即可得到克劳修斯-克拉佩龙方程的最简单的定积分式，即

$$\ln \frac{p_2}{p_1} = -\frac{\Delta_{vap} H_m}{R}\left(\frac{1}{T_2} - \frac{1}{T_1}\right) \tag{3.14.3a}$$

式中，p_1、p_2 分别为温度 T_1、T_2 下蒸发平衡时的压力，即饱和蒸气压。

若已知液体在两个温度下的饱和蒸气压，即可应用式（3.14.3a）求得液体的摩尔蒸发焓。若已知液体的摩尔蒸发焓及某一温度下的饱和蒸气压或某外压下的沸点，则可应用式（3.14.3a）求得液体另一温度下的饱和蒸气压或另一外压下的沸点。

$\Delta_{vap} H_m$ 为定值时，式（3.14.2）的不定积分式为

$$\ln p = -\Delta_{vap} H_m / RT + C \tag{3.14.3b}$$

积分常数 C 可由 $\Delta_{vap}H_m$ 及某一定温度下液体的饱和蒸气压来确定。

对某液体若有一系列不同温度下饱和蒸气压的数据，作 $\ln p$-$1/T$ 图，可得一直线，由此直线的斜率及截距即可求得液体的 $\Delta_{vap}H_m$ 及 C。

应当指出，由克劳修斯-克拉佩龙方程的微分式导出积分式的前提是假设液体的摩尔蒸发焓不随温度改变，这一假设只在温度不高时才近似成立。因此要想得出温度适用范围较广、较精确的蒸气压方程式，必须考虑摩尔相变焓与温度的函数关系。微分式也作出了近似假设。

克劳修斯-克拉佩龙方程给出了液体饱和蒸气压与温度的函数关系，或者说给出了液体的沸点与外压的函数关系，因此甚为重要。

此外，在工程上还广泛使用与实验数据符合较好的经验方程——安托万（Antonie）方程，其形式为：

$$\lg p = A - B/(T + C) \qquad (3.14.4)$$

式中，A、B、C 是与物质有关的特性常数，称为安托万常数，可从有关手册中查到。使用安托万方程应注意适用的温度范围。例如

甲苯：

$$\lg\frac{p}{p_a} = 9.07954 - \frac{1344.800}{T + 219.48} \qquad (T = 6 \sim 137\ ℃)$$

苯：

$$\lg\frac{p}{p_a} = 9.03055 - \frac{1211.033}{T + 220.790} \qquad (T = 8 \sim 103\ ℃)$$

❖ **例 3.14.2** 已知在苯的熔点附近固体苯的蒸气压为 $\lg\frac{p_s}{[p]} = -\frac{2310\ \text{K}}{T} + 11.971$，熔化热为 $\Delta H_f = 10.07\ \text{kJ} \cdot \text{mol}^{-1}$，三相点的温度为 279.19 K。求液态苯的 $\lg\frac{p_l}{[p]}$ 与温度的关系式。

解：将 $\lg\frac{p_s}{[p]} = -\frac{2310\ \text{K}}{T} + 11.971$ 与式（3.14.3b）比较，得出苯的升华热，即

$$-\frac{\Delta H_s}{2.303R} = -2310\ \text{K}$$

$$\Delta H_s = 44.23\ \text{kJ} \cdot \text{mol}^{-1}$$

所以苯的蒸发热为

$$\Delta H_v = \Delta H_s - \Delta H_f = 44.23\ \text{kJ} \cdot \text{mol}^{-1} - 10.07\ \text{kJ} \cdot \text{mol}^{-1} = 34.16\ \text{kJ} \cdot \text{mol}^{-1}$$

因而液态苯的蒸气压公式中的常数

$$A = -\frac{\Delta H_v}{2.303R} = -1784.07\ \text{K}$$

故液态苯的蒸气压公式为

$$\lg\frac{p_l}{[p]} = \frac{A}{T} + B = -\frac{1784.07\ \text{K}}{T} + B$$

在三相点 279.19 K，固体苯的蒸气压为$\lg\frac{p_s}{[p]}=-\frac{2310\ \text{K}}{279.19\ \text{K}}+11.971$，液体苯的蒸气压为$\lg\frac{p_l}{[p]}=-\frac{1784.07\ \text{K}}{279.19\ \text{K}}+B$，且$p_s=p_l$，所以

$$-\frac{2310\ \text{K}}{279.19\ \text{K}}+11.971=-\frac{1784.07\ \text{K}}{279.19\ \text{K}}+B$$

得$B=10.087$。所以液态苯的蒸气压公式最终为

$$\lg\frac{p_l}{[p]}=-\frac{1784.07\text{K}}{T}+10.087$$

3.14.3 特鲁顿规则

特鲁顿根据实验总结出一条规则：对无分子缔合的液体，在正常沸点时，它的摩尔蒸发热和正常沸点温度比约为一常数，即

$$\frac{\Delta H_v}{T_b}\approx 88\ \text{J}\cdot\text{mol}^{-1}\cdot\text{K}^{-1}$$

此为特鲁顿规则。当缺乏蒸发热数据时，可用此式粗略估算液体的蒸发热。但此规则对极性高或沸点低于 150 K 的液体不适用。

3.14.4 外压对液体饱和蒸气压的影响

一定温度下纯液体液-气两相平衡时液体的压力即等于其饱和蒸气压，但是如果气相中有不溶于该液体的其他惰性气体存在时，液体所承受的压力就要大于液体的饱和蒸气压，所以要讨论外压对液体饱和蒸气压的影响。

如图 3.14.1 所示，在耐压器中有一刚性半透膜，膜的两侧分别为某纯液体及其蒸气。半透膜的作用是只允许蒸气分子透过而不允许液体分子透过。液体一侧有一活塞用以改变液体承受的压力。外压即为液体的压力。整个系统维持温度 T 恒定。

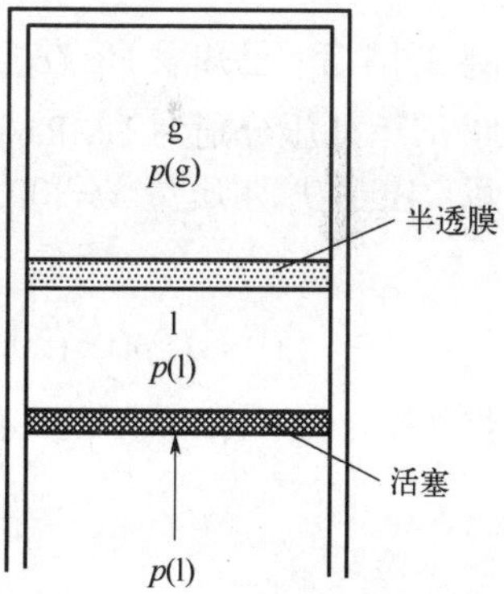

图 3.14.1 外压对液体饱和蒸气压的影响

若在外压 $p(\text{l})$下液体的饱和蒸气压为 $p(\text{g})$，根据纯物质液-气平衡时的条件，液体的摩尔吉布斯函数 $G_m(\text{l})$与气体的摩尔吉布斯函数 $G_m(\text{g})$相等，即

$$G_m(\text{g})=G_m(\text{l})$$

当外压改变了 $\text{d}p(\text{l})$时，液体摩尔吉布斯函数改变了 $\text{d}G(\text{l})$，变至 $G(\text{l})+\text{d}G(\text{l})$，同时饱和蒸气压必然改变了 $\text{d}p(\text{g})$，使气体摩尔吉布斯函数改变 $\text{d}G(\text{g})$，变至 $G(\text{g})+\text{d}G(\text{g})$，并且两相的摩尔吉布斯函数仍然相等，即

$$G(\text{g})+\text{d}G(\text{g})=G(\text{l})+\text{d}G(\text{l})$$

达到新的液-气平衡，可见

$$dG(g) = dG(l)$$

根据热力学基本方程 $dG = -SdT + Vdp$，在恒温下，$dG(l) = V(l)dp(l)$，即

$$dp(g) / dp(l) = V(l) / V(g)$$

此式表明，增加外压，液体的饱和蒸气压将增大。一般情况下，$V(g) \gg V(l)$，故增加外压，液体的饱和蒸气压增加很小，外压增加不大时，通常可以忽略。在接近临界温度时，因 $V(g)$ 稍大于 $V(l)$，外压对液体饱和蒸气压的影响较显著。

若蒸气近似视为理想气体，$V(g) = RT / p(g)$，代入得

$$d\ln p(g) / dp(l) = V_m(l) / RT$$

又因液体的等温压缩率很小，近似认为 $V(l)$不随 $p(l)$改变，对上式积分，$p(g)$、$p(g)$分别代表在外压 $p(l)$、$p(l)$下的饱和蒸气压，则

$$\int_{p_2(g)}^{p_2(g)} d\ln p(g) = \int_{p_1(l)}^{p_2(l)} \frac{V_m(l)}{RT} dp(l)$$

得

$$\ln \frac{p_2(g)}{p_1(g)} = \frac{V_m(l)[p_2(l) - p_1(l)]}{RT}$$

实际上只允许气体透过的半透膜不易得到，气相中惰性气体的存在固然可以增大液体的压力，但惰性气体在液体中的溶解会影响液体的挥发性能，而在高压下不溶于液体的惰性气体可以说是不存在的。

❖ **例 3.14.3** 已知汞 Hg 在 100 ℃时的饱和蒸气压为 36.40 Pa，密度为 13.352 g·cm^{-3}。求 100 ℃下外压分别为 1 MPa 和 10 MPa 时汞的饱和蒸气压。

解： Hg 的摩尔质量 M=200.59 g · mol^{-1}，已知 $\rho(l) = 13.352$ g · cm^{-1}，故 Hg(l)的摩尔体积为

$$V(l)=M / \rho(l)=(200.59 / 13.352)\ \text{cm}^3 \cdot \text{mol}^{-1}=15.023\ \text{cm}^3 \cdot \text{mol}^{-1}$$

将 $T = 373.15$ K，$p(l) = 36.4$ Pa，$p(g) = 1$ MPa 及相关数据代入，则

$$\ln \frac{p_2(g)}{p_1(g)} = \frac{V_m(l)[p_2(l) - p_1(l)]}{RT}$$

得

$$\ln \frac{p_2(g)}{36.4\ \text{Pa}} = \frac{15.023 \times 10^{-6}\ \text{m}^3 \cdot \text{g}^{-1} \times (1 \times 10^6 - 36.4)\ \text{Pa}}{8.314\ \text{J} \cdot \text{mol}^{-1} \cdot \text{K}^{-1} \times 373.15\ \text{K}} = 4.482 \times 10^{-2}$$

故

$$p_2(g) = 36.58\ \text{Pa}$$

将 $p_3(l)$ =10 MPa 代入，得

$$\ln\frac{p_3}{36.4\ \text{Pa}}=\frac{15.023\times10^{-6}\ \text{m}^3\cdot\text{mol}^{-1}\times(10^7-36.4)\ \text{Pa}}{8.314\ \text{J}\cdot\text{mol}^{-1}\cdot\text{K}^{-1}\times373.15\ \text{K}}=0.04842$$

$$p_3(\text{g})=38.21\ \text{Pa}$$

科学家简介

开尔文（Lord Kelvin，1824—1907 年），是英国著名物理学家、发明家。英政府于1866年封他为爵士，其于1892年晋升为开尔文勋爵，开尔文这个名字就是从此开始的。他是 19 世纪最伟大的人物之一，受到世界其他国家的赞赏，是热力学的主要奠基者之一。他的一生获得了一切可能被给予的荣誉。而他也无愧于这一切，这是他在漫长的一生中所作的实际努力而获得的。这些努力使他不仅有了名望和财富，而且赢得了广泛的声誉。开尔文一生谦虚勤奋，意志坚强，不怕失败，百折不挠。在对待困难问题上，他说："我们都感到，对困难必须正视，不能回避；应当把它放在心里，希望能够解决它。无论如何，每个困难一定有解决的办法，虽然我们可能一生没有能找到。"他这种终生不懈地为科学事业奋斗的精神，永远为后人敬仰。1896 年在格拉斯哥大学庆祝他 50 周年教授生涯大会上，他说："有两个字最能代表我 50 年内在科学研究上的奋斗，就是'失败'两字。"这足以说明他的谦虚品德。为了纪念他在科学上的功绩，国际计量大会把热力学温标（即绝对温标）称为开尔文（开氏）温标，热力学温度以开尔文为单位，它是现在国际单位制中七个基本单位之一。

习题

1. 卡诺热机在 $T_1=600\ \text{K}$ 的高温热源和 $T_2=300\ \text{K}$ 的低温热源间工作。求：

（1）热机效率 η。

（2）当向环境做功 $-W=100\ \text{kJ}$ 时，系统从高温热源吸收的热 Q_1 及向低温热源放出的热 $-Q_2$。

答：（1）0.5

（2）$Q_1=200\ \text{kJ}$，$-Q_2=100\ \text{kJ}$

2. 卡诺热机在 $T_1=750\ \text{K}$ 的高温热源和 $T_2=300\ \text{K}$ 的低温热源间工作。求：

（1）热机效率 η。

（2）当热机从高温热源吸热 $Q_1=250\ \text{kJ}$ 时，系统对环境做的功 $-W$ 及对环境所做的功 $-Q_2$。

答：（1）0.6

（2）$-W=150\ \text{kJ}$，$-Q_2=100\ \text{kJ}$

3. 卡诺热机在 $T_1=900\ \text{K}$ 的高温热源和 $T_2=300\ \text{K}$ 的低温热源间工作。求：

（1）热机效率 η。

（2）当热机向低温热源放热 $-Q_2=100\ \text{kJ}$ 时，系统从高温热源吸收的热 Q_1 及对环境所做的功 $-W$。

答：（1）0.6667

（2）Q_1=300 kJ，$-W$=200 kJ

4. 高温热源温度$T_1=600\ \mathrm{K}$，低温热源温度$T_2=300\ \mathrm{K}$。今有 120 kJ 的热直接从高温热源传给低温热源，求此过程的ΔS。

答：200 J • $\mathrm{K^{-1}}$

5. 不同的热机工作于$T_1=600$ K 的高温热源及T_2=300 K 的低温热源之间。求下列三种情况下，当热机从高温热源吸收的热Q_1=300 kJ 时，两热源的熵变。

（1）可逆热机效率$\eta=0.5$。

（2）不可逆热机效率$\eta=0.45$。

（3）不可逆热机效率$\eta=0.4$。

答：（1）0

（2）50 J • $\mathrm{K^{-1}}$

（3）100 J • $\mathrm{K^{-1}}$

6. 已知水的定压比热容$c_p=4.184\ \mathrm{J \cdot g^{-1} \cdot K^{-1}}$，今有 1 kg、10 ℃的水经下述三种不同过程加热至 100 ℃的水，求各过程的ΔS_{sys}、ΔS_{amb}、ΔS_{iso}。

（1）系统与 100 ℃热源接触。

（2）系统先与 55 ℃热源接触至热平衡，再与 100 ℃热源接触。

（3）系统先后与 40 ℃、70 ℃的热源接触至平衡，再与 100 ℃热源接触。

答：（1）$\Delta S_{\mathrm{sys}}=1155$ J • $\mathrm{K^{-1}}$，$\Delta S_{\mathrm{amb}}=-1109$ J • $\mathrm{K^{-1}}$，$\Delta S_{\mathrm{iso}}=146$ J • $\mathrm{K^{-1}}$

（2）$\Delta S_{\mathrm{sys}}=1155$ J • $\mathrm{K^{-1}}$，$\Delta S_{\mathrm{amb}}=-1096$ J • $\mathrm{K^{-1}}$，$\Delta S_{\mathrm{iso}}=59$ J • $\mathrm{K^{-1}}$

（3）$\Delta S_{\mathrm{sys}}=1155$ J • $\mathrm{K^{-1}}$，$\Delta S_{\mathrm{amb}}=-1103$ J • $\mathrm{K^{-1}}$，$\Delta S_{\mathrm{iso}}=52$ J • $\mathrm{K^{-1}}$

7. 已知氮$(\mathrm{N_2,g})$的摩尔定压热容与温度的函数关系为

$$C_{p,\mathrm{m}}=[27.32+6.226\times10^{-3}(T/\mathrm{K})-0.9502\times10^{-6}(T/\mathrm{K})^2]\ \mathrm{J \cdot mol^{-1} \cdot K^{-1}}$$

将始态为 300 K、100 kPa 下 1 mol 的$\mathrm{N_2(g)}$置于 1000 K 的热源中，求达到平衡态的Q、ΔS及ΔS_{iso}。

（1）经恒压过程。

（2）经恒容过程。

答：（1）Q=21.65 kJ，ΔS=36.82 J • $\mathrm{K^{-1}}$，ΔS_{iso}=15.17 J • $\mathrm{K^{-1}}$

（2）Q=15.83 kJ，ΔS=26.81 J • $\mathrm{K^{-1}}$，ΔS_{iso}=10.98 J • $\mathrm{K^{-1}}$

8. 始态为T_1=300 K、p_1=200 kPa 的某双原子理想气体 1 mol，经下列不同途径变化到T_2=300 K、p_2=100 kPa 的末态。求各步骤及途径的Q、ΔS。

（1）恒温可逆膨胀。

（2）先恒容冷却至使压力降至 100 kPa，再恒压加热至T_2。

（3）先绝热可逆膨胀到使压力降至 100 kPa，再恒压加热至T_2。

答：（1）Q=1.729 kJ，ΔS=5.76 J • $\mathrm{K^{-1}}$

（2）$Q_1=-3.118$ kJ，$\Delta S_1=-14.41$ J • $\mathrm{K^{-1}}$，$Q_2=4.365$ kJ，

$\Delta S_2=20.17$ J • $\mathrm{K^{-1}}$，$Q=1.247$ kJ，$\Delta S=5.76$ J • $\mathrm{K^{-1}}$

（3）$Q_1=0$，$\Delta S_1=0$；$Q=Q_2=0.224$ kJ，$\Delta S=\Delta S_2=5.76$ J • $\mathrm{K^{-1}}$

9. 1 mol 理想气体在 $T=300$ K 下，从始态 100 kPa 经下列各过程到末态，求 Q 、ΔS 及 ΔS_{iso} 。

（1）可逆膨胀到末态压力 50 kPa。

（2）反抗恒定外压 50 kPa 不可逆膨胀至平衡状态。

（3）向真空自由膨胀至原体积的 2 倍。

答：（1）Q=1.729 kJ，$\Delta S=5.763\ \mathrm{J\cdot K^{-1}}$，$\Delta S_{iso}=0$

（2）Q=1.247 kJ，$\Delta S=5.763\ \mathrm{J\cdot K^{-1}}$，$\Delta S_{iso}$=10.98 $\mathrm{J\cdot K^{-1}}$

（3）$Q=0$，$\Delta S=5.763\ \mathrm{J\cdot K^{-1}}$，$\Delta S_{iso}=5.763\ \mathrm{J\cdot K^{-1}}$

10. 某双原子理想气体从 T_1=300 K、p_1=100 kPa、V_1=100 dm^3 的始态，经不同过程变化到下述状态，求各过程的 ΔS 。

（1）$T_2=600$ K，$V_2=50$ dm^3。

（2）$T_2=600$ K，$p_2=50$ kPa。

（3）$p_2=150$ kPa，$V_2=200$ dm^3 。

答：（1）34.66 $\mathrm{J\cdot K^{-1}}$

（2）103.97 $\mathrm{J\cdot K^{-1}}$

（3）114.65 $\mathrm{J\cdot K^{-1}}$

11. 2 mol 双原子理想气体从始态 300 K、50 dm^3，先恒容加热至 400 K，再恒压加热到体积增大到 100 dm^3，求整个过程的 Q、W、ΔU、ΔH 及 ΔS 。

答：$Q=27.44$ kJ，$W=-6.652$ kJ，$\Delta U=20.79$ kJ，

$\Delta H=29.10$ kJ，$\Delta S=52.30\ \mathrm{J\cdot K^{-1}}$

12. 4 mol 单原子理想气体从始态 750 K、150 kPa，先恒容冷却使压力降至 50 kPa，再恒温可逆压缩至 100 kPa。求整个过程的 Q、W、ΔU、ΔH、ΔS 。

答：$Q=-30.71$ kJ，$W=5.763$ kJ，$\Delta U=-24.94$ kJ，

$\Delta H=-41.57$ kJ，$\Delta S=-77.86\ \mathrm{J\cdot K^{-1}}$

13. 3 mol 双原子理想气体从始态 100 kPa、75 dm^3，先恒温可逆压缩使体积缩小至 50 dm^3，再恒压加热至 100 dm^3。求整个过程的 Q、W、ΔU、ΔH、ΔS 。

答：$Q=23.21$ kJ，$W=-4.46$ kJ，$\Delta U=18.75$ kJ，

$\Delta H=26.25$ kJ，$\Delta S=50.40\ \mathrm{J\cdot K^{-1}}$

14. 5 mol 单原子理想气体从始态 300 K、50 kPa，先绝热可逆压缩至 100 kPa，再恒压冷却使体积缩小至 85 dm^3，求整个过程的 Q、W、ΔU、ΔH、ΔS 。

答：$Q=-19.892$ kJ，$W=13.935$ kJ，$\Delta U=-5.958$ kJ，

$\Delta H=-9.930$ kJ，$\Delta S=-68.66\ \mathrm{J\cdot K^{-1}}$

15. 始态 300 K、1 MPa 的单原子理想气体 2 mol，反抗 0.2 MPa 的恒定外压绝热不可逆膨胀至平衡态。求过程的 W、ΔU、ΔH、ΔS 。

答：$W=\Delta U=-2.395$ kJ，$\Delta H=-3.991$ kJ，$\Delta S=10.73\ \mathrm{J\cdot K^{-1}}$

16. 组成为 $y(\mathrm{B})=0.6$ 的单原子气体 A 与双原子气体 B 的理想气体混合物共 10 mol 从始态 $T_1=300$ K、$p_1=50$ kPa，绝热可逆压缩至 $p_2=200$ kPa 的平衡态。求过程的 W、ΔU ΔH、$\Delta S(\mathrm{A})$、$\Delta S(\mathrm{B})$ 。

答：$W=\Delta U=29.54\ \text{kJ}$，$\Delta H=43.60\ \text{kJ}$，

$\Delta S(\text{A})=-8.923\ \text{J}\cdot\text{K}^{-1}$，$\Delta S(\text{B})=8.923\ \text{J}\cdot\text{K}^{-1}$

17. 单原子气体 A 与双原子气体 B 的理想气体混合物共 8 mol，组成为 $y(\text{B})=0.25$，始态为 $T_1=400\ \text{K}$、$V_1=50\ \text{dm}^3$。今绝热反抗某恒定外压不可逆膨胀至末态体积 $V_2=250\ \text{dm}^3$ 的平衡态。求过程的 W、ΔU、ΔH、ΔS。

答：$W=\Delta U=-14.61\ \text{kJ}$，$\Delta H=-22.95\ \text{kJ}$，$\Delta S=62.23\ \text{J}\cdot\text{K}^{-1}$

18. 常压下将 100g、27 ℃的水与 200g、72 ℃的水在绝热容器中混合，求最终水温 T 及过程的熵变 ΔS。已知水的定压比热容 $c_p=4.184\ \text{J}\cdot\text{g}^{-1}\cdot\text{K}^{-1}$。

答：$T=57$ ℃，$\Delta S=2.68\ \text{J}\cdot\text{K}^{-1}$

19. 将温度均为 300 K、压力均为 100 kPa 的 100 dm^3 的 $H_2(g)$ 与 50 dm^3 的 $CH_4(g)$ 恒温恒压混合，求过程的 ΔS。假设 $H_2(g)$ 和 $CH_4(g)$ 均可认为是理想气体。

答：$31.83\ \text{J}\cdot\text{K}^{-1}$

20. 绝热恒容容器中有一绝热耐压隔热板，隔板一侧为 2 mol 的 200 K、50 dm^3 的单原子理想气体 A，另一侧为 3 mol 的 400 K、100 dm^3 的双原子理想气体 B。今将容器中的绝热隔板撤去，气体 A 和气体 B 混合达到平衡态。求过程的 ΔS。

答：$32.22\ \text{J}\cdot\text{K}^{-1}$

21. 绝热恒容容器中有一绝热耐压隔热板，隔板两侧均为 $N_2(g)$。一侧容积为 50 dm^3，内有 200 K 的 $N_2(g)$ 2 mol；另一侧容积为 75 dm^3，内有 500 K 的 $N_2(g)$ 4 mol。$N_2(g)$ 可认为理想气体。今将容器中绝热隔板撤去，使系统达到平衡态。求过程的 ΔS。

答：$10.73\ \text{J}\cdot\text{K}^{-1}$

22. 甲醇 (CH_3OH) 在 101.325 kPa 下的沸点（正常沸点）为 64.65 ℃，在此条件下的摩尔蒸发焓 $\Delta_{\text{vap}}H_{\text{m}}=35.32\ \text{kJ}\cdot\text{mol}^{-1}$。求在上述温度、压力条件下，1 kg 液态甲醇全部成为甲醇蒸气时的 Q、W、ΔU、ΔH、ΔS。

答：$Q=\Delta H=1102.30\ \text{kJ}$，$W=-87.65\ \text{kJ}$，

$\Delta U=1014.65\ \text{kJ}$，$\Delta S=3.263\ \text{kJ}\cdot\text{K}^{-1}$

23. 常压下冰的熔点为 0 ℃，比熔化焓 $\Delta_{\text{fus}}H=333.3\ \text{J}\cdot\text{g}^{-1}$，水的定压比热容 $c_p=4.184\ \text{J}\cdot\text{g}^{-1}\cdot\text{K}^{-1}$。在一绝热容器中有 1 kg、25 ℃的水，现向容器中加入 0.5 kg、0 ℃的冰，求系统达到平衡后，过程的 ΔS。

答：$16.52\ \text{J}\cdot\text{K}^{-1}$

24. 常压下冰的熔点为 0 ℃，比熔化焓 $\Delta_{\text{fus}}H=333.3\ \text{J}\cdot\text{g}^{-1}$，水的定压比热容 $c_p=4.184\ \text{J}\cdot\text{g}^{-1}\cdot\text{K}^{-1}$，系统的始态为一绝热容器中有 1 kg、80 ℃的水及 0.5 kg、0 ℃的冰。求系统达到平衡后，过程的 ΔS。

答：$122.33\ \text{J}\cdot\text{K}^{-1}$

25. 常压下冰的熔点为 0 ℃，比熔化焓 $\Delta_{\text{fus}}H=333.3\ \text{J}\cdot\text{g}^{-1}$。水和冰的定压比热容分别为 $c_p(H_2O,\text{l})=4.184\ \text{J}\cdot\text{g}^{-1}\cdot\text{K}^{-1}$、$c_p(H_2O,\text{s})=2.000\ \text{J}\cdot\text{g}^{-1}\cdot\text{K}^{-1}$。系统的始态为一绝热容器中有 1 kg、25 ℃的水及 0.5 kg、−10 ℃的冰。求系统达到平衡后，过程的 ΔS。

答：$17.21\ \text{J}\cdot\text{K}^{-1}$

26. 已知常压下冰的熔点为 0 ℃，摩尔熔化焓 $\Delta_{fus}H_m(H_2O)=6.004\ kJ\cdot mol^{-1}$，苯的熔点为 5.51 ℃，摩尔熔化焓 $\Delta_{fus}H_m(C_6H_6)=9.832\ kJ\cdot mol^{-1}$。液态水和固态苯的摩尔定压热容分别为 $C_{p,m}(H_2O,l)=75.29\ J\cdot mol^{-1}\cdot K^{-1}$ 及 $C_{p,m}(C_6H_6,s)=122.59\ J\cdot mol^{-1}\cdot K^{-1}$。今有两绝热层包围的容器，一容器中为 0 ℃的 8 mol $H_2O(s)$ 与 2 mol $H_2O(l)$ 成平衡，另一容器为 5.51 ℃的 5 mol $C_6H_6(l)$ 与 5 mol $C_6H_6(s)$ 成平衡。将两容器接触，去掉两容器间的绝热层，使两容器达到新的平衡状态。求过程的 ΔS。

答：$3.58\ J\cdot K^{-1}$

27. 将装有 0.1 mol 乙醚 $(C_2H_5)_2O(l)$ 的小玻璃瓶放入容积为 10 dm^3 的恒容密闭的真空容器中，并在 35.51 ℃的恒温槽中恒温。35.51 ℃为在 101.325 kPa 下乙醚的沸点。已知在此条件下乙醚的摩尔蒸发焓 $\Delta_{vap}H_m=25.104\ kJ\cdot mol^{-1}$。今将小玻璃瓶打破，乙醚蒸发至平衡态。求：

（1）乙醚蒸气的压力。

（2）过程的 Q、ΔU、ΔH、ΔS。

答：（1）$p=25.664\ kPa$

（2）$Q=\Delta U=2.538\ kJ$，$\Delta H=2.5104\ kJ$，$\Delta S=9.275\ J\cdot K^{-1}$

28. 已知苯 (C_6H_6) 在 101.325 kPa 下于 80.1 ℃沸腾，$\Delta_{vap}H_m=25.104\ kJ\cdot mol^{-1}$。液体苯的摩尔定压热容 $C_{p,m}=142.7\ J\cdot mol^{-1}\cdot K^{-1}$。今将 40.53 kPa、80.1 ℃的苯蒸气 1 mol，先恒温可逆压缩至 101.325 kPa，并凝结成液态苯，再在恒温下将其冷却至 60 ℃。求整个过程的 Q、ΔH、ΔS、ΔU、W。

答：$Q=-36.437\ kJ$，$W=5.628\ kJ$，$\Delta U=-30.809\ kJ$，

$\Delta H=-33.746\ kJ$，$\Delta S=-103.39\ J\cdot K^{-1}$

29. 容积为 20 dm^3 的密闭容器中共有 2 mol H_2O 成气-液两相平衡。已知 80 ℃、100 ℃下水的饱和蒸气压分别为 p_1=47.343 kPa 及 p_2=101.325 kPa，25 ℃时水的摩尔蒸发焓为 $\Delta_{vap}H_m=44.012\ kJ\cdot mol^{-1}$；水和水蒸气在 25～100 ℃间的平均摩尔定压热容分别为 $\bar{c}_{p,m}(H_2O,g)=33.577\ J\cdot mol^{-1}\cdot K^{-1}$ 和 $\bar{c}_{p,m}(H_2O,l)=75.291\ J\cdot mol^{-1}\cdot K^{-1}$。今将系统从 80 ℃的平衡态恒容加热到 100 ℃的平衡态。求过程的 Q、ΔU、ΔH 及 ΔS。

答：$Q=\Delta U=15.21\ kJ$，$\Delta H=16.29\ kJ$，$\Delta S=41.80\ J\cdot K^{-1}$

30. $O_2(g)$ 的摩尔定压热容与温度的函数关系为

$$C_{p,m}=[28.17+6.297\times10^{-3}(T/K)-0.7494\times10^{-6}(T/K)^2]\ J\cdot mol^{-1}\cdot K^{-1}$$

已知 25 ℃下 $O_2(g)$ 的标准摩尔熵 $S_m^\ominus=205.138\ J\cdot mol^{-1}\cdot K^{-1}$。求 $O_2(g)$ 在 100 ℃、50 kPa 下的摩尔熵 S_m。

答：$217.675\ J\cdot mol^{-1}\cdot K^{-1}$

31. 若参加此化学反应的物质的摩尔定压热容可表示成

$$C_{p,m}=a+bT+cT^2$$

试推导化学反应 $0=\sum_B \nu_B B$ 的标准摩尔反应熵 $\Delta_r S_m^\ominus(T)$ 与温度 T 的函数关系式，并说明积分常数 $\Delta_r S_{m,0}^\ominus$ 如何确定。

答：$\Delta_r S_m^{\ominus}(T) = \Delta_r S_{m,0}^{\ominus} + \Delta a \ln T + \Delta b T + \frac{1}{2}\Delta c T^2$

32. 已知 25 ℃时液态水的标准摩尔生成吉布斯函数变 $\Delta_f G_m^{\ominus}(H_2O,l) = -237.129$ $kJ \cdot mol^{-1} \cdot K^{-1}$，水在 25 ℃时饱和蒸气压 p_s =3.1663kPa，求 25 ℃时水蒸气的标准摩尔生成吉布斯函数。

答：$-228.570\ kJ \cdot mol^{-1}$

33. 恒温槽中有一带活塞的导热圆筒，筒中为 2 mol $N_2(g)$ 及装于小玻璃瓶中的 3 mol $H_2O(l)$。环境的压力即系统压力，维持 120 kPa 不变。今将小玻璃瓶打碎，液态水蒸发至平衡态。求过程的 Q、ΔH、ΔS、ΔU、W 及 ΔG。已知水在 100 ℃时的饱和蒸气压为 p_s =101.325 kPa，在此条件下水的摩尔蒸发焓 $\Delta_{vap}H_m = 40.688\ kJ \cdot mol^{-1}$。

答：$Q = \Delta H = 122.004\ kJ$，$W = -9.309\ kJ$，$\Delta U = 112.695\ kJ$，

$\Delta S = 350.72\ J \cdot K^{-1}$，$\Delta A = -18.175\ kJ$，$\Delta G = 8.866\ kJ$

34. 已知在 101.325kPa 下，水的沸点为 100 ℃，其比蒸发焓 $\Delta_{vap}H = 2257.4\ kJ \cdot K^{-1}$。已知液态水和水蒸气在 100～120℃范围内的平均定压比热容分别为 $\bar{c}_p(H_2O,l) = 4.224\ kJ \cdot kg^{-1} \cdot K^{-1}$ 及 $\bar{c}_p(H_2O,g) = 2.033\ kJ \cdot kg^{-1} \cdot K^{-1}$。今有 101.325 kPa 下 120 ℃的 1kg 过热水变成同样温度、压力下的水蒸气。设计可逆途径分别求过程的 ΔS 及 ΔG。

答：$\Delta S = 5.935\ kJ \cdot K^{-1}$，$\Delta G = -119.84\ kJ$

35. 已知在 100 kPa 下，水的凝固点为 0 ℃，在−5 ℃时过冷水的比凝固焓 $\Delta_l^s H = -322.4\ J \cdot g^{-1}$，过冷水和冰的饱和蒸气分别为 $p_s(H_2O,l)$ =0.422 kPa，$p_s(H_2O,s)$ =0.414 kPa。今在 100 kPa 下，有−5 ℃的过冷水变成同样温度、压力下的冰，求过程的 ΔS 及 ΔG。

答：$\Delta S = -1.194\ kJ \cdot K^{-1}$，$\Delta G = -119.84\ kJ$

36. 已知在 −5℃，水和冰的密度分别为 $\rho(H_2O,l) = 999.2\ kg \cdot m^{-3}$ 和 $\rho(H_2O,s) = 916.7\ kg \cdot m^{-3}$。在−5 ℃，水和冰的相平衡压力为 59.8 MPa。今有−5 ℃的 1 kg 水在 100 kPa 下凝固成同样温度压力下的冰。求过程的 ΔG。假设，水和冰密度不随压力改变。

答：$-5.386\ kJ$

37. 若在某温度范围内，一液体及某蒸气的摩尔定压热容均可表示成 $C_{p,m} = a + bT + cT^2$ 的形式，则液体的摩尔蒸发焓为 $\Delta_{vap}H_m = \Delta H_0 + \Delta a T + \frac{1}{2}\Delta b T^2 + \frac{1}{3}\Delta c T^3$，其中 $\Delta a = a(g) - a(l)$，$\Delta b = b(g) - b(l)$，$\Delta c = c(g) - c(l)$，ΔH_0 为积分常数。

试用克劳修斯-克拉佩龙方程的微分式，推导该温度范围内液体饱和蒸气压 p 的对数与热力学温度 T 的函数关系式，积分常数为 I。

答：$\ln p = -\frac{\Delta H_0}{RT} + \frac{\Delta a}{R}\ln T + \frac{\Delta b}{2R}T + \frac{\Delta c}{6R}T^2 + I$

38. 化学反应如下：

$$CH_4(g) + CO_2(g) \!=\!=\!=\! 2CO(g) + 2H_2(g)$$

（1）利用附录中物质的 $S_m^{\ominus}$、$\Delta_f H_m^{\ominus}$ 数据，求上述反应在 25 ℃的 $\Delta_r S_m^{\ominus}$、$\Delta_r G_m^{\ominus}$。

（2）利用附录中物质的 $\Delta_f G_m^{\ominus}$ 数据，计算上述反应在 25 ℃的 $\Delta_r G_m^{\ominus}$。

（3）25 ℃，若始态 $CH_4(g)$ 和 $CO_2(g)$ 的分压均为 150 kPa，末态 $CO(g)$ 和 $H_2(g)$ 的分压均为 50kPa，求反应的 $\Delta_r S_m$ 和 $\Delta_r G_m$ 。

答：（1）$\Delta_r S_m^\ominus = 256.712\ J \cdot mol^{-1} \cdot K^{-1}$，$\Delta_r G_m^\ominus = 170.730\ kJ \cdot mol^{-1}$

（2）$\Delta_r G_m^\ominus = 170.743\ kJ \cdot mol^{-1}$

（3）$\Delta_r S_m = 286.507\ J \cdot mol^{-1} \cdot K^{-1}$，$\Delta_r G_m = 161.860\ kJ \cdot mol^{-1}$

39. 化学反应如下：

$$CH_4(g) + CO_2(g) = 2CO(g) + 2H_2(g)$$

查表得如下数据：$\Delta_f H_m^\ominus (kJ \cdot mol^{-1})$ 、$S_m^\ominus (J \cdot mol^{-1} \cdot K^{-1})$ 、$C_{p,m} (J \cdot mol^{-1} \cdot K^{-1})$ 。

（1）求上述反应在 25 ℃的恒压热效应 Q_p、在常压下做的功，以及反应的 $\Delta_r S_m^\ominus$、$\Delta_r G_m^\ominus$，并判断该条件下反应能否自发进行。

（2）如果反应在 200 ℃下的恒容容器中进行，其反应的热效应是多少？

答：（1）$Q_p = \Delta_r H_m = -247\ kJ \cdot mol^{-1}$，$W = -4955.14\ J$，$\Delta_r S_m = 255\ J \cdot mol^{-1} \cdot K^{-1}$，

$\Delta_r G_m = 170\ kJ \cdot mol^{-1} > 0$，非自发

（2）$\Delta_r U = Q_V = 246\ kJ \cdot mol^{-1}$

40. 在置于 100 ℃恒温槽中的容积为 100 dm^3 的密闭恒容容器中，有压力 120 kPa 的过饱和蒸气，此状态为亚稳态。今过饱和蒸气失稳，部分凝结成液态水达到热力学稳定的平衡态。求过程的 Q、ΔH、ΔS、ΔU、W 及 ΔG。

答：$Q = \Delta U = -22.611\ kJ$，$\Delta H = -24.479\ kJ$，

$\Delta S = -60.161\ J \cdot K^{-1}$，$\Delta A = -0.162\ kJ$，$\Delta G = -2.030\ kJ$

41. 汞 Hg 在 100 kPa 下的熔点为–38.87 ℃，此时比熔化焓 $\Delta_{fus} H = 9.75\ J \cdot g^{-1}$；液态汞和固态汞的密度分别为 $\rho(l) = 13.690\ g \cdot cm^{-3}$ 和 $\rho(s) = 14.193\ g \cdot cm^{-3}$ 。求：

（1）压力为 10 MPa 下的汞的熔点。

（2）若要汞的熔点为–35 ℃，压力需增大至多少。

答：（1）–38.25 ℃

（2）61.8 MPa

42. 已知水在 77 ℃时的饱和蒸气压为 41.891 kPa，水在 101.325 kPa 下的正常沸点为 100 ℃。求：

（1）水的蒸气压与温度关系的方程式 $\lg(p / Pa) = -A / T + B$ 中的 A 和 B 值。

（2）在此温度范围内水的摩尔蒸发焓。

（3）在多大压力下水的沸点为 105 ℃。

答：（1）$A = 2179.133\ K$，$B = 10.84555$

（2）$41.719\ kJ \cdot mol^{-1}$

（3）121.042 kPa

43. 水（H_2O）和氯仿（$CHCl_3$）在 101.325 kPa 下的正常沸点分别为 100 ℃和 61.5 ℃，摩尔蒸发焓分别为 $\Delta_{vap} H_m(H_2O) = 40.668\ kJ \cdot mol^{-1}$ 和 $\Delta_{vap} H(CHCl_3) = 29.50\ kJ \cdot mol^{-1}$ 。求两液体具有相同饱和蒸气压时的温度。

答：262.9 ℃

44. 因同一温度下液体及其饱和蒸气的摩尔定压热容 $C_{p,\mathrm{m}}(\mathrm{l})$、$C_{p,\mathrm{m}}(\mathrm{g})$ 不同，故液体的摩尔蒸发焓是温度的函数，即

$$\Delta_{\mathrm{vap}}H_{\mathrm{m}}=\Delta H_0+[C_{p,\mathrm{m}}(\mathrm{g})-C_{p,\mathrm{m}}(\mathrm{l})]T$$

试推导液体饱和蒸气压与温度关系的克劳修斯-克拉佩龙方程的不定积分式。

答：$\ln p=-\dfrac{\Delta H_0}{RT}+\dfrac{C_{p,\mathrm{m}}(\mathrm{g})-C_{p,\mathrm{m}}(\mathrm{l})}{R}\ln T+C$

45. 求证：

（1）$\mathrm{d}H=C_p\mathrm{d}T+\left[V-T\left(\dfrac{\partial V}{\partial T}\right)_p\right]\mathrm{d}p$。

（2）对理想气体，$\left(\dfrac{\partial H}{\partial p}\right)_T=0$。

46. 求证：

（1）$\left(\dfrac{\partial U}{\partial p}\right)_T=(k_T p-\alpha_V T)_V$。

（2）对理想气体，$\left(\dfrac{\partial U}{\partial p}\right)_T=0$。

式中，$\alpha_V=\dfrac{1}{V}\left(\dfrac{\partial U}{\partial p}\right)_p$，为体膨胀系数，$k_T=-\dfrac{1}{V}\left(\dfrac{\partial V}{\partial p}\right)_T$，为等温压缩率。

提示：从 $U=H-pV$ 出发，可应用习题 3.47（1）的结果。

47. 证明：

（1）$\mathrm{d}S=\dfrac{C_V}{T}\left(\dfrac{\partial T}{\partial p}\right)_V\mathrm{d}p+\dfrac{C_p}{T}\left(\dfrac{\partial T}{\partial V}\right)_p\mathrm{d}V$。

（2）对理想气体，$\mathrm{d}S=C_V\mathrm{d}\ln p+C_p\mathrm{d}\ln V$。

48. 求证：

（1）$\mathrm{d}S=\dfrac{C_V}{T}\mathrm{d}T+\left(\dfrac{\partial p}{\partial T}\right)_V\mathrm{d}V$。

（2）对范德华气体，且 $C_{V,\mathrm{m}}$ 为定值时，绝对可逆过程方程式为

$$T^{C_{V,\mathrm{m}}}(V_{\mathrm{m}}-b)^R=\text{定值}$$

$$\left(p+\frac{a}{V_{\mathrm{m}}^2}\right)^{C_{V,\mathrm{m}}}(V_{\mathrm{m}}-b)^{C_{V,\mathrm{m}}+R}=\text{定值}$$

提示：绝热可逆过程 $\Delta S=0$。

49. 证明：

（1）焦耳-汤姆逊系数 $\mu_{\mathrm{J\text{-}T}}=\dfrac{1}{C_{p,\mathrm{m}}}\left[T\left(\dfrac{\partial V_{\mathrm{m}}}{\partial T}\right)_p-V_{\mathrm{m}}\right]$。

（2）对理想气体，$\mu_{\mathrm{J\text{-}T}}=0$。

第4章

多组分系统热力学

前两章介绍了简单系统发生单纯 pVT 变化、相变化和化学变化对功、热及五个状态函数变化的计算。这里所说的简单系统是指由一个或几个纯物质相和组成不变的相形成的平衡系统。组成不变的相在处理时可按一种物质对待。但是常见的系统绝大部分为多组分系统和相发生变化的系统。因此，继上两章之后，本章介绍多组分系统热力学。

多组分系统可以是单相的或多相的。对多相系统，可以把它分成几个多组分单相系统，因此，从多组分单相系统出发加以研究。多组分单相系统是由两种或两种以上物质以分子大小的粒子相互均匀混合而成的均匀系统。为了热力学讨论问题时的方便，按处理方法的不同，把它区分为混合物和溶液。对混合物中任意组分选用同样的标准态加以研究；而对溶液，将组分区分为溶液和溶剂，且对二者选用不同的标准态加以研究。

按聚集状态的不同，混合物分为气态混合物、液态混合物和固态混合物；溶液则分为液态溶液和固态溶液。今后，除非特别指明，混合物即指液态混合物，溶液即指液态溶液。液体与液体以任意比例相互混合成均相即形成混合物，气体、液体或固体溶于液体溶剂中即形成溶液。按溶液的导电性能，又把溶液分为电解质溶液和非电解质溶液。本章只讨论混合物及非电解质溶液。按照规律性来划分，混合物可分为理想混合物及真实混合物，溶液可分为理想稀溶液及真实溶液。理想混合物在全部浓度范围内，理想稀溶液在适当小的范围内，均有着规律性；真实混合物和真实溶液则与理想情况有一定程度的偏差。

4.1 偏摩尔量

多组分单相热力学中一个非常重要的概念是偏摩尔量。各广度量 V、U、H、S、A 和 G 均有偏摩尔量。组分 B 的某一偏摩尔量 X_B 是在一定温度、压力下，一定组成的混合物（或溶液）中单位物质的量 B 对系统 X 的贡献。

4.1.1 偏摩尔量的提出

100 L 的水和 100 L 的无水乙醇配制酒水，只能配出 195 L 的酒水，如何解释？可以偏摩尔体积加以说明。

在一定温度、压力下纯液体 B 和纯液体 C 摩尔体积分别为 $V^*_{m,B}$ 和 $V^*_{m,C}$，两液体的物质的量分别为 n_B 和 n_C，则混合前系统的体积为 $n_B V^*_{m,B} + n_C V^*_{m,C}$。若两液体以任意比例相互混合均可形成均相液态混合物，根据两液体性质的不同，混合物的体积 V 可以等于或不等于混合前的体积。

混合前后体积不变的系统属于理想液态混合物（将在 4.5 节中详细讨论），即

$$V = n_B V^*_{m,B} + n_C V^*_{m,C} \quad \text{（理想混合物）} \tag{4.1.1}$$

可见，理想液态混合物的体积等于形成混合物各组分的摩尔体积与其物质的量乘积之和。

一般说来，真实液态混合物在混合前后体积发生变化，即

$$V \neq n_B V^*_{m,B} + n_C V^*_{m,C} \quad \text{（真实混合物）} \tag{4.1.2}$$

平时遇到的系统几乎均是真实液态混合物。造成这一不等式的原因：B 和 C 的分子结构大小不同及分子之间的相互作用，使得单位物质的量的各组分物质在混合物中对体积的贡献 V_B、V_C，不同于它在同样温度、压力下纯液态时的摩尔体积 $V^*_{m,B}$、$V^*_{m,C}$，并且 V_B、V_C 值还因液态混合物的组成不同而异。

在一定温度、压力下单位物质的量的组分 B 在确定组成的混合物中对体积的贡献值 V_B，等于在无限大量该组成的混合物中加入单位物质的量的 B（混合物组成未变）引起的系统体积的增加值，也等于在有限量的该组成的混合物中加入 dn_B 的 B（混合物组成未变）引起系统体积的增加量 dV 折合成加入单位物质的量的 B 时的增量，用数学表示即 $V_B = (\partial V / \partial n_B)_{T,p,n_C}$，$V_B$ 称为物质 B 的偏摩尔体积；下标 n_C 表示除了组分 B 以外，其他各组分的物质的量均不改变。

下面将证明对于真实液态混合物，有

$$V = n_B V_B + n_C V_C \tag{4.1.3}$$

即真实液态混合物的体积等于形成混合物各组分的偏摩尔体积与各组分的物质的量的乘积之和。

真实液态混合物的例子如水 (H_2O,l) 和乙醇 (C_2H_5OH,l)。以 B、C 分别代表 $H_2O(l)$ 和 $C_2H_5OH(l)$。在 25℃及常压下，两纯液体的摩尔体积分别为 $V^*_{m,B} = 18.09\ cm^3 \cdot mol^{-1}$、$V^*_{m,C} = 58.35\ cm^3 \cdot mol^{-1}$。实验表明，这两种液体以任意比例相互混合时体积均缩小。例如，$n_B = 0.5\ mol$ 的水与 $n_C = 0.5\ mol$ 的乙醇混合后的体积 $V \neq (0.5 \times 18.09 + 0.5 \times 58.35)\ cm^3$，即 $V \neq 38.22\ cm^3$，而是 $V = 37.2\ cm^3$。

在这一组成的水-乙醇混合物中，水和乙醇的摩尔体积分别为 $V_B = 17.0\ cm^3 \cdot mol^{-1}$、$V_C = 57.4\ cm^3 \cdot mol^{-1}$，因而 $V = (0.5 \times 17.0 + 0.5 \times 57.4)\ cm^3 = 37.2\ cm^3$。

以上只是从实例出发定性地说明了某物质 B 在一定组成的混合物中偏摩尔体积的物理意义，下面则将对各广度量的偏摩尔量给予严格的定义。

4.1.2 偏摩尔量的定义

在由组分 B，C，D，…组成的系统中，任一广度量 X 是 $T, p, n_B, n_C, n_D, \cdots$ 的函数，即

$$X = X(T, p, n_B, n_C, n_D, \cdots) \quad (4.1.4)$$

对此求全微分，得

$$dX = \left(\frac{\partial X}{\partial T}\right)_{p,n_B,n_C,\cdots} dT + \left(\frac{\partial X}{\partial p}\right)_{T,n_B,n_C,\cdots} dp + \left(\frac{\partial X}{\partial n_B}\right)_{T,p,n_C,n_D,\cdots} dn_B + \left(\frac{\partial X}{\partial n_C}\right)_{T,p,n_B,n_D,\cdots} dn_C + \cdots \quad (4.1.5)$$

式中，$(\partial X / \partial T)_{p,n_B,n_C,\cdots}$ 表示在压力及混合物中各组分的物质的量均不变（即混合物组成不变）的条件下，系统广度量 X 随温度的变化率；$(\partial X / \partial P)_{T,n_B,n_C,\cdots}$ 表示温度及混合物各组分的物质的量均不变的条件下，系统广度量 X 随压力的变化率；$(\partial X / \partial n_B)_{T,p,n_C,n_D,\cdots}$ 表示在温度、压力及除了组分 B 以外其余各组分的物质的量均不变的条件下，由于组分 B 的物质的量发生了微小的变化，系统广度量 X 随组分 B 的物质的量的变化率，也就相当于在恒温、恒压下，于足够大量的某一定组成的混合物中加入单位物质的量的组分 B（这时混合物的组分可视为不变）时所引起系统广度量 X 的增量，这也就等于在该温度、压力下，某一定组成的混合物中单位物质的量的组分 B 的偏摩尔量，并以 X_B 表示。$(\partial X / \partial n_C)_{T,p,n_B,n_D,\cdots}$ 的意义与 $(\partial X / \partial n_B)_{T,p,n_C,n_D,\cdots}$ 相似，不再重复。

为了简便起见，今后在式（4.1.5）的偏导数中，用下标 n_B 表示 $n_B, n_C, \cdots$ 均不改变，即相的组成不变；用下标 n_C 表示 $n_C, n_D, \cdots$ 均不变，即除了组分 B 以外其余各组分的物质的量均不改变。

组分 B 的偏摩尔量的定义：在温度、压力及除了组分 B 以外其余各组分的物质的量均不改变的条件下，广度量 X 随组分 B 的物质的量 n_B 的变化率 X_B。即

$$X_B \stackrel{\text{def}}{=} \left(\frac{\partial X}{\partial n_B}\right)_{T,p,n_C} \quad (4.1.6)$$

这样，式（4.1.5）可简写成

$$dX = \left(\frac{\partial X}{\partial T}\right)_{p,n_B} dT + \left(\frac{\partial X}{\partial p}\right)_{T,n_B} dp + \sum_B X_B dn_B \quad (4.1.7)$$

按定义式（4.1.7），对于混合物中组分 B，有

偏摩尔体积：

$$V_B = (\partial V / \partial n_B)_{T,p,n_C}$$

偏摩尔热力学能：

$$U_B = (\partial U / \partial n_B)_{T,p,n_C}$$

偏摩尔焓：

$$H_{\mathrm{B}}=(\partial H/\partial n_{\mathrm{B}})_{T,p,n_{\mathrm{C}}}$$

偏摩尔熵：

$$S_{\mathrm{B}}=(\partial S/\partial n_{\mathrm{B}})_{T,p,n_{\mathrm{C}}}$$

偏摩尔亥姆霍兹函数：

$$A_{\mathrm{B}}=(\partial A/\partial n_{\mathrm{B}})_{T,p,n_{\mathrm{C}}}$$

偏摩尔吉布斯函数：

$$G_{\mathrm{B}}=(\partial G/\partial n_{\mathrm{B}})_{T,p,n_{\mathrm{C}}}$$

应当指出：只有广度量才存在偏摩尔量，强度量是不存在偏摩尔量的；只有恒温恒压下系统的广度量随某一组分的物质的量的变化率才能称为偏摩尔量，任何其他条件（如恒温恒容、恒熵恒压等）下的变化率均不称为偏摩尔量。偏摩尔量和摩尔量一样，也是强度量。

式（4.1.5）表示了在无其他外力作用的条件下，多组分单相系统当温度、压力及各组分的物质的量均发生变化时对系统的广度量的影响。在恒温恒压条件下，因 $\mathrm{d}T=0$，$\mathrm{d}p=0$，式（4.1.5）即成为

$$\mathrm{d}X=\sum_{\mathrm{B}}X_{\mathrm{B}}\mathrm{d}n_{\mathrm{B}} \tag{4.1.8}$$

恒温恒压下偏摩尔量 X_{B} 与混合物的组成有关，若按混合物原有组成的比例同时微量地加入 B，C，… 以形成混合物，因过程中组成恒定，故 $X_{\mathrm{B}},X_{\mathrm{C}},\cdots$ 为定值，将式（4.1.8）积分，得

$$X=\int_0^X\mathrm{d}X=\int_0^{n_{\mathrm{B}}}X_{\mathrm{B}}\mathrm{d}n_{\mathrm{B}}+\int_0^{n_{\mathrm{C}}}X_{\mathrm{C}}\mathrm{d}n_{\mathrm{C}}+\cdots=n_{\mathrm{B}}X_{\mathrm{B}}+n_{\mathrm{C}}X_{\mathrm{C}}+\cdots$$

即

$$X=\sum_{\mathrm{B}}n_{\mathrm{B}}X_{\mathrm{B}} \tag{4.1.9}$$

式（4.1.9）说明：在一定温度、压力下，某一组成混合物的任一广度量等于形成该混合物的各组分在该组成下的偏摩尔量与其物质的量的乘积之和。

上面虽然讨论的是液态混合物中任一组分的偏摩尔量，但这些概念及公式对于溶液中的溶剂和溶质也是适用的。

4.1.3 偏摩尔量的测定

以二组分的偏摩尔体积为例，在一定温度、压力下，向物质的量为 n_{C} 的液体组分 C 中，

不断地加入组分 B，形成混合物，测量出加入的组分 B 的物质的量 n_B 及对应混合物的体积 V，作 V - n_B 图，如图 4.1.1 所示。过 V - n_B 曲线上任一点作曲线的切线，此切线的斜率即为 $(\partial V/\partial n_B)_{T,p,n_C}$。根据定义，此为组成 $x_B = n_B/(n_B + n_C)$ 的混合物中组分 B 的偏摩尔体积 V_B。由式（4.1.9）可知，组分 C 在此组成下的偏摩尔体积 $V_C = (V - n_B V_B)/n_C$。显然，此法亦适用于溶液。

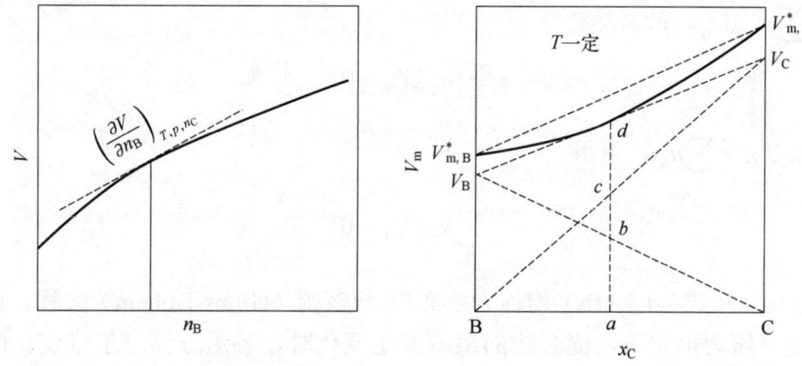

图 4.1.1　偏摩尔体积求取示意图

如果能将 V 表示成 n_B 的函数式，即 $V = f(n_B)$，则其对 n_B 的导数即为 B 的偏摩尔体积，并且仍为 n_B 的函数，$V_B = (\partial V/\partial n_B)_{T,p,n_C} = f'(n_B)$。将 n_B 值代入，便可求得相应组成下 B 的偏摩尔体积，然后求 C 的偏摩尔体积。

4.1.4　偏摩尔量与摩尔量的差别

偏摩尔量与摩尔量差别可从图 4.1.1 中看出。此图表示在一定温度、压力下，B、C 两种液体混合物的摩尔体积 V_m 随组成 x_C 变化的情形。$V^*_{m,B}$ 和 $V^*_{m,C}$ 为两纯液体的摩尔体积。假若 B、C 形成理想混合物，则

$$V_m = x_B V^*_{m,B} + x_C V^*_{m,C} = V^*_{m,B} + (V^*_{m,C} - V^*_{m,B}) x_C$$

即 V_m 与 x_C 的关系为由 $V^*_{m,B}$ 至 $V^*_{m,C}$ 的一条直线，见图 4.1.1 中虚线。然而现在 B、C 形成了真实混合物，其体积为图中由 $V^*_{m,B}$ 至 $V^*_{m,C}$ 的曲线。任一组成 a 时两组分的偏摩尔体积可用下法求得：过组成点 a 所对应的系统的体积点 d 作 V_m - x_C 曲线的切线，此切线在左、右两纵坐标轴上的截距即分别为该组成下两组分的偏摩尔体积 V_B、V_C。从图 4.1.1 中可知，$\overline{ab} = x_B V_B$，$\overline{ac} = x_C V_C$，故组成 a 所对应系统的体积为

$$V_m = \overline{ad} = \overline{ab} + \overline{bd} = \overline{ab} + \overline{ac} = x_B V_B + x_C V_C \tag{4.1.10}$$

从图 4.1.1 中可以看出：混合物的组成改变时，两组成的偏摩尔体积也在改变，组成越接近某一纯组分时，该组分的偏摩尔体积也就越接近于该纯组分的偏摩尔体积；并且两组分的偏摩尔体积的变化是有联系的。

4.1.5 吉布斯-杜亥姆方程

T、p 一定时，对式（4.1.9）进行全微分，得

$$dX = \sum_B n_B dX_B + \sum_B X_B dn_B$$

因 $dX = \sum X_B dn_B$，故必然有

$$\sum_B n_B dX_B = 0 \quad (4.1.11a)$$

将此式除以 $n = \sum_B n_B$ ，可得

$$\sum_B x_B dX_B = 0 \quad (4.1.11b)$$

式（4.1.11a）和式（4.1.11b）均称为吉布斯-杜亥姆（Gibbs-Duhem）方程。这个方程可以表明在温度、压力恒定下，混合物的组成发生变化时，各组分偏摩尔量变化的相互依赖关系。

若为二组分混合物，则有

$$x_B dX_B = -x_C dX_C$$

可见在恒温恒压下，当混合物的组成发生微小变化时，如果一组分的偏摩尔量增大，则另一组分的偏摩尔量必然减小，且增大与减小的比例与混合物中两组分的摩尔分数（或物质的量）成反比，这点可对照图 4.1.1 来思考。

4.1.6 偏摩尔量之间的函数关系

前两章介绍了热力学函数之间存在着一定的函数关系，如 $H = U + pV$、$A = U - TS$、$G = U + pV - TS = H - TS = A + pV$，以及 $(\partial G / \partial p)_T = V$ 、$(\partial G / \partial T)_p = -S$ 等。这些公式均适用于纯物质或组成不变的系统。将这些公式对混合物中任一组分 B 取偏导数，可知各偏摩尔量之间也有着同样的关系，即

$$H_B = U_B + pV_B$$

$$A_B = U_B - TS_B$$

$$G_B = U_B + pV_B - TS_B = H_B - TS_B = A_B + pV_B$$

$$(\partial G_B / \partial p)_{T,n_B} = V_B \quad (4.1.12)$$

$$(\partial G_B / \partial T)_{p,n_B} = -S_B \quad (4.1.13)$$

4.1.7 偏摩尔量的求解

（1）解析法

❖ **例 4.1.1** 在 298.15 K 和 101.325 kPa 下，由实验得 NaCl 水溶液的体积与 NaCl 的质量摩尔浓度之间的关系为

$$V=\left[1002.874+17.8213\frac{b}{b^{\ominus}}+0.87391\left(\frac{b}{b^{\ominus}}\right)^2-0.047225\left(\frac{b}{b^{\ominus}}\right)^3\right]\times 10^{-3}\mathrm{dm}^3$$

b 是质量摩尔浓度，即 1 kg 水中所溶 NaCl 量，求 b=0.25mol • kg^{-1} 和 b=0.50mol • kg^{-1} 时，NaCl(2)和 H_2O(1)的偏摩尔体积。

解： $$\overline{V}_2=\left(\frac{\partial V}{\partial n_2}\right)_{T,p,n_1}=\left[\frac{\partial V}{\partial(b/b^{\ominus})}\right]_{T,p}\left[\frac{\partial}{\partial n_2}\left(\frac{b}{b^{\ominus}}\right)\right]_{n_1}$$

$$=\left[17.8213+2\times 0.87391\frac{b}{b^{\ominus}}-3\times 0.047225\left(\frac{b}{b^{\ominus}}\right)^2\right]\times\left(\frac{\partial b}{\partial n_2}\right)_{n_1}\times\frac{1}{b^{\ominus}}\times 10^{-3}\mathrm{dm}^3$$

因 $b=\dfrac{n_2}{1\,\mathrm{kg}}=n_2\times\mathrm{kg}^{-1}$，所以 $\left(\dfrac{\partial b}{\partial n_2}\right)_{n_1}=1\,\mathrm{kg}^{-1}$，于是

$$\overline{V}_2=\left[17.8213+1.74782\frac{b}{b^{\ominus}}-0.141675\left(\frac{b}{b^{\ominus}}\right)^2\right]\times\mathrm{kg}^{-1}\times\frac{1}{\mathrm{mol}\cdot\mathrm{kg}^{-1}}\times 10^{-3}\mathrm{dm}^3$$

$$=\left[17.8213+1.74782\frac{b}{b^{\ominus}}-0.141675\left(\frac{b}{b^{\ominus}}\right)^2\right]\times 10^{-3}\mathrm{dm}^3\cdot\mathrm{mol}^{-1}$$

当 b =0.25mol • kg^{-1} 和 b=0.50mol • kg^{-1} 时，NaCl(2)的偏摩尔体积分别为 18.2494×10^{-3}dm^3 和 18.6598×10^{-3}dm^3。

对应溶液的体积分别为 1007.3832×10^{-3}dm^3 和 1011.9972×10^{-3}dm^3。

根据偏摩尔量集合公式 $V=n_1V_1+n_2V_2$

得对应 H_2O 的偏摩尔体积分别为：18.0662×10^{-3}dm^3 和 18.0635×10^{-3}dm^3。

（2）图解法

对偏摩尔量集合公式（4.1.14）求微分，则得到式（4.1.15）；由吉布斯-杜亥姆公式（4.1.11）可知式（4.1.15）前两项为零，由于 $x_1+x_2=1$，联立得到式（4.1.16）；最后得到式（4.1.17）。

$$V_{\mathrm{m}}=x_1\overline{V}_1+x_2\overline{V}_2 \tag{4.1.14}$$

$$\mathrm{d}V_{\mathrm{m}}=x_1\mathrm{d}\overline{V}_1+x_2\mathrm{d}\overline{V}_2+\overline{V}_1\mathrm{d}x_1+\overline{V}_2\mathrm{d}x_2 \tag{4.1.15}$$

$$\mathrm{d}V_{\mathrm{m}}=\overline{V}_1\mathrm{d}x_1+\overline{V}_2\mathrm{d}x_2=(\overline{V}_2-\overline{V}_1)\mathrm{d}x_2 \tag{4.1.16}$$

$$\overline{V}_2-\overline{V}_1=\left(\frac{\partial V_{\mathrm{m}}}{\partial x_2}\right)_{T,p} \tag{4.1.17}$$

由式（4.1.14）和（4.1.17）联立，解出 $\overline{V}_1$ 和 $\overline{V}_2$，步骤如下：

由式（4.1.14）得

$$V_{\mathrm{m}}=(1-x_2)\overline{V}_1+x_2\overline{V}_2=\overline{V}_1+x_2(\overline{V}_2-\overline{V}_1)$$

将式（4.1.17）代入上式，得

$$V_{\rm m}=\overline{V}_1+x_2\left(\frac{\partial V_{\rm m}}{\partial x_2}\right)_{T,p}$$

图 4.1.2 直观反映了 $V_{\rm m}$ 与 x_2 的关系，是实验测定偏摩尔量的方法之一。

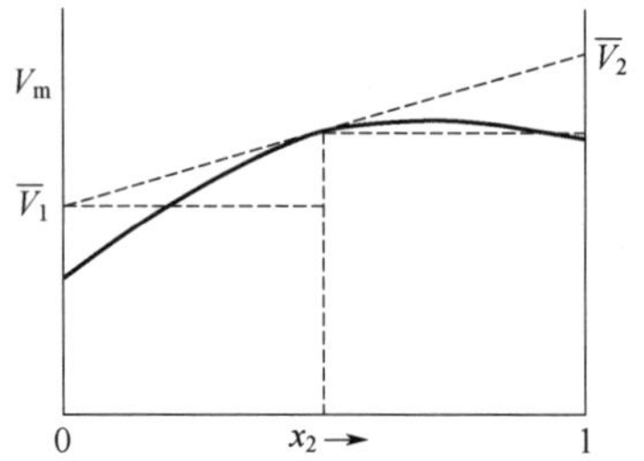

图 4.1.2　吉布斯-杜亥姆关系式示意图

4.2　化学势

在各偏摩尔量中，以偏摩尔吉布斯函数应用最广泛，它是最重要的热力学函数之一。混合物（或溶液）中组分 B 的偏摩尔吉布斯函数 $G_{\rm B}$ 又称为 B 的化学势，并用符号 $\mu_{\rm B}$ 表示。所以化学势的定义为

$$\mu_{\rm B}\overset{\rm def}{=}G_{\rm B}=\left(\frac{\partial G}{\partial n_{\rm B}}\right)_{T,p,n_{\rm C}} \tag{4.2.1}$$

4.2.1　多组分单相系统的热力学公式

若将混合物的吉布斯函数 G 表示成 T、p 及构成此混合物各组分 B,C,D,⋯ 的物质的量 $n_{\rm B},n_{\rm C},n_{\rm D},\cdots$ 的函数，即

$$G=G(T,p,n_{\rm B},n_{\rm C},n_{\rm D},\cdots)$$

根据式（4.1.7）有

$$\mathrm{d}G=\left(\frac{\partial G}{\partial T}\right)_{p,n_{\rm B}}\mathrm{d}T+\left(\frac{\partial G}{\partial p}\right)_{T,n_{\rm B}}\mathrm{d}p+\sum_{\rm B}\left(\frac{\partial G}{\partial n_{\rm B}}\right)_{T,p,n_{\rm C}}\mathrm{d}n_{\rm B} \tag{4.2.2a}$$

在组成不变的情况下，对应式（3.11.4）有

$$(\partial G/\partial T)_{p,n_{\rm B}}=-S$$

$$(\partial G/\partial p)_{T,n_{\rm B}}=V$$

结合式（4.2.1），可得

$$dG = -SdT + Vdp + \sum_{B} \mu_B dn_B \qquad (4.2.2b)$$

式（4.2.2b）是一个适用于均匀系统的更为普遍的热力基本方程，不仅适用于变组成的封闭系统，也适用于开放系统。由于系统内部发生了相变化或化学变化，在封闭系统内的任一均匀部分（纯物质、混合物或溶液）中组分 B、C 等的物质的量发生变化。

将式（4.2.2b）代入 $dU = d(G - pV + TS)$、$dH = d(G + TS)$、$dA = d(G - pV)$ 的展开式，可得

$$dU = TdS - pdV + \sum \mu_B dn_B \qquad (4.2.3a)$$

$$dH = TdS + Vdp + \sum_{B} \mu_B dn_B \qquad (4.2.4a)$$

$$dA = -SdT - pdV + \sum_{B} \mu_B dn_B \qquad (4.2.5a)$$

这三个公式的适用条件与式（4.2.2）完全相同。

如果将 U、H、A 表示成如下函数关系，即

$$U = U\ (S, V, n_B, n_C, n_D,\ \cdots)$$

$$H = H(S, p, n_B, n_C, n_D,\ \cdots)$$

$$A = A(T, V, n_B, n_C, n_D,\ \cdots)$$

求全微分，得

$$dU = \left(\frac{\partial U}{\partial S}\right)_{V,n_B} dS + \left(\frac{\partial U}{\partial V}\right)_{S,n_B} dV + \sum_{B} \left(\frac{\partial U}{\partial n_B}\right)_{S,V,n_C} dn_B$$

$$dH = \left(\frac{\partial H}{\partial S}\right)_{p,n_B} dS + \left(\frac{\partial H}{\partial p}\right)_{S,n_B} dp + \sum_{B} \left(\frac{\partial H}{\partial n_B}\right)_{S,p,n_C} dn_B$$

$$dA = \left(\frac{\partial A}{\partial T}\right)_{V,n_B} dT + \left(\frac{\partial A}{\partial V}\right)_{T,n_B} dV + \sum_{B} \left(\frac{\partial A}{\partial n_B}\right)_{T,V,n_C} dn_B$$

因为 $(\partial U / \partial S)_{V,n_B} = T$，$(\partial U / \partial V)_{S,n_B} = -p$，$(\partial H / \partial S)_{p,n_B} = T$，$(\partial H / \partial p)_{S,n_B} = V$，$(\partial A / \partial T)_{V,n_B} = -S$，$(\partial A / \partial V)_{T,n_B} = -p$，故上述三式可写成

$$dU = TdS - pdV + \sum_{B} (\partial U / \partial n_B)_{S,V,n_C} dn_B \qquad (4.2.3b)$$

$$dH = TdS + Vdp + \sum_{B} (\partial H / \partial n_B)_{S,p,n_C} dn_B \qquad (4.2.4b)$$

$$dA = -SdT - pdV + \sum_{B} (\partial A / \partial n_B)_{T,V,n_C} dn_B \qquad (4.2.5b)$$

将式（4.2.3b）～式（4.2.5b）分别与式（4.2.3a）～式（4.2.5a）对比，结合式（4.2.1），可以得到

$$\mu_B=\left(\frac{\partial U}{\partial n_B}\right)_{S,V,n_C}=\left(\frac{\partial H}{\partial n_B}\right)_{S,p,n_C}=\left(\frac{\partial A}{\partial n_B}\right)_{T,V,n_C}=\left(\frac{\partial G}{\partial n_B}\right)_{T,p,n_C} \tag{4.2.6}$$

注意：这四个偏导数中只有$(\partial G/\partial n_B)_{T,p,n_C}$是偏摩尔量，其余三个均不是偏摩尔量。

4.2.2 多组分多相系统的热力学公式

式（4.2.2b）及式（4.2.3a）～式（4.2.5a）均是单相变组分系统的热力学公式。现在将其用于多组分系统，仍以吉布斯函数为例。对多组公系统中的α，β，…等相，根据式（4.2.2b）有

$$dG(\alpha)=-S(\alpha)dT+V(\alpha)dp+\sum_B\mu_B(\alpha)dn_B(\alpha)$$

$$dG(\beta)=-S(\beta)dT+V(\beta)dp+\sum_B\mu_B(\beta)dn_B(\beta)$$

对系统内所有的相求和，即

$$dG=dG(\alpha)+dG(\beta)+\cdots=\sum_\alpha dG(\alpha)$$

因各相的 T、p 均相同，于是得

$$\begin{aligned}dG&=-\sum_\alpha S(\alpha)dT+\sum_\alpha V(\alpha)dp+\sum_\alpha\sum_B\mu_B(\alpha)dn_B(\alpha)\\&=-SdT+Vdp+\sum_\alpha\sum_B\mu_B(\alpha)dn_B(\alpha)\end{aligned} \tag{4.2.7}$$

与此类似，对势力学能、焓、亥姆霍兹函数，有

$$\begin{aligned}dU&=Td\sum_\alpha S(\alpha)-pd\sum_\alpha V(\alpha)+\sum_\alpha\sum_B\mu_B(\alpha)dn_B(\alpha)\\&=TdS-pdV+\sum_\alpha\sum_B\mu_B(\alpha)dn_B(\alpha)\end{aligned} \tag{4.2.8}$$

$$\begin{aligned}dH&=Td\sum_\alpha S(\alpha)+\sum_\alpha V(\alpha)dp+\sum_\alpha\sum_B\mu_B(\alpha)dn_B(\alpha)\\&=TdS+Vdp+\sum_\beta\sum_B\mu_B(\alpha)dn_B(\beta)\end{aligned} \tag{4.2.9}$$

$$\begin{aligned}dA&=-\sum_\alpha S(\alpha)dT-pd\sum_\alpha V(\alpha)+\sum_\alpha\sum_B\mu_B(\alpha)dn_B(\alpha)\\&=-SdT-pdV+\sum_\alpha\sum_B\mu_B(\alpha)dn_B(\alpha)\end{aligned} \tag{4.2.10}$$

式中，$S=\sum_\alpha S(\alpha)$、$V=\sum_\alpha V(\alpha)$均是整个系统的性质。式（4.2.7）～式（4.2.10）这四个公式适用于封闭的多组分多相系统发生 pVT 变化、相变化和化学变化过程，当然也适用于开

放系统。

4.2.3 化学势判据及应用举例

根据亥姆霍兹函数判据式（3.9.2），在恒温恒容及非体积功为零时，$\mathrm{d}A_{T,V}\leqslant 0$ 分别对应于自发过程及平衡状态，由式（4.2.10）可得

$$\sum_{\alpha}\sum_{\mathrm{B}}\mu_{\mathrm{B}}(\alpha)\mathrm{d}n_{\mathrm{B}}(\alpha)\leqslant 0\begin{pmatrix}<\text{自发}\\=\text{平衡}\end{pmatrix}(\mathrm{d}T=0,\mathrm{d}V=0,\delta W'=0) \tag{4.2.11}$$

设体系由 α 和 β 两相构成，两相均为多组分。在恒温恒压下，组分 i 在两相之间流动所引起的体系自由焓的变化为

$$\mathrm{d}G=\mu_i^{\alpha}\mathrm{d}n_i^{\alpha}+\mu_i^{\beta}\mathrm{d}n_i^{\beta}$$

对封闭体系，$n_i^{\alpha}+n_i^{\beta}=n_i=$常数，所以 $\mathrm{d}n_i^{\alpha}+\mathrm{d}n_i^{\beta}=\mathrm{d}n_i=0$，$\mathrm{d}n_i^{\alpha}=-\mathrm{d}n_i^{\beta}$，因此

$$\mathrm{d}G=(\mu_i^{\beta}-\mu_i^{\alpha})\mathrm{d}n_i^{\beta}$$

设 $\mathrm{d}n_i^{\beta}>0$，即组分 i 从 α 相流向 β 相，若 $\mu_i^{\alpha}>\mu_i^{\beta}$，则 $\mathrm{d}G<0$，可以流动；若 $\mu_i^{\alpha}<\mu_i^{\beta}$，则 $\mathrm{d}G>0$，不能流动；若 $\mu_i^{\alpha}=\mu_i^{\beta}$，则 $\mathrm{d}G=0$，体系平衡。

由此可见，物质 i 只能从化学势高的相流向化学势低的相，直至两相的化学势相等为止，这就是把 μ_i^{α} 称为化学势的原因。

4.2.4 化学势与温度和压力的关系

（1）化学势与压力的关系

$$\left(\frac{\partial\mu_i}{\partial p}\right)_T=\left[\frac{\partial}{\partial p}\left(\frac{\partial G}{\partial n_i}\right)_{T,p,n_j}\right]_T=\left[\frac{\partial}{\partial n_i}\left(\frac{\partial G}{\partial p}\right)_T\right]_{T,p,n_j}=\left(\frac{\partial V}{\partial n_i}\right)_{T,p,n_j}$$

即

$$\left(\frac{\partial\mu_i}{\partial p}\right)_T=\overline{V_i} \tag{4.2.12}$$

（2）化学势与温度的关系

$$\left(\frac{\partial\mu_i}{\partial T}\right)_p=\left[\frac{\partial}{\partial T}\left(\frac{\partial G}{\partial n_i}\right)_{T,p,n_j}\right]_p=\left[\frac{\partial}{\partial n_i}\left(\frac{\partial G}{\partial T}\right)_p\right]_{T,p,n_j}=-\left(\frac{\partial S}{\partial n_i}\right)_{T,p,n_j}$$

即

$$\left(\frac{\partial \mu_i}{\partial T}\right)_p = -\overline{S_i} \quad (4.2.13)$$

（3）μ_i、$\overline{H}_i$和$\overline{S}_i$之间的关系

恒温恒压下，$G = H - TS$，两边对n_i求导，得

$$\mu_i = \overline{H}_i - T\overline{S}_i$$

4.3 气体组分的化学势

物质 B 的化学势即其偏摩尔吉布斯函数 G，它是状态函数。因为吉布斯函数无绝对值，所以在热力学中选择一个标准状态，即在标准压力 $p^{\ominus}$=100 kPa 下具有理想气体性质的纯气体（对温度没有规定），该状态下的化学势称为标准化学势，以符号 $\mu_B^*(\text{pg})$ 表示。对于纯气体省略下标 B，气体的标准化学势是温度的函数。

本节中用 pg 代表理想气体，用 g 代表真实气体。因无论是理想气体还是真实气体的标准态均规定为标准压力的纯理想气体状态，故在标准化学势中只记作 g。

4.3.1 纯理想气体的化学势

使某纯理想气体 B 在温度 T 下由标准压力 $p^{\ominus}$ 变至某一压力 p，其化学势由 $\mu^{\ominus}(\text{g})$ 变至 $\mu^*(\text{pg})$。

$$B(\text{pg}, p^{\ominus}) \longrightarrow B(\text{pg}, p)$$

$$\mu^{\ominus}(\text{g}) \qquad\qquad \mu^*(\text{pg})$$

由公式 $\text{d}\mu = \text{d}G_\text{m} = -S_\text{m}\text{d}T + V_\text{m}\text{d}p$，且 $\text{d}T = 0$，有

$$\text{d}\mu^* = \text{d}G_\text{m}^* = V_\text{m}^*\text{d}p = \frac{RT}{p}\text{d}p = RT\ln p \quad (4.3.1)$$

积分得

$$\int_{\mu^{\ominus}(\text{g})}^{\mu^*(\text{pg})} \text{d}\mu^* = RT\int_{p^{\ominus}}^{p} \text{d}\ln p$$

得

$$\mu^*(\text{pg}) = \mu^{\ominus}(\text{g}) + RT\ln\left(\frac{p}{p^{\ominus}}\right) \quad (4.3.2)$$

即

$$\mu_B(g)=\mu_B^{\ominus}(g)+RT\ln(p_B/p^{\ominus}) \tag{4.3.3}$$

4.3.2 理想气体混合物中任一组分的化学势

由于理想气体分子间不存在相互作用，所以理想气体混合物中任一组分 B 的状态不受其他组分存在的影响。因此温度为 T、总压为 p 的理想气体混合物中，当组分 B 的摩尔分数为 y_B、分压为 $p_B=y_Bp$ 时，其化学势 $\mu_B(pg)$ 相当于纯组分 B 在该温度及压力为 p_B 时的化学势，即

$$\mu_B(pg)=\mu_B^{\ominus}(g)+RT\ln(p_B/p^{\ominus}) \tag{4.3.4}$$

4.3.3 纯真实气体的化学势

一定温度下，真实气体的标准态为该温度及标准压力 $p^{\ominus}$ 下的假想的纯理想气体。

为了推导纯真实气体在压力 p 下的化学势 $\mu^*(g)$ 与标准态下该气体化学势 $\mu^{\ominus}(g)$ 的差值，假设另一途径，此途径分三步，每步均在温度 T 下进行。先让标准态下的假想的理想气体变至压力 p 下的理想气体，再让此气体变至 $p\to 0$ 的气体（真实气体在 $p\to 0$ 时可看作理想气体），最后将此 $p\to 0$ 的真实气体变至压力 p 下的真实气体。

$$\begin{array}{ccc} B(pg,\ p^{\ominus}) & \xrightarrow[\Delta G_m]{} & B(g,\ p) \\ \mu^{\ominus}(g) & & \mu^*(g) \\ \downarrow \Delta G_{m,1} & & \uparrow \Delta G_{m,3} \\ B(pg,\ p) & \xrightarrow[\Delta G_{m,2}]{} & B(g,\ p\to 0)[\text{等同于}B(pg,\ p\to 0)] \end{array}$$

摩尔吉布斯函数变为

$$\Delta G_m=\mu^*(g)-\mu^{\ominus}(g)$$

$$\Delta G_{m,1}=RT\ln(p/p^{\ominus})$$

$$\Delta G_{m,2}=\int_p^0 V_m^*(pg)dp=-\int_0^p V_m^*(pg)dp$$

$$\Delta G_{m,3}=\int_0^p V_m^*(pg)dp$$

式中，$V_m^*(g)$ 为该温度下纯真实气体的摩尔体积，它是压力的函数。

因 $\Delta G_m=\Delta G_{m,1}+\Delta G_{m,2}+\Delta G_{m,3}$，故得

$$\mu^*(g)-\mu^{\ominus}(g)=RT\ln(p/p^{\ominus})+\int_0^p[V_m^*(g)-V_m^*(pg)]dp$$

式中，$V_m^*(g)-V_m^*(pg)$ 表示同样温度、压力下真实气体的摩尔体积与理想气体摩尔体积之差。可见，纯真实气体与理想气体化学势的差别是由于两者在同温度、压力下的摩尔体积不同。

因$V_m^*(pg)=RT/p$，故得

$$\mu^*(g)=\mu^\ominus(g)+RT\ln(p/p^\ominus)+\int_0^p[V_m^*(g)-RT/p]dp \tag{4.3.5}$$

4.3.4 真实气体混合物中任一组分的化学势

同一温度T下，真实气体混合物中任一组分B的化学势$\mu_B(g)$与其标准化学势$\mu_B^\ominus(g)$之间的推导与上述方法类似。假设如下途径，其中ΔG_B为B的摩尔吉布斯函数变。

$$\begin{array}{ccc}
B(pg,p^\ominus)[\text{等同于}B(pg,mix,y_B,p_B=p^\ominus)] & \xrightarrow[\Delta G_B]{} & B(g,mix,p_B=y_Bp) \\
\mu_B^\ominus(g) & & \mu_B(g) \\
\downarrow \Delta G_{B,1} & & \uparrow \Delta G_{B,3} \\
B(pg,mix,p_B=y_Bp) & \xrightarrow[\Delta G_{B,2}]{} & B(g,mix,p\to 0)[\text{等同于}B(pg,mix,p\to 0)]
\end{array}$$

始态即标准态，为纯B在T、$p^\ominus$下的理想气体，这等同于组成与真实气体混合物相同的理想气体混合物中分压力$p_B=p^\ominus$的气体B，即$B(pg,p^\ominus)$等同于$B(pg,mix,y_B,p_B=p^\ominus)$。上面三个假想步骤分别为：将理想气体混合物改变压力至总压力与真实气体混合物压力p相等；总压力p的理想气体混合物减压至$p\to 0$，这时的状态与$p\to 0$的真实气体混合物的状态相同，即$B(g,mix,p\to 0)$等同于$B(pg,mix,p\to 0)$；再将$p\to 0$的真实气体混合物压缩至总压力为p的末态。

同上类似，气体的摩尔吉布斯函数变为

$$\Delta G_{m,B}=\mu_{B(g)}-\mu_{B(g)}^\ominus$$

$$\Delta G_{m,B,1}=RT\ln(p_B/p^\ominus)$$

$d\mu_B=dG_B=V_Bdp$中V_B应为气体混合物中的B的偏摩尔体积，理想气体混合物中B的偏摩尔体积与其在同一温度及混合物总压下纯气体时的摩尔体积$V_m^*(pg)$相同，故得

$$\Delta G_{B,2}=\int_p^0 V_B(pg)\,dp=\int_p^0 V_m^*(pg)\,dp=-\int_0^p V_m^*(pg)dp$$

$$\Delta G_{B,3}=\int_0^p V_B(g)\,dp$$

式中，$V_B(g)$为真实气体混合物中组分B在同样温度及总压p下的偏摩尔体积。

因$\Delta G_B=\Delta G_{B,1}+\Delta G_{B,2}+\Delta G_{B,3}$，于是得出真实气体混合物中任一组分B的化学势的关系式为

$$\mu_B(g)-\mu_B^\ominus(g)=RT\ln(p_B/p^\ominus)+\int_0^p[V_B(g)-V_m^*(pg)]dp$$

式中，$V_B(g)-V_m^*(pg)$为真空气体混合物中组分B在同样温度T及总压p下的偏摩尔体积与理想气体摩尔体积之差。

最后得

$$\mu_B(g)=\mu_B^{\ominus}(g)+RT\ln(p_B/p^{\ominus})+\int_0^p[V_B(g)-RT/p]dp \tag{4.3.6}$$

因为这一关系式具有普遍意义，它对于真空气体、理想气体及它们的混合物中的任一组分 B 均适用，故作为气体 B 在温度 T 及总压 p 下的化学势的定义式。

对于纯真实气体，式（4.3.5）中的$V_B(g)$等于纯真实气体摩尔体积$V_m^*(g)$，于是该式成为式（4.3.4）；对于理想气体混合物，式（4.3.5）中组分 B 在总压 p 下的偏摩尔体积$V_B(g)$即等于在同样温度及总压下的摩尔体积RT/p，于是该式中的积分相等于零，即成为式（4.3.3）；对于纯理想气体，$V_B(g)=RT/p$，$p_B=p$，于是式（4.3.6）即成为式（4.3.2）。

4.4 拉乌尔定律和亨利定律

液态溶液和液态混合物的一个重要性质是它们的蒸气压。描述一定温度下理想稀溶液中溶剂或理想液态混合物中任一组分的蒸气压与液相组成的公式即拉乌尔定律；描述一定温度下理想稀溶液中挥发性溶质的蒸气压或在溶液中难溶解气体的压力与溶液组成的公式即亨利定律。

混合物的组成标度以摩尔分数最为方便，因为这种组成变量对混合物中各个组分均是相同的，1.2 节中曾说明液态混合物任一组分 B 的摩尔分数用 x_B 表示。溶液的组成标度主要用溶质 B 的质量摩尔浓度 b_B，也介绍曾使用过的溶质 B 的物质的量浓度 c_B。

4.4.1 拉乌尔定律

在一定温度下于纯溶剂 A 中加入溶质 B，无论溶质挥发与否，溶剂 A 在气相中的蒸气压 p_A 就要下降。1886 年法国化学家拉乌尔（Raoult）根据实验得出结论：稀溶液中溶剂的蒸气压等于同一温度下纯溶液的饱和蒸气压与溶液中溶剂的摩尔分数的乘积。此为拉乌尔定律，用公式表示为

$$p_A=p_A^*x_A \tag{4.4.1}$$

式中，p_A^*为在同样温度下纯溶剂的饱和蒸气压；x_A为溶液中溶剂的摩尔分数。

将任一组分在全部组成范围内符合拉乌尔定律的液态混合物定义为理想液态混合物。因此，对于由 B、C 形成的理想液态混合物中的任何一种组分 B，在全部组成范围内，即在$0\leqslant x_A\leqslant 1$内，拉乌尔定律均适用。

4.4.2 亨利定律

1803 年英国化学家亨利（Henry）在研究中发现，一定温度下气体在液体溶剂中的溶解度与该气体的压力成正比。这一规律对于稀溶液中的挥发性溶质也同样适用。

一般来说，气体在溶剂中的溶解度很小，所形成的溶液属于稀溶液范围。气体 B 在溶剂 A 中所形成的溶液的组成无论是由 B 的摩尔分数 x_B，还是由质量摩尔浓度 b_B，抑或由物

质的量浓度 c_B 等表示，均与气体溶质 B 的压力近似成正比。用公式表示时，亨利定律可以有多种形式，如：

$$p_B = k_{x,B} x_B \tag{4.4.2}$$

$$p_B = k_{b,B} b_B \tag{4.4.3}$$

$$p_B = k_{c,B} c_B \tag{4.4.4}$$

因此，亨利定律可表述如下：在一定温度下，稀溶液中挥发性溶质在气相中的平衡分压与其在溶液中的摩尔分数（或质量摩尔浓度、物质的量浓度）成正比。比例系数称为亨利系数。

由于亨利定律中溶液的组成标度不同，亨利系数的单位也不同，一定温度下同一溶质在同一溶剂中的数值不一样。应当注意：尽管亨利定律[式(4.4.2)]与拉乌尔定律[式(4.4.1)]形式类似，组成均用摩尔分数表示，但式（4.4.1）中的 p_A^* 为纯溶剂 A 在同样温度下的饱和蒸气压，而式（4.4.2）中的 $k_{x,B}$ 并不代表纯溶质 B 在同样温度下的液体饱和蒸气压。

若几种气体同时溶于同一溶剂中形成稀溶液时，每种气体的平衡分压与其溶解度关系均分别适用亨利定律。空气中的 N_2 和 O_2 在水中的溶解就是这样的例子。表 4.4.1 给出了 25 ℃下几种气体在水和苯中的亨利系数。

表 4.4.1　几种气体在水和苯中的亨利系数 k_x（25℃）

气 体		H_2	N_2	O_2	CO	CO_2	CH_4	C_2H_2	C_2H_4	C_2H_6
k_x / GPa[①]	水为溶剂	7.2	8.68	4.40	5.79	0.166	4.18	0.135	1.16	3.07
	苯为溶剂	0.367	0.239	0.163	0.114	0.0569				

① 1 GPa = 10^9 Pa。

4.4.3　拉乌尔定律与亨利定律的微观解释

当纯溶剂 A 溶解了少量 B 后，虽然 A—B 分子间受力情况与 A—A 分子间受力情况不同，但由于 B 的含量很少，对于每个 A 分子来说，其周围大多数的相邻分子还是同种分子 A，故可认为其总的受力情况与同温度下在纯液体 A 中的相同，因而液面上每个 A 分子逸出液面进入气相的概率与纯液体中的相同。但因溶液中有一定量的溶质 B，单位液面上 A 分子数占液面总分子数的比例从纯溶剂时的 1 下降至溶液的 x_A，致使单位液面上溶剂 A 的蒸发速率按比例下降，因此溶液中溶剂 A 的饱和蒸气压也相应地按比例下降，即 $p_A \propto x_B$。由 $x_A = 1$（纯溶剂）时，$p_A = p_A^*$ 可知，比例系数等于纯溶剂在同样温度下的饱和蒸气压。

挥发性溶质 B 溶于溶剂 A 中形成稀溶液时，B 分子周围几乎完全被 A 分子所包围，其受力情况由 A—B 间作用力所决定。这种受力情况在稀溶液范围内并不因溶液组成变化而发生大的改变。因此，溶质 B 在单位表面上的蒸发速率正比于溶液表面 B 分子的数目。在溶解平衡时，气相中 B 在单位表面上的凝结速率又与蒸发速率相等，故气相中 B 的平衡分压正比于溶液中 B 的分数。A—B 间的作用力一般不同于纯液体 B（如果存在溶液的话）中 B—B 间的作用力，使得亨利定律中的比例系数$k_{x,B}$不同于纯 B 的饱和蒸气压p_B^*。

拉乌尔定律对于溶剂和亨利定律对于溶质，均只有对无限稀的溶液即理想溶液才是正确的，但在溶质的摩尔分数接近于 0（即稀溶液）的很小范围内，两个定律也是近似成立的。如果 A 和 B 的性质较接近，适用的范围也较宽些。

两个定律的差别可由图 4.4.1 形象地表示出来。系统由 A、B 两种液体在一定温度下混合而成，纵坐标为压力p，横坐标为组成x_B。图中左、右两侧各有一稀溶液区，p_A^*和p_B^*分别代表纯液体 A 和 B 的饱和蒸气压；$k_{x,A}$和$k_{x,B}$分别代表 A 溶于 B 的溶液和 B 溶于 A 的溶液中溶质的亨利系数。图中两条实线分别为 A 和 B 在气相中的蒸气分压p_A和p_B随组成的关系；实线下面的两条虚线分别为按拉乌尔定律计算的 A 和 B 的蒸气压。

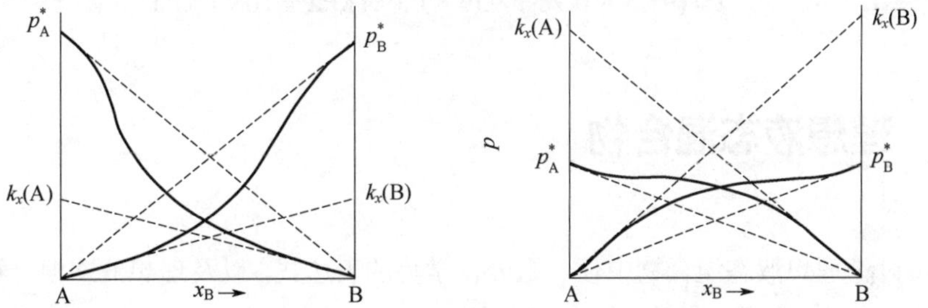

图 4.4.1　拉乌尔定律与亨利定律的对比

从图 4.4.1 可以看出，对于组分 A，在左侧稀溶液区它作为溶剂，p_A与x_A成正比，比例系数为p_A^*，符合拉乌尔定律；在稀溶液区以外，p_A的实际值与拉乌尔定律的计算值有明显的偏差；在右侧稀溶液区，A 作为溶质，虽然p_A与x_A并不符合拉乌尔定律，但p_A与x_A还是成正比的，比例系数为$k_{x,A}$，符合亨利定律。显然$k_{x,A} \neq p_A^*$。对于组分 B 的分析与 A 类似，可自行练习。

❖ **例 4.4.1**　97.11 ℃时水（H_2O）的饱和蒸气压为 91.3 kPa，在此温度下，质量分数为 3%的乙醇水溶液的蒸气总压为 101.325 kPa。今另有一乙醇的摩尔分数为 2%的乙醇水溶液，求此水溶液在 97.11 ℃下的蒸气总压。

解：两溶液均按乙醇在水中的稀溶液考虑。水 H_2O(A)适用于拉乌尔定律，乙醇 C_2H_5OH（B）适用于亨利定律。

在 97.11 ℃下纯水的饱和蒸气压p_A^*已知，乙醇在水中的亨利系数需要由题给$w_B = 3\%$的乙醇水溶液蒸气总压求出。所求溶液的组成以乙醇的摩尔分数表示，故要将题给质量分数换成摩尔分数，求出$k_{x,B}$。

以m_A、m_B分别代表溶液中水和乙醇的质量，以M_A、M_B分别代表水和乙醇的摩尔质量，$M_A = 18.015\ \text{g}\cdot\text{mol}^{-1}$，$M_B = 46.069\ \text{g}\cdot\text{mol}^{-1}$。由质量分数换算摩尔分数的公式为

$$x_B = \frac{m_B / M_B}{m_A / M_A + m_B / M_B} = \frac{w_B / M_B}{w_A / M_A + w_B / M_B}$$

将 $w_B = 3\%$、$w_A = 97\%$代入求得

$$x_B = \frac{3/46.069\ g \cdot mol^{-1}}{97/18.015\ g \cdot mol^{-1} + 3/46.069\ g \cdot mol^{-1}} = 0.01195$$

稀溶液蒸气压与溶液中各组分的摩尔分数的关系为

$$p = p_A + p_B = p_A^* x_A + k_{x,B} x_B$$

对题给 $w_B = 3\%$的溶液，将 $p = 101.325\ kPa$、$p_A^* = 91.3\ kPa$、$x_A = 1 - x_B = 0.98805$、$x_B = 0.01195$ 代入，求得

$$k_{x,B} = (101.325 - 91.3 \times 0.98805)\ kPa / 0.01195 = 930\ kPa$$

再按上述由摩尔分数求总压的公式，将 $x_A = 0.98$、$x_B = 0.02$ 及 p_A^*、$k_{x,B}$ 值代入，得所求溶液的总压为

$$p = (91.3 \times 0.98 + 930 \times 0.02)\ kPa = 108.1\ kPa$$

4.5 理想液态混合物

本节将讨论理想液态混合物中任一组分化学势的表达式，以及理想液态混合物的混合性质。

4.5.1 理想液态混合物的定义

若液态混合物中任一组分在全部组成范围内都符合拉乌尔定律，则该混合物称为理想液态混合物，简称为理想混合物。

理想混合物之所以具有这一性质，定性地讲是由于形成混合物的各组分的物理性质相近，各种分子之间的相互作用力与它们各自处于纯态时同种分子之间的相互作用力相同。以由组分 B 和组分 C 形成的理想混合物中的 B 为例，在任意组成的混合物中，对分子 B 来说，尽管它周围邻近的其他分子中有同种分子 B，也有异种分子 C，但分子 B 在混合物中的受力情况与同样温度下组分 B 为纯液态时的受力情况相同，只不过由于有其他种类的分子的存在，单位液态混合物表面上组分 B 所占的分数(摩尔分数)由纯液态时的 1 减少至混合物中的 x_B，因而混合物中组分 B 的蒸气压必然为纯液态 B 的饱和蒸气压 p^*的 x_B 倍。混合物中组分 C 的情况与组分 B 相同。这样，混合物中的任一组分 B 在全部组成范围内均遵循拉乌尔定律。于是理想液态混合物的定义式为

$$p_B = p_B^* x_B \quad (0 \leqslant x_B \leqslant 1) \qquad (4.5.1)$$

如同理想气体是研究气体性质的模型一样，理想混合物是研究液体混合性质的一种简化的理论模型。严格的理想混合物在客观上是不存在的。但是，某些物质的混合物，如结构异构体的混合物，如 *o*-二甲苯和 *p*-二甲苯、*o*-二甲苯和 *m*-二甲苯，可以认为是理想混合物；紧邻同系物的混合物，如苯和甲苯、甲醇和乙醇，近似认为是理想混合物。

理想液态混合物的压力-组成关系见图 4.5.1，曲线 1 和曲线 2 分别代表组分 A 和 B 的分压-组成关系，曲线 3 代表总压-组成关系，它们都是拉乌尔定律计算的结果。

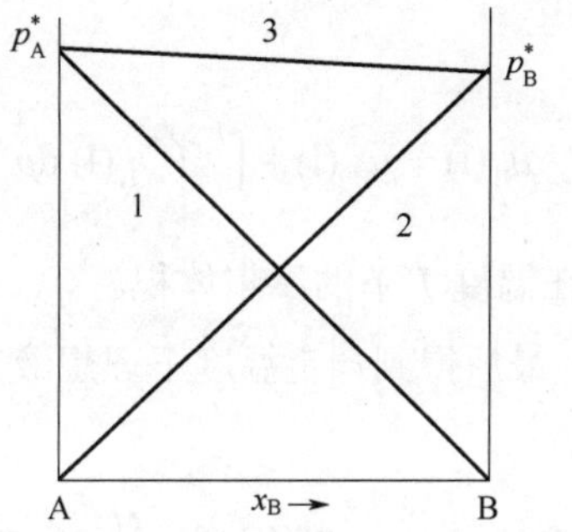

图 4.5.1 理想液态混合物压力-组成图

4.5.2 理想液态混合物中任一组分的化学势

利用某一组分在气、液两相平衡时化学势相等的原理，结合气体化学势表达式及理想液体混合物的定义式，推导理想液态混合物中任一组分的化学势与混合物组成的关系式。

若在温度 T 下，组分 B, C, D,⋯ 形成理想液态混合物。各组分的摩尔分数分别为 x_B, x_C, x_D, ⋯。

气、液两相平衡时，理想液态混合物中任一组分 B 在液相中的化学势等于它在气相中的化学势 $\mu_B(g)$，即

$$\mu_B(l)=\mu_B(g)$$

若与理想液态混合物成平衡的蒸气压力 p 不大，其可以近似认为是理想气体混合物，则按照式（4.3.3），得

$$\mu_B(l)=\mu_B(g)=\mu_B^{\ominus}(g)+RT\ln(p_B/p^{\ominus})$$

再将理想液态混合物的定义式 $p_B=p_B^*x_B$ 代入，得

$$\mu_B(l)=\mu_B^{\ominus}(g)+RT\ln(p_B^*/p^{\ominus})+RT\ln x_B \tag{4.5.2}$$

对于纯液体 B，即 $x_B=1$，液体的饱和蒸气压为 p_B^*，故在温度 T、压力 p 下，纯液体 B 的化学势为

$$\mu_B^*(l)=\mu_B^{\ominus}(g)+RT\ln(p_B^*/p^{\ominus}) \tag{4.5.3}$$

将式（4.5.3）代入式（4.5.2），有

$$\mu_B(l)=\mu_B^*(l)+RT\ln x_B \tag{4.5.4}$$

式（4.5.4）由理想液态混合物的定义式（4.5.1）得到，故为理想液态混合物的等效定义式。

因液态混合物中组分 B 的标准态规定为同样温度 T、标准压力 p 下的纯液体，其标准化学势为 $\mu_B^{\ominus}(l)$，故要由热力学基本方程求出 $\mu_B^*(l)$ 与 $\mu_B^{\ominus}(l)$ 的关系。对纯液体 B 应用 $dG_m=S_m dT+V_m dp$，因 $dT=0$，故当压力从 $p^{\ominus}$ 变至 p 时，纯液体 B 的化学势从 $\mu_B^{\ominus}(l)$ 变至

$\mu_B^*(l)$，于是

$$\mu_B^*(l)=\mu_B^\ominus(l)+\int_{p^\ominus}^{p}V_{m,B}^*(l)\,dp \tag{4.5.5}$$

式中，$V_{m,B}^*(l)$为纯液态 B 在温度 T 下的摩尔体积。

将式（4.5.5）代入（4.5.4），最后得到一定温度下理想液态混合物中任一组分 B 的化学势与混合物组成的关系式，即

$$\mu_B(l)=\mu_B^\ominus(l)+RT\ln x_B+\int_{p^\ominus}^{p}V_{m,B}^*(l)dp \tag{4.5.6}$$

通常情况下，p 与 $p^\ominus$ 相差不大，式（4.5.6）中的积分项可以忽略，故该式可近似写作

$$\mu_B(l)=\mu_B^\ominus(l)+RT\ln x_B \tag{4.5.7}$$

4.5.3 理想液态混合物的混合性质

理想液态混合物的混合性质指的是在恒温恒压下由物质的量分别为n_B、n_C的纯液体 B 和 C 相互混合形成 $x_B=n_B/(n_B+n_C)$、$x_C=1-x_B$ 的理想液态混合物这一过程中，系统的四个重要性质，即 V、H、S、G 的变化。虽然下面以形成二组分理想混合物为例，但其结论对于形成多组分混合物也是适用的。

在下面的推导过程中，均要由理想液态混合物中任一组分 B 的等效定义式，即其化学势表达式（4.5.4）出发，应用热力学公式导出该组分在理想液态混合物中的偏摩尔量与同样温度、压力下纯液态时的物质的量之间的关系。为了简便起见，在不致造成误会的情况下，本小节对纯液体及液态混合物中的状态标注（l）均予省去，这样式（4.5.4）即写作 $\mu_B=\mu_B^*+RT\ln x_B$。

（1）$\Delta_{mix}V=0$

在一定的温度且混合物的组成不变的情况下，将式（4.5.4）对 p 求偏导数，得

$$\left(\frac{\partial\mu_B}{\partial p}\right)_{T,x}=\left[\frac{\partial}{\partial p}\left(\mu_B^*+RT\ln x_B\right)\right]_{T,x}=\left(\frac{\partial\mu_B^*}{\partial p}\right)_T$$

根据式（4.2.12），有$(\partial\mu_B/\partial p)_{T,x}=V_B$及$(\partial\mu_B^*/\partial p)_T=V_{m,B}^*$，得

$$V_B=V_{m,B}^*$$

上式说明理想液态混合物中任一组分的偏摩尔体积等于该组分纯液体在同样温度、压力下的摩尔体积。所以混合过程系统体积的变化为

$$\Delta_{mix}V=n_BV_B+n_CV_C-(n_BV_{m,B}^*+n_CV_{m,C}^*)=0$$

即几种纯液体在恒温恒压下混合成理想液态混合物时，混合前后系统的体积不变。

（2）$\Delta_{\text{mix}}\boldsymbol{H}=\mathbf{0}$

将式（4.5.4）除以 T，得

$$\frac{\mu_{\mathrm{B}}}{T}=\frac{\mu_{\mathrm{B}}^{*}}{T}+R\ln x_{\mathrm{B}}$$

在恒压、组成不变的条件下，求上式对 T 的偏导数，得

$$\left[\frac{\partial\left(\mu_{\mathrm{B}}/T\right)}{\partial T}\right]_{p,x}=\left[\frac{\partial}{\partial T}\left(\frac{\mu_{\mathrm{B}}^{*}}{T}+R\ln x_{\mathrm{B}}\right)\right]_{p,x}=\left[\frac{\partial(\mu_{\mathrm{B}}^{*}/T)}{\partial T}\right]_{p}$$

由式（3.13.1），即 $\left[\dfrac{\partial(G/T)}{\partial T}\right]_{p}=-\dfrac{H}{T^{2}}$，得

$$\left[\frac{\partial(\mu_{\mathrm{B}}/T)}{\partial T}\right]_{p,x}=-\frac{H_{\mathrm{B}}}{T^{2}}$$

$$\left[\frac{\partial(\mu_{\mathrm{B}}^{*}/T)}{\partial T}\right]_{p}=-\frac{H_{\mathrm{m,B}}^{*}}{T^{2}}$$

故

$$H_{\mathrm{B}}=H_{\mathrm{m,B}}^{*}$$

上式说明理想液态混合物中任一组分的偏摩尔焓等于该组分纯液体在同样温度、压力下的摩尔焓。所以混合过程系统焓的变化为

$$\Delta_{\text{mix}}H=n_{\mathrm{B}}H_{\mathrm{B}}+n_{\mathrm{C}}H_{\mathrm{C}}-(n_{\mathrm{B}}H_{\mathrm{m,B}}^{*}+n_{\mathrm{C}}H_{\mathrm{m,C}}^{*})=0$$

式中，$\Delta_{\text{mix}}H$ 为恒温恒压下的焓变，称为混合焓，在数值上它等于过程的热。上式表明，几种纯液体在恒温恒压下混合成理想液态混合物时，混合前后系统的焓不变，因而混合热等于零。

（3）$\Delta_{\text{mix}}\boldsymbol{S}=-\boldsymbol{nR}(\boldsymbol{x}_{\mathbf{B}}\ln\boldsymbol{x}_{\mathbf{B}}+\boldsymbol{x}_{\mathbf{C}}\ln\boldsymbol{x}_{\mathbf{C}})$

在恒温、组成不变的条件下，将式（4.5.4）对 T 求偏导数，得

$$\left(\frac{\partial\mu_{\mathrm{B}}}{\partial T}\right)_{p,x}=\left[\frac{\partial}{\partial T}(\mu_{\mathrm{B}}^{*}+R\ln x_{\mathrm{B}})\right]_{p,x}=\left(\frac{\partial\mu_{\mathrm{B}}^{*}}{\partial T}\right)_{p}+R\ln x_{\mathrm{B}}$$

根据式（4.2.13）有 $(\partial\mu_{\mathrm{B}}/\partial T)_{p,x}=-S_{\mathrm{B}}$ 及 $(\partial\mu_{\mathrm{B}}^{*}/\partial T)_{p}=-S_{\mathrm{m,B}}^{*}$，代入上式，得

$$S_{\mathrm{B}}=S_{\mathrm{m,B}}^{*}-R\ln x_{\mathrm{B}}$$

上式说明理想液态混合物中任一组分的偏摩尔熵不同于该组分纯液体在同样温度、压力下的摩尔熵。

因此，混合过程的系统熵变，即混合熵为

$$\begin{aligned}\Delta_{\text{mix}}S&=n_{\mathrm{B}}S_{\mathrm{B}}+n_{\mathrm{C}}S_{\mathrm{C}}-(n_{\mathrm{B}}S_{\mathrm{m,B}}^{*}+n_{\mathrm{C}}S_{\mathrm{m,C}}^{*})\\&=-n_{\mathrm{B}}R\ln x_{\mathrm{B}}-n_{\mathrm{C}}R\ln x_{\mathrm{C}}\\&=-R(n_{\mathrm{B}}\ln x_{\mathrm{B}}+n_{\mathrm{C}}\ln x_{\mathrm{C}})\end{aligned}$$

混合摩尔熵为

$$\Delta_{\text{mix}} S_{\text{m}} = \Delta_{\text{mix}} S / n = -R(x_{\text{B}} \ln x_{\text{B}} + x_{\text{C}} \ln x_{\text{C}})$$

将液体混合成理想液态混合物的混合熵与理想气体恒压混合成理想气体混合物的混合熵的公式对比，可知两混合物熵变的公式在形式上是相同的。

因 $0<x_{\text{B}}<1$，$0<x_{\text{C}}<1$，故混合熵 $\Delta_{\text{mix}} S>0$，说明液体的混合过程是一个自发过程。因 $\Delta_{\text{mix}} H=0$，系统与环境无热交换，故环境熵变为零，系统熵变即为隔离系统的熵变。

（4）$\boldsymbol{\Delta_{\text{mix}} G = RT(n_{\text{B}}\ln x_{\text{B}} + n_{\text{C}}\ln x_{\text{C}})}$

由式（4.5.4）很容易得出

$$\begin{aligned}\Delta_{\text{mix}} G &= n_{\text{B}}\mu_{\text{B}} + n_{\text{C}}\mu_{\text{C}} - (n_{\text{B}}\mu_{\text{B}}^{*} + n_{\text{C}}\mu_{\text{C}}^{*}) \\ &= RT(n_{\text{B}} \ln x_{\text{B}} + n_{\text{C}} \ln x_{\text{C}})\end{aligned}$$

此式亦可由 $\Delta_{\text{mix}} G_{\text{m}} = \Delta_{\text{mix}} H - T\Delta_{\text{mix}} S$，将前面导出的 $\Delta_{\text{mix}} H$ 及 $\Delta_{\text{mix}} S$ 代入得出。

摩尔混合吉布斯函数变为

$$\Delta_{\text{mix}} G_{\text{m}} = RT(x_{\text{B}} \ln x_{\text{B}} + x_{\text{C}} \ln x_{\text{C}})$$

这一关系与理想气体恒温恒压混合成理想气体混合物的混合吉布斯函数变的公式也是相同的。

因 $0<x_{\text{B}}<1$，$0<x_{\text{C}}<1$，故恒温恒压下液体混合物的吉布斯函数变 $\Delta_{\text{mix}} G_{\text{m}}<0$，说明混合过程为自发过程。

4.6 理想稀溶液

本章一开始曾提到液态混合物与溶液的区别。对于理想液态混合物中的各个组分，用同样的标准态，推导了组分的化学势与混合物组成的关系式。对于溶液的理想化模型——理想稀溶液，对溶剂 A 和溶质 B 选择不同的标准态，推导出 A 和 B 的化学势与溶液组成关系的不同表达式。

理想稀溶液，即无限稀溶液，指的是溶质的相对含量趋于零的溶液。在这种溶液中，溶质分子之间的距离非常远，每一个溶剂分子或溶质分子周围几乎没有溶质分子而完全是溶剂分子。

下面仍从一组分在气、液两相达到平衡时化学势相等的原理出发，分别推导出理想稀溶液中溶剂和溶质的化学势与相组成关系的表达式。

4.6.1 溶剂的化学势

若在一定温度 T 下，与理想稀溶液成平衡的气体为理想气体混合物，因溶剂遵循拉乌尔定律，故按理想液态混合物中任一组分化学势的推导方法，可知溶剂的标准态为温度 T、标准压力 p 下的纯液态。

如果溶液的组成用 x_{A} 表示，在温度 T、压力 p 下，溶剂 A 的化学势表达式可写成与式（4.5.4）、式（4.5.6）和式（4.5.7）相同的形式，这时只要将三个公式中表示任一组分 B 的下角标换成表示溶剂 A 的下角标，即可得到 A 的化学势为

$$\mu_{\mathrm{A}}(\mathrm{l})=\mu_{\mathrm{A}}^{*}(\mathrm{l})+RT\ln x_{\mathrm{A}} \tag{4.6.1}$$

$$\mu_{\mathrm{A}}(\mathrm{l})=\mu_{\mathrm{A}}^{\ominus}(\mathrm{l})+RT\ln x_{\mathrm{A}}+\int_{p^{\ominus}}^{p}V_{\mathrm{m,A}}^{*}(\mathrm{l})\mathrm{d}p \tag{4.6.2}$$

即在 p 和 $p^{\ominus}$ 相差不大的情况下，A 的化学势为

$$\mu_{\mathrm{A}}(\mathrm{l})=\mu_{\mathrm{A}}^{\ominus}(\mathrm{l})+RT\ln x_{\mathrm{A}}$$

和导出溶液中溶剂 A 的化学势的表达式类似，以挥发性溶质 B 为例，导出溶质的化学势 μ_{B}（溶质）与溶液组成 b_{B} 的关系式，然后将其推广到非挥发性溶质。

在一定温度 T、一定压力 p 下，溶液中溶质 B 的化学势 μ_{B}（溶质）和与之成平衡的气相中 B 的化学势 μ_{B}（溶质）相等，按亨利定律式（4.4.3），气相中 B 的分压 $p_{\mathrm{B}}=k_{b,\mathrm{B}}b_{\mathrm{B}}$。若气相看作理想气体，结合式（4.3.3），可得

$$\begin{aligned}\mu_{\mathrm{B}}(\text{溶质})&=\mu_{\mathrm{B}}(\mathrm{g})\\&=\mu_{\mathrm{B}}^{\ominus}(\mathrm{g})+RT\ln(p_{\mathrm{B}}/p^{\ominus})\\&=\mu_{\mathrm{B}}^{\ominus}(\mathrm{g})+RT\ln(k_{b,\mathrm{B}}b_{\mathrm{B}}/p^{\ominus})\\&=\mu_{\mathrm{B}}^{\ominus}(\mathrm{g})+RT\ln(k_{b,\mathrm{B}}\mathrm{B}^{\ominus}/p^{\ominus})+RT\ln(b_{\mathrm{B}}/b^{\ominus})\end{aligned} \tag{4.6.3}$$

式中，b 称为溶质的标准质量摩尔浓度，$b^{\ominus}=1\ \mathrm{mol\cdot kg^{-1}}$。溶液中溶质的标准态是在标准压力 $p=100\ \mathrm{kPa}$ 及标准质量摩尔浓度 $b^{\ominus}=1\ \mathrm{mol\cdot kg^{-1}}$ 下具有理想稀溶液性质的状态。因为在 $b_{\mathrm{B}}=1\ \mathrm{mol\cdot kg^{-1}}$ 时，溶液中的挥发性溶质 B 的蒸气压已不符合亨利定律，即 $p_{\mathrm{B}}\neq k_{b,\mathrm{B}}b_{\mathrm{B}}$，故溶液并非理想稀溶液，所以溶质 B 的标准态是一种虚拟的假想状态，其标准化学势的符号为 $\mu_{\mathrm{B}}^{\ominus}$（溶质）。

因式（4.6.3）中 $\mu_{\mathrm{B}}^{\ominus}(\mathrm{g})+RT\ln(k_{b,\mathrm{B}}b_{\mathrm{B}}/p^{\ominus})$ 为温度 T、压力 p 且 $b_{\mathrm{B}}=1\ \mathrm{mol\cdot kg^{-1}}$ 时符合亨利定律的状态下的化学势，它与同温度、$p^{\ominus}=100\ \mathrm{kPa}$ 下溶质 B 的标准化学势 $\mu_{\mathrm{B}}^{\ominus}$（溶质）还不同，两者差值为 $\int_{p^{\ominus}}^{p}V_{\mathrm{B}}^{\infty}(\text{溶质})\,\mathrm{d}p$。式中，$V_{\mathrm{B}}^{\infty}$（溶质）为该温度下无限稀溶液中溶质 B 的偏摩尔体积，在一定温度下它应是压力的函数。将

$$\mu_{\mathrm{B}}^{\ominus}(\mathrm{g})+RT\ln(k_{b,\mathrm{B}}b^{\ominus}/p^{\ominus})=\mu_{\mathrm{B}}^{\ominus}(\text{溶质})+\int_{p^{\ominus}}^{p}V_{\mathrm{B}}^{\infty}(\text{溶质})\,\mathrm{d}p \tag{4.6.4}$$

代入式（4.6.3），得溶质 B 在溶液中化学势的表达式，即

$$\mu_{\mathrm{B}}(\text{溶质})=\mu_{\mathrm{B}}^{\ominus}(\text{溶质})+RT\ln(b_{\mathrm{B}}/b^{\ominus})+\int_{p^{\ominus}}^{p}V_{\mathrm{B}}^{\infty}(\text{溶质})\,\mathrm{d}p \tag{4.6.5}$$

在 p 和 $p^{\ominus}$ 相差不大时，可忽略积分项，故得理想稀溶液中溶质 B 的化学势为

$$\mu_{\mathrm{B}}(\text{溶质})=\mu_{\mathrm{B}}^{\ominus}(\text{溶质})+RT\ln(b_{\mathrm{B}}/b^{\ominus}) \tag{4.6.6}$$

溶质 B 的标准态如图 4.6.1 所示。图中曲线为溶质 B 在气相中的分压 p_B 与溶液组成 b_B 的函数关系；虚斜线为亨利定律表示的 p_B-b_B 的直线关系。可以看出，在 $b_B = b$ 时，亨利定律对 B 已不适用。

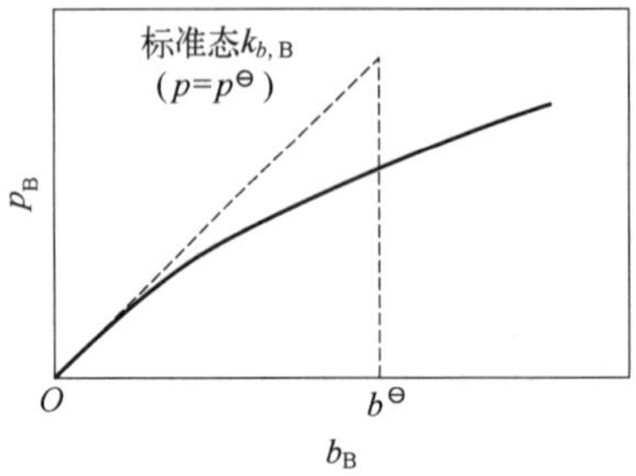

图 4.6.1 挥发性溶质 B 的标准态

4.6.2 分配定律

实验证明：在一定的温度、压力下，当溶质在共存的两不互溶液体间成平衡时，若形成理想稀溶液，则溶质在两液相中的质量摩尔浓度之比为一常数。这就是能斯特（Nernst）分配定律。

$$\frac{c(\alpha)}{c(\beta)} = K \tag{4.6.7}$$

式中，K 为分配系数。影响 K 的因素有温度、压力、溶质和溶剂的性质。当溶质的浓度不大时，式（4.6.7）能很好地与实验结果相符。

醋酸在水与乙醚间的分配、碘在水与四氯化碳间的分配均适用此定律。

这一经验定律可由溶质 B 在 α、β 两不互溶的液相间达平衡时的化学势相等推导得出。

溶质 B 在 α、β 两相中具有相同的分子形式，在一定温度压力下，B 在 α、β 两相中的质量摩尔浓度分别为 $b_B(\alpha)$和 $b_B(\beta)$。当 B 在两相中均成理想稀溶液时，根据式（4.6.7），并省略式中标注的“溶质”，有

$$\mu_B(\alpha) = \mu_B^\ominus(\alpha) + RT\ln[b_B(\alpha)/b^\ominus]$$

$$\mu_B(\beta) = \mu_B^\ominus(\beta) + RT\ln[b_B(\beta)/b^\ominus]$$

因 B 在 α、β 两相间达相平衡时 $\mu_B(\alpha) = \mu_B(\beta)$，故有

$$\mu_B^\ominus(\alpha) + RT\ln[b_B(\alpha)/b^\ominus] = \mu_B^\ominus(\beta) + RT\ln[b_B(\beta)/b^\ominus]$$

因在一定温度下，$\mu_B^\ominus(\alpha)$、$\mu_B^\ominus(\beta)$ 均有确定的值，故上式中 $[\mu_B^\ominus(\beta) - \mu_B^\ominus(\alpha)]/RT$ 为常数，与溶质 B 在两相中的质量摩尔浓度大小无关。也就是说，尽管稀溶液中 $b_B(\alpha)$、$b_B(\beta)$可以改变，但比值 $b_B(\alpha)/b_B(\beta)$为常数，即

$$K = b_B(\alpha)/b_B(\beta) \tag{4.6.8}$$

若溶液组成用溶质的浓度 c_B 表示，因 $b_B = c_B/(\rho - c_B M_B)$，故

$$c_B = b_B\rho/(1+b_B M_B)$$

对于稀溶液，可以认为 $\rho \approx \rho_A$，$c_B M_B = \rho$，$b_B M_B = 1$，故可得

$$c_B \approx b_B \rho_A$$

将其代入式（4.6.8），得

$$K_c = c_B(\alpha)/c_B(\beta)$$

若溶质 B 在 α 相中完全以 B 的形式存在，而在 β 相中可以有 B 及 B_2 两种分子形式存在，则在达到平衡时，应是 B 在 α、β 两相中的化学势相等，即 $\mu_B(\alpha) = \mu_B(\beta)$，同时在 β 相中 B 与 B_2 达到化学平衡，即 $2\mu_B(\beta) = \mu_{B_2}(\beta)$。表 4.6.1 列出了 25 ℃时 I_2 在 $H_2O(\alpha)$和 $CCl_4(\beta)$之间的分配。

表 4.6.1　I_2 在 $H_2O(\alpha)$与 $CCl_4(\beta)$之间的分配（25℃）

$c(\alpha)/(\mathrm{mol\cdot dm^{-3}})$	0.000322	0.000503	0.000763	0.00115	0.00134
$c(\beta)/(\mathrm{mol\cdot dm^{-3}})$	0.02745	0.0429	0.0654	0.1010	0.1196
$K = c(\alpha)/(\beta)$	0.0117	0.0117	0.0117	0.0114	0.0112

4.7　稀溶液的依数性

稀溶液中溶剂的蒸气压下降、凝固点降低（析出固态纯溶剂）、沸点升高（溶质不挥发）和具有渗透压，仅与一定量溶液中溶质的质点数有关而与溶质的本质无关，故称这些性质为稀溶液的依数性。严格来讲，本节依数性的公式只适用于理想稀溶液，对稀溶液只是近似适用。

4.7.1　溶剂蒸气压下降

溶液中溶剂的蒸气压 p_A 低于同温度下纯溶剂的饱和蒸气压 p_A^*，这一现象称为溶剂的蒸气压下降。溶剂的蒸气压下降值 $\Delta p_A = p_A^* - p_A$。对稀溶液，将拉乌尔定律 $p_A = p_A^* x_A$ 代入，得

$$\Delta p_A = p_A^* - p_A = p_A^* - p_A^* x_A = p_A^*(1 - x_A)$$

故

$$\Delta p_A = p_A^* x_B \tag{4.7.1a}$$

即稀溶液溶剂的蒸气压下降值与溶液中溶质的摩尔分数成正比，比例系数即同温度下纯溶剂的饱和蒸气压。

式（4.7.1a）还可以表示成

$$\Delta p_A / p_A^* = x_B \tag{4.7.1b}$$

即稀溶液中溶剂蒸气压下降值与纯溶剂的饱和蒸气压之比等于溶液中溶质的摩尔分数，与溶质的种类无关。

溶液中溶剂蒸气压下降的原因是溶剂的摩尔分数 x_A 小于 1。由其化学势公式 $\mu_A(l) = \mu_A^*(l) + RT\ln x_A$ 可知，溶液中溶剂的化学势必然小于同样温度下纯溶剂的化学势，这也就是溶液的凝固点降低（析出固态纯溶剂）、沸点升高（溶质不挥发）和具有渗透压的原因。

4.7.2 凝固点降低（析出固态纯溶剂）

在一定外压下，液体逐渐冷却开始析出固体时的平衡温度称为液体的凝固点，固体逐渐加热开始析出液体时的温度称为固体的熔点。对于纯物质，在同样的外压下，凝固点和熔点是相同的。外压对于物质熔点的影响即第 3 章中介绍的克拉佩龙方程式。从该式可知在外压改变不大时，熔点的变化极小，故在大气压下可以不必考虑压力对物质熔点的影响。

对于溶液及混合物，一般说来，凝固点和熔点并不相同，前者高于后者。溶液的凝固点不仅与溶液的组成有关，还与析出的固相的组成有关。在 B 与 A 不形成固态溶液的条件下，若溶剂 A 中混有少量溶质 B 形成稀溶液，则从溶液中析出固态纯溶剂 A 的温度，即溶液的凝固点，就会低于纯溶剂在同样外压下的凝固点，并且遵循一定的公式，这就是凝固点降低现象。

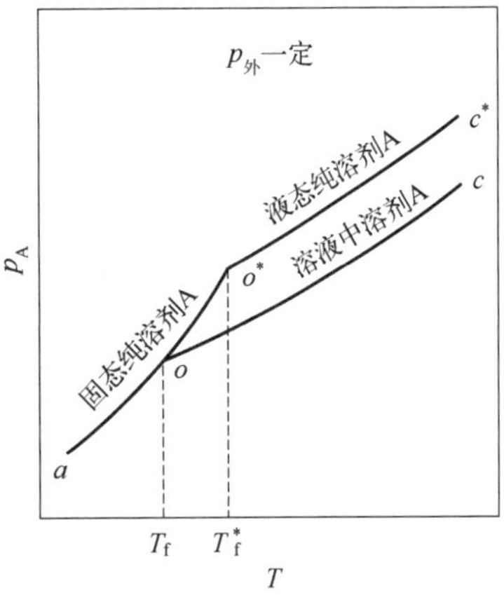

图 4.7.1　稀溶液的凝固点降低

图 4.7.1 描绘出凝固点降低的原理。固体、液体的饱和蒸气压不仅是温度的函数，还是外压的函数，不过外压的改变对蒸气压的影响很小。图中的三条曲线均是在恒定的外压（通常在大气压力）下溶剂 A 的蒸气压曲线。ao^*线为固态纯溶剂 A 的蒸气压曲线，o^*c^*线为液态纯溶剂 A 的蒸气压曲线，两条线相交于 o^*点。纯溶剂 A 的液态、固态的蒸气压相等，两者的化学势相等，即 $\mu_A^*(l) = \mu_A^*(s)$，液、固两相处于相平衡状态，故 o^*点所对应的温度 T_f^* 为纯溶剂 A 的凝固点。

溶液中 A 的蒸气压低于同样温度下纯液体 A 的蒸气压，因而溶液中 A 的蒸气压曲线 oc 位于纯液体 A 的蒸气压曲线 o^*c^*线的下方，该曲线与纯固体 A 的蒸气压曲线 ao^*相交于 o 点。在 o 点，溶液中的 A 与纯固体 A 的蒸气压相等，则 $\mu_A(l) = \mu_A^*(s)$，溶液与固态纯溶剂处于相平衡，故 o 点所对应的温度为该溶液的凝固点 T_f。显然，$T_f < T_f^*$。$\Delta T_f = T_f^* - T_f$，ΔT_f 称为溶液的凝固点降低值。

在 $T_f < T < T_f^*$ 区间，同样温度下溶液中 A 的蒸气压小于纯固体 A 的蒸气压，且 $\mu_A(l) < \mu_A^*(s)$，溶液中的 A 不会凝固出纯固态 A。

应用热力学原理可以推导出凝固点降低值与溶液组成的定量关系式。

在恒定外压（通常为大气压力）下，溶质 B 在溶剂 A 中的组成为 b_B，溶液的凝固点为 T，系统位于图 4.7.1 中 oo^*线上。溶剂 A 在纯固态和溶液中的化学势相等，即

$$\mu_A^*(s) = \mu_A(l)$$

若使溶液的组成由b_B变至$b_B+\mathrm{d}b_B$，溶液的凝固点相应地沿oo^*线由T变至$T+\mathrm{d}T$，则A在纯固相和溶液中的化学势也分别变至$\mu_A^*(\mathrm{s})+\mathrm{d}\mu_A^*(\mathrm{s})$和$\mu_A(\mathrm{l})+\mathrm{d}\mu_A(\mathrm{l})$，并且两者分别相等，即

$$\mu_A^*(\mathrm{s})+\mathrm{d}\mu_A^*(\mathrm{s})=\mu_A(\mathrm{l})+\mathrm{d}\mu_A(\mathrm{l})$$

对比两式可知

$$\mathrm{d}\mu_A^*(\mathrm{s})=\mathrm{d}\mu_A(\mathrm{l})$$

因在恒定外压下，固态纯A的化学势只是温度的函数，而溶液中A的化学势则是温度和组成的函数，故有

$$\left[\frac{\partial\mu_A^*(\mathrm{s})}{\partial T}\right]_p\mathrm{d}T=\left[\frac{\partial\mu_A(\mathrm{l})}{\partial T}\right]_{p,b_B}\mathrm{d}T+\left[\frac{\partial\mu_A(\mathrm{l})}{\partial b_B}\right]_{T,p}\mathrm{d}b_B$$

代入$\mu_A(\mathrm{l})=\mu_A^*(\mathrm{l})-RTM_Ab_B$，并对组分A应用公式$(\partial\mu_A/\partial T)_{p,b_B}=-S_A$，得

$$-S_{\mathrm{m,A}}^*(\mathrm{s})\mathrm{d}T=-S_A(\mathrm{l})\mathrm{d}T-RTM_A\mathrm{d}b_B$$

式中，$S_{\mathrm{m,A}}^*(\mathrm{s})$为纯固态A的摩尔熵；$S_A(\mathrm{l})$为溶液中A的偏摩尔熵。$S_A(\mathrm{l})-S_{\mathrm{m,A}}^*(\mathrm{s})$为固态溶剂A变为溶液中溶剂A的摩尔熔化熵，并且熔化为可逆过程，则

$$S_A(\mathrm{l})-S_{\mathrm{m,A}}^*(\mathrm{s})=\left[H_A(\mathrm{l})-H_{\mathrm{m,A}}^*(\mathrm{s})\right]/T$$

式中，$H_A(\mathrm{l})$为组成b_B的溶液中A的偏摩尔焓；$H_{\mathrm{m,A}}^*(\mathrm{s})$为固态纯的摩尔焓；$H_A(\mathrm{l})-H_{\mathrm{m,A}}^*(\mathrm{s})$为固态纯溶剂A变为溶液中溶剂A的摩尔熔化焓。对于稀溶液中的溶剂可以认为$H_A(\mathrm{l})\approx H_{\mathrm{m,A}}^*(\mathrm{l})$，所以，$H_A(\mathrm{l})-H_{\mathrm{m,A}}^*(\mathrm{s})\approx H_{\mathrm{m,A}}^*(\mathrm{l})-H_{\mathrm{m,A}}^*(\mathrm{s})=\Delta_{\mathrm{fus}}H_{\mathrm{m,A}}^*$，即上述焓变近似等于纯溶剂的摩尔熔化焓。于是，得

$$-M_A\mathrm{d}b_B=\frac{S_A(\mathrm{l})-S_{\mathrm{m,A}}^*(\mathrm{s})}{RT}\mathrm{d}T=\frac{H_A(\mathrm{l})-H_{\mathrm{m,A}}^*(\mathrm{s})}{RT^2}\mathrm{d}T=\frac{\Delta_{\mathrm{fus}}H_{\mathrm{m,A}}^*}{RT^2}\mathrm{d}T$$

沿图4.7.1中的oo^*线积分，温度由T_f^*至T_f，组成由0至b_B，得

$$-\int_0^{b_B}M_A\mathrm{d}b_B=\int_{T_f^*}^{T_f}\frac{\Delta_{\mathrm{fus}}H_{\mathrm{m,A}}^*}{RT^2}\mathrm{d}T$$

因为温度变化很小，可认为$\Delta_{\mathrm{fus}}H_{\mathrm{m,A}}^*$不随温度而变，得

$$M_Ab_B=\frac{\Delta_{\mathrm{fus}}H_{\mathrm{m,A}}^*}{R}\left(\frac{1}{T_f}-\frac{1}{T_f^*}\right)\qquad(4.7.2\mathrm{a})$$

或

$$M_Ab_B=\Delta_{\mathrm{fus}}H_{\mathrm{m,A}}^*\Delta T_f/RT_fT_f^*\qquad(4.7.2\mathrm{b})$$

在常压下，$\Delta_{\text{fus}}H^*_{\text{m,A}} \approx \Delta_{\text{fus}}H^{\ominus}_{\text{m,A}}$，并认为$T_\text{f}T^*_\text{f} \approx (T^*_\text{f})^2$，最后得

$$\Delta T_\text{f} = \left[R(T^*_\text{f})^2 M_\text{A} / \Delta_{\text{fus}}H^{\ominus}_{\text{m,A}}\right] b_\text{B} \tag{4.7.3}$$

令

$$K_\text{f} = R(T^*_\text{f})^2 M_\text{A} / \Delta_{\text{fus}}H^{\ominus}_{\text{m,A}} \tag{4.7.4}$$

K_f 称为凝固点降低系数，则

$$\Delta T_\text{f} = K_\text{f} b_\text{B} \tag{4.7.5}$$

式（4.7.6）就是稀溶液的凝固点降低公式。式中 K_f 的数值仅与溶剂的性质有关。表 4.7.1 列出一些溶剂的 K_f 值。

表 4.7.1　几种溶剂的 K_f 值

溶剂	水	醋酸	苯	萘	环己烷	樟脑
K_f/（K·mol^{-1}·kg）	1.86	3.90	5.10	7.0	20	40

若已知 K_f 值，通过实验测定一定组成溶液的 ΔT_f 后，就可计算出溶质的摩尔质量。

❖ **例 4.7.1**　在 25.00 g 苯中溶入 0.245 g 苯甲酸，测得凝固点降低值 $\Delta T_\text{f} = 0.2048$ K。试求苯甲酸在苯中的分子式。

解： 由表 4.7.1 查得苯的 $K_\text{f} = 5.10$ K·mol^{-1}·kg，根据式（4.7.6）$\Delta T_\text{f} = K_\text{f} b_\text{B}$，得

$$\Delta T_\text{f} = K_\text{f} m_\text{B} / M_\text{B} m_\text{A}$$

$$M_\text{B} = \frac{K_\text{f} m_\text{B}}{\Delta T_\text{f} m_\text{A}} = \frac{5.10\ \text{K} \cdot \text{mol}^{-1} \cdot \text{kg} \times 0.245\ \text{g}}{0.2048\ \text{K} \times 25.00\ \text{g}} = 0.244\ \text{kg} \cdot \text{mol}^{-1}$$

已知苯甲酸 C_6H_5COOH 的摩尔质量为 0.122 kg·mol^{-1}，故苯甲酸在苯中的分子式为（C_6H_5COOH）$_2$。

4.7.3　沸点升高（溶质不挥发）

沸点是液体饱和蒸气压等于外压时的温度。若溶剂 A 中加入不挥发的溶质 B，溶液的蒸气压即溶液中溶剂 A 的蒸气压要小于同样温度下纯溶剂 A 的蒸气压。因此，溶液中 A 的蒸气压曲线位于纯溶剂 A 的蒸气压曲线的下方。图 4.7.2 绘出了在恒定外压（通常是在大气压力）下纯液体 A 和溶液中的 A 蒸气压曲线 o^*c^*和 oc，溶液的组成为 b_B。从图可以看出，在纯溶剂 A 的沸点 T^*_b 下，A 的蒸气压等于外压时，溶液的蒸气压低于外压，故溶液不沸腾。要使溶液在同一外压下沸腾，必须使温度升高到 T_b，溶液的蒸气压等于外压。显然 $T_\text{b} > T^*_\text{b}$，这种现象称为沸点升高，$\Delta T_\text{b} = T_\text{b} - T^*_\text{b}$，$\Delta T_\text{b}$ 称为沸点升高值。

不挥发性溶质的稀溶液的沸点升高值 ΔT_b 与溶液的组成 b_B 的关系式，可与推导凝固点降低的相同方法得出，即

$$M_A b_B = -\frac{\Delta_{vap}H^*_{m,A}}{R}\left(\frac{1}{T_b}-\frac{1}{T^*_b}\right) \quad (4.7.6a)$$

或

$$M_A b_B = \Delta_{vap}H^*_{m,A}\Delta T_b / (RT_bT^*_b) \quad (4.7.6b)$$

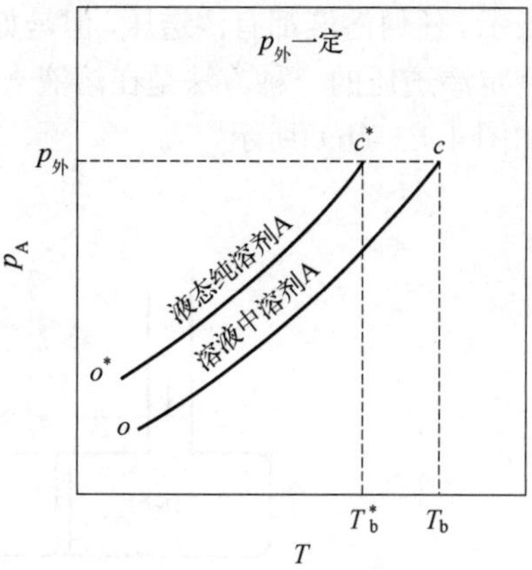

图 4.7.2　稀溶液的沸点升高

在大气压力下，$\Delta_{vap}H^*_{m,A} \approx \Delta_{vap}H^\ominus_{m,A}$，为 A 的标准摩尔蒸发焓，并认为 $T_bT^*_b \approx (T^*_b)^2$，最后得

$$\Delta T_b = \left[R(T^*_b)^2 M_A / \Delta_{vap}H^\ominus_{m,A}\right] b_B \quad (4.7.7)$$

令

$$K_b = R(T^*_b)^2 M_A / \Delta_{vap}H^\ominus_{m,A} \quad (4.7.8)$$

K_b 称为沸点升高系数，则

$$\Delta T_b = K_b b_B \quad (4.7.9)$$

式（4.7.8）就是稀溶液的沸点升高公式。式中，K_b 的数值仅与溶剂的性质有关。表 4.7.2 列出一些溶剂的 K_b 值。

表 4.7.2　几种溶剂的 K_b 值

溶剂	水	甲醇	乙醇	乙醚	丙酮	苯	氯仿	四氯化碳
K_b / (K · mol^{-1} · kg)	0.52	0.80	1.20	2.11	1.72	2.57	3.88	5.02

4.7.4　渗透压

有许多人造的或天然的膜对于物质的通过有选择性。例如亚铁氰化铜膜只允许水而不允许水中的糖透过；有些动物膜如膀胱等，可以使水透过，却不能使摩尔质量高的溶质或胶体粒子透过。这类膜称为半透膜。

在一定温度下用一个只能使溶剂透过而不能使溶质透过的半透膜把纯溶剂与溶液隔开，溶剂就会通过半透膜渗透到溶液中使溶液液面上升，直到溶液液面升到一定高度达到平衡状态，渗透才停止，如图 4.7.3（a）所示。这种对于溶剂的膜平衡，称为渗透平衡。渗透平衡时，溶剂液面和同一水平的溶液截面上所受的压力分别为 p 及 $p+\rho gh$（ρ 是平衡时溶液的密度，g 是重力加速度，h 是溶液液面与纯溶剂液面的高度差），后者与前者之差称为渗透压，以 Π

表示。任何溶液都有渗透压，但是如果没有半透膜将溶液与纯溶剂隔开，渗透压就无法体现。测定渗透压的一种方法是在溶液一侧施加一额外压力使达到平衡，此额外压力即为渗透压 Π ，如图 4.7.3（b）所示。

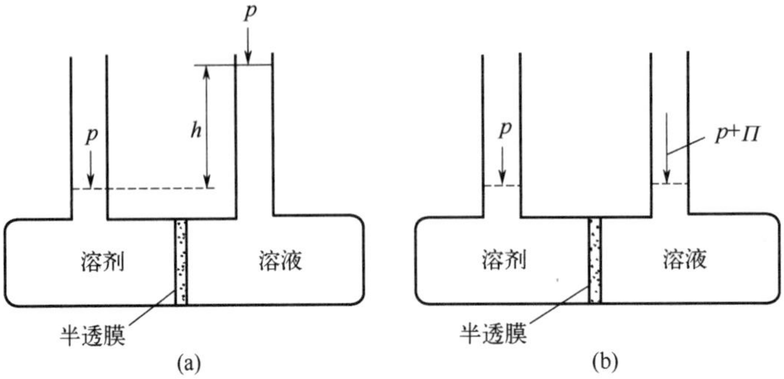

图 4.7.3　渗透平衡示意图

渗透压的大小与溶液的浓度有关，应用渗透平衡时半透膜两侧溶剂的化学势相等即可推导出这一关系。

温度 T 一定时，在相同的外压 p 下，溶液中溶剂 A 的化学势 $\mu_A(l)$ 小于纯溶剂 A 的化学势 $\mu_A^*(l)$ ，因此，纯溶剂一侧的 A 就会自发地穿过半透膜到达溶液这一侧，这就是渗透的原因。但若将溶液一侧的外压从 p 增加到 $p+\Pi$ 使溶液中溶剂 A 的化学势等于压力 p 下纯溶剂 A 的化学势时，宏观上渗透不再进行，达到渗透平衡。因此，在渗透平衡的前提下，$\mu_A = \mu_A^*$ 。因在 T、p 恒定时，μ_A^* 一定，要保持渗透平衡，μ_A 应不变，即当溶液组成改变 db_B ，溶液一侧的压力改变 dp，溶液中溶剂 A 的化学势应保持不变，即 $d\mu_A = 0$ 。

下面用热力学公式推导稀溶液的渗透压公式，为简便起见，纯液体 A 和溶液中 A 均省去下角标“(l)”。稀溶液中 A 的化学势表达式采用这一近似关系式。

$$d\mu_A = \left(\frac{\partial \mu_A}{\partial p}\right)_{T,b_B} dp + \left(\frac{\partial \mu_A}{\partial b_B}\right)_{T,p} db_B = 0$$

因 $(\partial\mu_A/\partial p)_{T,b_B} = V_{m,A}^*$，$(\partial\mu_A/\partial b_B)_{T,p} = -RTM_A$ ，得

$$V_{m,A}^* dp - RTM_A db_B = 0$$

积分，溶液组成 0 由至 b_B，外压由 p 至 $p+\Pi$ ，得

$$\int_p^{p+\Pi} V_{m,A}^* dp = RTM_A \int_0^{b_B} db_B$$

得

$$\Pi V_{m,A}^* = RTM_A b_B$$

将 $b_B = n_B / m_A = n_B / n_A M_A$ 代入上式，并且 $n_A V_{m,A}^* \approx V$ ，V 为溶液的体积，于是得

$$\Pi V = n_B RT \tag{4.7.10a}$$

或

$$\Pi = c_B RT \tag{4.7.10b}$$

式中，c_B是溶液中溶质的浓度。式（4.7.9）就是稀溶液的范特霍夫渗透压公式。由此式可以看出，溶液渗透压的大小只由溶液中溶质的浓度决定，而与溶质本性无关，故渗透压也是溶液的依数性质。从形式上看，渗透压公式与理想气体状态方程是相似的。

通过渗透压的测定，可以求出大分子溶质的摩尔质量。

根据以上的讨论可以知道，在如图 4.7.3（b）所示的装置中，当施加在溶液与纯溶剂上的压力差大于溶液的渗透压时，溶液中的溶剂将通过半透膜渗透到纯溶剂中，这种现象称为反渗透。反渗透最初用于海水的淡化，后来又用于工业废水的处理。

❖ **例 4.7.2** 测得某蔗糖水溶液 30 ℃的渗透压为 252 kPa。试求：

（1）该溶液中蔗糖的质量摩尔浓度。

（2）该溶液的凝固点降低值。

（3）在大气压力下，该溶液的沸点升高值。

解：以 A 代表水 H_2O，B 代表蔗糖 $C_{12}H_{22}O_{11}$。

（1）由式（4.7.10b），$\Pi = c_B RT$，故

$$c_B = \Pi/(RT) = 252.0\times10^3\ \text{Pa}/(8.314\ \text{J}\cdot\text{mol}^{-1}\cdot\text{K}^{-1}\times303.15\ \text{K}) = 100\ \text{mol}\cdot\text{m}^{-3}$$

由溶质的质量摩尔浓度b_B与溶质的浓度c_B之间的关系式$b_B = c_B/(\rho - c_B M_B)$，在$b_B$不大的稀溶液中，（$\rho - c_B M_B$）≈ ρ ≈ ρ_A，ρ_A为纯溶剂 A 的密度，故$b_B \approx c_B/\rho_A$。水的密度近似取$\rho_A \approx 10^3\ \text{kg}\cdot\text{m}^{-3}$，得

$$b_B = c_B/\rho_A = (100/10^3)\ \text{mol}\cdot\text{kg}^{-1} = 0.1\ \text{mol}\cdot\text{kg}^{-1}$$

或由$\Pi V_{m,A}^* = RTM_A b_B$，得

$$\begin{aligned} b_B &= \Pi V_{m,A}^*/(RTM_A) \\ &= \Pi/(RT\rho_A) \\ &= 252.0\times10^3\ \text{Pa}/(8.314\ \text{J}\cdot\text{mol}^{-1}\text{K}^{-1}\times303.15\ \text{K}\times10^3\ \text{kg}\cdot\text{m}^{-3}) \\ &= 0.1\ \text{mol}^{-1}\cdot\text{K}^{-1} \end{aligned}$$

（2）由表 4.7.1 查得水的$K_f = 1.86\ \text{K}\cdot\text{mol}^{-1}\cdot\text{kg}$，故

$$\Delta T_f = K_f b_B = 1.86\ \text{K}$$

（3）由表 4.7.2 查得水的$K_b = 0.52\ \text{K}\cdot\text{mol}^{-1}\cdot\text{kg}$，故

$$\Delta T_b = K_b b_B = 0.52\ \text{K}\cdot\text{mol}^{-1}\cdot\text{kg}\times0.1\ \text{mol}\cdot\text{kg}^{-1} = 0.052\ \text{K}$$

科学家简介

法国化学家拉乌尔从 1878 年开始，对 329 种有机物的溶液的凝固点反复测量，在 1882 年将实验结果列成了一张表，从表中可得出一个结论：在一定的温度和压力下，稀溶液的某些热力学性质只决定于溶液中溶质分子的数目及溶剂分子数目，而与溶液的物理、化学性质无关，这类性质称为依数性（依赖于数量的性质），包括蒸气压下降、沸点升高、凝固点降低、具有渗透压值这四种性质。

拉乌尔的成果对有机化学家来说简直是天降甘露，他们一直苦于没有可靠方法来测定难挥发性有机物的分子量，现在只需将这类有机物溶于适当的溶剂，再测量溶液的凝固点下降值即可计算其分子量。但在恒温下测量溶液的蒸气压下降值要比恒压下测量沸点升高值困难得多，且沸点升高的规律完全平行于凝固点下降的规律，于是德国化学家贝克曼建议在实验中用后者代替前者。贝克曼为测定有机物的分子量专门设计发明了示差温度计，现在称为贝克曼温度计，可测出 0.001 ℃的微小温差。范特霍夫综合了前人的研究成果，在 1887 年发表了总结性论文《在溶液和气体的类比中看渗透压的作用》，此论文刊登在他与奥斯特瓦尔德联手创办的《物理化学》创刊号上。溶液的凝固点下降和蒸气压下降应该是有一定的联系的，假设溶液具有渗透压 Π，则状态方程 ΠV 表示恒温可逆过程中用半透膜把体积为 V 的溶剂从溶液分离出来所做的功（渗透压功），而溶剂的体积可用加热蒸发下降，因此渗透压和蒸气压一定有关系的。

在生产和生活中经常应用到稀溶液的依数性规律。利用凝固点下降的规律，在冬季建筑施工时，为了降低混凝土的固化温度以保证施工质量，常在浇注混凝土时加入少量盐类物质；向汽车的水箱加入乙二醇等物质，可制成“不冻液”，避免温度过低结冰而损坏水箱；在下雪的路面撒下食盐，雪容易融化便于清除。

在有机物合成中，也常用测定物质的熔点和沸点的方法来检验化合物的纯度，因为含杂质的化合物相当于是以化合物为溶剂的溶液，其凝固点要比纯化合物的低，而沸点则比纯化合物的高。

前面已经说过，利用依数性规律来测定非电解质溶液的分子量，而凝固点随压力的变化不像沸点那样明显，因此用凝固点下降法测定分子量的实验误差也较小，其应用比沸点上升法更为广泛。

习题

1. 由溶剂 A 与溶质 B 形成一定组成的溶液。此溶液中 B 的浓度为 c_B、质量摩尔浓度为 b_B，此溶液的密度为 ρ。以 M_A、M_B 分别代表溶剂和溶质的摩尔质量，若溶液的组成用 B 的摩尔分数 x_B 表示时，试导出与 x_B 与 c_B、x_B 与 b_B 之间的关系式。

答：$c_B = \dfrac{\rho x_B}{M_A + x_B(M_B - M_A)}$，$b_B = \dfrac{x_B}{(1-x_B)M_A}$

2. D-果糖 $C_6H_{12}O_6$（B）溶于水（A）中形成的某溶液，质量分数 $w_B = 0.095$，此溶液在 20 ℃时的密度 $\rho = 1.0365\ \text{mg} \cdot \text{m}^{-3}$。求：此溶液中 D-果糖的摩尔分数、浓度、质量摩尔浓度。

答：0.0104，0.547 $mol \cdot dm^{-3}$，0.583 $mol \cdot kg^{-1}$

3. 在 25 ℃，1 kg 水（A）中溶解有醋酸（B），当醋酸的质量摩尔浓度 b_B 介于 0.16 $mol \cdot kg^{-1}$ 和 2.5 $mol \cdot kg^{-1}$ 之间时，溶液的总体积 $V/cm^3=1002.935+51.832[b_B/(mol \cdot kg^{-1})]+0.1394[b_B/(mol \cdot kg^{-1})^2]$。求：

（1）把水（A）和醋酸（B）的偏摩尔体积分别表示成 b_B 的函数关系式。

（2）b_B=1.5 $mol \cdot kg^{-1}$ 时水和醋酸的偏摩尔体积。

答：（1）$V_A=18.0681-0.0025[b_B/(mol \cdot kg^{-1})]^2 cm^3 \cdot mol^{-1}$，

$V_B=[51.832+0.2788[b_B/(mol \cdot kg^{-1})]cm^3 \cdot mol^{-1}$

（2）$V_A=18.065\ cm^3 \cdot mol^{-1}$，$V_B=52.250\ cm^3 \cdot mol^{-1}$

4. 60 ℃时甲醇的饱和蒸气压是 83.4 kPa，乙醇的饱和蒸气压是 47.0 kPa，二者可形成理想液态混合物。混合物中两者的质量分数各为 50%，求 60 ℃时此混合物的平衡蒸气组成，以摩尔分数表示。

答：$y(CH_3OH)=0.718$，$y(C_2H_5OH)=0.282$

5. 80 ℃时纯苯的蒸气压为 100 kPa，纯甲苯的蒸气压为 38.7 kPa。两液体可形成理想液态混合物。若有苯-甲苯的气-液平衡混合物，80 ℃时气相中苯的摩尔分数 y(苯)＝0.300，求液相的组成。

答：x(苯)＝0.142，x(甲苯)＝0.858

6. 在 18 ℃，气体压力 101.325 kPa 下，1 dm^3 的水中能溶解 O_2 0.045 g，能溶解 N_2 0.02g。现将 1 dm^3 被 202.65 kPa 空气所饱和了的水溶液加热至沸腾，赶出所溶解的 O_2 和 N_2，并干燥，求此干燥气体在 101.325 kPa、18 ℃下的体积及组成。设空气为理想气体混合物，其组成体积分数：$\varphi(O_2)=21\%$，$\varphi(N_2)=79\%$。

答：$V=41.1\ cm^3$，$y(O_2)=0.344$，$y(N_2)=0.656$

7. 20℃下 HCl 溶于苯中达平衡，气相中 HCl 的分压为 101.325 kPa 时，溶液中 HCl 的摩尔分数为 0.0425。已知 20 ℃时苯的饱和蒸气压为 10.0 kPa，若 20 ℃时 HCl 和苯蒸气总压为 101.325 kPa，求 100 g 苯中溶解 HCl 多少克。

答：1.867 g

8. H_2、N_2 与 100 g 水在 40 ℃时处于平衡，平衡总压为 105.4 kPa。平衡气体经干燥后 H_2 的体积分数为 40%。假设可以认为溶液的水蒸气压等于 40 ℃下纯水的蒸气压，即 7.33 kPa。已知 40 ℃时 H_2、N_2 在水中的亨利系数分别为 7.61 GPa 及 10.5 GPa，求 40 ℃时水中溶解 H_2 和 N_2 的质量。

答：$m(H_2)=57.2\ \mu g$，$m(N_2)=868\ \mu g$

9. 试用吉布斯-杜亥姆方程证明：在稀溶液中若溶质服从亨利定律，则溶剂必然服从拉乌尔定律。

10. A、B 两溶液能形成理想液态混合物。已知在温度 T 时纯 A 的饱和蒸气压 $p_A^*=40$ kPa，纯 B 的蒸气压 p_B^*=120 kPa。

（1）在温度 T 下，于气缸中将组成为 $y(A)=0.4$ 的 A、B 混合气体恒温缓慢压缩，求凝结出第一滴微细液滴时系统的总压及该液滴的组成（以摩尔分数表示）。

（2）若将 A、B 两溶液混合，并使此混合物在 100 kPa、T 下开始沸腾，求该液态混合物的组成及沸腾时饱和蒸气的组成（摩尔分数）。

答：（1）$p = 66.7$ kPa，$x(\text{A}) = 0.667$，$x(\text{B}) = 0.333$

（2）$x(\text{A}) = 0.25$，$x(\text{B}) = 0.75$，$y(\text{A}) = 0.1$，$y(\text{B}) = 0.9$

11. 25 ℃下，由各为 0.5 mol 的 A 和 B 混合形成液态混合物，试求混合过程的ΔV、ΔH、ΔS 及ΔG。

答：$\Delta V = 0$，$\Delta H = 0$，$\Delta S = 5.76\ \text{J} \cdot \text{K}^{-1}$，$\Delta G = -1.72$ kJ

12. 苯与甲苯的混合液可视为理想液态混合物。今有一混合物，其组成为 x(苯)=0.3、x(甲苯) = 0.7，求在 25 ℃、100 kPa 下 1 mol 该混合物的标准摩尔熵、标准摩尔生成焓与标准摩尔生成吉布斯函数。所需 25 ℃的热力学数据如下所示。

物 质	$\Delta_f H_m^\ominus$ /(kJ • mol^{-1})	$\Delta_f G_m^\ominus$ / (kJ • mol^{-1})	$S_m^\ominus$ / (J • mol^{-1} • K^{-1})
$C_6H_6(l)$	48.66	123.0	172.80
$C_6H_5CH_3(l)$	12	114.15	219.58

答：$S = 211\ \text{J} \cdot \text{mol}^{-1} \cdot \text{K}^{-1}$，$\Delta_f H_m^\ominus = 23.0\ \text{kJ} \cdot \text{mol}^{-1}$，$\Delta_f G_m^\ominus = 118\ \text{kJ} \cdot \text{mol}^{-1}$

13. 液体 B 和液体 C 可形成理想液态混合物。在常压及 25 ℃下，向总量 $n = 10$ mol、组成 $x_C = 0.4$ 的 B、C 液态混合物中加入 14 mol 的纯液体 C，形成新的混合物。求过程的ΔG、ΔS。

答：$\Delta G = -16.77$ kJ，$\Delta S = 56.25\ \text{J} \cdot \text{K}^{-1}$

14. 液体 B 和液体 C 可形成理想液态混合物。在 25 ℃下，向无限大量组成 x_C=0.4 的混合物中加入 5 mol 的纯液体 C。求：

（1）过程的ΔG、ΔS。

（2）原混合物中组分 B 和组分 C 的ΔG_B、ΔG_C。

答：（1）$\Delta G = -11.36$ kJ，$\Delta S = 30.1\ \text{J} \cdot \text{K}^{-1}$

（2）$\Delta G_B = -7.44$ kJ，$\Delta G_C = 7.44$ kJ

15. 在 25 ℃向 1 kg 溶剂 A（H_2O）和 0.4 mol 溶质 B 形成的稀溶液中又加入 1 kg 的纯溶剂，若溶液可视为理想稀溶液，求过程的ΔG。

答：–689.0 J

16.（1）25 ℃时将 0.568 g 碘溶于 50 cm^3 CCl_4 中，所形成的溶液与 500 cm^3 水一起摇动，平衡后测得水层中含有 0.233 mmol 的碘。

（1）计算碘在两溶液中的分配系数 K。$K = c(I_2，H_2O\ 相)/c(I_2，CCl_4\ 相)$。设碘在两种溶液中均以 I_2 分子存在。

（2）若 25℃，I_2 在水中的浓度为 1.33 mmol • dm^{-3}，求碘在 CCl_4 中的浓度。

答：（1）0.0116

（2）115 mmol • dm^{-3}

17. 25 ℃时 0.1 mol NH_3 溶于 1 dm^3 三氯甲烷中，此溶液 NH_3 的蒸气压为 4.433 kPa，相同温度时 0.1 mol NH_3 溶于 1 dm^3 水中，NH_3 的蒸气分压为 0.887 kPa。求 NH_3 在水与三氯甲烷中的分配系数 K。已知 $K = c(NH_3，H_2O\ 相)/c(NH_3，CHCl_3\ 相)$。

答：5

18. 20 ℃某有机酸在水和乙醚中的分配系数为 0.4，今有该有机酸 5 g 溶于 100 cm^3 水中形成的溶液。

（1）若用 40 cm³ 乙醚一次萃取（所用乙醚已事先被水饱和，因此萃取时不会有水溶于乙醚），水中还剩下多少有机酸？

（2）将 40 cm³ 乙醚分为两份，每次用 20 cm³ 乙醚萃取，连续萃取两次，水中还剩下多少有机酸？

答：（1）2.5 g
（2）2.22 g

19. 25 g 的 CCl_4 中溶有 0.5455 g 某溶质，与此溶液成平衡的 CCl_4 的蒸气分压为 11.1888 kPa，而在同一温度时纯 CCl_4 的饱和蒸气压为 11.4008 kPa。

（1）求此溶质的分子量。

（2）根据元素分析结果，溶质中含 C 为 94.34%，含 H 为 5.66%（质量分数），确定溶质的化学式。

答：（1）117
（2）$C_{14}H_{10}$

20. 10 g 葡萄糖（$C_6H_{12}O_6$）溶于 400 g 乙醇中，溶液的沸点较纯乙醇的沸点上升 0.1428 ℃。另外有 2 g 有机物质溶于 100 g 乙醇中，此溶液的沸点则上升 0.1250 ℃。求此有机物质的分子量。

答：165

21. 在 100 g 苯中加入 13.76 g 联苯（$C_6H_5C_6H_5$），所形成的溶液的沸点为 82.4 ℃。已知纯苯的沸点为 80.1 ℃。求：

（1）苯的沸点升高系数。

（2）苯的摩尔蒸发焓。

答：（1）2.58 K·mol⁻¹·kg
（2）31.4 kJ·mol⁻¹

22. 已知 0 ℃、101.325 kPa 时，O_2 在水中的溶解度为 4.49 cm³·100g⁻¹；N_2 在水中的溶解度为 2.35 cm³·100g⁻¹。试计算被 101.325 kPa、体积分数 $\varphi(N_2) = 0.79$ 和 $\varphi(O_2) = 0.21$ 的空气所饱和了的水的凝固点较纯水降低了多少。

答：2.32×10⁻³ K

23. 已知樟脑（$C_{10}H_{16}O$）的凝固点降低系数为 40 K·mol⁻¹·kg。

（1）某一溶质的分子量为 210，溶于樟脑形成质量分数为 5% 的溶液，求凝固点降低值。

（2）另一溶质的分子量为 9000，溶于樟脑形成质量分数为 5% 的溶液，求凝固点降低值。

答：（1）10.0 K
（2）0.234 K

24. 现有蔗糖（$C_{12}H_{22}O_{11}$）溶于水形成某一浓度的稀溶液，其凝固点为 –0.200 ℃，计算此溶液在 25 ℃时的蒸气压。已知水的 $K_f = 1.86$ K·mol⁻¹·kg，纯水在 25 ℃时的蒸气压 $p^* = 3.167$ kPa。

答：3.161 kPa

25. 在 25 ℃时，10 g 某溶质溶于 1 dm³ 溶剂中，测出该溶液的渗透压 $\Pi = 0.4000$ kPa，确定该溶质的分子量。

答：6.198×10⁴

26. 在 20 ℃下将 68.4 g 蔗糖（$C_{12}H_{22}O_{11}$）溶于 1 kg 的水中。已知 20 ℃下此溶液的密度

为 1.024 g·cm^{-3}，纯水的饱和蒸气压 $p^* = 2.339$ kPa。

（1）求此溶液的蒸气压。

（2）求此溶液的渗透压。

答：（1）2.33 kPa

（2）467 kPa

27. 人的血液（可视为水溶液）在 101.325 kPa、-0.56 ℃凝固。已知水的 $K_f = 1.86$ K·mol^{-1}·kg。求：

（1）血液在 37 ℃时的渗透压。

（2）在同温度下，1 dm^3 蔗糖（$C_{12}H_{22}O_{11}$）水溶液中需含有多少蔗糖时才能与血液有相同的渗透压。

答：（1）776 kPa

（2）103 g

28. 在某一温度下，将碘溶解于 CCl_4 中。当碘的摩尔分数 $x(I_2)$ 在 0.01～0.04 范围内时，此溶液符合稀溶液规律。今测得平衡时气相中碘的蒸气压与液相中碘的摩尔分数之间的两组资料如下表所示。求 $x(I_2) = 0.5$ 时溶液中碘的活度及活度系数。

$p(I_2,g) / kPa$	1.638	16.72
$x(I_2)$	0.03	0.5

答：$a(I_2)=0.306$，$\gamma(I_2)=0.612$

第5章

化学平衡

没有达到平衡的化学反应，在一定条件下均有向一定方向进行的趋势，即该类反应过程均有一定的推动力。随着反应的进行，过程推动力逐渐减小，最后下降为零，这时反应达到最大限度，反应系统的组成不再改变，于是达到化学平衡状态。这表明反应总是向着平衡状态变化，达到化学平衡状态，反应就达到了限度。因此只要找出一定条件下的化学平衡状态，求出平衡组成，那么化学反应的方向和限度问题就解决了。由此可见，判断化学反应可能性的核心问题，就是找出化学平衡时温度、压力和组成间的关系。这些热力学函数间的定量关系，可用热力学方法严格地推导出来。

在工业生产中，总希望一定数量的原料（反应物）能变成更多的产物，但在一定工艺条件下，反应的极限产率为若干？此极限产率随条件怎样变化？在什么条件下可得到更大的产率？这些工业生产的重要问题，从热力学上看都是化学平衡问题。有了热力学计算得到的限度，就可以同现实生产进行对比，如发现两者已十分接近，就不必花费精力去企图超越它。但因平衡是有条件的，因此可设法通过改变条件来改变这一限度。这一章就是把前面所学的热力学原理应用于化学平衡。由于大部分化学反应是在恒温恒压下进行的，所以这一章主要是应用吉布斯函数判据来判断恒温恒压化学反应的方向和限度，讨论平衡常数的测定和计算方法，以及各种因素对平衡的影响。

5.1 化学反应的等温方程

化学反应的等温方程是表示在一定的温度、压力条件下化学反应 $0 = \sum_{B} \nu_B B$ 进行时，摩尔吉布斯函数变 $\Delta_r G_m$ 与系统组成的关系。

5.1.1 摩尔吉布斯函数变与化学反应亲和势

吉布斯函数判据式（3.9.6）表明，在恒温恒压及非体积功为零的条件下，有

$$\Delta_r G_m \leqslant 0 \begin{pmatrix} <, & 自发 \\ =, & 平衡 \end{pmatrix}$$

所以在此条件下，指定状态的反应物变为指定状态的产物这一化学反应能否进行，或能否达到化学平衡，可用 $\Delta_r G_m$ 来判断。

5.1.2 摩尔吉布斯函数变与反应进度的关系

对于任一化学反应 $0=\sum_B \nu_B B$，随着反应的进行，各物质的物质的量均发生变化。根据在恒温恒压下，有

$$dG=\sum_B \mu_B dn_B \tag{5.1.1a}$$

式中，$\sum_B$ 代表对各个相中各反应物及产物求和。

将 $dn_B=\nu_B d\xi$ 代入，得

$$dG=\sum_B \nu_B \mu_B d\xi \tag{5.1.1b}$$

于是

$$(\partial G/\partial \xi)_{T,p}=\sum_B \nu_B \mu_B=\Delta_r G_m \tag{5.1.2a}$$

$\Delta_r G_m$ 为一定温度压力和反应进度时化学反应的摩尔反应吉布斯函数变。因此，化学反应亲和势为

$$A=-\Delta_r G_m=-(\partial G/\partial \xi)_{T,p} \tag{5.1.2b}$$

若化学反应写作

$$0=\nu_A A+\nu_B B+\nu_Y Y+\nu_Z Z$$

取 $a(=-\nu_A)$ mol 的反应物 A 与 $b(=-\nu_B)$ mol 的反应物 B 在一定的温度、压力下进行反应。当 $\xi/\text{mol}=0$ 时，系统只有反应物；当 $\xi/\text{mol}=1$ 时，系统只有产物；当 $0<\xi/\text{mol}<1$ 时，系统内反应物及产物共存。

若反应过程中系统内各个相的组成均不发生变化，如

$$NH_2COONH_4(s) = 2NH_3(g) + CO_2(g)$$
$$CaCO_3(s) = CaO(s) + CO_2(g)$$

则在某确定的温度压力下各反应物及各产物的化学势 μ 均与反应进度 ξ 无关，这时摩尔反应吉布斯函数变 $\Delta_r G_m=\sum_B \nu_B \mu_B$ 也与 ξ 无关，即系统的 G-ξ 为一直线。能自发进行的化学反应，直线的斜率为负，$A>0$；处于化学平衡的系统，直线的斜率为 0（即 G-ξ 线为一条水平的直线），$A=0$；不能进行的化学反应，直线的斜率为正，$A<0$。三种情况中，第一、三种情况均不存在化学平衡，前者反应可以进行到底，直至反应物完全消失；后者根本不可能发生正向反应。

气相反应如

$$N_2(g) + 3H_2(g) = 2NH_3(g)$$

液相反应如

$$CH_3COOH(l)+C_2H_5OH(l) = CH_3COOC_2H_5(l)+H_2O(l)$$

随着反应进行，不仅反应物的物质的量减少，产物的物质的量增加，而且反应物的化学势减小，产物的化学势增大。这就使得整个反应系统的 G-ξ 不为直线，而是成为一条向下凹的曲线，如图 5.1.1 所示。

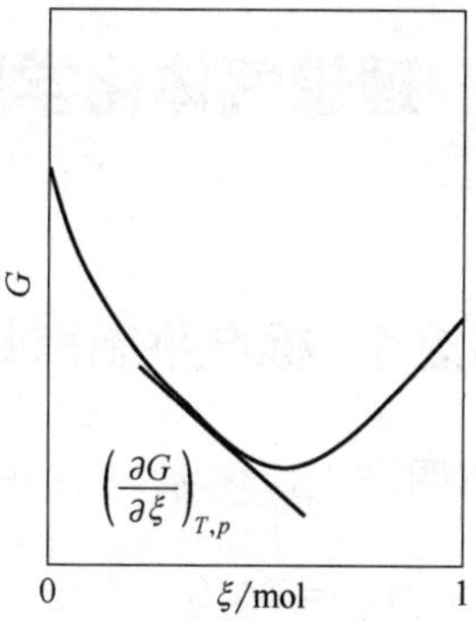

图 5.1.1　恒温恒压下均相反应的 G-ξ 曲线

由图 5.1.1 可见，随着反应的进行，ξ 在增大，系统的吉布斯函数 G 先逐渐减小，经过最低点后又逐渐增大。最低点的左侧 $A=-(\partial G/\partial \xi)_{T,p}>0$，表明反应可以自发进行；$G$ 降至最低点时，A=0，宏观上反应停止，系统达到了化学平衡状态，这也就是化学反应的限度；最低点的右侧，$A<0$，表明若 ξ 进一步增大，G 将增大，这在恒温恒压下不可能自发进行。

5.1.3　化学反应的等温方程

对于恒温恒压下 $0=\sum_{B}\nu_B B$ 的理想气体间的化学反应，因任一组分的化学势为

$$\mu_B=\mu_B^{\ominus}+RT\ln(p_B/p^{\ominus})$$

将其代入式（5.1.2a），即 $\Delta_r G_m=\sum_{B}\nu_B\mu_B$，得

$$\Delta_r G_m=\sum_{B}\nu_B\mu_B^{\ominus}+\sum_{B}\nu_B RT\ln(p_B/p^{\ominus}) \tag{5.1.3a}$$

式中，$\sum_{B}\nu_B\mu_B^{\ominus}$ 为化学反应在温度 T 下的标准摩尔吉布斯函数变，即

$$\Delta_r G_m^{\ominus}=\sum_{B}\nu_B\mu_B^{\ominus} \tag{5.1.4}$$

且

$$\sum_{B}\nu_B RT\ln(p_B/p^{\ominus})=RT\sum\ln(p_B/p^{\ominus})^{\nu_B}=RT\ln\prod_{B}(p_B/p^{\ominus})^{\nu_B}$$

式中，$\prod_{B}(p_B/p^{\ominus})^{\nu_B}$ 为各反应物及产物 $(p_B/p^{\ominus})^{\nu_B}$ 的连乘积。因反应物的化学计量数为负，产物的化学计量数为正，故将其称为压力商 J_p，即

$$J_p=\prod_{B}(p_B/p^{\ominus})^{\nu_B} \tag{5.1.5}$$

于是得

$$\Delta_r G_m=\Delta_r G_m^{\ominus}+RT\ln J_p \tag{5.1.3b}$$

式（5.1.3b）即为理想气体化学反应的等温方程。已知温度 T 时的 $\Delta_r G_m^\ominus$ 及各气体的分压 p_B，即可求得该温度下的 $\Delta_r G_m$。

5.2 理想气体化学反应的标准平衡常数

5.2.1 标准平衡常数

如图 5.1.1 所示，在恒温恒压下随着理想气体化学反应 $0=\sum_B \nu_B B$ 的进行，$\xi = -(\partial G/\partial\xi)_{T,p} = -\Delta_r G_m$ 越来越小，直至 A=0，系统达到化学平衡为止。这时有

$$\Delta_r G_m = \Delta_r G_m^\ominus + RT\ln J_p^{eq} \tag{5.2.1}$$

式中，J_p^{eq} 为平衡压力商。

因为在恒定温度 T 下，对确定的化学反应来说，$\Delta_r G_m^\ominus$ 为确定的值，故平衡压力商 J_p^{eq} 也为定值，与系统的压力和组成无关，即无论反应前反应物之间的配比如何、是否有反应产物、反应总压力为多少，只要温度一定，J_p^{eq} 均为同一数值。

将平衡压力商称为标准平衡常数，并以符号 $K^\ominus$ 表示。标准平衡常数的表达式为

$$K^\ominus = \prod_B (p_B^{eq}/p^\ominus)^{\nu_B} \quad （理想气体） \tag{5.2.2}$$

式中，p_B^{eq} 为化学反应中任一组分 B 的平衡分压。$K^\ominus$ 的量纲为 1。标准平衡常数只是温度的函数。

因此，按式（5.2.1），标准平衡常数的定义式为

$$\ln K^\ominus \equiv -\Delta_r G_m^\ominus / RT \tag{5.2.3a}$$

即

$$K^\ominus \equiv \exp(-\Delta_r G_m^\ominus / RT) \tag{5.2.3b}$$

式（5.2.3）表示了标准平衡常数与化学反应的标准摩尔吉布斯函数变之间的关系，是一个普遍的公式。它不仅适用于理想气体化学反应，也适用于高压下真实气体、液态混合物及液态溶液中的化学反应，只不过这三种情况下标准平衡常数 $K^\ominus$ 不是平衡压力商，其所代表的意义将在后面叙述。

将式（5.2.3a）代入式（5.1.3b），得化学反应的摩尔吉布斯函数变为

$$\Delta_r G_m = RT\ln(J_p / K^\ominus) \tag{5.2.4}$$

可见在恒温恒压下：

当 $J_p < K^\ominus$ 时，$\Delta_r G_m < 0$，$A > 0$，反应自发进行；

当 $J_p = K^\ominus$ 时，$\Delta_r G_m = 0$，$A = 0$，反应处于平衡状态；

当 $J_p > K^\ominus$ 时，$\Delta_r G_m > 0$，$A < 0$，反应不能自发进行（逆向反应自发进行）。

从式（5.2.3a）来看，表面上影响化学反应 $\Delta_r G_m$ 的因素有 $K^\ominus$（本质上是 $\Delta_r G_m^\ominus$）及 J_p^{eq}，但一般来说，起决定作用的是 $K^\ominus$。当 $\Delta_r G_m^\ominus \ll 0$，即 $K^\ominus \gg 1$ 时，平衡时反应物的分压几乎为零，故可以认为化学反应能进行到底；当 $\Delta_r G_m^\ominus \gg 0$，即 $K^\ominus \ll 1$ 时，平衡时反应产物的分压几乎为零，故可以认为化学反应不能发生；只有 $\Delta_r G_m^\ominus$ 当与零相差不太大，即 $K^\ominus$ 与 1 相差不太大时，才可能通过调节 J_p^{eq} 改变化学反应的方向。

从 $\Delta_r G_m^\ominus = \sum_B \nu_B \mu_B^\ominus$ 及 $\Delta_r G_m^\ominus = -RT \ln K^\ominus$ 来看，对于同一化学反应，在书写化学计量式时，若同一物质的化学计量数不同，则 $\Delta_r G_m^\ominus$ 不同，因而 $K^\ominus$ 也不同。例如，对于合成氨反应，有

（1）$N_2(g) + 3H_2(g) \!=\!=\!= 2NH_3(g)$　　　$\Delta_r G_{m,1}^\ominus = -RT \ln K_1^\ominus$

（2）$\frac{1}{2} N_2(g) + \frac{3}{2} H_2(g) \!=\!=\!= NH_3(g)$　　　$\Delta_r G_{m,2}^\ominus = -RT \ln K_2^\ominus$

因　$\Delta_r G_{m,1}^\ominus = 2\Delta_r G_{m,2}^\ominus$，故

$$K_1^\ominus = \left(K_2^\ominus\right)^2$$

所以，如果不写出化学反应的化学计量式，只给出化学反应的标准平衡常数是没有意义的。

❖ **例 5.2.1**　H_2S 和 CO_2 的气体混合物中含 H_2S 的体积分数为 51.3%，其余为 CO_2。在 298.15 K 和 101.325 kPa 下，将 1.750 L 此混合气体通入温度为 648.15 K 的管式高温炉中反应，然后迅速冷却。当冷却后的气体通过盛有氯化钙的干燥管（作吸水用）时，该管的质量增加了 34.7 mg。试求反应的平衡常数 K_p。

$$H_2S + CO_2 \!=\!=\!= COS + H_2O$$

解：设气体为理想气体。反应前气体的总物质的量为

$$n^0 = \frac{pV}{RT} = \frac{101325\ \text{Pa} \times 1.750 \times 10^{-3}\ \text{m}^3}{8.314\ \text{J} \cdot \text{K}^{-1} \cdot \text{mol}^{-1} \times 298.15\ \text{K}} = 0.07157\ \text{mol}$$

$$n_{H_2S}^0 = 0.07157\ \text{mol} \times 51.3\% = 0.03671\ \text{mol}$$

$$n_{CO_2}^0 = 0.07157\ \text{mol} \times (1 - 51.3\%) = 0.03485\ \text{mol}$$

反应平衡后

$$n_{H_2O} = \frac{34.7 \times 10^{-3}\ \text{g}}{18\ \text{g} \cdot \text{mol}^{-1}} = 0.001928\ \text{mol} = n_{COS}$$

$$n_{H_2S} = n_{H_2S}^0 - n_{H_2O} = (0.03671 - 0.001928)\ \text{mol} = 0.03478\ \text{mol}$$

$$n_{CO_2} = n_{CO_2}^0 - n_{H_2O} = (0.03485 - 0.001928)\ \text{mol} = 0.03292\ \text{mol}$$

因 $\sum_i \nu_i = 0$，得 648.15 K 的平衡常数为

$$K_p = K_x = K_n = K_c = \frac{(0.01928\ \text{mol})^2}{0.03478\ \text{mol} \times 0.03292\ \text{mol}} = 3.247 \times 10^{-3}$$

5.2.2 有纯凝聚态物质参加的理想气体化学反应

若理想气体化学反应中还有纯固态或纯液态物质参加时，在常压下纯凝聚态物质的化学势可近似认为等于其标准化学势，即 $\mu_B(cd)=\mu_B^\ominus(cd)$（cd 表示凝聚态），因而在等温方程 $\Delta_r G_m=\Delta_r G_m^\ominus+RT\ln J_p$ 中，有

$$J_p=\prod_{B(g)}(p_B(g)/p^\ominus)^{\nu_B(g)}$$

式中，$p_B(g)$ 为化学反应中气态物质 B 的分压，$\nu_B(g)$ 为气态物质 B 的化学计量数。当然，$\Delta_r G_m^\ominus=\sum_B \nu_B\mu_B^\ominus$ 即为对参加反应的所有物质包括凝聚态物质求和。同样，标准平衡常数为

$$K^\ominus=\prod_{B(g)}(p_B^{eq}(g)/p^\ominus)^{\nu_B(g)}$$

例如，对于反应 $C(s)+\frac{1}{2}O_2(g) = CO(g)$，有

$$\Delta_r G_m=\Delta_r G_m^\ominus+RT\ln\frac{p(CO,g)/p^\ominus}{[p(O_2,g)/p^\ominus]^{1/2}}$$

$$\Delta_r G_m^\ominus=-\mu^\ominus(C,s)-\frac{1}{2}\mu^\ominus(O_2,g)+\mu^\ominus(CO,g)$$

$$K^\ominus=\frac{p^{eq}(CO,g)/p^\ominus}{[p^{eq}(O_2,g)/p^\ominus]^{1/2}}$$

再如，对于化合物发生分解的反应，如

$$CaCO_3(s) = CaO(s)+CO_2(g)$$

当化学反应达到平衡时，反应物和产物的化学势关系为

$$\mu_{CO_2}^\ominus+RT\ln\frac{p_{CO_2}}{p^\ominus}+\mu_{CaO}^*-\mu_{CaCO_3}^*=0$$

$$-RT\ln\frac{p_{CO_2}}{p^\ominus}=\mu_{CO_2}^\ominus+\mu_{CaO}^*-\mu_{CaCO_3}^*\approx\mu_{CO_2}^\ominus+\mu_{CaO}^\ominus-\mu_{CaCO_3}^\ominus$$

即

$$-RT\ln\frac{p_{CO_2}}{p^\ominus}=\Delta G^\ominus$$

所以，$K_p=\frac{p_{CO_2}}{p^\ominus}$，其在一定温度下为常数，因此一定温度下 $CaCO_3(s)$ 分解反应达到平衡时，p_{CO_2} 为常数，与 $CaCO_3(s)$ 的数量无关，故称 p_{CO_2} 为 $CaCO_3(s)$ 的分解压力。

设CO_2的实际压力为p'_{CO_2}，因此，$J_p=\frac{p'_{CO_2}}{p^\ominus}$，则

$$\Delta G=RT\ln\frac{J_p}{K_p}=RT\ln\frac{p'_{CO_2}}{p_{CO_2}}$$

所以在一定温度下，若$p'_{CO_2}<p_{CO_2}$，则$\Delta G<0$，$CaCO_3(s)$分解；$p'_{CO_2}>p_{CO_2}$，则$\Delta G>0$，$CaCO_3(s)$生成；$p'_{CO_2}=p_{CO_2}$，则$\Delta G=0$，分解反应达平衡。

$CaCO_3(s)$的p_{CO_2}与T的关系为

$$\lg\frac{p_{CO_2}}{\mathrm{Pa}}=-\frac{8920\ \mathrm{K}}{T}+12.546 \tag{5.2.5}$$

空气中p'_{CO_2}=30.398 Pa，只有当$p_{CO_2}\geqslant$30.398 Pa时，$CaCO_3(s)$才能分解。显然，将p'_{CO_2}=30.398 Pa 代入式（5.2.5）所求得的温度是$CaCO_3(s)$开始分解的温度，称分解温度，为806 K。工业上常将$CaCO_3(s)$加热至其分解压力p_{CO_2}=101325 Pa所对应的温度1183 K，这时$CaCO_3(s)$剧烈分解，故称1183K为$CaCO_3(s)$的化学沸腾温度。

❖ **例 5.2.2** Ag可能受到H_2S（g）的腐蚀而发生如下反应：

$$H_2S(g)+2Ag(s)=\!=\!=Ag_2S(s)+H_2(g)$$

今在298 K、100 kPa下，将Ag放在等体积的H_2和H_2S组成的混合气体中。

（1）Ag是否可能发生腐蚀而生成Ag_2S？

（2）在混合气体中，H_2S的体积分数低于多少才不致发生腐蚀？

已知298 K时，Ag_2S和H_2S的标准生成吉布斯函数分别为−40.25kJ • mol^{-1}和−32.93kJ • mol^{-1}。

解：（1）判断Ag能否被腐蚀而生成Ag_2S，就是判断在给定的条件下，所给的反应能否自发进行。可以计算$\Delta_r G_m$值，由$\Delta_r G_m$的正、负来判断，也可以计算反应的平衡常数$K^\ominus$，再比较$K^\ominus$与J_p的大小来判断。

① 用$\Delta_r G_m$判断。有

$$\Delta_r G_m=\Delta_r G_m^\ominus+RT\ln J_p^{eq}$$

J_p为指定条件下的压力商，其值为

$$J_p=\frac{p_{H_2}}{p_{H_2S}}=\frac{x_{H_2}p}{x_{H_2S}p}=\frac{x_{H_2}}{x_{H_2S}}=1$$

其中摩尔分数之比等于体积分数之比。此时

$$\begin{aligned}\Delta_r G_m^\ominus&=\Delta_f G_m\ (Ag_2S,s)-\Delta_f G_m(H_2S,g)\\&=(-40.25+32.93)\ \mathrm{kJ\cdot mol^{-1}}\\&=-7.32\ \mathrm{kJ\cdot mol^{-1}}\end{aligned}$$

$\Delta_f G_m<0$，故在该条件下，Ag能被腐蚀而生成Ag_2S。

② 比较$K^{\ominus}$和J_p的大小判断。有

$$\Delta_r G_m^{\ominus} = -RT\ln K^{\ominus} = \Delta_f G_m (Ag_2S,s) - \Delta_f G_m (H_2S,g)$$

则

$$\ln K^{\ominus} = (-40.25+32.93)\times 10^3\ J \cdot mol^{-1}/(-8.314\ J \cdot mol^{-1} \cdot K^{-1}\times 298.2\ K) = 2.953$$

即

$$K^{\ominus} = 19.15$$

而J_p=1，故$K^{\ominus} > J_p$，$\Delta_f G_m < 0$，正向反应自发，即 Ag 能被腐蚀而生成 Ag_2S。

以上两种判断方法实际上都是利用化学等温式来判断化学变化的方向的，这是根本原则。但在处理具体问题时，可以根据所给的条件，选择容易计算的量来判断。

（2）若使 Ag 不致被腐蚀，应使$-\Delta_r G_m \geqslant 0$，即$J_p \geqslant K^{\ominus}$，设此时 H_2S 的体积分数为 x，H_2 的体积分数为 $1-x$，则

$$J_p = (1-x) / x$$

又因$J_p \geqslant K^{\ominus}$，即

$$(1-x / x) \geqslant 19.15$$

解得

$$x \leqslant 4.96\%$$

即在混合气体中，H_2S 的体积分数低于 4.96%时，才不致发生腐蚀。

5.2.3 相关化学反应标准平衡常数之间的关系

所谓相关化学反应是指有着加和关系的几个化学反应。

因为吉布斯函数G是状态函数，若在同一温度下，几个不同的化学反应具有加和性时，这些反应的$\Delta_r G_m^{\ominus}$也具有加和关系。根据各反应的$\Delta_r G_m^{\ominus} = -RT\ln K^{\ominus}$，即可得出相关反应$K^{\ominus}$之间的关系。例如：

（1）$C(s) + O_2(g) = CO_2(g)$　　$\Delta_r G_{m,1}^{\ominus} = -RT\ln K_1^{\ominus}$

（2）$CO(g) + \frac{1}{2}O_2(g) = CO_2(g)$　　$\Delta_r G_{m,2}^{\ominus} = -RT\ln K_2^{\ominus}$

（3）$CO_2(g) + C(s) = 2CO(g)$　　$\Delta_r G_{m,3}^{\ominus} = -RT\ln K_3^{\ominus}$

因为$(3) = (1) - 2\times(2)$，故

$$\Delta_r G_{m,3}^{\ominus} = \Delta_r G_{m,1}^{\ominus} - 2\Delta_r G_{m,2}^{\ominus}$$

可得

$$K_3^{\ominus} = K_1^{\ominus} / (K_2^{\ominus})^2$$

5.2.4 标准平衡常数 $K^{\ominus}$ 的测定

在化学平衡的计算中最基本的数据是标准平衡常数 $K^{\ominus}$。$K^{\ominus}$ 可由实验测定平衡组成来求算，也可按式（5.2.3）由 $\Delta_r G_m^{\ominus}$ 计算。化学反应 $\Delta_r G_m^{\ominus}$ 的计算见第 3 章。

测定一定温度下的 $K^{\ominus}$，即是测定该温度及某压力下一定原料配比时反应达到平衡时的组成。为了缩短达到平衡的时间，可加入催化剂。用测定折射率、电导率、吸光度等物理方法测定平衡浓度，一般不会影响平衡；如用化学方法，再加入试剂时可能会造成平衡的移动而产生误差，这时要采取多种手段使影响减少到可忽略的程度。

平衡测定的前提是所测的组成必须确保是平衡时的组成。平衡组成应有如下特点：①只要条件不变，平衡组成应不随时间变化；②一定温度下，由正向或逆向反应的平衡组成所算得的 $K^{\ominus}$ 应一致；③改变原料配比所得的 $K^{\ominus}$ 应相同。

❖ **例 5.2.3** 将一个容积为 1.0547 dm^3 的石英容器抽空。在 297.0 K 时导入一氧化氮直到压力为 24.136 kPa。然后引入 0.7040 g 的单质溴，并升温到 323.7 K。测得平衡时系统的总压为 30.823 kPa。求在 323.7 K 时，下列反应的 $K^{\ominus}$。计算时容器的热膨胀可忽略不计。

$$2NOBr(g) \rightleftharpoons 2NO(g) + Br_2(g)$$

解： 由理想气体状态方程 $p_B = n_B RT/V$ 可知，在相同的 T、V 下，混合气体中组分 B 的分压 p_B 与其物质的量 n_B 成正比；在发生化学反应时，应有 $\Delta p_B = \Delta n_B RT/V$，即组分 B 分压的变化 Δp_B 与其物质的量的变化 Δn_B 成正比；并且不同气体分压的变化又与各组分在化学反应式中的化学计量数成正比，即对化学反应 $-\nu_A A - \nu_B B \rightleftharpoons \nu_Y Y + \nu_Z Z$，$\Delta p_A/\nu_A = \Delta p_B/\nu_B = \Delta p_Y/\nu_Y = \Delta p_Z/\nu_Z$。

对于 $\sum_B \nu_B(g) \neq 0$ 的化学反应，在恒定的 T、V 下，随着反应的进行，系统的总压将会改变。故常根据反应起始时系统的组成、压力及反应达平衡时的总压，计算各组分的平衡分压，进而计算 $K^{\ominus}$。本例题就是如此。

先求出在 323.7K 下，NO(g)和 $Br_2(g)$尚未反应时的起始分压 $p_0(NO)$、$p_0(Br_2)$。查表知 Br 的摩尔质量为 79.904 g • mol^{-1}。

$$p_0(NO) = (323.7\ K / 297.0\ K) \times 24.136\ kPa = 26.306\ kPa$$

$$p_0(Br_2) = \frac{n(Br_2)RT}{V} = \frac{0.7040\ g}{2 \times 79.904\ g \cdot mol^{-1}} \times \frac{8.314\ J \cdot mol^{-1} \cdot K^{-1} \times 323.7\ K}{1.0547\ dm^3} = 11.241\ kPa$$

设 NO(g)与 $Br_2(g)$反应达平衡时 NOBr(g)的分压为 $p(NOBr)$。反应起始时和达到平衡时各组分的分压如下：

	2NOBr(g)	⇌ 2NO(g) +	$Br_2(g)$
起始时	0	$p_0(NO)$	$p_0(Br_2)$
平衡时	$p(NOBr)$	$p_0(NO) - p(NOBr)$	$p_0(Br_2) - \frac{1}{2}p(NOBr)$

平衡总压为

$$p = \sum_{B} p_B = p_0(NO) + p_0(Br_2) - \frac{1}{2} p(NOBr)$$

平衡分压为

$$\begin{aligned} p(NOBr) &= 2[p_0(NO) + p_0(Br_2) - p] \\ &= [2 \times (26.306 + 11.242 - 30.823)]\ kPa \\ &= 13.450\ kPa \end{aligned}$$

$$\begin{aligned} p(NO) &= p_0(NO) - p(NOBr) \\ &= (26.306 - 13.450)\ kPa \\ &= 12.856\ kPa \end{aligned}$$

$$\begin{aligned} p(Br_2) &= p_0(Br_2) - \frac{1}{2} p(NOBr) \\ &= (11.242 - 0.5 \times 13.450)\ kPa \\ &= 4.517\ kPa \end{aligned}$$

因此

$$\begin{aligned} K^{\ominus} &= \frac{[p(NO)/p^{\ominus}]^2 [p(Br_2)/p^{\ominus}]}{[p(NOBr)/p^{\ominus}]^2} \\ &= \frac{p(NO)^2 p(Br_2)}{p(NOBr)^2 / p^{\ominus}} \\ &= \frac{12.856^2 \times 4.517}{13.450^2 \times 100} \\ &= 4.127 \times 10^{-2} \end{aligned}$$

❖ **例 5.2.4** 将氨基甲酸铵放在一抽空的容器中，并按下式分解：

$$NH_2COONH_4(s) \longrightarrow 2NH_3(g) + CO_2(g)$$

在 20.8℃达到平衡时，容器内压力为 8.825 kPa。

在另一次实验中，温度不变，先通入氨气，使氨的起始压力为 12.443 kPa，再加入氨基甲酸铵使之分解。若平衡时尚有过量固体氨基甲酸铵存在，求平衡时各气体的分压及总压。

解：求各气体分压要用到$K^{\ominus}$，故须先求$K^{\ominus}$。

第一次实验，平衡时

$$p(NH_3) = 2p(CO_2)$$

总压

$$p = \sum_{B} p_B = p(NH_3) + p(CO_2) = 3p(CO_2)$$

故

$$p(CO_2) = p/3$$
$$p(NH_3) = 2p/3$$

于是

$$K^{\ominus}=[p(NH_3)/p^{\ominus}]^2[p(CO)/p^{\ominus}]=(2p/3p^{\ominus})^2(p/3p^{\ominus})$$

第二次实验，氨的起始分压 $p_0(NH_3)=12.443\,\text{kPa}$ 。假设 CO_2 的平衡分压为 $p(CO_2)$，则 NH_3 的平衡分压为 $p_0(NH_3)+2p(CO_2)$，由

$$K^{\ominus}=\left[p(NH_3)/p^{\ominus}\right]^2\left[p(CO_2)/p^{\ominus}\right]=\left[\frac{p_0(NH_3)+2p(CO_2)}{p^{\ominus}}\right]^2\left[\frac{p(CO_2)}{p^{\ominus}}\right]$$

得

$$[0.12443+2p(CO_2)/p^{\ominus}]^2[p(CO_2)/p^{\ominus}]=1.0182\times10^{-4}$$

解此三次方程，得

$$p(CO_2)/p^{\ominus}=5.544\times10^{-3}$$

故

$$p(CO_2)=0.554\text{kPa}$$

$$p(NH_3)=p_0(NH_3)+2p(CO_2)=(12.443+2\times0.554)\,\text{kPa}=13.551\,\text{kPa}$$

$$p=p(NH_3)+p(CO_2)=14.105\,\text{kPa}$$

5.2.5 平衡组成的计算

已知某化学反应在温度 T 下的 $K^{\ominus}$或$\Delta_r G_m^{\ominus}$，即可由系统的起始组成及压力计算在该温度下的平衡组成，或做相反的计算。

在计算平衡组成时常用到转化率这一术语。转化率指转化掉的某反应物占起始反应物的比例。若两反应物 A、B 起始的物质的量之比与其化学计量数之比相等，即 $n_{A,0}/n_{B,0}=\nu_A/\nu_B$，两反应物的转化率是相同的；但若不相等，即 $n_{A,0}/n_{B,0}\neq\nu_A/\nu_B$，两反应物的转化率是不相同的。在化学平衡中所说的转化率均指平衡转化率。

❖**例 5.2.5** 甲烷转化反应 $CH_4(g)+H_2O(g)=\!=CO(g)+3H_2(g)$，在 900 K 下的标准平衡常数 $K^{\ominus}=1.280$ 。若取等物质的量的 $CH_4(g)$ 和 $H_2O(g)$ 反应。求在该温度及 101.325 kPa 下达到平衡时系统的组成。

解：设 $CH_4(g)$和 $H_2O(g)$起始的物质的量皆为 n_0，平衡转化率为 α，平衡时系统总物质的量为 n，总压 $p=101.325$ kPa，则

		$CH_4(g)$	+ $H_2O(g)$	$=\!=$ $CO(g)$	+ $3H_2(g)$	
平衡时	n_B	$n_0(1-\alpha)$	$n_0(1-\alpha)$	$n_0\alpha$	$3n_0\alpha$	$n=2n_0(1+\alpha)$
平衡时	p_B	$\frac{1-\alpha}{2(1+\alpha)}p$	$\frac{1-\alpha}{2(1+\alpha)}p$	$\frac{\alpha}{2(1+\alpha)}p$	$\frac{3\alpha}{2(1+\alpha)}p$	

$$K^{\ominus}=\frac{[p(CO)/p^{\ominus}][p(H_2)/p^{\ominus}]^3}{[p(CH_4)/p^{\ominus}][p(H_2O)/p^{\ominus}]}$$
$$=\left[\frac{\alpha p}{2(1+\alpha)p^{\ominus}}\right]\left[\frac{3\alpha p}{2(1+\alpha)p^{\ominus}}\right]^3\Big/\left[\frac{(1-\alpha)p}{2(1+\alpha)p^{\ominus}}\right]^2$$
$$=\frac{27\alpha^4}{(1-\alpha)^2}\times\left[\frac{p}{2(1+\alpha)p^{\ominus}}\right]^2$$
$$=\frac{27}{4}\times\left[\frac{\alpha^2 p}{(1-\alpha^2)p^{\ominus}}\right]^2$$

将此四次方程开方，因 $0<\alpha<1$，取正值，得二次方程

$$\frac{\alpha^2 p}{(1-\alpha^2)p^{\ominus}}=\left(\frac{4K^{\ominus}}{27}\right)^{1/2}$$

将 $K^{\ominus}=1.280$、$p=101.325\ \text{kPa}$、 $p^{\ominus}=100\ \text{kPa}$ 代入，得

$$\alpha^2/(1-\alpha^2)=0.430$$

最后求得

$$\alpha=(0.430/1.430)^{1/2}=0.548$$

于是在平衡时各组分的摩尔分数为

$$y(CH_4)=y(H_2O)=(1-\alpha)/[2(1+\alpha)]=0.452/3.096=0.146$$
$$y(CO)=\alpha/[2(1+\alpha)]=0.548/3.096=0.177$$
$$y(H_2)=3y(CO)=0.531$$

❖ **例 5.2.6** 合成氨生产中，为了将水煤气中的 $CO(g)$ 转化为 H_2，需加入 $H_2O(g)$ 进行变换反应，即

$$CO(g)+H_2O(g)=\!=\!=CO_2(g)+H_2(g)$$

原料气的组成（体积分数）为 $\varphi(CO)=0.360$，$\varphi(H_2)=0.355$，$\varphi(CO_2)=0.055$，$\varphi(N_2)=0.230$。转化反应在 550℃下进行，反应的标准平衡常数 $K^{\ominus}=3.56$。

若要求转化后除去水蒸气的干燥气体中 CO 的体积分数不得超过 0.02，1 m^3 原料气需与多少体积的 $H_2O(g)$ 发生反应？

解：由 $V_B=n_BRT/p$ 可知，在 T、p 一定时，组分 B 的分体积正比于其物质的量，反应时各组分分体积的变化正比于各自的化学计量数。

1 m^3 原料气与 x m^3 $H_2O(g)$ 组成起始时的反应系统，设达标准平衡时有 y m^3 的 $CO(g)$ 转化掉，即

	$CO(g)$	+ $H_2O(g)$	═ $CO_2(g)$	+ $H_2(g)$	$N_2(g)$
起始时 $V_{B,0}/m^3$	0.360	x	0.055	0.355	0.230
平衡时 V_B/m^3	$0.360-y$	$x-y$	$0.055+y$	$0.355+y$	0.230

平衡时干燥气体的体积$V/\mathrm{m}^3=(0.360-y)+(0.055+y)+(0.355+y)+0.230=1+y$。按要求，平衡时 CO 的体积分数不得超过 0.02，即要求

$$\frac{V(\mathrm{CO})}{V}=\frac{0.360-y}{1+y}\leqslant 0.02$$

解得

$$y\geqslant 0.333$$

再利用标准平衡常数$K^\ominus$求x。因一组分 B 的$p_\mathrm{B}=\frac{V_\mathrm{B}}{\sum V_\mathrm{B}}p$，$p$为总压力，则

$$K^\ominus=\left[\frac{V(\mathrm{CO_2})p}{\sum V_\mathrm{B}p^\ominus}\right]\left[\frac{V(\mathrm{H_2})p}{\sum V_\mathrm{B}p^\ominus}\right]\Big/\left\{\left[\frac{V(\mathrm{CO})p}{\sum V_\mathrm{B}p^\ominus}\right]\left[\frac{V(\mathrm{H_2O})p}{\sum V_\mathrm{B}p^\ominus}\right]\right\}$$
$$=\frac{V(\mathrm{CO_2})V(\mathrm{H_2})}{V(\mathrm{CO})V(\mathrm{H_2O})}$$

得

$$\frac{(0.055+y)(0.355+y)}{(0.360-y)(x-y)}=3.56$$

$$x=\frac{(0.055+y)(0.355+y)}{3.56\times(0.360-y)}+y$$

因$y\geqslant 0.333$，故得 $x\geqslant 3.11$，即 1 m^3 原料气至少配入 3.11 m^3 的水蒸气。

5.2.6 其他平衡常数

除了标准平衡常数$K^\ominus$外，还曾使用基于压力的平衡常数，即

$$K_p=\prod_\mathrm{B}(p_\mathrm{B}^\mathrm{eq})^{\nu_\mathrm{B}}$$

其单位为$\mathrm{Pa}^{\sum\nu_\mathrm{B}}$。

对于理想气体化学反应，有

$$K^\ominus = K_p/(p^\ominus)^{\sum\nu_\mathrm{B}}$$

当$\sum\nu_\mathrm{B}=0$时，$K^\ominus=K_p$。

5.3 温度对标准平衡常数的影响——范特霍夫方程

通常 25 ℃时的标准热力学函数$\Delta_\mathrm{f}H_\mathrm{m}^\ominus$、$S_\mathrm{m}^\ominus$、$\Delta_\mathrm{f}G_\mathrm{m}^\ominus$可以查表获得，由$\Delta_\mathrm{f}G_\mathrm{m}^\ominus=-RT\ln K^\ominus$可求得 25 ℃的标准平衡常数$K^\ominus$。但是若想求出其他温度$T$下的$K^\ominus$，就要研究温度对$K^\ominus$的影响。

在 3.10 节中由热力学基本方程曾导得吉布斯函数与温度之比 G/T 随温度 T 变化的吉布斯-亥姆霍兹方程，即式（3.13.1）。

$$\left[\frac{\partial(G/T)}{\partial T}\right]_p=-\frac{H}{T^2}$$

将其应用于化学反应 $0=\sum_{\mathrm{B}}\nu_{\mathrm{B}}\mathrm{B}$ 中，则标准压力下可得

$$\frac{\mathrm{d}(\Delta_{\mathrm{r}}G_{\mathrm{m}}^{\ominus}/T)}{\mathrm{d}T}=-\frac{\Delta_{\mathrm{r}}H_{\mathrm{m}}^{\ominus}}{T^2}$$

因 $\Delta_{\mathrm{r}}G_{\mathrm{m}}^{\ominus}/T=-R\ln K^{\ominus}$，故

$$\frac{\mathrm{d}\ln K^{\ominus}}{\mathrm{d}T}=\frac{\Delta_{\mathrm{r}}H_{\mathrm{m}}^{\ominus}}{RT^2} \qquad (5.3.1)$$

式（5.3.1）称为范特霍夫方程。该式表明温度对标准平衡常数的影响与反应的标准摩尔反应焓有关。

从范特霍夫方程可以看出：当 $\Delta_{\mathrm{r}}H_{\mathrm{m}}^{\ominus}>0$，即反应吸热时，温度升高，则 $K^{\ominus}$ 增大，化学反应将向生成产物方向移动；当 $K^{\ominus}<0$，即反应放热时，温度升高，则 $K^{\ominus}$ 减小，化学反应将向生成反应物方向移动。这与平衡移动原理是一致的。

1877 年，范特霍夫提出用化学反应速率代替意义模糊的“化学亲和力”，此时化学界才对化学平衡有了较一致的看法：化学平衡是正反应速率和逆反应速率相等的动态平衡。范特霍夫确立的动态平衡原理是从温度和反应热对平衡移动的影响得出的，这是物理化学中最重要的方程之一，它回答了化学平衡如何随温度的变化而改变的问题。范特霍夫方程既包含了物理平衡和化学平衡，又明确指出了温度的变化对平衡体系的影响，是化学平衡理论的奠基石。

（1）$\Delta_{\mathrm{r}}H_{\mathrm{m}}^{\ominus}$ 为定值时的范特霍夫方程

按基尔霍夫公式［式（2.8.2）］

$$\mathrm{d}\Delta_{\mathrm{r}}H_{\mathrm{m}}^{\ominus}/\mathrm{d}T=\Delta_{\mathrm{r}}C_{p,\mathrm{m}}^{\ominus}$$

当 $\Delta_{\mathrm{r}}C_{p,\mathrm{m}}^{\ominus}=\sum_{\mathrm{B}}\nu_{\mathrm{B}}C_{p,\mathrm{m}}^{\ominus}(\mathrm{B})=0$ 时，化学反应的 $\Delta_{\mathrm{r}}H_{\mathrm{m}}^{\ominus}$ 为定值，而与温度无关。将式（5.3.1）积分，得

$$\int_{K_1^{\ominus}}^{K_2^{\ominus}}\mathrm{d}\ln K^{\ominus}=\int_{T_1}^{T_2}\frac{\Delta_{\mathrm{r}}H_{\mathrm{m}}^{\ominus}}{RT^2}\mathrm{d}T$$

得定积分式

$$\ln\frac{K_2^{\ominus}}{K_1^{\ominus}}=-\frac{\Delta_{\mathrm{r}}H_{\mathrm{m}}^{\ominus}}{R}\left(\frac{1}{T_2}-\frac{1}{T_1}\right) \qquad (5.3.2\mathrm{a})$$

已知 $\Delta_{\mathrm{r}}H_{\mathrm{m}}^{\ominus}$ 及 T_1 下的 $K_1^{\ominus}$，可由式（5.3.2a）进行有关 T_2 与 $K_2^{\ominus}$ 之间的计算。

$\Delta_{\mathrm{r}}H_{\mathrm{m}}^{\ominus}$ 为定值下的不定积分式为

$$\ln K^{\ominus}=\frac{-\Delta_{\mathrm{r}}H_{\mathrm{m}}^{\ominus}}{RT}+C \qquad (5.3.2\mathrm{b})$$

如有多组 T 下的 $K^{\ominus}$ 数据，作 $\ln K^{\ominus}$-$1/T$ 图可得一直线，由直线的斜率及截距即可确定 $\Delta_r H_m^{\ominus}$ 及 C。

在温度变化范围不大时，$\Delta_r H_m^{\ominus}$ 可以近似看作定值。

❖**例 5.3.1** 由下列 25 ℃时的标准热力学数据估算在 100 kPa 外压下 $CaCO_3$(s)的分解温度（实验值 t=895 ℃）。

物质	$\Delta_f H_m^{\ominus}$ /（kJ·mol^{-1}）	$\Delta_f G_m^{\ominus}$ /（kJ·mol^{-1}）	$S_m^{\ominus}$ /（J·mol^{-1}·K^{-1}）	$C_{p,m}^{\ominus}$ /（J·mol^{-1}·K^{-1}）
$CaCO_3$(s，方解石)	−1206.92	−1128.79	92.9	81.88
CaO(s)	−635.09	−604.03	39.75	42.80
CO_2	−393.509	−394.359	213.74	37.11

解：碳酸钙的分解反应为

$$CaCO_3(s,方解石) \longrightarrow CaO(s)+CO_2$$

此反应各物质的化学计量数分别为 $\nu(CaCO_3,s)=-1$、$\nu(CaO,s)=1$、$\nu(CO_2,g)=1$。

由题给数据求得 T_1=298.15 K 时碳酸钙分解反应的 $\Delta_r G_m^{\ominus}(T_1)$ 为

$$\Delta_r G_m^{\ominus}(T_1)=\sum_B \nu_B \Delta_f G_m^{\ominus}(B,T_1)=[-(-1128.79)+(-604.03)+(-394.359)]\text{kJ}\cdot\text{mol}^{-1}$$
$$=130.401\ \text{kJ}\cdot\text{mol}^{-1}$$

或由

$$\Delta_r H_m^{\ominus}(T_1)=\sum_B \nu_B \Delta_f H_m^{\ominus}(B,T_1)$$
$$=[-(-1206.92)+(-635.09)+(-393.509)]\ \text{kJ}\cdot\text{mol}^{-1}$$
$$=178.321\ \text{kJ}\cdot\text{mol}^{-1}$$

及

$$\Delta_r S_m^{\ominus}(T_1)=\sum_B \nu_B S_m^{\ominus}(B,T_1)$$
$$=(-92.9+39.75+213.74)\ \text{J}\cdot\text{mol}^{-1}\cdot\text{K}^{-1}$$
$$=160.59\ \text{J}\cdot\text{mol}^{-1}\cdot\text{K}^{-1}$$

得

$$\Delta_r G_m^{\ominus}(T_1)=\Delta_r H_m^{\ominus}(T_1)-T_1\Delta_r S_m^{\ominus}(T_1)$$
$$=178.321\ \text{kJ}\cdot\text{mol}^{-1}-298.15\ \text{K}\times 160.59\times 10^{-3}\ \text{kJ}\cdot\text{mol}^{-1}\cdot\text{K}^{-1}$$
$$=130.441\ \text{kJ}\cdot\text{mol}^{-1}$$

碳酸钙的分解反应为两个纯固相参与的气体化学反应，现要产生 100 kPa 的 CO_2(g)，故压力商 $J_p=p(CO_2,g)/p^{\ominus}=1$。

在 25 ℃，$\Delta_r G_m^{\ominus}(T_1)$=130.401 kJ·mol^{-1} ≫ 0，$K_1^{\ominus}(T_1)$ ≪ 1，故碳酸钙分解反应不能进行。现 $\Delta_r H_m^{\ominus}(T_1)$ ≫ 0，升高温度，可使 $K_1^{\ominus}$ 迅速增大。

$$\begin{aligned}\Delta_r C_{p,m}^{\ominus}(T_1) &= \sum_B C_{p,m}^{\ominus}(B,T_1)\\ &=(-81.88+42.80+37.11)\ \mathrm{J\cdot mol^{-1}\cdot K^{-1}}\\ &=-1.97\ \mathrm{J\cdot mol^{-1}\cdot K^{-1}}\end{aligned}$$

可近似认为 $\Delta_r C_{p,m}^{\ominus}(T_1)\approx 0$。若假设 $\Delta_r C_{p,m}^{\ominus}$ 在其他温度也如此，则 $\Delta_r H_m^{\ominus}$ 与温度无关，为定值。

当温度升至 T_2，使 $K^{\ominus}(T_2) > J_p$，即 $K^{\ominus}(T_2)>1$ 时，碳酸钙即能分解。将 $\ln K^{\ominus}(T_2)>0$ 及 $\ln K^{\ominus}(T_1)=\dfrac{-\Delta_r G_m^{\ominus}(T_1)}{RT_1}$ 代入范特霍夫积分式［式（5.3.2a）］可得

$$-\frac{\Delta_r H_m^{\ominus}}{R}\left(\frac{1}{T_2}-\frac{1}{T_1}\right)-\frac{\Delta_r G_m^{\ominus}(T_1)}{RT_1}>0$$

整理后得

$$\frac{\Delta_r H_m^{\ominus}(T_2-T_1)}{RT_2T_1}>\frac{\Delta_r G_m^{\ominus}(T_1)}{RT_1}$$

$$T_2>\frac{\Delta_r H_m^{\ominus}}{\Delta_r H_m^{\ominus}-\Delta_r G_m^{\ominus}(T_1)}T_1$$

代入有关数据

$$T_2>\frac{178.321\ \mathrm{kJ\cdot mol^{-1}}}{178.321\ \mathrm{kJ\cdot mol^{-1}}-130.401\ \mathrm{kJ\cdot mol^{-1}}}\times 298.15\ \mathrm{K}$$

$$T_2>1109\ \mathrm{K}$$

即

$$t_2=836\ ℃$$

还可用另一种方法。因假设 $\Delta_r C_{p,m}^{\ominus}=0$ 时，不仅 $\Delta_r H_m^{\ominus}$ 为定值，而且 $\Delta_r S_m^{\ominus}$ 也为定值，均与温度无关，故对分解反应有

$$\Delta_r G_m^{\ominus}(T)=\Delta_r H_m^{\ominus}-T\Delta_r S_m^{\ominus}$$

现反应在 p=100 kPa 下进行，各参加反应的组分均处于标准状态，因此要求 $\Delta_r G_m^{\ominus}(T)<0$ 即可，故可得碳酸钙的分解温度为

$$T>\Delta_r H_m^{\ominus}/\Delta_r S_m^{\ominus}.$$

$$T>178.321\ \mathrm{kJ\cdot mol^{-1}}/160.59\ \mathrm{J\cdot mol^{-1}\cdot K^{-1}}=1110\ \mathrm{K}$$

（2）$\Delta_r H_m^{\ominus}$ 为温度的函数时的范特霍夫方程

若化学反应 $\Delta_r C_{p,m}=\sum_B \nu_B C_{p,m}^{\ominus}(B)\neq 0$，应将 $\Delta_r H_m^{\ominus}$ 表示成 T 的函数代入范特霍夫方程的

微分式，然后积分，尤其是温度变化的范围很大时。

若参加化学反应的任一种物质均有

$$C_{p,\mathrm{m}}^{\ominus} = a + bT + cT^2$$

则有

$$\Delta_{\mathrm{r}} C_{p,\mathrm{m}}^{\ominus} = \Delta a + \Delta bT + \Delta cT^2$$

化学反应的标准摩尔反应焓 $\Delta_{\mathrm{r}} H_{\mathrm{m}}^{\ominus}(T)$ 与 T 的关系则为

$$\Delta_{\mathrm{r}} H_{\mathrm{m}}^{\ominus}(T) = \Delta H_0 + \Delta aT + \frac{1}{2}\Delta bT^2 + \frac{1}{3}\Delta cT^3 \tag{5.3.3}$$

将此式代入范特霍夫方程的微分式（5.3.1）积分，可得

$$\int \mathrm{d}\ln K^{\ominus} = \int \frac{\Delta_{\mathrm{r}} H_{\mathrm{m}}^{\ominus}}{RT^2}\mathrm{d}T$$

得不定积分式

$$\ln K^{\ominus}(T) = -\frac{\Delta H_0}{RT} + \frac{\Delta a}{R}\ln T + \frac{1}{2R}\Delta bT + \frac{1}{6R}\Delta cT^2 + I \tag{5.3.4}$$

式（5.3.4）即为 $K^{\ominus}$ 与 T 的函数关系式。式中，I 为积分常数，可由某一温度 T 下的 $K^{\ominus}$ 值代入求得。

在 3.13 节中讨论化学反应的 $\Delta_{\mathrm{r}} G_{\mathrm{m}}^{\ominus}$ 与 T 的函数关系式时曾得到式（3.13.2），即

$$\Delta_{\mathrm{r}} G_{\mathrm{m}}^{\ominus}(T) = \Delta H_0 - IRT - \Delta aT\ln T - \frac{1}{2}\Delta bT^2 - \frac{1}{6}\Delta cT^3 \tag{5.3.5}$$

将此式除以$-RT$，即可得到 $\ln K^{\ominus}$ 与 T 的函数关系式（5.3.4）。前曾指出积分常数 I 也可将一定温度 T 下的 $\Delta_{\mathrm{r}} G_{\mathrm{m}}^{\ominus}(T)$ 代入式（3.7.15）求得。

❖ **例 5.3.2** 利用下列数据将甲烷转化反应的 $\ln K^{\ominus}$ 表示成温度的函数关系式，并计算在 1000 K 时的 $K^{\ominus}$ 值。

$$CH_4(g) + H_2O(g) = CO(g) + 3H_2(g)$$

物质	$\Delta_{\mathrm{f}} H_{\mathrm{m}}^{\ominus}$(298.15 K)/(kJ·mol^{-1})	$\Delta_{\mathrm{f}} G_{\mathrm{m}}^{\ominus}$(298.15 K)/(kJ·mol^{-1})	$S_{\mathrm{m}}^{\ominus}$(298.15 K)/(J·mol^{-1}·K^{-1})
$CH_4(g)$	–74.81	–50.72	186.264
$H_2O(g)$	–241.818	–228.572	188.825
$CO(g)$	–110.525	–137.618	197.674
$H_2(g)$	0	0	130.684

对 $C_{p,\mathrm{m}}^{\ominus} = a + bT + cT^2$ 中的相关系数的取值见下表。

物质	$a/(J\cdot mol^{-1}\cdot K^{-1})$	$b/(10^{-3}J\cdot mol^{-1}\cdot K^{-2})$	$c/(10^{-6}J\cdot mol^{-1}\cdot K^{-3})$
$CH_4(g)$	14.15	75.496	–17.99
$H_2O(g)$	29.16	14.49	–2.022
CO(g)	26.537	7.6831	–1.172
$H_2(g)$	26.88	4.347	–0.3265

解：此气相化学反应 $\nu(CH_4)=-1$、$\nu(H_2O)=-1$、$\nu(H_2)=3$。

由题给 25℃的标准热力学数据求得

$$\Delta_r G_m^\ominus(298.15\,K)=\sum_B \nu_B \Delta_f G_m^\ominus(B,298.15\,K)=142.124\,kJ\cdot mol^{-1}$$

或由

$$\begin{aligned}\Delta_r S_m^\ominus(298.15\,K)&=\sum_B \nu_B S_m^\ominus(B,298.15\,K)\\&=(-186.264-188.825+197.674+3\times130.684)\,J\cdot mol^{-1}\cdot K^{-1}\\&=214.637\,J\cdot mol^{-1}\cdot K^{-1}\end{aligned}$$

$$\Delta_r H_m^\ominus(298.15\,K)=\sum_B \nu_B \Delta_f H_m^\ominus(B,298.15\,K)=206.103\,kJ\cdot mol^{-1}$$

根据 $\Delta_r G_m^\ominus(T)=\Delta_r H_m^\ominus(T)-T\Delta_r S_m^\ominus(T)$，求得

$$\Delta_r G_m^\ominus(298.15K)=142.109\,kJ\cdot mol^{-1}$$

又因

$$\begin{aligned}\Delta a&=\sum_B \nu_B a_B\\&=(-14.15-29.16+3\times26.88)\,J\cdot mol^{-1}\cdot K^{-1}\\&=63.867\,J\cdot mol^{-1}\cdot K^{-1}\end{aligned}$$

$$\begin{aligned}\Delta b&=\sum_B \nu_B b_B\\&=(-75.496-14.49+7.6831+3\times4.347)\times10^{-3}\,J\cdot mol^{-1}\cdot K^{-1}\\&=-69.2619\times10^{-3}\,J\cdot mol^{-1}\cdot K^{-1}\end{aligned}$$

$$\begin{aligned}\Delta c&=\sum_B \nu_B c_B\\&=[-(17.99)-(-2.022)+(-1.172)+3\times(-0.3265)]\times10^{-6}\,J\cdot mol^{-1}\cdot K^{-3}\\&=17.8065\times10^{-6}\,J\cdot mol^{-1}\cdot K^{-3}\end{aligned}$$

将 T=298.15 K 及 $\Delta_r H_m^\ominus(298.15K)$、$\Delta a$、$\Delta b$、$\Delta c$ 的值代入式（5.3.3），即

$$\Delta_r H_m^\ominus(T)=\Delta H_0+\Delta aT+\frac{1}{2}\Delta bT^2+\frac{1}{3}\Delta cT^3$$

得

$$\begin{aligned}\Delta H_0 &= \Delta_r H_m^{\ominus}(T) - \Delta a T - \frac{1}{2}\Delta b T^2 - \frac{1}{3}\Delta c T^3 \\ &= \Big[206.103\times10^3\ \mathrm{J\cdot mol^{-1}} - 63.867\ \mathrm{J\cdot mol^{-1}\cdot K^{-1}}\times 298.15\ \mathrm{K} - \\ &\quad \frac{1}{2}(-69.2619\times10^{-3}\ \mathrm{J\cdot mol^{-1}\cdot K^{-2}})\times(298.15\ \mathrm{K})^2 - \\ &\quad \frac{1}{3}\times(17.8605\times10^{-6}\ \mathrm{J\cdot mol^{-1}\cdot K^{-3}})\times(298.15\ \mathrm{K})^3\Big]\ \mathrm{J\cdot mol^{-1}} \\ &= 189982\ \mathrm{J\cdot mol^{-1}}\end{aligned}$$

再将 $T=298.15\ \mathrm{K}$ 及 $\Delta_r G_m^{\ominus}(298.15\ \mathrm{K})$ 、ΔH_0 、Δa、Δb、Δc 的值代入式（5.3.5），即

$$\Delta_r G_m^{\ominus}(T) = \Delta H_0 - IRT - \Delta a T\ln T - \frac{1}{2}\Delta b T^2 - \frac{1}{6}\Delta c T^3$$

得

$$\begin{aligned}I &= \Big[-\Delta_r G_m^{\ominus}(T) + \Delta H_0 - \Delta a T\ln T - \frac{1}{2}\Delta b T^2 - \frac{1}{6}\Delta c T^3\Big]/(RT) \\ &= \Big[-142.124\times10^3\ \mathrm{J\cdot mol^{-1}} + 189982\ \mathrm{J\cdot mol^{-1}} - 63.867\ \mathrm{J\cdot mol^{-1}\cdot K^{-1}}\times 298.15\ \mathrm{K}\times\ln 298.15 - \\ &\quad \frac{1}{2}(-69.2619\times10^{-3}\ \mathrm{J\cdot mol^{-1}\cdot K^{-2}})\times(298.15\ \mathrm{K})^2 - \frac{1}{6}\times(17.8605\times10^{-6}\ \mathrm{J\cdot mol^{-1}\cdot K^{-3}})\times \\ &\quad (298.15\ \mathrm{K})^3\Big]/(8.314\ \mathrm{J\cdot mol^{-1}\cdot K^{-1}}\times 298.15\ \mathrm{K}) \\ &= -23.2513\end{aligned}$$

于是有

$$\begin{aligned}\ln K^{\ominus}(T) &= -\frac{\Delta H_0}{RT} + \frac{\Delta a}{R}\ln T + \frac{1}{2R}\Delta b T + \frac{1}{6R}\Delta c T^2 + I \\ &= -\frac{22850.9}{T/\mathrm{K}} + 7.6819\ln(T/\mathrm{K}) - 4.16538\times10^{-3}(T/\mathrm{K}) + \\ &\quad 0.35696\times10^{-6}(T/\mathrm{K})^2 - 23.2513\end{aligned}$$

将 $T=1000\ \mathrm{K}$ 代入，得

$$\begin{aligned}\ln K^{\ominus}(1000\ \mathrm{K}) &= -\frac{22850.9}{1000} + 7.6819\ln 1000 - 4.16538\times10^{-3}\times1000 + \\ &\quad 0.35696\times10^{-6}\times1000^2 - 23.2513 = 3.1541\end{aligned}$$

于是

$$K^{\ominus}(1000\ \mathrm{K}) = 23.43$$

5.4　其他因素对理想气体化学平衡的影响

在 1884 年，法国化学家勒夏特列将范特霍夫方程加以概括，扩展了温度、压力、浓度等

因素的影响，提出了著名的化学平衡移动原理，又称为勒夏特列原理，即改变影响平衡的一个条件（温度、压力等），平衡向减弱这种改变的方向移动。美国著名化学家鲍林（曾获两次诺贝尔奖）在他的教科书说：“如果大学毕业后，学生不再从事化学研究，就可能会全部忘掉有关化学平衡的数学公式，但希望学生不要忘掉勒夏特列原理。”但凡学习过中学化学的同学，都应该知道这是化学中的一条重要原理，它使预测各种条件（温度、压力及反应物浓度）的变化对达到化学平衡的反应的影响成为可能，在化学工业中对设计最佳生产过程具有非常重要的价值。虽然勒夏特列研究的重点在化工行业，但他并不忽视理论学习，经常接触高温反应问题，他专门学习了新兴的化学热力学理论，勒夏特列原理正是化学理论和工业生产融合的结晶。例如高炉中氧化铁被一氧化碳还原的反应，大多数工程师都认为反应产物是铁和二氧化碳，而分析结果表明，从炉顶逸出的气体中还存在着相当量的一氧化碳。有些工程师认为产生这种现象的原因是反应物作用得不完全，进而将高炉加高使反应完全，但事实表明，这种做法根本无济于事，高炉气中一氧化碳的比例没有下降多少。勒夏特列则认为，这是一个可逆反应，并计算出反应达到平衡时一氧化碳的比例。

由范特霍夫方程可知，在 $\Delta_r H_m^\ominus \neq 0$ 时，$K^\ominus$ 将随 T 而变，所以 T 对化学平衡的影响是改变了 $K^\ominus$。在 T 一定时虽然 $K^\ominus$ 一定，但若能改变反应气体组分 B 的分压 p_B，即改变其 μ_B，则也会对化学平衡产生影响，等温方程就表明了这一影响。

本节从一定温度下改变气体总压、恒压下通入惰性气体即改变反应物配比，讨论对理想气体反应平衡转化率的影响（反应物及产物均为理想气体）。

5.4.1 压力对平衡转化率的影响

若气体总压为 p，任意反应组分的分压 $p_B = y_B p$，$K^\ominus$ 的表达式为

$$K^\ominus = \prod_B \left(\frac{p_B}{p^\ominus}\right)^{\nu_B} = \prod_B \left(\frac{y_B p}{p^\ominus}\right)^{\nu_B} = \left(\frac{p}{p^\ominus}\right)^{\sum \nu_B} \times \prod_B y_B^{\nu_B} \tag{5.4.1}$$

可见 $\sum \nu_B \neq 0$，则改变总压将影响平衡系统的 $\prod_B y_B^{\nu_B}$。当 $\prod_B y_B < 0$ 时，p 增大，$\prod_B y_B^{\nu_B}$ 必增大，表明平衡系统产物的含量增高而反应物的含量降低，即平衡向体积缩小方向移动；当 $\sum \nu_B > 0$，则相反。这与平衡移动原理是一致的。

❖ **例 5.4.1** 合成氨反应：

$$\frac{1}{2}N_2 + \frac{3}{2}H_2 = NH_3$$

在 500K 时 $K^\ominus$=0.2968，若反应物 N_2 与 H_2 符合化学计量比，试估算在 500K、压力为 100～1000kPa 时的平衡转化率 α。可近似按理想气体计算。

解： 设反应前 N_2 物质的量为 n_0，H_2 物质的量为 $3n_0$，平衡转化率为 α。平衡时各物质的量及摩尔分数如下：

$$\frac{1}{2}N_2(g) \quad + \quad \frac{3}{2}H_2(g) = NH_3(g)$$

物质的量： $n_0(1-\alpha)$ $3n_0(1-\alpha)$ $2n_0\alpha$

摩尔分数： $\dfrac{1-\alpha}{4-2\alpha}$ $\dfrac{3(1-\alpha)}{4-2\alpha}$ $\dfrac{2\alpha}{4-2\alpha}$

则

$$K^{\ominus}=\prod_{B}\left(\frac{p_B}{p^{\ominus}}\right)^{\nu_B}$$
$$=\left[\frac{(1-\alpha)p}{(4-2\alpha)p^{\ominus}}\right]^{-1/2}\times\left[\frac{3(1-\alpha)p}{(4-2\alpha)p^{\ominus}}\right]^{-3/2}\times\frac{2\alpha p}{(4-2\alpha)p^{\ominus}}$$
$$=\frac{4\alpha(2-\alpha)}{3^{3/2}(1-\alpha)^2 p/p^{\ominus}}$$

因 $\alpha(2-\alpha)=1-(1-\alpha)^2$，由 $(1-\alpha)^2=\dfrac{1}{1+(3^{3/2}/4)K^{\ominus}(p/p^{\ominus})}$ 开平方，取正值，得

$$\alpha=1-\frac{1}{1+1.299K^{\ominus}(p/p^{\ominus})}$$

令 p 分别等于 100 kPa 到 1000 kPa 范围内的某几个值，代入上式求得相应的 α，列于下表。

p /kPa	100	250	500	750	1000
α	0.1505	0.2864	0.4156	0.4931	0.5462

本反应 $\sum\nu_B<0$，故增大压力平衡转化率提高。

5.4.2 惰性组分对平衡转化率的影响

惰性组分为不参加化学反应的组分。

若原料气中有物质的量为 n_0 的某惰性组分，平衡时参加化学反应的组分 B 的物质的量为 n_B，总压为 p，反应组分 B 的分压为 $\dfrac{n_B}{n_0+\sum n_B}p$，一定温度下反应的标准平衡常数为

$$K^{\ominus}=\prod_{B}\left(\frac{n_B}{n_0+\sum n_B}\times\frac{p}{p^{\ominus}}\right)^{\nu_B}=\left(\frac{p/p^{\ominus}}{n_0+\sum n_B}\right)^{\sum\nu_B}\times\prod_{B}n_B^{\nu_B} \qquad (5.4.2)$$

式中，ν_B 为参加化学反应各组分的化学计量数；$\sum n_B$、$\sum\nu_B$ 分别为对反应组分（不包括惰性组分）的物质的量、化学计量数求和。

从式(5.4.2)可以看出，若 $\sum\nu_B>0$，在恒压下加入惰性组分，因 $n_0+\sum n_B$ 增大，故 $\prod_{B}n_B^{\nu_B}$ 增大，表明平衡向生成产物的方向移动，即增加惰性组分后有利于气体的物质的量增大的反应；若 $\sum\nu_B<0$，则正好相反。

例如乙苯脱氢制苯乙烯的反应

$$C_6H_5C_2H_5(g) = C_6H_5C_2H_3(g)+H_2(g)$$

$\sum\nu_B>0$，故生产上为提高转化率，要向反应系统中通入大量惰性组分水蒸气。

再如，对于合成氨反应

$$N_2(g)+3H_2(g) == 2NH_3(g)$$

$\sum\nu_B<0$，惰性组分增大，对反应不利。实际生产中，未反应完全的原料气，即氮气-氢气混合物要循环使用。在循环中，不断加入新的原料气，N_2 和 H_2 不断反应，而其中惰性组分，如甲烷、氩气等因不起反应而不断地积累，含量逐渐增高，为了维持转化，要定期放空一部分旧的原料气，以减少惰性组分的含量。

❖ **例 5.4.2** 用体积比为 1∶3 的氮氢混合气体进行氨的合成：

$$\frac{1}{2}N_2(g)+\frac{3}{2}H_2(g) == NH_3(g)$$

500℃时，$K^\ominus$=3.75×10^{-3} 及总压 p=30.4 MPa，假设为理想气体反应，试估算下列两种情况下的平衡转化率以及氨的含量。

（1）原料气只含有 1∶3 的氮气和氢气。

（2）原料气中除 1∶3 的氮气和氢气，还含有 10%的惰性组分（7%甲烷，3%氩）。

解：（1）原料气只含有 N_2 与 H_2，且 $n(H_2)/n(N_2)$=3 时，由例 5.4.1 已推导出平衡转化率 α 与标准平衡常数 $K^\ominus$ 及总压 p 的关系为

$$\alpha=1-\frac{1}{[1+1.299K^\ominus(p/p^\ominus)]^{1/2}}$$

将题给温度下的 $K^\ominus=3.75\times10^{-3}$ 及总压 $p=30.4$ MPa 代入，得

$$\alpha=1-\frac{1}{(1+1.299\times3.75\times10^{-3}\times30400/100)^{1/2}}=0.365$$

平衡时混合气体中氨的摩尔分数计算参见例 5.4.1。

$$y(NH_3)=\frac{2\alpha}{4-2\alpha}=22.3\%$$

（2）设原料气的物质的量为惰性组分，其余为氮气、氢气，反应前物质的总量为 n，平衡转化率为α，则反应前及平衡后各物质的量分列如下：

	$\frac{1}{2}N_2$ +	$\frac{3}{2}H_2$ ==	NH_3	惰性组分
起始 $n_{B,0}$	$\frac{1}{4}\times0.9n$	$\frac{3}{4}\times0.9n$	0	$n_0=0.1n$
平衡 n_B	$\frac{1}{4}\times0.9n(1-\alpha)$	$\frac{3}{4}\times0.9n(1-\alpha)$	$\frac{1}{2}\times0.9n\alpha$	$n_0=0.1n$

平衡时各气体总物质的量 $n_0+\sum_B n_B=n(1-0.45\alpha)$，则

$$K^\ominus=\prod_B\left(\frac{n_B}{n_0+\sum n_B}\times\frac{p}{p^\ominus}\right)^{\nu_B}$$

$$=\left[\frac{0.9(1-\alpha)}{4(1-0.45\alpha)}\times\frac{p}{p^\ominus}\right]^{-1/2}\times\left[\frac{3\times0.9(1-\alpha)}{4(1-0.45\alpha)}\times\frac{p}{p^\ominus}\right]^{-3/2}\times\left[\frac{0.9\alpha}{2(1-0.45\alpha)}\times\frac{p}{p^\ominus}\right]$$

$$=\frac{2^3(1-0.45\alpha)\alpha}{3^{3/2}\times0.9(1-\alpha)^2(p/p^\ominus)}$$

将 $K^{\ominus}=3.75\times10^{-3}$ 、 $p=30.4$ MPa 代入上式，得

$$\frac{(1-0.45\alpha)\alpha}{(1-\alpha)^2}=\frac{3^{3/2}\times0.9(p/p^{\ominus})K^{\ominus}}{2^3}=\frac{3^{3/2}\times0.9\times(30.4/0.1)\times3.75\times10^{-3}}{2^3}=0.6664$$

整理得

$$1.1164\alpha^2-2.3328\alpha+0.6664=0$$

于是

$$\alpha=\frac{2.3328\pm(2.3328^2-4\times1.1164\times0.6664)^{1/2}}{2\times1.1164}$$

$\alpha>1$ 不合理，弃去，得

$$\alpha=0.342$$

平衡时混合气体氨的摩尔分数为

$$y(NH_3)=\frac{0.9\alpha}{2(1-0.45\alpha)}=18.2\%$$

通过本例可以看出在 500 ℃、30.4 MPa 下由于原料气中含有 10%的惰性组分，合成氨的转化率由 0.365 降至 0.342，氨在平衡混合气中的含量也由 22.3%降至 18.2%。

注意：本题的计算是按理想气体考虑而得到的结果，在 30.4 MPa 下，气体远非理想气体。

5.4.3 反应物的物质的量之比对平衡转化率的影响

对于气相化学反应

$$a\,A+b\,B = y\,Y+z\,Z$$

若原料气中只有反应物而无产物，令反应物的物质的量之比 $r=\dfrac{n_B}{n_A}$ ，其变化范围为 $0<r<\infty$，在维持总压力相同的情况下，随着 r 的增加，气体 A 的转化率增加，而气体 B 的转化率减少。但产物在混合气体中的平衡含量随着 r 增加，存在一极大值。可以证明，当物质的量之比 $r=\dfrac{b}{a}$，即原料气中两种气体物质的量之比等于化学计量比时，产物 Y、Z 在混合气体中的含量（摩尔分数）最大。

因此，如合成氨反应，总是使原料气中氢气与氮气的体积比为 3∶1，以使氨的含量最高。

在 500 ℃、30.4 MPa 平衡混合物中氨的体积分数 $\varphi(NH_3)$ 与原料气的物质的量之比 $r=\dfrac{n(H_2)}{n(N_2)}$ 的关系见表 5.4.1 和图 5.4.1。

表 5.4.1 不同氢氮比时，混合气中氨的平衡含量

$r=\dfrac{n(H_2)}{n(N_2)}$	1	2	3	4	5	6
$\varphi(NH_3)$ /%	18.8	25.0	26.4	25.8	24.2	22.2

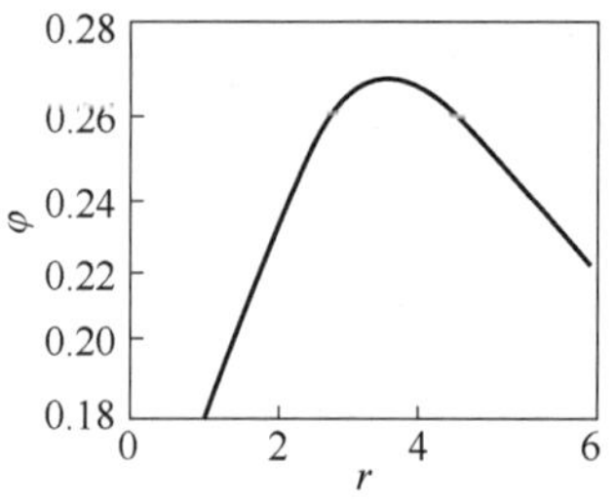

图 5.4.1　合成氨反应中 $\varphi(NH_3)$ 与 r 的关系（500 ℃，30.4 MPa）

如果两种原料气中，B 气体较 A 气体便宜，而 B 气体又不容易从混合气体中分离，那么根据平衡移动原理，为了充分利用 A 气体，可以使 B 气体大大过量，以尽量提高 A 的转化率。这样做虽然在混合气体中产物的含量低了，但经过分离便得到更多的产物，在经济上还是有益的。

5.5　同时反应平衡组成的计算

若某些反应组分同时参加两个以上的反应，则称为同时反应，例如甲烷转化时可有如下两个反应

$$CH_4(g) + H_2O(g) = CO(g) + 3H_2(g)$$
$$CO(g) + H_2O(g) = CO_2(g) + H_2(g)$$

反应组分同时参加以上两个反应，就是同时反应。计算同时反应的平衡组成，须先确定有几个独立反应。例如将上述两反应相加或相减，可得到

$$CH_4(g) + 2H_2O(g) = CO_2(g) + 4H_2(g)$$
$$CH_4(g) + CO_2(g) = 2CO(g) + 2H_2(g)$$

因此，这四个反应只有两个独立的反应。所以，若几个反应相互之间没有线性组合的关系，那么这几个反应就是独立反应。每一个独立反应有一个反应进度，而且每一个反应可列出一个独立的平衡常数式，即未知数的个数与方程式个数相等。因此若原始组成已知，则能算出达到平衡时各个独立的反应进度，从而也能算出平衡组成。但应注意，任一反应组分，不论它同时参加几个反应，其分压只有一个。

❖ **例 5.5.1**　甲烷、水蒸气比例为 1 : 5 的混合气体，在 600 ℃、101.325 MPa 下通过催化剂，以生产合成氨用的氢气。设同时发生如下反应：

$$CH_4(g) + H_2O(g) = CO(g) + 3H_2(g) \qquad K_1^{\ominus} = 0.589$$

$$CO(g) + H_2O(g) = CO_2(g) + H_2(g) \qquad K_2^{\ominus} = 2.21$$

求平衡组成。

解： 设 CH_4 和 H_2O 的起始物质的量分别为 1 mol 和 5 mol，两个反应的反应进度分别

为 x mol 和 y mol，即第一个反应 CH_4 反应掉 x mol，第二个反应生成 CO_2 为 y mol。

两个反应同时进行，达到同时平衡时，各组分的物质的量 n_B / mol 如下：

$$CH_4(g) + H_2O(g) = CO(g) + 3H_2(g)$$

$$(1-x) \quad (5-x)-y \quad x-y \quad 3x+y$$

$$CO(g) + H_2O(g) = CO_2(g) + H_2(g)$$

$$x-y \quad (5-x)-y \quad y \quad 3x+y$$

所以总的物质的量为

$$\sum n_B / \text{mol} = (1-x) + (5-x-y) + (x-y) + (3x+y) + y = 6 + 2x$$

根据标准平衡常数的定义，得

$$K^{\ominus} = \prod_B \left(\frac{p_B}{p^{\ominus}}\right)^{\nu_B} = \prod_B \left(\frac{n_B}{\Sigma n_B} \times \frac{p}{p^{\ominus}}\right)^{\nu_B} = \left(\frac{p / p^{\ominus}}{\Sigma n_B}\right)^{\Sigma \nu_B} \times \prod_B n_B^{\nu_B}$$

将此式应用于上述每一个反应，得

$$K_1^{\ominus} = \left(\frac{1.01325}{6+2x}\right)^2 \times \frac{(x-y)(3x+y)^3}{(1-y)(5-x-y)} = 0.589$$

$$K_2^{\ominus} = \frac{y(3x+y)}{(x-y)(5-x-y)} = 2.21$$

解此联立方程即可求出 x 和 y。

这里可采用试差法，因为已知 $0 < x < 1$ 及 $0 < y < x$。给定一个 x 值，通过 $K_2^{\ominus}$ 式，可以解出一个 y 值来。把这组 x、y 值代入 $K_1^{\ominus}$ 式，计算结果（一般不等于 0.589）。这样给出几个 x 值，就有几个对应的 y 值及 $K_1^{\ominus}$ 值。将 $K_1^{\ominus}$ 对 x 作图，找出 $K_1^{\ominus}=0.589$ 时的 x 值即为所求之值，再计算出 y。举例如下。

$$K_2^{\ominus} = \frac{y(3x+y)}{(x-y)(5-x-y)} = 2.21$$

整理后得

$$1.21y^2 - (3x+11.05)y - 2.21x(x-5) = 0$$

若 $x=0.900$，上式简化为

$$1.21y^2 - 13.75y + 8.155 = 0$$

解得

$$y = 0.628$$

将 $x = 0.900$、$y = 0.628$ 代入，得 $K_1^{\ominus} = 0.487$。如此试算可得到一系列的 x、y 和 $K_1^{\ominus}$ 值。计算结果列表如下。

x	0.900	0.905	0.910	0.915	0.920	0.925
y	0.628	0.630	0.632	0.634	0.636	0.638
$K_1^{\ominus}$	0.487	0.526	0.570	0.619	0.647	0.737

由表可见 x 值应在 0.910 与 0.915 之间，作图，找到 $K_1^{\ominus}=0.589$ 时 $x=0.912$，解得 $y=0.633$。

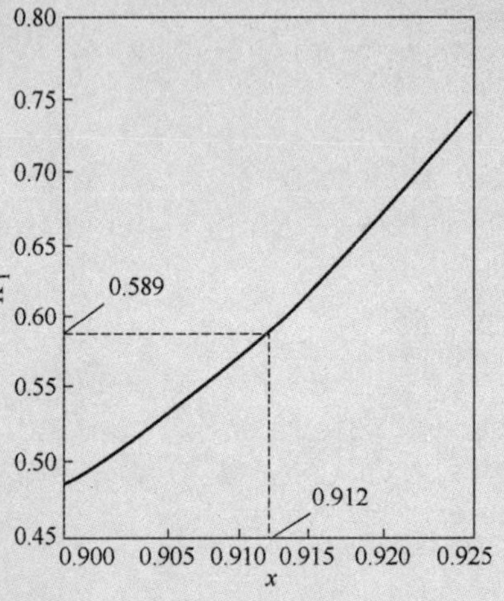

故气体组成为

$$y(CH_4)=\frac{1-x}{6+2x}=\frac{0.088}{7.824}=1.21\%$$

$$y(H_2O)=\frac{5-x-y}{6+2x}=\frac{3.455}{7.824}=44.16\%$$

$$y(CO)=\frac{x-y}{6+2x}=\frac{0.279}{7.824}=3.57\%$$

$$y(H_2)=\frac{3x+y}{6+2x}=\frac{3.369}{7.824}=43.06\%$$

$$y(CO)=\frac{y}{6+2x}=\frac{0.633}{7.824}=8.09\%$$

5.6 真实气体反应的化学平衡

推导理想气体化学平衡时，将理想气体的化学势 $\mu_B=\mu_B^{\ominus}+RT\ln(p_B/p^{\ominus})$ 代入 $\Delta_r G_m=\sum_B \nu_B\mu_B$ 得出了等温方程式，结合平衡条件 $\Delta_r G_m=0$，得出了在一定温度下的标准平衡常数 $K^{\ominus}$。

对于 $0=\sum_B \nu_B B$，真实气体 B 的化学反应可用相同的原理进行推导。

将真实气体 B 的化学势表达式 $\mu_B = \mu_B^{\ominus} + RT\ln(\tilde{p}_B / p^{\ominus})$ 代入 $\Delta_r G_m = \sum_B \nu_B \mu_B$，可得真实气体化学反应的等温方程式，即

$$\Delta_r G_m = \Delta_r G_m^{\ominus} + RT\ln(\tilde{p}_B / p^{\ominus})^{\nu_B} \tag{5.6.1}$$

式中，$\tilde{p}_B$ 为组分 B 在某指定条件下的逸度。

在达到化学平衡时，$\Delta_r G_m = 0$，有

$$\Delta_r G_m^{\ominus} = -RT\ln\prod_B (\tilde{p}_B / p^{\ominus})^{\nu_B}$$

对于确定的化学反应，$\Delta_r G_m$ 只取决于温度和标准态的选取。因为无论是对理想气体还是对真实气体，均选取 $p^{\ominus}$=100 kPa 的纯理想气体作为标准态，故由上式可知，在温度一定时，$\prod_B (\tilde{p}_B^{eq} / p^{\ominus})^{\nu_B}$ 为定值，此即为标准平衡常数。

$$K^{\ominus} = \prod_B (\tilde{p}_B^{eq} / p^{\ominus})^{\nu_B} \tag{5.6.2a}$$

式中，$\tilde{p}_B^{eq}$ 为组分 B 平衡时的逸度。因此有

$$\Delta_r G_m = -RT\ln K^{\ominus} \tag{5.6.3}$$

因 $\tilde{p}_B = \varphi_B p_B$，故有

$$K^{\ominus} = \prod_B (\varphi_B^{eq})^{\nu_B} \times \prod_B (p_B^{eq} / p^{\ominus})^{\nu_B} \tag{5.6.2b}$$

式中，φ_B^{eq} 为 B 的逸度因子，它是温度和总压的函数，故 $\prod_B (\varphi_B^{eq})^{\nu_B}$ 也取决于温度和压力。

对于理想气体，$\prod_B (\varphi_B^{eq})^{\nu_B}=1$，对于低压下的真实气体，$\prod_B (\varphi_B^{eq})^{\nu_B} \approx 1$，故

$$K^{\ominus} = \prod_B (p_B^{eq} / p^{\ominus})^{\nu_B}$$

而对于高压下的真实气体，一般来说，$\prod_B (\varphi_B^{eq})^{\nu_B} \neq 1$，故 $\prod_B (p_B^{eq} / p^{\ominus})^{\nu_B} \neq K^{\ominus}$。

❖ **例 5.6.1** 合成氨反应 $\frac{1}{2}N_2(g) + \frac{3}{2}H_2(g) = NH_3(g)$ 在 500 ℃、30.4 MPa 下进行。原料气中氮氢物质的量之比为 1 : 3。

（1）用普遍化压缩因子图求 $\prod_B \varphi_B^{\nu_B}$。

（2）按真实气体计算反应达到平衡时氨的含量，并与按理想气体计算的计算值 22.3%（见例 5.4.2）及实际值 26.4%对比。

已知 500℃时 $K^{\ominus} = 3.75\times10^{-3}$，计算时取 $\prod_B \varphi_B^{\nu_B}$ =0.773。

解：（1）由附录 2 中三种气体的临界数据，计算出各种气体在 500 ℃、30.4 MPa 下的

T_r、p_r 值，再由普遍化压缩因子图查得各气体在该 T_r、p_r 下的 φ 值，结果列表如下。

气体	T_c / K	p_c / MPa	T_r	p_r	φ
N_2	126.15	3.39	6.13	8.97	1.08
H_2	33.25	1.297	23.25	23.44	1.09
NH_3	405.48	11.313	1.91	2.69	0.94

$$\prod_B \varphi_B^{\nu_B} = 0.94 / \left(1.08^{\frac{1}{2}} \times 1.09^{\frac{3}{2}}\right) = 0.795$$

对比题给 $\prod_B \varphi_B^{\nu_B} = 0.773$，相对误差为 3%。

（2）例 5.4.1 中已经推导出原料气中氮氢物质的量之比为 1∶3 时，平衡转化率 α 以及 $K^\ominus$、总压 p 之间的关系式。由于推导时假设各组分均为理想气体，故公式中 $K^\ominus$ 代表的实际上应为 $\prod_B (p_B / p^\ominus)^{\nu_B}$，即

$$\alpha = 1 - \frac{1}{\left\{1 + 1.299\left[\prod_B (p_B / p^\ominus)^{\nu_B}\right](p / p^\ominus)\right\}^{\frac{1}{2}}}$$

在例 5.4.2 已经得出，若假设为理想气体，则在 500 ℃、$K^\ominus = \prod_B (p_B / p^\ominus)^{\nu_B} = 3.75\times10^{-3}$、$p$= 30.4 MPa 时，平衡时混合气中氮的摩尔分数 $y(NH_3) = 22.3\%$，与实际值 26.4%相比，相对误差为 16%。

现按真实气体考虑，因 $K^\ominus = \prod_B \varphi_B^{\nu_B} \times \prod_B (p_B / p^\ominus)^{\nu_B}$，故

$$\prod_B (p_B / p^\ominus)^{\nu_B} = K^\ominus / \prod_B \varphi_B^{\nu_B} = 3.75\times10^{-3} / 0.773 = 4.85\times10^{-3}$$

将其代入上式，得在 500 ℃、30.4 MPa 总压下，氮气氢气的转化率为

$$\alpha = 1 - \frac{1}{(1 + 1.299\times4.85\times10^{-3}\times304)^{\frac{1}{2}}} = 0.414$$

参见例 5.4.1，平衡时混合气中氨气的摩尔分数为

$$y(NH_3) = \frac{2\alpha}{4 - 2\alpha} = 26.1\%$$

将其与实际值 26.4%相比，相对误差只为 1%。

5.7 混合物和溶液中的化学平衡

本节讨论液态混合物和液态溶液中的化学平衡。固态混合物和固态溶液中的化学平衡也

可以用同样原理讨论。

5.7.1 常压下液态混合物中的化学平衡

对液态混合物中的化学反应 $0=\sum_{B}\nu_B B$，因常压下任一组分 B 的化学势为

$$\mu_B = \mu_B^\ominus + RT\ln a_B$$

故在恒温恒压下，化学反应的等温方程式为

$$\Delta_r G_m = \Delta_r G_m^\ominus + RT\ln\prod_{B} a_B^{\nu_B} \tag{5.7.1}$$

$\Delta_r G_B^\ominus = \sum_{B}\nu_B\mu_B^\ominus$，为标准摩尔吉布斯函数变。各组分的标准态为同样温度及标准压力下的纯液体。

在反应达到平衡时 $\Delta_r G_m = 0$，故

$$\Delta_r G_m^\ominus = -RT\ln\prod_{B}(a_B^{eq})^{\nu_B} \tag{5.7.2}$$

因在一定温度下 $\Delta_r G_m^\ominus$ 为确定值，根据 $K^\ominus$ 的定义式即

$$K^\ominus = \exp(-\Delta_r G_m^\ominus / RT)$$

得 $K^\ominus$ 的表达式为

$$K^\ominus = \prod_{B}(a_B^{eq})^{\nu_B} \tag{5.7.3}$$

因 $a_B = f_B x_B$，故常压下有

$$\begin{aligned} K^\ominus &= \prod_{B}(f_B^{eq}x_B^{eq})^{\nu_B} \\ &= \prod_{B}(f_B^{eq})^{\nu_B}\times\prod_{B}(x_B^{eq})^{\nu_B} \end{aligned} \tag{5.7.4}$$

假若反应系统能形成理想液态混合物，因 f_B=1，$\prod_{B} f_B^{\nu_B}$=1，应有

$$K^\ominus = \prod_{B}\left(x_B^{eq}\right)^{\nu_B} \tag{5.7.5}$$

然而液态系统中的化学反应并没有理想的，甚至接近理想的也很少，因此按式（5.7.5）求 $K^\ominus$ 准确度很低。但乙酸己酯的水解反应是个例外。

5.7.2 常压下液态溶液中的化学平衡

液态溶液中的化学反应可分为有机溶剂参与和只在溶质之间反应的两类不同情况。

若液态溶液中的化学反应可表示为

$$0=\nu_A A+\nu_B B$$

式中，A 代表溶剂；B 代表任一种溶质。$\nu_A<0$，表示溶剂为反应物；$\nu_A>0$，表明溶剂为产物；$\nu_A=0$，则溶剂不参与反应，这时，化学反应只在溶质之间进行。

常压下溶剂 A 和溶质 B 的化学势表达式为

$$\mu_A=\mu_A^{\ominus}+RT\ln a_A$$
$$\mu_B=\mu_B^{\ominus}+RT\ln a_B$$

将其代入 $\Delta_r G_m=\nu_A\mu_A+\sum_B \nu_B\mu_B$，得溶液中的化学反应的等温方程式为

$$\Delta_r G_m=\Delta_r G_m^{\ominus}+RT\ln\left(a_A^{\nu_A}\prod_B a_B^{\nu_B}\right) \tag{5.7.6}$$

注意，这里溶剂 A 和溶质 B 的标准态不同，溶剂 A 的标准态是同样温度在标准压力下的纯液体 A，而任一溶质 B 的标准态是在同样温度及标准压力下 b_B=1 mol・kg^{-1}，而且具有理想稀溶液性质的溶液。

当溶液中的化学反应达到平衡时，$\Delta_r G_m=0$，故

$$\Delta_r G_m^{\ominus}=-RT\ln\left[(a_B^{eq})^{\nu_B}\times\prod_B(a_B^{eq})^{\nu_B}\right] \tag{5.7.7}$$

在一定的温度下 $\Delta_r G_m^{\ominus}$ 为确定值，根据式（5.2.3），即

$$K^{\ominus}=\exp(-\Delta_r G_m^{\ominus}/RT)$$

得溶液中化学反应 $K^{\ominus}$ 的表达式为

$$K^{\ominus}=(a_A^{eq})^{\nu_A}\prod_B(a_B^{eq})^{\nu_B} \tag{5.7.8}$$

习题

1. 在某恒定温度和压力下，取 n_0=1 mol 的 A(g)进行如下化学反应：A(g) ══ B(g)。若 $\mu_B^{\ominus}=\mu_A^{\ominus}$，试证明，当反应进度 $\zeta=0.5$ mol 时，系统的吉布斯函数 G 值为最小，这时 A、B 间达到化学平衡。

2. 已知四氧化二氮的分解反应：N_2O_4(g)══2NO_2(g)。在 298.15 K 时，$\Delta_r G_m^{\ominus}$ = 4.75 kJ・mol^{-1}。试判断在此温度及下列条件下，反应进行的方向。

（1）N_2O_4（100 kPa），NO_2（1000 kPa）。

（2）N_2O_4（1000 kPa），NO_2（100 kPa）。

（3）N_2O_4（300 kPa），NO_2（200 kPa）。

3. 1000 K 时，反应 C(s) + 2H_2(g) ══ CH_4(g)的 $\Delta_r G_m^{\ominus}$=19.397 kJ・mol^{-1}。现有与碳反应的气体混合物，其组成（以体积分数表示）为 $\varphi(CH_4)=0.10$、$\varphi(H_2)=0.80$、$\varphi(N_2)=0.10$。

（1）T=1 000 K、p = 100 kPa 时，$\Delta_r G_m^\ominus$ 等于多少？甲烷能否形成？

（2）在 T = 1000 K 下，压力须增加到多少，上述合成甲烷的反应才可能进行？

答：（1）$\Delta_r G_m^\ominus = 3.963\ kJ \cdot mol^{-1}$，不能生成

（2）p＞161.1 kPa

4. 已知同一温度，两反应方程及其标准平衡常数如下：

$$C(石墨) + H_2O(g) \rightleftharpoons CO(g) + H_2(g) \qquad K_1^\ominus$$

$$C(石墨) + 2H_2O(g) \rightleftharpoons CO_2(g) + 2H_2(g) \qquad K_2^\ominus$$

求下列反应的 $K^\ominus$ 。

$$CO(g) + H_2O(g) \rightleftharpoons CO_2(g) + H_2(g)$$

答：$K^\ominus = K_2^\ominus / K_1^\ominus$

5. 已知同一温度，两反应方程及其标准平衡常数如下：

$$CH_4(g) + CO_2(g) \rightleftharpoons 2CO(g) + 2H_2(g) \qquad K_1^\ominus$$

$$CH_4(g) + H_2O(g) \rightleftharpoons CO(g) + 2H_2(g) \qquad K_2^\ominus$$

求下列反应的 $K^\ominus$ 。

$$CH_4(g) + 2H_2O(g) \rightleftharpoons CO_2(g) + 4H_2(g)$$

答：$K^\ominus = (K_2^\ominus)^2 / K_1^\ominus$

6. 在一个抽空的恒容容器中引入氯和二氧化硫，若它们之间没有发生反应，则在 375.3 K 时的分压应分别为 47.836 kPa 和 44.786 kPa。将容器保持在 375.3 K，经一定时间后，总压力减少至 86.096 kPa，且维持不变。求下列反应的 $K^\ominus$ 。

$$SO_2Cl_2(g) \rightleftharpoons SO_2(g) + Cl_2(g)$$

答：2.42

7. 使一定量物质的量之比为 1∶3 的氮、氢混合气体在 1174 K、3 MPa 下通过铁催化剂以合成氨。设反应达到平衡。出来的气体混合物缓缓地通入 20 cm^3 盐酸以吸收氨。用气量计测得剩余气体的体积相当于 273.15 K、101.325 kPa 的干燥气体（不含水蒸气）2.02 dm^3。原盐酸溶液 20 cm^3 需用浓度为 52.3 $mmol \cdot dm^{-3}$ 的氢氧化钾溶液 18.72 cm^3 滴定至终点。气体通过后则只需要同样浓度的氢氧化钾溶液 15.17 cm^3。求 1174 K 时，下列反应的 $K^\ominus$ 。

$$N_2(g) + 3H_2(g) \rightleftharpoons 2NH_3(g)$$

答：4.49×10^{-8}

8. 五氧化磷分解反应为 $PCl_5(g) \rightleftharpoons PCl_3(g) + Cl_2(g)$，在 200 ℃时 $K^\ominus = 0.312$，计算：

（1）200 ℃、200 kPa 下 PCl_5 的解离度。

（2）物质的量之比为 1∶5 的 PCl_5 与 Cl_2 的混合物，在 200 ℃、101.325 kPa 下，达到化学平衡时 PCl_5 的解离度。

答：（1）36.7%

（2）26.8%

9. 在 994K 下使纯氢气慢慢地通过过量的 CoO(s)，则氧化物部分地被还原为 Co(s)。出来的平衡气体中氢的体积分数 $\varphi(H_2) = 2.50\%$。在同一温度，若用 CO 还原 CoO (s)，平衡后气

体中一氧化碳的体积分数$\varphi(CO) = 1.92\%$。等物质的量的一氧化碳和水蒸气的混合物在 994K 下，通过适当催化剂进行反应，其平衡转化率为多少？

答：53.4%

10. 在真空的容器中放入固态的 NH_4HS，其于 25 ℃下分解为 $NH_3(g)$与 $H_2S(g)$，平衡时容器内的压力为 66.66 kPa。

（1）当放入 NH_4HS 时容器中已有 39.99 kPa 的 $H_2S(g)$，求平衡时容器中的压力。

（2）容器中原有 6.666 kPa 的 $NH_3(g)$，问需加多大压力的 H_2S，才能形成 NH_4HS 固体。

答：（1）77.7 kPa

（2）$p(H_2S) > 166$ kPa

11. 现有理想气体间反应

$$A(g) + B(g) \longrightarrow C(g) + D(g)$$

开始时，A 与 B 均为 1 mol、25 ℃下，反应达到平衡时，A 与 B 的物质的量各为 1/3 mol。

（1）求此反应的$K^\ominus$。

（2）分别求反应达平衡时 C 的物质的量

① 开始时，A 为 1 mol、B 为 2 mol。

② 开始时，A 为 1 mol，B 为 1 mol、C 为 0.5 mol。

③ 开始时，C 为 1 mol、D 为 2 mol。

答：（1）4

（2）①0.845 mol；②1.096 mol；③0.5431 mol

12. 将由 1 mol 的 SO_2 与 1 mol O_2 组成的混合气体，在 101.325 kPa 及 903 K 下通过盛铂丝的玻璃管，控制气流速度，使反应达到平衡。把产生的气体急剧冷却，并用 KOH 吸收 SO_2 及 SO_3。最后量得余下的氧气在 101.325 kPa、273.15 K 下体积为 13.78 L，试计算下列反应在 903 K 时的$\Delta_r G_m^\ominus$及$K^\ominus$。

$$SO_2 + \frac{1}{2} O_2 \longrightarrow SO_3$$

答：$K^\ominus = 5.40$，$\Delta_r G_m^\ominus = -12.7\ kJ \cdot mol^{-1}$

13. 383.3 K、60.483 kPa 时，从测定醋酸蒸气的密度所得到的平均摩尔质量是醋酸单分子摩尔质量的 1.520 倍。假定气体分子中只含有单分子及双分子。求下列反应的$\Delta_r G_m^\ominus$。

$$2CH_3COOH \longrightarrow (CH_3COOH)_2$$

答：$-4.2\ kJ \cdot mol^{-1}$

14.（1）在 1120 ℃下用 H_2 还原 FeO(s)，平衡时混合气体中 H_2 的摩尔分数为 0.54。求 FeO(s)的分解压。已知同温度下：

$$2H_2O(g) \longrightarrow 2H_2(g) + O_2(g) \qquad K^\ominus = 3.4\times10^{-13}$$

（2）在炼铁炉中，氧化铁按如下反应还原：

$$FeO(s) + CO(g) \longrightarrow Fe(s) + CO_2(g)$$

求 1120 ℃下，还原 1mol FeO 需要 CO 的物质的量。已知同温度下：

$$2CO_2(g) \longrightarrow 2CO(g) + O_2(g) \qquad K^\ominus = 1.4\times10^{-12}$$

答：（1）2.50×10^{-11} kPa

（2）3.38 mol

15. 求下列反应在 298.15 K 下平衡的蒸气压。

（1）$CuSO_4\cdot5H_2O(s) \longrightarrow CuSO_4\cdot3H_2O(s)+2H_2O(g)$。

（2）$CuSO_4\cdot3H_2O(s) \longrightarrow CuSO_4\cdot H_2O(s)+2H_2O(g)$。

（3）$CuSO_4\cdot H_2O(s) \longrightarrow CuSO_4+H_2O(g)$。

已知 298.15 K 下各物质的标准摩尔生成吉布斯函数变 $\Delta_f G_m^\ominus$ 如下。

物质	$CuSO_4\cdot5H_2O(s)$	$CuSO_4\cdot3H_2O(s)$	$CuSO_4\cdot H_2O(s)$	$CuSO_4$	$H_2O(g)$
$\Delta_f G_m^\ominus/(J\cdot mol^{-1})$	−1879.6	−1399.8	−917.0	−661.8	−228.6

答：（1）1.05 kPa

（2）0.57 kPa

（3）2.2×10^{-3} kPa

16. 已知下列数据（298.15 K）：

物质	C（石墨）	$H_2(g)$	$N_2(g)$	$O_2(g)$	$CO(NH_2)_2(s)$
$S_m^\ominus/(J\cdot mol^{-1}\cdot K^{-1})$	5.740	130.684	191.6	205.138	104.60
$\Delta_c H_m^\ominus/(kJ\cdot mol^{-1})$	−393.51	−285.83	0	0	−631.66
物质	$NH_3(g)$	$CO_2(g)$	$H_2O(g)$		
$\Delta_r G_m^\ominus/(kJ\cdot mol^{-1})$	−16.5	−394.36	−228.572		

求 298.15 K 下$(NH_2)_2CO$ 的标准摩尔生成吉布斯函数变$\Delta_r G_m^\ominus$，以及下列反应的$K^\ominus$。

$$CO_2(g)+2NH_3(g) \longrightarrow H_2O(g)+(NH_2)_2CO(g)$$

答：$\Delta_f G_m^\ominus=-197.4\ kJ\cdot mol^{-1}$，$K^\ominus=0.57$

17. 已知 25 ℃时 AgCl(s)及水溶液中 Ag^+、Cl^-的 $\Delta_f G_m^\ominus$ 分别为−109.789 kJ · mol^{-1}、77.107 kJ · mol^{-1}、−131.22 kJ · mol^{-1}。求 25℃下 AgCl(s)在水溶液中的标准溶度积 $K^\ominus$ 及溶解度 s。

答：$K^\ominus=1.768\times10^{-10}$，$s=0.19\ mg\cdot 100\ g^{-1}$

18. 已知 298.15 K 时，CO(g)和 $CH_3OH(g)$的 $\Delta_f H_m^\ominus$ 分别为 – 110.52 kJ ·mol^{-1} 及 – 200.7 kJ ·mol^{-1}，CO(g)、$H_2(g)$、$CH_3OH(l)$的 $S_m^\ominus$ 分别为 197.67 J · mol^{-1} · K^{-1}、130.684 J · mol^{-1} · K^{-1} 及 126.8 J ·mol^{-1} ·K^{-1}。又知 298.15 K 甲醇的饱和蒸气压为 16.59 kPa、$\Delta_{vap}H_m^\ominus$=38.0 kJ ·mol^{-1}，蒸气可视为理想气体。

求 298.15 K 时，下列反应的 $\Delta_r G_m^\ominus$ 及 $K^\ominus$。

$$CO(g)+2H_2(g) \longrightarrow CH_3OH(g)$$

答：$\Delta_r G_m^\ominus=-24.73\ kJ\cdot mol^{-1}$，$K^\ominus=2.15\times10^4$

19. 在高温下水蒸气通过灼热的煤层，按下列反应生成水煤气：

$$C(石墨)+H_2O(g) \longrightarrow H_2(g)+CO(g)$$

若在 1000 K 及 1200 K 时，$K^\ominus$ 分别为 2.505 及 38.08，试计算此温度范围内的平均摩尔反应焓变$\Delta_r H_m$，及在 1100 K 时反应的标准平衡常数$K^\ominus$。

答：$\Delta_r H_m$ −136 kJ・mol^{-1}，$K^\ominus$=11.0

20. 在 100 ℃下，下列反应的$K^\ominus = 8.1\times10^{-9}$，$\Delta_r G_m^\ominus$=125.6 kJ・mol^{-1}。计算：

（1）100 ℃，总压为 200 kPa 时 $COCl_2$ 的解离度。

（2）100 ℃下上述反应的$\Delta_r H_m^\ominus$。

（3）总压为 200 kPa、$COCl_2$ 解离度为 0.1%时的温度，设$\Delta_r C_{p,m} = 0$。

$$COCl_2(g) \longrightarrow CO(g) + Cl_2(g)$$

答：（1）6.37×10^{-5}

（2）105 kJ・mol^{-1}

（3）446 K

21. 反应 $2NaHCO_3(s) \longrightarrow Na_2CO_3(s) + H_2O(g) + CO_2(g)$在不同温度时的平衡总压如下：

t/℃	30	50	70	90	100	110
p/kPa	0.827	3.999	15.90	55.23	97.47	167.0

设反应的$\Delta_r H_m^\ominus$与温度无关。求：

（1）上述反应的$\Delta_r H_m^\ominus$。

（2）lg（p/kPa）与 T 的函数关系式。

（3）$NaHCO_3$ 的分解温度。

答：（1）128 kJ・mol^{-1}

（2）$\lg(p/\text{kPa})=-3345/(T/\text{K})+10.953$

（3）374 K

22. 在 454～475 K 温度范围内，反应 $2C_2H_5OH(g) \longrightarrow CH_3COOC_2H_5(g) + 2H_2(g)$的标准平衡常数$K^\ominus$与 T 的关系式如下：

$$\lg K^\ominus = 2100 / (T/\text{K}) + 4.67$$

已知 473K 时，乙醇的$\Delta_f H_m^\ominus = -235.34$ kJ・mol^{-1}。求该温度时乙酸乙酯的$\Delta_f H_m^\ominus$。

答：−430 kJ・mol^{-1}

23. 已知下列数据：

物质	$\Delta_f H_m^\ominus$ /（kJ・mol^{-1}）	$S_m^\ominus$ /（J・mol^{-1}・K^{-1}）	$C_{p,m}=a+bT+CT^2$		
			a/（J・mol^{-1}・K^{-1}）	$b\times10^3$/（J・mol^{-1}・K^{-1}）	$c\times10^6$/（J・mol^{-1}・K^{-1}）
CO(g)	−110.52	197.67	26.537	7.6831	−1.172
H_2	0	130.684	26.88	4.347	−0.3265
$CH_3OH(g)$	−200.66	239.81	18.40	101.56	−28.68

求以下反应的 lg$K^\ominus$与 T 的函数关系式及 300 ℃时的$K^\ominus$。

$$CO(g) + 2H_2 \longrightarrow CH_3OH(g)$$

答：$\lg K^\ominus = 3932/(T/\text{K}) - 7.445\lg(T/\text{K}) + 2.225\times10^{-3} - 0.2338\times10^{-6}(T/\text{K})^2 + 8.940$，$K^\ominus$=2.90

24. 反应 $3CuCl(g) \longrightarrow Cu_3Cl_3$ 的$\Delta_r G_m^\ominus$与 T 的关系如下：

$$\Delta_r G_m^\ominus/(J \cdot mol^{-1}) - 528858 - 52.34(T/K)\lg(T/K) + 438.2(T/K)$$

求：

（1）2000 K 时，此反应的$\Delta_r H_m^\ominus$、$\Delta_r G_m^\ominus$。

（2）此反应在 2000 K、100 kPa 下平衡混合物中 Cu_3Cl_3 的摩尔分数。

答：（1）$\Delta_r H_m^\ominus = -483\ kJ \cdot mol^{-1}$，$\Delta_r G_m^\ominus = -242.7\ J \cdot mol^{-1} \cdot K^{-1}$

（2）0.302

25. 工业上乙苯脱氢制苯乙烯反应如下：

$$C_6H_5C_2H_5(g) \rightleftharpoons C_6H_5C_2H_3(g) + H_2(g)$$

如反应在 900 K 下进行，$K^\ominus$=1.51。试分别计算在下述情况下，乙苯的平衡转化率。

（1）反应压力为 100 kPa。

（2）反应压力为 10 kPa。

（3）反应压力为 100 kPa，且加入水蒸气使原料气中水与乙苯蒸气的物质的量之比为 10∶1。

答：（1）77.6%

（2）96.8%

（3）95.0%

26. 在一个抽空的烧瓶中放很多的 $NH_4Cl(s)$，当加热到 340 ℃时，固态 $NH_4Cl(s)$仍然存在，此时系统的平衡压力为 104.67 kPa；在同样的情况下，若放入 $NH_4I(s)$则测得的平衡压力为 18.846 kPa，试求固态 NH_4Cl 和固态 NH_4I 的混合物在 340 ℃时的平衡压力。假设 HI 不分解，且此两种盐不形成固溶体。

答：106.4 kPa

27. 已知 25 ℃水溶液中甲酸（HCOOH）和乙酸（HOAc）的标准电离常数 $K^\ominus$ 分别为 1.82×10^{-4} 和 1.74×10^{-5}。求下列溶液中氢离子的质量摩尔浓度 b（H^+）。

（1）b =1 mol · kg^{-1} 的甲酸水溶液。

（2）b =1 mol · kg^{-1} 的乙酸水溶液。

（3）质量摩尔浓度均为 1 mol · kg^{-1} 的甲酸和乙酸的混合溶液。

计算结果说明了什么？

答：（1）1.34×10^{-2} mol · kg^{-1}

（2）4.17×10^{-3} mol · kg^{-1}

（3）1.412×10^{-2} mol · kg^{-1}

第 6 章 相平衡

前面几章曾讨论过相平衡问题，如纯物质两相平衡的压力和温度遵循克拉佩龙方程、蒸气与稀溶液两相平衡的蒸气压遵循拉乌尔定律和亨利定律、固体或气体物质与溶液两相平衡的凝固点或沸点与溶液浓度的关系等。各种相平衡都遵循一个共同规律，这个规律称为相律。相律揭示了多相平衡体系中组分数、相数以及影响平衡的浓度、温度、压强等变数之间的关系。将上述关系用几何图形描述就构成相图，又称相平衡状态图。相图的形状随着体系的不同而不同，本章将对这些相图的特征分类研究。相图是研究多相系统的状态如何随温度、压力、组成等强度性质变化而变化的图形。

在化工生产中对原料和产品都要求有一定的纯度，因此常常需要对原料和产品进行分离和提纯。最常用的分离提纯方法是结晶、蒸馏、萃取和吸收等，这些过程的理论基础就是相平衡原理。此外，金属和非金属材料的性能与相组成密切相关。所以研究多相系统的相平衡有着重要的实际意义。

通过相图，可以得知在某温度、压力条件下，一系统处于相平衡时存在着哪几个相、每个相的组成如何、各个相的量之间有什么关系，以及当条件发生变化，系统内原来的平衡破坏而趋向一新的平衡时，相变化的方向和限度。

本章首先介绍指导相平衡关系的重要定律——相律，相律表明相平衡系统的独立变量数；其次介绍多组分系统中两相平衡时两相数量与系统组成关系的杠杆规则；最后介绍单组分、二组分和三组分系统的最基本的几种相图，其中着重介绍二组分气-液相图和液-固相图。

6.1 相律

相律是吉布斯根据热力学原理得出的平衡基本定律，是物理化学中最具有普遍性的规律之一，它用来确定相平衡系统中独立改变的变量的个数——自由度。

相（phase）是体系内物理和化学性质完全均匀的部分。相与相之间有明显的分界面。在分界面上，从宏观的角度来看，体系性质的改变是不连续的，在界面上宏观性质的改变是飞跃式的。通常任何气体都能无限混合，所以体系内不论有多少种气体，都只有一个气相。没有气相的体系称为凝聚体系，即称液体和固体为凝聚态。液体按其互溶的程度通常可以是一相、两相或三相共存。对于固体，一般是一种固体便是一个相，而不管它们的大小。如一大块 $CaCO_3$ 是一个相，如果把它们粉碎成小颗粒，它们仍然是一个相，因为它们的物理和化学性质是一样的。但固态溶液是一个相，因固态溶液中粒子的分散程度和液态溶液中的类似。系统中相的总数称为相数，用 P 表示。

6.1.1 自由度

相平衡系统发生变化时，系统的温度、压力、体积、密度等及每个相的组成均可发生变化，由于热力学性质之间存在关联，并不需要指定所有物理量的数值。如液态水，可以选择压力 p 和温度 T 作为变量，其他物理量则是温度和压力的函数，温度和压力在一定范围内可以独立改变，而不影响液态水的相态。在热力学中，当系统为平衡状态时，在不改变相的数目及组分数的情况下，可独立改变的变量数日称为自由度，用字母 F 表示。这些强度变量通常是压力、温度和浓度等。

例如，纯水在气、液两相平衡时，温度、压力均可以改变，但其中只有一个变量（如 T）可以独立改变，另一个变量（p）是不能独立改变的，它是前一个变量（T）的函数，这个函数关系即克拉佩龙方程。如果在温度改变时，压力变量不按函数关系变化，也独立改变，则必然要有一个相消失，而不能维持原有的两相平衡。因此，称这一系统的自由度为 1。

又如任意组成的二组分盐水溶液与水蒸气两相平衡系统，可以改变的变量有三个：温度、压力（即水蒸气压力）和盐水溶液的组成。但水蒸气压力是温度和溶液组成的函数，或者说溶液的沸腾温度是压力和溶液组成的函数，故这个系统的自由度为 2。若盐是过量的，系统中固体盐、盐的饱和水溶液与水蒸气三相平衡。当温度一定时，盐的溶解度一定，因而水蒸气压力也一定，能够独立变动的变量只有一个，故系统的自由度为 1。当然，在温度、压力、溶液组成三个变量中，任何一个均可以作为独立变量，但当它的值确定了之后，其他两个就不能再独立改变了。

如果已指定某个强度变量，除该变量以外的其他强度变量数称为条件自由度，用 F^* 表示。例如，指定了压力，$F^* = F - 1$；指定了压力和温度，$F^* = F - 2$。

再如，用摩尔分数表示组成时，因有 $\sum_{B} x_B = 1$，故（S–1）种物质的相对含量即足以表示相的组成。

从这几个例子可以看出，相平衡系统的自由度是和系统内的物种数、相数有关的。对于物种数、相数较少的系统，根据经验还可以判断其自由度；但对于多种物质、多相系统，要确定系统的自由度，单凭经验就很困难了，因此需要有一个公式来指引，这就是相律。

6.1.2 相律的推导

热力学中共有四大平衡：热平衡、力学平衡、相平衡和化学平衡。由于相平衡和化学平衡内容较多，物理化学中给予专门讨论。

① 热平衡。设一孤立体系由 α 和 β 两相构成，两相之间无绝热壁，则热平衡条件为 $T^{\beta} = T^{\alpha}$。对多相体系，推广为

$$T^{\alpha} = T^{\beta} = \cdots = T^{P}$$

② 力学平衡。设体系由 α 和 β 两相构成，两相之间无刚性壁和半透壁，体系温度和体积

恒定，力学平衡条件为$p^{\alpha}=p^{\beta}$。对多相体系，推广为

$$p^{\alpha}=p^{\beta}=\cdots=p^{P}$$

③ 相平衡。设体系有P个相，每个相有S种物质构成，在相平衡时，两相之间相平衡条件为$\mu_i(\alpha)=\mu_i(\beta)$。多相之间则有

$$\mu_i(\alpha)=\mu_i(\beta)=\cdots=\mu_i(P)$$

④ 化学平衡。设体系有P个相，每个相由S种物质构成，在每个相中达到化学平衡时，反应前后各物质化学势加和为零，即

$$\sum_i \nu_i\mu_i=0$$

由实验可知，体系平衡状态由体系的温度、压力和浓度这些强度量决定，其他的强度量都是这些强度量的函数。但在平衡体系中上述强度量并不都是独立的，它们要受到平衡条件式（6.1.1）～式（6.1.4）的限制。现在就来研究一个具有S种物质、P个相和R个独立化学反应的无绝热壁和刚性壁的平衡体系有多少个独立变量，即推导相律公式。

相律的主要目的是确定系统的自由度，即独立变量个数。

$$自由度 = 总变量数 - 非独立变量数$$

任何一个非独立变量，均可以通过一个关联的方程式来表示，且有多少个非独立变量，一定对应多少个关联变量的方程式。因此，确定系统状态的总变量数与关联变量的方程式数之差就是独立变量数，也就是自由度，即

$$自由度 = 总变量数 - 方程式数$$

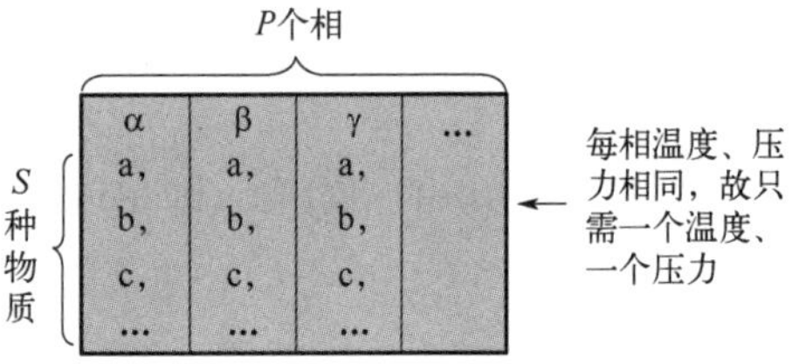

图 6.1.1　P个相、S种物质的系统

假如有图 6.1.1 所表示的系统，达到相平衡时，总变量数包括温度、压力和组成，由于相平衡，故温度和压力都是相等的，组成就是各相中每一种物质的浓度，这样的组成共有（$P\times S$）个，所以总变量数为$PS+2$。

为了求出自由度，需要找出方程式数目：

① 每一相中，S种物质变量间存在$\sum x_{\mathrm{B}}=1$的等式，故系统中P个相就有P个关联组成的方程。

② 相平衡时，每种物质有（$P-1$）个化学势相等的方程式，S种物质有［$S(P-1)$］个方程式。其推导过程如下：

若用阿拉伯数字 1, 2, …, S表示系统中的每种物质，用罗马数字Ⅰ，Ⅱ，…，P表示系统中的每个相，根据相平衡条件，每一物质在各个相中的化学势相等，则

$$\mu_1(\mathrm{I})=\mu_1(\mathrm{II})=\cdots=\mu_1(P)$$
$$\mu_2(\mathrm{I})=\mu_2(\mathrm{II})=\cdots=\mu_2(P)$$
$$\cdots\cdots$$
$$\mu_{\mathrm{S}}(\mathrm{I})=\mu_{\mathrm{S}}(\mathrm{II})=\cdots=\mu_{\mathrm{S}}(P)$$

由于化学势是温度、压力和组成的函数，因此，化学势的等式就是关联变量的方程式。

对一种物质来说，就有（P−1）个化学势相等的方程式，根据假设 S 种物质皆分布于 P 个相中，所以 S 种物质共有［$S\times(P-1)$］个这样的方程式。

③ R 个独立的化学平衡反应对应 R 个方程式。若系统中有 R 个独立的化学平衡反应存在（每一个反应不一定和这 S 种物质有关系），根据化学平衡条件 $\sum_{B}\nu_B\mu_B=0$，所以一个独立的平衡反应就有一个关联变量的方程式，即共有 R 个方程式。

④ R'个独立的限制条件有 R'个方程式。如电解质电离，为了保持电中性，正、负离子的电荷数要相等，这就是一个浓度限制条件；再比如 HI 气体分解出氢气和碘蒸气，由于氢气和碘蒸气的物质的量之比恒定，故这是一个限制条件。

综合上述四种情况，自由度的数学表达式，即相律可以整理为

$$
\begin{aligned}
F &= (PS+2)-[P+S(P-1)+R+R'] \\
&= (S-R-R')-P+2 \qquad (6.1.1)\\
&= C-P+2
\end{aligned}
$$

式中，C 为系统的组分数，等于化学物质的数目减去独立的化学平衡反应数目，再减去独立的限制条件数目，即 $C=S-R-R'$。相律由吉布斯于 1875 年发表报道，用文字叙述如下：只受温度和压力影响的平衡系统的自由度，等于系统组分减去相数再加二。

6.1.3 组分数

由前述可知，系统的组分数等于化学物质的数目减去独立的化学平衡反应数目，再减去独立的限制条件数目。

化学反应是按计量式进行的，在有些情况下，某些物质的浓度间还满足某种关系，即某种浓度限制条件，如反应：

$$(NH_4)_2S(s) = 2NH_3(g) + H_2S(g)$$

由于 NH_3(g)和 H_2S(g)都是由$(NH_4)_2S$(s)分解生成的，而且同处于气相中，故二者压力具有一定的比例关系，即 $p(NH_3)=2p(H_2S)$，此时浓度限制条件 $R'=1$。如果分解前，气相中就含有 NH_3(g)或者 H_2S(g)，则无法确定分解后的压力比，此时浓度限制条件 $R'=0$。

若分解产物不在同一相（液相或气相）中，浓度限制条件 $R'=0$，如反应：

$$CaCO_3(s) = CO_2(g) + CaO(s)$$

CO_2(g)和 CaO(s)不在同一相，二者压力或浓度没有比例关系，即无浓度限制条件。

一般而言，浓度限制条件的数目为 R'，则有 R'个方程式，即可以确定 R'个非独立变量。

计算组分数时所涉及的平衡反应，必须是在所讨论的条件下，系统中实际存在的反应。例如，N_2、H_2 和 NH_3 的系统，在常温下三者并不发生反应，故 $C=3-1-0=3$，是三组分系统。该系统若在某高温和有催化剂存在下，则化学反应 $N_2+3H_2 = 2NH_3$ 达到平衡，此时 $S=3$、$R=1$、$R'=0$，故 $C=3-1-0=2$，是二组分系统。若再加以限制，使 N_2 和 H_2 的物质的量之比为 1∶3（例如 NH_3 分解产生的 N_2 和 H_2），则 $S=3$、$R=1$、$R'=1$，故 $C=3-1-1=1$，是单组分系统。

再如，PCl_5(g)的分解反应，即

$$PCl_5(g) = PCl_3(g) + Cl_2(g)$$

对于此反应，$S=3$、$R=1$、$n_{PCl_3}:n_{Cl_2}=1:1$，则 $R'=1$，$C=S-R-R'=3-1-1=1$。

又有如下 3 个反应：

$$C(s)+H_2O(g) \longrightarrow CO(g)+H_2(g) \tag{1}$$

$$C(s)+CO_2(g) \longrightarrow 2CO(g) \tag{2}$$

$$CO(g)+H_2O(g) \longrightarrow CO_2(g)+H_2(g) \tag{3}$$

因反应（1）-反应（2）= 反应（3），3 个反应式中，只有 2 个是独立的反应，故 $R=2$。

❖ **例 6.1.1** 在某温度、压力下，ZnO(s)被还原而成为平衡系统，其中存在纯固态 ZnO、液态 Zn、纯碳以及 CO 与 CO_2 气体，试写出该系统中的独立化学反应的方程式。该系统有几个强度变量？几个自由度？为什么二者数值不一样？

解： 根据题意，系统中的独立化学反应为

$$ZnO(s)+C(s) \longrightarrow Zn(l)+CO(g)$$

$$2CO(g) \longrightarrow C(s)+CO_2(g)$$

系统中共有 5 种化学物种，2 个独立反应，则 $C=5-2=3$。

设固体不互溶，即共 4 相，故 $F=3-4+2=1$。

系统强度变量为 T、p、$p(CO)$、$p(CO_2)$，4 个强度变量中只有 1 个是独立的。

❖ **例 6.1.2** 求 CO、CO_2、$H_2O(g)$、O_2、H_2 混合气体的组分数 C。若指定 H_2O、CO 物质的量之比为 1∶1，则组分数 C 是多少？

解：

$$H_2+1/2O_2 \longrightarrow H_2O \qquad (1)$$

$$CO+H_2O \longrightarrow CO_2+H_2 \qquad (2)$$

$$CO+1/2\ O_2 \longrightarrow CO_2 \qquad (3)=(1)+(2)$$

因 $S=5$、$R=2$、$R'=0$，故 $C=S-R-R'=5-2-0=3$。

若指定 H_2O、CO 的物质的量之比为 1∶1，则 $R'=1$，$C=S-R-R'=5-2-1=2$。

注：$R=S-M$（$S>M$），式中 S 为物种数，M 为组成物质的化学元素数，所以此例中 $R=S-M=5-3$（C、H、O）$=2$，此时 $C=S-R-R'=M-R'$。

思考

对于 $Na_2CO_3 \cdot H_2O$、$Na_2CO_3 \cdot 7H_2O$、$Na_2CO_3 \cdot 10H_2O$ 混合体系，在压力一定时，最多有几相？1 大气压下，与水溶液、冰平衡共存的含水盐有几种？温度一定时，与水蒸气平衡的含水盐有几种？

6.1.4 相律的说明

关于相律应当注意以下几点。

① 在推导相律时，曾假设在每一相中 S 种物质均存在，但是不论实际情况是否符合此假

设，都不影响相律的形式。这是因为如果某一相中不含某种物质，则在这一相中该物质的相对含量变量就少了一个，同时，相平衡条件中该物质在各相化学势相等的方程式也相应的减少了一个，故相律 $F=C-P+2$ 仍成立。

② 相律 $F=C-P+2$ 中的 2 表示系统整体的温度、压力皆相同。对与此条件不符的系统，如渗透系统，则需补充。

③ 相律 $F=C-P+2$ 中的 2 表示只考虑温度、压力对系统相平衡的影响。通常情况下确是如此。但当需要考虑其他因素（如电场、磁场、重力场等因素）对系统相平衡的影响时，设 n 是造成这一影响的各种外界因素的数目，则相律的形式应为 $F=C-P+n$。

④ 对于没有气相存在，只由液相和凝聚相组成的系统，由于压力对相平衡的影响很小，且通常在大气压力下研究，即不考虑压力对相平衡的影响，故常压下凝聚系统的相律形式为 $F=C-P+1$。

6.1.5 相律的意义

多组分相系统是十分复杂的，但借助相律可以确定研究的方向。它表明相平衡系统中有几个独立的变量，当独立变量选定了之后，相律还表明其他的变量必为这几个独立变量的函数（但是相律不能告诉我们这些函数的具体形式），以便寻找。这就是相律在相平衡研究中的重要应用。在本章中，要反复地应用相律来讨论各种相平衡关系。

6.2 单组分系统相图

对于单组分系统，根据相律 $F=C-P+2=3-P$ 可推导以下几种情况。

① 若 $P=1$，则 $F=2$。即单组分单相系统有两个自由度，称为双变量系统。温度和压力是两个独立变量，可以在一定范围内同时任意选定。若以 p 和 T 为坐标作图，在 p-T 图上可用面来表示这类系统。

② 若 $P=2$，则 $F=1$。即单组分两相平衡系统中只有一个自由度，称为单变量系统。温度和压力两个变量中只有一个是独立的，不能任意选定一个温度，同时又选定一个压力，而仍旧保持两相平衡。在一定的温度下，只有一个确定的平衡压力，反之亦然。也就是说，平衡压力和平衡温度之间有一定的依赖关系，在 p-T 图上可用线来表示这类系统。

③ 若 $P=3$，则 $F=0$。即单组分三相平衡系统的自由度为零，称为无变量系统。温度和压力两个量的数值都是一定的，不能进行任何选择，在 p-T 图上可用点来表示这类系统，这个点称为三相点。

因为自由度最小为零，故单组分系统不可能有四个相平衡共存。单组分系统最大的自由度是 2，所以单组分系统的相平衡关系通常用 p-T 图来描述，这就是相图。单组分系统相图就是纯物质体系相图，这时物质种数 $S=1$，一种物质体系不可能有化学反应，也不可能有浓度限制条件，所以

$$F=C-P+2=3-P \qquad (6.2.1)$$

因 $F\geqslant0$，所以 $P\leqslant3$，因此单组分系统最多有三相平衡共存，但最少不能少于一相，

所以

$$1 \leqslant P \leqslant 3$$
$$0 \leqslant F \leqslant 2$$

由于单组分系统相图最多只有两个独立变量，因此一个平面坐标系就可把单组分系统相图完整地描绘出来。

下面以水的相图（图 6.2.1）为例，说明单组分系统相图的特征。选择温度和压力作为该体系的两个独立变量。由式（6.2.1）知，在 273.16 K 和 610.62 Pa 下，冰和水蒸气同时共存，呈三相平衡状态，自由度为 0，温度和压力都不能变，在坐标系中为点 O。

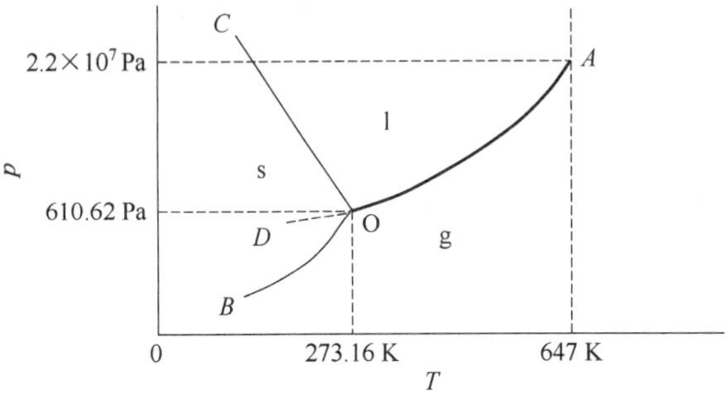

图 6.2.1　纯水的相图

两相平衡时，自由度为 1，另一个作为因变量跟着变，在坐标系中为一条线；因气相、液相和固相可组合成三个两相平衡体系，故这样的曲线应有三条。

OA 曲线是液态水和它的蒸气的两相平衡线，即液态水的饱和蒸气压随温度变化曲线，A 点为水的临界点，OA 线的上端止于临界点 A，因在临界点时水与水蒸气不可区分。OD 曲线是 OA 曲线的延长线，是液态水和它的蒸气的两相介稳平衡线，即过冷水的蒸气压曲线。OD 曲线在 OB 曲线之上，即过冷水的蒸气压比同温下处于稳定状态的冰的蒸气压要大，因此过冷水处于不稳定的状态。

OB 曲线是冰和它的蒸气的两相平衡线，即冰的饱和蒸气压随温度变化曲线，称为冰的饱和蒸气压曲线或升华曲线，理论上它终止于原点。OC 曲线是冰和液态水的两相平衡线，即水的凝固点随外压变化的曲线，它不能向上无限延伸，大约从 2.03×10^8 Pa 开始，相图变得比较复杂，有不同结构的冰生成。

OC 线称为冰的熔点曲线，这条线表示冰和水的平衡。从图中可以看出，OC 线的斜率为负值，说明压力增大，冰的熔点降低。这是因为当冰融化成水时，体积缩小，按照勒夏特列平衡移动原理，增加压力，有利于体积减小的过程进行，即有利于融化，因而冰的熔点降低。

在单变量系统中，温度和压力间有一定的依赖关系，依次有三种函数关系分别代表上述三种两相平衡，这三个函数关系即第 3 章的克拉佩龙方程式：

$$\frac{\mathrm{d}p}{\mathrm{d}T} = \frac{\Delta H_\mathrm{m}}{T\Delta V_\mathrm{m}}$$

可以通过实验测出这三种两相平衡的温度和压力的数据。

对于水的蒸发、冰的升华和冰的熔化，都有 $\Delta H_\mathrm{m} > 0$；对水的蒸发和冰的升华，$\Delta V_\mathrm{m} > 0$；对冰的熔化，$\Delta V_\mathrm{m} < 0$，所以 OA 和 OB 曲线的斜率为正，OC 曲线的斜率为负。又因 $\Delta_\mathrm{sub} H_\mathrm{m} >$

$\Delta_{vap}H_m$、$\Delta_{sub}H_m \approx \Delta_{vap}H_m$，所以 *OB* 曲线的斜率比 *OA* 曲线的斜率大。

水的冰点是一大气压下饱和了空气的水的凝固点，为 273.15 K，比水的三相点低 0.01 K，其中 0.0075 K 是压力从 610.62 Pa 变到 101.325 Pa 引起的，0.0023 K 是空气溶入引起的。

图中 *OA*、*OB*、*OC* 三条线将图面分成三个区域，这是三个不同的单相区。每个单相区表示一个自由度为 2 的双变量系统，温度和压力可以同时在一定范围内独立改变而无新相出现。

分析系统相图的要点：

① 静态分析：a. 阐明相图上各点、线、面的相态；b. 用相律检查各点、线、面的情况，并理解点、线、面上自由度的实际含义。

② 动态分析：阐明相图中任一点向各方向移动时，系统所经历的一系列变化（相变及强度性质）。

6.3 二组分系统气-液平衡相图

对二组分体系，相律为

$$F = C - P + 2 = 4 - P \qquad (6.3.1)$$

所以

$$1 \leqslant P \leqslant 4$$
$$0 \leqslant F \leqslant 3$$

要完整地描述二组分体系的相图必须使用空间坐标系。空间图形不太好画，因此通常固定一个变量，将它们画在平面坐标系中。通常选温度（T）、压力（p）和一个组分的摩尔分数（x）作为三个独立变量，固定其中一个画出的平面图形有三种：T-p 图、T-x 图、p-x 图。较常用的是后两种。固定一个变量后，有

$$F = C - P + 1 = 3 - P \qquad (6.3.2)$$

则

$$1 \leqslant P \leqslant 3$$
$$0 \leqslant F \leqslant 2$$

二组分体系相图很多，只能择其要者介绍。二组分体系相图分类见图 6.3.1。

- 二组分体系相图
  - 气-液相图
    - 完全互溶相图
  - 固-液相图
    - 简单低共熔混合物相图
    - 生成化合物的二元相图
    - 完全互溶的固溶体相图
    - 部分互溶的固溶体相图
  - 液-液相图
    - 完全不互溶相图
    - 部分互溶相图

图 6.3.1　二组分体系相图的分类

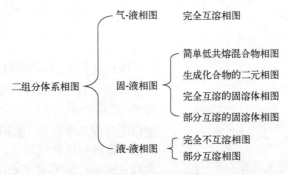

其他复杂相图可看作是这些相图的组合。本节介绍完全互溶的气-液相图，它又分理想完全互溶的气-液相图和非理想完全互溶的气-液相图。

6.3.1 理想完全互溶的气-液相图

两种液体可以以任意比例互溶并形成理想溶液，这样的体系为理想完全互溶的双液体系。下面讨论这样体系的压力-组成图（p-x 图）和温度-组成图（T-x 图）。

（1）压力-组成图

由拉乌尔定律知

$$\begin{aligned} p &= p_A + p_B = p_A^* x_A + p_B^* x_B \\ &= p_A^*(1-x_B) + p_B^* x_B = p_A^* + (p_B^* - p_A^*) x_B \end{aligned} \tag{6.3.3}$$

在 p-x 图上，这是一条连接 p_A^* 和 p_B^* 两点的直线，称液相线，它是体系的蒸气总压与液相浓度的关系曲线。如果选气相的浓度作为变量，则可得体系的蒸气总压与气相浓度的关系曲线，称气相线。气相线推导如下：

设气相组分 B 的摩尔分数为 y_B，则

$$y_B = \frac{p_B^* x_B}{p} \text{ 或 } x_B = \frac{p}{p_B^*} y_B \tag{6.3.4}$$

将式（6.3.4）代入式（6.3.3）得

$$p = p_A^* + (p_B^* - p_A^*) x_B = p_A^* + (p_B^* - p_A^*) \frac{p}{p_B^*} y_B$$

或

$$p p_B^* = p_A^* p_B^* + (p_B^* - p_A^*) p y_B$$

即

$$p = \frac{p_A^* p_B^*}{p_B^* - (p_B^* - p_A^*) y_B} \tag{6.3.5}$$

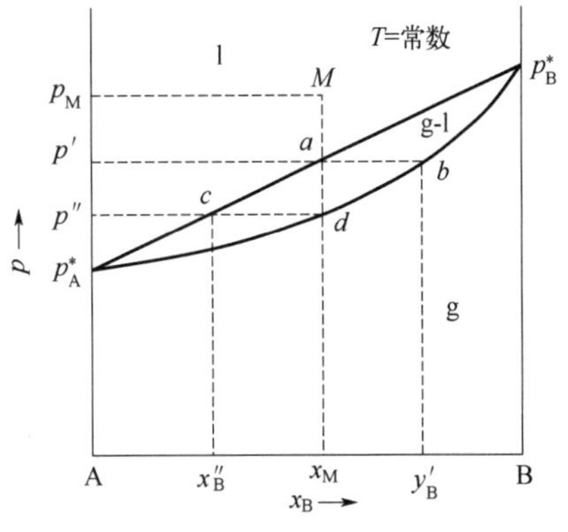

图 6.3.2 理想完全互溶的气-液平衡体系的蒸气压-组成图

可见这是一条连接 p_A^* 和 p_B^* 两点的曲线。设 $p_B^* > p_A^*$，由式（6.3.5）得

$$\frac{\partial p}{\partial y_B} = \frac{p_A^* p_B^* (p_B^* - p_A^*)}{\left[p_B^* - (p_B^* - p_A^*) y_B\right]^2} > 0$$

所以 p 随 y_B 单调增加。

如图 6.3.2 所示。x 为体系总组成。由图 6.3.2 可知，在同一压力下，$y_B > x_B$。液相线和气相线把相图分成三个区域：液相区、气相区和气-液平衡区。在液相区和气相区，p 和 x 在一定范围内可独立改变；在气-液平衡区，p 和 x 两个变量只有一个是独立的。

压力为 p_M、组成为 x_M 的体系位于液相区的 M 点，M 称为系统点。当该体系减压至 p' 时，开始有气相出现，其组成为气相线上 b 点对应的 y'_B，b 点称为气相的相点。由于气相量极少，所以液相组成 x'_B 几乎和体系总组成 x 一样，液相的相点是 a。线段 $\overline{ab}$ 称为结线。当该体系减压至 p'' 时，气相组成变为 y''_B，液相组成变为 x''_B。由于此时液相量极少，所以气相组成几乎和体系的总组成 x 一样。当体系压力进一步降低时，体系进入气相区。

两相平衡时，两相的组成可由相图直接读出，两相的数量则可由杠杆规则计算。下面就推导杠杆规则。在温度 T 和压力 p 下，气、液平衡时 B 物质的气相组成为 x_g，物质的量为 n_g；液相组成为 x_l，物质的量为 n_l；体系组成为 x_c，物质的量为 n_c，如图 6.3.3。作物质的量衡算，得

$$n_c x_c = (n_g + n_l)x_c = n_g x_g + n_l x_l$$

$$n_l(x_c - x_l) = n_g(x_g - x_c)$$

$$n_l\overline{ac} = n_g\overline{cb} \tag{6.3.6}$$

式（6.3.6）即为杠杆规则。如果把 c 点当作支点，把 $\overline{ab}$ 当作杠杆，在 a、b 两点分别挂上重物 n_l 和 n_g，由杠杆原理即可得式（6.3.6），因此称式（6.3.6）为杠杆规则。杠杆规则对任何两相平衡均可应用。如果图 6.3.3 中横坐标不是摩尔分数，而是质量分数，则 n_l 和 n_g 改为 w_l 和 w_g。

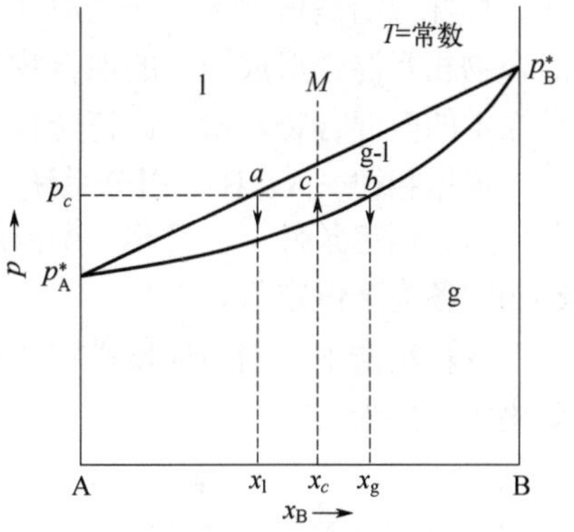

图 6.3.3　杠杆规则

杠杆规则表示多组分系统两相平衡时，两相的数量之比与两相组成、系统组成之间的关系，组成通常用组分的质量分数或摩尔分数表示。以一定温度、一定压力下，A、B 二组分系统成 α、β 两相平衡为例，推导杠杆规则。

组成以组分 B 的质量分数 w_B 表示；整个系统的组成及 α、β 两相的组成分别为 w_B、$w_B(\alpha)$、$w_B(\beta)$；系统的质量及 α、β 两相的质量分别为 m、$m(\alpha)$、$m(\beta)$。因组分在系统中的质量 $m_B=mw_B$ 应等于它在两相中的质量之和，即

$$mw_B = m(\alpha)w_B(\alpha) + m(\beta)w_B(\beta)$$

将 $m = m(\alpha) + m(\beta)$ 代入上式，得

$$m(\alpha)w_B + m(\beta)w_B = m(\alpha)w_B(\alpha) + m(\beta)w_B(\beta)$$

整理得

$$m(\alpha) \times [w_B - w_B(\alpha)] = m(\beta) \times [w_B(\beta) - w_B]$$

或写作

$$\frac{m(\alpha)}{m(\beta)} = \frac{w_B(\beta) - w_B}{w_B - w_B(\alpha)}$$

即得到杠杆规则。

杠杆规则表明，当组成以质量分数表示时，两相的质量反比于系统到两个相点的线段长度。联合 $m = m(\alpha) + m(\beta)$ 即可由系统组成及两相组成求得两相的质量。

杠杆规则还可以表示成

$$\frac{m(\alpha)}{m}=\frac{w_B(\beta)-w_B}{w_B(\beta)-w_B(\alpha)} \tag{6.3.7}$$

$$\frac{m(\beta)}{m}=\frac{w_B-w_B(\alpha)}{w_B(\beta)-w_B(\alpha)} \tag{6.3.8}$$

如果组成以组分 B 的摩尔分数表示，系统组成及 α、β 两相的组成分别为 x_B、$x_B(\alpha)$、$x_B(\beta)$，系统的物质的量及 α、β 两相的物质的量分别为 n、$n(\alpha)$、$n(\beta)$。经过同样的推导，由 $n=n(\alpha)+n(\beta)$，得

$$n(\alpha)\times[x_B-x_B(\alpha)]=n(\beta)\times[x_B(\beta)-x_B] \tag{6.3.9}$$

$$\frac{n(\alpha)}{n(\beta)}=\frac{x_B(\beta)-x_B}{x_B-x_B(\alpha)} \tag{6.3.10}$$

$$\frac{n(\alpha)}{n}=\frac{x_B(\beta)-x_B}{x_B(\beta)-x_B(\alpha)} \tag{6.3.11}$$

$$\frac{n(\beta)}{n}=\frac{x_B-x_B(\alpha)}{x_B(\beta)-x_B(\alpha)} \tag{6.3.12}$$

杠杆规则是根据物质守恒原理得出的，所以这一规则具有普遍意义。当组成不同的两种混合物相互混合形成一新的混合物时，此混合物的组成一定介于原本的两混合物组成之间，且原本的两混合物数量之比符合杠杆规则。

根据相律，A、B 二组分系统成 α、β、γ 三相平衡时，系统的自由度 $F=2-3-2=1$。在压力 p 恒定条件下，三相平衡温度 T 和三个相的组成 $w_B(\alpha)$、$w_B(\beta)$、$w_B(\gamma)$或 $x_B(\alpha)$、$x_B(\beta)$、$x_B(\gamma)$均各为某恒定值。

三相平衡下，当与环境进行热交换时，系统内部就要发生相变化并达到新的相平衡。相变化的方向为

$$\alpha+\beta \longrightarrow \gamma \text{ 或 } \gamma \longrightarrow \alpha+\beta$$

这时 γ 相的组成一定介于 α 相和 β 相的组成之间，而且 α 相、β 相的质量的变化$\Delta m(\alpha)$、$\Delta m(\beta)$或物质的量的变化$\Delta n(\alpha)$、$\Delta n(\beta)$也均符合杠杆规则。以$\Delta m(\gamma)$、$\Delta n(\gamma)$分别代表 γ 相的质量的变化和物质的量的变化，有

$$\frac{\Delta m(\alpha)}{\Delta m(\beta)}=\frac{w_B(\beta)-w_B(\gamma)}{w_B(\gamma)-w_B(\alpha)} \tag{6.3.13}$$

$$\Delta m(\alpha)+\Delta m(\beta)+\Delta m(\gamma)=0 \tag{6.3.14}$$

$$\frac{\Delta n(\alpha)}{\Delta n(\beta)}=\frac{x_B(\beta)-x_B(\gamma)}{x_B(\gamma)-x_B(\alpha)} \tag{6.3.15}$$

$$\Delta n(\alpha)+\Delta n(\beta)+\Delta n(\gamma)=0 \tag{6.3.16}$$

❖ **例 6.3.1** 甲苯和苯能形成理想液态混合物。已知在 90 ℃时两纯液体的饱和蒸气压分别是 54.22 kPa 和 136.12 kPa。求：（1）在 90 ℃和 101.325 kPa 下甲苯-苯系统成气-液平衡时两相的组成；（2）若由 100.0 g 甲苯和 200.0 g 苯构成系统，求在上述温度、压力下，气相和液相的质量各是多少。

解：根据相律，二组分系统两相平衡时的自由度 $F=2$。在系统的温度、压力均已指定时，系统中的两相的组成即不能任意改变而均有固定值，且与系统的组成无关。在下面的计算中以 A 代表甲苯，B 代表苯。

（1）因形成理想液态混合物，A、B 均适用拉乌尔定律。以 x_B、y_B 分别代表气、液两相平衡时的液相和气相组成。

$$p_A = p_A^* x_A = p_A^*(1-x_B)$$

$$p_B = p_B^* x_B$$

$$p = p_A + p_B = p_A^* + (p_B^* - p_A^*)x_B$$

将 $p=101.325\ \text{kPa}$、$p_A^*=54.22\ \text{kPa}$、$p_B^*=136.12\ \text{kPa}$ 代入上式，得液相组成为

$$x_B = \frac{p-p_A^*}{p_B^*-p_A^*} = \frac{101.325\ \text{kPa} - 54.22\ \text{kPa}}{136.12\ \text{kPa} - 54.22\ \text{kPa}} = 0.5752$$

气相组成为

$$y_B = p_B/p = p_B^* x_B/p = 136.12\ \text{kPa} \times 0.5752\ \text{kPa}/101.325\ \text{kPa} = 0.7727$$

（2）由甲苯和苯的质量 $m_A=100.0\ \text{g}$、$m_B=200.0\ \text{g}$ 及摩尔质量 $M_A=92.14\ \text{g}\cdot\text{mol}^{-1}$、$M_B=78.11\ \text{g}\cdot\text{mol}^{-1}$，求系统的物质的量为

$$n = m_A/M_A + m_B/M_B = 100.0\ \text{g}/(92.14\ \text{g}\cdot\text{mol}^{-1}) + 200.0\ \text{g}/(78.11\ \text{g}\cdot\text{mol}^{-1}) = 3.645\ \text{mol}$$

系统的组成为

$$x_{B,0} = n_B/n = \frac{200.0\ \text{g}}{78.11\ \text{g}\cdot\text{mol}^{-1}\times 3.646\ \text{mol}} = 0.7025$$

根据杠杆规则式（6.3.11）可得

$$\frac{y_B - x_{B,0}}{y_B - x_B} n = \frac{0.7727-0.7025}{0.7727-0.5752} \times 3.645\ \text{mol} = 1.296\ \text{mol}$$

$$n(\text{g}) = n - n(\text{l}) = (3.645-1.296)\ \text{mol} = 2.349\ \text{mol}$$

由液相组成求得液相的摩尔质量为

$$M(\text{l}) = x_A M_A + x_B M_B = 84.07\ \text{g}\cdot\text{mol}^{-1}$$

故液相的质量为

$$m(\text{l}) = n(\text{l}) \times \text{M}(\text{l}) = (1.296\times 84.07)\ \text{g} = 109.0\ \text{g}$$

气相的质量为

$$m(\text{g}) = m - m(\text{l}) = 191.0\ \text{g}$$

或在求出两相平衡时气、液两相组成 y_B、x_B 后，按下式换算出用质量分数表示的气、液两相组成：

$$w_B(\text{g}) = \frac{y_B M_B}{y_A M_A + y_B M_B} = 0.7424$$

$$w_B(\text{l}) = \frac{x_B M_B}{x_B M_A + x_B M_B} = 0.5344$$

系统组成为

$$w_{B,0}=m_B/m=200.0\ g/300.0\ g=0.6667$$

于是由式（6.3.7）求得

$$m(l)=\frac{w_B(g)-w_{B,0}}{w_B(g)-w_B(l)}m=\frac{0.7424-0.6667}{0.7424-0.5344}\times 300.0\ g=109.2\ g$$

（2）沸点-组成图

若外压为大气压，当溶液的蒸气压等于外压时，溶液沸腾，这时的温度称为沸点。某组成的蒸气压越高，其沸点越低，反之亦然。T-x 图在讨论蒸馏时十分有用，因为蒸馏通常在等压下进行。T-x 图可以从实验数据直接绘制，也可以从已知的 p-x 图求得。

图 6.3.4 为已知的苯与甲苯在 4 个不同温度时的 p-x 图。在压力为 $p^{\ominus}$ 处作一水平线，与各不同温度时的液相组成线分别交在 x_1、x_2、x_3 和 x_4 对应的各点，代表了组成与沸点之间的关系，即组成为 x_1 的液体在 381 K 时沸腾，其余类推。

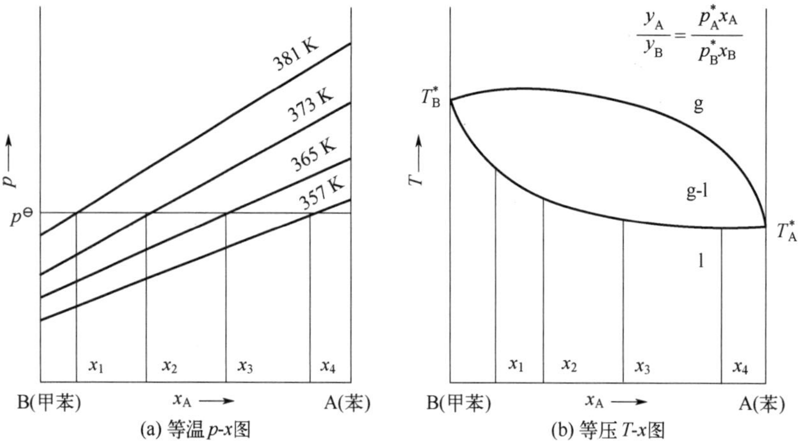

图 6.3.4　p-x 图求对应的 T-x 图

将组成与沸点的关系标在温度和组成为坐标的图上，就得到了 T-x 图。将 x_1、x_2、x_3 和 x_4 的对应温度连成曲线就得液相组成线。T_A^* 和 T_B^* 分别为甲苯和苯的沸点。显然饱和蒸气压越大，沸点越低。用拉乌尔定律和分压定律的方法求出对应的气相组成线。在 T-x 图上，气相线在上，液相线在下，上面是气相区，下面是液相区，梭形区是气-液两相区。

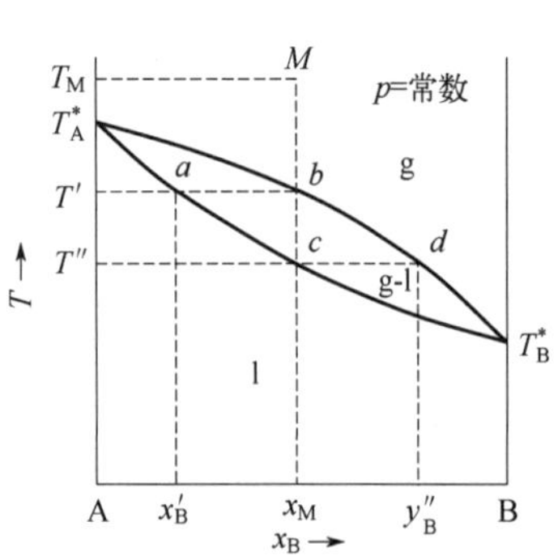

图 6.3.5　理想完全互溶气-液 T-x 图

沸点-组成图和蒸气压-组成图的不同之处：①沸点-组成图的气相区在上面；②沸点-组成图的液相线是曲线；③沸点-组成图右边低，左边高，这是因为物质的蒸气压高则其沸点低。沸点-组成图可令式（6.3.3）和式（6.3.5）中的 p 等于一大气压，然后将纯物质的蒸气压公式即克拉佩龙方程代入即可算出。

如图 6.3.5 所示，将组成为 x_M、温度为 T_M 的气相混合物冷却，到 b 点（对应温度为 T'）时，气相开始凝结出露珠似的液体，T' 称为该气相的露点，气相线表示了气相组成与露点的关系，称为露点线。反之，从低温的液相升温到液相线的 c 点（对应温度为T''），液相开始起泡沸腾，T'' 称为该液相的泡点，液相线表示了液相组成与泡点的关系，称为泡点线。

6.3.2 非理想完全互溶的气-液相图

可以认为理想液态混合物的系统是极少的，绝大多数二组分完全互溶液态混合物是非理想的，称为真实液态混合物。这两者的差别在于，在一定温度下，理想液态混合物在全部组成范围每一组分的蒸气分压均遵循拉乌尔定律，因而蒸气组成与组成（摩尔分数）呈直线关系；真实混合物除了在组分的摩尔分数接近 1 的极小范围该组分的蒸气分压近似地遵循拉乌尔定律外，气压组成溶液中组分的蒸气分压均对该定律产生明显的偏差，因而蒸气总压与组成并不呈直线关系。

若组分的蒸气压大于按拉乌尔定律计算的值，则称为正偏差；反之，则称为负偏差。通常真实液态混合物两种组分均为正偏差，或者均为负偏差。但在某些情况下也可能一个（或两个）组分在某一组成范围内为正偏差，而在另一组成范围内为负偏差。

（1）*p*-*x*图

根据蒸气总压对理想情况下的偏差程度，真实液态混合物可以分为两种类型。

① 具有一般正偏差或者一般负偏差的系统。蒸气总压对理想情况出现偏差，但在全部组成范围内，混合物的蒸气总压均介于两个纯组分的饱和蒸气压之间。

a. 具有一般正偏差的系统。如苯-丙酮系统，见图 6.3.6。图 6.3.6（a）中下面两条虚线为按拉乌尔定律计算的两个组分的蒸气分压值，最上面的一条虚线为按拉乌尔定律计算的蒸气总压值；图中三条实线各代表相应的实验值（图 6.3.7～图 6.3.9 中的虚线、实线意义与此相同）。图 6.3.6（b）同时画出了气相线和液相线。

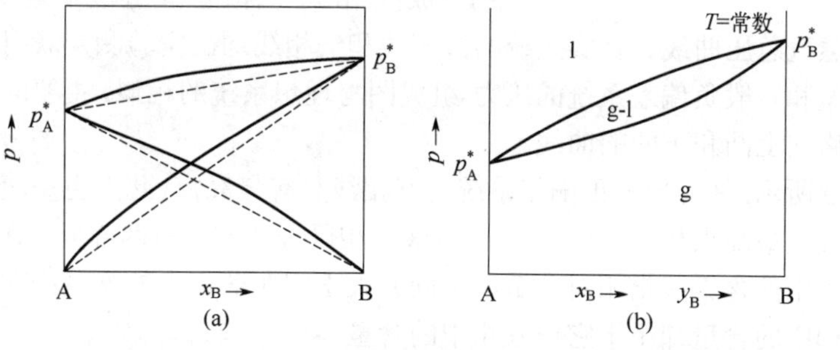

图 6.3.6 一般正偏差的非理想完全互溶的气-液平衡体系的蒸气压-液相组成图

b. 具有一般负偏差的系统。如氯仿-乙醚系统，见图 6.3.7。

② 具有最大正偏差或者最大负偏差的系统。

a. 最大正偏差。蒸气总压对理想情况为正偏差，但在某一组成范围内，混合物的蒸气总压比易挥发组分的饱和蒸气压还大，因而蒸气总压出现最大值，见图 6.3.8。

根据分子运动理论，液体分子要有足够的动能使它能克服液体分子间的相互吸引的势能，才会逸出液体表面而变成蒸气。这种分子占总分子数的分数决定了蒸气压的大小。因此，若两种不同组分分子间的吸引力小于各纯组分分子间的吸引力，形成液态混合物后，分子就容易逸出液面而产生正偏差。若纯组分有缔合作用，在形成混合物时发生解离，则因分子数增多而产生最大正偏差。具有正偏差系统的两纯液体在形成液态混合物时，常伴有吸热现象（$\Delta_{mix}H>0$）及体积增大（$\Delta_{mix}V>0$）。

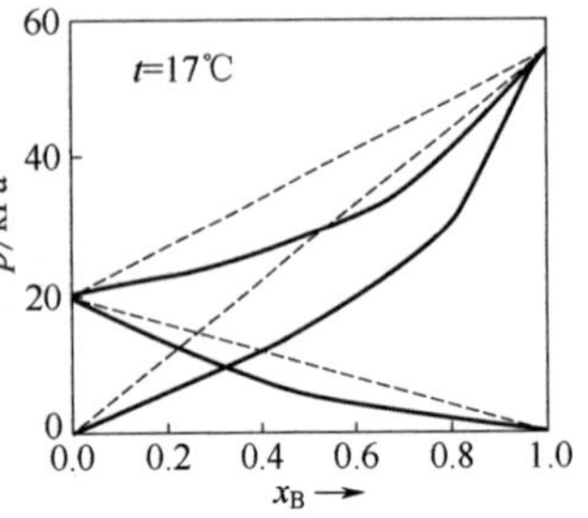

图 6.3.7　一般负偏差系统的蒸气压和液相组成的关系

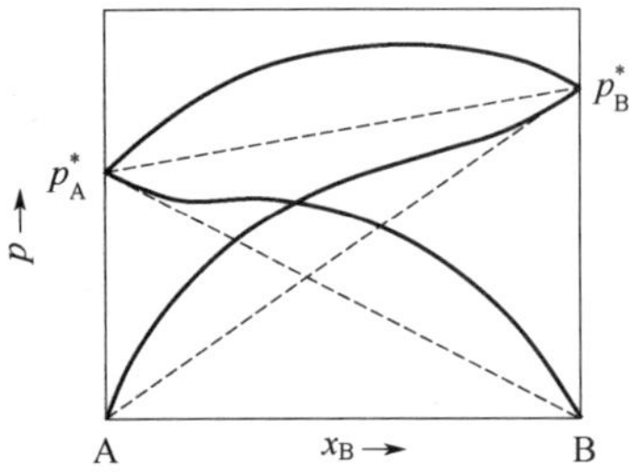

图 6.3.8　最大正偏差的非理想完全互溶气-液平衡体系的蒸气压-液相组成图

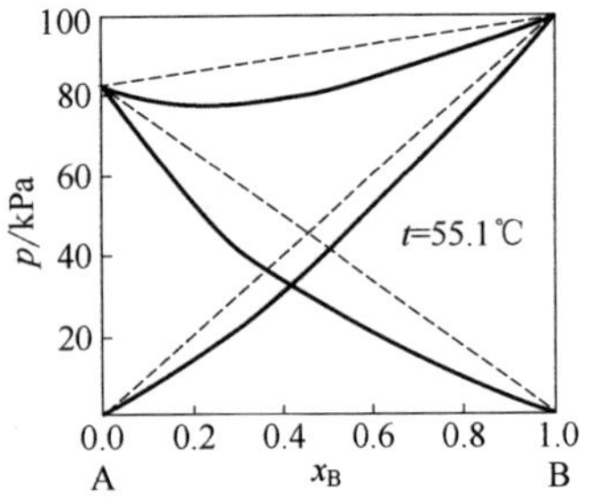

图 6.3.9　最大负偏差的非理想完全互溶气-液平衡体系的蒸气压-液相组成图

b. 最大负偏差。见图 6.3.9。若两种不同分子之间的吸引力大于各纯组分分子之间的吸引力，形成液态混合物后，就产生负偏差。若形成混合物后，两种不同组分分子间能结合成缔合物，则因分子数减少而产生最大负偏差。具有负偏差系统的两纯液体，在形成液态混合物时，常伴有放热现象（$\Delta_{mix}H<0$）及体积缩小（$\Delta_{mix}V<0$）。氯仿和丙酮分子之间氢键形成就是产生负偏差的例子。

c. 最大正偏差和最大负偏差系统的压力-组成图。在一定温度下的压力-组成图，由液相线和气相线将相图分成液相区、气相区和气-液平衡两相区。液相线即液态混合物的蒸气总压曲线。真实系统的液相线和气相线均由实验测定获得。

一般正偏差和一般负偏差系统的压力-组成图与理想系统的相似，主要的差别是液相线不是直线，而是略向上凸和下凹的曲线。

如图 6.3.10 所示，具有最大正偏差系统的气相线具有最高点，此点也是液相线的最高点，液相线和气相线在最高点相切。最高点将气-液两相区分成左、右两部分。在最高点左侧，易挥发组分在气相中的含量（指相对含量，下同）大于它在液相中的含量；在最高点右侧，易挥发组分在气相中的含量却小于它在液相中的含量。

氯仿-丙酮系统是具有最大负偏差的系统，如图 6.3.11 所示。这类系统的液相线和气相线在最低点处相切。氯仿-丙酮系统中氯仿是不易挥发的，丙酮是易挥发的。在最低点右侧，两相平衡时易挥发组分在气相中的含量大于它在液相中的含量；在最低点左侧，易挥发组分在气相中的含量却小于它在液相中含量。

以上两类系统的这些现象可以用柯诺瓦洛夫-吉布斯定律说明：假如在液态混合物中加入某组分后，蒸气总压增加（或在一定压力下液体的沸点下降），则该组分在气相中的含量大于它在平衡液相中的含量；在压力-组成图（或温度-组成图）的最高点上或最低点上，液相和气相的组成相同。这是柯诺瓦洛夫在大量实验的基础上总结出来的，并且，也从理论上证明得出，所以称为柯诺瓦洛夫-吉布斯定律。

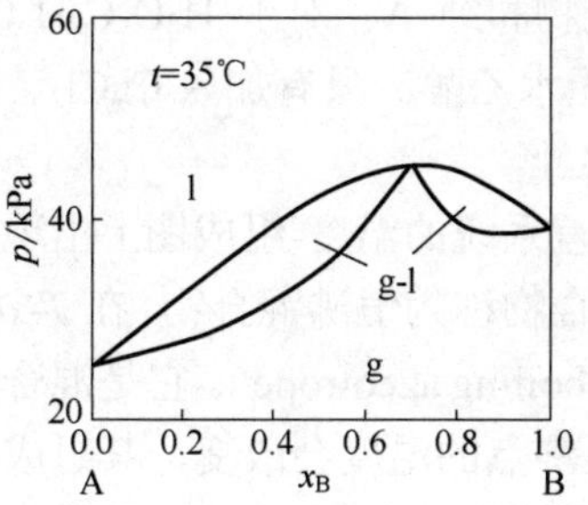

图 6.3.10　具有最大正偏差系统的压力-组成图

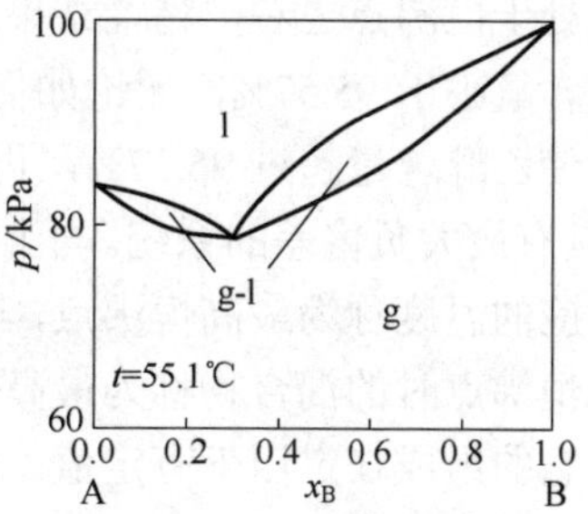

图 6.3.11　具有最大负偏差系统的压力-组成图

（2）*T*-*x* 图

在恒定压力下，实验测定一系列不同组成液体的沸腾温度及平衡时气、液两相的组成，即可绘制出该压力下的温度-组成图。

一般正偏差（图 6.3.12）和一般负偏差系统的温度-组成图与理想系统的类似。

具有最低恒沸点和最高恒沸点的 *T*-*x* 相图见图 6.3.13。所谓恒沸，即沸腾在恒温下进行。沸腾之所以在恒温下进行，是因为在恒沸点，$x_l = x_g$，液体蒸发时，组分 A 和 B 按液相组成的比例蒸发到气相中，因此蒸发过程中液相组成不变，因而沸点不变，直到液体全部蒸发为气体，温度才会上升。

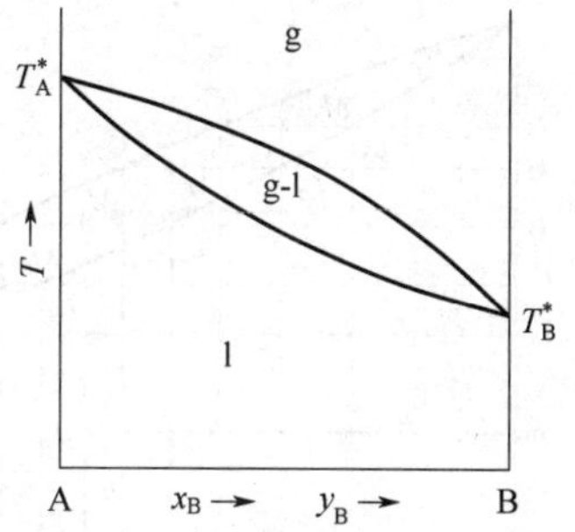

图 6.3.12　一般正偏差的非理想完全互溶的气-液平衡体系的沸点-组成图

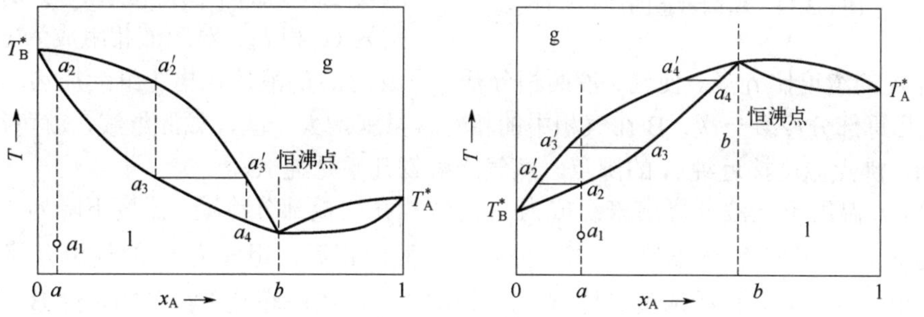

图 6.3.13　具有最低恒沸点和最高恒沸点的 *T*-*x* 图

① 具有最大正偏差的系统。最大正偏差系统的温度-组成图上出现最低点，在此点气相线和液相线相切。由于对应于此点组成的液相在该指定压力下沸腾时产生的气相与液相组成相同，故沸腾时温度恒定，且这一温度又是液态混合物沸腾的最低温度，故称之为最低恒沸点，该组成的混合物称为恒沸混合物。恒沸混合物的组成取决于压力，压力一定，恒沸混合物的组成一定；压力改变，恒沸混合物的组成改变，甚至恒沸点可以消失。这说明恒沸混合物不是一种化合物。

属于此类的体系有：H_2O-C_2H_5OH、CH_3OH-C_2H_5OH、C_2H_5OH-C_6H_6 等。在标准压力下，H_2O-C_2H_5OH 的最低恒沸点温度为 351.28 K，含乙醇 95.57%。具有最低恒沸点的相图可以看作两个简单的 *T*-*x*(*y*)图的组合。在组成处于恒沸点之左，精馏结果只能得到纯 B 和恒沸混合物；组成处于恒沸点之右，精馏结果只能得到恒沸混合物和纯 A。对于 H_2O-C_2H_5OH 体系，若乙醇的含量小于 95.57%，无论如何精馏，都得不到无水乙醇。只有加入 $CaCl_2$、分子筛等吸水剂，使乙醇含量超过 95.57%，再精馏才可得无水乙醇。

② 具有最大负偏差的系统。与上述类似，最大负偏差系统的温度-组成图上出现最高点，该点所对应的温度称为最高恒沸点，具有该点组成的混合物称为恒沸混合物。在 T-$x(y)$图上，处在最高恒沸点时的混合物称为最高恒沸混合物（high-boiling azeotrope）。它是混合物而不是化合物，它的组成在定压下有定值。改变压力，最高恒沸点的温度会改变，其组成也随之改变。属于此类的体系有：H_2O-HNO_3、H_2O-HCl 等。在标准压力下，H_2O-HCl 的最高恒沸点温度为 381.65 K，含 20.24% HCl，分析上常用来作为标准溶液。

（3）精馏原理

精馏是多次简单蒸馏的组合。精馏结果：塔顶冷凝收集的是纯低沸点组分，纯高沸点组分则留在塔底。

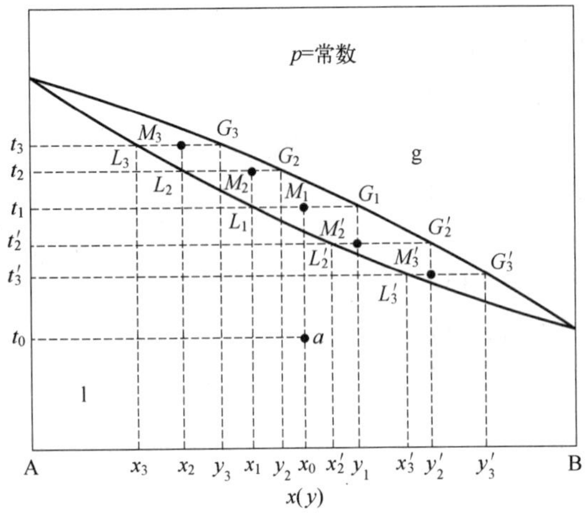

图 6.3.14　精馏示意图

用 A、B 二组分 T-x 图表述精馏过程见图 6.3.14。取组成为 x_0 的液态混合物从精馏塔的半高处加入，这时状态为图中 a 点，将温度从 t_0 上升为 t_1，物系点为 M_1，混合物部分汽化，平衡时气、液两相的相点分别为 G_1 和 L_1，对应的液、气相组成分别为 x_1 和 y_1。分开气、液两相后，组成为 x_1 的液相在塔中温度上升为 t_2，液相部分汽化建立新的平衡，物系点为 M_2，相点分别为 G_2 和 L_2，对应液相组成为 x_2，t_2 温度下液相含 A 的浓度比 t_1 多。使气、液两相分开，组成为 x_2 的液体在塔中继续加热，温度上升为 t_3，气相每部分冷凝一次，B 在气相中的相对含量就增大一些，如此继续，就可得到 x_B 很小的液相，沸点温度接近纯 A 的沸点，蒸气冷凝物几乎是纯 A。

同样，t_1 温度下气液分离出来组成为 y_1 的气相在塔板部分冷凝，温度下降为 t_2'。此时气相组成为 y_2'，其组成 B 浓度比 y_1 高。分开气、液两相后，组成为 y_2' 的气相有部分冷凝液化，使气相组成为 y_3'，B 的浓度又比 y_2' 高，如此继续，在塔底几乎得到的是纯 B，这时温度为纯 B 的沸点。

精馏塔中的塔板数可以从理论计算得到。每一个塔板上都经历了一个热交换过程：蒸气中的高沸点物在塔板上凝聚，放出凝聚热后流到下一层塔板，液体中的低沸点物得到热量后升入上一层塔板。

实际上，精馏过程是在精馏塔中使液相的部分汽化和气相的部分冷凝同时在不同的温度段内连续进行来实现的。

具有最低恒沸点和最高恒沸点的二组分系统相图，可以看成是以恒沸混合物为分界的左、右两个相图的组合。由于恒沸混合物沸腾时气相组成与液相组成相同，部分汽化或部分液化均不能改变混合物的组成，故在指定压力下具有恒沸点的二组分液态混合物经过精馏后只能得到一个纯组分和恒沸混合物，而不能同时得到两个纯组分。

6.4 二组分液态部分互溶及完全不互溶系统的气-液平衡相图

6.4.1 部分互溶的双液系

6.4.1.1 部分互溶液体的相互溶解度

两液体间的相互溶解度与它们的性质有关。当两液体性质相差较大时，它们只能相互部分溶解。如常温下，将少量苯酚加到水中，苯酚可完全溶解。继续加入苯酚，可以得到苯酚在水中的饱和溶液。此后，如果再加入苯酚，系统就会出现两个液层：一层是苯酚在水中的饱和溶液（简称水层），另一层是水在苯酚中的饱和溶液（简称苯酚层）。这两个平衡共存的液层，称为共轭溶液。

压力对液体相互溶解度影响很小，所以可以不考虑压力的变量。根据相律，在恒定压力下，液-液平衡时，自由度 $F=2-2+1=1$。可见两个饱和溶液的组成均只是温度的函数。将测得的实验数据绘制在温度-组成图上，即得到两条溶解度曲线。如果所施加外压足够大，则在所讨论的温度范围内并不存在气相。

（1）具有最高临界会溶温度

水-苯胺系统的温度-组成如图 6.4.1（a）所示。H_2O-$C_6H_5NH_2$ 系统在常温下只能部分互溶，分为两层。一层是水中饱和了苯胺，溶解度情况如图 6.4.1 左半支所示；一层是苯胺中饱和了水，溶解度如图中右半支所示。升高温度，彼此的溶解度都增加。到达 *c* 点，界面消失，成为单一液相。*c* 点对应的温度称为最高临界会溶温度（upper critical consolute temperature，T_c）。温度高于 T_c，水和苯胺可无限混溶。

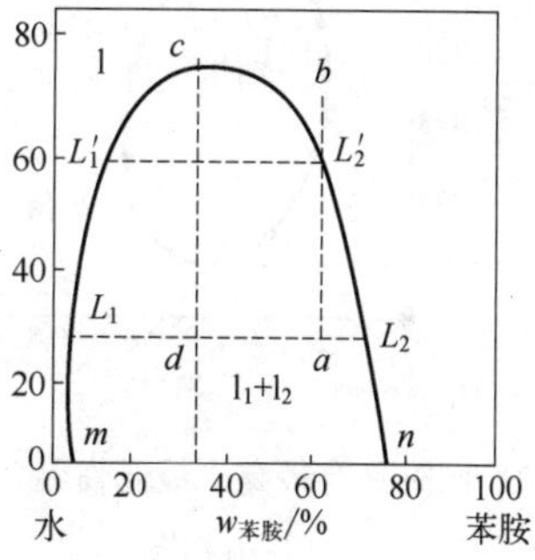

图 6.4.1　具有最高临界会溶点的部分互溶相图

系统点经由 *a* 点到 *b* 点的过程中，随着温度的升高，两液体的相互溶解度增加，共轭溶液的两个相点分别沿各自的溶解度曲线改变，同时，两个液层的相对量也在改变，苯胺层的量逐渐增多，水层的量逐渐减少。系统点为 L'_2 点时水层消失，最后消失的水层组成如 L'_1 点所示。温度再升高直至 *b* 点，为均匀的单一液相。

当系统点为 *d* 点时，共轭溶液的两个相点为 L_1 点和 L_2 点。在加热过程中，共轭溶液的组成逐渐接近。到 *c* 点时，两相的组成完全相同，因此两液层间的界面消失而成为均匀的单一液相。*c* 点是溶解度曲线 *mcn* 的极大点，*c* 点称为最高临界会溶点或最高会溶点。

当温度高于 T_c 时，苯酚和水可以按任意比例完全互溶，成单一液相。

系统点在两相区内 *dc* 线右侧（如 *a* 点）时，在加热过程中，水层先消失；在 *dc* 线左侧时，在加热过程中，苯酚层先消失。

具有最高会溶点的系统除水-苯酚外，常见的还有水-苯胺、正己烷-硝基苯、水-正丁醇等系统。

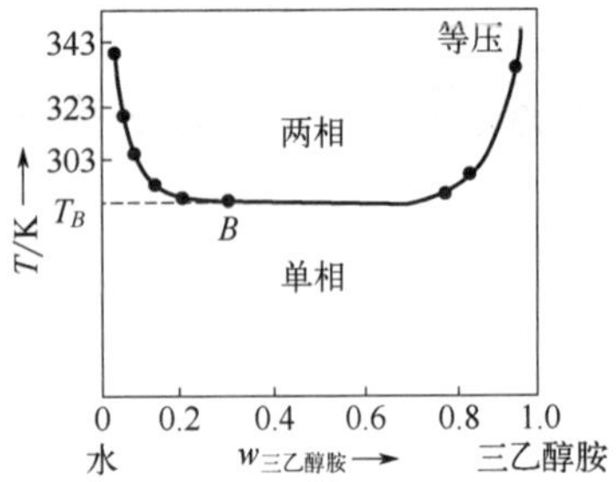

图 6.4.2　具有最低临界会溶点的部分互溶相图

（2）具有最低临界会溶温度

有时温度增加反使两液体的相互溶解度降低。例如，水-三乙醇胺的溶解度如图 6.4.2 所示，在温度 291.2 K（18.6 ℃，T_B）以下能以任意比例完全互溶，升高温度，互溶度下降，出现分层，只能部分互溶，成为两个共轭溶液。291.2 K（18.6 ℃）是这两个液体的最低临界会溶温度，这样的系统具有最低临界会溶点或最低会溶点。T_B 以下是单一液相区，以上是两相区。

（3）同时具有最高、最低临界会溶温度

如图 6.4.3 所示是水和烟碱的溶解度图。在最低临界会溶温度 T_c^*（约 334 K）以下和在最高临界会溶温度 T_c（约 481 K）以上，两液体可完全互溶，而在这两个温度之间只能部分互溶，形成一个完全封闭的溶度曲线，曲线之内是两液相区。这类系统有两个会溶点：最高临界会溶点和最低临界会溶点。

（4）不具有临界会溶温度

乙醚与水组成的双液系相图如图 6.4.4 所示，在它们能以液相存在的温度区间内，一直是彼此部分互溶的，不具有临界会溶温度。

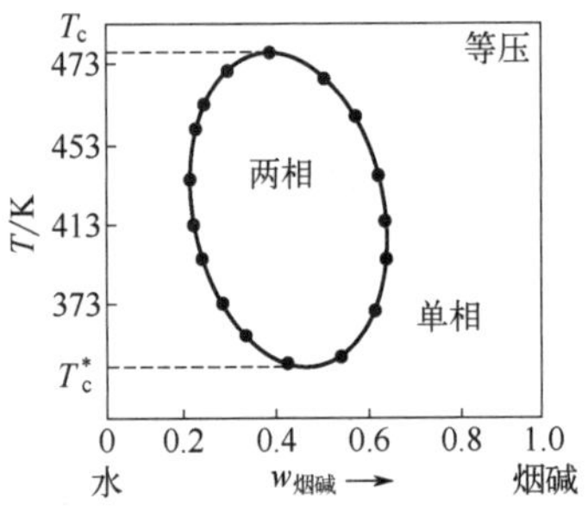

图 6.4.3　同时具有最高、最低临界会溶点的部分互溶相图

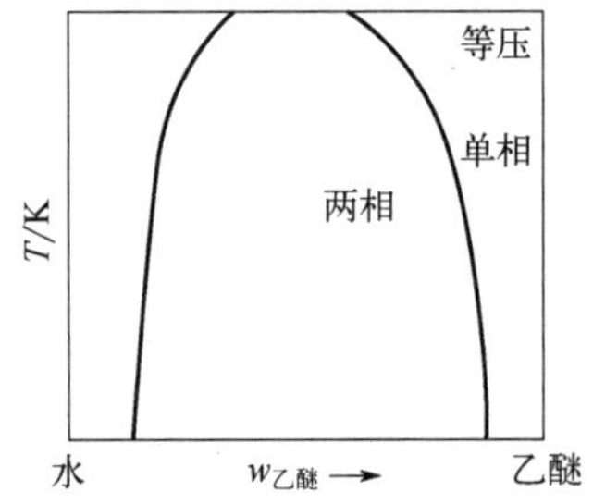

图 6.4.4　水-乙醚溶解度图

6.4.1.2　部分互溶系统的温度-组成图

如图 6.4.5，在某恒定温度下，将适量的共轭溶液置于一真空容器中，溶液蒸发的结果是使得系统内成气-液-液三相平衡。根据相律，二组分系统三相平衡时，自由度 $F = C-P+2 = 2-3+2 = 1$，表明系统的温度一定时，两液相组成、气相组成和系统的压力均为定值。系统的压力，既为这一液层的饱和蒸气压，又为另一液层的饱和蒸气压。换言之，气相既与这一液相成平衡，又与另一液相成平衡，因为这两个液层也是平衡的。

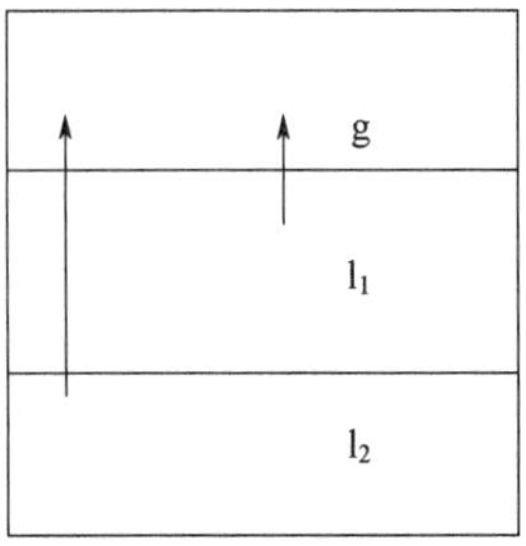

图 6.4.5　共轭溶液三相平衡

按气、液、液三相组成的关系，可将部分互溶系统分为两类：一类是气相组成介于两液相组成之间；另一类是一个液相组成介于气相组成和另一个液相组成之间。

如果在共轭溶液的饱和蒸气压下，对气-液-液三相平衡系统加热，则将有液体蒸发。由于压力恒定时 $F = 2 - 3 + 1 = 0$，可见这时系统的温度及三个相的组成均不改变。因此，由杠杆规则可知，蒸发过程对前一类系统是两共轭溶液按一定比例转化为气相；对后一类系统是组成居中间的液相按一定比例一部分蒸发为气相，而其余部分转化为另一液相。这一区别导致存在着两类不同的温度-组成图。

（1）气相组成介于两液相组成之间的系统

在适当压力下，水-正丁醇系统的相互溶解度曲线具有最高临界会溶温度。在 101.325 kPa 下将共轭溶液加热到 92 ℃时，溶液的饱和蒸气压即等于外压，于是出现气相，此气相组成介于两液相组成之间，系统的温度-组成图如图 6.4.6 所示。

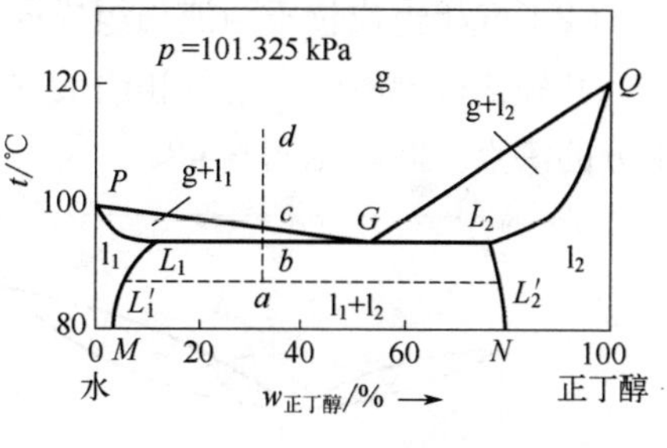

图 6.4.6　水-正丁醇的溶解度图

共轭溶液沸腾时，气相组成在两液相组成之间，共轭溶液的共沸温度低于两纯组分的沸点。

图中 P、Q 两点分别为水和正丁醇的沸点，L_1、L_2 和 G 点分别为三相平衡时正丁醇在水中的饱和溶液、水在正丁醇中的饱和溶液和饱和蒸气三个相点。L_1M 线和 L_2N 线为两液体的相互溶解度曲线。PL_1 线和 QL_2 线均是气-液平衡的液相线，PL_1 线表示正丁醇溶于水所形成溶液的沸点与组成的关系，PG 线为与 PL_1 线相对应的气相线；QL_2 线表示水溶于正丁醇所形成溶液的沸点与其组成的关系，QG 线为与 QL_2 线相对应的气相线。

PGQ 以上为气相区，PL_1M 左侧为正丁醇在水中的溶液（l_1）单相区，QL_2N 右侧为水在正丁醇中的溶液（l_2）单相区，PL_1GP 内为气-液（l_1）两相区，QL_2GQ 内为气-液（l_2）两相区，ML_1L_2N 以下为液（l_1）-液（l_2）两相区。

下面根据相图讨论系统的总组成在 L_1 点与 L_2 点所对应的组成之间、温度低于该两点所对应温度的样品在加热过程中的相变化。a 点表示两个共轭溶液 L_1'和 L_2'平衡共存。将样品加热，系统点由 a 点移向 b 点时，两个共轭溶液的相点由 L_1'点、L_2'点分别沿 ML_1 线、NL_2 线移向 L_1 点、L_2 点。系统到达 b 点所对应的温度时，两个液相（相点分别是 L_1 及 L_2）同时沸腾产生与之成平衡的气相（相点为 G），即发生相变化而成三相共存。该温度称为共沸温度。根据相律，此时恒定压力下共沸温度及三个平衡相的组成均不能任意变动，故在图上是三个确定的点，即 L_1、G 及 L_2。连接这三个相点的直线平行于表示组成的轴，称为三相平衡线（简称三相线），系统点位于三相线上时，即出现三相平衡共存。加热时只要三相平衡共存，温度及三个相的组成都不会改变，但三个相的数量却在改变：状态 L_1 和 L_2 的两个液相量按线段长度蒸发成状态 G 的气相。因系统点 b 位于 G 点左侧 L_1G 线段上，故蒸发的结果是组成为 L_2 的液相先消失而使系统成为组成为 L_1 的液相及气相 G。液相 L_2 的消失使系统成为两相共存，故再加热时，系统的温度升高而进入气-液（l_1）两相区。系统点在 b 与 c 之间时，皆为气、液两相共存；至 c 点液相全部蒸发为气相。c 点至 d 点为单一气相的升温过程。

若系统的总组成在 G 点与 L_2 点所对应的组成之间，在加热至共沸温度时，因系统点位于 GL_2 线段上，故蒸发的结果是组成为 L_1 的液相先消失，进入气-液（l_2）两相区，最后进入气相区。

若系统的总组成恰好等于 G 点所对应的组成，在加热过程中，刚到达共沸温度尚未产生气相时，系统内两共轭液相 L_1 的量、L_2 的量之比等于 GL_2 与 L_1G 线段长度之比，共沸时，两液相也正是按这一比例转变为气相 G，因此，当系统点离开三相线，两液相同时消失而成为单一的气相。

若压力增大，两液体的沸点及共沸温度均升高，相当于图 6.4.6 的上半部向上适当移动。若压力足够大，则不论系统的组成如何，其泡点均高于会溶温度，这时系统相图的下半部分为液体的相互溶解度图，上半部分为具有最低恒沸点的气-液平衡相图，如图 6.4.7 所示。由于压力对液-液平衡的影响很小，故在压力改变时，液体的相互溶解度曲线改变不大。

（2）气相组成位于两液相组成同一侧的系统

共轭溶液沸腾时，若气相组成在两液相组成的同一侧，则共轭溶液的共沸温度位于两纯组分的沸点之间，见图 6.4.8。

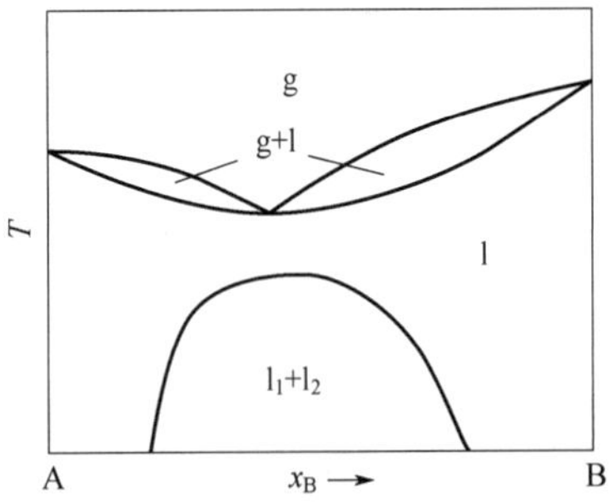

图 6.4.7　泡点高于会溶温度时的部分互溶相图

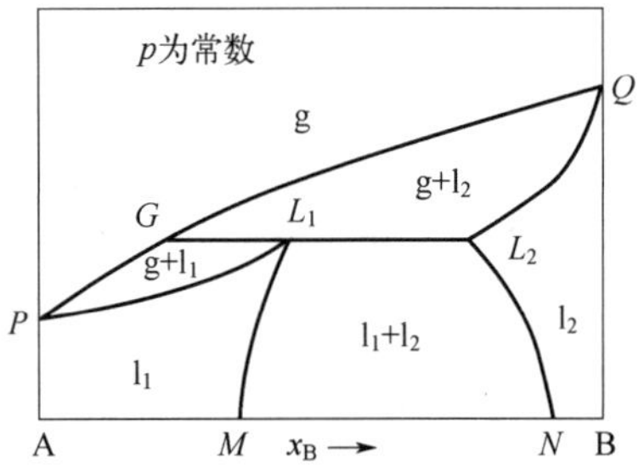

图 6.4.8　气相组成位于两液相组成同一侧的系统的部分互溶相图

6.4.2　完全不互溶的双液系

如果 A、B 两种液体彼此互溶程度极小，以致可忽略不计，则 A 与 B 共存时，各组分的蒸气压与单独存在时一样，液面上的总蒸气压等于两纯组分饱和蒸气压之和，即

$$p = p_A^* + p_B^*$$

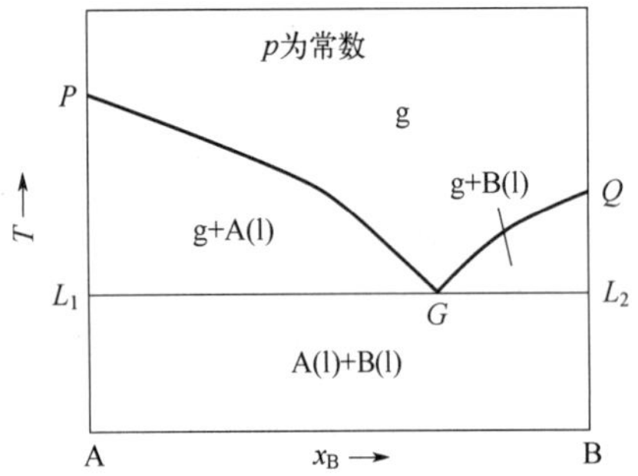

图 6.4.9　液态完全不互溶系统相图

当两种液体共存时，不管其相对数量如何，其总蒸气压恒大于任一组分的蒸气压，而沸点则恒低于任一组分的沸点。当 $p = p_{amb}$ 时，两液体同时沸腾，此时的温度称为共沸点。共沸点时，$F = 2 - 3 + 1 = 0$。

液体 A 和液体 B 的物质的量之比等于线段 GL_2 和线段 L_1G 的长度之比。如果系统中两液体的量正好是这一比例（相当于图 6.4.9 中 G 点所对应的组成），则系统受热离开三相线时，两液相同时消失而进入气相区。如果系统中两液体的量大于这一比例（系统组成相当于图中 G 点左侧所对应的组成），则在系统受热离开三相线时，由于液体 A 的量较多、液体 B 的量较少，故液体 B 先行消失而呈液体 A 与气相两相平衡，因 $F = 2 - 2 + 1 = 1$，故两相平衡温度可以改变，气相组成是温度的函数。在 g+A(l)两相区内，气相中 A 的蒸气是饱和的，B 的蒸气是不饱和的。

把图 6.4.6 和图 6.4.9 对比来看，对两者的理解均是有帮助的。当部分互溶液体的相互溶解度减小时，图 6.4.6 中的 L_1M 线向左靠、L_2N 线向右靠，同时 PL_1 线、QL_2 线也分别向左、右靠。当两液体完全不互溶时，图 6.4.6 即成为图 6.4.9。

利用共沸点低于每一种纯液体沸点的这个原理，可以把不溶于水的高沸点的液体和水一起蒸馏，使两液体在略低于水的沸点下共沸，以保证高沸点液体不致因温度过高而分解，达到提纯的目的。馏出物经冷却成为该液体和水，由于两者不互溶，所以很容易分开。这种方法称为水蒸气蒸馏。水蒸气蒸馏就是利用共沸点低于两纯液体沸点来分离、提纯物质的。

以水-溴苯体系为例，两者互溶程度极小，而密度相差极大，很容易分开，如图 6.4.10 所示，图中是蒸气压随温度变化的曲线。

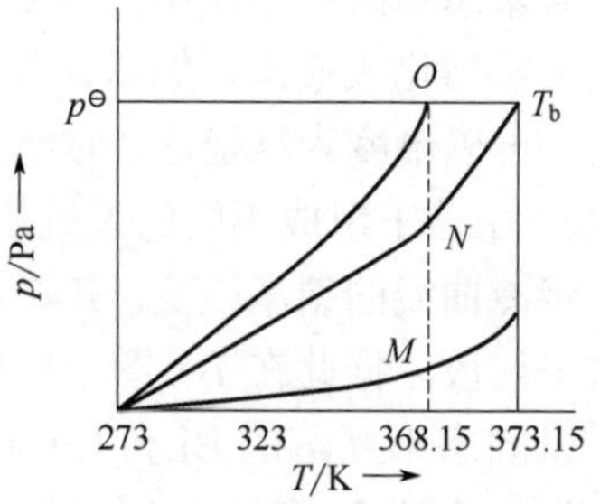

图 6.4.10　水-溴苯液态完全不互溶体系

由表 6.4.1 可见，在溴苯中通入水后，双液系的沸点比两个纯液体的沸点都低，很容易蒸馏。由于溴苯的摩尔质量大，蒸出的混合物中溴苯含量并不低。馏出物中两组分的质量比计算如下：

$$p_B^* = py_B = \frac{n_B}{n_A + n_B}$$

$$p_A^* = py_A = \frac{n_A}{n_A + n_B}$$

$$\frac{p_B^*}{p_A^*} = \frac{n_B}{n_A} = \frac{m_B / M_B}{m_A / M_A}$$

$$\frac{m_B}{m_A} = \frac{p_B^*}{p_A^*} \times \frac{M_B}{M_A}$$

虽然 p_B^* 小，但 M_B 大，所以 m_B 也不会太小。

表 6.4.1　水-溴苯液态完全不互溶体系

物系	蒸气压曲线	沸点
溴苯	QM	429 K
水	QN	373.15 K
水+溴苯	QO	368.15 K

思考

1. 能否用市售的烈性白酒，经多次蒸馏后，得到无水乙醇？

2. 在相图上，哪些区域能使用杠杆规则？在三相共存的平衡线上能否使用杠杆规则？

6.5 二组分固态不互溶系统液-固平衡相图

6.5.1 低共熔相图的绘制

（1）热分析法绘制低共熔相图

凝聚态二组分系统中，C=2，若指定压力不变，则 $F=C-P+1=3-P$。将二组分固态不互溶系统加热熔化成液态，然后令其缓慢而均匀地冷却，记录冷却过程中系统在不同时刻的温度数据，再以温度为纵坐标、时间为横坐标，绘制成温度-时间曲线，即冷却曲线（或称为步冷曲线）。由若干组成不同的系统的冷却曲线就可以绘制出相图。当系统有新相凝聚，放出相变热，步冷曲线的斜率改变。F=2 时是均匀液相；F=1 时有固相析出，出现转折点；F=0 时出现水平线段。据此在 T-x 图上标出对应的位置，得到低共熔 T-x 图。

以固态不互溶的 Bi 和 Cd 金属为例。

为标出纯 Bi 和纯 Cd 的熔点，将 100% Bi 加热熔化，记录步冷曲线，如图 6.5.1 所示。在 546 K 时出现水平线段，这时有 Bi(s)开始析出，因为冷却速率缓慢，可以认为系统液-固两相平衡，凝固热抵消了自然散热，系统温度不变，这时自由度 F=1−2+1=0，步冷曲线出现水平段。当熔液全部凝固，P=1，F=1，温度继续下降。所以，546 K 是 Bi 的熔点。同理，在步冷曲线 e 上，596 K 是纯 Cd 的熔点。将它们分别标在 T-x 图上。

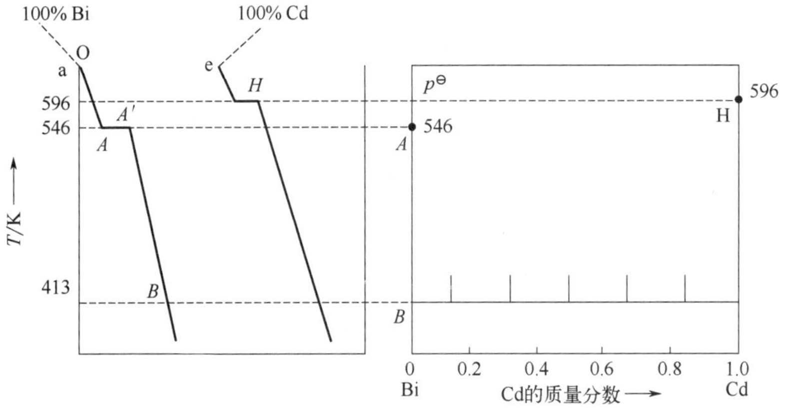

图 6.5.1 二元固-液相图绘制——纯熔点的标出

绘制含 20% Cd、80% Bi 的步冷曲线。将混合物加热熔化，记录步冷曲线如图 6.5.2 中 b 曲线所示。液相混合物冷却时温度均匀下降，曲线在 C 点发生转折，有纯 Bi(s)析出，降温速度变慢。根据相律，两相共存时，$F=C-P+1=2-2+1=1$，说明随着固体 Bi 的析出，温度仍不断下降，同时与固体 Bi 成平衡的液相的组成也随温度而变。但固体 Bi 的析出，放出了凝固热，使降温速率变慢，因而步冷曲线的斜率变小，于是在 C 点出现转析。到达 D 点时，液相不仅对固体 Bi 饱和，而且对固体 Cd 也达到饱和，故在冷却时固相 Cd 也同时析出，使系统呈三相平衡，根据相律，F=2−3+1=0，说明此后在冷却时，只要有液相存在，温度不再改变，出现水平线段，同时液相组成也不变。只有当液相全部凝固而消失后，$F=2-2+1=1$，温度才又继续下降，这相当于D'点。D'点以后是固体Bi和固体Cd的降温过程。DD'段析出的固体Bi和固体Cd的混合物是低共熔混合物，此时的温度即是低共熔点。至D'点，熔液全部凝结为Bi(s)和Cd(s)，温度又开始下降，$F=C-P+1=2-2+1=1$。含70% Cd的步冷曲线d情况类似，只是转折点F处先析出Cd(s)。将转折点分别标在T-x图上。

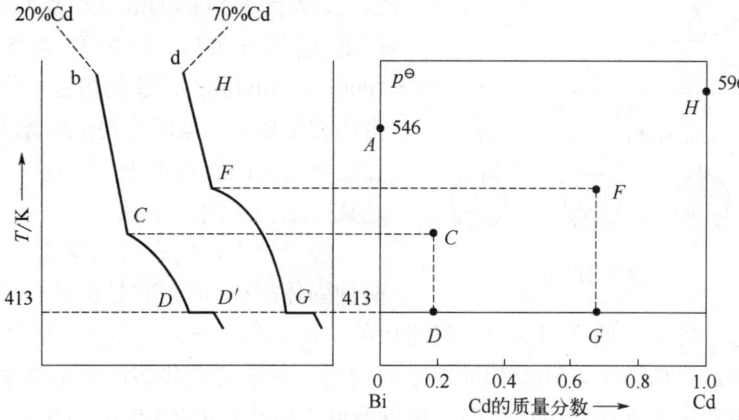

图 6.5.2　二元固-液相图绘制——20% Cd、80% Bi的步冷曲线的绘制

将含40% Cd-60% Bi的系统加热熔化，记录步冷曲线如图6.5.3曲线c所示。温度开始下降均匀，由于这一混合物的组成正好是低共熔混合物的组成，所以液相开始凝固时同时析出固体Cd和固体Bi，相当于曲线上的E点。只要液相没有完全凝固，在三相共存时，$F=C-P+1=2-3+1=0$，温度不降低，从而出现水平线段。当熔液全部凝固，液相消失，$F=C-P+1=2-2+1=1$，系统的温度又可以改变，这是固体Bi和固体Cd的低共熔混合物的降温。这条步冷曲线的形状和纯物质的相似，没有转折点，只有水平段。将E点标在T-x图上。

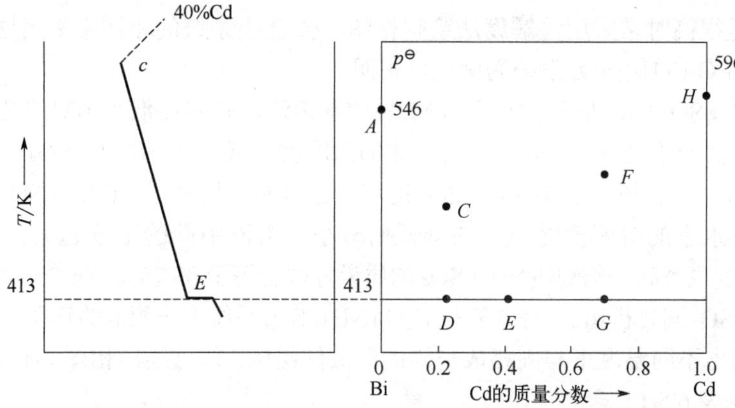

图 6.5.3　二元固-液相图绘制——40% Cd-60% Bi的步冷曲线的绘制

将上述的五条步冷曲线中的转折点、水平段的温度及相应的系统组成描绘在温度-组成图上，可以得到Bi-Cd的T-x相图。如将A、C、E点连接，得到Bi(s)与熔液两相共存的液相组成线（凝固点降低曲线）；将H、F、E点连接，得到Cd(s)与熔液两相共存的液相组成线；将D、E、G点连接，得到Bi(s)、Cd(s)与熔液共存的三相平衡线，熔液的组成由E点表示。如

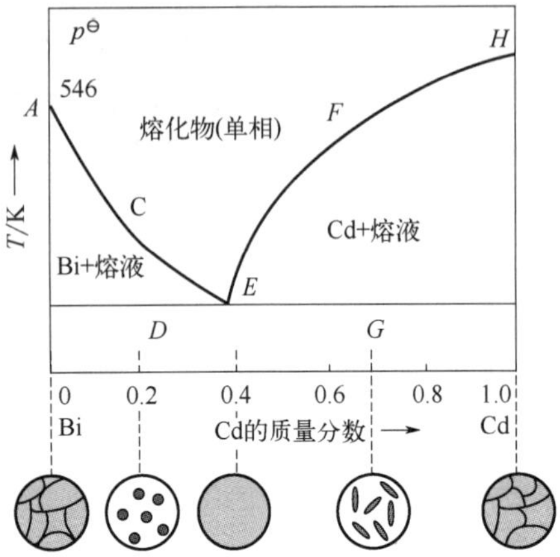

图 6.5.4　二元固-液相图

图 6.5.4 所示，在图中注明各相区的稳定相，于是绘得 Bi-Cd 系统的相图（*T-x* 图）。

图中有三个特殊点：*A* 点为纯 Bi(s)的熔点，*H* 点为纯 Cd(s)的熔点，*E* 点为 Bi(s)+Cd(s)+l 三相共存点。因为 *E* 点温度均低于 *A* 点和 *H* 点的温度，因此 *E* 点称为低共熔点（eutectic point），在该点析出的混合物称为低共熔混合物（eutectic mixture）。低共熔混合物不是化合物，由两相组成，只是混合得非常均匀。*E* 点的温度会随外压的改变而改变，在这 *T-x* 图上，*E* 点仅是某一压力下的一个截点。

应当指出，固态低共熔混合物虽由 A 和 B 两种固体构成，但因它是由具有低共熔组成 *E* 的液态低共熔混合物冷却到低共熔点时同时析出的两种晶体，与之前析出的固体 A 相比，十分细小，因此在普通显微镜下，其晶相显得十分均匀。系统的低共熔性质常常被利用，如在冶金工业中，一些常见的氧化物熔点远高于炼钢温度（如纯 CaO 熔点为 2570 ℃），但当加入助熔剂 CaF_2（萤石）后，两者能形成低共熔混合物，且低共熔温度（低于 1400 ℃）远低于各纯组分的熔点，因而可使高熔点氧化物在炼钢温度下熔化，且能改善炉渣流动性能。另外，用作焊接、保险丝等的易熔合金等，也都是利用了合金的低共熔性质。

思考

通过氧化铝熔融电解制备金属铝时，如何降低电解温度？

（2）溶解度法绘制低共熔相图

在温度不是很高时常采用溶解度法绘制相图，水-盐类系统的相图常采用这种方法，以不生成水合物的 H_2O-$(NH_4)_2SO_4$ 系统为例加以说明。

若冷却$(NH_4)_2SO_4$ 的质量分数小于 39.75%的水溶液，则将在低于 0℃的某温度下开始有冰析出。溶液中盐的浓度较大时，开始析出冰的温度就较低。对于$(NH_4)_2SO_4$ 的质量分数大于 39.75%的水溶液，在冷却到$(NH_4)_2SO_4$ 达到饱和的温度时，将有固体$(NH_4)_2SO_4$ 析出，这是因为$(NH_4)_2SO_4$ 在水中的溶解度随温度的降低而减小。溶液中盐的浓度越大，开始析出固体$(NH_4)_2SO_4$ 的温度也越高。溶液中$(NH_4)_2SO_4$ 的质量分数若等于 39.75%，在冷却到−18.50 ℃时，冰和固体$(NH_4)_2SO_4$ 同时析出。−18.5 ℃是 H_2O-$(NH_4)_2SO_4$ 系统中液相能够存在的最低温度。

理论上，测出不同温度下与固相成平衡的溶液的组成，即可绘出相图。H_2O-$(NH_4)_2SO_4$ 系统的有关数据见表 6.5.1。

表 6.5.1　不同温度下 H_2O-$(NH_4)_2SO_4$ 系统的液-固平衡数据

t/℃	$w(NH_4)_2SO_4$ /%	平衡时的稳定相
−1.99	6.52	冰
−5.28	17.10	冰
−10.15	28.97	冰

续表

t/℃	$w(NH_4)_2SO_4$/%	平衡时的稳定相
−13.99	34.47	冰
−18.5	39.75	冰+$(NH_4)_2SO_4$
0	41.22	$(NH_4)_2SO_4$
10	42.11	$(NH_4)_2SO_4$
20	43.00	$(NH_4)_2SO_4$
30	43.87	$(NH_4)_2SO_4$
40	44.80	$(NH_4)_2SO_4$
50	45.75	$(NH_4)_2SO_4$
60	46.64	$(NH_4)_2SO_4$
70	47.54	$(NH_4)_2SO_4$
80	48.47	$(NH_4)_2SO_4$
90	49.44	$(NH_4)_2SO_4$
100	50.42	$(NH_4)_2SO_4$
108.5	51.53	$(NH_4)_2SO_4$

根据表6.5.1的数据绘出H_2O-$(NH_4)_2SO_4$系统的相图如图6.5.5所示。图中L点是水的凝固点，AL线是水的凝固点降低曲线，AN线是$(NH_4)_2SO_4$的溶解度曲线。N点是在压力101.325 kPa下$(NH_4)_2SO_4$饱和溶液可能存在的最高温度，若温度再高，液相就要消失而成为水蒸气和固体$(NH_4)_2SO_4$，但若增大外压，AN线还可以向上延长。状态点A溶液在冷却时析出的低共熔混合物［冰和固体$(NH_4)_2SO_4$］又称为低熔冰盐合晶，A点所对应的温度即低共熔点，通过A点的水平线是三相线。

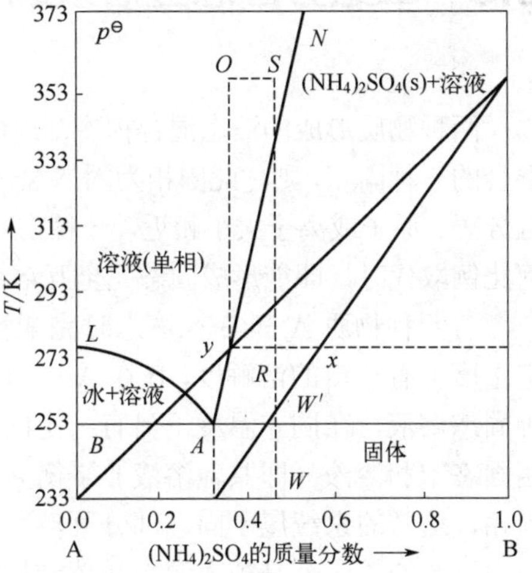

图6.5.5　H_2O-$(NH_4)_2SO_4$系统相图

图中有两个特殊点：L点是冰的熔点（盐的熔点极高，受溶解度和水的沸点限制，在图上无法标出）；A点是$(NH_4)_2SO_4$+冰+溶液三相共存点。溶液组成在A点以左者冷却，先析出冰；在A点以右者冷却，先析出$(NH_4)_2SO_4$。

水-盐系统相图可应用于结晶法分离盐类。例如，欲从$(NH_4)_2SO_4$的质量分数为30%的水溶液中获得纯$(NH_4)_2SO_4$晶体，由图6.5.5可知，单凭冷却是不可能的，因为冷却过程中将首先析出冰，冷却到−18.5 ℃时，固体盐与冰同时析出。应先将溶液蒸发浓缩，使溶液中$(NH_4)_2SO_4$的质量分数大于39.75 %（图中点A所对应的组成），再将浓缩后的溶液冷却，并控制温度使略高于−18.5 ℃，即可获得纯$(NH_4)_2SO_4$晶体。

6.5.2　低共熔相图的应用

（1）利用熔点变化检查固体样品纯度

纯固体样品的熔点固定，熔距小；混合物的熔点会显著降低，熔距会显著加大。

（2）药物的配伍及防冻制剂

两种固体药物本身的熔点可能明显高于室温，但如果将它们混合起来，其混合物的低共熔点会明显低于其中任意一个固体药物的熔点。如果低共熔点接近室温或在室温以下，便不宜混在一起配方，以防在室温下形成糊状物或呈液态，这是药物调剂配伍中应注意的问题。

（3）改良剂型以增进药效

在显微镜下观察，发现在低共熔点析出的低共熔混合物都是细小、均匀的微晶。微晶的分散度很高，表面能很大，可表现出一些与大颗粒晶体不相同的性质。某些难溶于水的固体药物服用后不易被吸收，药效慢，将其与尿素或其他能溶于水并且无毒的化合物共熔，用快速冷却方法制成低共熔混合物时，因尿素在胃液中能很快溶解，剩下的高度分散的药物，其溶解速度和溶解度都比大颗粒要高，有利于药物的吸收。

（4）配制低温冷冻液

在化工生产和科学研究中常要用到低温浴，配制合适的水-盐系统，可以得到不同的低温冷冻液。例如在冬天，为防止路面结冰，在路面上撒盐，这实际利用的就是冰点下降原理。

6.6 二组分固态互溶系统液-固平衡相图

两种物质形成的液态混合物冷却凝固后，若两物质形成以分子、原子或离子大小相互均匀混合的一种固相，则称此固相为固态混合物（固溶体）或固体溶液。当两种物质具有同种晶形，且分子、原子或离子大小相近，一种物质晶体中的这些粒子可以被另一种物质的相应粒子以任何比例取代时，即能形成固态完全互溶系统。Au-Ag、Cu-Ni、Co-Ni 系统属于这种类型。

若两种物质 A 和 B 在液态时完全互溶，固态时 A 在 B 中溶解形成一种固态溶液，在一定温度下有一定的溶解度，B 在 A 中溶解形成另一种固态溶液，在同一温度下另有一定的溶解度，则两固态饱和溶液（即共轭溶液）平衡共存时为两种固相，这样的系统属于固态部分互溶系统。固态溶液中溶质的粒子若是填入溶剂晶体结构的空隙中，则形成填隙型固态溶液；若是代替了溶剂晶体的相应粒子，则形成取代型固态溶液。

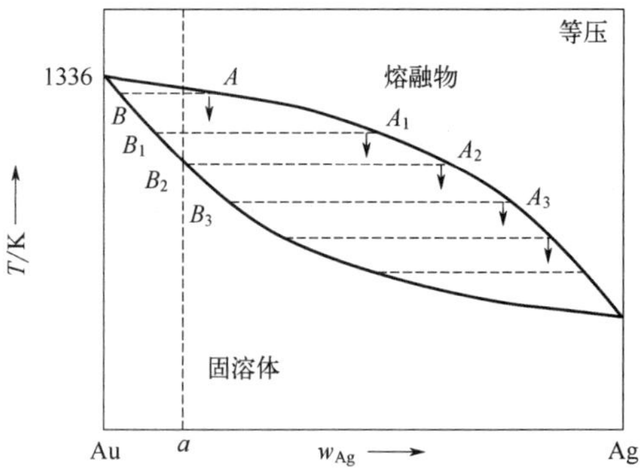

图 6.6.1 Au-Ag 固-液相图

6.6.1 固态完全互溶系统

以 Au-Ag 相图为例，两个组分在液态和固态都能完全互溶，此系统的液-固平衡相图如图 6.6.1 所示。此图与二组分液态混合物在恒压下的气-液平衡相图具有相似的形状。梭形区之上是熔液单相区，之下是固体溶液（简称固溶体）单相区，梭形区内是固-液两相共存区，上面的一条线表示液态混合物的凝固点与其组分的关系曲线，称为液相线或凝固点曲线；下面的一条线表示固态混合物的熔点与其组成的关系曲线，称为固相线或熔点曲线。

当物系冷却至 *A* 点，进入两相区，析出组成为 *B* 的固溶体。因为 Au 的熔点比 Ag 高，固相中含 Au 较多，液相中含 Ag 较多。继续冷却，液相组成沿 AA_1A_2 线变化，固相组成沿

BB_1B_2线变化，在 B_2 点对应的温度以下，液相消失。

再以 Sb-Bi 相图为例［图 6.6.2（a）］，将状态点为 a 的液态混合物冷却降温到 t_1 时，系统点到达液相上的 L_1 点，此时有固相析出，此固相不是纯物质，而是固态混合物（固溶体），其相点为 S_1。继续冷却，温度从 t_1 降到 t_2 的过程中，不断有固相析出，液相点沿液相线由 L_1 点变至 L_2 点，固相点相应地沿固相线由 S_1 点变至 S_2 点。在 t_2 温度下系统点与固相点重合为 S_2，液相消失，系统完全凝固，最后消失的一滴液相组成为 L_2 点对应的组成。此样品的步冷曲线如图 6.6.2（b）所示。

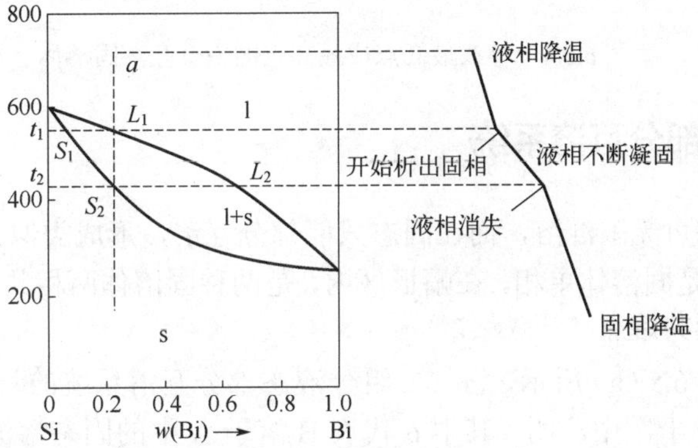

图 6.6.2　Sb-Bi 相图及步冷曲线

上述过程要求冷却速度很慢，以保证在凝固过程中整个固相在任何时候都能和液相尽量达到平衡。如果冷却过快，则仅固相表面和液相平衡，固相内部来不及变化，在液相点由 L_1 变到 L_2 的过程中，将析出一连串不同组成的固相层，而出现固相变化滞后的现象，可能在 t_2 以下的某温度范围内仍存在液相不完全凝固的现象。

固-液两相不同于气-液两相，析出晶体时，不易与熔融物建立平衡，较早析出的晶体含高熔点组分较多，形成枝晶，后析出的晶体含低熔点组分较多，填充在最早析出的枝晶之间，这种现象称为枝晶偏析。由于固相组织的不均匀性，会影响合金的性能。

为了使固相合金内部组成更均一，可把合金加热到接近熔点的温度，保持一定时间，使内部组分充分扩散，趋于均一，然后缓慢冷却，这种过程称为退火。这是金属工件制造工艺中的重要工序。在金属热处理过程中，使金属突然冷却，来不及发生相变，保持高温时的结构状态，这种工序称为淬火。例如，某些钢铁刀具经淬火后可提高硬度。

区域熔炼是制备高纯物质的有效方法，可以用于制备高纯半导体材料（如硅和锗）、对有机物或将高聚物进行分级。一般是将高频加热环套在需精炼的棒状材料的一端，使之局部熔化；再缓慢向前推进加热环，使已熔部分重新凝固。由于杂质在固相和液相中的分布不等，用这种方法重复多次，杂质就会集中到一端，从而得到高纯物质，见图 6.6.3。

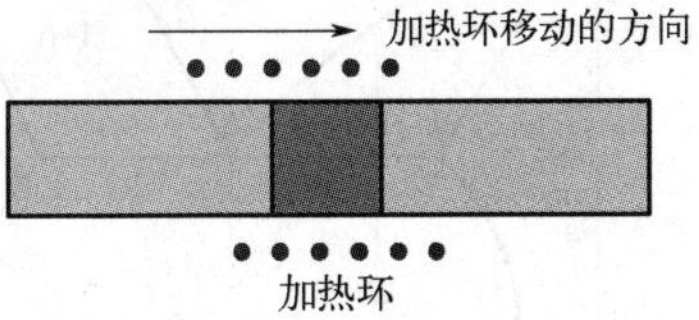

图 6.6.3　区域熔炼示意图

当两种组分的粒子大小和晶体结构不完全相同时，它们的 T-x 图上会出现最低熔点或最高熔点。例如：Na_2CO_3-K_2CO_3、KCl-KBr、Ag-Sb、Cu-Au、Cs-K、K-Rb 等系统会出现最低点。但出现最高点的系统较少。这两类相图分别与具有最低恒沸点和具有最高恒沸点的二组分系统气-液平衡的温度-组成图有着类似的形状，如图 6.6.4 所示。

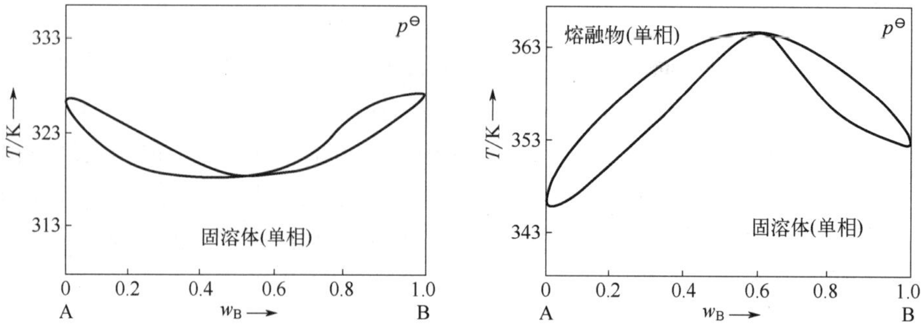

图 6.6.4　存在最低点或最高点的完全互溶固溶体

6.6.2　固态部分互溶系统

两个组分在液态可无限混溶，而在固态只能部分互溶，形成类似于部分互溶双液系的帽形区。在帽形区外，是固溶体单相，在帽形区内，是两种固溶体两相共存。相图可分为两类。

（1）系统有一低共熔点

这类相图如图 6.6.5（a）所示，它与二组分液态部分互溶系统的气-液平衡的相图相似。六个相区的平衡相已于图中注明，其中 α 代表 B 溶于 A 中的固态溶液，β 代表 A 溶于 B 中的固态溶液。S_1LS_2 为三相共存线，组成为 L 的液、固（α,S_1）、固（β,S_2）三相共存，三个相点分别为 S_1、L、S_2，其所对应的温度为低共熔点。在相图上有三个单相区，PLQ 线以上为熔融物（l），PS_1M 以左为固溶体（α），QS_2N 以右为固溶体（β）；有三个两相区，PLS_1 区为 l+α，QLS_2 区为 l+β，MS_1S_2N 区为 α+β；PL、QL 是液相组成线；PS_1、QS_2 是固溶体组成线；L 点为固溶体（α）、固溶体(β)的低共熔点。两个固溶体彼此互溶的程度从 PS_1 和 QS_2 线上读出。从 a 点开始冷却，到 b 点有固溶体(α)析出，继续冷却至三相线以下，全部凝固为固溶体（α）和固溶体（β）。从 e 点开始冷却，物质的变化：熔液 l→l（L）+α（S_1）+β（S_2）→α（S_1）+β（S_2）。

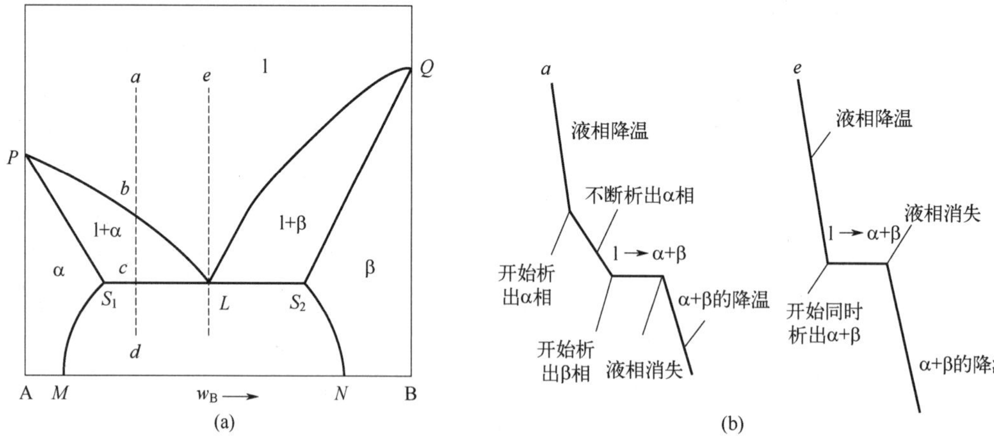

图 6.6.5　具有低共熔点的二组分固态部分互溶系统相图（a）及步冷曲线（b）

步冷曲线见图 6.6.5（b）。系统总组成介于 S_1、S_2 点所对应的组成之间，样品冷却时通过三相线。状态点为 a 的样品冷却到 b 点时，开始析出固态溶液 α。bc 段不断析出 α 相，刚刚冷却到低共熔点时，固相点为 S_1，液相点为 L，再冷却，温度不变，液相 L 即按比例同时析

出 α 相及 β 相而呈三相平衡：

$$\mathrm{l} \underset{\text{加热}}{\overset{\text{冷却}}{\rightleftharpoons}} \alpha+\beta$$

两个固相点分别为 S_1 及 S_2，系统点为 c。待液相全部凝固成 α 及 β 后，系统点离开 c 点。cd 段是两共轭固态溶液的降温过程，由于固体 A 和 B 的相互溶解度与温度有关，在降温过程中两固态溶液的浓度及两相的量均要发生相应的变化。状态点为 e 的样品冷却到低共熔点时，系统由一个液相变成液、固 α、固 β 三相共存，液相消失后，也是两共轭固态溶液的降温。

属于这类系统的实例有：Sn-Pb、Ag-Cu、Cd-Zn 等。

（2）系统有一转变温度

这类相图如图 6.6.6（a）所示，以系统点 a 的冷却过程为例。ab 段为液态混合物的降温过程。到达 b 点开始析出固态溶液 β。bc 段不断析出 β 相，温度不断降低，液相组成及 β 相组成随温度降低相应地改变。到 c 点，液相点为 L，β 相点为 S_2。再冷却，即发生变化：

$$\beta+\mathrm{l} \underset{\text{冷却}}{\overset{\text{加热}}{\rightleftharpoons}} \alpha$$

状态点为 L 的液相与状态点为 S_2 的 β 相的量按 S_1S_2 与 LS_1 线段长度的比例转变为状态点为 S_1 的固态溶液 α。这时系统呈三相平衡，F=0，温度不再改变，此温度称转变温度。液相消失后，剩余的 β 相与转变成的 α 相成两相平衡。cd 段为两共轭固态溶液的降温过程，两相的组成随温度变化。步冷曲线见图 6.6.6（b）。

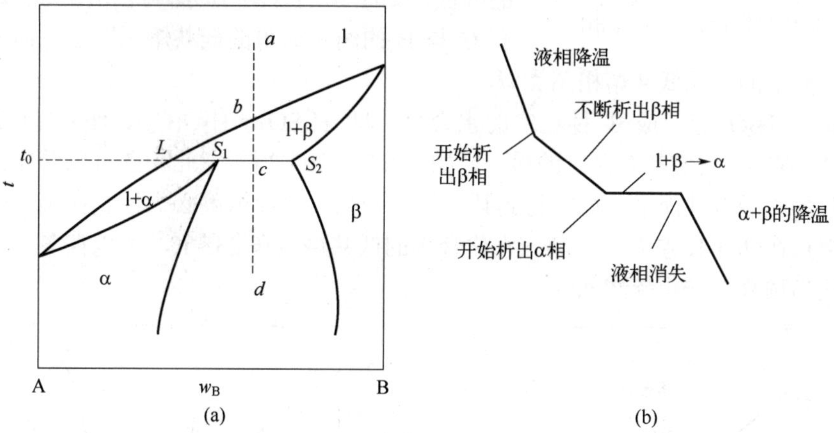

图 6.6.6　具有转变温度的二组分固态部分互溶系统相图（a）及步冷曲线（b）

属于这类系统的实例有：Pt-W、Ag-LiCl 等。

6.7　生成化合物的二组分凝聚系统相图

若两种物质之间发生化学反应而生成化合物（第三种物质），根据组分数的概念，$C=S-R-R'=3-1=2$，仍为二组分系统。当系统中这两种物质的数量之比正好使之全部形成化合物，则除了有一化学反应外，还有一浓度限制条件，于是 $C=S-R-R'=3-1-1=1$，而成为单组分系统。

下面根据所生成化合物的稳定性，分两类情况加以讨论。

6.7.1 生成稳定化合物系统

将熔化后液相组成与固相组成相同的固体化合物称为稳定化合物，包括稳定的水合物。它们有自己的熔点，称为相合熔点。生成稳定化合物系统中最简单的是两物质之间只能生成一种化合物，且这种化合物与两物质在固态时完全不互溶。以苯酚（A）-苯胺（B）系统为例。苯酚的熔点为 40 ℃，苯胺的熔点为-6 ℃，两者生成分子比为 1∶1 的化合物 $C_6H_5OH \cdot C_6H_5NH_2$（C），其熔点为 31℃。此系统的液-固平衡相图如图 6.7.1 所示。此图可以看成是由两个相图组合而成的，一个是 A-C 系统相图，另一个是 C-B 系统相图。两个相图均是具有低共熔点的固态不互溶系统相图。

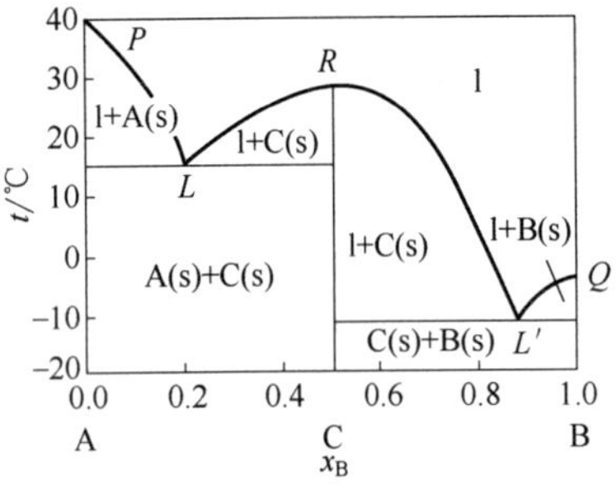

图 6.7.1　形成稳定化合物液-固相图

属于这类系统的有：CuCl(s)-$FeCl_3$(s)、Au(s)-2Fe(s)、$CuCl_2$-KCl、酚-苯酚、$FeCl_3$-H_2O 的 4 种水合物、H_2SO_4-H_2O 的 3 种水合物。Mg-Si 系统也属于这种类型。Mg 与 Si 可形成组成稳定的 Mg_2Si 化合物，且 Mg 与 Si 和在固态时完全不互溶，两个物质还有可能生成两种或两种以上的稳定化合物。

CuCl(A)与 $FeCl_3$(B)可形成化合物 C，H 点对应温度是 C 的熔点，在 C 中加入 A 或 B 组分都会导致熔点的降低，如图 6.7.2（a）所示。此相图可以看作 A 与 C 和 C 与 B 的两张简单的低共熔相图合并而成，所有的相图分析与简单的二元低共熔相图类似。

H_2SO_4 与 H_2O 能形成 3 种稳定的水合物，即 $H_2SO_4 \cdot H_2O(C_3)$、$H_2SO_4 \cdot 2H_2O(C_2)$、$H_2SO_4 \cdot 4H_2O(C_1)$，它们都有自己的熔点，如图 6.7.1（b）所示，此相图可以看作由 4 张简单的二元低共熔相图合并而成。如需得到某一种水合物，溶液浓度必须控制在某一范围之内。纯硫酸的熔点在 283 K 左右，而其一水化合物的低共熔点在 235 K，所以在冬天用管道运送硫酸时应适当稀释，防止硫酸冻结。

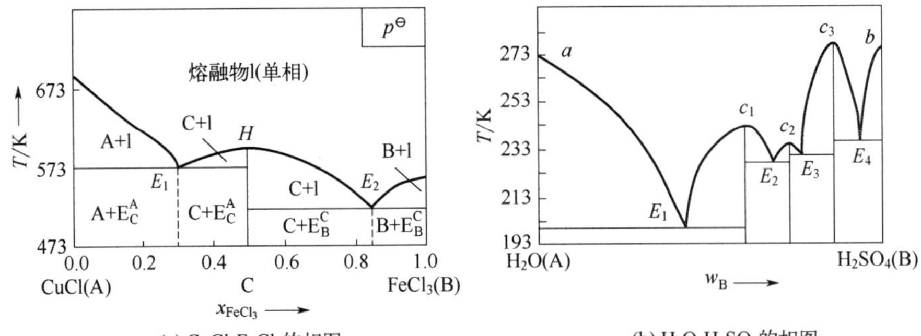

(a) CuCl-$FeCl_3$的相图

(b) H_2O-H_2SO_4的相图

图 6.7.2　形成稳定化合物液-固相图示例

6.7.2 生成不稳定化合物系统

将熔化时分解成一液体及另一种固体物质的固体化合物称为不稳定化合物。显然，生成的液体的组成不同于原不稳定化合物的组成，不稳定化合物具有不相合熔点，对应温度称为转熔温度。生成不稳定化合物系统中最简单的系统是两种物质 A 和 B 只生成一种不稳定化合物 C，且 C 与 A、C 与 B 均在固态时完全不互溶，其相图如图 6.7.3 所示。

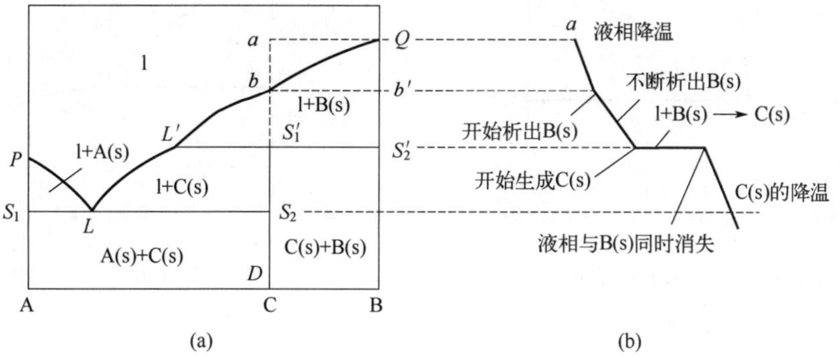

图 6.7.3　生成不稳定化合物系统相图（a）及步冷曲线（b）

将固体化合物 C 加热，系统点由 D 点垂直向上移动，达到 S_1'点所对应的温度时，化合物分解成固体 B 和溶液，即

$$C(s) \underset{\text{冷却}}{\overset{\text{加热}}{\rightleftharpoons}} l + B(s)$$

此时固相点为 S_2'，液相点为 L'，化合物 C 分解生成的固相 B 的量与液相的量之比符合杠杆规则，即等于线段 $L'S_1'$的长度与线段 $S_1'S_2'$的长度之比。分解所对应的温度称为不相合熔点或转熔温度，在此温度下，三相平衡，自由度为零，系统的温度和各个相的组成都不改变。加热到固体化合物全部分解后，温度才开始上升。再继续加热，不断有固体 B 熔化进入溶液，使溶液中 B 的含量增加，液相点沿 $L'b$ 线移动，固相点相应地沿 $S_2'b'$线移动。系统点到达 b 点时，固相 B 全部熔化而消失，b 点也即是液相点，此液相的组成与原来化合物 C 的组成相同，此之后是液相的升温过程。

图中系统点为 a 的样品的步冷曲线见图 6.7.3（b）。此样品在冷却过程中的相变化与前面分析的化合物 C 在加热过程中的相变化正好相反。这一类系统的实例有：SiO_2-Al_2O_3（生成不稳定化合物 $3Al_2O_3 \cdot 2SiO_2$）、$AgNO_3$-AgCl（生成不稳定化合物 $AgNO_3 \cdot AgCl$）、CuCl-KCl（生成不稳定化合物 CuCl · 2KCl）等。

水-盐系统中的 H_2O-NaCl 也属于这一类。不稳定化合物二水合氯化钠 $NaCl \cdot 2H_2O$（C）在熔化时分解，系统相图如图 6.7.4 所示。相图是在加压下绘制的，由于 NaCl 的熔点很高，盐的溶解度曲线不可能与右侧纵坐标相交。盐与水可以生成几种不同的水合晶体，这些水-盐系统相图中就有几种不稳定的化合物。

在 CaF_2(A)-$CaCl_2$(B)相图上，C 是 A 和 B 生成的不稳定化合物，如图 6.7.5 所示。因为 C 没有自己的熔点，将 C 加热，到 O 点温度时分解成 CaF_2(s)和熔液（组成为 N 点所对应的量），所以将 O 点的温度称为转熔温度（peritectic temperature）。FON 线也称为三相线，由 A(s)、C(s)和熔液三相共存，与一般三相线不同的是，此熔液组成所对应的点（N）在端点，而不是在中间。

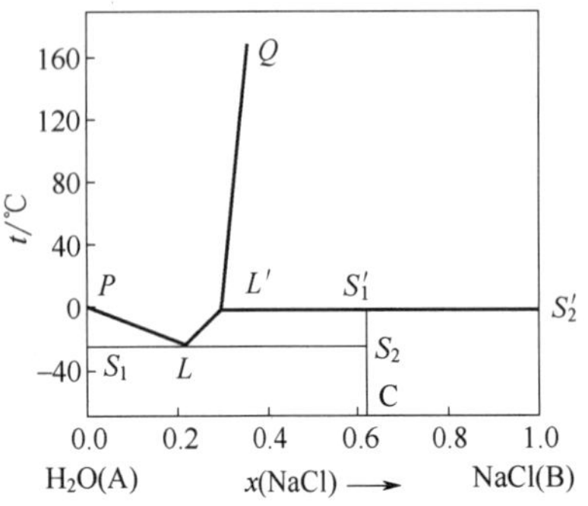

图 6.7.4　H_2O-NaCl 系统相图

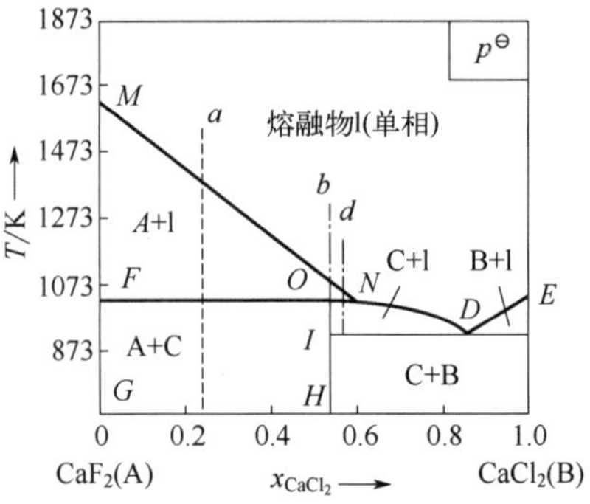

图 6.7.5　CaF_2-$CaCl_2$ 相图

6.8　三组分系统平衡相图简介

一般说来三组分的系统相图比二组分系统相图要复杂得多，按聚集状态不同，可以分为气-液平衡、液-液平衡和液-固平衡等。本书介绍三组分系统液-液平衡相图中最简单的一类，即只有一对液体部分互溶，其余两对液体完全互溶的相图。

6.8.1　三组分系统的相图表示法

根据相律，三组分系统单相存在时 $F=C-P+2=4$；这四个变量是温度、压力及该相中两个组分的相对含量。若维持压力不变，或对凝聚系统不考虑压力的影响，则变量只有三个，即温度和两个组分的相对含量，这需要用三维空间的相图来表示。若再固定温度，就只剩下两个组分的相对含量为变量，于是可以方便地用平面图形表示。

通常用等边三角形表示系统的状态和组成，见图 6.8.1。三角形的三个顶点分别表示纯组分 A、B 和 C，从状态点 P 分别做三条边的平行线（图 6.8.1 的虚线），从虚线与边的交点的值可以直观读取 A、B、C 组成分别为 a、b、c。组成可以用质量分数 w 或摩尔分数 x 表示。

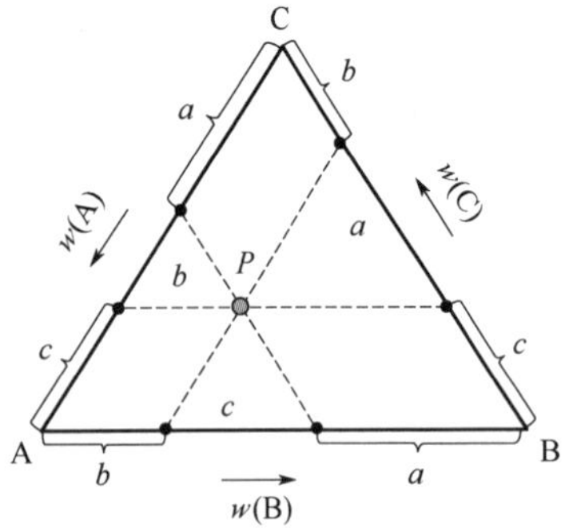

图 6.8.1　表示三组分系统的等边三角形图

（1）等含量规则

一组体系点同在平行于三角形某一边的线上，则该组体系中平行线对应的顶点组成含量相同。图 6.8.2 所示与 A 点对角线平行的直线均为等 w_A 线，P 点组成逐渐变为 Q、R，期间 A 的质量分数 w 或摩尔分数 x 不变。

（2）等比例规则

如图 6.8.3，通过顶点 C 向对边任何一直线上的各点，如 F、H，系统中 C 组分的含量 w(C)不同，但 w(A)∶w(B)=常数。如果向系统中连续加入 C 组分，系统点将由原系统点与代表该组分的顶点的连接线向着顶点方向移动。

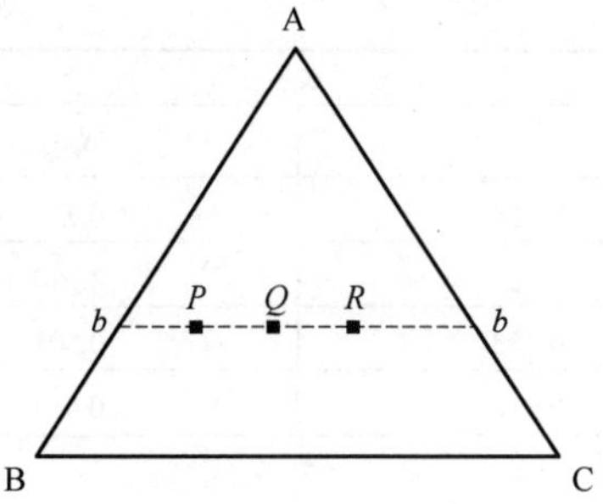

图 6.8.2　等含量规则

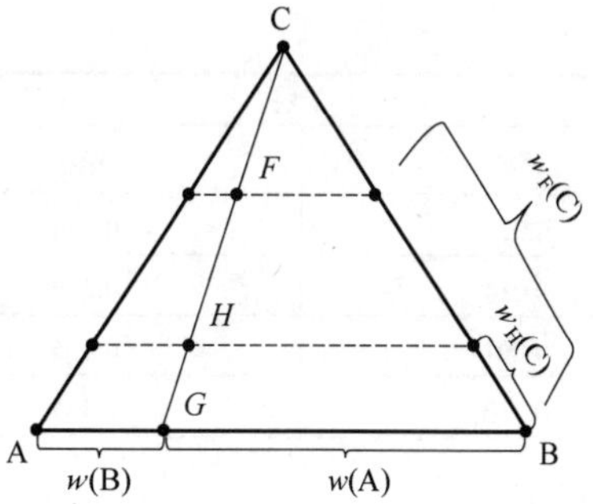

图 6.8.3　等比例规则

(3) 杠杆规则

如果系统内部出现两相平衡，则按杠杆规则，系统点与两个相点必在同一直线上，而且系统点在两个相点之间，两个相的量反比于两个相点到系统点的长度。如图 6.8.4，由两个系统 D、E 组成新系统 F，则 F 必在 DE 上，且符合杠杆规则，即 $\dfrac{m(D)}{m(E)}=\dfrac{\overline{FE}}{\overline{DF}}$。

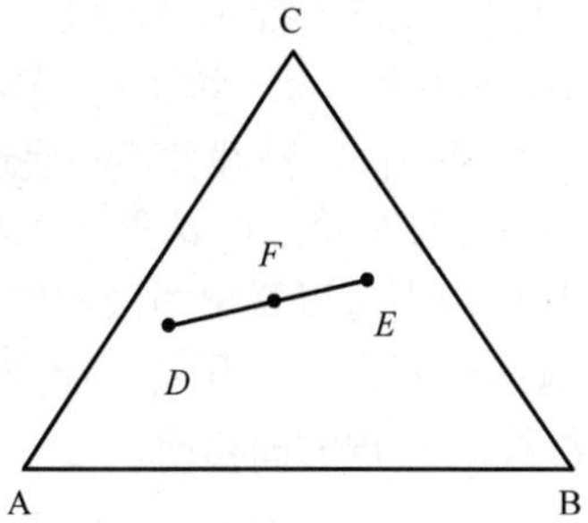

图 6.8.4　杠杆规则

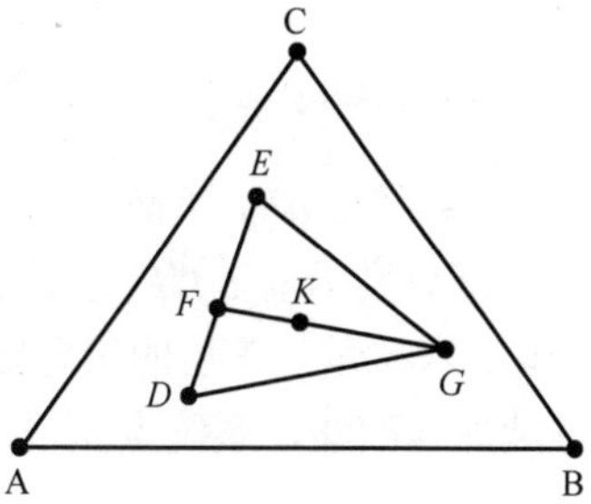

图 6.8.5　重心规则

(4) 重心规则

由三个系统点 D、E 和 G 组成的新系统的系统点为重心 K。先由 DE 求 F，再由 FG 定 K。两次均应用杠杆规则：$\dfrac{m(\mathrm{D})}{m(\mathrm{E})}=\dfrac{\overline{FE}}{\overline{DF}}$，$\dfrac{m(\mathrm{E})}{m(\mathrm{G})}=\dfrac{\overline{KG}}{\overline{FK}}$。

6.8.2　三组分部分互溶系统的溶解度图

三组分部分互溶系统是指三个液体组分中只有一对液体是部分互溶的，而其他两对液体则是完全互溶的系统。以苯(A)-水(B)-醋酸(C)系统为例，苯和醋酸、水和醋酸均完全互溶，而苯和水在一定温度下部分互溶，测得系统的溶解度见表 6.8.1，绘制对应的三组分系统液-液平衡相图，如图 6.8.6 所示。

表 6.8.1　C_6H_6(A)- H_2O(B)- CH_3COOH(C) 三组分系统在 25 ℃时的溶解度

苯层		水层	
$x_{水}$	$x_{醋酸}$	$x_{水}$	$x_{醋酸}$
0.0005	0.00195	0.9858	0.0141

续表

苯层		水层	
$x_{水}$	$x_{醋酸}$	$x_{水}$	$x_{醋酸}$
0.020	0.184	0.663	0.320
0.034	0.270	0.565	0.399
0.091	0.386	0.373	0.501
0.216	0.487	0.216	0.487

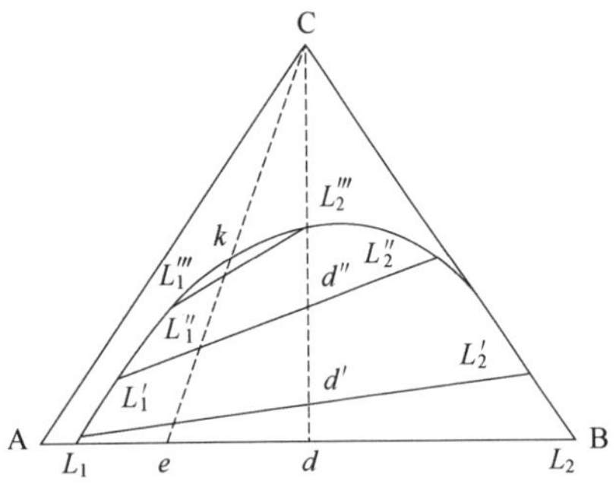

图 6.8.6　A-B-C 系统液-液平衡相图

系统点为 d 的样品，恒温下不断地加入醋酸，则系统点将沿 dC 线向 C 点移动。系统点为 d 时，为两共轭相 L_1 和 L_2，系统点变到 d'时，平衡两液相点分别变至 L_1' 和 L_2'。根据相律，压力对于凝聚系统影响不大，不予考虑，温度不变时，三组分系统两相平衡的自由度 F=3−2=1，说明只有一个液相中的一个组分的相对含量可以独立改变，而这一相中另一组分的相对含量及与之平衡的另一液相的组成均不能独立改变。将两个相点 L_1' 和 L_2' 用直线连接起来，连接线称为结线。因为两液相中醋酸的相对含量不同，结线并不与底边 AB 平行。加入醋酸至系统点 d''，平衡时两液相点分别为 L_1' 和 L_2''。可见系统点由 d 变至接近 L_2''' 时，平衡时两液相点分别沿着 $L_1L_1'L_1''$ 线及 $L_2'L_2''L_2'''$ 线移动。由杠杆规则可以看出两液相的相对数量也在发生变化，水层量与苯层的量之比越来越大。至系统点达到 L_2''' 时，苯层消失而变成单一的液相，如继续加入醋酸，系统点在单一液相区内沿着 $L_2'''C$ 线向 C 点方向移动。

从图 6.8.6 可以看出，随着系统中醋酸含量的增大，结线越来越短。这说明两液相的组成越来越接近。实验表明，最后结线可以缩小至点 k，在 k 点，两液相组成相同而成为一个液相，把 k 点称为会溶点或临界点。曲线 L_1kL_2 以内为液-液两相区，曲线以外为单液相区。

在系统点为 e（eC 线正好通过 k 点）的样品中加入醋酸，系统点将沿 eC 线向 C 点方向移动。在 L_1kL_2 区域内，系统为两个共轭的三组分溶液。继续加入醋酸，平衡时两液相分别沿 L_1k 及 L_2k 曲线移动，两液相的相对数量之比只有少量的变化。当系统点达到 k 点时，不是哪一个液相先消失，而是两液相间的界面消失，成为均匀的一相。再加入醋酸，此单一液相的组成沿 kC 变化。

6.8.3　简单共晶三元系

利用多组分协同降低在操作时蒸馏提纯的沸点和金属冶炼过程的熔点，对节能降耗有重要意义，前面介绍了水蒸气蒸馏在有机物提纯的应用，下面列出 Pb-Sn-Bi 简单共晶三元系相图，如图 6.8.7 所示。其中三个组分两两构成简单二元共晶系，如 Pb-Sn-Bi 系，Pb 熔点为 327 ℃，Sn 熔点为 232 ℃，Bi 熔点为 271 ℃，其共晶温度如表 6.8.2 所示。

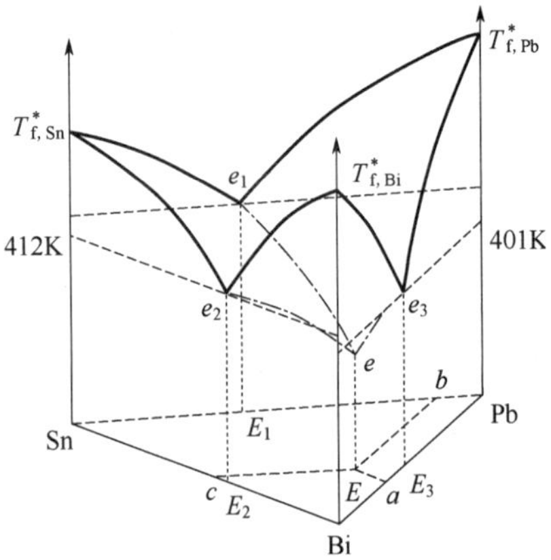

图 6.8.7　简单共晶三元系相图

表 6.8.2　Pb-Sn-Bi 三元系共晶温度

系统	共晶温度/℃	共晶组成	状态点
Pb-Sn	182	62% Sn	e_1
Sn-Bi	139	58% Bi	e_2
Pb-Bi	128	45% Pb	e_3
Pb-Sn-Bi	96	15% Sn,32% Pb	e

纯组分熔点：三个，$F^*=0$。

二元共晶点：三个，e_1、e_2、e_3，$F^*=1$。

三元共晶点：一个，e，$F^*=0$；四相平衡共存（共晶反应），$\mathrm{l}(e) = \mathrm{Pb(s)+Sn(s)+Bi(s)}$。

二元共晶线：e_1e，$\mathrm{l} = \mathrm{Sn(s) + Pb(s)}$；$e_2e$，$\mathrm{l} = \mathrm{Sn(s) + Bi(s)}$；$e_3e$，$\mathrm{l} = \mathrm{Bi(s) + Pb(s)}$。

液相线：$T^*_{\mathrm{f,Pb}}e_1$，$T^*_{\mathrm{f,Sn}}e_1$，$T^*_{\mathrm{f,Sn}}e_2$，$T^*_{\mathrm{f,Bi}}e_2$，$T^*_{\mathrm{f,Bi}}e_3$，$T^*_{\mathrm{f,Pb}}e_3$。

思考

金属相图的哪些知识可以在粉末冶金技术和焊接材料的研制中得到应用？

习题

1. 指出下列平衡系统中的组分数 C、相数 P 及自由度 F：

（1）I_2(s)与其蒸气成平衡；

（2）$CaCO_3$(s)与其分解产物 CaO(s)和 CO_2(g)成平衡；

（3）NH_4HS(s)放入一抽空的容器中，并与其分解产物 NH_3(g)和 H_2S(g)成平衡；

（4）取任意量的 NH_3(g)和 H_2S(g)与 NH_4HS(s)成平衡；

（5）I_2 作为溶质在两不相互溶液体 H_2O 和 CCl_4 中达到分配平衡（凝聚系统）。

2. 已知液体甲苯（A）和液体苯（B）在 90 ℃时的饱和蒸气压分别为 $p_A^s = 54.22\ \mathrm{kPa}$ 和 $p_B^s = 136.12\ \mathrm{kPa}$ 。两者可形成理想液态混合物。今有系统组成为 $x_{B,0} = 0.3$ 的甲苯-苯混合物 5 mol，在 90 ℃下成气-液两相平衡，若气相组成为 $y_B = 0.4556$ ，求：

（1）平衡时液相组成 x_B 及系统的压力 p。

（2）平衡时气、液两相的物质的量 n(g)、n(l)。

答：（1）0.25，74.70 kPa

（2）1.216 mol，3.784 mol

3. 已知甲苯、苯在 90 ℃下纯液体的饱和蒸气压分别为 54.22 kPa 和 136.12 kPa。两者可形成理想液态混合物。取 200.0 g 甲苯和 200.0 g 苯置于带活塞的导热容器中，始态为一定压力下 90 ℃的液态混合物，在恒温 90 ℃下逐渐降低压力。

（1）压力降到多少时，开始产生气相？此气相的组成如何？

（2）压力降到多少时，液相开始消失？最后一滴液相的组成如何？

（3）压力为 92.00 kPa 时，系统内气、液两相平衡，两相组成如何？两相的物质的量各多少？

答：（1）98.54 kPa，0.7476

（2）80.40 kPa，0.3197

（3）y(苯) = 0.6825，x(苯)= 0.4613，n(g) =1.709 mol，n(l) =3.022 mol

4. 25 ℃时丙醇(A)-水(B)系统气-液两相平衡时两组分蒸气分压与液相组成的关系如下：

x_B	0	0.1	0.2	0.4	0.6	0.8	0.95	0.98	1
p_A/kPa	2.90	2.59	2.37	2.07	1.89	1.81	1.44	0.67	0
p_B/kPa	0	1.08	1.79	2.65	2.89	2.91	3.09	3.13	3.17

（1）画出完整的压力-组成图（包栝蒸气分压及总压，液相线及气相线）。

（2）组成为 $x_{B,0} = 0.3$ 的系统在平衡压力 $p = 4.16$ kPa 下，气-液两相平衡，求平衡时气相组成 y_B 及液相组成 x_B。

（3）若上述系统为 5 mol，在 $p = 4.16$ kPa 下达到平衡时，气相、液相的物质的量各为多少？

（4）若上述系统为 10 kg，在 $p = 4.16$ kPa 下达到平衡时，气相、液相的质量各为多少？

5. 101.325 kPa 下水(A)-醋酸(B)系统的气-液平衡数据如下：

t/℃	100	102.1	104.4	107.5	113.8	118.1
x_B	0	0.300	0.500	0.700	0.900	1.000
y_B	0	0.185	0.374	0.575	0.833	1.000

（1）画出气-液平衡的温度-组成图。

（2）从图上找出组成为 $x_B = 0.800$ 的液相的泡点。

（3）从图上找出组成为 $y_B = 0.800$ 的气相的露点。

（4）105.0 ℃时气-液平衡两相组成是多少？

（5）9 kg 水与 30 kg 醋酸组成的系统在 105.0 ℃达到平衡时，气、液两相的质量各为多少？

答：（2）110.3 ℃

（3）112.7 ℃

（4）$x_B = 0.560$，$y_B = 0.414$

（5）m(g) = 24.5 kg，m(l) = 14.5 kg

6. 已知水-苯酚系统在 30 ℃下液-液平衡时共轭溶液的组成 w（苯酚）如下：L_1（苯酚溶于水），8.75%；L_2（水溶于苯酚），69.9%。

（1）在 30 ℃、100 g 苯酚和 200 g 水形成的系统达到液-液平衡时，两液相的质量各为多少。

（2）在上述系统中再加入 100 g 苯酚，又达到相平衡时，两液相的质量各为多少。

答：（1）m_1=179.4 g，m_2=120.6 g

（2）m_1=130.2 g，m_2=269.8 g

7. 水与异丁醇系统液相部分互溶，在 101.325 kPa 下，系统的共沸点为 89.7 ℃。气（g）、液（l_1）、液（l_2）三相平衡时的组成含异丁醇%（质量）依次为 70.0%、10%、85.0%。今由 360 g 水和 160 g 异丁醇形成的系统在 101.325 kPa 压力下由室温加热，已知异丁醇的沸点是 108 ℃。

（1）画出其相图示意图，标出各相区的相态。

（2）温度刚要达到共沸点时，系统处于相平衡时存在哪些相？其质量各为多少？

（3）温度由共沸点刚有上升趋势时，系统处于相平衡时存在哪些相？其质量各为多少？

答：（2）$m(l_1)$ =369.4 g，$m(l_2)$=139.6 g

（3）$m(g)=173.7$ g，$m(l_1)=326.3$ g

8. 恒压下二组分液态部分互溶系统气-液平衡的温度-组成图如下所示，指出四个区域内平衡的相。

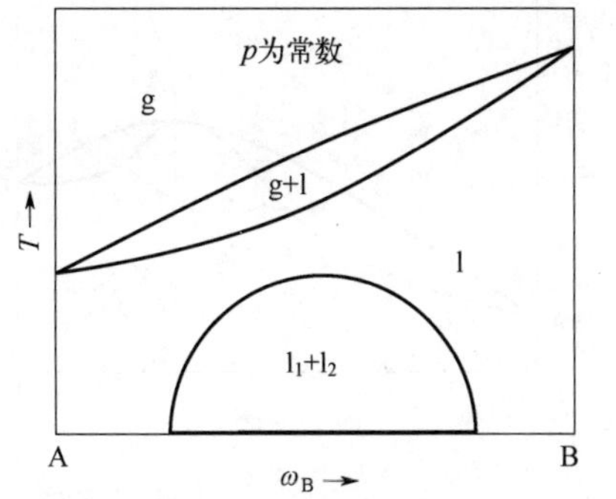

9. 为了将含非挥发性杂质的甲苯提纯，在 86.0 kPa 压力下用水蒸气蒸馏。已知：在此压力下该系统的共沸点为 80 ℃，80 ℃时水的饱和蒸气压为 47.3 kPa。试求：

（1）气相的组成（含甲苯的摩尔分数）。

（2）欲蒸出 100 kg 纯甲苯，需要消耗蒸气的量。

答：（1）0.45

（2）23.9 g

10. 液体 $H_2O(A)$、$CCl_4(B)$的饱和蒸气压与温度的关系如下：

t/℃	40	50	60	70	80	90
p_A/kPa	7.38	12.33	19.92	31.16	47.34	70.10
P_B/kPa	28.8	42.3	60.1	82.9	112.4	149.6

两液体呈完全不互溶系统。

（1）绘出 H_2O-CCl_4 系统气、液、液三相平衡时气相中 H_2O、CCl_4 的蒸气分压及总压对温度的关系曲线。

（2）从图中找出系统在外压 101.325 kPa 下的共沸点。

（3）某组成为 y_B（含 CCl_4 的摩尔分数）的 H_2O-CCl_4 气体混合物在 101.325 kPa 下冷却到 80 ℃时，开始凝结出液体水，求此混合气体的组成。

（4）上述气体混合物继续冷却至 70 ℃时，气相组成如何？

（5）上述气体混合物冷却到多少时，CCl_4 也凝结成液体？此时气相组成如何？

11. A-B 二组分液态部分互溶系统的液-固平衡相图如下所示，试指出各个相区的相平衡关系、各条线所代表的意义，以及三相线所代表的相平衡关系。

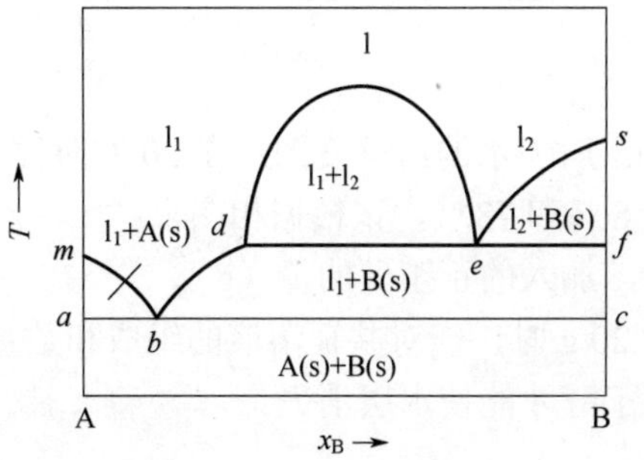

12. 固态完全互溶、具有最高熔点的 A-B 二组分凝聚系统相图如下所示。指出各相区的相平衡关系、各条线的意义，并绘出状态点为 *a*、*b* 的样品的步冷曲线。

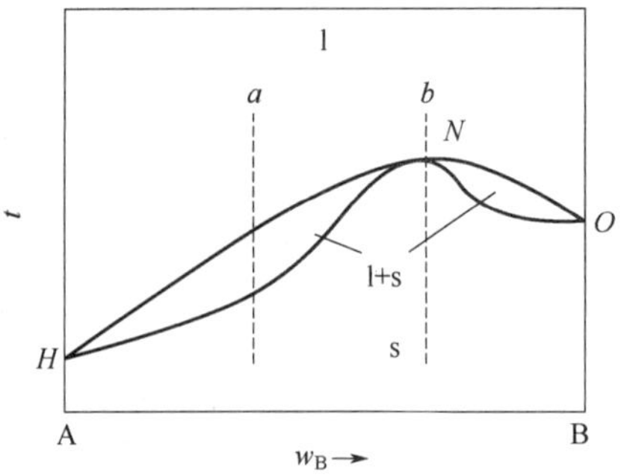

13. 低温时固态部分互溶、高温时固态完全互溶且具有最低熔点的 A-B 二组分凝聚系统相图如下所示。指出各相区的相平衡关系、各条线代表意义。

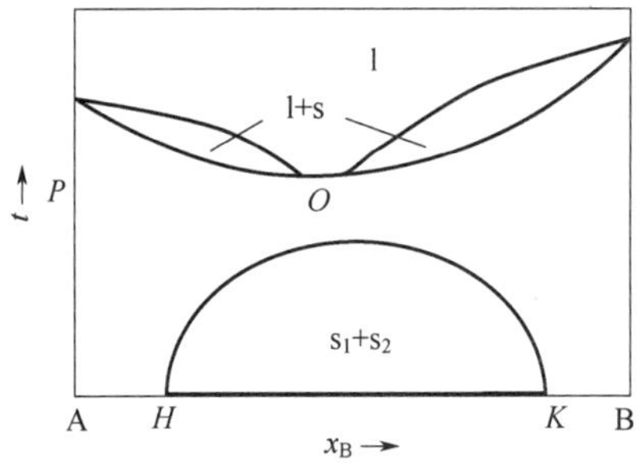

14. 某 A-B 二组分凝聚系统相图如下所示。

（1）指出各相区稳定存在的相。

（2）指出图中的三相线，并说明三相线上哪几个相成平衡以及三者之间的相平衡关系。

（3）绘出图中状态点 *a*、*b*、*c* 三个样品的步冷曲线，并注明各阶段时的相变化。

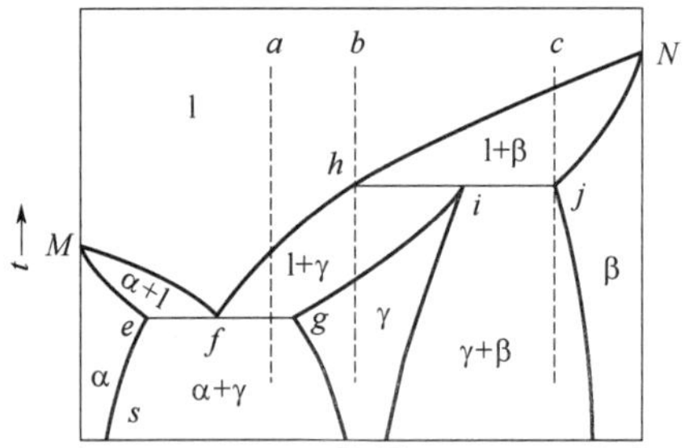

15. 下图是标准压力下正丁醇-水的溶解度图，在 20 ℃时往 100 g 水中慢慢滴加正丁醇，一对共轭溶液的组成分别为 8 %和 78 %，试根据相图求：

（1）体系开始变浑浊时，加入的正丁醇的量（g）。

（2）正丁醇的加入量为 20 g 时，一对共轭溶液的组成和数量。

（3）至少应加入多少正丁醇才能使水层消失。

（4）若加入正丁醇 20 g，并将混合液在常压下一边搅拌一边加热，则在什么温度下体系由浑浊变清澈。

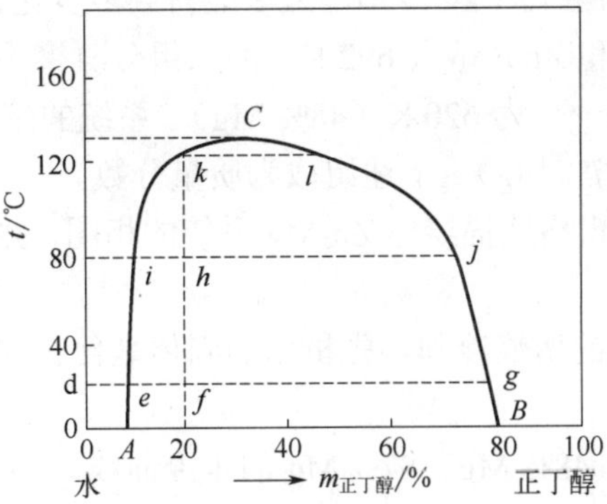

16.（1）直接在相图上标出下面凝聚系统等压相图中各相区的稳定相态。

（2）指出图中的三相线及三相线上的相平衡关系。

（3）绘出图中状态点 a、b、c 三样品的冷却曲线。

（4）根据相图确定化合物 Y 的组成（用 A、B 原子数表示）。

（5）系统处于 $x(B)=0.8$ 的 c 点，其物质的量为 3 mol，当冷却到 O 点时，液相组成为 0.9，求化合物 Y 的物质的量。

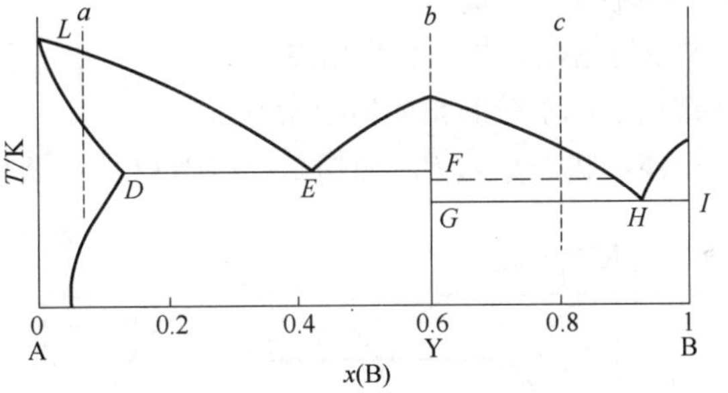

17. 两种物质 A、B，其熔点分别为 80 ℃、150 ℃，能形成稳定化合物 AB（熔点为 100 ℃）及不稳定化合物 AB_3。AB_3 于 110 ℃分解，得到固体 B 及含 B 为 0.68（质量分数，下同）的液态混合物。已知系统有两个最低共熔点（0.18，70 ℃；0.54，96 ℃）。

（1）画出该系统相图的大致形状。

（2）在图中直接标出各区稳定相，并指出三相线及其相平衡关系。

（3）有 1 mol $x(B)=0.80$ 的混合物从 160 ℃冷却到 60 ℃，首先析出的物质是什么？最多可得到多少该物质？画出其步冷曲线。

18. A 和 B 能形成一种稳定化合物 C，该系统的热分析数据如下：

质量分数 w_A/%	0	10	19	46	55	65	79	90	100
冷却曲线出现转折点 T/K	—	883	—	973	—	923	—	998	—
冷却曲线的水平段 T/K	924	787	787	787	994	739	739	739	1116

（1）画出相图示意图并直接在相图中标出各相区的稳定相态。

（2）指出图中的三相线及三相线上的相平衡关系。

（3）将含 A 为 61%的熔融物 1 kg 冷却，最多能得到多少化合物 C？

19. Mg（熔点 924 K）和 Zn（熔点 692 K）的二组分凝聚系相图具有两个低共熔点，一个为 641 K（3.2% Mg），另一个为 620 K（48% Mg）。系统的熔点曲线在 3.2% Mg~48% Mg 之间有一最高点 862 K（15.7% Mg）。上述组成为质量分数。

（1）请根据上面的数据粗略地描绘出 Zn-Mg 系统的相图，并在图中直接标出各区的稳定相态。

（2）若有 1 kg 87% Mg 的熔液冷却，先析出的固体是什么物质？当冷却到 620 K 时，最多可以析出多少 kg 该物质？

（3）绘出含 15.7% Mg、48% Mg、87% Mg 的步冷曲线。

20. 已知金属 A 和 B 的熔点分别为 648 ℃和 1085 ℃，两者可形成两种稳定化合物 A_2B 和 AB_2，其熔点依次为 580 ℃和 800 ℃。两种金属与两种化合物四者之间形成三种低共溶混合物。低共熔混合物的组成（含 B 的质量分数）及低共熔点对应为：35%，380 ℃；66%，560 ℃；90.6%，680 ℃。已知 A 和 B 的摩尔质量分别为 $24.3\ g \cdot mol^{-1}$、$63.55\ g \cdot mol^{-1}$。

（1）根据上述数据，粗略描绘出 A-B 二组分凝聚系统相图，标出各区的稳定相和自由度，同时指出三相线。

（2）当 A 和 B 各占一半的系统从 1000 ℃降至室温时，请说明其状态的变化。

21. 已知 A-B 二组分系统的相图如下图所示。

（1）指出 1~5 所示区域的相数、相态和自由度。

（2）将纯 A 添加到物系中，系统的相如何改变？

（3）现有 3 kg 熔融液体，状态点为 P，当物系冷却到 O 点，液相的质量是多少？

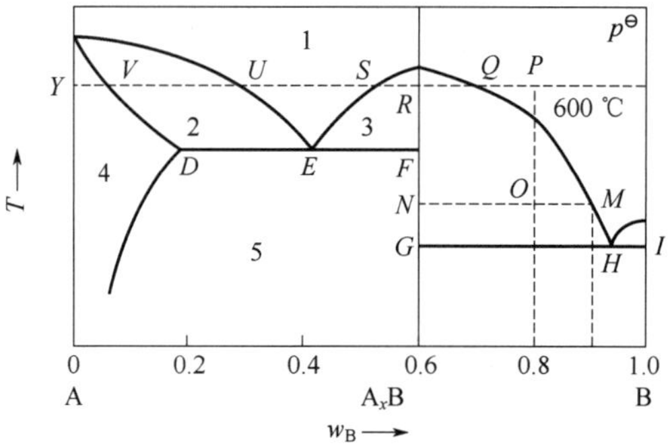

22. 已知 A-B 二组分系统的固-液相图如下图所示。

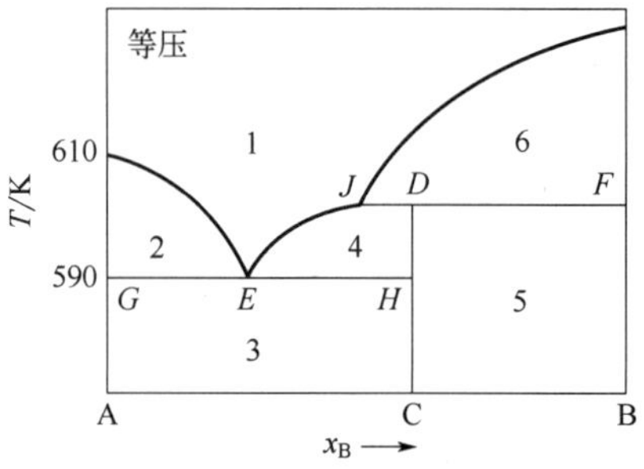

（1）指出 1～6 所示区域的相态。

（2）分析 *JF*、*GH*、*CD* 线上系统的自由度。

23. 根据以下信息画出 A-B 二组分系统的 *T-x* 液-固相图：

（1）在标准压力下，A 和 B 的熔点分别为 50 ℃和 40 ℃。

（2）A 和 B 可形成一稳定化合物 C，其熔点为 28 ℃，组成为 $x(\mathrm{B}) = 0.5$。

（3）该相图分别在 17 ℃和 23 ℃有两个低共熔点，对应低共熔物中 B 的摩尔分数分别为 0.75 和 0.36。

第7章 电化学

电化学是研究化学能与电能相互转化的科学，它是物理化学的一个分支，包括以下内容：基础电化学（电解质溶液、可逆电池的电动势、电解与极化等）、理论电化学（电解质溶液理论、电极和溶液界面的性质、电极反应的机理等）、电化学研究方法（稳态法、暂态法等）、电极过程动力学（电化学反应的速率与机理等）、电分析化学（电导分析、电势分析、电解分析、库仑分析、极谱分析等）、应用电化学（电解、电镀、电沉积、电化学腐蚀、化学电源、电催化、电合成等）。本章主要学习基础电化学部分。

1799 年 Volta 发明了第一个原电池，1807 年 Davy 用电解法得到钠和钾，1859 年 Planet 发明了铅酸电池，1870 年格拉姆发明了直流发电机。在理论方面，1833 年 Faraday 建立了法拉第定律；1887 年 Arrhenius 提出了电离学说；19 世纪 70 年代 Helmholtz 提出了双电层的概念；1889 年 Nernst 提出了电极电位的关系；1905 年 Tafel 找到了过电位与电流密度的关系；20 世纪 50 年代弗鲁姆金、Bockris 等做了大量的研究工作，发展了电极过程动力学，使之成为现代电化学的主体；20 世纪 60 年代以后电化学的实验技术有了突破性的发展，同时将量子力学引进了电化学领域。现在电化学的研究已深入电化学界面的原子-分子世界，电化学已发展成为内容非常广泛的学科领域，如化学电源、电化学分析、电化学合成、光电化学、生物电化学、电催化、电冶金、电解、电镀等都属于电化学的范畴。尤其是近年来可充电锂离子电池的普及生产使用、燃料电池在发电及汽车工业领域的应用研究开发，以及生物电化学的迅速发展，都为电化学这一古老的学科注入了新的活力。无论是基础研究还是技术应用，电化学从理论到方法都在不断地突破与发展，越来越多地与其他自然科学或技术学科相互交叉、相互渗透，在能源、交通、材料、环保、信息、生命等众多领域发挥着越来越重要的作用。

7.1 电化学基本概念和法拉第定律

7.1.1 电化学基本概念

电化学装置由电子导体和离子导体所构成。能导电的物质称为导体。导体又可分为以下两类。

① 第一类导体（电子导体）：金属、石墨及某些金属的化合物，如碳化钨粉（WC）等。这类导体靠自由电子的定向运动导电；导电过程中导体本身不发生变化；温度升高，导体内部质点热运动加剧，阻碍自由电子的定向运动，因而电阻增大，导电能力下降。

② 第二类导体（离子导体）：电解质溶液、熔融电解质等。这类导体靠自由离子的定向运动导电；导电过程中导体本身发生变化；温度升高，溶液的黏度降低，离子运动速度加快，因而电阻下降，导电能力增强。

为了使电流通过电解质溶液，必须将两个第一类导体作为电极浸入溶液，使电极和溶液直接接触，再用第一类导体连接两个电极。当电流流过溶液时，正、负离子分别向两极移动，同时在电极/电解质界面上分别有氧化和还原反应发生。若电池能够自发地在两极上发生化学反应，并产生电流，该电池就称为原电池，此时化学能转化为电能。若在外电路中并联一个电源，迫使原电池反应发生逆转，该电池就称为电解池，此时电能转变为化学能，如图 7.1.1 所示。

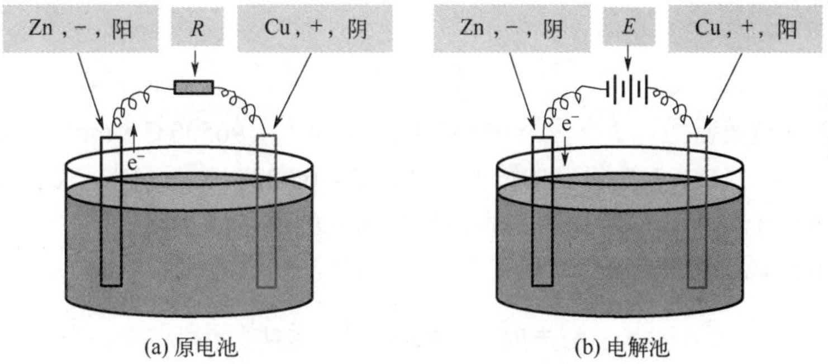

图 7.1.1 原电池和电解池

不论是在原电池中，还是在电解池中，总是把电势高的电极称为正极，电势低的电极称为负极。此外，总是把发生氧化反应的电极称为阳极，把发生还原反应的电极称为阴极。

原电池的主要特点是当它与外部导体接通时，电极上的反应会自发进行，可将化学能转换为电能输出，实用的原电池又称为化学电源。电解池的主要特点是当外加电势高于分解电压时可使不能自发进行的反应在电解池中被强制进行。电解池的主要用途是利用电能来完成所希望的化学反应，如电解合成、电镀、电冶金等，二次电池在充电时也可认为是一个电解池。

以氢气和氧气燃烧的化学反应为例，反应方程式为

$$H_2(g) + 1/2O_2(g) = H_2O(l)$$

25 ℃下，反应的 $\Delta H = -237.129\ kJ \cdot mol^{-1}$，$K^{\ominus} = 3.512 \times 10^{41}$。众所周知，这是一个极易进行的燃烧反应，逆反应则不能自发进行。如果把电解质水溶液放到电池装置中，以适当的材料作为电极，分别通入氢气和氧气，这时外线路可观察到有电流通过，自发反应的化学能转变为电能，反应产物是水，所以称之为燃料电池，可以用仪器测出电极的极性。如果装置与直流电源相连，使电流通过溶液，这时逆向反应即水的分解反应可以进行，在负极和正极上分别得到氢气和氧气，这就是人们所熟知的电解水制氢的基本原理。无论是原电池还是电解池，其共同特点是当外电路接通时，在电极与溶液的界面上有电子得失的反

应发生，溶液内部有离子作定向迁移运动。这种在电极与溶液界面上进行的化学反应称为电极反应；两个电极反应之和为总的化学反应，对原电池称为电池反应，对电解池则称为电解反应。

7.1.2 法拉第定律

英国科学家法拉第（Faraday，1791—1867 年）归纳了多次实验结果，于 1833 年总结出一条基本规律，称之为法拉第定律：通电于电化学装置后，在电极上发生化学变化的物质的量与通入的电量成正比。就是说当电路中有 1 mol 电子的电荷量通过时，任一电极上发生得失 1 mol 电子的电极反应，电极上反应的物质的量与之相应。

如 Q 表示通过的电量（库仑，C），n 表示反应物的物质的量（摩尔，mol）。假如有如下的电极反应：

$$\mathrm{O}^{z+} + ze^{-} \longrightarrow \mathrm{R}$$

可以得到法拉第定律：

$$Q = nzF \tag{7.1.1}$$

式中，F 为法拉第常数，$F = eL = 96485.3\ \mathrm{C \cdot mol^{-1}} \approx 96500\ \mathrm{C \cdot mol^{-1}}$。$e$ 为一个电子的电量，$e = 1.6022\times10^{-19}\ \mathrm{C}$；$L$ 为阿伏伽德罗常数，$L = 6.022\times10^{23}\ \mathrm{mol^{-1}}$。式（7.1.1）证明了前面所说的“在电极上发生化学变化的物质的量与通入的电量成正比”。

由反应进度的概念可知，$n_\mathrm{B} = \xi \nu_\mathrm{B}$，则式（7.1.1）可以表示如下：

$$Q = n_\mathrm{B}\frac{z}{\nu}F = \xi\nu\frac{z}{\nu}F = \xi zF \tag{7.1.2}$$

沉积 1 mol 金属 M，若反应进度为 1 mol，则需通入的电量 $Q = \xi zF = zF$ 。

法拉第定律是自然科学中最准确的定律之一。在实际电解过程中，电极上常发生副反应，因而一般析出一定量的某种物质所消耗的电量大于按法拉第定律计算出来的理论电量，后者与前者之比为电流效率，即

$$\text{电流效率} = \frac{\text{析出一定量物质的理论电量}}{\text{析出一定量物质的实际电量}} \tag{7.1.3}$$

❖ **例 7.1.1** 通电于 $\mathrm{Au(NO_3)_3}$ 溶液，电流强度 $I = 0.025\ \mathrm{A}$，析出 Au(s)的质量为 1.20 g。已知 $M(\mathrm{Au}) = 197.0\ \mathrm{g \cdot mol^{-1}}$。求：（1）通入电量 Q；（2）通电时间 t；（3）阳极上放出氧气的物质的量。

解:（1）$Q = nzF = \dfrac{1.20\ \mathrm{g}}{197.0\ \mathrm{g \cdot mol^{-1}}} \times 3 \times 96500\ \mathrm{C \cdot mol^{-1}} = 1.763\times10^{3}\ \mathrm{C}$

（2）$t = \dfrac{Q}{I} = \dfrac{1.763\times10^{3}\ \mathrm{C}}{0.025\ \mathrm{A}} = 7.054\times10^{4}\ \mathrm{s} = 19.59\ \mathrm{h}$

（3）$Q = 4n(\mathrm{O_2})F$，则 $n(\mathrm{O_2}) = \dfrac{Q}{4F} = \dfrac{1.763\times10^{3}\ \mathrm{C}}{4\times96500\ \mathrm{C \cdot mol^{-1}}} = 4.567\times10^{-3}\ \mathrm{mol}$

电量 Q 的测定常用库仑计法，如银库仑计、铜库仑计等，要求电流效率为 100%。银库仑计：电化学反应为 $\mathrm{Ag^{+} + e^{-} \Longrightarrow Ag}$，通过的电量为 1 F(即 96485 C)时，析出 107.868 g(或

1 mol)的 Ag。铜库仑计：电化学反应为 $Cu^{2+} + 2e^- = Cu$，通过的电量为 1 F(即 96485 C) 时，析出 1/2×63.546 g (或 1/2 mol)的 Cu。反之，可以通过称量银或铜的增加质量，从而求得电量。

❖ **例 7.1.2** 在 10 cm×10 cm 的薄铜片上镀 0.005 cm 厚的镍层，镀液为 $Ni(NO_3)_2$，假定镀层均匀分布，用 2.0 A 的电流强度得到上述厚度的镍层时需通电多长时间？设电流效率为 96.0%，已知金属镍的密度为 8.99 g • cm^{-3}，Ni(s)的摩尔质量为 58.69 g • mol^{-1}。

解：电极反应：

$$Ni^{2+} + 2e^- = Ni$$

可知 $z = 2$，则

$$m = Ad\rho = 10\ \text{cm} \times 10\ \text{cm} \times 0.005\ \text{cm} \times 8.99\ \text{g} \cdot \text{cm}^{-3} = 4.495\ \text{g}$$

$$Q = nzF = \frac{4.495\ \text{g}}{58.69\ \text{g} \cdot \text{mol}^{-1}} \times 2 \times 96500\ \text{C} \cdot \text{mol}^{-1} = 1.478 \times 10^4\ \text{C}$$

$$Q(\text{实际}) = 1.478 \times 10^4\ \text{C} / 0.96 = 1.54 \times 10^4\ \text{C}$$

$$t = Q(\text{实际}) / I = 1.54 \times 10^4\ \text{C} / 2\ \text{A} = 7.7 \times 10^3\ \text{s} = 2.139\ \text{h}$$

科学家简介

伏特在四十五岁生日后不久，读到了伽伐尼 1791 年的文章，这促使他去做出了伟大的发明。用伏特的话说，他实验的内容“超出了当时已知的一切电学知识，因而它们看来是惊人的”。他假定两种不同的金属，例如铜和锌接触时会得到不同的电势。他测量了这种电势差，得到的结果与现在所知的接触电势差没有太大差别。1800 年 3 月 20 日，他宣布发明了伏特电堆,这是历史上的神奇发明之一。伏特发现导电体可以分为两大类，第一类是金属，它们接触时会产生电势差；第二类是液体（如今称为电解质）。他把一些第一种导体和第二种导体连接，使得每一个接触点上产生的电势差可以相加。他把这种装置称为“电堆”，电堆能产生连续的电流，这引发了一场真正的科学革命。

迈克尔·法拉第，英国物理学家、化学家，也是著名的自学成才的科学家。1831 年，他做出了关于电力场的关键性突破，永远改变了人类文明。迈克尔·法拉第是英国著名化学家戴维的学生和助手，他的发现奠定了电磁学的基础，是詹姆斯·克拉克·麦克斯韦的先导。1831 年 10 月 17 日，法拉第首次发现电磁感应现象，并进而得到产生交流电的方法。1831 年 10 月 28 日，法拉第发明了圆盘发电机，这是人类创造出的第一个发电机。他由于在电磁学方面做出了伟大贡献，被称为“电学之父”和“交流电之父”。从 1818 年起，他和斯托达特合作研究合金钢，首创了金相分析方法。1820 年他用取代反应制得六氯乙烷和四氯乙烯。1823 年他发现了氯气和其他气体的液化方法。1824 年 1 月他当选为皇家学会会员。1825 年 2 月他接替戴维任皇家研究所实验室主任，同年发现苯。为了证实用各种不同办法产生的电在本质上都是一样的，法拉第仔细研究了电解质中的化学现象，1834 年总结出法拉第电解定律：电解释放出来的物质总量和通过的电流总量成正比。这条定律成为联系物理学和化学的桥梁，也是通向发现电子道路的桥梁。

7.2 离子迁移数和离子迁移率

由 7.1 节可知，溶液中电流的传导是由离子的定向运动来完成的。电化学中把在电场作用下溶液中阳离子、阴离子分别向两极运动的现象称为电迁移。由法拉第定律可知，对于每个电极来说，一定时间内流出的电荷量=流入的电荷量=电路中任意截面流过的总电荷量 Q。在金属导线中，电流完全是由电子传递的，而在溶液中却是由阳、阴离子共同完成的，见图 7.2.1。

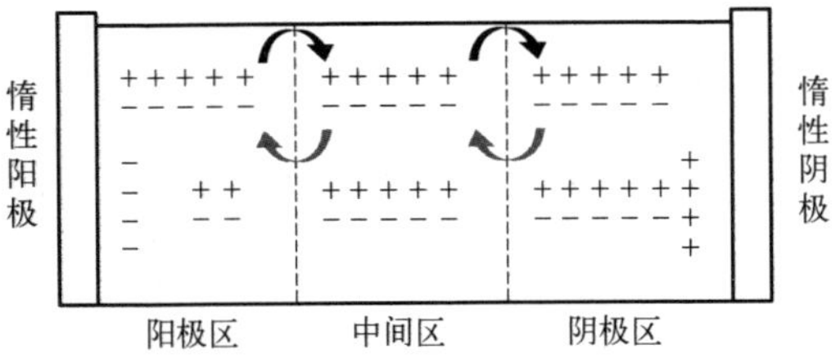

图 7.2.1 溶液中离子迁移示意图

7.2.1 离子迁移数

（1）离子迁移数的概念

离子 i 所运输的电量 I_i 与总电量之比，称为离子 i 的迁移数，用符号 t_i 表示，即

$$t_i = \frac{I_i}{\sum_i I_i} \tag{7.2.1}$$

离子的迁移数主要取决于溶液中离子的运动速度，而与离子的价数及浓度无关。不过离子的运动速度可受许多因素的影响，如温度、浓度、离子的大小、离子的水化程度等。所以在给出离子在某种溶液中的迁移数时，应当指明相应的条件，特别是温度和浓度条件。

迁移数受浓度影响的主要原因是离子间的相互作用，浓度较低时，这种作用不明显，但当浓度较大时，离子间的相互作用随距离的减小而增强，这时阴、阳离子的运动速度均会减慢。若阴、阳离子价数相同，则 t_+、t_- 的变化不是很大，尤其是 KCl 溶液中阴、阳离子的迁移数基本不受浓度的影响，但其他离子的迁移数一般会受到不同程度的影响。当阴、阳离子价数不同时，高价离子的迁移速度随浓度增加而减小的情况比低价离子要显著。

t_+ 和 t_- 可通过实验测量。298 K 时不同浓度的水溶液中一些阳离子的迁移数如表 7.2.1 所示。

表 7.2.1 298 K 时不同浓度的水溶液中一些阳离子的迁移数

盐	迁移数					
	0（外推）mol·dm^{-3}	0.01 mol·dm^{-3}	0.02 mol·dm^{-3}	0.05 mol·dm^{-3}	0.1 mol·dm^{-3}	0.2 mol·dm^{-3}
HCl	0.8209	0.8251	0.8266	0.8292	0.8314	0.8337
LiCl	0.3364	0.3289	0.3261	0.3211	0.3168	0.3112

续表

盐	迁移数					
	0（外推）mol·dm^{-3}	0.01 mol·dm^{-3}	0.02 mol·dm^{-3}	0.05 mol·dm^{-3}	0.1 mol·dm^{-3}	0.2 mol·dm^{-3}
NaCl	0.3963	0.3918	0.3902	0.3876	0.3854	0.3621
KCl	0.4906	0.4902	0.4901	0.4899	0.4898	0.4894
KBr	0.4849	0.4833	0.4832	0.4831	0.4833	0.4887
KI	0.4892	0.4884	0.4883	0.4882	0.4883	0.4887
KNO_3	0.5072	0.5084	0.5087	0.5093	0.5103	0.5120
K_2SO_4	0.4790	0.4829	0.4848	0.4870	0.4890	0.4910
$CaCl_2$	0.4360	0.4264	0.4220	0.4140	0.4060	0.3953
$LaCl_3$	—	0.4625	—	0.4482	0.4375	—

思考

从表 7.2.1 中的迁移数看出了什么？

（2）离子迁移数的测定

离子迁移数的测量方法有三种：希托夫（Hittorf）法、界面移动法和电动势法。希托夫法最简单，界面移动法较精确，电动势法适用于较宽的浓度和温度范围。设电解池中有 1-1 价型电解质，阳离子迁移速度比阴离子大，迁移数计算如下：

$$t_+ = \frac{n_{迁+}}{n_{反}} \qquad t_- = \frac{n_{迁-}}{n_{反}} \tag{7.2.2}$$

式中，$n_{迁+}$ 为正离子迁移的物质的量；$n_{迁-}$ 为负离子迁移的物质的量。如果电极是非惰性的，则

$$n_{终} = n_{始} + n_{迁} + n_{反} \tag{7.2.3}$$

对于 $n_{迁}$，离子迁入为正，迁出为负；对于 $n_{反}$，生成离子为正，消耗离子为负。

❖ **例 7.2.1** 在 298 K，每 100 g 水溶液中含有 KCl 0.14941 g，用两个 Ag/AgCl 电极进行电解，通电 23 h 后，与电解池串联的铜库仑计中有 47.28 mg Cu 沉积出来。停电后，取阴极区溶液称重为 120.99 g，测得其中 KCl 的浓度为每 100 g 溶液中含 KCl 0.19404 g，求 K^+ 和 Cl^-的迁移数。

解：阳极反应：

$$Ag + Cl^- \longrightarrow AgCl(s) + e^-$$

阴极反应：

$$AgCl(s) + e^- \longrightarrow Ag + Cl^-$$

所以负责电荷运输的只有 K^+ 和 Cl^-。

库仑计中的反应：

$$Cu^{2+} + 2e^- \longrightarrow Cu$$

$$n_{反} = \frac{0.04728\ g}{63.5\ g \cdot mol^{-1}} \times 2 = 1.489 \times 10^{-3}\ mol$$

K^+不参加反应，阴极区 KCl 增加的物质的量的计算过程如下：

电解后阴极区 KCl 的质量$= \frac{120.99\ g \times 0.19404\ g}{100\ g} = 0.235\ g$

电解后阴极区 H_2O 的质量$= 120.99\ g - 0.235\ g = 120.76\ g$

电解前阴极区 KCl 的质量$= \frac{120.76\ g \times 0.14941\ g}{100\ g - 0.14941\ g} = 0.18070\ g$

阴极区 KCl 增加的质量$= 0.235\ g - 0.18070\ g = 0.05430\ g$

阴极区 KCl 增加的物质的量$= \frac{0.05430\ g}{74.5\ g \cdot mol^{-1}} = 0.7289 \times 10^{-3}\ mol^{-1}$

即 $n_{终} - n_{始} = 0.7289 \times 10^{-3}\ mol$，所以 Cl^-迁移的物质的量为

$$n_{迁-} = n_{反} - 0.7289 \times 10^{-3}\ mol = 0.7601 \times 10^{-3}\ mol$$

Cl^-迁移数为

$$t_- = \frac{n_{迁-}}{n_{反}} = \frac{0.7601 \times 10^{-3}\ mol^{-1}}{1.489 \times 10^{-3}\ mol^{-1}} = 0.510$$

K^+迁移数为

$$t_+ = 1 - t_- = 0.490$$

❖ **例 7.2.2** 设在 Hittorf 迁移管中用 Cu 电极来电解已知浓度的 $CuSO_4$(摩尔质量为 $159.61\ g \cdot mol^{-1}$)溶液，溶液中通以 20 mA 的直流电约 2～3 h，通电完毕后，串联在电路中的 Ag 库仑计阴极上有 0.0405 g 银(摩尔质量为 $107.87\ g \cdot mol^{-1}$)析出，阴极部溶液的质量为 36.436 g，据分析知，在通电前其中含 $CuSO_4$ 1.1276 g，通电后含 $CuSO_4$ 1.109 g，试求 Cu^{2+} 和 SO_4^{2-} 的迁移数。

解：阳极反应：

$$Cu(s) \longrightarrow Cu^{2+} + 2e^-$$

阴极反应：

$$Cu^{2+} + 2e^- \longrightarrow Cu(s)$$

方法一：先求铜离子的迁移数。

阴极区铜离子的物质的量关系为

$$n_{终} = n_{始} + n_{迁移} - n_{反}$$

此外

$$n_{终} = 1.109\ g / (159.61\ g \cdot mol^{-1}) = 6.948\ mmol$$

$$n_{始} = 1.1276\ g / (159.61\ g \cdot mol^{-1}) = 7.065\ mmol$$

$$n_{反} = \frac{0.0405\ g}{2 \times 107.87\ g \cdot mol^{-1}} = 0.1877\ mmol$$

则

$$n_{迁+} = n_{终} - n_{始} + n_{反} = (6.948 + 0.1877 - 7.065)\ \text{mmol} = 0.0707\ \text{mmol}$$

$$t_{+} = n_{迁+} / n_{反} = 0.0707\ \text{mol} / 0.1877\ \text{mol} = 0.377$$

$$t_{-} = 1 - t_{+} = 1 - 0.378 = 0.623$$

方法二：先求 SO_4^{2-} 的迁移数

若以 SO_4^{2-} 为研究对象，SO_4^{2-} 不参与电极反应，所以 SO_4^{2-} 的物质的量关系为

$$n_{终} = n_{始} - n_{迁-}$$

$$n_{迁-} = n_{始} - n_{终} = (7.065 - 6.948)\ \text{mmol} = 0.117\ \text{mmol}$$

$$t_{-} = n_{迁-} / n_{反} = 0.117\ \text{mol} / 0.1877\ \text{mol} = 0.623$$

$$t_{+} = 1 - t_{-} = 1 - 0.623 = 0.377$$

7.2.2 离子迁移率

实验表明，电解质溶液中正、负离子运动的速率 u_+ 和 u_- 除与温度、浓度、溶质和溶剂的性质等因素有关外，还与溶液中的电势梯度 $\frac{d\varphi}{dx}$ 成正比，即

$$u_+ = -U_+ \frac{d\varphi}{dx},\quad u_- = U_- \frac{d\varphi}{dx} \tag{7.2.4}$$

式中，比例系数 U_+ 和 U_- 称为离子迁移率（又称离子淌度），取正值，其单位为 $m^2 \cdot s^{-1} \cdot V^{-1}$；负号表示取电势降低的方向为 x 轴正向。U_+ 和 U_- 与温度、浓度、溶质和溶剂的性质等因素有关。表 7.2.2 列出了在 298.15 K 时无限稀释的水溶液中一些离子的淌度。

表 7.2.2　298.15 K 时无限稀释的水溶液中一些离子的迁移率

离子	$U_+^\infty / (m^2 \cdot s^{-1} \cdot V^{-1})$	离子	$U_-^\infty / (m^2 \cdot s^{-1} \cdot V^{-1})$
H^+	36.2×10^{-8}	OH^-	20.50×10^{-8}
K^+	7.62×10^{-8}	Cl^-	7.91×10^{-8}
Na^+	5.20×10^{-8}	Br^-	8.12×10^{-8}
Li^+	3.88×10^{-8}	I^-	7.96×10^{-8}
Ag^+	6.42×10^{-8}	HCO_3^-	4.61×10^{-8}
Tl^+	7.44×10^{-8}	$C_2H_3O_2^-$	4.24×10^{-8}
Ca^{2+}	6.16×10^{-8}	$C_3H_5O_2^-$	4.11×10^{-8}
Ba^{2+}	6.59×10^{-8}	ClO_4^-	7.05×10^{-8}
Sr^{2+}	6.14×10^{-8}	SO_4^{2-}	8.27×10^{-8}
Mg^{2+}	5.50×10^{-8}	$Fe(CN)_6^{3-}$	10.40×10^{-8}
La^{3+}	7.21×10^{-8}	$Fe(CN)_6^{2-}$	11.40×10^{-8}
		NO_3^-	7.40×10^{-8}

思考

从表 7.2.2 的数据能看出什么？

7.3 电解质溶液的电导

7.3.1 电导、电导率、摩尔电导率

电子导体的导电能力一般用电阻（欧姆，Ω）衡量，电解质溶液导电能力则用电导衡量；电解质溶液遵守欧姆定律，电导就是电阻的倒数，用 G 表示，即

$$G=\frac{1}{R}=\frac{1}{\rho\dfrac{l}{A}}=\frac{1}{\rho}\times\frac{A}{l}=\kappa\frac{A}{l} \tag{7.3.1}$$

式中，G 为电导，Ω^{-1} 或 S（读作西门子，Simens）；κ 为电导率，$\kappa=\dfrac{1}{\rho}$，$S\cdot m^{-1}$。由式（7.3.1）知，电导率在数值上为 $A=1\ m^2$、$l=1$ m 时溶液所具有的电导。$\dfrac{l}{A}$ 称为电导池常数，单位为 m^{-1}。

在一定温度和压力下，由于电解质的电导与电解质的浓度 c（电导率 κ 也是浓度 c 的函数）和导电距离 l 有关，为了比较不同浓度和不同种类电解质的导电能力，提出了摩尔电导率的概念，定义如下：

$$\Lambda_m=\frac{\kappa}{c} \tag{7.3.2}$$

Λ_m 在数值上等于将含有 1 mol 电解质的溶液放在相距 1 m 的两个电极之间的电导。Λ_m 的单位为 $S\cdot m^2\cdot mol^{-1}$，c 的单位为 $mol\cdot m^{-3}$。面积 A 不同，浓度 c 不同，Λ_m 就不同。

电导是电阻的倒数。因此，测量电解质溶液的电导，实际上是测量溶液的电阻，可利用惠斯通电桥，但不能应用直流电源。直流电通过电解质溶液时，电极附近的溶液会发生电解而使浓度改变，因此应采用适当频率的交流电源。

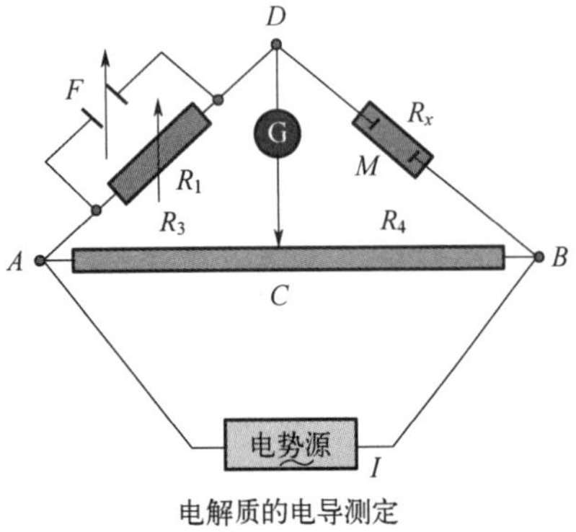

图 7.3.1　测量电导的惠斯通电桥

图 7.3.1 中 I 为交流电源，AB 为均匀的滑线电阻，R_1 为标准电阻箱电阻，R_x 为待测电阻（电解液电阻），R_3 和 R_4 分别为 AC、CB 段的电阻，G 为检流计，F 为用以抵消电导池电容的可变电容器。测定时，接通电源，选择一定的电阻 R_1，移动接触点 C，直至 CD 间的电流为零。这时电桥平衡，$R_1/R_x=R_3/R_4$，溶液电导为

$$G_x=1/R_x=R_3/(R_4R_1)=\frac{\overline{AC}}{\overline{CB}}\times\frac{1}{R_1} \tag{7.3.3}$$

$$\kappa=G_x\frac{l}{A}=\frac{1}{R_x}K_{cell} \tag{7.3.4}$$

对于一个固定的电导池，l 和 A 都是定值，故比值 l/A 为一常数，此常数称为电导池系数，以符号 K_{cell} 表示，单位为 m^{-1}。因对电导池进行精确的几何测量比较困难，所以欲求某一电导池的电导池系数，可用一个已知电导率的溶液注入该电导池中，测量其电阻，根据式（7.3.4）计算 K_{cell} 值。测知此电导池的电导池系数后，再将待测溶液置于此电导池中，测其电阻，即可由式（7.3.4）算出待测溶液的电导率。然后根据式（7.3.2）可计算其摩尔电导率。用来测定电导池系数的溶液通常是不同浓度的 KCl 水溶液。出售的电导电极会标注电导池系数。

❖ **例 7.3.1** 298 K 时，0.0100 mol · dm^{-3} 的 KCl 溶液，其电阻 $R = 150.0\ \Omega$，电导池系数 $\kappa_{HCl} = 0.14016\ S \cdot m^{-1}$；而 0.0100 mol · dm^{-3} 的 HCl 溶液，$R = 51.4\ \Omega$，求 κ_{HCl}。

解：对于两种溶液，都满足公式：

$$\kappa = G_x \frac{l}{A} = \frac{1}{R_x} K_{cell}$$

K_{cell} 为定值，所以

$$\kappa_{KCl} R_{KCl} = \kappa_{HCl} R_{HCl}$$

$$\kappa_{HCl} = \kappa_{KCl} \frac{R_{KCl}}{R_{HCl}} = 0.14016\ S \cdot m^{-1} \times \frac{150.0\ \Omega}{51.4\ \Omega} = 0.4116\ S \cdot m^{-1}$$

7.3.2 电导率、摩尔电导率与浓度的关系

强电解质溶液的电导率随浓度的增加而增加（因导电离子数增加），但当浓度增加到一定程度后，正、负离子之间的相互作用力增大，使离子的运动速度降低，电导率反而下降，所以强电解质溶液的电导率随浓度变化可能出现最高点。弱电解质溶液的电导率随浓度的变化不显著，这是因为虽然浓度增加导致电离度下降，但溶液中离子数目变化不大。如图 7.3.2 所示。

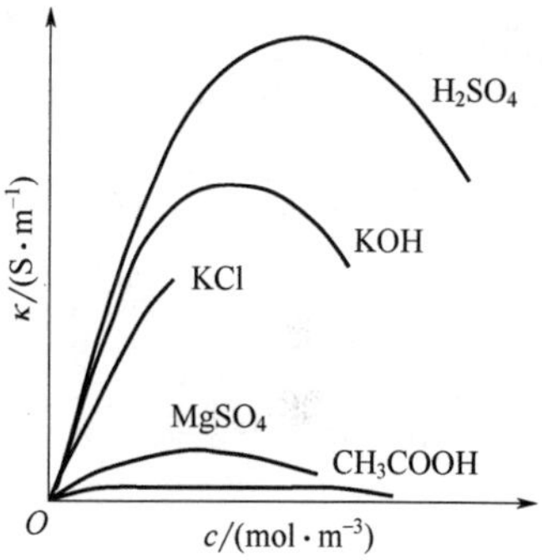

图 7.3.2 电导率与浓度的关系

但摩尔电导率随浓度变化的情况与电导率不同，因溶液中物质的总量已给定，为 1 mol，当浓度降低时，由于粒子间的相互作用减弱，正、负离子的运动速度增加，故摩尔电导率增加，但弱电解质摩尔电导率随浓度的降低而增加得快些，这是因为浓度降低，弱电解质的电离度增大。

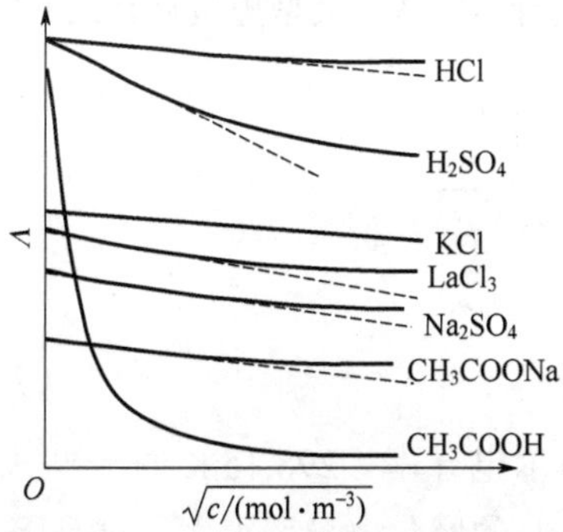

图 7.3.3 摩尔电导率与浓度的平方根的关系

由图 7.3.3 可知，当浓度较低时，强电解质的摩尔电导率与浓度的平方根呈直线关系，德国化学家科尔劳施用式（7.3.5）来表示这种关系。

$$\Lambda_m = \Lambda_m^\infty - A\sqrt{c} \qquad (7.3.5)$$

式中，A 是一个与浓度无关的常数；Λ_m^∞ 是

$c=0$时的摩尔电导率，称为极限摩尔电导率，它可由图 7.3.3 中的曲线外推得到。但弱电解质的极限摩尔电导率不能用外推法求，只能用下面将要介绍的科尔劳施离子独立迁移定律计算。

7.3.3 离子独立迁移定律和离子摩尔电导率

通过实验发现，HCl 和 HNO_3、KCl 和 KNO_3 及 LiCl 和 $LiNO_3$ 三对电解质的极限摩尔电导率 Λ_m^∞ 的差值相等，而与正离子的本性无关；而 KCl 和 LiCl、$KClO_4$ 和 $LiClO_4$ 及 KNO_3 和 $LiNO_3$ 三对电解质的极限摩尔电导率 Λ_m^∞ 的差值相等，与负离子的本性无关，如表 7.3.1 所示。

表 7.3.1　298K 时水溶液中一些强电解质的无限稀释摩尔电导率 Λ_m^∞

电解质	Λ_m^∞/（$S\cdot m^2\cdot mol^{-1}$）	差数	电解质	Λ_m^∞/（$S\cdot m^2\cdot mol^{-1}$）	差数
HCl HNO_3	0.042616 0.04213	4.9×10^{-4}	KCl LiCl	0.014986 0.011503	34.83×10^{-4}
KCl KNO_3	0.014986 0.014496	4.9×10^{-4}	$KClO_4$ $LiClO_4$	0.014004 0.010598	35.06×10^{-4}
LiCl $LiNO_3$	0.011503 0.01101	4.9×10^{-4}	KNO_3 $LiNO_3$	0.01450 0.01101	34.9×10^{-4}

不论是在水溶液中还是在非水溶液中，均有这个规律。因此科尔劳施认为当溶液无限稀释时，每一种离子的运动是独立的，不受其他离子的影响，即离子的极限电导率具有加和性：

$$\kappa^\infty=\kappa_+^\infty+\kappa_-^\infty$$

所以当$c\to0$时，有

$$\Lambda_m^\infty=\frac{\kappa^\infty}{c}=\frac{\kappa_+^\infty+\kappa_-^\infty}{c}=\frac{\kappa_+^\infty}{c}+\frac{\kappa_-^\infty}{c}\tag{7.3.6}$$

对 1-1 价型电解质，$c_+=c_-=c$，式（7.3.6）成为

$$\Lambda_m^\infty=\frac{\kappa_+^\infty}{c_+}+\frac{\kappa_-^\infty}{c_-}=\lambda_{m,+}^\infty+\lambda_{m,-}^\infty\tag{7.3.7}$$

式（7.3.7）为科尔劳施离子独立迁移定律。$\lambda_{m,+}^\infty$ 和 $\lambda_{m,-}^\infty$ 分别为正、负离子在无限稀释时的摩尔电导率。式（7.3.7）只适用于 1-1 价型的电解质。对于 $M_{\nu+}A_{\nu-}$ 类型电解质，式（7.3.7）成为

$$\Lambda_m^\infty=\nu_+\frac{\kappa_+^\infty}{\nu_+c}+\nu_-\frac{\kappa_-^\infty}{\nu_-c}=\nu_+\frac{\kappa_+^\infty}{c_+}+\nu_-\frac{\kappa_-^\infty}{c_-}$$

即

$$\Lambda_m^\infty=\nu_+\lambda_{m,+}^\infty+\nu_-\lambda_{m,-}^\infty\tag{7.3.8}$$

式中，Λ_m^∞ 为电解质的摩尔电导率；λ_m^∞ 为离子的摩尔电导率。298.15 K 时一些离子的 λ_m^∞ 如表 7.3.2 所示。由表 7.3.2 知，H^+和 OH^-无限稀释时的摩尔电导率很大，这是因为 H^+和 OH^-在电场中发生跃迁（质子跃迁机理）。

表 7.3.2　298 K 时水溶液中一些离子的无限稀释时摩尔电导率 λ_m^∞

离子	$\lambda_{m,+}^\infty \times 10^4/(S \cdot m^2 \cdot mol^{-1})$	离子	$\lambda_{m,-}^\infty \times 10^4/(S \cdot m^2 \cdot mol^{-1})$
H^+	349.82	OH^-	198.0
Li^+	38.69	Cl^-	76.34
Na^+	50.11	Br^-	78.4
K^+	73.52	I^-	76.8
NH_4^+	73.4	NO_3^-	71.44
Ag^+	61.92	CH_3COO^-	40.9
$\frac{1}{2}Ca^{2+}$	59.50	ClO_4^-	68.0
$\frac{1}{2}Ba^{2+}$	63.64	$\frac{1}{2}SO_4^{2-}$	79.8
$\frac{1}{2}Sr^{2+}$	59.46		
$\frac{1}{2}Mg^{2+}$	53.06		
$\frac{1}{3}La^{3+}$	69.6		

利用这些离子的极限摩尔电导率可以求出弱电解质的极限摩尔电导率 Λ_m^∞。如

$$\begin{aligned}\Lambda_m^\infty(CH_3COOH) &= \lambda_m^\infty(H^+) + \lambda_m^\infty(CH_3COO^-)\\ &= (349.82 + 40.9) \times 10^{-4}\ S \cdot m^2 \cdot mol^{-1}\\ &= 390.7 \times 10^{-4}\ S \cdot m^2 \cdot mol^{-1}\end{aligned}$$

思考

从电导率的测量，得到科尔劳施离子独立迁移定律，你领悟到什么？

7.3.4　电导测定的应用

（1）计算弱电解质的电离度和电离常数

如果测定了弱电解质在整体浓度为 c 时的电导率，可根据 $\Lambda_m = \dfrac{\kappa}{c}$ 算出此浓度下溶液的摩尔电导率 Λ_m，因弱电解质只发生部分电离，这时对 Λ_m 有贡献的仅仅是已电离的部分。由于溶液中离子的浓度很低，可以认为已电离出的离子独立运动，故 Λ_m 与无限稀释摩尔电导率 Λ_m^∞ 之比就近似等于电离度 α，即

$$\alpha \approx \frac{\Lambda_m}{\Lambda_m^\infty} \tag{7.3.9}$$

因此可由弱电解质的摩尔电导率和极限摩尔电导率求得弱电解质的电离度，进而求得弱电解质的电离常数。如

$$\begin{array}{ccccc} CH_3COOH & \rightleftharpoons & CH_3COO^- & + & H^+ \\ c(1-\alpha) & & c\alpha & & c\alpha \end{array}$$

$$K_c=\frac{c^2\alpha^2}{cc^{\ominus}(1-\alpha)}=\frac{\alpha^2}{1-\alpha}\times\frac{c}{c^{\ominus}} \tag{7.3.10}$$

将式（7.3.9）代入，得

$$\frac{1}{\Lambda_m}=\frac{1}{\Lambda_m^{\infty}}+\frac{\Lambda_m\frac{c}{c^{\ominus}}}{K_c(\Lambda_m^{\infty})^2} \tag{7.3.11}$$

以$\frac{1}{\Lambda_m}$对$\Lambda_m\frac{c}{c^{\ominus}}$作图得直线，截距即为$\frac{1}{\Lambda_m^{\infty}}$，根据直线的斜率可求得$K_c$。

（2）测定难溶盐的溶解度和溶度积

难溶盐的溶解度很小，其值很难用普通容量分析法准确测定，但可用电导的方法测定。

❖ **例 7.3.2** 298 K 时测得 AgCl 饱和水溶液的电导率 $\kappa=3.41\times10^{-4}\ \mathrm{S\cdot m^{-1}}$，所用电导水的电导率为 $1.60\times10^{-4}\ \mathrm{S\cdot m^{-1}}$，计算 AgCl 的溶度积。

解：由于 AgCl 溶解度很低，其饱和溶液可近似为无限稀溶液，所以$\Lambda_m\approx\Lambda_m^{\infty}$。因$\Lambda_m=\frac{\kappa}{c}$，所以$c=\frac{\kappa}{\Lambda_m}\approx\frac{\kappa}{\Lambda_m^{\infty}}$。

$$\begin{aligned}\Lambda_m^{\infty}&=\lambda_{m,+}^{\infty}+\lambda_{m,-}^{\infty}\\&=(61.92+76.34)\times10^{-4}\ \mathrm{S\cdot m^2\cdot mol^{-1}}\\&=1.3826\times10^{-2}\ \mathrm{S\cdot m^2\cdot mol^{-1}}\end{aligned}$$

$$\kappa=(3.41-1.60)\times10^{-4}\ \mathrm{S\cdot m^{-1}}=1.81\times10^{-4}\ \mathrm{S\cdot m^{-1}}$$

$$c\approx\frac{\kappa}{\Lambda_m^{\infty}}=\frac{1.81\times10^{-4}\ \mathrm{S\cdot m^{-1}}}{1.3826\times10^{-2}\ \mathrm{S\cdot m^2\cdot mol^{-1}}}=1.31\times10^{-5}\ \mathrm{mol\cdot dm^{-3}}$$

$$K_{sp}=\left(\frac{c}{\mathrm{mol\cdot dm^{-3}}}\right)^2=1.71\times10^{-10}$$

（3）检验水的纯度

普通蒸馏水的电导率约为$1\times10^{-3}\ \mathrm{S\cdot m^{-1}}$，重蒸馏水和去离子水的电导率小于$1\times10^{-4}\ \mathrm{S\cdot m^{-1}}$。由于水本身有微弱的电离，故虽经反复蒸馏，仍有一定的电导。理论计算纯水的$\kappa=5.5\times10^{-6}\ \mathrm{S\cdot m^{-1}}$，因此只要测量水的电导率，就可知道水的纯度。半导体工业或电导测量研究中用电导水的电导率要求$<1\times10^{-4}\ \mathrm{S\cdot m^{-1}}$。通过测定水的电导率可知其纯度是否符合要求。

（4）电导滴定

利用滴定过程中溶液电导率变化的转折来确定滴定终点的方法称为电导滴定，电导滴定由溶液电导率变化确定终点，特别适用于溶液浑浊或有颜色而不能用指示剂的时候。

图 7.3.4（a）是强碱 NaOH 滴定强酸 HCl 的滴定曲线，$NaOH+HCl=\!=\!=NaCl+H_2O$，最低处为滴定终点。滴定终点前，导电能力大的H^+被导电能力小的Na^+取代，随着滴定的进行，溶液电导率下降，当达到滴定终点时，电导率最小。滴定终点之后，导电能力大的OH^-和导电能力小的Na^+都增加，溶液电导率上升。

图 7.3.4（b）是强碱 NaOH 滴定弱酸 HAc 的滴定曲线，$NaOH + HAc \longequal NaAc + H_2O$，滴定终点前，弱酸变为盐，电导率逐渐增加，滴定终点即折点，但由于 NaAc 水解，滴定终点不明，可由两直线交点确定。滴定终点后，过量 NaOH 使电导率增加速度加快。

沉淀反应也可使用电导滴定。图 7.3.4（c）是用 $BaCl_2$ 滴定 Tl_2SO_4 溶液的滴定曲线，$BaCl_2 + Tl_2SO_4 \longequal BaSO_4\downarrow + 2TlCl\downarrow$，产物 TlCl 和 $BaSO_4$ 均为沉淀，其滴定曲线和强碱滴定强酸的滴定曲线类似。

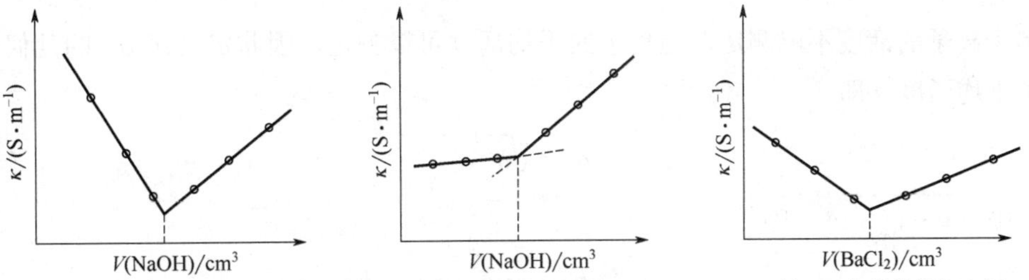

(a) 用NaOH标准液滴定HCl　(b) 用NaOH标准液滴定HAc　(c) 用$BaCl_2$标准液滴定Tl_2SO_4

图 7.3.4　电导滴定

7.4　强电解质溶液活度、平均活度系数及离子强度

强电解质在水溶液中完全电离，离子间存在离子间的静电作用、溶剂分子对离子的作用。对于稀溶液，其同样存在离子间相互作用，因此对理想溶液产生偏差，要用活度代替浓度。在电解质溶液中，溶液中正、负离子同时存在，因此实验中不能单独测出单一离子活度，而是测出正、负离子的平均贡献。

7.4.1　强电解质离子的平均活度和平均活度系数

对于 $M_{\nu+}A_{\nu-}$ 型电解质，1 mol 电解质的电离反应为

$$M_{\nu+}A_{\nu-} \longrightarrow \nu_+ M^{z+} + \nu_- A^{z-}$$

电离可视为一个广义的化学反应，因此电离平衡时，有

$$\sum_i \nu_i \mu_i = \nu_+ \mu_+ + \nu_- \mu_- - \mu = 0$$

即

$$\mu = \nu_+ \mu_+ + \nu_- \mu_- \tag{7.4.1}$$

同分子类似，离子的化学势可写为

$$\mu_+ = \mu_+^{\ominus} + RT\ln a_+ \qquad \mu_- = \mu_-^{\ominus} + RT\ln a_- \tag{7.4.2}$$

式中，$\mu_+^{\ominus}$ 和 $\mu_-^{\ominus}$ 分别为正、负离子的标准化学势；a_+ 和 a_- 分别为正、负离子的活度。又因

$$\mu = \mu^{\ominus} + RT\ln a \tag{7.4.3}$$

将式（7.4.2）和式（7.4.3）代入式（7.4.1）得

$$\mu^{\ominus} + RT\ln a = \nu_+\mu_+^{\ominus} + \nu_-\mu_-^{\ominus} + RT\ln(a_+^{\nu_+}a_-^{\nu_-}) \tag{7.4.4}$$

因此有

$$\mu^{\ominus} = \nu_+\mu_+^{\ominus} + \nu_-\mu_-^{\ominus} \qquad a = a_+^{\nu_+}a_-^{\nu_-} \tag{7.4.5}$$

单个离子的活度不能测定，但离子的平均活度可以测定，因此定义 $a_+^{\nu_+}a_-^{\nu_-}$ 的几何平均值为离子平均活度，即

$$a_{\pm} = \sqrt[\nu]{a_+^{\nu_+}a_-^{\nu_-}} \tag{7.4.6}$$

式中，$\nu = \nu_+ + \nu_-$。因

$$a_+ = \gamma_+\frac{b_+}{b^{\ominus}} \qquad a_- = \gamma_-\frac{b_-}{b^{\ominus}} \tag{7.4.7}$$

所以式（7.4.6）又可写为

$$a_{\pm} = \sqrt[\nu]{a_+^{\nu_+}a_-^{\nu_-}} = \sqrt[\nu]{\gamma_+^{\nu_+}\gamma_-^{\nu_-}} \times \sqrt[\nu]{b_+^{\nu_+}b_-^{\nu_-}} \times \frac{1}{b^{\ominus}} \tag{7.4.8}$$

定义离子平均活度系数和平均浓度为

$$\gamma_{\pm} = \sqrt[\nu]{\gamma_+^{\nu_+}\gamma_-^{\nu_-}} \qquad b_{\pm} = \sqrt[\nu]{b_+^{\nu_+}b_-^{\nu_-}} \tag{7.4.9}$$

所以式（7.4.8）又可写为

$$a_{\pm} = \gamma_{\pm}\frac{b_{\pm}}{b^{\ominus}} \tag{7.4.10}$$

如果只有一种电解质，则

$$b_+ = \nu_+ b \qquad b_- = \nu_- b \tag{7.4.11}$$

$$b_{\pm} = \sqrt[\nu]{b_+^{\nu_+}b_-^{\nu_-}} = \sqrt[\nu]{\nu_+^{\nu_+}\nu_-^{\nu_-}}\,b \tag{7.4.12}$$

难溶盐 $M_{\nu+}A_{\nu-}$ 的饱和溶液存在着下面的平衡：

$$M_{\nu+}A_{\nu-}(s) \rightleftharpoons \nu_+M^{z+} + \nu_-A^{z-}$$

$$K_{sp} = (a_+)^{\nu_+}(a_-)^{\nu_-} = (a_{\pm})^{\nu} = (\gamma_{\pm})^{\nu}\left(\frac{b_{\pm}}{b^{\ominus}}\right)^{\nu} \tag{7.4.13}$$

$$\gamma_{\pm} = \sqrt[\nu]{K_{sp}}\frac{b^{\ominus}}{b_{\pm}} \tag{7.4.14}$$

表 7.4.1 列出了 298 K 时 1-1 价型电解质溶液中 TlCl 饱和溶液的 $\gamma_{\pm}$。测定活度系数的方法除了溶解度法以外，通常还有蒸气压法、凝固点降低法、电动势法等。

表 7.4.1　298 K 时 1-1 价型电解质溶液中 TlCl 饱和溶液的 $\gamma_\pm$

b_1+b_2 / (mol·kg^{-1})	$\gamma_\pm$			
	KNO_3	KCl	HCl	$TlNO_3$
0.001	0.970	0.970	0.970	0.970
0.005	0.950	0.950	0.950	0.950
0.010	0.909	0.909	0.909	0.909
0.020	0.872	0.871	0.871	0.869
0.050	0.809	0.797	0.798	0.784
0.100	0.742	0.751	0.718	0.686
0.200	0.676	0.613	0.630	0.546

7.4.2　离子强度

由表 7.4.1 知，当 $b_1+b_2<0.01\ \text{mol·kg}^{-1}$ 时，TlCl 的 $\gamma_\pm$ 只与 b_1+b_2 有关而与外加电解质的种类无关。1921 年，路易斯（Lewis）等人在研究了大量不同离子价型电解质对活度系数的影响之后，总结出一个经验规律：在稀溶液中，电解质离子的平均活度系数 $\gamma_\pm$ 与溶液中总的离子浓度和电荷有关，而与电解质的种类无关。总的离子浓度和电荷对 $\gamma_\pm$ 的影响可用式（7.4.15）描述。

$$\lg\gamma_\pm=-A|z_+z_-|\sqrt{I} \tag{7.4.15}$$

式中，A 是一个只与温度和溶剂性质有关的常数，对于 25 ℃的水溶液，$A=0.509\ \text{kg}^{\frac{1}{2}}\cdot\text{mol}^{\frac{1}{2}}$；$z_+$ 和 z_- 分别为正、负离子的价数；I 为离子强度，它被定义为

$$I=\frac{1}{2}\sum_i b_i z_i^2 \tag{7.4.16}$$

式中，b_i 和 z_i 分别为离子 i 的质量摩尔浓度和价数。式（7. 4. 15）适用于 $I<0.01$ 的稀溶液。最初路易斯是作为一个经验公式提出来的，德拜-休克尔建立了离子氛模型，从理论上导出了这个公式。对上述 TlCl-HCl 电解质溶液，有

$$I=\frac{1}{2}\sum_i b_i z_i^2=\frac{1}{2}\sum_i b_i=\frac{1}{2}\left(b_1+b_1+b_2+b_2\right)=b_1+b_2 \tag{7.4.17}$$

$$\begin{aligned}\lg\gamma_\pm&=-A|z_+z_-|\sqrt{I}=-A\sqrt{I}=-A\sqrt{b_1+b_2}\\&=-0.509\ \text{kg}^{\frac{1}{2}}\cdot\text{mol}^{\frac{1}{2}}\sqrt{b_1+b_2}\end{aligned} \tag{7.4.18}$$

由式（7.4.18）可知，TlCl 的 $\gamma_\pm$ 只与 b_1+b_2 有关而与外加电解质的种类无关。由表 7.4.2 所列数据可知，电解质平均离子活度系数 $\gamma_\pm$ 与溶液的质量摩尔浓度有关。在稀溶液范围内，$\gamma_\pm$ 随质量摩尔浓度降低而增加，且对相同价型的电解质而言，当质量摩尔浓度相同时，其 $\gamma_\pm$ 近乎相等，而对不同价型的电解质，虽质量摩尔浓度相同，其 $\gamma_\pm$ 并不相同，高价型电解质的 $\gamma_\pm$ 较小。上述事实表明，在稀溶液范围，影响 $\gamma_\pm$ 大小的主要因素是浓度和价型。为了能综合反映这两个因素的影响，1921 年路易斯提出了一个新的物理量——离子强度，用 I 表示。

表 7.4.2　25 ℃时水溶液中一些电解质在不同质量摩尔浓度时的平均离子活度系数 $\gamma_\pm$

水溶液中电解质	$\gamma_\pm$								
	0.001 mol·kg⁻¹	0.005 mol·kg⁻¹	0.01 mol·kg⁻¹	0.05 mol·kg⁻¹	0.10 mol·kg⁻¹	0.50 mol·kg⁻¹	1.0 mol·kg⁻¹	2.0 mol·kg⁻¹	4.0 mol·kg⁻¹
HCl	0.965	0.928	0.904	0.830	0.796	0.757	0.809	1.009	1.762
NaCl	0.966	0.929	0.904	0.823	0.778	0.682	0.658	0.671	0.783
KCl	0.965	0.927	0.901	0.815	0.769	0.650	0.605	0.575	0.582
HNO₃	0.965	0.927	0.902	0.823	0.785	0.715	0.720	0.783	0.982
NaOH	0.965	0.927	0.899	0.818	0.766	0.693	0.679	0.700	0.890
CaCl₂	0.887	0.783	0.724	0.574	0.518	0.448	0.500	0.792	2.934
K₂SO₄	0.885	0.78	0.71	0.52	0.43	0.251	—	—	—
H₂SO₄	0.830	0.639	0.544	0.340	0.265	0.154	0.130	0.124	0.171
CdCl₂	0.819	0.623	0.524	0.304	0.228	0.100	0.066	0.044	—
BaCl₂	0.88	0.77	0.72	0.56	0.49	0.39	0.393	—	—
CuSO₄	0.74	0.53	0.41	0.21	0.16	0.068	0.047	—	—
ZnSO₄	0.734	0.477	0.387	0.202	0.148	0.063	0.043	0.035	—

❖**例 7.4.1**　溶液中含 KCl 浓度为 0.1 mol·kg⁻¹、BaCl₂ 的浓度为 0.2 mol·kg⁻¹，求该溶液的离子强度。

　　解:

$$I = \frac{1}{2}\sum_i b_i z_i^2$$

$$= \frac{1}{2}(0.1 \text{ mol·kg}^{-1} \times 1^2 + 0.2 \text{ mol·kg}^{-1} \times 2^2 + 0.5 \text{ mol·kg}^{-1} \times 1^2)$$

$$= 0.7 \text{ mol·kg}^{-1}$$

7.4.3　电解质溶液理论简介

电解质溶液的依数性，如渗透压、沸点上升、凝固点下降等都比同浓度的非电解质大得多。1887 年 Arrhenius 提出部分电离学说，他用电离度的概念来解释了弱电解质。但对强电解质，会得到互相矛盾或者与实验值不符合的结果。

强电解质溶液中，电解质全部电离，不存在部分电离(完全电离)；离子间存在静电引力（弱电解质中离子间不存在静电引力），溶剂对离子也有作用力。本小节主要讲述 Debye-Hückel 离子互吸理论。

（1）Debye-Hückel 离子互吸理论的概念

Debye-Hückel 提出了一个概念——离子氛。他们认为溶液中每一个离子都被电荷符号相反的离子包围，由于离子间相互作用，离子间分布不均匀，从而形成了离子氛。设中心离子（参考离子）为正离子，由于同性排斥、异性相吸，从统计观点来看，距中心离子越近，正离子出现的概率越小，负离子出现的概率越大。中心离子附近，大部分电荷被抵消，但不能完全抵消，净结果是中心正离子周围分布着一个大小相等而符号相反的电荷，这一层电荷所构成的球体就称为离子氛。

引入离子氛的概念后，就可将离子间的静电作用归结为中心离子和离子氛之间的作用，使研究问题大大简化。离子氛的性质取决于离子价数、溶液浓度、温度和介电常数等。

理解离子氛的概念要注意：

① 溶液中，任何离子都是等同的，既为被离子氛包围的中心离子，又为其他中心离子离子氛的组成，同时为许多离子氛所共有。

② 溶液中所有离子都在不停地运动，中心离子没有固定的位置，离子氛也没有固定组成，离子氛中的离子不断与其他离子氛中的离子交换。

Deby-Hückel 还提出了以下几条假定：

① 离子在静电引力下的分布可用 Boltzmann 公式，且电荷密度和电势之间的关系遵从静电学中的 Poisson 公式。

② 离子是带电荷的圆球，离子电场是球形对称的，离子不极化，在极稀溶液中可看成点电荷。

③ 离子间的作用力只存在库仑引力，其相互吸引而产生的吸引能小于它的热运动的能量（即只适用于稀溶液）。

④ 溶液的介电常数与溶剂的介电常数相差不大（即忽略加入电解质后溶液介电常数的变化）。

（2）Debye-Hückel 极限公式

根据 Debye-Hückel 离子互吸理论，推导出稀溶液中离子活度系数公式为

$$\lg \gamma_{\pm} = -A z_i^2 \sqrt{I}$$

Debye-Hückel 极限公式与 Lewis 经验式一致。式中，A 为常数（一定温度及溶剂），在 25 ℃时的水溶剂中，$A=0.509$。

由于单个离子的 γ_i 无法确定，将 $\gamma_i \to \gamma_{\pm}$，有

$$\gamma_{\pm} = (\gamma_+^{\ v_+} \gamma_-^{\ v_-})^{1/(v_+ + v_-)}$$

两边取对数，得

$$\lg \gamma_{\pm} = \frac{v_+ \lg \gamma_+ + v_- \lg \gamma_-}{v_+ + v_-} = \frac{-v_+ A z_+^2 \sqrt{I} - v_- A z_-^2 \sqrt{I}}{v_+ + v_-}$$

因 $z_+ v_+ = |z_-| v_-$，得

$$\lg \gamma_{\pm} = -A |z_+ z_-| \sqrt{I}$$

此式即为 Debye-Hückel 极限公式，适用于 $I < 0.01 \ \mathrm{mol \cdot kg^{-1}}$。离子强度 I 一定的溶液中，只要价型相同（z_+、z_- 相同），$\gamma_{\pm}$ 就相同，$\gamma_{\pm}$ 与电解质本性无关。

（3）Debye-Hückel 极限公式的使用范围及修正

由假设可知，Debye-Hückel 极限公式适用于稀溶液。极限公式仅在 $I < 0.01 \ \mathrm{mol \cdot kg^{-1}}$ 时正确，因为将离子看成点电荷，吸引能<热运动能。若不将离子看作点电荷，则极限公式修正为

$$\lg \gamma_\pm = \frac{-A|z_+ z_-|\sqrt{I}}{1+\delta B \sqrt{I}} \quad (\text{适用于 } I \leqslant 0.1 \text{ mol} \cdot \text{kg}^{-1})$$

式中，δ 为离子平均有效直径，即正、负离子有效半径之和或可接近的最小距离；A、B 为常数，只与温度及溶剂有关。对于 25 ℃水溶液，$\delta \approx 3.5 \times 10^{-10}$ m，$B \approx 0.3291 \times 10^{10}$ $(\text{mol}^{-1} \cdot \text{kg})^{1/2} \text{m}^{-1}$，$\delta B \approx 1 (\text{mol}^{-1} \cdot \text{kg})^{1/2}$，故上式近似为

$$\lg \gamma_\pm = \frac{-0.509|z_+ z_-|\sqrt{I}}{1+\sqrt{I}}$$

对于极限公式的另一种改进方法，是增加一个线性浓度项，即

$$\lg \gamma_\pm = \frac{-A|z_+ z_-|\sqrt{I}}{1+\delta B \sqrt{I}} + bI$$

式中，b 为调节参数。

例如，Davies 就曾提出如下的经验公式：

$$\lg \gamma_\pm = -0.509|z_+ z_-|\left(\frac{\sqrt{I}}{1+\sqrt{I}} - 0.30I\right)$$

❖ 例 7.4.2　用 Debye-Hückel 极限公式计算 298 K 时 0.01 mol·kg⁻¹ 的 $NaNO_3$ 和 0.001 mol·kg⁻¹ 的 $Mg(NO_3)_2$ 混合溶液中 $Mg(NO_3)_2$ 的平均活度系数。

解：$I = \dfrac{1}{2}\sum_i m_i z_i^2$

$= \dfrac{1}{2}[0.01 \text{ mol} \cdot \text{kg}^{-1} \times 1^2 + 0.001 \text{ mol} \cdot \text{kg}^{-1} \times 2^2 + (0.01 \text{ mol} \cdot \text{kg}^{-1} + 2 \times 0.001 \text{ mol} \cdot \text{kg}^{-1}) \times 1^2]$

$= 0.013 \text{ mol} \cdot \text{kg}^{-1} > 0.01 \text{ mol} \cdot \text{kg}^{-1}$

$$\lg \gamma_\pm = \frac{-0.509|z_+ z_-|\sqrt{I}}{1+\sqrt{I}} = \frac{-0.509|2 \times (-1)|\sqrt{0.013}}{1+\sqrt{0.013}} = -0.1402$$

$$\gamma_\pm = 0.7867$$

若求 $NaNO_3$ 的平均活度系数，则 $\lg \gamma_\pm = \dfrac{-0.509|z_+ z_-|\sqrt{I}}{1+\sqrt{I}} = \dfrac{-0.509|1 \times (-1)|\sqrt{0.013}}{1+\sqrt{0.013}}$。

7.5　可逆电池电动势

将化学能转变成电能的装置称为电池。将化学反应转变为一个能够产生电流的电池，必要条件是该化学反应是一个氧化还原反应，或者在整个反应过程中经历了氧化还原作用，其次必须给予适当的装置，使化学反应分别通过电极上的反应来完成。

组成电池必须有两个电极以及能与电极建立电化学反应平衡的相应电解质，此外还有其他附属设备。如果两个电极插在同一个电解质溶液中，则为单液电池，见图 7.5.1（a）。如果两个电极插在不同的电解质溶液中，则为双液电池，两种电解质溶液可用多孔陶瓷分开，也

可将两种电解质溶液放在不同的容器中，然后用盐桥连接，见图 7.5.1（b）。

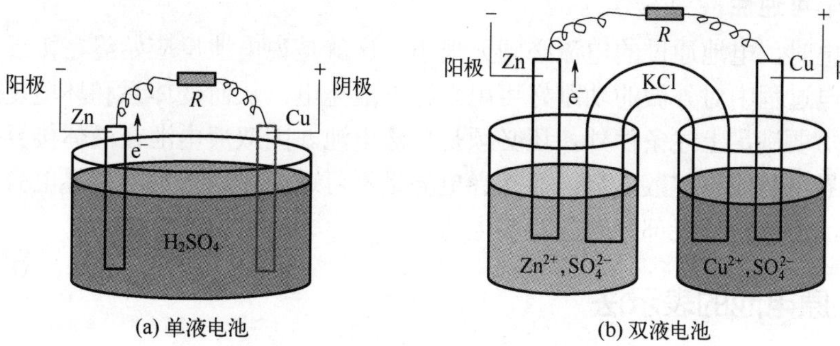

图 7.5.1　单液电池和双液电池

7.5.1　可逆电池和不可逆电池

所谓可逆电池，它必须同时满足以下两个条件。

（1）化学可逆性

电极上的化学反应必须可正、逆两个方向进行，即电池反应恰好是电解反应的逆反应。如常用的铅酸蓄电池的放电（起原电池作用）和充电（起电解池作用）过程互为逆反应：

$$PbO_2 + Pb + 2H_2SO_4 \underset{充电}{\overset{放电}{\rightleftharpoons}} 2PbSO_4 + 2H_2O$$

若将金属铜和锌片同时插入硫酸水溶液所组成的电池就不具备此种条件，如图 7.5.2 所示。当外加电动势稍小于电池电动势时，该电池为原电池。其反应为

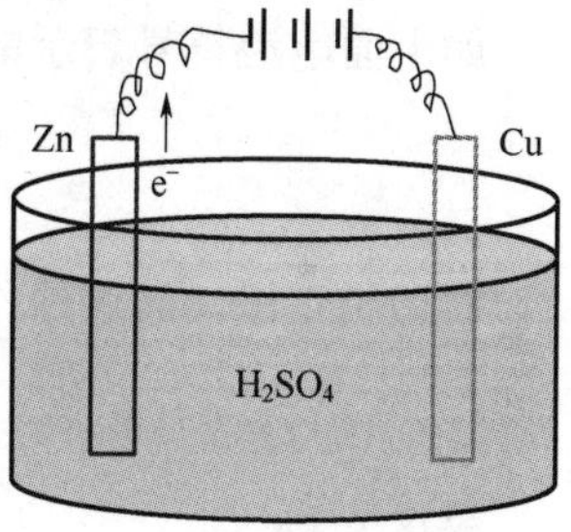

图 7.5.2　不可逆电池

负极（锌片）：

$$Zn \longrightarrow Zn^{2+} + 2e^-$$

正极（铜片）：

$$2H^+ + 2e^- \longrightarrow H_2$$

电池总反应：

$$Zn + 2H^+ \longrightarrow Zn^{2+} + H_2$$

当外加电动势稍大于电池电动势时，该电池为电解池，其反应为

负极（锌片）：

$$2H^+ + 2e^- \longrightarrow H_2$$

正极（铜片）：

$$Cu \longrightarrow Cu^{2+} + 2e^-$$

电池总反应：

$$2H^+ + Cu \longrightarrow Cu^{2+} + H_2$$

由此可知，该电池经放电和充电一个循环之后，电池不能复原，因此该电池不具备可逆电池的条件。判断何种物质在电极上反应的根据是物质电势，在阴极，电势高的优先还原；

在阳极，电势低的优先氧化。

（2）热力学可逆性

电池充放电时，电池通过的电流必须无限小。这就是说电池反应始终在接近平衡状态下进行，电池放电过程中对外做的功刚好可用来给电池充电，从而使体系和环境复原。

可逆电池除要满足上述条件外，还必须是单液电池。因双液电池在液体接界处存在离子扩散而产生接界电势或称扩散电势，而接界电势是不可逆的。为了消除接界电势，通常用盐桥连接两液体，但盐桥只能部分消除接界电势。

7.5.2 原电池的表示法

当用书面的方法来表示电池的组成时，有如下约定：

① 写在左边的电极起氧化作用，为负极；写在右边的电极起还原作用，为正极。

② 用单垂线“｜”表示两相的界面（有时也用逗号表示）。这界面包括电极与溶液界面，一种溶液与另一种溶液的界面，不同浓度的同种溶液的界面。界面处一定有接界电势的存在。

③ 用双线“||”表示盐桥，表示一种溶液与另一种溶液的界面处的接界电势通过盐桥已降低到可以忽略的程度。

④ 要注明温度和压力，如未写明，一般指 298 K 和一个标准大气压（1 atm=101325 Pa）。要标明电极物态，若是气体要注明其依附的不活泼金属。所有电解质溶液要注明活度。

（1）根据电池符号写出电池反应式

$$\mathrm{Pt, H_2}(p^{\ominus})\,|\,\mathrm{HCl}(a=1)\,|\,\mathrm{AgCl(s), Ag(s)}$$

如上面电池符号表示的电池反应，其左边为负极，起氧化作用，即

$$\frac{1}{2}\mathrm{H_2}(p^{\ominus}) \longrightarrow \mathrm{H^+}(a_{\mathrm{H^+}}=1)+\mathrm{e^-}$$

右边为正极，起还原作用，即

$$\mathrm{AgCl(s)}+\mathrm{e^-} \longrightarrow \mathrm{Ag(s)}+\mathrm{Cl^-}(a_{\mathrm{Cl^-}}=1)$$

总反应为

$$\frac{1}{2}\mathrm{H_2}(p^{\ominus})+\mathrm{AgCl(s)} \longrightarrow \mathrm{Ag(s)}+\mathrm{HCl}(a=1)$$

（2）根据化学反应设计原电池

将下面的反应设计成原电池：

$$\mathrm{Zn(s)}+\mathrm{CuSO_4}(a_1) \longrightarrow \mathrm{ZnSO_4}(a_2)+\mathrm{Cu(s)}$$

该反应的电池符号如下：

$$\mathrm{Zn(s)}\,|\,\mathrm{ZnSO_4}(a_2)\,||\,\mathrm{CuSO_4}(a_1)\,|\,\mathrm{Cu(s)}$$

7.5.3 电池电动势的测定

（1）韦斯顿标准电池

韦斯顿（Weston）标准电池是一个高度可逆的电池。其装置如图 7.5.3 所示。

电池的阳极是 $w(\mathrm{Cd})=0.125$ 的镉汞齐，将其浸于 $CdSO_4$ 水溶液中，该溶液为 $CdSO_4 \cdot H_2O$ 晶体的饱和溶液。阴极为 Hg 与 Hg_2SO_4 的糊状体，此糊状体也浸在 $CdSO_4$ 的饱和溶液中。为了使引出的导线与糊状体接触紧密，在糊状体的下面放少许 Hg。韦斯顿标准电池书面表示如下：

$$\mathrm{Cd(汞齐)} | \mathrm{CdSO_4} \cdot \frac{8}{3}\mathrm{H_2O(s)} | \mathrm{CdSO_4(饱和溶液)} | \mathrm{Hg_2SO_4(s)} | \mathrm{Hg}$$

负极反应：

$$\mathrm{Cd(汞齐)} + \mathrm{SO_4^{2-}} + \frac{8}{3}\mathrm{H_2O(l)} \longrightarrow \mathrm{CdSO_4} \cdot \frac{8}{3}\mathrm{H_2O(s)} + 2\mathrm{e^-}$$

正极反应：

$$\mathrm{Hg_2SO_4(s)} + 2\mathrm{e^-} \longrightarrow 2\mathrm{Hg(l)} + \mathrm{SO_4^{2-}}$$

电极反应：

$$\mathrm{Cd(汞齐)} + \mathrm{Hg_2SO_4(s)} + \frac{8}{3}\mathrm{H_2O(l)} \longrightarrow 2\mathrm{Hg(l)} + \mathrm{CdSO_4} \cdot \frac{8}{3}\mathrm{H_2O(s)}$$

韦斯顿标准电池的最大优点是它的电动势稳定，随温度改变很小。

$$E(T)/\mathrm{V} = E(293.15\mathrm{K})/V-[39.94(T/\mathrm{K}-293.15)+0.929(T/\mathrm{K}-293.15)^2-0.009(T/\mathrm{K}-293.15)^3+0.00006(T/\mathrm{K}-293.15)^4]\times10^{-6}$$

韦斯顿标准电池的主要用途是配合电位计测定原电池的电动势。

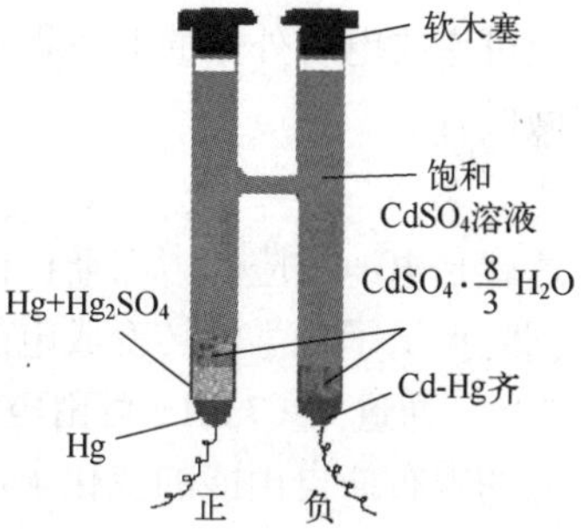

图 7.5.3　韦斯顿标准电池简图

（2）对消法测电池电动势

可逆电池电动势的测定必须在电流无限接近于零的条件下进行。因为电流通过电极时，极化作用的存在将无法测得可逆电池电动势。

波根多夫（Poggendorff）对消法是人们常采用的测量电池电动势的方法，其原理是用一个方向相反但数值相同的外加电压，对抗待测电池的电动势，使电路中并无电流通过。具体线路如图 7.5.4 所示。工作电池经 *AB* 构成一个通路，在均匀电阻 *AB* 上产生均匀电势降。待测电池的负极通过开关与工作电池的负极相连，正极经过检流计与滑动电阻的滑动端相连。

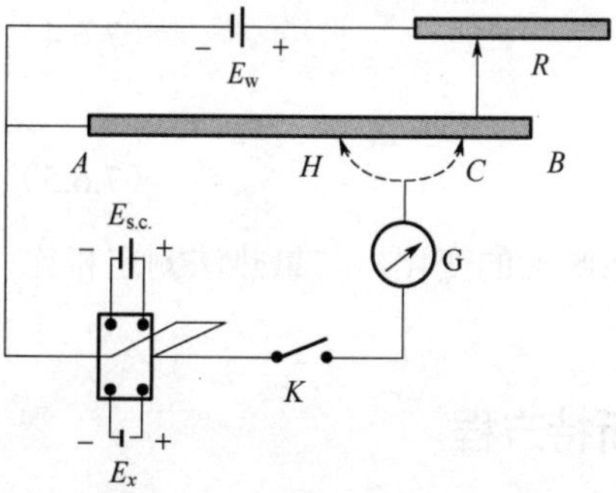

图 7.5.4　标准电池示意图

这样，就在待测电池的外电路中加上了一个方向相反的电势差，它的大小由滑动接触点的位置决定。改变滑动接触点的位置，找到某一点（例如 *C* 点），若电钥闭合时，检流计中无电流通过，则待测电池的电动势恰好和 *AC* 段所代表的电势差在数值上相等而方向相反。为了求得 *AC* 段的电势差，可换用标准电池与开关相连。标准电池的电动势 $E_{\mathrm{s.c.}}$ 是已知的，而且保持恒定。用同样方法可以找出检流计中无电流通过时的另一点 *H*。*AH* 段的电势差就等于 $E_{\mathrm{s.c.}}$。因电势差与电阻线的长度成正比，故待测电池的电动势为 $E_x = E_{\mathrm{s.c.}} \dfrac{\overline{AC}}{\overline{AH}}$。

需要注意的是，实验中测量原电池电动势时，如果电池的外接导线与电极材料不同，则导线与电极间也会存在接界电势，所以只有当导线与电极材料相同时所测得的电动势才是定义的原电池电动势。通常要把标准电池恒温、恒湿存放，使电动势稳定。

7.6 可逆电池的热力学

7.6.1 电池反应的吉布斯自由能的变化与电池电动势的关系

$$W' \leqslant -\Delta G_{T,p} \begin{pmatrix} <，不可逆 \\ =，可逆 \end{pmatrix}$$

从热力学第二定律可知，恒温恒压可逆过程体系吉布斯自由能的变化等于体系做的非体积功（电功、表面功、机械功等），即 $\Delta G = W_{\mathrm{r}}'$ 。现在把此式用于恒温恒压可逆电池反应。由于电池可逆放电对外做的非体积功 $W_{\mathrm{r}}' = zEF$ ，z 为电池反应的电子转移数，E 为电池的电动势，所以有

$$\Delta G = -zEF \tag{7.6.1}$$

这就是电池反应的吉布斯自由能的变化与电池电动势的关系，说明化学能可以转化为电能，同时揭示了化学能转变成电能的最高限度。实现化学能转化为电能的装置即为原电池，简称电池。通过式（7.6.1）可由电池的电动势求电池反应的吉布斯自由能的变化，或反过来，由反应的吉布斯自由能的变化求电池的电动势。式（7.6.1）两边对温度求导，得

$$\left(\frac{\partial \Delta G}{\partial T}\right)_p = -zF\left(\frac{\partial E}{\partial T}\right)_p \tag{7.6.2}$$

$\left(\frac{\partial E}{\partial T}\right)_p$ 称为电池的温度系数。因 $\left(\frac{\partial \Delta G}{\partial T}\right)_p = -\Delta S$ ，将其代入式（7.6.2），得

$$\Delta S = zF\left(\frac{\partial E}{\partial T}\right)_p \tag{7.6.3}$$

所以由电池的温度系数可求出电池反应的熵变，进而求出电池反应的焓变。

$$\Delta H = \Delta G + T\Delta S \tag{7.6.4}$$

电池可逆放电时的热效应为

$$Q_{\mathrm{r}} = T\Delta S \tag{7.6.5}$$

从实验测得电动势和温度系数，可以得到热力学状态函数的变化，与量热法测定相比，数据精确度更高。

7.6.2 原电池电动势与浓度的关系——能斯特方程

由式（7.6.1）知

$$\Delta G^{\ominus}=-zE^{\ominus}F \tag{7.6.6}$$

$E^{\ominus}$为各反应物质均处于标准态时的电动势，称为标准电动势。由第5章化学平衡可知，恒温恒压化学反应的吉布斯自由能的变化为

$$\Delta G=\Delta G^{\ominus}+RT\ln\prod_i a_i^{\nu_i}$$

将其代入式（7.6.6），得

$$E=E^{\ominus}-\frac{RT}{zF}\ln\prod_i a_i^{\nu_i} \tag{7.6.7}$$

式（7.6.7）表明了原电池电动势与浓度的关系，称为电池反应的能斯特方程，是原电池的基本方程式。它表示一定温度下可逆电池的电动势与参加电池反应各组分的活度或逸度之间的关系，反映了各组分的活度或逸度对电池电动势的影响。

当电池反应达到平衡时，$\Delta_r G_m=0$，$E=0$，根据$\Delta_r G_m^{\ominus}=-RT\ln K_a^{\ominus}$，可以得到

$$E^{\ominus}=\frac{RT}{zF}\ln K_a^{\ominus} \tag{7.6.8}$$

式中，$K_a^{\ominus}$即为反应的标准平衡常数。由式（7.6.8）可知，如能求得原电池的标准电动势$E^{\ominus}$，即可求得该反应的标准平衡常数。

❖ **例 7.6.1** 求298 K时，下列电池的温度系数，并计算可逆放电的热效应。

$$Pt\,|\,H_2(100\ kPa)\,|\,H_2SO_4(0.01\ mol\cdot L^{-1})\,|\,O_2(100\ kPa)\,|\,Pt$$

已知$E=1.228$ V，$\Delta_f H_m$（H_2O，l）$=-2.858\times10^5$ J·mol^{-1}。

解：阳极　$H_2 = 2H^+ + 2e^-$

阴极　$1/2O_2+2H^+ + 2e^- = H_2O(\text{溶液}) = H_2O(\text{纯水})$

电池反应　$H_2+1/2O_2 = H_2O(\text{纯水})$

$$\Delta_r H_m=\Delta_f H_m(H_2O,l)=-2.858\times10^5\ J\cdot mol^{-1}$$

根据$\Delta_r H_m=-zFE+zFT\left(\frac{\partial E}{\partial T}\right)_p$，得

$$\left(\frac{\partial E}{\partial T}\right)_p=\frac{E}{T}+\frac{\Delta_r H_m}{zFT}$$

$$=\left(\frac{1.228}{298}+\frac{-2.858\times10^5}{2\times96500\times298}\right)\ V\cdot K^{-1}$$

$$=-8.48\times10^{-4}\ V\cdot K^{-1}$$

$$Q_p=T\Delta_r S_m=zFT\left(\frac{\partial E}{\partial T}\right)_p$$

$$=[2\times96500\times298\times(-8.48\times10^{-4})]\ J\cdot mol^{-1}$$

$$=-4.88\times10^4\ J\cdot mol^{-1}$$

可见$\Delta_r H_m$不等于Q_p。

需要指出的是，原电池电动势 E 是强度量，对于一个原电池，只有一个电动势 E，E 与电池反应计量式的写法无关。但电池反应的摩尔反应吉布斯函数变 $\Delta_r G_m$ 却与反应计量式的写法有关。如丹尼尔电池（锌铜电池）的反应式可写作以下两种形式：

① $Zn+Cu^{2+}==Zn^{2+}+Cu$　　　　$\Delta_r G_{m,1}, E_1$

② $1/2Zn+1/2Cu^{2+}==1/2Zn^{2+}+1/2Cu$　　$\Delta_r G_{m,2}, E_2$

根据 $\Delta_r G_m = -zFE$，有 $E_1 = E_2$，$\Delta_r G_{m,1} = 2\Delta_r G_{m,2}$。

从以上讨论可知，对于同一原电池，若电池反应计量式的写法不同，则转移的电子数不同，由于反应的摩尔吉布斯函数变是与反应计量式相对应的，所以也不同；但电池的电动势是电池固有的性质，只要组成电池的各种条件，如温度、组分的浓度等确定了，电池电动势也就随之确定了，不会因为反应计量式的写法不同而改变。

7.6.3 电动势产生的机理

（1）电极与电解质溶液界面间电势差的形成

把任何一种金属片，例如锌片插入水中，由于极性很大的水分子与构成晶格的锌离子相互吸引而发生水合作用，一部分锌离子与其他锌离子之间的键力减弱，甚至可以离开金属而进入水中。金属因失去锌离子而带负电荷，水中因得到锌离子而带正电荷。由于异电荷的吸引，进入水中的锌离子被吸引在电极-溶液界面附近。但这种溶解不会无限进行下去，因随着水中锌离子的增多，金属中的锌离子受到水中锌离子的排斥力越来越大；当金属中的锌离子受到水中锌离子的排斥力和受到水分子的吸引力相等时，金属中的锌离子不再溶解，这样在电极-溶液之间由于电荷不均便产生了一个稳定的电势差，称为电极电势，如图 7.6.1 所示。

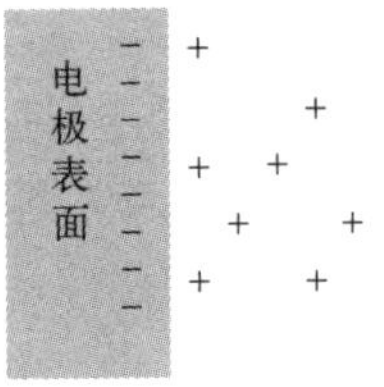

图 7.6.1　电极电势示意图

① 接触电势。当两种金属相接触时，由于两种金属中的电子浓度的不同，电子就会从浓度大的金属向浓度小的金属扩散。同电极金属溶解类似，这种扩散不会无限进行下去，最后在两种金属界面处形成一个稳定的电场，对应的电势差称为接触电势。在测量电动势时要用金属导线与两电极相连，因而必然出现不同金属间的接触电势，它也是构成整个电动势的一部分。

② 液体接界电势（液接电势）。在两种含有不同溶质的溶液界面上，或者两种溶质相同而浓度不同的溶液界面上，存在着微小的电势差，称为液体接界电势或扩散电势，它的大小一般不超过 0.03 V。液体接界电势是由离子迁移速率不同引起的，如图 7.6.2 所示。

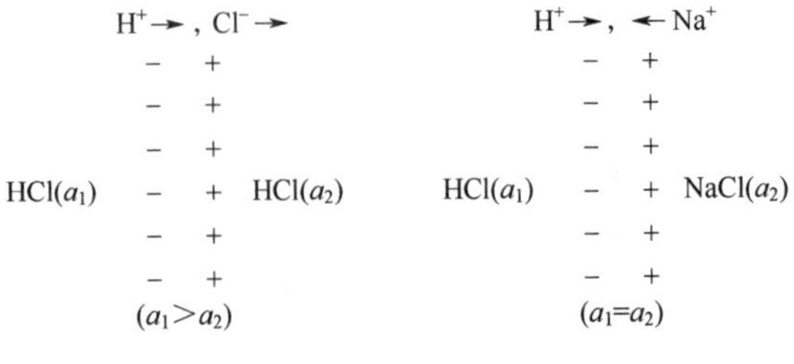

图 7.6.2　液体接界电势示意图

（2）电动势的构成

电池电动势等于电池各相界面上电势差的代数和，由电极电势、接触电势（ε_t）和液体接界电势（ε_j）等构成。以 Cu-Zn 电池为例：

$$\mathrm{Cu(s)} \mid \mathrm{Zn(s)} \mid \mathrm{ZnSO_4}(a_1) \mid \mathrm{CuSO_4}(a_2) \mid \mathrm{Cu(s)}$$

$$\varepsilon_t \qquad \varepsilon_{-,o} \qquad \varepsilon_j \qquad \varepsilon_{+,R}$$

$\varepsilon_{-,o}$ 是氧化电势，$\varepsilon_{+,R}$ 是还原电势。

$$E = \varepsilon_t + \varepsilon_{-,o} + \varepsilon_j + \varepsilon_{+,R}$$

ε_j 表示两种不同的电解质或不同浓度的溶液界面上的电势差，即液体接界电势。通过盐桥可以消除液接电势。如果忽略 ε_t 和 ε_j，则上式成为

$$E = \varepsilon_{-,o} + \varepsilon_{+,R}$$

如果把氧化电势变为还原电势，即 $\varepsilon_{-,o} = -\varepsilon_{-,R}$，则式又成为

$$E = \varepsilon_{+,R} - \varepsilon_{-,R}$$

7.7 电极电势与电池电动势

7.7.1 电极电势

对于单液电池，原电池的电动势就是在电流趋于 0 的情况下两电极的电势差。两电极的电势的绝对值是无法测量的，但在电化学的应用中，通常选定一电极作为基准电极，测量其他电极相对这个电极的相对电极电势。有了相对电极电势，便可算出任意两电极组成的原电池的电动势。国际纯粹与应用化学联合会（IUPAC）规定，采用标准氢电极作为基准电极。

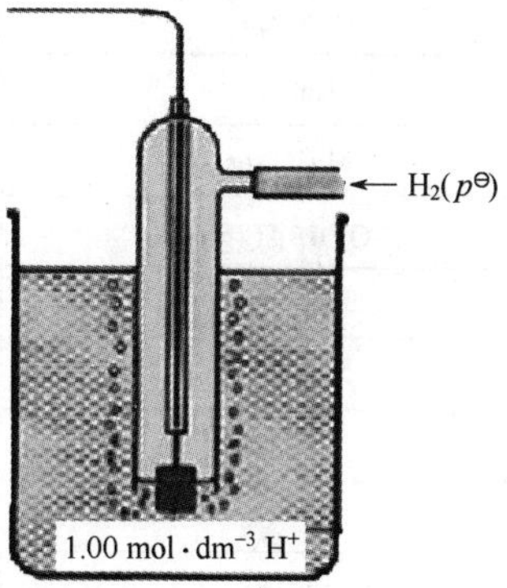

图 7.7.1　标准氢电极示意图

标准氢电极由镀了铂黑的铂片插入氢离子活度等于 1 的溶液中，并不断以 101.325 kPa 的纯氢气冲击铂片所构成，如图 7.7.1 所示。标准氢电极的电极反应为

$$\mathrm{H^+}(a_{\mathrm{H^+}}=1) + \mathrm{e^-} \longrightarrow \frac{1}{2}\mathrm{H_2}(\mathrm{g}, p^{\ominus})$$

任何电极均可与标准氢电极构成原电池。

将标准氢电极放在原电池符号的左侧作为负极，将其他电极放在原电池符号的右侧作为正极，即

$$\mathrm{Pt, H_2}(p^{\ominus}) \mid \mathrm{H^+}(a_{\mathrm{H^+}}=1) \parallel \mathrm{Me^{2+}}(a) \mid \mathrm{Me(s)}$$

任何温度下该原电池的电势差为

$$\varepsilon_{R} - \varepsilon_{-,R}^{\ominus,H^+} = \Delta\varepsilon = \varphi$$

这就是其他电极的相对电极电势，或称电极电势。显然任何温度下标准氢电极的相对电极电势为 0，即 $\varphi_{H^+/H_2}^{\ominus} = 0$ 。

$$E = \varepsilon_{+,R} - \varepsilon_{-,R} = (\varepsilon_{+,R} - \varepsilon_{-,R}^{\ominus,H^+}) - (\varepsilon_{-,R} - \varepsilon_{-,R}^{\ominus,H^+})$$

即

$$E = \varphi_{+} - \varphi_{-} \qquad (7.7.1)$$

7.7.2 标准电极电势

表 7.7.1 列出了一些物质在 298 K 的水溶液中的标准电极电势。由表 7.7.1 知，标准电极电势越负，物质失电子能力越大，即还原能力越大；相反，电极电势越正，物质得电子能力越大，即氧化能力越大。利用标准电极电势可判断电池的正、负极和电极反应的先后顺序，但这种判断是粗略的，因准确判断要用电极电势，而不是标准电极电势。

表 7.7.1　273.15 K 时在水溶液中一些电对的标准电极电势

电极	电极反应	$E^{\ominus}$/V
$Li^+\|Li$	$Li^+ + e^- \Longrightarrow Li$	−3.0403
$K^+\|K$	$K^+ + e^- \Longrightarrow K$	−2.931
$Ba^{2+}\|Ba$	$Ba^{2+} + 2e^- \Longrightarrow Ba$	−2.912
$Ca^{2+}\|Ca$	$Ca^{2+} + 2e^- \Longrightarrow Ca$	−2.868
$Na^+\|Na$	$Na^+ + e^- \Longrightarrow Na$	−2.71
$Mg^{2+}\|Mg$	$Mg^{2+} + 2e^- \Longrightarrow Mg$	−2.372
$H_2O,OH^-\|H_2(g)\|Pt$	$2H_2O + 2e^- \Longrightarrow H_2(g) + 2OH^-$	−0.8277
$Zn^{2+}\|Zn$	$Zn^{2+} + 2e^- \Longrightarrow Zn$	−0.7620
$Cr^{3+}\|Cr$	$Cr^{3+} + 3e^- \Longrightarrow Cr$	−0.744
$Cd^{2+}\|Cd$	$Cd^{2+} + 2e^- \Longrightarrow Cd$	−0.4026
$Co^{2+}\|Co$	$Co^{2+} + 2e^- \Longrightarrow Co$	−0.28
$Ni^{2+}\|Ni$	$Ni^{2+} + 2e^- \Longrightarrow Ni$	−0.257
$Sn^{2+}\|Sn$	$Sn^{2+} + 2e^- \Longrightarrow Sn$	−0.1377
$Pb^{2+}\|Pb$	$Pb^{2+} + 2e^- \Longrightarrow Pb$	−0.1264
$Fe^{3+}\|Fe$	$Fe^{3+} + 3e^- \Longrightarrow Fe$	−0.037
$H^+\|H_2(g)\|Pt$	$2H^+ + 2e^- \Longrightarrow H_2(g)$	0.0000
$Cu^{2+}\|Cu$	$Cu^{2+} + 2e^- \Longrightarrow Cu$	+0.3402
$H_2O,OH\|O_2(g)\|Pt$	$O_2(g) + 2H_2O + 4e^- \Longrightarrow 4OH^-$	+0.401
$Cu^+\|Cu$	$Cu^+ + e^- \Longrightarrow Cu$	+0.521
$I^-\|I_2(s)\|Pt$	$I_2(s) + 2e^- \Longrightarrow I^-$	+0.5353
$Hg_2^{2+}\|Hg$	$Hg_2^{2+} + 2e^- \Longrightarrow 2Hg$	+0.7971

续表

电极	电极反应	$E^\ominus$/V
Ag^+|Ag	Ag^++e^- ══ Ag	+0.7991
Hg^{2+}|Hg	$Hg^{2+}+2e^-$ ══ Hg	+0.851
Br^-|$Br_2(l)$|Pt	$Br_2(l)+2e^-$ ══ 2Br	+1.066
H_2O,H^+|$O_2(g)$|Pt	$O_2(g)+4H^++4e^-$ ══ $2H_2O$	+1.229
Cl^-|$Cl_2(g)$|Pt	$Cl_2(g)+2e^-$ ══ $2Cl^-$	+1.3595
Au^+|Au	Au^++e^- ══ Au	+1.692
F^-|$F_2(g)$|Pt	$F_2(g)+2e^-$ ══ $2F^-$	+2.866
SO_4^{2-} |$PbSO_4(s)$|Pb	$PbSO_4(s)+2e^-$ ══ Pb+ SO_4^{2-}	−0.3590
I^-|AgI (s)|Ag	AgI(s)+e^- ══ Ag+I^-	−0.15241
Br^-|AgBr(s)|Ag	AgBr(s)+e^- ══ Ag+Br^-	+0.07116
Cl^- |AgCl (s)|Ag	AgCl(s)+e^- ══ Ag+Cl^-	+0.22216
Cl^-|Hg,Cl_2(s)|Hg	$Hg_2Cl_2(s)+2e^-$ ══ 2Hg+$2Cl^-$	+0.26791
Cr^{3+},Cr^{2+}|Pt	$Cr^{3+}+e^-$ ══ Cr^{2+}	−0.407
Sn^{4+},Sn^{2+}|Pt	$Sn^{4+}+2e^-$ ══ Sn^{2+}	+0.151
Cu^{2+},Cu^+|Pt	$Cu^{2+}+e^-$ ══ Cu^+	+0.153
H^+,醌,氢醌|Pt	$C_6H_4O_2+2H^++2e^-$ ══ $C_6H_4(OH)_2$	+0.6994
Fe^{3+},Fe^{2+}|Pt	$Fe^{3+}+e^-$ ══ Fe^{2+}	+0.770
Tl^{3+},Tl^+|Pt	$Tl^{3+}+2e^-$ ══ Tl^+	+1.252
Ce^{4+},Ce^{3+}|Pt	$Ce^{4+}+e^-$ ══ Ce^{3+}	+1.72
Co^{3+},Co^{2+}|Pt	$Co^{3+}+e^-$ ══ Co^{2+}	+1.92

由于规定标准电极电势对应的反应均为还原反应，所以若 $E^\ominus$（电极）为正值，如 $E^\ominus(Cu^{2+} \mid Cu) = 0.3400\text{ V}$，则 $\Delta G_m^\ominus(T,\ p)<0$，表示当各反应组分均处在标准态时，电池反应 $Cu^{2+}+H_2(g) \longrightarrow Cu+2H^+$能自发进行，即在该条件下 $H_2(g)$能还原 Cu^{2+}，电池自然放电时，铜电极上实际进行的确为还原反应。相反，若 $E^\ominus$ 为负值，如 $E^\ominus(Zn^{2+} \mid Zn) = -0.7630\text{ V}$，则 $\Delta G_m^\ominus(T,\ p)>0$，表明当各反应组分均处在标准态时，电池反应 $Zn^{2+}+H_2(g) \longrightarrow Zn+2H^+$不能自发进行，即在该条件下，$H_2(g)$不能还原 Zn^{2+}，而其逆反应则能自发进行，也就是说，电池自然放电时，锌电极上实际进行的不是还原反应，而是氧化反应。

由此可见，还原电极电势的高低，反映了电极氧化态物质获得电子变成还原态物质趋向的大小。随电势的升高，氧化态物质获得电子变为还原态物质的能力增强；而反过来，随电势的降低，还原态物质失去电子变成氧化态物质的能力增强。

原电池的电动势是两个电极电势之差，即 $E = E_{右} - E_{左}$，这样计算出的 E 若为正值，则表示在该条件下电池反应能自发进行。

7.7.3 可逆电极电势与浓度的关系

以铜电极为例，将铜电极与标准氢电极组成电池，即

$$\text{Pt},H_2(p_{H_2}=p^\ominus)\,|\,H^+(a_{H^+}=1)\,\|\,Cu^{2+}(a_{Cu^{2+}})\,|\,Cu(s)$$

负极反应：

$$H_2(p_{H_2}=p^{\ominus}) \longrightarrow 2H^+(a_{H^+}=1)+2e^-$$

正极反应：

$$Cu^{2+}(a_{Cu^{2+}})+2e^- \longrightarrow Cu(s)$$

电池反应：

$$H_2(p_{H_2}=p^{\ominus})+Cu^{2+}(a_{Cu^{2+}}) = Cu(s)+2H^+(a_{H^+}=1)$$

根据能斯特公式 $E=E^{\ominus}-\dfrac{RT}{zF}\ln\prod_i a_i^{\nu_i}$，有

$$E=\varphi_{Cu^{2+}/Cu}-\varphi^{\ominus}_{H^+/H_2}=\varphi^{\ominus}{}_{Cu^{2+}/Cu}-\varphi^{\ominus}_{H^+/H_2}-\frac{RT}{2F}\ln\frac{a_{Cu}}{a_{Cu^{2+}}}$$

因 $\varphi^{\ominus}_{H^+/H_2}=0$，所以

$$\varphi_{Cu^{2+}/Cu}=\varphi^{\ominus}{}_{Cu^{2+}/Cu}-\frac{RT}{2F}\ln\frac{a_{Cu}}{a_{Cu^{2+}}}$$

对于电极反应

$$\text{氧化态}+ze^- \longrightarrow \text{还原态}$$

对应有

$$\varphi=\varphi^{\ominus}-\frac{RT}{zF}\ln\frac{a_{\text{还原态}}}{a_{\text{氧化态}}} \qquad (7.7.2)$$

对于电池反应

$$aA+bB+ze^- \longrightarrow cC+dD$$

有

$$E=E^{\ominus}-\frac{RT}{zF}\ln\frac{a_C^c a_D^d}{a_A^a a_B^b} \qquad (7.7.3)$$

式（7.7.2）和式（7.7.3）称为电极反应和电池反应的能斯特方程。

❖ **例 7.7.1** 已知 $\varphi^{\ominus}_{Fe^{2+}/Fe}=-0.4402\ V$，$\varphi^{\ominus}_{Fe^{3+}/Fe^{2+}}=0.770\ V$，求 $\varphi^{\ominus}_{Fe^{3+}/Fe}$。

解：

$$Fe^{2+}+2e^- = Fe \quad \Delta G_1^{\ominus}=-2F\varphi^{\ominus}_{Fe^{2+}/Fe} \qquad (1)$$

$$Fe^{3+}+e^- = Fe^{2+} \quad \Delta G_2^{\ominus}=-F\varphi^{\ominus}_{Fe^{3+}/Fe^{2+}} \qquad (2)$$

（1）+（2），得

$$Fe^{3+}+3e^- = Fe \quad \Delta G_3^{\ominus}=\Delta G_1^{\ominus}+\Delta G_2^{\ominus} \qquad (3)$$

所以

$$-3F\varphi^{\ominus}_{Fe^{3+}/Fe}=-F(2\varphi^{\ominus}_{Fe^{2+}/Fe}+\varphi^{\ominus}_{Fe^{3+}/Fe^{2+}})$$

$$\varphi^{\ominus}_{Fe^{3+}/Fe}=\frac{1}{3}(2\varphi^{\ominus}_{Fe^{2+}/Fe}+\varphi^{\ominus}_{Fe^{3+}/Fe^{2+}})$$

$$=\frac{1}{3}(-2\times0.4402+0.770)V$$

$$=-0.0368\ V$$

7.7.4 浓差电池

以上所讨论的电池，在其电池总反应中都会发生某种化学变化，因此，称这类电池为化学电池。还有一类电池，其电池反应的总结果仅仅是一种物质从高浓度或高压力状态向低浓度或低压力状态变化，称这类电池为浓差电池。浓差电池可分两类：电解质浓差电池和电极浓差电池。现分别讨论如下：

（1）电解质浓差电池

以银-硝酸银浓差电池为例，即

$$\mathrm{Ag(s)}\,|\,\mathrm{AgNO_3}(a_1)\,\|\,\mathrm{AgNO_3}(a_2)\,|\,\mathrm{Ag(s)}$$

负极反应：

$$\mathrm{Ag} \longrightarrow \mathrm{Ag^+}(a_1) + \mathrm{e^-}$$

正极反应：

$$\mathrm{Ag^+}(a_2) + \mathrm{e^-} \longrightarrow \mathrm{Ag}$$

电池反应：

$$\mathrm{Ag^+}(a_2) \longrightarrow \mathrm{Ag^+}(a_1)$$

$$E_\mathrm{c} = E^\ominus - \frac{RT}{F}\ln\frac{a_1}{a_2} = -\frac{RT}{F}\ln\frac{a_1}{a_2}$$

要使反应向右进行，电动势必须为正值。只有 $a_2 > a_1$，电动势才为正值。因此浓差电池反应的结果是浓度大的电解质的浓度变小，浓度小的电解质的浓度变大，直到两个电解质浓度相等为止。

（2）电极浓差电池

以锌汞齐浓差电池为例，即

$$\mathrm{Hg\text{-}Zn}(a_1)\,|\,\mathrm{Zn^{2+}}(a_{\mathrm{Zn^{2+}}})\,|\,\mathrm{Zn}(a_2)\mathrm{\text{-}Hg}$$

负极反应：

$$\mathrm{Zn}(a_1) \longrightarrow \mathrm{Zn^{2+}}(a_{\mathrm{Zn^{2+}}}) + 2\mathrm{e^-}$$

正极反应：

$$\mathrm{Zn^{2+}}(a_{\mathrm{Zn^{2+}}}) + 2\mathrm{e^-} \longrightarrow \mathrm{Zn}(a_2)$$

电池反应：

$$\mathrm{Zn}(a_1) \longrightarrow \mathrm{Zn}(a_2)$$

$$E_\mathrm{c} = E^\ominus - \frac{RT}{2F}\ln\frac{a_2}{a_1} = -\frac{RT}{2F}\ln\frac{a_2}{a_1}$$

7.7.5 可逆电极的种类

可逆原电池实际上由两个半电池组成，可逆半电池又称可逆电极。同可逆电池一样，可逆电极也应具备两个条件：①电极反应是可逆的；②电极在平衡条件下工作。所谓平衡条件就是通过电极的电流是无限小或为 0。可逆电极主要有以下三种类型。

（1）第一类电极

第一类电极由金属、气体或卤素与含有它们的离子的溶液构成。金属电极用符号 $Me^{z+}|Me$ 表示。电极反应为

$$Me^{z+}(a_{Me^{z+}}) + ze^- = Me(s)$$

由于气体不能导电，故气体电极必须有一惰性金属如铂或金等作为电子导电相。气体电极又分对阳离子可逆电极和对阴离子可逆电极。如氢电极就是对阳离子可逆电极，电极符号为 $H^+(a_{H^+})|H_2(p_{H_2}),Pt$，电极反应为

$$H^+(a_{H^+}) + e^- \longrightarrow \frac{1}{2}H_2(p_{H_2})$$

氯电极就是对阴离子可逆电极，电极符号为 $Pt,Cl_2(p_{Cl_2})|Cl^-(a_{Cl^-})$，电极反应为

$$\frac{1}{2}Cl_2(p_{Cl_2}) + e^- \longrightarrow Cl^-(a_{Cl^-})$$

氯电极也是卤素电极，卤素电极还有 $Pt,I_2|I^-$ 和 $Pt,Br_2|Br^-$ 等。

（2）第二类电极

第二类电极是指沉积物电极，即难溶盐电极和金属氧化物电极。

① 难溶盐电极。它是在金属表面上覆盖一层该金属的难溶盐，然后将其浸入含该难溶盐的阴离子的溶液中而构成的。最常用的有银-氯化银电极和甘汞电极。银-氯化银电极的电极符号为 $Cl^-(a_{Cl^-})|Ag(s),AgCl(s)$，电极反应为

$$AgCl(s) + e^- = Ag(s) + Cl^-(a_{Cl^-})$$

甘汞电极的电极符号为

$$Cl^-(a_{Cl^-})|Hg(l),Hg_2Cl_2(s)$$

电极反应为

$$Hg_2Cl_2(s) + 2e^- = 2Hg(l) + 2Cl^-(a_{Cl^-})$$

由于 KCl 溶液浓度不同，甘汞电极的电极电势也不同，常用以下三种 KCl 溶液浓度的甘汞电极，它们在 298 K 下相对于标准氢电极的电极电势如表 7.7.2 所示。

表 7.7.2　不同浓度 KCl 溶液中甘汞电极的电极电势

$c_{KCl}/(mol\cdot L^{-1})$	0.1	1.0	饱和 KCl 溶液
$\varphi_{甘}/V$	0.3337	0.2801	0.2412

以标准氢电极作为基准电极测量其他电极的电极电势时，在正常情况下，这些电极电势可以测得很准（±0.000001 V）。但标准氢电极使用条件非常苛刻，如溶液中不能含氧化剂，也不能含有汞及砷，同时对氢的纯度要求也很高。因此实际上不常用标准氢电极直接作为基准电极，而是用甘汞电极直接作为基准电极，甘汞电极称为第二基准电极。甘汞电极是完全可逆的，它相对于标准氢电极的电极电势可以精确测定，并且十分稳定。甘汞电极制备容易，

使用条件也不苛刻。

② 金属氧化物电极。它是在金属上面覆盖一层该金属的氧化物，然后将其浸入含有 H^+ 的溶液中所构成的。如锑-氧化锑电极，其电极符号为 $H^+ | Sb_2O_3(s), Sb(s)$，电极反应为

$$Sb_2O_3(s) + 6H^+(a_{H^+}) + 6e^- \rightleftharpoons 2Sb(s) + 3H_2O$$

（3）第三类电极（氧化-还原电极）

这种电极是由惰性金属（如铂丝）插在含有两种价态的同种离子的溶液中所构成的，惰性金属只起导电的作用。如铁离子氧化-还原电极，其电极符号为 $Fe^{3+}(a_1), Fe^{2+}(a_2) | Pt$，电极反应为

$$Fe^{3+}(a_1) + e^- \longrightarrow Fe^{2+}(a_2)$$

醌氢醌电极是对 H^+可逆的氧化还原电极。

7.7.6 液体接界电势的计算和消除

（1）液体接界电势的计算

设有一浓差电池($a' > a$)，即

$$Pt, H_2(p^{\ominus}) | HCl(a) | HCl(a') | H_2(p^{\ominus}), Pt$$

其电极电池反应为

负极反应：

$$H_2(p^{\ominus}) \longrightarrow 2H^+(a_+) + 2e^-$$

正极反应：

$$2H^+(a'_+) + 2e^- \longrightarrow H_2(p^{\ominus})$$

总反应：

$$H^+(a'_+) \longrightarrow H^+(a_+) \text{（向左扩散）}$$

其浓差电势为

$$E_c = \frac{RT}{F} \ln \frac{a'_+}{a_+}$$

设离子的活度等于其平均活度，则

$$E_c = \frac{RT}{F} \ln \frac{a'_\pm}{a_\pm} > 0$$

当电池通过 1 F 电量时，有

$$t_+ H^+(a_+) \longrightarrow t_+ H^+(a'_+) \quad \text{（向阴极迁移）}$$

$$t_- Cl^-(a'_-) \longrightarrow t_- Cl^-(a_-) \quad \text{（向阳极迁移）}$$

$$\Delta G = -E_j F = t_+ RT \ln \frac{a'_+}{a_+} + t_- RT \ln \frac{a_-}{a'_-}$$

$$E_j = -t_+ \frac{RT}{F} \ln \frac{a'_+}{a_+} + t_- \frac{RT}{F} \ln \frac{a'_-}{a_-}$$

设离子的活度等于其平均活度，则

$$E_{\mathrm{j}} = (t_- - t_+)\frac{RT}{F}\ln\frac{a'_\pm}{a_\pm}$$

$$= -(1-2t_-)\frac{RT}{F}\ln\frac{a'_\pm}{a_\pm} < 0$$

可见，接界电势和浓差电势相反。若 $t_- = t_+$，则 $E_{\mathrm{j}} = 0$。

（2）液体接界电势的消除

有液体接界电势的电池在液体接界面上存在着浓差扩散，而浓差扩散是不可逆的，所以在这种情况下测得的电动势并不是可逆电动势。这种包含液体接界电势的电动势很难重复，因此在实际工作中，如果不能完全避免两溶液的接触，也一定要设法将液体接界电势减少到可以忽略的程度，最常用的方法是在两个溶液之间插入一个盐桥，以代替原来两个溶液直接接触，如图 7.7.2 所示。U 形管内装满了正、负离子速率相近的电解质溶液（用琼胶固定），常用的是浓 KCl 溶液。在盐桥和两溶液的接界处，因为 KCl 的浓度远大于两侧溶液中电解质的浓度，所以接界处主要是 K^+和 Cl^-同时向溶液扩散。又因 K^+和 Cl^-速率相近，迁移数几乎相等，这样 E_{j} 的值接近 0。若电池中含有能与盐桥中电解质发生反应或生成沉淀的离子，如含有 Ag^+、Hg_2^{2+} 等，就不能用 KCl 溶液作盐桥，而要改用 NH_4NO_3 或 KNO_3 溶液作盐桥。由于盐桥中电解质浓度不断减少，所以盐桥应定期更换。

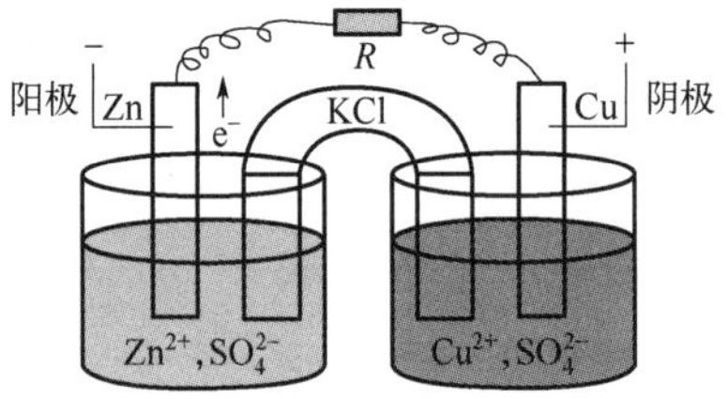

图 7.7.2　盐桥示意图

盐桥只能使液体接界电势降至一定程度，并不能完全消除液体接界电势。若用两个电池反向串联，则可达到完全消除液体接界电势的目的。如取两个不同 HCl 浓度电池

$$\mathrm{Pt, H_2}(p_{\mathrm{H_2}})\,|\,\mathrm{HCl}(a_\pm)\,|\,\mathrm{AgCl(s), Ag}$$

使它们反向串联，得

$$\mathrm{Ag, AgCl(s)}|\mathrm{HCl}(a_\pm)|\mathrm{H_2}(p_{\mathrm{H_2}}),\mathrm{Pt - Pt, H_2}(p_{\mathrm{H_2}})|\mathrm{HCl}(a'_\pm)|\mathrm{AgCl(s), Ag}$$

左边的电池反应为

$$\mathrm{Ag + HCl}(a_\pm) \longrightarrow \mathrm{AgCl(s)} + \frac{1}{2}\mathrm{H_2}$$

右边的电池反应为

$$\mathrm{AgCl(s)} + \frac{1}{2}\mathrm{H_2} \longrightarrow \mathrm{Ag + HCl}(a'_\pm)$$

串联电池总反应为

$$\mathrm{HCl}(a) \longrightarrow \mathrm{HCl}(a')$$

串联电池电动势为

$$E = E_{\mathrm{c}} = -\frac{2RT}{F}\ln\frac{a'_\pm}{a_\pm}$$

7.7.7 电动势测定的应用

（1）标准电极电势的测定

对于如下电池

$$\mathrm{Pt,H_2}(p^\ominus)\,|\,\mathrm{HCl}(b)\,|\,\mathrm{Hg_2Cl_2(s),Hg(l)}$$

电池反应为

$$\mathrm{H_2}(p^\ominus)+\mathrm{Hg_2Cl_2(s)}\longrightarrow 2\mathrm{HCl}(b)+2\mathrm{Hg(l)}$$

其电动势为

$$\begin{aligned}E&=E^\ominus-\frac{RT}{2F}\ln a_{\mathrm{HCl}}^2\\&=E^\ominus-\frac{RT}{F}\ln a_{\mathrm{HCl}}\\&=E^\ominus-\frac{2RT}{F}\ln a_\pm\\&=E^\ominus-\frac{2RT}{F}\ln\gamma_\pm-\frac{2RT}{F}\ln\frac{b_\pm}{b^\ominus}\\&=E^\ominus-\frac{2RT}{F}\ln\gamma_\pm-\frac{2RT}{F}\ln\frac{b}{b^\ominus}\end{aligned}\tag{7.7.4}$$

由上式知，如果E、$E^\ominus$和b已知，则可求出$\gamma_\pm$。如果$E^\ominus$未知，则可用下面的方法求出$E^\ominus$。将式（7.7.4）改写为

$$E+\frac{2RT}{F}\ln\frac{b}{b^\ominus}=E^\ominus-\frac{2RT}{F}\ln\gamma_\pm\tag{7.7.5}$$

对于稀的水溶液，有

$$\ln\gamma_\pm=-A\,|z_+z_-|\sqrt{I}=-0.509\sqrt{\mathrm{kg\cdot mol^{-1}}}\ \sqrt{b}$$

式中，$I=\frac{1}{2}\sum_i b_iz_i^2$。298 K 时，将其代入式（7.7.5），得

$$E+0.1183\ \mathrm{V}\lg\frac{b}{b^\ominus}=E^\ominus+0.0602\ \mathrm{V}\sqrt{\mathrm{kg\cdot mol^{-1}}}\sqrt{b}$$

以$E+0.1183\ \mathrm{V}\lg\frac{b}{b^\ominus}$为纵坐标，$\sqrt{b}$为横坐标作图，得图 7.7.3。由图可求得$E^\ominus$，从而可求得各浓度下的$\gamma_\pm$。

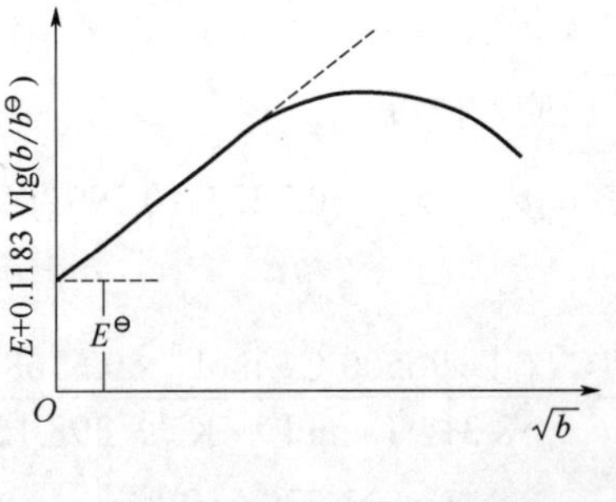

图 7.7.3 电动势测定求$E^\ominus$和平均活度系数

（2）难溶盐溶度积的测定

难溶盐的溶度积可通过将难溶盐的溶解反应设计成电池反应来求得，这样的电池由一个金属电极和该金属的难溶盐电极组成，金属电极作负极，难溶盐电极作正极。

❖ **例 7.7.2** 298.2 K 时测得电池：Ag(s) | AgCl(s) | HCl(aq) | Cl_2(g, $p^{\ominus}$) | Pt 的电动势 E 为 1.1372 V，在此温度下 $E^{\ominus}(Cl^-/Cl_2)$= 1.3595 V，$E^{\ominus}(Ag^+/Ag)$=0.7991 V，试求 AgCl 的活度积。

解：所给电池的电池反应为

阳极反应：

$$\text{Ag（s）+Cl}^-\text{（aq）}\longrightarrow\text{AgCl（s）+e}^-$$

阴极反应：

$$\frac{1}{2}\text{Cl}_2\text{（g, }p^{\ominus}\text{）+e}^-\longrightarrow\text{Cl}^-\text{（aq）}$$

总反应：

$$\text{Ag（s）+}\frac{1}{2}\text{Cl}_2\text{（g, }p^{\ominus}\text{）}\longrightarrow\text{AgCl（s）}$$

电池的电动势为

$$E = E^{\ominus} = E^{\ominus}(\text{Cl}^-/\text{Cl}_2) - E^{\ominus}(\text{Cl}^-/\text{AgCl, Ag})$$

$$E^{\ominus}(\text{Cl}^-/\text{AgCl, Ag}) = E^{\ominus}(\text{Cl}^-/\text{Cl}_2) - E^{\ominus} = 1.3595\ \text{V} - 1.1372\ \text{V} = 0.2223\ \text{V}$$

AgCl 的溶解反应为

$$\text{AgCl(s)} = \text{Ag}^+(a_+) + \text{Cl}^-(a_-)$$

AgCl 的溶度积为

$$K_{sp} = a_+ a_-$$

设计如下电池：

$$\text{Ag(s)} \mid \text{Ag}^+(a_+) \| \text{Cl}^-(a_-) \mid \text{AgCl(s), Ag(s)}$$

负极反应：

$$\text{Ag(s)} \longrightarrow \text{Ag}^+(a_+) + \text{e}^-$$

正极反应：

$$\text{AgCl(s)} + \text{e}^- \longrightarrow \text{Ag(s)} + \text{Cl}^-(a_-)$$

电池反应：

$$\text{AgCl(s)} = \text{Ag}^+(a_+) + \text{Cl}^-(a_-)$$

这就是上述 AgCl 的溶解反应。所以

$$\frac{RT}{zF}\ln K_{sp} = E^{\ominus} = \varphi_+^{\ominus} - \varphi_-^{\ominus} = (0.2223 - 0.7991)\ \text{V} = -0.5768\ \text{V}$$

所以

$$\ln K_{sp} = \frac{zFE^{\ominus}}{RT} = -\frac{1\times 96500\ \text{C}\cdot\text{mol}^{-1}\times 0.5768\ \text{V}}{8.314\ \text{J}\cdot\text{mol}^{-1}\cdot\text{K}^{-1}\times 298.15\ \text{K}} = -22.455$$

$$K_{sp} = 1.770\times 10^{-10}$$

❖ 例 7.7.3 已知 298 K 下

$$\mathrm{Pt}\,|\,\mathrm{H_2}(\mathrm{g},\ p^{\ominus})\,|\,\mathrm{NaOH(aq)}\,|\,\mathrm{HgO(s)}\,|\,\mathrm{Hg(l)} \qquad E^{\ominus}=0.926\ \mathrm{V}$$

$$\mathrm{H_2(g)}+0.5\,\mathrm{O_2(g)} = \mathrm{H_2O(l)} \qquad \Delta H^{\ominus} = -285.8\ \mathrm{kJ\cdot mol^{-1}}$$

各物质的标准熵：$H_2(g)$，130.68 J·mol^{-1}·K^{-1}；$O_2(g)$，205.14 J·mol^{-1}·K^{-1}；$H_2O(l)$，69.91 J·mol^{-1}·K^{-1}。试求 298.15 K 时 HgO(s)的分解压力。

解：所给电池的电池反应为

阳极反应：

$$\mathrm{H_2(g)} + 2\mathrm{OH^-} \longrightarrow 2\mathrm{H_2O(l)} + 2\mathrm{e^-}$$

阴极反应：

$$\mathrm{HgO(s)} + \mathrm{H_2O(l)} + 2\mathrm{e^-} \longrightarrow \mathrm{Hg(l)} + 2\mathrm{OH^-}$$

总反应：

$$\mathrm{H_2(g)} + \mathrm{HgO(s)} \longrightarrow \mathrm{H_2O(l)} + \mathrm{Hg(l)} \tag{1}$$

而

$$\mathrm{H_2(g)} + \frac{1}{2}\mathrm{O_2(g)} \longrightarrow \mathrm{H_2O(l)} \tag{2}$$

(1)–(2)得

$$\mathrm{HgO(s)} \longrightarrow \mathrm{Hg(l)} + \frac{1}{2}\mathrm{O_2(g)} \tag{3}$$

则

$$\Delta_r G_3^{\ominus} = \Delta_r G_1^{\ominus} - \Delta_r G_2^{\ominus}$$

因

$$\Delta_r G_1^{\ominus} = -zE^{\ominus}F = -2\times 0.926\ \mathrm{V}\times 96500\ \mathrm{C\cdot mol^{-1}} = -178.7\ \mathrm{kJ\cdot mol^{-1}}$$

$$\begin{aligned}\Delta_r G_2^{\ominus} &= \Delta_r H_2^{\ominus} - T\Delta_r S_2^{\ominus}\\ &= -285.8\ \mathrm{kJ\cdot mol^{-1}} - 298.15\ \mathrm{K}\times(69.91-130.68-0.5\times 205.14)\times 10^{-3}\ \mathrm{kJ\cdot mol^{-1}\cdot K^{-1}}\\ &= -237.1\ \mathrm{kJ\cdot mol^{-1}}\end{aligned}$$

则

$$\Delta_r G_3^{\ominus} = \Delta_r G_1^{\ominus} - \Delta_r G_2^{\ominus} = -178.7\ \mathrm{kJ\cdot mol^{-1}} + 237.1\ \mathrm{kJ\cdot mol^{-1}} = 58.4\ \mathrm{kJ\cdot mol^{-1}}$$

又因

$$\Delta_r G_3^{\ominus} = -RT\ln K_p^{\ominus} = -RT\ln(p_{\mathrm{O_2}}/p^{\ominus})^{1/2}$$

则

$$\ln(p_{\mathrm{O_2}}/p^{\ominus}) = -\frac{58.4\ \mathrm{kJ\cdot mol^{-1}}\times 2}{8.314\ \mathrm{J\cdot mol^{-1}\cdot K^{-1}}\times 298\ \mathrm{K}} = -47.14$$

$$p_{\mathrm{O_2}}/p^{\ominus} = 3.436\times 10^{-21}$$

$$p_{\mathrm{O_2}} = 3.48\times 10^{-16}\ \mathrm{Pa}$$

（3）溶液 pH 值的测定

要测定某一溶液的 pH 值，原则上可用氢电极和甘汞电极构成如下电池：

$$\text{Pt}, H_2(p^{\ominus})\mid \text{待测溶液(pH)}\mid \text{甘汞电极}$$

在一定温度下测定该电池的电动势，就能求出溶液的 pH 值。氢电极对 pH 值从 0～14 的溶液都适用，但实际应用起来却有许多不便之处。例如，氢气要很纯且需维持一定的压力；溶液中不能有氧化剂，也不能有汞和砷。因此实际应用使用醌氢醌电极，醌氢醌电极制作非常简单，只需在待测溶液中加入少量醌氢醌，搅拌，然后插入金属铂电极即可。醌氢醌在水中的溶解度很小（在 298 K 时饱和溶液浓度约为 0.005 mol・L^{-1}），易于达到平衡。醌氢醌是等分子醌和氢醌的化合物，为绿色晶体，它在水中的分解反应式为

$$C_6H_4O_2C_6H_4(OH)_2 = C_6H_4O_2 + C_6H_4(OH)_2$$

醌氢醌在电极上发生的氧化还原反应为

$$C_6H_4O_2 + 2H^+ + 2e^- \longrightarrow C_6H_4(OH)_2$$

其电极电势为

$$\varphi = \varphi^{\ominus} - \frac{RT}{2F}\ln\frac{a_{\text{氢醌}}}{a_{\text{醌}}a_{H^+}^2}$$

在稀溶液中，活度等于浓度，且醌和氢醌的浓度相等，所以在 298 K 上式成为

$$\varphi = \varphi^{\ominus} - \frac{RT}{F}\ln\frac{1}{a_{H^+}} = 0.6994\ \text{V} - 0.05916\ \text{V}\times \text{pH}$$

将醌氢醌电极与饱和甘汞电极构成电池，即

饱和甘汞电极 || 醌氢醌电极（pH＜7.1）

该电池的电动势为

$$E = \varphi_{\text{右}} - \varphi_{\text{左}} = 0.6994\ \text{V} - 0.05916\ \text{V}\times \text{pH} - 0.2412\ \text{V}$$

$$\text{pH} = \frac{0.4194\ \text{V} - E}{0.05916\ \text{V}} \qquad (\text{pH}<7.1)$$

当 pH＞7.1 时，醌氢醌电极应放在左边，这时上面的公式成为

$$\text{pH} = \frac{0.4194\ \text{V} + E}{0.05916\ \text{V}} \quad (\text{pH}>7.1)$$

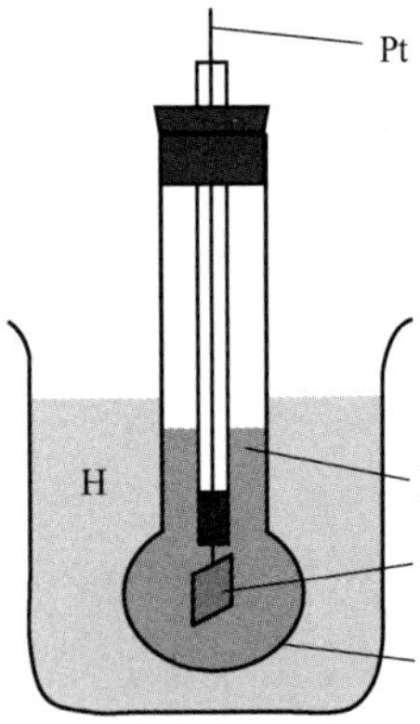

图 7.7.4　玻璃电极示意图

醌氢醌电极制备容易，使用方便，但不能用于 pH>8.5 的碱性溶液中，因此时氢醌大量解离，醌和氢醌的浓度相等的条件不再成立，且此时氢醌容易被氧气氧化。醌氢醌电极也不能用于对铂丝有害的物质如砷等溶液中。

玻璃电极也常用作测定溶液 pH 时的指示电极，它实质上是一种氢离子选择电极。常用的玻璃电极的一端为球状的敏感玻璃膜，其组成为 72% SiO_2、6.5% CaO 和 21.5% Na_2O。管内装有 0.1 mol・kg^{-1} HCl 溶液和 Ag-AgCl 电极(称内参比电极)，使用范围为 pH=1～9，如图 7.7.4 所示。玻璃电极具有可逆性电极的特性。测量溶液的 pH 值时，将玻璃电极和饱和甘汞电极构成如下电池：

$$\text{Ag, AgCl(s)} \mid \text{HCl}(0.1\ \text{mol}\cdot\text{kg}^{-1}) \,\vdots\, \text{待测溶液 pH}(x) \mid \text{饱和甘汞电极}$$

敏感玻璃膜（有膜电势）

膜电势产生的机理尚不清楚，可能是膜和离子发生离子交换的结果。电极反应为

$$\text{Ag} + \text{Cl}^-(0.1\ \text{mol}\cdot\text{kg}^{-1}) \longrightarrow \text{AgCl} + \text{e}^-$$

$$\text{H}^+(0.1\ \text{mol}\cdot\text{kg}^{-1}) \longrightarrow (\text{玻璃膜}) \longrightarrow \text{H}^+(a_{\text{H}^+})$$

$$\frac{1}{2}\text{Hg}_2\text{Cl}_2 + \text{e}^- \longrightarrow \text{Hg} + \text{Cl}^-\ \text{（饱和）}$$

电池反应为

$$\text{Ag} + \frac{1}{2}\text{Hg}_2\text{Cl}_2 + \text{HCl}(0.1\ \text{mol}\cdot\text{kg}^{-1}) \longrightarrow \text{AgCl} + \text{Hg} + \text{H}^+(a_{\text{H}^+}) + \text{Cl}^-\ \text{（饱和）}$$

$$E = \varphi_{\text{甘}} - \varphi_{\text{玻}} = \varphi_{\text{甘}} - \varphi_{\text{玻}}^{\ominus} - \frac{RT}{F}\ln\frac{a_{\text{H}^+}}{a_{\text{HCl,玻}}}$$

或

$$E = C + \frac{RT}{F}\ln\frac{1}{a_{\text{H}^+}} = C + D\text{pH}$$

常数 C 由 pH 值已知的溶液求出。玻璃电极不受待测溶液中的氧化剂、还原剂和某些毒物的影响，操作简便，还能测定较高的 pH 值，故应用广泛。其缺点是玻璃膜容易弄破。

7.8 电极过程

基础电化学分三个部分：电解质溶液、可逆电池的电动势、电解与极化。电解与极化是从电极过程动力学中抽出来的一些基本知识，所以又称为电极过程。它主要是研究电化学反应的速率与机理。

可逆电池的电动势讨论的是可逆过程，可逆过程要求：①电池反应必须可逆；②充放电时，电池通过的电流无限小。当 $i \to 0$ 时，电池或电极处于平衡状态。

实际过程中，无论是电解池中的电解过程（熔盐电解制 Al、Cu 的电解精炼、Zn 的电沉积）还是原电池中的放电过程，$i \neq 0$，均有一定电流通过，电极反应以一定速率进行，这种情况下，电极电势会偏离其平衡值，这种现象称为极化，是一个不可逆的过程。这一整个过程被称为电极过程。

对于实际过程，电解过程指电解池，放电过程指原电池。研究电极过程具有重大意义，主要体现在降低槽电压、降低能耗、减小极化、提高电池寿命。

本节研究电极过程的速率问题及影响速率的因素（电极过程动力学）。

均相化学反应的速率主要与温度、反应物浓度和催化剂有关，多相反应的速率还与反应物表面状况有关，而电化学反应的速率除上述因素外与电极电势有关。在两电极之间施加的电压越高，电极反应速率越大。因此有时又把这种现象称为电催化。

7.8.1 电极过程中的基本反应步骤及特征

（1）基本反应步骤

以电子导体（电极）为固相、离子导体（电解质）为液相为例。

① 反应物（反应离子）向电极表面扩散——液相中的传质，称为浓差极化。

② 反应物（反应离子）在电极表面发生某种转化，如吸附、化学反应——“前置”表面转化步骤。

③ 反应物（反应离子）在电极表面发生氧化或还原，生成产物——电化学反应，称为电化学极化。

④ 产物在电极表面发生转化，如脱附、化学反应——“随后”表面转化。

⑤ 产物生成新相或由电极表面向溶液本体转移——液相中的传质，称为浓差极化。

步骤①、③、⑤一定存在，步骤②、④有时不存在。

以上步骤都是串联而成的。如果其中某一个步骤较慢，则它就成了反应的控制步骤。对同一个电极反应，反应条件如电极电势的变化会引起控制步骤的变化。

（2）特征

① 电极电势对电极反应速率有很大影响（重点研究），因为发生了电极反应。

② 电极表面是反应场所，同时又起催化作用，因此电极过程属多相催化反应。

7.8.2 电极反应速率的表示

若通过电解池的电流为I，则在时间t内电极上发生反应的物质的物质的量$n=\dfrac{It}{zF}$，将其微分并除电极面积A（以符号r表示），得

$$r=\frac{\mathrm{d}n}{A\mathrm{d}t}=\frac{I}{zFA}=\frac{i}{zF} \tag{7.8.1}$$

式中，r为电极反应的速率；i为电流密度。由于r和i成正比，所以通常用i表示电极反应的速率。可见，电极反应的速率可根据实际情况改变。

7.8.3 极化现象

电极处于平衡状态下的电势称为可逆电势或平衡电势，它就是式（7.8.2）所示电极反应达到平衡时的电势。

$$M^{z+}+ze^- \underset{i_a}{\overset{i_c}{\rightleftharpoons}} M \tag{7.8.2}$$

式中，i_c为还原反应的速率；i_a为氧化反应的速率。电极平衡时，$i_c=i_a=i^0$，此时电极无净电流通过，$i_{净}=0$。i^0称为交换电流密度。当$i_c\neq i_a$时，电极偏离平衡态，对应的电极电势为不可逆电极电势，或极化电势。此时电极有净电流$i_{净}=|i_c-i_a|$通过。不可逆电势与电流大小有关。$i_c>i_a$为阴极过程，$i_c<i_a$为阳极过程。

若电极上同时进行着两个或两个以上的反应，这时外电流为0的电势就不能称可逆电势或平衡电势，通常称之为混合电势。混合电势也是一类不可逆电势。如锌和硫酸锌溶液构成

的锌电极，在电极上除有反应 $Zn^{2+}+2e^- \underset{i_a}{\overset{i_c}{\rightleftharpoons}} Zn$ 外，还有杂质反应 $H^+ + e^- \underset{i_a'}{\overset{i_c'}{\rightleftharpoons}} \frac{1}{2}H_2$，此时若 $i_c + i_c' = i_a + i_a'$，而 $i_c \neq i_a$、$i_c' \neq i_a'$，则虽表观上电流为 0，但锌电极却有锌溶解的净反应。锌溶解放出的电子把氢离子还原成氢气。当锌电极反应的交换电流密度比氢在锌电极上的交换电流密度大得多时，氢的反应可忽略，此时的混合电势可近似地认为是锌电极的平衡电势。

电极有电流通过时，其电极电势偏离平衡电势的行为称为极化现象。在实际电化学过程中，有分解电压、析出电势与溶解电势。

7.8.4 分解电压

在电解池中使电解质显著地进行电解所需的最小外加电压称为该电解质的分解电压。分解电压不仅与电解质的浓度、温度、电解质和溶剂的种类有关，还与电极材料的本性有关。以铂极电解 $1\ mol \cdot L^{-1}$ 硫酸水溶液为例（见图 7.8.1）。

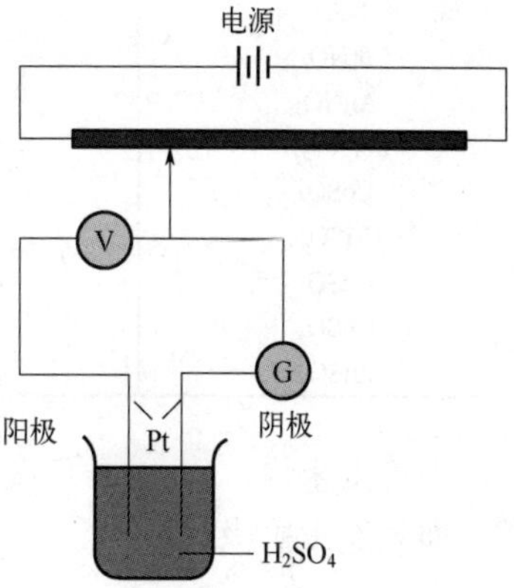

图 7.8.1　铂电极电解硫酸

阳极(正极)：

$$H_2O \longrightarrow 2H^+ + \frac{1}{2}O_2 + 2e^- \qquad \varphi^{\ominus} = 1.229\ V$$

阴极(负极)：

$$2H^+ + 2e^- \longrightarrow H_2 \qquad \varphi^{\ominus} = 0\ V$$

电池反应为

$$H_2O \longrightarrow H_2 + \frac{1}{2}O_2 \qquad E^{\ominus} = 1.229\ V$$

电动势为

$$E = 1.229\ V + \frac{RT}{2F}\ln\frac{p_{H_2}p_{O_2}^{1/2}}{(p^{\ominus})^{\frac{3}{2}}}$$

因电池反应是电解反应的逆反应，所以使用能斯特方程时，应把电解反应颠倒过来。电解电流与外加电压的关系如图 7.8.2 所示。开始时，U 小，I 小，p_{H_2}、p_{O_2} 小于大气压，H_2 和 O_2 不逸出，扩散至溶液。a_{H_2} 及 a_{O_2} 小，E_b 即反电动势小。微小的电流使电极产物得到补充。

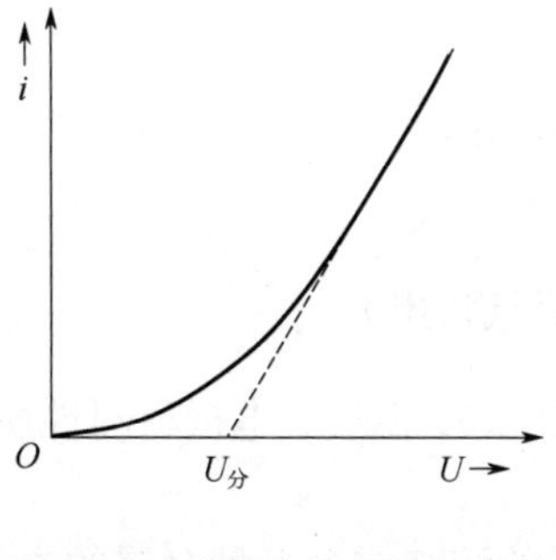

图 7.8.2　电解电流与外加电压

随着电压的增大，p_{H_2} 和 p_{O_2} 增大，E_b 增大。当 p_{H_2} 和 p_{O_2} 增大到一个大气压时，E_b 达到最大值，即 $E_{b,\max}$=1.229 V。因 p_{H_2} 和 p_{O_2} 不能再增加，再增加外加电压只增加溶液的电位降，而反电动势不变。$U_{外} - E_{b,\max} = IR$，为线性段。当 $E_{b,\max} = U_{分}$ 时，若外加电压进一步增大，电解就显著进行，随后电流和电压几乎呈直线关系。将此直线反向延长，与横轴的交点定义为分解电压。表 7.8.1 列出了一些电解质溶液的分解电压数据。分解电压的物理意义不太明确，其数值也较难确定，但它有一定的实际用途。

表 7.8.1　$1\ mol \cdot L^{-1}$ 电解质的分解电压

电解质	电解生成物	实测分解电压/V	理论分解电压/V
HNO_3	O_2+H_2	1.69	1.229
H_2SO_4	O_2+H_2	1.67	1.229
$NaOH$	O_2+H_2	1.69	1.229
KOH	O_2+H_2	1.67	1.229
HCl	H_2+Cl_2	1.31	1.37
HI	H_2+I_2	0.52	0.55
$NiCl_2$	$Ni+Cl_2$	1.85	1.64
$Cd(NO_3)_2$	$Cd+O_2$	1.98	1.25
$AgNO_3$	$Ag+O_2$	0.70	0.04
$Pb(NO_3)_2$	$Pb+O_2$	1.52	0.96
$CoSO_4$	$Co+O_2$	1.92	1.14
$NiSO_4$	$Ni+O_2$	2.09	1.10
$CdSO_4$	$Cd+O_2$	2.03	1.26
$CuSO_4$	$Cu+O_2$	1.49	0.51
$ZnSO_4$	$Zn+O_2$	2.55	1.60

理论上来说，$E_{b,\max}=E_{可逆}=E^{\ominus}$；实际上，$U_{分}=1.7\ V$。原因是阴、阳极不是处于平衡状态，而是发生了极化。

7.8.5　析出电势和溶解电势

电极电势必须极化到一定的数值，电极反应才会进行。当电解电流增大时，阴极电势降低，阳极电势升高。阴极电势越低，金属或氢气析出速率越大。阳极电势越高，金属溶解或氧气析出速率越大。某物质在阴极显著析出所需要的最高电势称为该物质的析出电势。某物质在阳极显著溶解所需要的最低电势称为该物质的溶解电势。

理论析出电势和溶解电势应等于可逆电极电势。实际析出电势高的物质优先析出，实际溶解电势低的物质优先溶解。

利用析出电势可将不同的金属分开。如 Cu^{2+}析出电势高，Zn^{2+}析出电势低，Cu 优先析出。要将两种金属分开，它们的析出电势差应在 0.2 V 以上。

阴极反应：

$$Me^{z+}+ze^{-}\longrightarrow Me \qquad （金属析出）$$

$$2H^{+}+2e^{-}\longrightarrow H_2 \qquad （氢气气体析出）$$

阳极反应：

$$H_2O-2e^{-}\longrightarrow 2H^{+}+\frac{1}{2}O_2 \qquad （氧气析出）$$

它们都与电极反应本性、电极反应的反应物与产物浓度（分压）、温度、电极材料性质、电极极化的难易程度有关。

利用$\varphi_{析出}$或$\varphi_{溶解}$不同，可控制复杂电化学体系（含多种离子的溶液或含多种金属的电极）中先析出或先溶解的物质，以达到分离的目的。

7.8.6　超电势与极化曲线

为了明确表示电极极化的程度，常把极化电势与平衡电势的差称为超电势，用 η 表示，

$\eta = f(i)$。超电势与电极反应本性、i、电极材料性质、电极极化难易程度有关。为了使η保持正值，定义

$$\eta_a = \varphi_a - \varphi_{a,e} \qquad \eta_c = \varphi_{c,e} - \varphi_c \tag{7.8.3}$$

极化电流和极化电势的关系曲线称为极化曲线，如图 7.8.3 和图 7.8.4 所示。

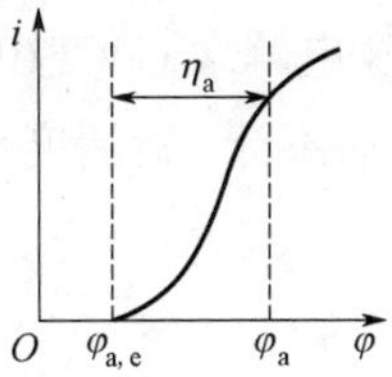

图 7.8.3　阳极极化曲线

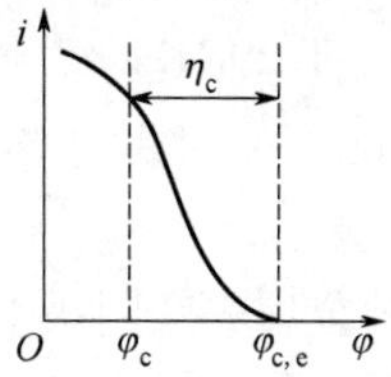

图 7.8.4　阴极极化曲线

7.8.7　电解池与原电池的极化现象

原电池正极为阴极，负极为阳极。所以图 7.8.3 和图 7.8.4 组合成的原电池极化曲线如图 7.8.5 所示。电解池正极为阳极，负极为阴极，组合成电解池极化曲线如图 7.8.6 所示。

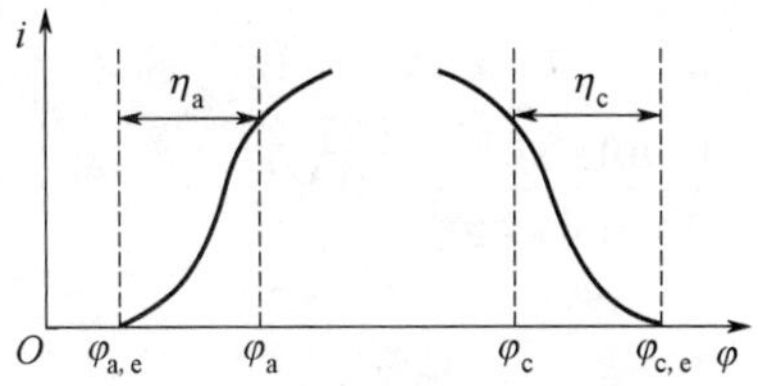

图 7.8.5　原电池极化曲线

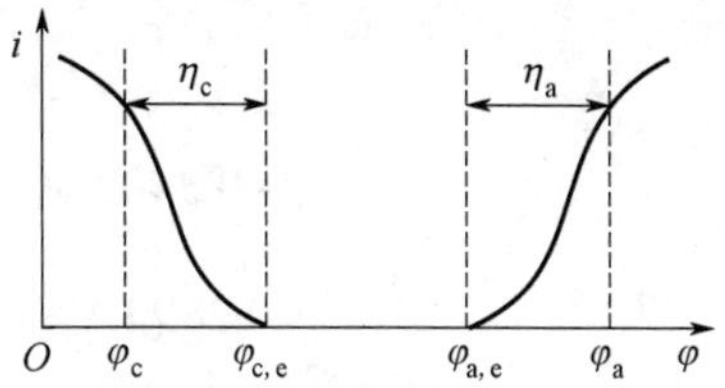

图 7.8.6　电解池极化曲线

根据产生极化的原因，通常简单地把极化分为三类：欧姆极化、浓差极化和电化学极化。相应的超电势分别为欧姆极化超电势、浓差极化超电势和电化学极化超电势。

阴极反应慢，造成负电荷积累，阴极电位负移。阳极反应慢，造成正电荷积累，阳极电位正移。

7.8.8　测定极化曲线的方法

由于二电极系统只能测定电流与电压的关系，为了弄清楚正极和负极分别对电压的影响程度，就必须测量待研究电极的极化曲线，因此建立了三电极系统。

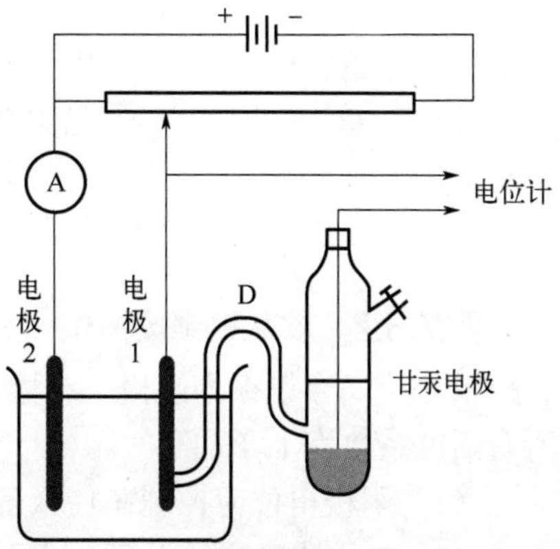

图 7.8.7　三电极系统测电极极化曲线

三电极系统如图 7.8.7 所示，系统由电极 1（研究电极或工作电极）、电极 2（辅助电极或对电极）、甘汞电极（参比电极）构成；D 为鲁金毛细管（用于减少液体接界电势），其与电极 1 接近以减小极化时溶液的欧姆电压降。系统控制研究电极与辅助电极之间有电流通过（电流值由电流表 A 测得），而控制研究电

极与参比电极（参比电极电位稳定）之间没有电流通过，从而由电位计测得它们之间的电位差，得到极化曲线。三电极法是电化学中研究电极过程动力学很重要的方法。

无论在电解池还是在原电池，对于阳极极化曲线，$i\uparrow$，φ向正向移动；对于阴极极化曲线，$i\uparrow$，φ向负向移动。

❖ **例 7.8.1** 在 298 K、$p^{\ominus}$下，以 Pt 为阴极、C(石墨)为阳极，电解含 $CdCl_2(0.01\ mol \cdot kg^{-1})$和 $CuCl_2(0.01\ mol \cdot kg^{-1})$的水溶液。若电解过程中超电压可忽略不计（设活度系数均为 1），试问：

（1）何种金属先在阴极上析出？

（2）当第二种金属析出时，第一种金属在溶液中的浓度为多少？

解：（1）
$$\varphi_{析出,Cd} = \varphi^{\ominus}_{Cd^{2+}/Cd} - \frac{RT}{2F}\ln\frac{a_{Cd}}{a_{Cd^{2+}}} - \eta_{阴,Cd}$$
$$= -0.4026\ V - 0.02958\ V \times \lg\frac{1\ mol \cdot kg^{-1}}{0.01\ mol \cdot kg^{-1}} - 0\ V$$
$$= -0.4618\ V$$
$$\varphi_{析出,Cu} = \varphi^{\ominus}_{Cu^{2+}/Cu} - \frac{RT}{2F}\ln\frac{a_{Cu}}{a_{Cu^{2+}}} - \eta_{阴,Cu}$$
$$= -0.3402\ V - 0.02958\ V \times \lg\frac{1\ mol \cdot kg^{-1}}{0.02\ mol \cdot kg^{-1}} - 0\ V$$
$$= 0.2899\ V$$

电极电势较正优先发生阴极反应，所以 Cu 先析出。

（2）第二种离子 Cd^{2+}析出时，$\varphi_{阴} = \varphi_{析出,Cd} = -0.4618\ V$。

对于 Cu^{2+}，有
$$\varphi_{阴} = \varphi_{析出,Cu} = -0.4618\ V$$
$$= \varphi^{\ominus}_{Cu^{2+}/Cu} - \frac{RT}{2F}\ln\frac{a_{Cu}}{a_{Cu^{2+}}} - \eta_{阴,Cu}$$
$$= 0.3402\ V - 0.02958\ V \times \lg(1/a_{Cu^{2+}}) - 0\ V$$

计算得到，$a_{Cu^{2+}} = 7.71\times10^{-28}\ mol \cdot kg^{-1}$。

可见，Cd^{2+}析出时，Cu^{2+}已完全析出，可以达到 Cd^{2+}、Cu^{2+}分离的目的（只要$\varphi_{析出}$相差足够大）。

❖ **例 7.8.2** 欲从镀银废液中回收金属银，废液中 $AgNO_3$ 的浓度为 $1\times10^{-6}\ mol \cdot kg^{-1}$，还有少量 Cu^{2+}。今以银为阴极、石墨为阳极，用电解法回收银，要求银的回收率达 99%，设所有活度系数为 1。试问：

（1）阴极电位应控制在什么范围？

（2）Cu^{2+}浓度应低于多少才不致使铜和银同时析出？

解：（1）银的回收率达 99%，即溶液中 Ag^+的浓度低至 1×10^{-8} mol • kg^{-1}，则

$$\varphi_{析出,Ag}=\varphi^{\ominus}_{Ag^+/Ag}-\frac{RT}{F}\ln\frac{a_{Ag}}{a_{Ag^+}}-\eta_{阴,Ag}$$

$$=0.7991\ V-0.05916\ V\times\lg\frac{1\ mol\cdot kg^{-1}}{1\times10^{-8}\ mol\cdot kg^{-1}}-0\ V(设超电压为0)$$

$$=0.3258\ V$$

所以阴极电极电势低于 0.3263 V。

（2）若$\varphi_{析出,\ Cu}<\varphi_{析出,\ Ag}$，则 Cu 不析出，故

$$\varphi_{析出,Cu}=\varphi^{\ominus}_{Cu^{2+}/Cu}-\frac{RT}{ZF}\ln\frac{1}{a_{Cu^{2+}}}-\eta_{阴,Cu}<0.3258\ V$$

即

$$0.3402\ V-0.02958\ V\times\frac{1\ mol\cdot kg^{-1}}{m_{Cu^{2+}}}<0.3258\ V$$

$$m_{Cu^{2+}}<0.3260\ mol\cdot kg^{-1}$$

即控制$\varphi_{阴}$在$\varphi_{析出,\ Ag}$和$\varphi_{析出,\ Cu}$之间，即$\varphi_{析出,\ Cu}<\varphi_{阴}<\varphi_{析出,\ Ag}$，可使 Cu 不析出。

7.8.9 氢的析出电势与其对金属自水溶液中电积的影响

（1）氢析出电势

$$2H^+ + 2e^- \rightleftharpoons H_2$$

$$\varphi_{析出,H_2}=\varphi^{\ominus}_{H^+/H_2}-\frac{RT}{2F}\ln\frac{a_{H_2}}{a_{H^+}}-\eta_{阴,H_2}$$

由于$\varphi^{\ominus}_{H^+/H_2}=0$，$a_{H_2}=1$，所以

$$\varphi_{析出,H_2}=-\frac{2.303RT}{F}pH-\eta_{阴,H_2}$$

若 $T=298.15$ K，故

$$\varphi_{析出,H_2}=-0.05916\ pH-\eta_{阴,H_2}$$

1905 年，Tafel 提出了一个经验式，表明阴极析氢过程为电化学极化，即

$$\eta_{阴,H_2}=a+b\lg i\ (b=0.116)$$

电极材料不同，a 不同，因此电极材料分为三类：

① 高超电压电极材料（$a=1.0\sim1.6$）：Pb、Hg、Cd、Zn、Be、Al、Sb。

② 中等超电压电极材料（$a=0.5\sim0.8$）：Fe、Co、Ni、Cu、Mn、Bi、Mo。

③ 低超电压电极材料（$a=0.1\sim0.3$）：Pt、Pd。

（2）氢的析出对金属自水溶液中电积的影响

若$\varphi_{析出,\ Me}>\varphi_{析出,H_2}$，金属电积出来；若$\varphi_{析出,\ Me}<\varphi_{析出,H_2}$，$H_2$ 析出，金属不能电积出来。要使

金属在阴极电积出来一定要控制条件。

❖ **例 7.8.3** 用 Pt 作电极电解 1 mol •L^{-1} $ZnSO_4$ 水溶液，已知η_{H_2}(Pt) =0.024 V，T= 298.15 K。

（1）若溶液为中性，则在 Pt 阴极上析出何物？

（2）在什么条件下，只析出 Zn 而 H_2 不析出？

解：（1） $\varphi_{析出,Zn} = \varphi^{\ominus}_{Zn^{2+}/Zn} - \dfrac{RT}{2F}\ln\dfrac{a_{Zn}}{a_{Zn^{2+}}} - \eta_{阴,Zn}$

已知 $a_{Zn} = 1$，$a_{Zn^{2+}} = 1$。设 i 小，Zn 在 Pt 电极上的析出超电压 $\eta_{阴,Zn} \approx 0$；查标准电极电势表可知 Zn 的析出电势 $\varphi_{析出,Zn} = -0.7628\ V$，则

$$\begin{aligned}\varphi_{析出,H_2} &= -0.05916\ pH - \eta_{阴,H_2}(Pt)\\ &= -0.05916\ V \times 7 - 0.024\ V\\ &= -0.4381\ V\end{aligned}$$

因为$\varphi_{析出,Zn} < \varphi_{析出,H_2}$，所以 H_2 析出。

只要控制φ在−0.76281～−0.438 V 之间，只 H_2 析出，Zn 不析出。

（2）要只析出 Zn 而不析出 H_2，可控制溶液 pH 值。pH 值升高，$\varphi_{析出,H_2}$ 下降。只有 Zn 析出时，有

$$\varphi_{析出,Zn} > \varphi_{析出,H_2}$$

$$-0.7628\ V > -0.05916\ V \times pH - 0.024\ V$$

$$pH > 12.5$$

例如，当 pH=13 时，$\varphi_{析出,Zn} = -0.762\ V$，$\varphi_{析出,H_2} = -0.794\ V$。

实际上，在工业电解中，从 $ZnSO_4$ 水溶液中电沉积出 Zn 是用 Zn 作阴极，或 Zn 在 Pt 电极上析出后变成 Zn 电极。因为 H_2 在 Zn 上的超电势η大，$\eta = 0.70$ V，此时

$$\varphi_{析出,Zn} = -0.7628\ V$$

$$\varphi_{析出,H_2} = -0.05916\ V \times pH - 0.70\ V$$

因此当 pH=7 时，有

$$\varphi_{析出,H_2} = -1.114\ V$$

此时 Zn 析出，即只要将φ控制在−1.114～−0.7628 V 之间，仅 Zn 析出，而 H_2 不析出。

思考

（1）存在多种金属离子时，哪种优先析出？

（2）多种金属离子同时电积时形成合金的条件是什么？

习题

1. 用铂电极电解 $CuSO_4$ 溶液，$M(Cu)$=63.55 g·mol^{-1}。通过的电流为 20 A，经过 15 min 后，求：

（1）在阴极上能析出的 Cu 的质量。

（2）在阳极上能析出 $O_2(g)$（27 ℃、100 kPa）的体积。

答：（1）5.927 g

（2）2.328 dm^3

2. 用银电极电解 $AgNO_3$ 溶液。通电一段时间后，阴极上有 0.078 g 的 Ag(s)析出，阳极区溶液质量为 23.376 g，其中含 $AgNO_3$ 0.236 g。通电前溶液浓度为 1 kg 水中溶有 7.39 g $AgNO_3$。求 Ag^+和 NO_3^- 迁移数。

答：0.47，0.53

3. 已知 25 ℃时 0.02 mol·dm^{-3} KCl 溶液的电导率为 0.2768 S·m^{-1}。在一电导池中充以此溶液，25 ℃时测得其电阻为 453 Ω。在同一电导池中装入同样体积的质量浓度为 0.555 g·dm^{-3} 的 $CaCl_2$ 溶液，测得电阻为 1050 Ω。计算电导池系数、$CaCl_2$ 溶液的电导率、$CaCl_2$ 溶液的摩尔电导率。

答：125.4 m^{-1}，0.1194 S·m^{-1}，0.02388 S·m^2·mol^{-1}

4. 25 ℃时将电导率为 0.141 S·m^{-1} 的 KCl 溶液装入一电导池中，测得其电阻为 525 Ω。在同一电导池中装入 0.1 mol·dm^{-3} 的 NH_3 溶液，测得电阻为 2030 Ω。利用本章所列离子极限摩尔电导率的数据计算 $NH_3·H_2O$ 的解离度 α 及解离常数 K。

答：0.01344，1.834×10^{-5}

5. 在 298 K 时，$BaSO_4$ 的饱和水溶液的电导率为 4.58×10^{-4} S·m^{-1}，所用水的电导率为 1.52×10^{-4} S·m^{-1}。求 $BaSO_4(s)$在水中的解离常数 K_a。已知 298 K 时，$\frac{1}{2}Ba^{2+}$ 和 $\frac{1}{2}SO_4^{2-}$ 的无限稀释摩尔电导率 Λ_m^∞ 分别为 $\Lambda_m^\infty\left(\frac{1}{2}Ba^{2+}\right)=6.36\times10^{-3}\ S\cdot m^2\cdot mol^{-1}$，$\Lambda_m^\infty\left(\frac{1}{2}SO_4^{2-}\right)=7.98\times10^{-3}\ S\cdot m^2\cdot mol^{-1}$。

答：1.14×10^{-10}

6. 已知 NaCl、KNO_3 和 $NaNO_3$ 在稀溶液中的摩尔电导率如下表所示。

物质	NaCl	KNO_3	$NaNO_3$
Λ_m / (10^{-2} S·m^2·mol^{-1})	1.26	1.45	1.21

已知 KCl 溶液中，$t_+\approx t_-$，设在此浓度范围内，摩尔电导率不随浓度而变化，试计算：

（1）以上各种离子的摩尔电导率。

（2）假定用同一电导池测定，测得 0.1 mol·kg^{-1} HCl 溶液的电阻是 0.01 mol·kg^{-1} 的 NaCl 溶液电阻的 1/35，则 HCl 的摩尔电导率为多少？

答：（2）4.41×10^{-2} S·m^2·mol^{-1}

7．在 298 K 时，已知 $PbSO_4(s)$的解离平衡常数$K_a^{\ominus}=1.60\times10^{-8}$，离子的无限稀释摩尔电导率$\Lambda_m^{\infty}$分别为$\Lambda_m^{\infty}\left(\frac{1}{2}Pb^{2+}\right)=7.0\times10^{-3}\ S^2\cdot m^2\cdot mol^{-1}$，$\Lambda_m^{\infty}\left(\frac{1}{2}SO_4^{2-}\right)=7.98\times10^{-3}\ S^2\cdot m^2\cdot mol^{-1}$。在该温度下，水的电导率为$1.60\times10^{-4}\ S\cdot m^{-1}$。请计算 $PbSO_4(s)$饱和溶液的电导率。

答：$3.95\times10^{-1}\ S\cdot m^{-1}$

8．在 298 K 时，已知 AgCl(s)饱和水溶液的质量摩尔浓度为$1.27\times10^{-5}\ mol\cdot kg^{-1}$。

$$AgCl(s) \rightleftharpoons Ag^+(a_1)+Cl^-(a_2)$$

用德拜-休克尔公式计算该饱和溶液的离子平均活度系数$\gamma_{\pm}$和 MgCl(s)解离反应的$\Delta_r G_m^{\ominus}$。已知常数 $A=0.509(mol\cdot kg^{-1})^{1/2}$。

答：$\gamma_{\pm}\approx1$，$\Delta_r G_m^{\ominus}$=55.8 kJ・mol^{-1}

9. 已知 25 ℃时 AgBr 的溶度积 $K_{sp}=4.88\times10^{-13}$，$E^{\ominus}(Ag^+|Ag)=0.7994$ V，$E^{\ominus}[Br_2(l)|Br^-]=1.065$ V。试计算：

（1）25 ℃时，银-溴化银电极的标准电极电势 $E^{\ominus}$[AgBr(s)|Ag]。

（2）25 ℃时，AgBr(s)的标准生成吉布斯函数变。

答：（1）0.071 V

（2）−96.0 kJ・mol^{-1}

10．将反应 $Ag(s)+\frac{1}{2}Cl_2(g,\ p^{\ominus})$ ══ AgCl(s)设计成原电池，已知 298 K 时 AgCl(s)的$\Delta_f G_m^{\ominus}$=−109.8 kJ・mol^{-1}、$\Delta_f H_m^{\ominus}$=−127.1 kJ・mol^{-1}，在此温度下 $E^{\ominus}(Cl^-/Cl_2)$=1.3595 V，$E^{\ominus}(Ag^+/Ag)$ = 0.7991 V。

（1）写出电极反应和电池反应图示。

（2）计算 298 K 电池可逆放电的热效应及不以原电池进行的化学反应的热效应。

（3）求 298 K 时 AgCl 的活度积。

答：（1）$Ag(s)|AgCl(s)|HCl(aq)|Cl_2(g,p^{\ominus})|Pt$

（2）−34.56 kJ

（3）1.605×10^{-10}

11．下列反应在原电池中进行：$Pb+2Ag^+(a_1=0.01)$ ══ $Pb^{2+}(a_2=0.02)+2Ag$。已知 25 ℃时 $E^{\ominus}(Pb^{2+}/Pb)=-0.1264$ V，$E^{\ominus}(Ag^+/Ag)=0.7991$ V，$(\partial E/\partial T)_p=1.5\times10^{-4}$ V・K^{-1}。

（1）写出电极反应和原电池符号表示式。

（2）计算 25 ℃时的电池反应的 E、$\Delta_r G$、$\Delta_r H$、$\Delta_r S$。

（3）求同一反应不安排在电池中进行时的恒压热效应。

答：（1）阳极：$Pb-2e^- \longrightarrow Pb^{2+}(a_2=0.02)$

阴极：$2Ag^+(a_1=0.01)+2e^- \longrightarrow 2Ag$

原电池符号：$Pb\,|\,Pb^{2+}(a_2=0.02)\,||\,Ag^+(a_1=0.01)\,|\,Ag$

（2）$E=0.857$ V，$\Delta_r G=165.3$ kJ・mol^{-1}，

$\Delta_r H=156.7$ kJ・mol^{-1}，$\Delta_r S=29.0$ J・mol^{-1}・K^{-1}

（3）$Q_p=-156.7$ kJ・mol^{-1}

12．电池反应为 $Zn(s)+CuSO_4(1\ mol\cdot kg^{-1})$ ══ $ZnSO_4(0.001\ mol\cdot kg^{-1})+Cu(s)$。已知 25 ℃

时，$ZnSO_4$ 的 $\gamma_{\pm}=0.734$，$CuSO_4$ 的 $\gamma_{\pm}=0.047$，$E^{\ominus}(Zn^{2+}/Zn)=-0.7630\ V$，$E^{\ominus}(Cu^{2+}/Cu)=0.3400\ V$。电动势的温度系数为 $-5.95\times10^{-4}\ V\cdot K^{-1}$。

（1）写出电极反应和电池表达式。

（2）计算反应的电动势 E、吉布斯函数变 ΔG、焓变 ΔH。

答：（1）阳极：$Zn(s) \longrightarrow Zn^{2+}(0.001\ mol\cdot kg^{-1}) + 2e^-$

阴极：$Cu^{2+}(1\ mol\cdot kg^{-1}) + 2e^- \longrightarrow Cu(s)$

电池表达式: $Zn(s)\ |\ ZnSO_4(0.001\ mol\cdot kg^{-1})\ \|\ CuSO_4(1\ mol\cdot kg^{-1})\ |\ Cu(s)$

（2）$E=1.1622\ V$，$\Delta G=-224\ kJ\cdot mol^{-1}$，$\Delta H=-258.7\ kJ\cdot mol^{-1}$

13．298.2 K 时测得电池：$Ag(s)\ |\ AgCl(s)\ |\ HCl(aq)\ |\ Cl_2(g, p^{\ominus})\ |\ Pt$ 的电动势 E 为 1.1371 V，在此温度下 $E^{\ominus}(Cl^-/Cl_2)=1.3595\ V$，$E^{\ominus}(Ag^+/Ag)=0.7991\ V$，试求 AgCl 的活度积。

答：1.605×10^{-10}

14．电池 $Zn(S)\ |\ ZnCl_2(b=0.555\ mol\cdot kg^{-1})\ |\ AgCl(s)|Ag(s)$，测得 298 K 时的电动势 $E=1.015\ V$，温度系数 $(\partial E/\partial T)_p=-4.02\times10^{-4}\ V\cdot K^{-1}$，查得 $E^{\ominus}(Zn^{2+}/Zn)=-0.763\ V$，$E^{\ominus}(Cl^-,AgCl/Ag)=0.222\ V$。

（1）写出电极反应和电池反应（z=2）。

（2）求上述反应在 298 K 时的标准平衡常数。

（3）求 $ZnCl_2$ 的离子平均活度系数。

（4）分别求 298 K 时在恒压无非体积功时的反应热效应和在电池内可逆进行时的反应热效应。

答：（2）2.1×10^{33}

（3）$\gamma_{\pm}=0.520$

（4）$Q_p=-219.0\ kJ\cdot mol^{-1}$，$Q_r=-23.12\ kJ\cdot mol^{-1}$

15．25 ℃时，下列电池 Zn（s）| $ZnCl_2$（b=0.001 $mol\cdot kg^{-1}$）| $Hg_2Cl_2(s)$ | Hg(l)的电动势 E=1.227 V，电动势的温度系数为 $2.25\times10^{-4}\ V\cdot K^{-1}$。写出电极反应和电池反应。

答：正极反应：$Hg_2Cl_2(s) + 2e^- \longrightarrow 2Hg(l) + 2Cl^-$

负极反应：$Zn(s) \longrightarrow Zn^{2+} + 2e^-$

电池反应：$Hg_2Cl_2(s) + Zn(s) = 2Hg(l) + ZnCl_2$

16．已知 298 K 时下述电池的电动势 E=0.372 V。

$Cu(s)\ |\ Cu(Ac)_2\ (0.1 mol\cdot kg^{-1})\ |\ AgAc(s) + Ag(s)$

温度升至 308 K 时，$E=0.374\ V$，又知 298 K 时，$\varphi^{\ominus}_{Ag^+,Ag}=0.799\ V$，$\varphi^{\ominus}_{Cu^{2+},Cu}=0.337\ V$。

（1）写出电极反应和电池反应。

（2）298 K 时，当电池可逆地输出 2 mol 电子的电量时，求电池反应的 Δ_rG_m、Δ_rH_m 和 Δ_rS_m。设电动势 E 随 T 的变化率有定值。

（3）求醋酸银 AgAc(s)的溶度积 K_{sp}(设活度系数均为 1)。

答：（1）负极反应：$Cu(s) - 2e^- \longrightarrow Cu^{2+}(a_{Cu^{2+}})$

正极反应：$2AgAe(s) + 2e^- \longrightarrow 2Ag(s) + 2Ac^-(a_{Ac^-})$

电池反应：$Cu(s) + 2AgAc(s) = Cu^{2+}(a_{Cu^{2+}}) + 2Ac^-(a_{Ac^-}) + 2Ag(s)$

（2）$\Delta_rG_m=-71.80\ kJ\cdot mol^{-1}$，$\Delta_rH_m=38.6\ J\cdot K^{-1}\cdot mol^{-1}$，$\Delta_rS_m=-60.29\ kJ\cdot mol^{-1}$

（3）$K_{sp}=1.89\times10^{-3}$

17．在 298 K 时，电池 $Hg(l)\,|\,Hg_2Cl_2(s)\,|\,HCl(a)\,|\,Cl_2(g, p^{\ominus})\,|\,Pt$ 的电动势及它的温度系数分别为 1.092 V 和 9.427×10^{-4} V • K^{-1}。

（1）写出电极反应和电池反应。

（2）求电池反应的 $\Delta_r G_m$、$\Delta_r S_m$、$\Delta_r H_m$ 及 $Q_{r,m}$。

（3）比较该反应在可逆电池中及在通常反应（298 K、$p^{\ominus}$ 下热反应）时的热效应。

答：（1）负极反应：$2Hg(l) + 2Cl^-(a_{Cl^-}) \longrightarrow Hg$

正极反应：$Cl_2(g) + 2e^- \longrightarrow 2Cl^-(a_{Cl^-})$

电池反应：$2Hg(l) + Cl_2(g) \longrightarrow Hg_2Cl_2(s)$

（2）$\Delta_r G_m = -210.76$ kJ • mol^{-1}，$\Delta_r S_m = 181.94$ kJ • mol^{-1} • K^{-1}，

$\Delta_r H_m = -156.54$ kJ • mol^{-1}，$Q_{r,m} = 54.22$ kJ • mol^{-1}

18. 电池 $Pt\,|\,H_2$ (1.0 kPa) | HBr (0.1 mol • kg^{-1}) | AgBr(s) | Ag (s)在 298 K 时的电动势 E = 0.165 V；有 1 个电子得失的电池反应的 $\Delta_r H_m$ =50 kJ • mol^{-1}，已知 AgBr (s)的 $K_a^{\ominus} = 1.0\times10^{-12}$，$\varphi^{\ominus}_{Ag^+/Ag} = 0.799$ V。

（1）写出电极反应和电池反应。

（2）计算电池的 $E^{\ominus}$ 值。

（3）计算可逆电池有 1 个电子得失且反应进度为 1 mol 时的热效应。

（4）求 0.1 mol HBr 溶液的平均活度系数(用电动势法)。

答：（1）$AgBr(s) + \frac{1}{2}H_2(1.0\ kPa) \longrightarrow Ag(s) + H^+(a_{H^+}) + Br^-(a_{Br^-})$

（2）$E^{\ominus} = 0.0896$ V

（3）$Q_r = 65.92$ kJ

（4）$\gamma_{\pm} = 0.73$

19．电池 $Pt|H_2$ (g,100 kPa) |待测 pH 的溶液| 1 mol • dm^{-3}KCl | $Hg_2Cl_2(s)$|Hg 在 25 ℃时测得电池电动势 $E = 0.664$ V，试计算待测溶液的 pH。

答：6.49

20．有人通过将电极 $Zn^{2+}\,|\,Zn(s)$和 H^+，$H_2O\,|\,O_2\,|\,Pt$ 埋入人体内，构成一个“生物化学电池”，作为某种心脏病患者心脏起搏器的能源，它依靠人体体液中一定浓度的溶解氧气进行工作，在低功率下，人体能适应电池的工作时 Zn^{2+}的增加和 H^+的迁出。

（1）试写出该电池的表达式、电池反应和求出标准状态下的可逆电动势。

（2）若该电池在人体内以 0.8 V 和 4.0×10^{-5} W 放电，则用 5 g Zn(s)，该电池能在人体内工作多长时间？

答：（1）$Zn(s)|Zn^{2+}(a_1), H^+(a_2)|\,O_2(p)|\,Pt$，

$Zn(s) + \frac{1}{2}O_2(p) + 2H^+ \longrightarrow Zn^{2+}(a_1) + H_2O(l)$，

$E^{\ominus} = 1.991$ V

（2）3417 d 或 9.362 a

21. 298 K 时，反应 $H_2(p^{\ominus}) + Ag_2O(s) = 2Ag(s) + H_2O(l)$ 的恒压热效应 $Q_p = -255.26$ kJ • mol^{-1}，若将反应设计成电池，测得该可逆电池的温度系数为 -5.044×10^{-4} V • K^{-1}，

求电池反应的电动势。

答：1.247 V

22. 298 K 时有可逆电池：$Pt|H_2(100\ kPa)|NaOH(0.1\ mol \cdot kg^{-1})|O_2(100\ kPa)|Pt$，其 $E^{\ominus}=1.23\ V$，并已知 H_2O (l)的标准摩尔生成焓 $\Delta_f H_m^{\ominus}(H_2O,l)=-285.83\ kJ \cdot mol^{-1}$；当反应的反应进度为 1 mol 时，分别按下列两条途径计算反应的热效应和 ΔG。

（1）将氢和氧直接进行化学反应生成 H_2O (l)。

（2）设计成可逆的燃料电池，在做电功的同时生成 H_2O (l)。

答：（1）$Q_1=-285.82\ kJ \cdot mol^{-1}$，$\Delta G=-237.39\ kJ \cdot mol^{-1}$

（2）$Q_2=-49.43\ kJ \cdot mol^{-1}$，$\Delta G=-237.39\ kJ \cdot mol^{-1}$

23．298 K 时，有一燃料电池：$Pt|H_2(p^{\ominus})|H_2SO_4(aq)|O_2(p^{\ominus})|Pt$。已知 298 K 时，$H_2O$ 的标准摩尔生成焓 $\Delta_f H_m^{\ominus}(H_2O,l)=-285.90\ kJ \cdot mol^{-1}$，标准摩尔吉布斯自由能 $\Delta_f G_m^{\ominus}(H_2O,l)=-237.14\ kJ \cdot mol^{-1}$。

（1）写出电池的电极反应和电池的净反应。

（2）计算 298 K 时的电池电动势和电动势的温度系数。

（3）若电动势的温度系数可看作与温度无关，计算该电池在 273 K 时的电动势。

答：（1）负极：$H_2(p^{\ominus}) \longrightarrow (p^{\ominus})2H^+ + 2e^-$

正极：$O_2(p^{\ominus}) + 4H^+ + 4e^- \longrightarrow 2H_2O$

净反应：$2H_2(p^{\ominus}) + O_2(p^{\ominus}) \longrightarrow 2H_2O$

（2）$E^{\ominus}=1.229\ V$，$\left(\dfrac{\partial E}{\partial T}\right)_p=-8.49\times10^{-4}\ V \cdot K^{-1}$

（3）$E=1.250\ V$

24．将 Ag 电极插入稀 NaOH 溶液电解，阴、阳极上分别有 H_2(g)和 O_2(g)析出，当电流密度为 0.1 $A \cdot cm^{-2}$ 时，H_2(g)和 O_2(g)在 Ag(s)上的超电势分别为 0.3 V 和 0.98 V，在该电流密度下使电解池正常工作，至少需加多大外电压？忽略由于内阻引起的电势降，已知 H_2(g)和 O_2(g)燃料电池的标准电动势为 $E^{\ominus}=1.229\ V$。

答：2.509 V

25．298 K 时，用铂电极电解 1.0 $mol \cdot kg^{-1}$ 的 H_2SO_4 溶液(设活度系数均为 1)。

（1）计算理论分解电压。

（2）若两电极面积均为 1 cm^2，电解液电阻为 100 Ω，H_2 和 O_2 的超电势与电流密度 j 的关系为

$$\eta_{H^2}=0.472+0.118\lg(j/[j])$$

$$\eta_{O_2}=1.062+0.118\lg(j/[j])$$

当通过的电流为 1.0 mA 时外加电压为多少？已知 $\varphi^{\ominus}_{O_2|H^+,H_2O}=1.229\ V$。

答：（1）1.299 V

（2）2.155 V

26．在 298 K 和标准压力时，用 Pt 电极电解含有 0.05 $mol \cdot kg^{-1}$ 的 $CuSO_4$ 和 0.01 $mol \cdot kg^{-1}$ H_2SO_4 的混合溶液，开始阴极上有 Cu(s)析出，当外加电压增加到阴极有 H_2(g)开始析出时，溶液中剩余的 Cu^{2+} 质量摩尔浓度为多少？已知 H_2(g)在 Cu(s)上的超电势为 0.23 V，

$\varphi^{\ominus}_{Cu^{2+}|Cu} = 0.337\ V$，设活度系数均为 1。

答：$1.75\times 10^{-20} mol\cdot kg^{-1}$

27. 氢在铁电极上超电势为 0.35 V，阴极区电解液中的 Fe^{2+}活度为 0.8，电解时不希望 H_2 在电极上析出，问溶液中 pH 最低需要保持多少?已知 $\varphi^{\ominus}_{Fe^{2+}|Fe} = -0.440\ V$。

答：1.56

28. 298 K 时，某水溶液中含有 Cd^{2+}和 Zn^{2+}，两者质量摩尔浓度都是 0.5 $mol\cdot kg^{-1}$，此溶液的 pH=5。现在用 Ni(s)作阴极来电解，已知 $\varphi^{\ominus}_{Zn^{2+}|Zn} = -0.763\ V$，$H_2$ 在 Ni、Cd 和 Zn 上的超电势分别为 0.14 V、0.48 V 和 0.70 V。设溶液的 pH 在电解过程中并不因第一种离子在阴极析出而改变。

（1）在 Ni(s)阴极上首先析出什么物质?

（2）当第二种物质析出时，第一种物质的离子的剩余质量摩尔浓度为多少?

答：（1）在 Ni(s)阴极上先析出 Cd(s)

（2）第二种析出的是 Zn(s)，这时 Cd^{2+}的剩余质量摩尔浓度为 3.5101 $mol\cdot kg^{-1}$

29. 电池反应为 $Zn(s) + CuSO_4(a=0.01) =\!=\!= ZnSO_4(a=0.001) + Cu(s)$。已知 25 ℃时，$E^{\ominus}(Zn^{2+}/Zn) = -0.7630\ V$，$E^{\ominus}(Cu^{2+}/Cu) = 0.3400\ V$。电动势的温度系数为$-5.95\times10^{-4}\ V\cdot K^{-1}$。

（1）写出电极反应和电池表达式。

（2）计算反应的电动势 E、吉布斯函数变 ΔG、焓变 ΔH、平衡常数 $K^{\ominus}$。

（3）设 $ZnSO_4$ 溶液 H^+/H_2 的平衡电极电位为-0.4140 V，忽略其超电位，在此条件下电解，氢离子的活度为 1，氢气在 Zn 电极上的析出超电势为 0.7 V，在常压下电解，阴极优先析出 Zn 还是氢气？

答：（1）阳极：$Zn(s) \longrightarrow Zn^{2+}(a=0.001) + 2e^-$

阴极：$Cu^{2+}(a = 0.01) + 2e^- \longrightarrow Cu(s)$

电池表达式：$Zn(s)\,|\,ZnSO_4(a = 0.001)\,||\,CuSO_4(a = 0.01)\,|\,Cu(s)$

电池表达式：$Zn(s)\,|\,ZnSO_4(a = 0.001)\,||\,CuSO_4(a = 0.01)\,|\,Cu(s)$

（2）E=1.133V，$\Delta G= -218.6\ kJ\cdot mol^{-1}$，

$\Delta H=-253.3\ kJ\cdot mol^{-1}$，$K^{\ominus}=1.58\times10^{37}$

（3）阴极优先析出 Zn

第8章

表面化学

自然界中的物质，在一定的条件下可呈气态、液态和固态等三种状态。在各相态之间存在着相界面，有气-液、气-固、液-固、液-液和固-固等五类相界面。界面即所有两相的接触面。一般常把与气体接触的界面称为表面，而把其余的相界面称为界面。实质上都是相间界面。

相界面并非简单的几何表面，而是从一相到另一相的过渡层，具有一定的厚度，一般约几个分子厚，在 10^{-9}～10^{-8} m 之间。相界面的性质与相邻两个相的性质不同，界面相的分子和体相的分子是有差异的。正是这种差异，使得各种相界面上发生一系列表面现象。例如液滴、气泡和天体呈球形，水不能润湿荷叶与鸭毛，液体沿毛细管上升或下降，厨房墙壁吸附油烟等。当表面不大时，表面效应对体系性质的影响很小，可不予考虑。但对表面很大的体系，表面效应就不能忽略了，它甚至起主导作用。例如，半径为 10^{-2} m 的水滴中约有 1.4×10^{23} 个分子，而水滴表面只有 3.4×10^{16} 个分子，比里面少了一百万倍，其表面效应很弱，可忽略。但随着物质的分散程度的增加，表面积可以达到很大的数值。物质的分散程度通常用单位体积或单位质量所具有的表面积 A_V 表示，并称之为比表面。例如立方体的比表面为

$$A_V = \frac{A}{V} = \frac{n\times 6a^2}{na^3} = \frac{6}{a} \qquad A = \frac{6}{a}V \tag{8.0.1}$$

式中，A 为总表面积；V 为总体积；n 为立方体个数；a 为立方体边长。对于半径为 r 的球体，有

$$A_V = \frac{A}{V} = \frac{n4\pi r^2}{n\frac{4}{3}\pi r^3} = \frac{3}{r} \qquad A = \frac{3}{r}V \tag{8.0.2}$$

将边长为 10^{-2} m 的立方体逐渐分割成小立方体时，A_V 将发生很大的变化，如表 8.0.1 所示。

表 8.0.1　粒度与比表面

a / m	n	A_V / (m^2 / m^3)	A / m^2
10^{-2}	1	6×10^2	6×10^{-4}
10^{-3}	10^3	6×10^3	6×10^{-3}
10^{-5}	10^9	6×10^5	6×10^{-1}
10^{-7}	10^{15}	6×10^7	6×10
10^{-9}	10^{21}	6×10^9	6×10^3

由表 8.0.1 可知，当边长为 10^{-9} m 时，总表面积 A 达 6000 m^2。这样巨大的表面，其表面效应就不能忽略了。

多孔固体也具有很高的比表面积，如多孔硅胶、分子筛、活性炭等。多孔硅胶的比表面积可达 300～700 $m^2\cdot g^{-1}$ 左右，普通活性炭比表面积可高达 1000～2000 $m^2\cdot g^{-1}$，而一些特殊的超级活性炭的比表面积甚至可达约 3000 $m^2\cdot g^{-1}$，此时表面性质非常突出。

如上所述，小颗粒的分散系统往往具有很大的比表面积，因此由界面特殊性引起的系统特殊性十分突出。人们把粒径在 1～1000 nm 的粒子组成的分散系统称为胶体，由于其具有极高的分散度和很大的比表面积，会产生特有的界面现象，所以经常把胶体与界面现象一起来研究，称为胶体表面化学。

胶体表面化学是物理化学的一个重要分支，胶体表面化学所研究的领域是化学、物理学、生命科学、材料科学、食品科学、环境科学等诸多学科领域的交叉与重叠，它已成为这些学科的重要基础理论。胶体表面化学的理论和技术目前已广泛应用于化工、纺织、食品、造纸、化妆品、医药、农药、涂料、染料、催化、石油化工和环境保护等诸多工业部门和技术领域，发挥着日益重要的作用。

本章将应用物理化学的基本原理，对界面的特殊性质及现象进行讨论和分析。

8.1 表面吉布斯自由能和表面张力

8.1.1 表面吉布斯自由能和表面张力概述

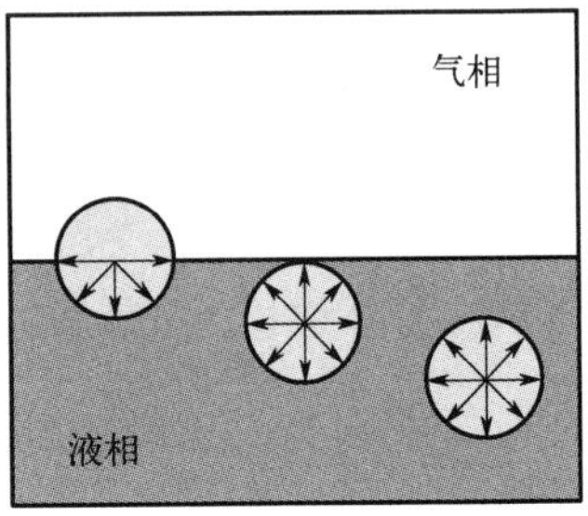

图 8.1.1 液体表面分子与内部分子受力示意图

表面相分子和体相分子所具有的能量是不同的，因为它们所处的力场不同。以气-液界面为例，如图 8.1.1 所示，表面相分子处于一个不对称的力场，因而其所受的合力不为 0。在不对称的力场作用下，表面相分子有被拉入体相的趋势，所以液体都有缩小表面而呈球形的趋势。这就意味着若要把液体内部分子移至表面（即扩大表面），就必须克服此力而做功。

恒温恒压且组成不变下可逆地扩大体系的表面积 dA，外界必须对体系做的可逆功为

$$\delta W_{\mathrm{r}}' = \sigma \mathrm{d}A \tag{8.1.1}$$

σ 是正的比例系数，其物理意义是恒温恒压且组成不变下使体系增加单位表面积时外界必须对体系做的可逆非体积功。因为恒温恒压下可逆过程 $\mathrm{d}G = \delta W_{\mathrm{r}}'$，所以有

$$\mathrm{d}G = \sigma \mathrm{d}A \tag{8.1.2}$$

当温度、压力、组成和表面积都变化时，式（8.1.2）成为

$$\mathrm{d}G = -S\mathrm{d}T + V\mathrm{d}p + \sum_{i=1}^{k} \mu_i \mathrm{d}n_i + \sigma \mathrm{d}A \tag{8.1.3}$$

同理

$$dU = TdS - pdV + \sum_{i=1}^{k} \mu_i dn_i + \sigma dA \qquad (8.1.4)$$

$$dH = TdS + Vdp + \sum_{i=1}^{k} \mu_i dn_i + \sigma dA \qquad (8.1.5)$$

$$dA_a = -SdT - pdV + \sum_{i=1}^{k} \mu_i dn_i + \sigma dA \qquad (8.1.6)$$

由以上公式可得

$$\sigma = \left(\frac{\partial G}{\partial A}\right)_{T,p,n} = \left(\frac{\partial H}{\partial A}\right)_{S,p,n} = \left(\frac{\partial A_a}{\partial A}\right)_{T,V,n} = \left(\frac{\partial U}{\partial A}\right)_{S,V,n} \qquad (8.1.7)$$

所以σ的物理意义又可认为是在恒温恒压且组成不变下，使体系增加单位表面积所引起体系吉布斯自由能的增量，或单位表面积所具有的吉布斯自由能。σ的量纲是$J \cdot m^{-2}$。σ的量纲还可写成另一形式：$J \cdot m^{-2} = Nm \cdot m^{-2} = N \cdot m^{-1}$。由此可见，$\sigma$又可视为单位长度上的力。事实上，$\sigma$确实是作用在液体表面上单位长度任意线段两侧的表面收缩力，其方向和液面相切并和线段垂直，称这种力为表面张力。表面张力σ的存在可从如下实验看出：在一金属丝环上系一丝线圈，把金属丝环同丝线圈一起浸入肥皂液中，然后取出得图 8.1.2（a）；用针将丝线圈中液膜刺破，得图 8.1.2（b）。

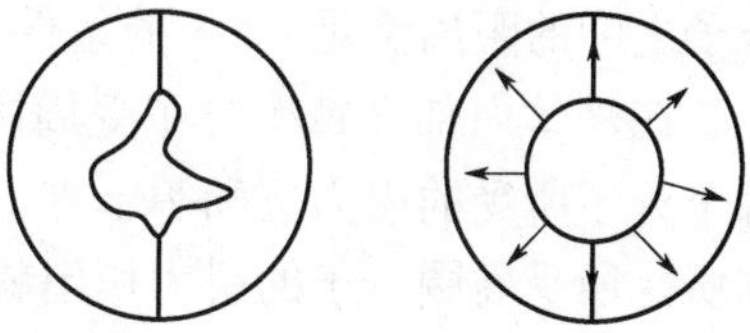

(a) (b)

图 8.1.2　表面张力示意图

一些液体在 293.15 K 的表面张力见表 8.1.1。

表 8.1.1　一些液体在 293.15 K 的表面张力

体系		$\sigma \times 10^3$ /（$N \cdot m^{-1}$）	体系		$\sigma \times 10^3$ /（$N \cdot m^{-1}$）
第一相	第二相		第一相	第二相	
水	水蒸气	72.88	汞	水	415
二硫化碳	其蒸气	33.5	汞	乙醇	389
苯	苯蒸气	28.88	汞	正辛醇	348
四氯化碳	空气	26.8	水	正辛烷	50.8
醋酸	空气	27.6	水	二硫化碳	48.4
乙醇	空气	22.39	水	四氯化碳	45.1
正辛醇	空气	27.5	水	苯	35.0
正辛烷	空气	21.62	水	正辛醇	8.5
汞	空气	48.65	水	正丁醇	1.8

关于表面张力有以下注意事项：

① 表面张力是由于处于表面层的分子受到“净吸力”的作用而产生的与表面相切、引起液体表面自动收缩的力。

② 表面张力与表面吉布斯自由能是同一数值的两个不同概念，前者从力学角度讨论，而后者从能量角度讨论界面所存在现象。当研究表面（界面）性质的热力学问题时，通常应用表面吉布斯自由能来表述；而当研究表面（界面）交接、相互作用及其平衡关系时，通常采用表面张力。

③ 表面张力是物质的自然属性，与温度、压力、组成以及共存的另一相有关。

8.1.2 表面张力的微观解释

对于液体分子，在液体相中，每个分子都受到相邻分子的作用力。但在不同位置，分子所受的力不同，如处在表面的分子与液体相中的分子受力状况不同，因而能量不同。表面张力是与液体表面相切的表面收缩力。因此，表面张力的存在有使液体表面缩小的趋势，其作用力方向与液体表面相切、与净吸力垂直。

根据分子运动论，组成物质的分子之间，既存在着相互吸引力，同时也存在着相互排斥力。分子间的引力和斥力都是分子间距离 r 的函数，它们都随分子间距离的增大迅速减小，只是斥力比引力减小得更快。这样，两个分子之间的相互作用力 $F(r)$，就是这两个分子之间的引力和斥力的合力，即 $F(r)=F(\text{引})+F(\text{斥})$。

在 $r=r_a$ 时，$F(r)=F(r_0)=0$，相互作用力等于零；在 $r>r_0$ 时，$F(r)<0$，相互作用力为引力；在 $r<r_0$ 时，$F(r)>0$，相互作用力为斥力。由此可知，在液体表面层中，沿表面层方向上相邻两部分的分子之间存在着相互吸引力，这就表明在液体表面层中，沿表面层方向上相邻分子之间的距离满足 $r>r_0$ 的条件。

在液体内部，每个分子受周围分子的引力作用，由于对称性，在分子引力作用范围内，每个分子所受的引力之和等于零。但是，在液体表面层中的分子，如果液体表面上方是气态物质，所受周围分子的引力作用就失去了对称性，即所受周围分子的引力之和不等于零。这样，液体表面层中的每个分子，将受到垂直于表面层指向液体内部的引力作用，所受引力的大小由分子在表面层中的位置决定。

由于液体表面层中的每个分子，都受到下方液体分子的引力作用，则液体表面层中存在着分子引力场。此引力场强的方向垂直液体表面层，指向液体内部。引力场强的大小随位置变化，在液体表面层下缘处等于零，越靠近表面层上缘，引力场强越大。虽然液体表面层中的分子同时处于重力场和分子引力场作用之中，但由于液体表面非常薄，重力场强远小于分子引力场强，所以液体表面层中的分子在空间的分布状况，主要由分子引力场决定。

从分子运动论出发，对液体表面张力现象的微观解释，还可以比较容易地说明以下两个问题：①表面张力的大小随温度的升高而减小；②在两种液体分界处，各自的表面张力比各自与气体为分界面时的表面张力小。

8.1.3 影响表面张力的因素

影响表面张力的因素包括：

① 分子间作用力。分子间的作用力越大，表面张力越高。

② 相界面性质。

③ 温度。

大量实验表明，温度升高，分子间的作用力减小，表面张力降低。当温度升高至一定数值时，气-液界面消失，表面张力趋向于零。这时的温度称为临界温度，用 T_c 来表示。

描述纯物质液体表面张力与温度的关系有拉姆齐-希尔茨（Ramsay-Shieds）经验公式，即

$$\sigma V_m^{\frac{2}{3}}=k\left(T_c-T-6\ \text{K}\right) \tag{8.1.8}$$

式中，V_m 为液体的摩尔体积；k 为普适常数，对非极性液体，$k = 2.2\times10^{-7}\ \text{J}\cdot\text{K}^{-1}$。

思考

1. 为什么在参观面粉厂时，不能穿化纤衣服和铁钉鞋?一大块煤燃烧为什么不爆炸?
2. 比表面积有哪几种表示方法?表面张力与表面 Gibss 自由能有哪些异同点?
3. 因系统的 Gibbs 自由能越低，系统越稳定，所以物体总有降低本身表面 Gibbs 自由能的趋势。试说明纯液体、溶液、固体是如何降低自己的表面 Gibbs 自由能的。

8.2 弯曲液面下的附加压力和毛细现象

8.2.1 弯曲液面下的附加压力

由于表面张力的作用，弯曲液面下的液体要受到一个附加的压力，如图 8.2.1 所示。

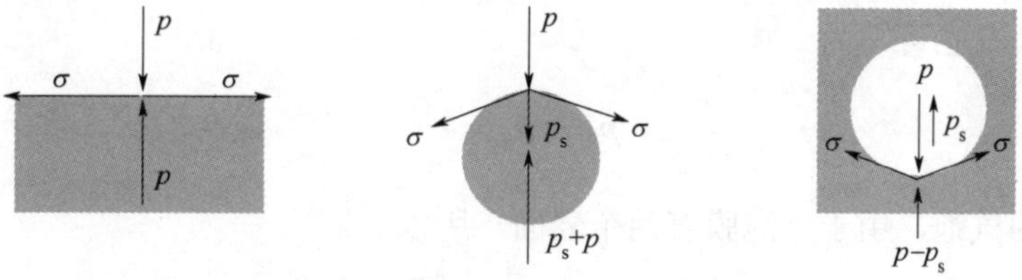

图 8.2.1　液面附加压力示意图

显然，这个附加压力与液体的表面张力和弯曲液面的曲率半径有关。设有一单组分体系，如图 8.2.2 所示，液体中有一气泡，或气体中有一液滴，这两种情况可归纳为β相中有一球形α相。设体系的温度和体积恒定，因此可用亥姆霍兹自由能判据求体系的平衡条件。

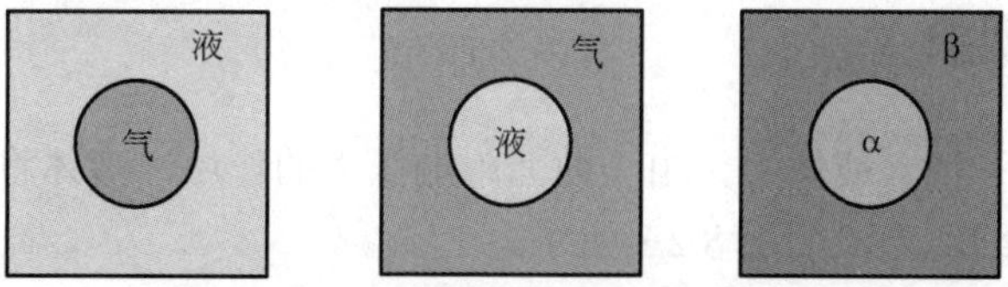

图 8.2.2　两相界面

体系亥姆霍兹自由能的微分为

$$\begin{aligned} dA_a &= dA_a^\alpha + dA_a^\beta + dA_a^\sigma \\ &= -p^\alpha dV^\alpha + \mu^\alpha dn^\alpha - p^\beta dV^\beta + \mu^\beta dn^\beta + \sigma dA \end{aligned} \quad (8.2.1)$$

因

$$dV = dV^\alpha + dV^\beta = 0 \qquad dn = dn^\alpha + dn^\beta = 0 \quad (8.2.2)$$

将式（8.2.2）代入式（8.2.1），得

$$dA_a = (p^\beta - p^\alpha)dV^\alpha + (\mu^\alpha - \mu^\beta)dn^\alpha + \sigma dA \quad (8.2.3)$$

因 $\mathrm{d}V^{\alpha}=\mathrm{d}\left(\frac{4}{3}\pi r^{3}\right)=4\pi r^{2}\mathrm{d}r$ ，所以

$$\mathrm{d}A=\mathrm{d}\left(4\pi r^{2}\right)=8\pi r\mathrm{d}r=\frac{2}{r}4\pi r^{2}\mathrm{d}r=\frac{2}{r}\mathrm{d}V^{\alpha} \tag{8.2.4}$$

将式（8.2.4）代入式（8.2.3），得

$$\mathrm{d}A_{\mathrm{a}}=\left(p^{\beta}-p^{\alpha}+\frac{2\sigma}{r}\right)\mathrm{d}V^{\alpha}+\left(\mu^{\alpha}-\mu^{\beta}\right)\mathrm{d}n^{\alpha} \tag{8.2.5}$$

平衡时，有

$$p^{\alpha}-p^{\beta}=\frac{2\sigma}{r} \tag{8.2.6a}$$

$$\mu^{\alpha}=\mu^{\beta} \tag{8.2.6b}$$

式（8.2.6a）是有曲面分界体系的力学平衡条件，是曲面附加压力公式，也称拉普拉斯公式；式（8.2.6b）是相平衡条件，它与无曲面分界体系的一样。由拉普拉斯公式可知，曲面附加压力与物质的表面张力成正比，与曲面的曲率半径成反比。曲面弯曲越厉害，曲率半径越小，曲面附加压力越大；对平液面，曲率半径 $r=\infty$， $p^{\alpha}-p^{\beta}=0$ 。

拉普拉斯公式也可写为

$$p_{凹}-p_{凸}=\frac{2\sigma}{r} \tag{8.2.7}$$

对空气中的气泡，由于气泡膜有两个表面，所以

$$p_{凹}-p_{凸}=\frac{4\sigma}{r} \tag{8.2.8}$$

对于一般曲面，有

$$p_{凹}-p_{凸}=\sigma\left(\frac{1}{r_1}+\frac{1}{r_2}\right) \tag{8.2.9}$$

8.2.2 毛细现象

把细如毛发的管子插入液体中，由于曲面附加压力的作用，液体将沿着毛细管上升或下降，这种现象称为毛细现象，如图 8.2.3 所示。

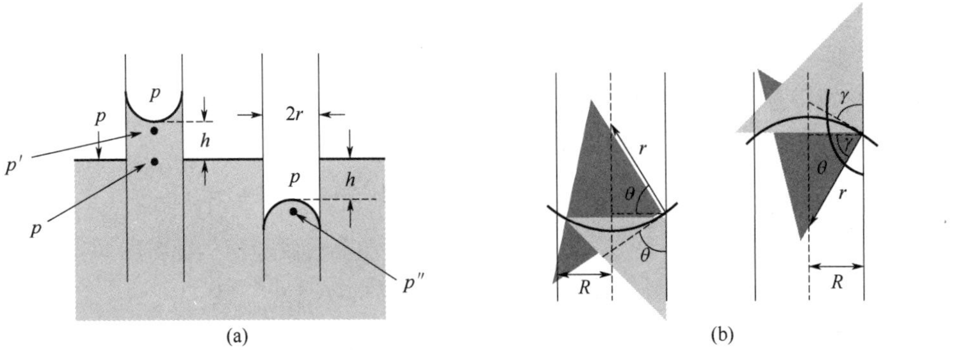

图 8.2.3　毛细管现象示意图

下面导出液柱高度的计算公式。若液体完全润湿毛细管（θ=0°）和完全不润湿毛细管（θ=180°），如图 8.2.3（a），则对凹液面，有

$$p - p' = \frac{2\sigma}{r}$$

因 $p - p' = \rho gh$，所以

$$\rho gh = \frac{2\sigma}{r}$$

同理，对凸液面，有

$$p'' - p = \frac{2\sigma}{r}$$

$$p'' - p = \rho gh$$

$$\rho gh = \frac{2\sigma}{r}$$

所以对凹液面和凸液面都有

$$h = \frac{2\sigma}{\rho gr} \tag{8.2.10}$$

若液体不满足完全润湿和完全不润湿条件，如图 8.2.3（b），则对凹液面，$r\cos\theta = R$，所以式（8.2.10）成为

$$h = \frac{2\sigma\cos\theta}{\rho gR} \tag{8.2.11}$$

对凸液面，$R = r\cos\gamma = r\cos(\pi-\theta) = -r\cos\theta$，所以式（8.2.11）成为

$$h = -\frac{2\sigma\cos\theta}{\rho gR} \tag{8.2.12}$$

当毛细管壁能被液体很好地润湿时，毛细管内液面呈现凹面，毛细管内液面比管外液面高。当毛细管壁不能被液体很好地润湿时，毛细管内液面呈现凸面，毛细管内液面比管外液面低。

思考

1. 毛细管有水，若在一端加热，毛细管中水的移动方向是什么？

2. 为什么气泡、小液滴、肥皂泡等都呈球形？玻璃管口加热后会变得光滑并缩小（俗称圆口），此现象的本质是什么?用同一支滴管滴出相同体积的苯、水和 NaCl 溶液，所得滴数是否相同?

3. 在三通旋塞的两端涂上肥皂液，关断右端通路，在左端吹一个大泡，然后关闭左端，在右端吹一个小泡，最后让左右两端相通。当将两管接通后，两泡的大小有何变化?到何时达到平衡？说明变化的原因及平衡时两泡的曲率半径的比值。

4. 为什么自然界中液滴、气泡总是圆形的？毛细现象为什么会产生？

8.2.3　亚稳状态和新相生成

（1）弯曲液面下的蒸气压

由于弯曲液面下液体所受的外压不同于平面液体，而液体的蒸气压随外压不同而不同，所以弯曲液面下液体的蒸气压不同于平面液体的蒸气压。下面就根据热力学原理导出弯曲液面下液体的蒸气压与弯曲液面曲率半径和表面张力的关系。

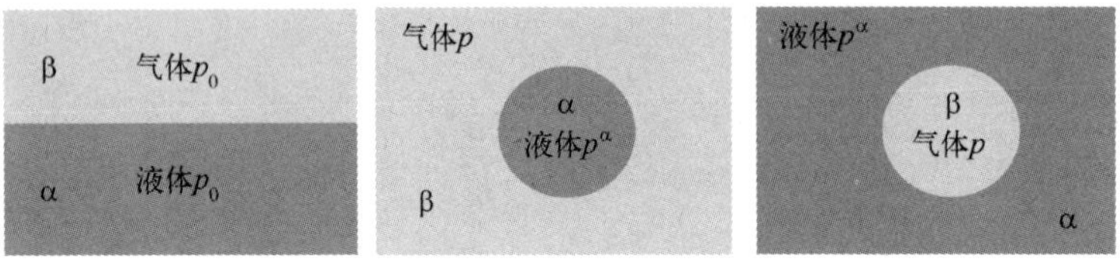

图 8.2.4　气-液界面曲率半径与蒸气压示意图

由图 8.2.4 可知，温度T下平面液体和它的蒸气平衡时，有

$$\mu^\alpha(T, p_0) = \mu^\beta(T, p_0)$$

温度T下曲面液体和它的蒸气平衡时，有

$$\mu^\alpha(T, p^\alpha) = \mu^\beta(T, p)$$

$\mu^\alpha(T, p^\alpha)$可写为

$$\mu^\alpha(T, p^\alpha) = \mu^\alpha(T, p_0) + V_\mathrm{m}^\alpha(p^\alpha - p_0)$$

$\mu^\beta(T, p)$可写为

$$\mu^\beta(T, p) = \mu^\beta(T, p_0) + RT\ln\frac{p}{p_0}$$

合并得

$$V_\mathrm{m}^\alpha(p^\alpha - p_0) = RT\ln\frac{p}{p_0}$$

对凸液面，$p^\alpha - p_0 = \dfrac{2\sigma}{r}$；对凹液面，$p_0 - p^\alpha = \dfrac{2\sigma}{r}$。此外$V_\mathrm{m}^\alpha = \dfrac{M}{\rho}$，则

$$\ln\frac{p}{p_0} = \pm\frac{2\sigma M}{RT\rho}\times\frac{1}{r} \tag{8.2.13}$$

式（8.2.13）就是弯曲液面蒸气压和液面曲率半径的关系，称为开尔文公式。式中，p_0为平面液体的蒸气压。由式（8.2.13）可知，凸液面曲率半径越小，蒸气压越大；凹液面曲率半径越小，蒸气压越小。曲率半径对蒸气压的影响只有曲率半径很小时才体现出来，293.15 K 时水滴半径与蒸气压的关系见表 8.2.1。

表 8.2.1　293.15 K 时水滴半径与蒸气压的关系

r / m	∞	10^{-6}	10^{-7}	10^{-8}	10^{-9}
p / Pa	2330	2333	2351	2594	6850
p/p_0	1.000	1.001	1.011	1.114	2.95

（2）过饱和溶液和微小晶体的溶解度

液体蒸气压只有大到为其饱和蒸气压时，蒸气才会冷凝成液体。但蒸气冷凝成液体时最初总是要生成极微小的液滴新相，而微小液滴具有较大的蒸气压，因此对平面液体饱和的蒸气对微小液滴却未饱和。这种对平面液体而言应当凝结而未凝结的蒸气称为过饱和蒸气，它是一种亚稳状态。如果蒸气中有灰尘，则液体可在较小的过饱和程度下凝结，因为灰尘可作为凝结种子，即蒸气冷凝成液体时最初生成的液滴半径不必从零开始。人工降雨就是向过饱和云层喷洒 AgI 颗粒作为凝结中心的。

设平面固体溶解平衡时的饱和浓度为 c_0，微小颗粒溶解平衡时的饱和浓度为 c，根据亨利定律，溶液上方平面固体的蒸气压为 $p_0 = kc_0$，微小颗粒的蒸气 $p = kc$，将 p_0 和 p 代入式（8.2.13），得

$$\ln\frac{c}{c_0} = \frac{2\sigma M}{RT\rho} \times \frac{1}{r} \tag{8.2.14}$$

式（8.2.14）就是微小晶体的溶解度公式。由式（8.2.14）可知，微小晶体的溶解度大于平面固体的溶解度。如果溶液中既有大颗粒，也有小颗粒，则小颗粒将不断溶解、大颗粒将不断长大，这就是重量分析中所谓沉淀物陈化的依据。陈化过的沉淀易于过滤，且较纯净。

（3）微小固体的熔点和过冷液体

微小固体较平面固体有较低的熔点，如图 8.2.5 所示。

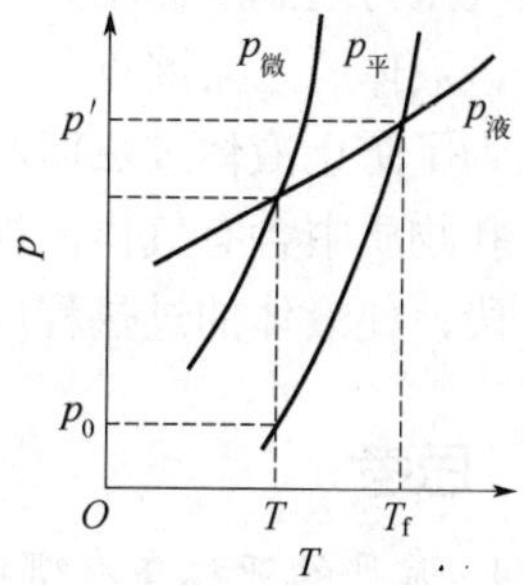

图 8.2.5　过冷液体的 T-p 示意图

将克拉佩龙方程用于平面液体，得

$$\ln\frac{p}{p'} = -\frac{\Delta H_b}{R}\left(\frac{1}{T} - \frac{1}{T_f}\right)$$

将克拉佩龙方程用于平面固体，得

$$\ln\frac{p_0}{p'} = -\frac{\Delta H_s}{R}\left(\frac{1}{T} - \frac{1}{T_f}\right)$$

两式相减，得

$$\ln\frac{p}{p_0} = -\frac{\Delta H_b - \Delta H_s}{R}\left(\frac{1}{T} - \frac{1}{T_f}\right) = \frac{\Delta H_f}{R}\left(\frac{1}{T} - \frac{1}{T_f}\right) \tag{8.2.15}$$

将式（8.2.13）代入式（8.2.15），得

$$\frac{2\sigma M}{RT\rho} \times \frac{1}{r} = \frac{\Delta H_f}{R}\left(\frac{1}{T} - \frac{1}{T_f}\right)$$

即

$$\frac{T_f - T}{T_f} = \frac{M}{\Delta H_f \rho} \times \frac{2\sigma}{r} \tag{8.2.16}$$

式（8.2.16）就是微小固体的熔点公式。式中，T_f 是平面固体的熔点。

只有当液体的温度降到其凝固点时，液体才会凝固。但液体凝固时最初总是要生成极微

小的固体，而微小固体具有较低的熔点，因此对平面固体平衡的液体对微小固体却未平衡。这种对平面固体而言应当凝固而未凝固的液体称为过冷液体。如果液体中有小固体，则液体可在较小的过冷程度下凝固，因为小固体可作为凝固种子。

（4）过热液体

液体在一个大气压的外压下从内部汽化的温度称为该液体的正常沸点。例如水的正常沸点是 100 ℃。过热液体指按照相平衡的条件，应当沸腾而不沸腾的液体。

液体沸腾时，除了在液体表面上进行汽化外，在液体内部还要自动地生成微小的气泡。最初产生的气泡尺寸非常微小，因而弯曲液面的附加压力十分显著，气泡难以形成，液面下 h 处形成小气泡的条件是该气泡必须能承受大气压 p_0、液体的静压力 mgh 及附加压力 Δp 三者之和。在正常沸点时，小气泡的饱和蒸气压 $p' < p_0 + mgh + \Delta p\left(\dfrac{2\sigma}{r}\right)$ 时，能形成小气泡，液体并不沸腾。热量不能通过气泡蒸气带走，随着加热液体温度不断升高，最终使小气泡内的水蒸气压力达到所需压力，小气泡才可能产生并长大，液体开始沸腾，此时液体的温度必然高于该液体的正常沸点。

为了防止液体过热而产生暴沸，常向液体中投放一些素烧瓷片或毛细管等物质，因为这些多孔物质中含有气体，加热时这些气体就成为新相的种子，绕开最初产生极微小气泡的困难阶段，使液体的过热程度大大降低。

思考

1. 常见的亚稳态有哪些？为什么产生亚稳态？如何防止亚稳态的产生？

2. 在一个封闭的钟罩内，有大小不等的两个球形液滴，长时间放置后，会出现什么现象？

3. 用学到的关于界面现象的知识，解释以下几种做法或现象的基本原理：①人工降雨；②有机蒸馏中加沸石；③多孔固体吸附蒸气时的毛细凝聚；④过饱和溶液、过饱和蒸气、过冷液体等过饱和现象；⑤重量分析中的“陈化”过程；⑥喷洒农药时通常要在药液中加少量表面活性剂。

4. 为什么小颗粒的熔点比大块固体的熔点略低，而溶解度却比大颗粒大？

5. 若用 $CaCO_3(s)$进行热分解，细粒 $CaCO_3(s)$的分解压力与大块 $CaCO_3(s)$的分解压力相比，大小如何？说明原因。

6. 为什么泉水和井水都有较大的表面张力？当将泉水小心注入干燥杯子时，水面会高出杯面，这是为什么？如果在液面上滴一滴肥皂液，会出现什么现象？

7. 土壤为什么能将水分保存起来？如何抑制沙漠地带水的蒸发？

8.3 固体表面

分子在物体界面富集的现象或物体界面层中物质浓度发生变化的现象皆称为吸附（adsorption），被吸附的物质称为吸附质，起吸附作用的物质称为吸附剂。固体表面的原子，由于受到不对称的力场的作用，可吸附气体或液体分子，以减弱这种不对称的力场。例如，时间长了，冰箱中散发着一股臭气，如果在冰箱中放入一块煤灰，则臭气很快消失。

氯化钙和硅胶用于吸潮，也是固体吸附气体的例子。吸附作用可发生在各种相界面上，如气-液、气-固、液-固和液-液界面上。本节只讨论气-固界面的吸附。

对吸附概念的理解：

① 吸附是分子行为，在热力学上是自发进行的。

② 吸附是界面行为，不是内部行为；吸附前后物质的物理化学性质基本不变；吸附不同于化学反应，也不同于吸收。

③ 在界面上发生了吸附后，界面性质将发生大的变化如极性、润湿性等。

④ 吸附多为放热反应，因此发生吸附后，体系能量将降低。

8.3.1 物理吸附和化学吸附

固体表面上的吸附按其作用力的性质可分为物理吸附和化学吸附。

在物理吸附中，吸附分子和表面的相互作用是分子间的引力，即范德华力，这种力较弱，相当于气体分子冷凝成液体的作用力。吸附时释放的能量也和冷凝热相近，一般为 8～20 $kJ \cdot mol^{-1}$。由于分子间的力是一种长程力，固体表面吸附了一层分子后，还可继续吸附，所以形成多分子层吸附。由于任何分子间都存在范德华力，所以物理吸附没有选择性。这类吸附的吸附速率和解吸速率都很大，易于达到平衡，且吸附速率和解吸速率不受温度的影响，也就是说这类吸附过程不需要活化能。物理吸附常在较低的温度下进行，但此类吸附不稳定，易解吸。

在化学吸附中，吸附分子和表面的相互作用是化学键力。这类吸附和表面化学反应类似，吸附时释放的能量和化学反应热相近，一般大于 40 $kJ \cdot mol^{-1}$。由于化学键力是一种短程力，固体表面吸附了一层分子后，不能继续吸附，所以形成单分子层吸附。由于化学吸附类似表面化学反应，所以化学吸附有选择性。这类吸附的吸附速率和解吸速率都较小，难以达到平衡，且吸附速率和解吸速率受温度的影响较大，也就是说这类吸附过程需要活化能。温度升高，化学吸附速率加快，因此，化学吸附常在较高的温度下进行。由于化学键力较强，这类吸附较稳定，不易解吸。

物理吸附和化学吸附并无非常严格的界限，活化能低者不一定就是物理吸附，如 H_2、CO 等在 W、Ti 等金属表面的吸附活化能低，但属于化学吸附。两者可通过吸附的可逆与否来加以判定、区分。化学吸附和物理吸附的性质比较见表 8.3.1。

表 8.3.1 化学吸附和物理吸附的比较

性　质	物理吸附	化学吸附
吸附作用力	范德华力（长程力）	化学键力（短程力）
吸附热	近于冷凝热，8～20 $kJ \cdot mol^{-1}$	近于反应热，40～400 $kJ \cdot mol^{-1}$
吸附层数	多分子层	单分子层
吸附选择性	无	有
吸附稳定性	不稳定，易解吸	较稳定，不易解吸
吸附速率	快，不需活化能	慢，需活化能，升温加速
吸附温度	吸附质沸点或以下	远高于吸附质沸点

物理吸附和化学吸附并不是绝对不相容的，在指定条件下二者可同时发生。例如 O_2 在 W 上的吸附同时有三种情况：①氧是以原子状态被吸附的，这是纯粹的化学吸附；②氧是以分子状态被吸附的，这是纯粹的物理吸附；③一些氧分子被吸附在氧原子上。

物理吸附和化学吸附随着温度的不同可以相互转化，例如 Pd 对 CO 的吸附。物理吸附和化学吸附都是放热过程，所以平衡吸附量随温度升高而下降（见图 8.3.1）。

朗缪尔和弗罗因德利希吸附等温式既可用于化学吸附，也可用于物理吸附；BET 公式只能用于多层物理吸附。

物理吸附和化学吸附过程的体系能量变化如图 8.3.2 所示。

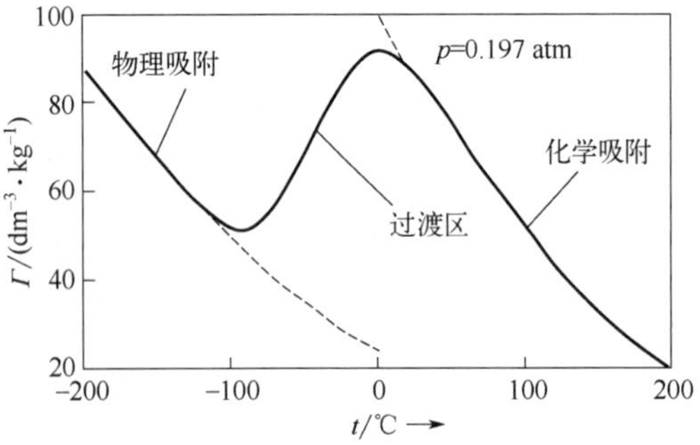

图 8.3.1 温度与吸附量的关系

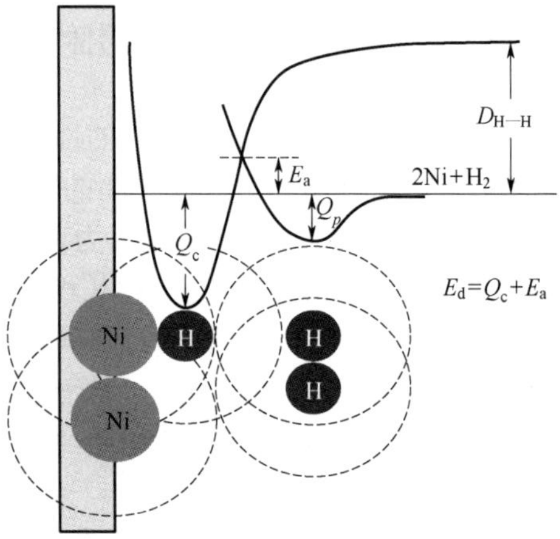

图 8.3.2 吸附过程能量变化

8.3.2 吸附热

由于吸附是不可逆过程，所以 $\Delta G<0$；又因气体分子吸附过程是自由度减少的过程（从三维空间到二维空间），所以 $\Delta S<0$。因此对于等温吸附过程，$\Delta H=\Delta G+T\Delta S<0$，即吸附是放热的。吸附热是吸附强弱的一种量度。吸附放热越多，吸附越强。如果吸附是作为一种催化反应，则催化剂的吸附能力应适中。吸附太强，产物难解吸；吸附太弱，反应分子达不到足够的活化程度。

恒温下，固体吸附一定量的气体所放出的热称为积分吸附热；在已吸附了一定量的气体后，再吸附微量气体所放出的热称为微分吸附热 ΔH 。$\Delta H=f(T,\Gamma)$。如果 Γ 固定，则 $\Delta H=f(T)$，为等量吸附热。等量吸附热可这样求得：恒温恒压下，吸附可视为一种广义的相变，将克拉佩龙方程用于此过程，得

$$\left(\frac{\partial p}{\partial T}\right)_{\Gamma}=\frac{\Delta H}{T\Delta V}=\frac{\Delta H}{T\left(V_{吸}-\dfrac{RT}{p}\right)}\approx-\frac{p\Delta H}{RT^2}$$

如果 ΔH 为常数，则对上式进行积分，得

$$\ln\frac{p_2}{p_1}=\frac{\Delta H}{R}\left(\frac{1}{T_2}-\frac{1}{T_1}\right) \tag{8.3.1}$$

8.3.3 常用吸附剂

吸附剂的物理结构参数包括：密度、比表面积、孔体积、平均孔半径、孔径分布、粒度。

（1）硅胶

硅胶是无定型氧化硅水合物，为极性吸附剂，主要用作干燥剂、催化剂载体，可在非极性溶剂中吸附极性物质。

（2）活性炭

活性炭为多孔型含碳物质，主要由各种有机物质（木、煤、果核、果壳等）经炭化和活化制成。活性炭具有高度发达的孔隙结构，以及良好的化学稳定性和机械强度，应用于化学工业、环境保护、食品工业。例如：有毒气体的吸附、各类水溶液的脱色、除臭、水质净化、食品及药物精制等的各种废水处理。

（3）吸附树脂（树脂吸附剂）

吸附树脂是一种不含离子交换基团的高交联度体型高分子粒子，其内部具有许多分子水平的孔道，提供扩散通道和吸附场所，具有吸附作用。

特点：①容易再生，可反复使用；②吸附树脂的化学结构和物理结构较容易人为控制，可根据不同需要合成结构和性能不同的树脂，因此应用范围广。

应用领域：废水处理；药物提纯、化学试剂的提纯、医学分析、急性药物中毒处理；作为特殊载体等。特殊高性能的吸附树脂在对废水进行有效处理的同时，实现了废物的资源化。例如含酚废水的处理和染料中间体生产中的废水处理。

（4）黏土

黏土经风化作用形成，组成黏土矿的元素是硅、氧和铝，黏土中还含有石灰石、石膏、氧化铁和其他盐类。

黏土具有晶体结构，主要有三种晶格类型，即高龄石、蒙脱石、伊利石。

黏土作为固体吸附剂，其吸附机理与黏土的晶体结构有关。

（5）硅藻土

硅藻土主要由无定型的二氧化硅组成，并含有少量 Fe_2O_3、CaO、MgO、Al_2O_3 及有机杂质。天然硅藻土有特殊的多孔性结构，这种微孔是其具有特征理化性质的原因。其用于保温材料、过滤材料、填料、吸附剂。

（6）分子筛

分子筛是以 SiO_2 和 Al_2O_3 为主要成分的结晶硅酸盐，具有均一微孔结构而能将不同大小的分子分离或选择性反应的固体吸附剂或催化剂。分子筛分为天然和合成两类，既可用作吸附剂（干燥、纯化、有效分离某些气体或液体混合物），也可用作催化剂。

（7）活性氧化铝

活性氧化铝是具有吸附和催化性能的多孔大表面氧化铝，其化学组成为 $Al_2O_3 \cdot xH_2O$，也称水合氧化铝。活性氧化铝的多孔结构来源于氢氧化铝脱水形成的微孔和颗粒间隙，其广泛用于炼油、橡胶、化肥、石油化工中的吸附剂、干燥剂、催化剂和载体。

1915 年 4 月 22 日傍晚，在比利时的伊伯尔地区，德军为了对付英法联军的进攻，首次使用了毒气弹。当时先是看到上风处德军阵地上慢慢升起了一股白色的气浪，随后就是英法联军阵地上的官兵打喷嚏、咳嗽、流泪不止，有的甚至窒息倒地。这令有关人士大为震惊。英法联军将防化任务交给了科学家们。通过对战地报送的气样的分析研究，科学家们发现毒气的化学成分就是氯气。但是，他们绞尽脑汁也没找到一个有效的对付氯气的办法。

在联军收复了被毒气袭击的失地后，有人建议进行实地考察。考察队一行人来到了毒袭地区，他们发现，除了联军官兵和当地居民的尸体外，就连飞鸟、家禽、牛、羊、马、狗也未能幸免。可奇怪的是，猪却大量存活，并无中毒迹象。这引起了科学家们的注意。有人认为猪对氯气有特殊的免疫力，但立即遭到了科学家们的否定。

为了揭开秘密，科学家们搞了个模拟实验：他们把猪、马、牛、羊等圈在一起，然后对它们施放氯气，科学家们则在远处用望远镜观察。结果发现，猪比其他牲畜的嗅觉灵敏得多，它们较早地闻到了异味，旋即拼命逃窜，当无法躲避时，就拼死地在地上刨土，然后将长鼻子插入刨松的泥土中“闭目养神”。毒气散尽后，其他动物都死了，猪却不慌不忙地拔出长鼻子，用力将鼻孔中的大量泥土喷出，边跑边摆起了尾巴。

目睹这一“奇迹”后，科学家们很快得出结论：泥土细粒对氯气有明显的吸附作用，猪的长鼻插入细粒泥土中，细粒泥土塞满了它的鼻孔，形成了一个天然防护面具，就好像过滤器一样。科学家们设想人若戴上有“长鼻式”过滤器的防护面具，其中放上适量比泥土更有效的活性炭作吸附剂，不是也可以抵抗毒气的袭击吗？于是防毒面具便应运而生。

思考

1. 吸附作用是什么?物理吸附与化学吸附有何异同?两者的根本区别是什么?

2. 在一定温度、压力下，为什么物理吸附都是放热过程?

3. 如何从吸附的角度来衡量催化剂的好坏?为什么金属镍既是好的加氢催化剂，又是好的脱氢催化剂?

4. 活性炭为什么可以用于防毒面具及冰箱除臭剂?

8.3.4 吸附量

吸附平衡时，单位质量的吸附剂吸附气体的（标态下）体积或物质的量称为吸附量，用Γ表示，即

$$\Gamma = \frac{V}{m} \quad 或 \quad \Gamma = \frac{n}{m} \tag{8.3.2}$$

吸附量的单位为$mg \cdot g^{-1}$、$mL \cdot g^{-1}$、$mmol \cdot g^{-1}$。

（1）吸附量的测定

① 重量法：直接测定被吸附物质的质量，而后按照公式求得吸附量。如BET质量法（石英弹簧称法），即根据挂在石英弹簧下的样品盘在吸附前后因质量变化而引起的弹簧伸长（通过测高仪测量）来计算吸附量。

② 容量法：直接测定被吸附物质的容量或一定压力下的体积，而后按照公式求得吸附量。

③ 流动法：如连续流动色谱法。

（2）对吸附量的理解

① 吸附量是在平衡状态下的数值；在非平衡状态下也有吸附发生，但不能称为吸附量。

② 用式（8.3.2）确定的仅是表观吸附量，是一个笼统数值，要确定每个状态的吸附量往往是困难的。

（3）影响吸附量的因素

① 吸附剂（adsorbate）的性质：组成、表面电荷、表面酸碱性、比表面积等。

② 吸附质（adsorbent）的性质：分子结构、溶解性、与吸附剂表面作用强弱。

③ 外界条件：温度、压力、作用时间等。

8.3.5 吸附等温线

实验证明，对给定的体系，有

$$\Gamma = f(T, p) \tag{8.3.3}$$

用图形完全描述上述关系需空间坐标系。如固定其中一个变量则可用平面坐标系描述。

若固定 T，则 $\Gamma = f(p)$，称为吸附等温式。

若固定 p，则 $\Gamma = f(T)$，称为吸附等压式。

若固定 Γ，则 $p = f(T)$，称为吸附等量式。

常用的是吸附等温线和吸附等压线，如 NH_3 在活性炭上的吸附等温线、吸附等压线见图 8.3.3 和图 8.3.4。由吸附等温线可知，平衡吸附量随压力的升高而增加，这与吸附是体积缩小的过程是一致的。在低压部分，吸附量与压力呈线性关系；当气体压力进一步增加时，吸附量的增加速度变缓；当压力足够大时，曲线接近一水平线，吸附达到饱和，此时的吸附量称为饱和吸附量。由吸附等压线可知，温度越高，平衡吸附量越低，这与吸附是放热过程是一致的。

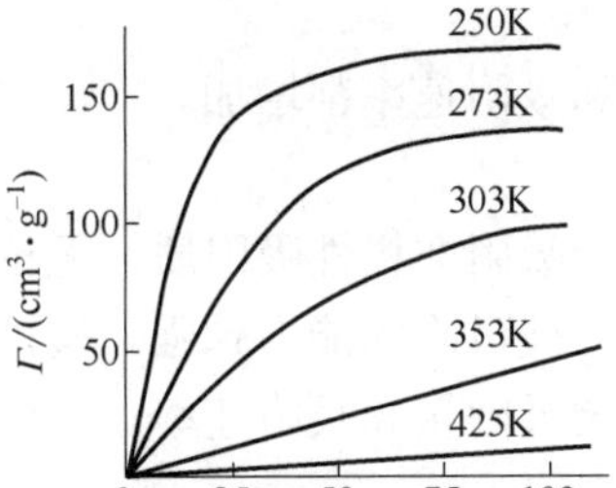

图 8.3.3 NH_3 在活性炭上的吸附等温线

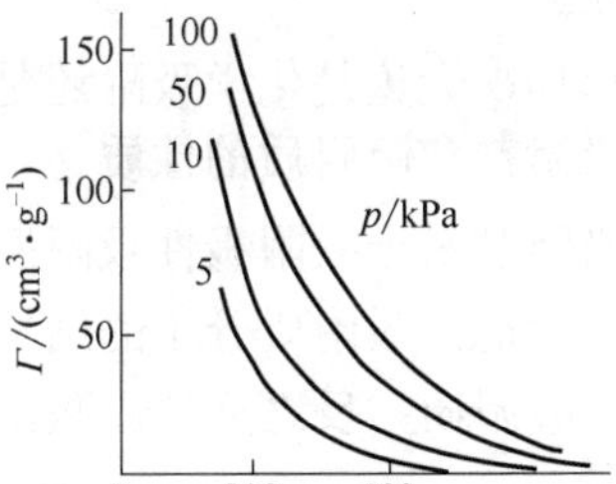

图 8.3.4 NH_3 在活性炭上的吸附等压线

吸附曲线是相互联系的，从某一组类型的曲线可作出其他两组曲线。其中最常用的是吸附等温线。吸附等温线大致有如下几种类型：

① 单分子层吸附，为化学吸附，见图 8.3.5（a）。

② 由单分子层吸附转换为多分子层吸附，为物理吸附，见图 8.3.5（b）。

③ 一开始就是多分子层吸附，且随着压力增大，吸附层趋于无限厚，吸附量趋向于无穷大，见图 8.3.5（c）。

④ 在低压下为单分子层吸附，随着压力增大，出现毛细凝聚现象，吸附量增大，但当吸

附饱和后，吸附量趋于恒定。压力增大，出现第二次吸附，见图 8.3.5（d）。

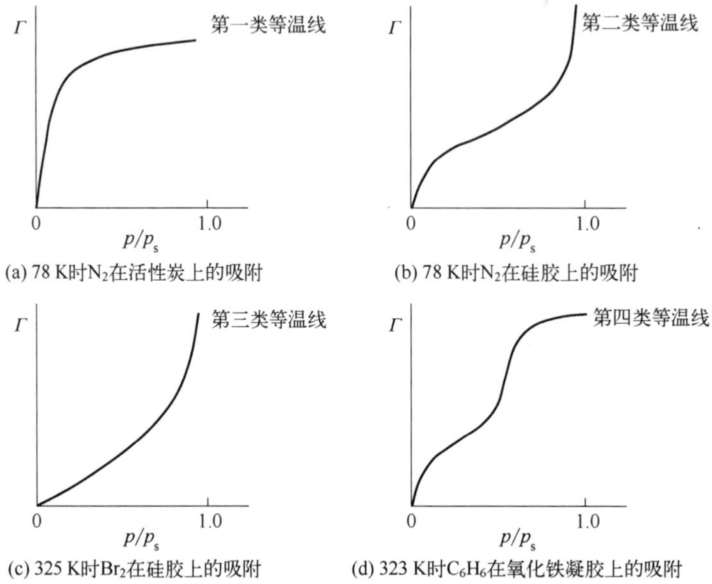

图 8.3.5　几种类型的吸附等温线

8.3.6　影响气-固界面吸附的因素

（1）温度

气体吸附为放热过程，温度升高，吸附量减少。对于物理吸附，一般温度控制在气体的沸点附近。化学吸附为表面化学反应，温度影响吸附量、吸附速率、吸附类型。

（2）压力

压力增加，无论是化学吸附还是物理吸附，吸附量和吸附速率都增加。

（3）吸附剂和吸附质的性质

极性吸附剂易于吸附极性吸附质，非极性吸附剂易于吸附非极性吸附质；无论是极性还是非极性吸附剂，吸附质分子的结构越复杂，沸点越高，被吸附的能力越强。酸性吸附剂易于吸附碱性吸附质，反之亦然。吸附剂的孔隙大小，影响吸附量和吸附速率。

8.3.7　吸附等温式

固体对气体的等温吸附规律也可用解析式即所谓的吸附等温式描述，其中最著名的吸附等温式有弗罗因德利希（Freundlich）等温式、朗缪尔（Langmuir）等温式、BET（Brunauer-Emmett-Teller）多层吸附公式。

（1）弗罗因德利希等温式

弗罗因德利希根据许多实验事实，认为吸附等温式可用式（8.3.4）表示。

$$\Gamma = kp^{\frac{1}{n}} \qquad (8.3.4)$$

k 和 n 是两个经验常数，$n>1$。弗罗因德利希等温式在中等压力下（等温线中段）与实验事实吻合，但常数 k 和 n 物理意义不明确。

（2）朗缪尔等温式

朗缪尔在研究低压下气体在金属上的吸附时，通过实验数据发现了一些规律，根据这些规律，他建立了朗缪尔单分子层吸附理论。这个理论的基本假定如下：

① 吸附是单分子层的。吸附气体分子碰撞在已吸附的分子上属于弹性碰撞，碰撞在空白表面时，才会发生吸附。

② 固体表面是均匀的，各处的吸附能力相同，吸附热是常数，不随表面覆盖程度而变化。

③ 被吸附在固体表面上的分子，相互之间无作用力。

④ 吸附是一种动态平衡。

根据以上假定，导出朗缪尔吸附等温式。设固体表面被气体覆盖的分数，即表面覆盖率为 θ，则固体表面未被气体覆盖的分数即空白面积分数为 $1-\theta$。显然，气体吸附速率与气体的压力成正比，也与固体的空白面积分数成正比，即

$$\text{吸附速率} = k_1 p(1-\theta)$$

气体的解吸速率应与固体表面覆盖率成正比，即

$$\text{解吸速率} = k_{-1}\theta$$

平衡时，吸附速率和解吸速率相等，$k_1 p(1-\theta) = k_{-1}\theta$，即

$$k_1 p - k_1 p\theta = k_{-1}\theta$$

或

$$\theta = \frac{k_1 p}{k_{-1} + k_1 p} = \frac{bp}{1+bp} \tag{8.3.5}$$

式中，$b = \dfrac{k_1}{k_{-1}}$，称为吸附系数，类似于化学反应的平衡常数。b 值的大小反映了固体吸附气体的能力，b 越大，固体吸附气体的能力越强。设压力为 p 时固体表面的吸附量为 Γ，吸附饱和时的吸附量为 Γ_∞，则对单分子层吸附，有

$$\theta = \frac{\Gamma}{\Gamma_\infty} \tag{8.3.6}$$

将式（8.3.6）代入式（8.3.5），得

$$\Gamma = \Gamma_\infty \frac{bp}{1+bp} \tag{8.3.7}$$

式（8.3.8）就是朗缪尔吸附等温式。此式能很好地解释第一类等温线[图 8.3.5（a）]。低压下，$bp \ll 1$，$bp+1 \approx 1$，$\Gamma \approx \Gamma_\infty bp$，这就是等温线的线性段；高压下，$bp \gg 1$，$bp+1 \approx bp$，$\Gamma \approx \Gamma_\infty$，这就是等温线的水平段；中等压力下，式（8.3.7）相当于 $\Gamma \approx \Gamma_\infty b^m p^m$，$0 < m < 1$。$\Gamma \approx \Gamma_\infty b^m p^m$ 相当于弗罗因德利希等温式 $\Gamma = kp^{\frac{1}{n}}$（$n > 1$），$k = \Gamma_\infty b^m$，$m = \dfrac{1}{n}$。

式（8.3.7）还可写为

$$\frac{1}{\Gamma} = \frac{1}{\Gamma_\infty} + \frac{1}{\Gamma_\infty bp} \tag{8.3.8}$$

以$\frac{1}{\Gamma}$对$\frac{1}{p}$作图，得直线，直线的斜率为$\frac{1}{\Gamma_\infty b}$，截距为$\frac{1}{\Gamma_\infty}$，所以

$$\Gamma_\infty = \frac{1}{\text{截距}} \qquad b = \frac{\text{截距}}{\text{斜率}} \tag{8.3.9}$$

（3）BET 多层吸附公式

朗缪尔吸附等温式能很好地解释第一类等温线，但对另外几种等温线却无法解释。因此很多人都曾试图建立新的理论来解释这些曲线，其中最成功的是布鲁瑙尔（Brunauer）、埃米特（Emmett）和特勒（Teller）三人在 1938 年提出的多层吸附理论。该理论是在朗缪尔单分子层吸附理论的基础上提出的。他们接受了朗缪尔提出的关于吸附作用是吸附和解吸两个相反过程达到动态平衡的概念，以及固体表面是均匀的，各处的吸附能力相同，被吸附分子解吸时不受四周其他分子影响等看法。但他们认为被吸附分子和碰撞在其上面的气体分子之间存在着范德华力，仍可发生吸附作用，也就是说可形成多分子层吸附。如图 8.3.6 所示，在吸附过程中，不一定等第一层吸附满了以后再吸附第二层。第一层吸附是气体分子与固体表面直接发生联系，吸附热一般较大，相当于化学反应热的数量级。而第二层以后的各层，是相同分子之间的相互作用，其吸附热都相等，且相当于该气体的冷凝热。

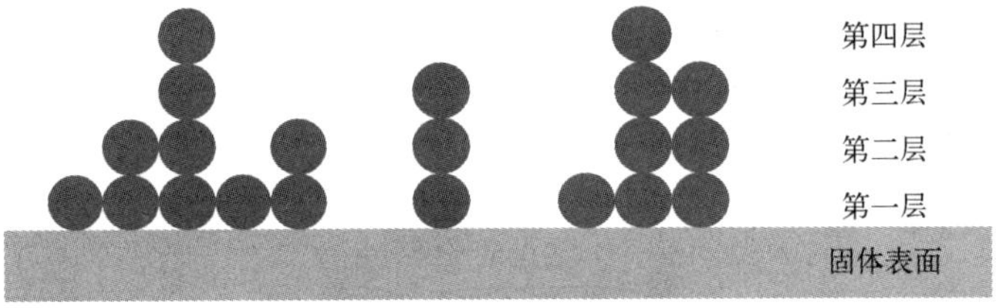

图 8.3.6　BET 模型示意图

用 BET 多层吸附公式可解释第二、第三种等温吸附线，但解释不了第四种等温吸附线。在 BET 多层吸附公式的基础上推导出的新公式虽可解释第四等温吸附线，但公式复杂，可操作性差。BET 多层吸附公式的主要用途为测定催化剂的比表面积。

根据上述原则，在一定温度下，当吸附达到平衡后，气体的吸附量等于各层（层数为无穷）吸附量的总和。可以证明（不证），吸附量与平衡压力之间存在着下列定量关系：

$$\Gamma = \frac{\Gamma_\infty C p}{(p_\mathrm{s} - p)\left[1 + (C-1)p / p_\mathrm{s}\right]} \tag{8.3.10}$$

这就是 BET 多层吸附公式，又称 BET 二常数公式。式中，C 是与吸附热和被吸附气体的冷凝热有关的常数，为无量纲的纯数；Γ_∞ 是第一层铺满时的吸附量，相当于朗缪尔吸附等温式中的 Γ_∞。

如果吸附只有有限的 n 层，则吸附等温式为

$$\Gamma = \frac{\Gamma_\infty C x}{1-x} \times \frac{1-(n+1)x^n + nx^{n+1}}{1+(C-1)x - Cx^{n+1}} \tag{8.3.11}$$

这就是 BET 三常数公式。式中，$x = p / p_\mathrm{s}$。若 $n=1$，式（8.3.11）变为朗缪尔吸附等温式，即

$$\begin{aligned}\Gamma &= \frac{\Gamma_\infty Cx}{1-x} \times \frac{1-2x+x^2}{1+(C-1)x-Cx^2} \\ &= \Gamma_\infty Cx \frac{1-x}{1-x+Cx-Cx^2} \\ &= \Gamma_\infty Cx \frac{1-x}{1-x+Cx(1-x)} \\ &= \Gamma_\infty \frac{Cx}{1+Cx}\end{aligned}$$

如果$n \to \infty$，则式（8.3.11）变为BET二常数公式。

$$\begin{aligned}\Gamma &= \frac{\Gamma_\infty Cx}{1-x} \times \frac{1-(n+1)x^n+nx^{n+1}}{1+(C-1)x-Cx^{n+1}} \\ &= \frac{\Gamma_\infty Cx}{1-x} \times \frac{1-x^n-nx^n+nx^{n+1}}{1+(C-1)x-Cx^{n+1}} \\ &= \frac{\Gamma_\infty Cx}{1-x} \times \frac{1-x^n-nx^n(1-x)}{1+(C-1)x-xCx^n}\end{aligned}$$

因$x = p/p_s < 1$，所以$n \to \infty$时，$x^n \to 0$，$nx^n \to \frac{n}{x^{-n}} \to \frac{\infty}{\infty} \to \frac{1}{-x^{-n}\ln x} \to \frac{x^n}{-\ln x} \to 0$，则

$$\begin{aligned}\Gamma &= \frac{\Gamma_\infty Cx}{1-x} \times \frac{1}{1+(C-1)x} \\ &= \frac{\Gamma_\infty Cp/p_s}{1-p/p_s} \times \frac{1}{1+(C-1)p/p_s} \\ &= \frac{\Gamma_\infty Cp}{p_s-p} \times \frac{1}{1+(C-1)p/p_s}\end{aligned}$$

BET二常数公式被广泛用于测量固体的比表面积。BET二常数公式，即式（8.3.10）又可改写为

$$\frac{p}{\Gamma(p_s-p)} = \frac{1}{\Gamma_\infty C} + \frac{C-1}{\Gamma_\infty C} \times \frac{p}{p_s} \tag{8.3.12}$$

由实验测得不同压力p下的吸附量Γ，以$\frac{p}{\Gamma(p_s-p)}$对$\frac{p}{p_s}$作图得直线，直线的斜率为$\frac{C-1}{\Gamma_\infty C}$，截距为$\frac{1}{\Gamma_\infty C}$，则

$$斜率+截距 = \frac{C-1}{\Gamma_\infty C} + \frac{1}{\Gamma_\infty C} = \frac{1}{\Gamma_\infty}$$

所以

$$\Gamma_\infty = \frac{1}{斜率+截距} \tag{8.3.13}$$

$$C = \frac{1}{截距 \times \Gamma_\infty} = \frac{斜率+截距}{截距} \tag{8.3.14}$$

BET二常数公式适用范围为p/p_s在0.05～0.35之间，当压力低时，单层吸附也不能形成，理论值大于实验值；压力高时，毛细凝结发生，实验值大于理论值。另外，BET公式的

一些假设也不尽合理，例如同一层分子之间无作用力，而上、下层分子之间又有作用力等。

8.4 液–固表面

生活中常见的液-固界面问题包括盘子的洗涤、农药的喷洒、油漆的喷涂、矿物的浮选等。

8.4.1 接触角

液体对固体表面的润湿作用是界面现象的一个重要方面，它主要研究液体对固体表面的亲合状况。例如水能润湿玻璃，但不能润石蜡。荷叶上的水珠可以自由滚动，说明水不能润湿荷叶。一般来说，若液体能润湿固体，则液体呈凸透镜状；若不能润湿，则呈椭球状，如图 8.4.1 所示。液体对固体的润湿程度可用接触角来衡量。所谓接触角就是从液-固界面经液相到气-液界面所转过的角度。接触角越小，润湿越好。一般以 θ=90°为分界线。θ＜90°，为能润湿；θ=0°，为完全润湿；θ＞90°，为不润湿；θ=180°，为完全不润湿。

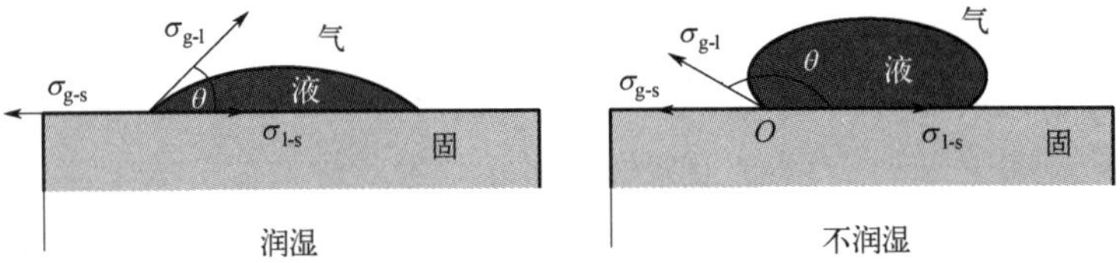

图 8.4.1 接触角与界面张力示意图

现在我们导出接触角与界面张力之间的关系。点 O 的液体受到三个表面张力的作用：σ_{g-s} 力图将点 O 的液体拉向左方，以覆盖气-固界面，使气-固界面缩小；σ_{l-s} 力图将点 O 的液体向右拉，以缩小液-固界面；σ_{g-l} 力图将点 O 的液体沿切线方向向上拉，以缩小气-液界面。在固体为光滑平面的情况下，润湿平衡时，有

$$\sigma_{g-s}=\sigma_{l-s}+\sigma_{g-l}\cos\theta \qquad \cos\theta=\frac{\sigma_{g-s}-\sigma_{l-s}}{\sigma_{g-l}} \tag{8.4.1}$$

式（8.6.1）就是表示界面张力和接触角关系的杨氏（Young）方程。润湿作用在实际中有广泛的应用，如棉布易被水润湿，但经表面处理后 σ_{l-s} 增大，可制成雨具；杀虫剂中加入一些表面活性物质后，喷洒到植物叶片上就不会滚落下来。

因 $|\cos\theta|\leqslant 1$，所以 $\dfrac{|\sigma_{g-s}-\sigma_{l-s}|}{\sigma_{g-l}}\leqslant 1$ 或 $|\sigma_{g-s}-\sigma_{l-s}|\leqslant\sigma_{g-l}$，即

$$-\sigma_{g-l}\leqslant\sigma_{g-s}-\sigma_{l-s}\leqslant\sigma_{g-l} \tag{8.4.2}$$

完全润湿的条件为 $\sigma_{g-s}-\sigma_{l-s}>\sigma_{g-l}$，即

$$\sigma_{g-s}>\sigma_{l-s}+\sigma_{g-l} \tag{8.4.3}$$

完全不润湿的条件为 $\sigma_{g-s}-\sigma_{l-s}<-\sigma_{g-l}$，即

$$\sigma_{l-s}>\sigma_{g-l}+\sigma_{g-s} \tag{8.4.4}$$

（1）接触角的测定方法

基于光学成像和几何分析来确定液体在固体表面形成的接触角。通过特定的光学系统获取液滴在固体表面的图像，然后利用数学算法和几何关系来测量这个角度。常见的测量方法有切线法和椭圆拟合法。切线法是在液滴轮廓上选择合适的位置作切线，然后测量切线与固体表面的夹角。椭圆拟合法则是将液滴的轮廓拟合为椭圆，通过椭圆的参数计算出接触角。在测量过程中，通常会使用光源照亮液滴和固体表面，使液滴的轮廓清晰可见。高分辨率的相机捕捉液滴图像，再将图像传输到计算机进行处理和分析。总之，接触角测量仪的原理是通过精确获取和分析液滴在固体表面的形态，从而确定接触角的大小，以评估固体表面的润湿性能和化学性质。

（2）影响接触角测定的因素

① 接触角滞后。接触角滞后的原因：表面不洁净、表面粗糙、表面的润湿度。

② 表面清洁度。要求有干净、平整且无气体吸附的表面。

（3）影响接触角大小的因素

① 液体的界面张力。

② 固体的表面性质。

③ 固体表面的粗糙程度。

④ 液滴的大小。

（4）接触角的应用

利用接触角可以了解固体表面的润湿性质，以及计算固体表面能、润湿热、吸附量。下面以浮选为例，简述接触角的应用。

① 浮选的定义。在矿浆（矿粒在水中形成的悬浮体系）中加入起泡剂、捕集剂等，通入空气并使体系形成泡沫，利用矿粒组成的不同，使有用矿粒被气泡带到上层而与废弃矿粒分离。

在实际过程中，矿粒与气泡之间的稳定性受多种力的作用：重力、矿粒浸入液体部分受到的浮力、三相接触面低于水平面受到的静压力、气-液界面张力、气泡气体对气-固界面施加的毛细管力、惯性脱落力。

② 浮选产生的条件

a. 无用矿粒被水完全润湿，它们聚集而沉降到下部；

b. 水在有用矿粒的接触角大于 20°；

c. 矿粒在气-液界面附着有良好的稳定性，矿粒在气泡表面的稳定性与接触角、气泡与矿粒的表面电性、矿粒粒度等有关，一般浮选颗粒的粒度下限为 5 μm，上限为 0.1 mm，最佳范围是 7～74 μm。

③ 浮选的过程。粉碎的矿粒处于湍流和悬浮状态，表面活性剂在固体表面吸附后使其表面润湿性发生了疏水化，增大了水在其表面的接触角，与气泡接触后迅速黏附在气泡上，上浮后形成精选泡沫层。回收精选泡沫层便达到精矿回收的目的。

💡 思考

1. 从王淀佐院士、邱冠周院士利用浮选原理获得国家科技进步奖等成就的经历，谈谈对创新思维的理解。

2. 表面压力是什么？如何测定？它与通常的气体压力有何不同？接触角的定义是什么？它的大小受哪些因素影响？如何用接触角的大小来判断液体对固体的润湿情况？

3. 水在玻璃上能铺展，水银在玻璃上却形成液滴，为什么？

8.4.2　黏附功、内聚功、浸湿功和铺展系数

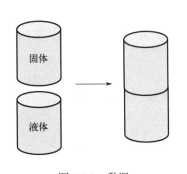

图 8.4.2　黏湿

恒温恒压可逆条件下，将气-液和气-固界面转变为液-固界面，如图 8.4.2 所示。

如果各界面都是单位面积，则该过程的吉布斯自由能变为

$$\Delta G = \sigma_{\text{l-s}} - \sigma_{\text{g-s}} - \sigma_{\text{g-l}} = W_{\text{a}} \tag{8.4.5}$$

W_{a} 称为黏附功。W_{a} 越负，液体越易润湿固体。$\sigma_{\text{l-s}}$ 和 $\sigma_{\text{g-s}}$ 较难测定，由 $\cos\theta = \dfrac{\sigma_{\text{g-s}} - \sigma_{\text{l-s}}}{\sigma_{\text{g-l}}}$ 将其消去，即

$$W_{\text{a}} = -\sigma_{\text{g-l}}\cos\theta - \sigma_{\text{g-l}} = -\sigma_{\text{g-l}}(1+\cos\theta) \tag{8.4.6}$$

由式（8.4.6）可测量 W_{a}。如果 $\Delta G > 0$，即

$$\sigma_{\text{l-s}} > \sigma_{\text{g-s}} + \sigma_{\text{g-l}} \tag{8.4.7}$$

则液体不能润湿固体。如果把图 8.4.2 上面的固体改成液体，则

$$\Delta G = -2\sigma_{\text{g-l}} = W_{\text{c}} \tag{8.4.8}$$

W_{c} 称为内聚功，它是液体本身结合牢固程度的一种量度。

如果将单位表面积的固体浸入液体中，气-固界面转变为液-固界面（设液体的界面变化可忽略），如图 8.4.3 所示，则

$$\Delta G = \sigma_{\text{l-s}} - \sigma_{\text{g-s}} = W_{\text{i}} \tag{8.4.9}$$

W_{i} 称为浸湿功，它是液体在固体表面上取代气体能力的一种量度。

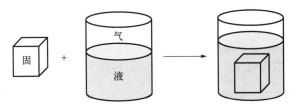

图 8.4.3　浸湿

将式（8.4.1）代入式（8.4.9），得

$$W_{\text{i}} = -\sigma_{\text{g-l}}\cos\theta \tag{8.4.10}$$

由式（8.4.10）可知，W_{i} 也可由实验测定。

如果当液-固界面取代气-固界面的同时，气-液界面也扩大了同样的面积，这样的过程称

为铺展（完全润湿），如图 8.4.4 所示。

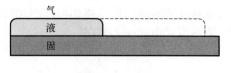

图 8.4.4　铺展

铺展一单位面积时，有

$$\Delta G = \sigma_{\text{l-s}} + \sigma_{\text{g-l}} - \sigma_{\text{g-s}} = -S \qquad (8.4.11)$$

S 称为铺展系数。因此铺展的条件为

$$\sigma_{\text{g-s}} > \sigma_{\text{l-s}} + \sigma_{\text{g-l}} \qquad (8.4.12)$$

可将式（8.4.12）写为

$$S = \sigma_{\text{g-s}} - \sigma_{\text{l-s}} - \sigma_{\text{g-l}} = \sigma_{\text{g-l}} \cos\theta - \sigma_{\text{g-l}} = \sigma_{\text{g-l}}(\cos\theta - 1) \qquad (8.4.13)$$

因此，S 也可由实验测定。

8.4.3　固体自溶液中的吸附

固体在溶液中吸附较为复杂，至今尚未有完满的理论。因为吸附剂除了吸附溶质外还可以吸附溶剂。但由于溶液中的吸附具有重要的实际意义，人们在长期的实践中也提出了一些规律。

将定量的吸附剂与一定量已知其浓度的溶液相混合，在一定温度下振摇使其达平衡。澄清后，分析溶液的成分。从浓度的改变可求出每克固体所吸附溶质的数量 Γ，即

$$\Gamma = \frac{n}{m} = \frac{V(c_0 - c)}{m} \qquad (8.4.14)$$

若固体按溶液的浓度将溶质和溶剂同时吸附掉，则溶液的浓度不会变，由式（8.4.14）知，此时为零吸附。因此式（8.4.14）表示的是相对吸附。若固体只吸附溶液中溶质，则溶质的浓度下降，此时为正吸附；若固体只吸附溶液中溶剂，则溶质的浓度上升，此时为负吸附。这样算得的吸附量是稀溶液中的相对吸附量。

对于固体自稀溶液中的吸附，溶质/固体、溶剂/溶质、溶液/溶质间的作用力可忽略。故吸附等温线有三种：①单分子层吸附等温线；②多分子层吸附等温线；③指数型吸附等温线。

大多数情况下，可用单分子层吸附等温线，即朗缪尔吸附等温线来描述。

固体在溶液中的绝对吸附量目前还不能测量。同固体吸附气体一样，固体在溶液中的吸附等温线也各种各样，其中最常见的为 S 形，如图 8.4.5 所示。由图知，固体从稀溶液中吸附的吸附量有正有负，当溶质浓度较小时，是正吸附，这意味着表面层中溶质的浓度比溶液内部大；当溶质浓度较大时，是负吸附，这意味着表面层中溶质的浓度比溶液内部小。这同固体吸附气体只有正吸附不同。

由图 8.4.5 可知，当溶质浓度趋于 0 时，固体主要吸附溶液中溶质；当溶质浓度趋于 1 时，固体主要吸附溶液中溶剂。所以固体只吸附溶液中的"少数"。

由图 8.4.5 知，固体从稀溶液中吸附的吸

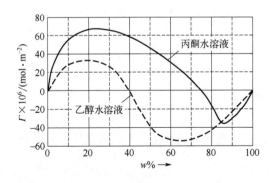

图 8.4.5　硅胶在丙酮水溶液和乙醇
水溶液中的吸附等温线

附等温线和固体吸附气体相似，因此可借用朗缪尔吸附等温式处理数据，用浓度代替朗缪尔吸附等温式中的压力即可。

$$\Gamma = \Gamma_{\infty} \frac{bc}{1+bc} \tag{8.4.15}$$

不过此时 Γ_{∞} 和 b 只能视为经验常数，其物理意义不明确。

液-固吸附的分类：

① 根据吸附质性质，分为电解质溶液吸附及非电解质溶液吸附。

② 根据吸附质浓度高低，分为浓溶液吸附及稀溶液吸附。

③ 根据吸附质分子量高低，分为高分子溶液吸附及低分子溶液吸附。

影响吸附的因素：

① 温度的影响。一般情况下，温度升高，溶质的溶解度增大，故吸附量降低。温度过高，还容易出现脱附现象。但对于那些溶解度随温度升高而降低的溶质如非离子表面活性剂、正丁醇、辛醇等，温度升高，吸附量增大。如苯酚-水体系在活性炭上的吸附：温度为 0 ℃、25 ℃和 50 ℃时的吸附量分别为 5.18 $mmol \cdot g^{-1}$、6.04 $mmol \cdot g^{-1}$ 及 6.40 $mmol \cdot g^{-1}$。

② 溶解度的影响。一般情况下，溶解度增大，吸附量降低。

③ 吸附剂、溶质、溶剂三者极性的影响。极性对吸附量的影响遵循 Traube 规则：极性吸附剂优先在非极性溶剂中吸附极性强的溶质；非极性吸附剂优先在极性溶剂中吸附非极性的溶质。

④ 吸附剂表面状态的影响。吸附剂的表面状态对吸附的影响主要有：

a. 比表面积大小。吸附剂比表面积大，则吸附量大；反之则小。

b. 孔结构。吸附剂孔径大小直接影响着被吸附分子的大小及多少。孔径大者，吸附的分子种类多，但相应地降低其比表面积。

（1）固体自电解质溶液中的吸附

固体自电解质溶液中的吸附特点：

① 吸附机理多为离子交换。规律：高价离子优先交换低价离子；浓度高的离子优先交换浓度低的离子；等价离子中，水化半径小者优先交换水化半径大者。

② 发生吸附的吸附质表面电荷性质发生变化。如黏土吸附了阳离子聚电解质，表面电势由原来的–40 mV 变化为–20～–10 mV。

③ 吸附具有较强的选择性。一般来说，带负电荷的吸附剂优先吸附带正电荷的吸附质；带正电荷的吸附剂优先吸附带负电荷的吸附质。

（2）固体自高分子溶液中的吸附

固体自高分子溶液中的吸附特征：

① 吸附方式多样，有点式吸附、锚式吸附等方式。

② 吸附速度慢，达到平衡所需要的时间长。

③ 吸附量受溶剂的影响大。在良溶剂中，分子链充分舒展；而在不良溶剂中，分子链呈卷曲状态，因此影响吸附状态和吸附量。

④ 聚合物吸附通常兼有絮凝作用。

固体自高分子溶液中吸附的应用：

① 污水处理。

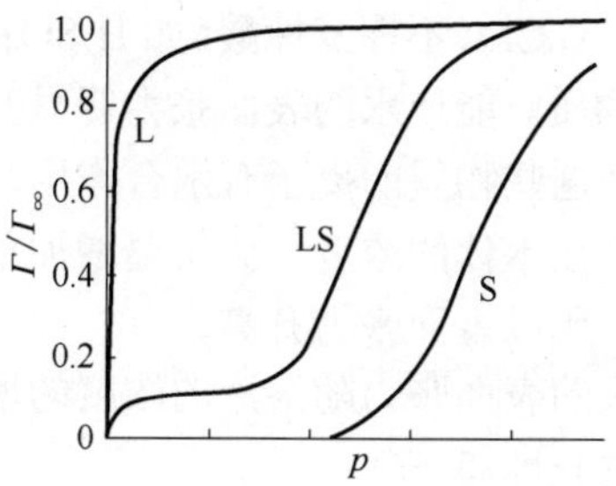

图 8.4.6　表面活性剂在液-固界面吸附等温线示意图

② 采油过程中利用该原理，可将部分高分子作为牺牲剂。

③ 储层保护（高分子吸附对油藏的伤害及高分子稳定黏土的性质）。

（3）固体自表面活性剂溶液中的吸附

① 吸附等温线。吸附等温线有三种形式：Langmuir 型（L 型）、S 型、LS 复合型（图 8.4.6）。其中 L、LS 型表示在低浓度时就具有强烈的吸附能力（阳离子表面活性剂在带负电表面的吸附）；而 S 型较复杂。

对于 S 型：

a. 固体与溶剂亲和力强，与低浓度的表面活性剂吸附形成竞争，降低了表面活性剂的吸附量。

b. 表面活性剂在带同号电荷的表面吸附为 S 型。

c. 离子型表面活性剂在带少量异号电荷的表面吸附为 S 型。

② 吸附机理。一般来说，离子型表面活性剂主要以电性作用吸附于带电表面，以色散力作用吸附于非极性表面；非离子表面活性剂可与极性固体表面的原子或原子团以氢键形式吸附。

③ 影响因素。

a. 表面活性剂的性质：同系列表面活性剂在同一种固体表面吸附时，随着疏水基碳原子数的增加，吸附量增大；对于非离子表面活性剂，聚氧乙烯基数量增多，在水中溶解度增大，吸附量减低。

b. 介质性质：对于带电表面活性剂，溶液的 pH 能够影响其带电性质，因此影响其吸附量；外加添加剂如无机盐、有机极性分子等会因盐析、缔合等影响吸附量。

c. 温度：由于吸附是放热过程，因此温度升高不利于吸附。

d. 固体表面性质：服从极性相似相吸原理。

8.5　溶液表面的吸附

8.5.1　溶液的表面吸附现象

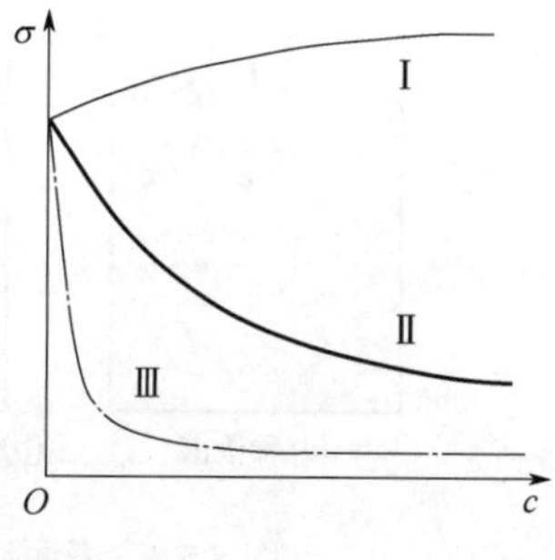

图 8.5.1　表面张力与浓度关系示意图

前面讨论了气-固和液-固界面吸附，现在讨论气-液界面吸附，更准确地说是溶液-空气界面吸附。溶液-空气界面对溶液中的溶质也有吸附作用，这种吸附作用导致溶液的表面张力发生变化。以水溶液为例，在一定的温度下，在纯水中分别加入不同种类的溶质，溶质的浓度对表面张力的影响可分为三种类型，如图 8.5.1 所示。

第Ⅰ种类型的曲线表明，在水中逐渐加入溶质时，溶液的表面张力随溶液的浓度的增加稍有升高。就水溶液而言，属于此类型的溶质有无机盐类（如 NaCl）、不挥发性酸（如 H_2SO_4）、碱（如 KOH）以及含有多个羟基的有机化合物（蔗糖）等物质。能使水的表面张力明显升高的溶质称为表面惰性物质，如无机盐和不挥发的酸、碱等。这些物质的离子有水合作用，趋向于把水分子拖入水中，非表面活性物质在表面的浓度低于在本体的浓度。如果要增加单位表面积，所做的功中还必须包括克服静电引力所消耗的功，所以表面张力升高。

第Ⅱ种类型的曲线表明，在水中逐渐加入溶质时，溶液的表面张力随溶液的浓度的增加而降低。大部分低脂肪酸、醇、醛等有机化合物的水溶液有此性质。

第Ⅲ种类型的曲线表明，在水中加入少量溶质可使溶液的表面张力急剧下降，至某一浓度后，溶液的表面张力几乎不再随溶液的浓度的增加而变化。属于此类型溶质的有长碳链的脂肪酸盐（如肥皂，即硬脂酸钠）、烷基苯磺酸盐（如洗衣粉，即十二烷基苯磺酸钠）、烷基硫酸脂盐等。

凡是使溶液表面张力降低的物质，从广义上讲，皆可称为表面活性物质；但习惯上，只把那些溶入少量就能显著降低溶液表面张力的物质，称为表面活性物质或表面活性剂。这种物质通常含有亲水的极性基团和憎水的非极性碳链或碳环有机化合物，见图 8.5.2。加入表面活性剂到水中，亲水基团进入水中，憎水基团企图离开水而指向空气，表面活性物质的表面浓度大于本体浓度，增加单位面积所需的功较纯水小。非极性成分愈大，表面活性也愈大。

根据实验，憎水基团碳数不同的脂肪酸在水中的浓度达到一定数值后，它在表面层中的超额为一定值，与本体浓度无关，并且和它的碳氢链的长度也无关。这说明此时表面吸附已达到饱和，脂肪酸分子合理的排列是羧基向水、碳氢链向空气。

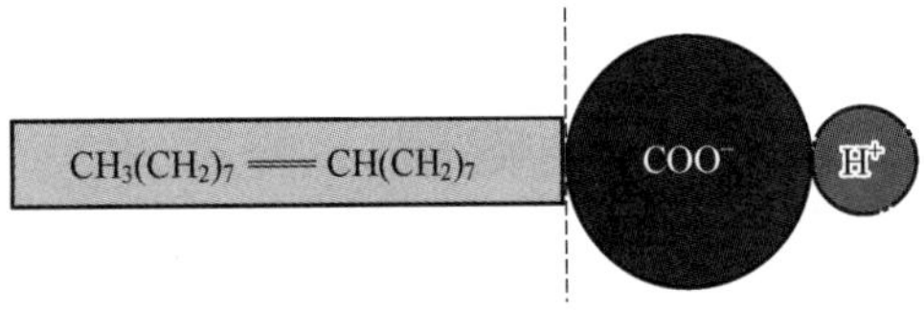

图 8.5.2　油酸表面活性剂的结构特征

如图 8.5.3，随着表面活性剂浓度的增加，憎水基被推出水面，伸向空气，亲水基留在水中，达到一定浓度后，表面活性剂分子在界面上定向排列，形成单分子表面膜；多余的分散在水中的表面活性剂分子以其非极性部位自相结合，形成憎水基向里、亲水基朝外的多分子聚集体，称为缔合胶体或胶束。缔合胶束呈近似球状、层状或棒状，如图 8.5.4 所示。表面活性剂分子开始形成缔合胶体的最低浓度称为临界胶束浓度（critical micelle conentration，CMC），实验表明 CMC 通常表现为一个较窄的范围，而不是一个确定的数值。

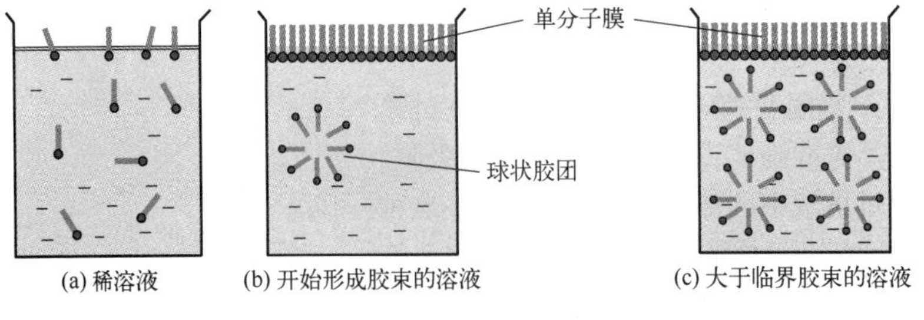

图 8.5.3　表面活性物质分子在溶液本体及表面层中分布示意图

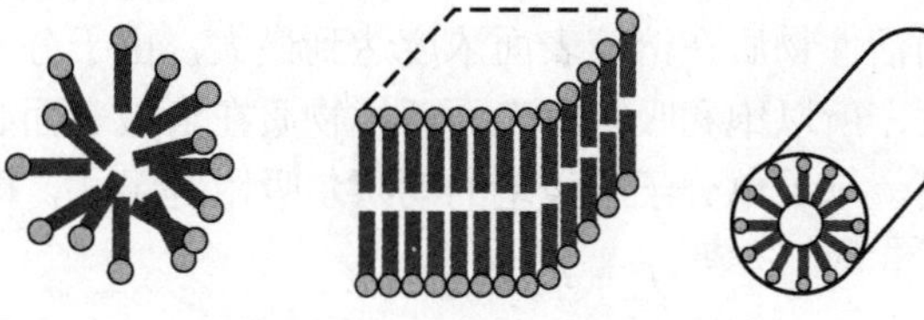

图 8.5.4　各种缔合胶束的形状

溶液表面张力与浓度的关系目前尚无较好的理论公式，通常使用希思柯夫斯基的经验公式：

$$\frac{\sigma_0-\sigma}{\sigma_0}=a'\ln(1+bc)$$

a' 和 b 为经验常数。

$$\sigma_0-\sigma=\sigma_0 a'\ln(1+bc)=a\ln(1+bc) \tag{8.5.1}$$

当 c 很小时，有

$$\sigma_0-\sigma=a\ln(1+bc)\approx abc \tag{8.5.2}$$

即 σ 随 c 线性下降。当 c 很大时，有

$$\sigma_0-\sigma=a\ln(1+bc)\approx a\ln(bc)=a\ln b+a\ln c \tag{8.5.3}$$

即 σ 随 c 成对数下降。

8.5.2　吉布斯吸附等温式

根据热力学原理，可推导得恒温恒压下溶液表面吸附的吉布斯吸附等温式为

$$\Gamma=-\frac{c}{RT}\times\frac{\mathrm{d}\sigma}{\mathrm{d}c} \tag{8.5.4}$$

Γ 是溶液的表面吸附量。对于第Ⅰ种类型的溶液表面吸附，$\frac{\mathrm{d}\sigma}{\mathrm{d}c}>0$，由吉布斯吸附等温式可知，$\Gamma<0$，为负吸附；对于第Ⅱ和Ⅲ种类型的溶液表面吸附，$\frac{\mathrm{d}\sigma}{\mathrm{d}c}<0$，$\Gamma>0$，为正吸附。

对于上述溶液表面的吸附现象，可用恒温恒压下稳定平衡时，体系吉布斯自由能趋于最小的原理来说明。在一定的温度和压力下，当一定量的溶质和溶剂形成溶液时，若溶液的表面积一定，降低体系自由能（$G^\sigma=\sigma A$）的唯一途径是尽可能地减小溶液的表面张力。若溶剂中溶入溶质后其表面张力上升（$\frac{\mathrm{d}\sigma}{\mathrm{d}c}>0$），则溶质会离开溶液表面进入溶液内部，以降低表面浓度，使溶液的表面张力或表面自由能增加得少些（反抗表面自由能增加），这就是负吸附。若溶剂中溶入溶质后其表面张力下降（$\frac{\mathrm{d}\sigma}{\mathrm{d}c}<0$），则溶质会从溶液内部富集到溶液表面，增大表面浓度，使溶液的表面张力或表面自由能降低得更多些，这就是正吸附。

用吉布斯吸附等温式计算吸附量的方法是由实验测量 σ 和 c 的关系，绘制 σ-c 曲线，作曲线的切线，得 $\frac{\mathrm{d}\sigma}{\mathrm{d}c}$，代入公式即可求得 Γ，进而可作吸附等温线 Γ-c。

当饱和吸附时，表面活性物质在溶液表面浓度达到最大，由于分子定向排列时在单位面积上分子数可以达到最大，所以饱和吸附时表面活性物质在溶液表面必然是定向排列的。饱和吸附形成的是单分子膜，满足单分子膜模型的朗缪尔吸附等温式，即

$$\Gamma = \Gamma_{\infty} K / (1 + K) \tag{8.5.5}$$

K 为经验常数，与溶质的表面活性相关。当吸附饱和时，吸附量 $\Gamma = \Gamma_{\infty}$，可以计算单个表面活性物质分子的横截面积 $a_{\mathrm{m}} = 1 / \Gamma_{\infty} L$。式中，$L$ 为阿伏伽德罗常数。所以吉布斯吸附等温式与朗缪尔吸附等温式联合可以求解出吸附量和分子截面积。

8.6 表面活性剂

8.6.1 表面活性剂及分类

表面活性剂：在较低浓度时，能显著降低溶液的表面张力的物质。

表面活性剂的分子特征：表面活性剂一般都是线性分子，其分子中同时含有亲水（憎油）性的极性基团和亲油（憎水）性的非极性基团，因而表面活性剂具有既亲水又亲油的双亲性。如表面活性剂硬脂酸钠 $C_{17}H_{35}COONa$ 的分子中，$C_{17}H_{35}$ 为亲油基，COONa 为亲水基，从分子结构上看，它是两亲分子。

以亲水基是否是离子型及其类别为主要依据，表面活性剂通常分为离子型及非离子型（nonionic）两大类。离子型表面活性剂又可分为阳离子型（cationic）、阴离子型（anionic）和两性离子型（amphoteric）。

此外，表面活性剂还有高分子型表面活性剂、含氟表面活性剂、含硅表面活性剂、生物表面活性剂等类型。

（1）阴离子型表面活性剂

阴离子型表面活性剂主要有：①脂肪羧酸盐类；②烷基苯磺酸盐类；③脂肪醇硫酸盐类；④脂肪醇磷酸盐。脂肪羧酸盐表面活性剂有：油酸钠，R—COONa；硬脂酸钠，R—COONa。其亲油基为 R—、亲水基为—COONa。

磺酸、磺酸盐类表面活性剂有：十二烷基苯磺酸钠和十二烷基磺酸钠。脂肪醇硫酸盐类表面活性剂有：十二烷基硫酸钠。

（2）阳离子型表面活性剂

① 胺盐类。胺盐类阳离子型表面活性剂有：伯胺盐，$R—NH_2 \cdot HCl$；仲胺盐，$R—NHCH_3 \cdot HCl$；叔胺盐，$R—NH(CH_3)_2 \cdot HCl$。它们分别是由高级伯醇、仲醇和叔醇的取代胺用盐酸、醋酸等中和得到的。

② 季铵盐类。季铵盐类阳离子型表面活性剂有：十八烷基双甲基氯化铵（1827）；十二烷基三甲基氯化铵（1231）；十八烷基二甲基苄基氯化铵；十二烷基二甲基苄基氯化铵（1227）；吡啶季铵盐阳离子型表面活性剂。

阳离子表面活性剂产品工业上多用其混合物，主要用作纤维助剂、杀菌剂、矿物浮选剂、分散剂、乳化剂、防锈剂、抗静电剂、染料的固色剂等。

（3）非离子型表面活性剂

非离子型表面活性剂主要有：①酯类；②醚类；③烷醇酰胺类；④聚氧乙烯脂肪胺类。

酯类有：水山梨醇脂肪酸酯（由失水山梨醇与脂肪酸反应得到的，主要类别有单、双、三酯）；聚氧乙烯脂肪酸酯（由脂肪酸与环氧乙烷反应得到的）。

醚类有：脂肪醇聚氧乙烯醚，如烷基酚聚氧乙烯醚；烷醇酰胺类，主要是尼纳尔型表面活性剂，它是由脂肪酸与二乙醇胺反应得到的。

主要用途：①洗涤行业；②原油破乳；③食品行业；④矿物浮选。

（4）两性离子型表面活性剂

两性离子型表面活性剂主要类型有：

① 氨基酸型。其阴离子基为羧酸，阳离子基为氨基。氨基酸两性表面活性剂广泛用于香波和其他化妆品中，此外，还用作洗涤剂、杀菌剂等。

② 咪唑啉型。多用作化妆品助剂、香波助剂、纺织助剂、金属缓蚀剂、清洗剂及破乳剂等。

③ 磷酸酯型。主要应用于食品添加剂、饲料添加剂，也可应用在化妆品中。

（5）特殊表面活性剂

特殊表面活性剂主要类型有：

① 高分子型表面活性剂。聚氧乙烯聚氧丙烯醇醚；聚-4-乙烯溴化十二烷基吡啶；海藻酸钠；羧甲基纤维素钠；明胶；淀粉衍生物；聚乙烯醇；等等。该类表面活性剂的分子量一般在几千以上，甚至高达几万。它也有阳离子、阴离子、非离子和两性离子之分。

② 含氟、含硅表面活性剂。以碳氟链为疏水基的表面活性剂称为氟表面活性剂，以硅氧烷为疏水基的表面活性剂称为硅表面活性剂，常用的主要是二甲基硅烷的聚合物。

③ 生物表面活性剂。常用的有：鼠李糖脂；海藻糖脂；磷脂；等等。

④ 特殊结构的表面活性剂。

思考

1. 比较羧酸盐、磺酸盐表面活性剂结构与表面活性的关系。
2. 通过网络，查找十六烷基二甲基苄基氯化铵的合成方法及应用。

8.6.2 表面活性剂溶液性质

（1）表面张力最低值问题

当测定表面活性剂水溶液的表面张力时，常遇到表面张力最低值现象，即表面张力随着浓度的增大，出现了最低值。

现象解释：表面活性剂分子强烈地吸附在溶液表面，且吸附量随着浓度增大而增大。当浓度超过一定数值后，溶液中形成胶团，此时浓度增加，表面张力趋于恒定。而出现的最低值是因为表面活性剂分子中有杂质存在，两者的共同作用，出现了表面张力最低值状况。

（2）表面活性剂表面张力测定

测定表面张力时，必须是平衡状态。但表面活性剂分子不同，达到吸附平衡的时间也有

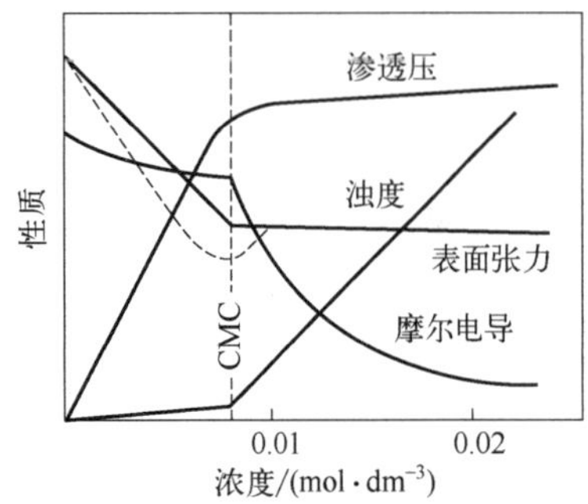

图 8.6.1　表面活性剂溶液性质与浓度关系示意图

差异，且分子量越高、浓度越大、表面活性剂分子所带的电荷越强，达到吸附平衡所需的时间越长。在测定表面张力时要注意。

（3）临界胶束浓度

临界胶束浓度是指表面活性剂开始大量形成胶束（胶团）的最小浓度或一窄小的浓度范围。在临界胶束浓度以上时，表面活性剂溶液性质特点：表面张力不再随浓度而变化；表面活性剂溶液的性质如电导、增溶能力、去污力、渗透压等发生变化（图 8.6.1）。

影响表面活性剂溶液 CMC 的因素如下：

① 无机电解质对表面活性剂的影响。一般情况下，无机电解质的加入可提高表面活性剂的表面活性。无机离子能够压缩表面活性剂离子胶团的扩散双电层，使胶团容易形成，CMC 降低。无机盐浓度增大，离子型表面活性剂的 CMC 降低；同价态离子中，水化半径小者比水化半径大者影响大。例如 $1\ mol\cdot L^{-1}$ NaCl 可使 $C_{12}H_{25}SO_4Na$ 的表面张力由原来的 $38\ mN\cdot m^{-1}$ 降低到 $26\ mN\cdot m^{-1}$，CMC 由原来的 $2.5\times10^{-2}\ mmol\cdot L^{-1}$ 降低到 $0.3\times10^{-3}\ mmol\cdot L^{-1}$。对于非离子型表面活性剂，无机盐（电解质）浓度增大时，能够降低其溶解度，从而降低 CMC。

② 长链极性有机物的影响。对于离子型表面活性剂，脂肪醇的碳链增长，表面活性剂的 CMC 下降；脂肪醇浓度增大，表面活性剂的 CMC 下降。对于非离子型表面活性剂，有同样效果。原因：醇与水溶液中的表面活性剂能定向吸附于界面，增大了界面“油”的浓度及密度。

一些水溶性强、极性强的有机物添加到表面活性剂溶液中时，往往使表面活性剂的 CMC 增大。原因是该极性物质在水中也能定向排列，其极性基团降低了界面“油”的浓度及密度，使 CMC 增大。

③ 不同表面活性剂的影响。离子型与非离子型混合后的 CMC 较任何一种低；两种电荷相反的表面活性剂混合后，CMC 显著降低，且降低程度高于离子型与非离子型的混合效果。

④ 温度的影响。非离子表面活性剂随着温度升高至一定值后，溶解度迅速下降，该温度称为非离子表面活性剂的浊点。亲水性越强，浊点越高。离子表面活性剂随着温度升高至一定值后，溶解度迅速增大。该温度称为离子表面活性剂的 Krafft 点。溶解度高，则 CMC 值大，溶解度低，则 CMC 值小。

（4）胶团的形成

胶束，又称胶团，是指在溶液中表面活性剂分子（或离子）形成的一种具有特定结构和性质的聚集体。一般情况下，用聚集数来描述形成一个胶团粒子的表面活性剂分子或离子的平均数。聚集数用 n 表示。测定方法主要有：光散射法、渗透压法、扩散法、超离心法等。

① 胶团的形状。当 n 为 30～40 时，胶团为球状；当 n 为＞40 时，胶团为腊肠状；当 n 为 100 ± 50 时，胶团为层状。

② 影响 n 的因素。一般情况下，CMC 越小，n 越大。

a. 对于同系物，亲油基对 n 的影响大于亲水基。

b. 对于非离子表面活性剂，亲水性越强，n 越小。

c. 电解质浓度越高，n 越大。

d. 水溶性大分子的加入，使 n 减小。

e. 温度对非离子表面活性剂的影响大于对离子表面活性剂的影响。

8.6.3 表面活性剂的 HLB 值

HLB 为表面活性剂的亲水亲油平衡值（hydrophile-lipophile balance，简写为 HLB），通常用它来表示表面活性剂的亲水亲油性质。HLB 值低，表示分子的亲油性强；HLB 值高，则亲水性强。

表面活性剂的 HLB 值变化范围为 1～40，其中 HLB 在 2～ 6 的表面活性剂适合作 W/O 型乳化剂；HLB 在 8～10 的适合作润湿剂；HLB 在 12～16 的适合作 O/W 型乳化剂；HLB 在 12～14 的可作洗涤剂；HLB 在 16～18 的适于作增溶剂。

HLB 值的计算如下：

① 对于多元醇的脂肪酸酯类表面活性剂，HLB 值经验计算公式为

$$\mathrm{HLB} = 20\,(l - S / A)$$

式中，S 为表面活性剂酯的皂化值；A 为脂肪的酸值。

② 对于聚氧乙烯型非离子型表面活性剂，亲水基只有$\left(C_2H_4O\right)_n$时，HLB 值计算公式为

$$\mathrm{HLB} = E / 5$$

$$E = \frac{\text{乙氧基总分子量}}{\text{表面活性剂总分子量}} \times 100\%$$

③ 对于 A 与 B 混合表面活性剂来说，其 HLB 值可由各组成表面活性剂的 HLB 值相加得出。

$$\mathrm{HLB} = (W_A \mathrm{HLB}_A + W_B \mathrm{HLB}_B) / (W_A + W_B)$$

式中，W_A 为表面活性剂 A 的质量；W_B 为表面活性剂 B 的质量；HLB_A 为表面活性剂 A 的 HLB 值；HLB_B 为表面活性剂 B 的 HLB 值。

④ 戴维把 HLB 值作为结构因子的总和来处理，将表面活性剂结构分解成一些基团，每个基团对 HLB 数值有一定的贡献。从实验可以得出各种基团的 HLB 数值，这种值称为 HLB 基团数。将 HLB 基团数代入下式，即可求出表面活性剂的 HLB 值。

$$\mathrm{HLB} = \sum(\text{亲水基团数}) - \sum(\text{亲油基团数}) + 7$$

8.6.4 表面活性剂的一些重要作用

（1）增溶作用

表面活性剂在水溶液中形成胶团后，能够使原来不溶或微溶于水的物质溶解性增加，该作用称为表面活性剂的增溶作用，又叫加溶作用。

① 增溶作用特点：

a. 表面活性剂浓度高于 CMC，就可发生增溶作用。

b. 增溶作用是自发进行的。

c. 体系是均相的，无界面存在。

d. 加溶基本不改变体系的依数性质。

e. 增溶作用不同于溶解及乳化过程。

② 增溶作用方式：

a. 增溶物溶于胶团内部的碳氢链中（极性小分子）。

b. 增溶物溶于胶团的定向表面活性剂分子之间，形成栅栏结构（长链醇或胺）。

c. 增溶方式是增溶物溶于胶团表面（不溶于水及烃如邻苯二甲酸二丁酯）。

d. 增溶方式是增溶物被包于聚氧乙烯“外壳”中（表面活性剂为非离子型）。

③ 增溶作用的应用：洗涤与去污；微乳液驱油；高聚物的乳液聚合；制药行业利用增溶作用控制难溶药物的溶解速度（Tween-60 可用于苯巴比妥的控制）。

（2）洗涤作用

利用表面活性剂的吸附作用，降低体系能量以达到固体表面外来物质去除的效果的作用称为洗涤作用。

洗涤作用的含义：

① 在液体介质中进行的固体表面净化过程。

② 发生于污垢、固体底物和溶液体系中各界面的作用。

固体污垢的去除：

固体组分主要有蛋白质、黏土矿粉、炭黑、金属氧化物等，固体污垢都是以固体小颗粒的形式黏附于固体基底上的，它们之间的作用力包括范德华力、静电引力等，污垢的去除应有两个过程：一是使污垢脱离基底，二是使脱下的污垢分散于洗涤用液体中，使其不再发生沉积。

（3）协同作用

表面活性剂之间的复配使用在实际工作中具有优化性能和提高经济效益的作用。例如，非离子表面活性剂脂肪醇聚氧乙烯醚（AE09）的增溶作用能改善阴离子表面活性剂脂肪甲酯磺酸钠（MES）的溶解性能，研究两者间的复配体系，可充分揭示其物理化学性质与其相互作用的关系及规律，为以两者为表面活性剂主体的洗涤剂配方在低温及中温下的洗涤性能研究提供理论基础。

思考

1. 计算十六烷基二甲基苄基氯化铵、十二烷基硫酸钠的 HLB 值。
2. 通过文献，查阅添加剂对表面活性剂溶液性质影响的应用事例。

8.7 膜

8.7.1 单分子膜

直链高级脂肪酸、脂肪醇在水面上展开形成单分子膜，能抑制水分蒸发，降低因蒸发而损失的热量，使水温升高。例如，二十烷醇、β-羟己基二十二烷基醚。

因 Langmuir 提出的有关气-液界面的吸附理论奠定了单分子层的理论基础，现在称气-液界面上的单分子层为 Langmuir 膜。

8.7.2 LB技术和LB膜

1935 年，Langmuir 的学生和助手 Blodgett 将 Langmuir 膜转移到固体衬底上，成功地制备出第一个单分子层积累的多层膜，这就是 Langmuir-Blodgett 膜，即 LB 膜。这种将气-液界面上的单分子层转移到固体基片上的技术就被命名为 LB 技术。

（1）影响 LB 膜的因素与表征手段

① 影响 LB 膜的因素：基板性质、尺寸、预处理条件、界面温度、基板垂直提拉速度、雷击、累计层数、部件污染程度、分子铺展的均匀程度与杂质等。表征层数、厚度、缺陷、膜内聚合反应等性质。

② 表征手段：电子自旋共振、表面电位、扫描隧道显微镜、X 射线衍射或中子衍射二次离子质谱等手段。

（2）LB 膜的应用前景

① LB 膜的无源器件应用：用于电子束刻蚀、润滑材料、分子导线和二维导电膜、超薄绝缘膜液晶器件（铁电液晶的表面取向）。

② LB 膜的有源器件应用：用于光电转换膜（分子电池和分子开关）、光转换膜（电致发光平板彩色显示器）、光致变色膜（高密度并行多信号记录材料）、非线性光学膜（各种非线性器件）、各类传感器（红外，气敏等）、仿生膜（嗅觉、视觉等人工器件）等。

这些令人兴奋的应用前景，吸引了大批学者投身 LB 膜的研究，使得 LB 膜成为集化学、物理、生物、医学、电子学、光学、材料学等于一体的边缘科学，成为当前研究的热点。

（3）LB 膜的缺陷

LB 膜的缺陷包括：LB 膜热稳定性差；机械强度较低，为分子间力；寿命较短，膜结构易随时间变化；等等。这些问题使得 LB 膜器件的商业化有一定难度，但随着人类对其研究的进展，克服这些仅仅是一个时间问题，LB 膜的优良性能必将为人类造福。

习题

1. 在 293.15 K 及 101.325 kPa 下，把半径为 1×10^{-3} m 的汞滴分散成半径为 1×10^{-9} m 的汞滴，试求此过程系统表面吉布斯函数变为多少？已知 293.15 K 时汞的表面张力为 0.4865 $N\cdot m^{-1}$。

答：6.114 J

2. 计算 373.15 K 时，下列情况下弯曲液面承受的附加压力。已知 373.15 K 时水的表面张力为 58.91×10^{-3} $N\cdot m^{-1}$。

（1）水中存在的半径为 0.1 μm 的小气泡。

（2）空气中存在的半径为 0.1 μm 的小液滴。

（3）空气中存在的半径为 0.1 μm 的小气泡。

答：（1）1.178×10^{3} kPa

（2）1.178×10^{3} kPa

（3）2.356×10^{3} kPa

3. 在 293.15 K 时，将直径为 0.1 mm 的玻璃毛细管插入乙醇中。需要在管内加多大的压力才能防止液面上升？若不加任何压力，平衡后毛细管内液面的高度为多少？已知该温度下乙醇的表面张力为 22.3×10^{-3} N • m^{-1}，密度为 789.4 kg • m^{-3}，重力加速度为 9.8 m • s^{-2}。设乙醇能很好地润湿玻璃。

答：892 Pa，0.115 m

4. 水蒸气迅速冷却至 298.15 K 时可达到过饱和状态。已知该温度下水的表面张力为 71.97×10^{-3} N • m^{-1}，密度为 997 kg • m^{-3}。当过饱和水蒸气压力为平液面水的饱和蒸气压的 4 倍时，计算：

（1）开始形成水滴的半径。

（2）每个水滴中所含水分子的个数。

答：（1）7.64×10^{-10} m

（2）62 个

5. 已知 $CaCO_3$(s)在 773.15 K 时的密度为 3900 kg • m^{-3}，表面张力为 1210×10^{-3} N • m^{-1}，分解压力为 101.325 Pa。若将 $CaCO_3$(s)研磨成半径为 30 nm 的粉末，求其在 773.15 K 时的分解压力。

答：139.8 Pa

6. 已知水在 20 ℃的表面张力为 72.75×10^{-3} N • m^{-1}，密度为 10^3 kg • m^{-3}，0 ℃时水的饱和蒸气压为 610 Pa，0～20 ℃区间水的蒸发热为 2257 J • g^{-1}，求 20 ℃水滴半径为 10^{-7} cm 时水的饱和蒸气压。

答：6367 Pa

7. 在 351.45 K 时，用焦炭吸附 NH_3 测得如下数据，设 V^a-p 关系符合 $V^a = kp^n$ 方程。试求方程式 $V^a= kp^n$ 中的 k 及 n 的数值。

p / kPa	0.7224	1.307	1.723	2.898	3.931	7.528	10.102
V^a/（dm^3 • kg^{-1}）	10.2	14.7	17.3	23.7	28.4	41.9	50.1

答：12.5 dm^3 • kg^{-1}，0.602

8. 已知在 273.15 K 时，用活性炭吸附 $CHCl_3$，其饱和吸附量为 93.8 dm^3 • kg^{-1}，若 $CHCl_3$ 的分压力为 13.375 kPa，其平衡吸附量为 82.5 dm^3 • kg^{-1}。

（1）试求朗缪尔吸附等温式中的 b 值。

（2）$CHCl_3$ 的分压为 6.6672 kPa 时，平衡吸附量为若干？

答：（1）0.5459 kPa^{-1}

（2）73.58 dm^3 • kg^{-1}

9. $CHCl_3$(g)在活性炭上的吸附服从 Langmuir 吸附等温式，在 298 K 时当 $CHCl_3$(g)的压力为 5.2 kPa 及 13.5 kPa 时，平衡吸附量分别为 0.0692 m^3 • kg^{-1} 及 0.0826 m^3 • kg^{-1}（已换算成标准态），求：

（1）$CHCl_3$(g)在活性炭上的吸附系数 α 及活性炭的饱和容量。

（2）若 $CHCl_3$ 的截面积 $A_m = 32\times10^{-20}$ m^2，求活性炭的比表面积。

答：（1）吸附系数 $\alpha = 5.36\times10^{-4}$ Pa^{-1}，

活性炭的饱和容量 $G_\infty = 0.0940\ m^3 \cdot kg^{-1}$

（2）活性炭的比表面积 $A_m = 7.58\times105\ m^2 \cdot kg^{-1}$

10. 473.15 K 时，测定氧在某催化剂表面上的吸附作用，当平衡压力分别为 101.325 kPa 及 1013.25 kPa 时，每千克催化剂的表面吸附氧的体积分别为 $2.5\times10^{-3}\ m^3$ 及 $4.2\times10^{-3}\ m^3$（已换算为标准状况下的体积），假设该吸附作用服从朗缪尔吸附等温式，试计算当氧的吸附量为饱和吸附量的一半时氧的平衡压力。

答：82.78 kPa

11. 在 291.15 K 的恒温条件下，用骨炭从醋酸的水溶液中吸附醋酸，在不同的平衡浓度下，每千克骨炭吸附醋酸的物质的量如下：

$c\ /\ (10^{-3}\ mol \cdot dm^{-3})$	2.02	2.46	3.05	4.01	5.81	12.8	100	200	500
$\Gamma\ /(mol \cdot kg^{-1})$	0.202	0.244	0.299	0.394	0.541	1.05	3.38	4.03	4.57

将上述数据关系用朗缪尔吸附等温式 $\Gamma = \dfrac{\Gamma_\infty bc}{1+bc}$ 表示，并求出式中的常数 Γ_∞ 及 b。

答：$5.008\ mol \cdot kg^{-1}$，$20.83\ dm^3 \cdot mol^{-1}$

12. 在 1373 K 时在某固体材料表面涂银。已知该温度下固体材料的表面张力为 965 $mN \cdot m^{-1}$，Ag(Ⅰ)的表面张力为 878.5 $mN \cdot m^{-1}$，固体材料与 Ag(Ⅰ)之间的界面张力为 1364 $mN \cdot m^{-1}$。计算接触角，并判断液态银能否润湿该材料表面。

答：130°；>90°，不能润湿

13. 293.15 K 时，水的表面张力为 72.75 $mN \cdot m^{-1}$，汞的表面张力为 486.5 $mN \cdot m^{-1}$，而汞和水之间的界面张力为 375 $mN \cdot m^{-1}$，试判断水能否在汞的表面上铺展开？

答：$S = 35.2\ mN \cdot m^{-1}$，能铺展

14. 298.15 K 时，将少量的某表面活性物质溶解在水中，当溶液的表面吸附达到平衡后，实验测得该溶液的浓度为 0.20 $mol \cdot m^{-3}$，用一很薄的刀片快速地刮去已知面积的该溶液的表面薄层，测得在表面薄层中活性物质的吸附量为 $3\times10^{-6}\ mol \cdot m^{-2}$。已知 298.15 K 时纯水的表面张力为 71.97 $mN \cdot m^{-1}$。假设在很稀的浓度范围内，溶液的表面张力与溶液的浓度呈线性关系，试计算上述溶液的表面张力。

答：64.53 $mN \cdot m^{-1}$

15. 292.15 K 时，丁酸水溶液的表面张力可以表示为 $\sigma = \sigma_0 - a\ln(1+bc)$，式中，$\sigma_0$ 为纯水的表面张力；a 和 b 皆为常数。

（1）求该溶液中丁酸的表面吸附量和浓度 c 的关系。

（2）已知 a=13.1 $mN \cdot m^{-1}$，b=19.62 $dm^3 \cdot mol^{-1}$，计算当 c=0.200 $mol \cdot dm^{-3}$ 时的吸附量为多少。

（3）当丁酸的浓度足够大，达到 $bc \gg l$ 时，饱和吸附量为多少？设此时表面上丁酸呈单分子层吸附，计算在液面上每个丁酸分子所占的截面积为多少。

答：（1）$\Gamma = -\dfrac{c}{RT} \times \dfrac{dy}{dc} = \dfrac{abc}{RT(1+bc)}$

（2）$4.3\times10^{-6}\ mol \cdot m^{-2}$

（3）$5.4\times10^{-6}\ mol \cdot m^{-2}$ ，$3.08\times10^{-19}\ m^2$

16. 已知 27 ℃和 100 ℃时水的饱和蒸气压分别为 3529 Pa、101325 Pa；密度分别为 0.997×10^3 $kg\cdot m^{-3}$ 及 0.958×10^3 $kg\cdot m^{-3}$；表面张力分别为 7.18×10^{-2} $N\cdot m^{-1}$ 及 5.89×10^{-2} $N\cdot m^{-1}$；水在 100 ℃、101325 Pa 下的摩尔汽化热为 40656 $J\cdot mol^{-1}$。

（1）27 ℃时水在半径 $r = 5\times10^{-4}$ m 的毛细管中上升高度是 2.8×10^{-2} m，求接触角。

（2）当毛细管半径 $r = 2\times10^{-9}$ m 时，求 27 ℃下水蒸气能在该毛细管内凝聚所具有的最低蒸气压。

（3）以 $r = 2\times10^{-6}$ m 的毛细管作为水的助沸物质，在外压为 101325 Pa 时，使水沸腾将过热多少℃？设在沸点附近，水和毛细管的接触角与 27 ℃时近似相等。要提高助沸效果，毛细管半径应加大还是减少？

答：（1）17.7°

（2）2.15 kPa

（3）13 ℃，加大

17. 在 240 K 时用活性炭吸附 CO，测量不同压力(kPa)下其吸附量 V^a ($dm^3\cdot kg^{-1}$)，作 p/V^a 与 p 关系图得一直线，斜率为 0.026，截距为 1.28。求：

（1）CO 的饱和吸附量、吸附系数。

（2）C 的分压为 90 kPa 时的平衡吸附量。

（3）吸附过程ΔG、ΔH、ΔS 的符号。

（4）如吸附剂改为硅胶，预测与活性炭相比吸附能力的变化。

答：（1）b=0.2559 kPa^{-1}

（2）64.01 $dm^3\cdot kg^{-1}$

（3）$\Delta G<0$(吸附自发)、$\Delta H<0$（热力学关系式）、$\Delta S<0$（无序变有序）

（4）同性相吸，吸附能力变弱

18. 已知在 273.15 K 时，用活性炭吸附 $CHCl_3$，其饱和吸附量为 101.8 $dm^3\cdot kg^{-1}$，$CHCl_3$ 的分压为 16.35 kPa，其平衡吸附量为 82.16 $dm^3\cdot kg^{-1}$。

（1）求朗缪尔吸附等温式中的 b 值。

（2）$CHCl_3$ 的分压为 6.62 kPa 时，平衡吸附量是多少？

答：（1）b=0.5459 kPa^{-1}

（2）73.58 $dm^3\cdot kg^{-1}$

第9章
化学动力学

将化学反应用于生产实践主要有两方面的问题：一是要了解反应进行的方向和限度以及外界条件对反应限度的影响；二是要知道反应进行的速率和反应的历程即机理。前者被称为热力学问题，后者被称为动力学问题。热力学只能预测在给定条件下，反应发生的可能性，即反应能否发生及进行到什么程度。至于反应事实上能否进行，以及进行的速率如何，热力学不能回答。这是因为热力学未考虑时间因素，也未考虑反应的阻力和反应进行的具体途径。如对于一竖立的火柴盒的倒下，从热力学角度来看，这是可能的，因为倒下的过程是能量降低的过程，但事实上它却不倒下，原因是火柴盒倒地先要经过一个势能升高的阶段。

又如，按热力学计算，在常温常压下就有可能由氮和氢合成氨，但是常温常压下合成氨反应实际上不能进行。因此必须对这个反应进行化学动力学方面的研究，寻找合适的催化剂，以使这个反应在常温常压下就能进行。

当然，若热力学研究表明是不可能的反应，则没有必要浪费人力、物力去研究如何加快速度的问题了，因为对一个没有推动力的过程，阻力再小也是不可能进行的。

化学动力学的基本任务之一就是要了解反应的速率，了解各种因素，如分子结构、温度、压力、浓度、反应介质和催化剂等对反应速率的影响，从而给人们提供可选择的反应条件，掌握控制反应进行的主动权，使化学反应按人们的意愿进行。

化学反应的另一个基本任务就是研究反应的历程。所谓反应历程，就是反应物究竟按什么途径、经过哪些步骤，才转化为最终产物。适当地选择反应途径，可以使热力学所预期的可能性变为现实。

为了研究方便，在动力学的研究中，往往将化学反应分为单相反应（均相反应）和多相反应（非均相反应）。若反应物与产物处于同一相，则为均相反应，如气相反应和溶液中的反应。若各种物质不在同一相，则为非均相反应，如碳酸钙的分解、焦炭的燃烧。均相反应是化学动力学的基础，这里着重讨论均相反应动力学。

9.1 化学反应速率的表示方法和测定方法

9.1.1 化学反应速率的表示方法

下面来研究一下怎样定义化学反应的快慢。

能否用$\frac{\mathrm{d}n_i}{\mathrm{d}t}$定义化学反应的快慢？不能。因为对于两个性质完全一样，但大小不同的两个体系，会有两个不同的$\frac{\mathrm{d}n_i}{\mathrm{d}t}$，这不合逻辑。

那么用$\frac{\mathrm{d}c_i}{\mathrm{d}t}$呢？这对恒温恒容反应和凝聚相恒温恒压反应是可行的，因为

$$\frac{\mathrm{d}c_i}{\mathrm{d}t}=\frac{\mathrm{d}}{\mathrm{d}t}\left(\frac{n_i}{V}\right)=\frac{1}{V}\times\frac{\mathrm{d}n_i}{\mathrm{d}t}-\frac{n_i}{V^2}\times\frac{\mathrm{d}V}{\mathrm{d}t}=\frac{1}{V}\times\frac{\mathrm{d}n_i}{\mathrm{d}t}=\frac{1}{V}\times\frac{\nu_i\mathrm{d}\xi}{\mathrm{d}t}$$

但对气相恒温恒压反应，这也会带来问题，因为

$$\frac{\mathrm{d}c_i}{\mathrm{d}t}=\frac{n^0}{nV}\times\left(\nu_i-x_i^0\sum_i\nu_i\right)\frac{\mathrm{d}\xi}{\mathrm{d}t}$$

如果$\nu_i-x_i^0\sum_i\nu_i=0$，而$\frac{\mathrm{d}\xi}{\mathrm{d}t}\neq0$，则$\frac{\mathrm{d}c_i}{\mathrm{d}t}=0$，这显然不合理。

如果用$\left(\frac{1}{V}\times\frac{\mathrm{d}n_i}{\mathrm{d}t}\right)$来定义反应的快慢呢？因

$$\frac{1}{V}\times\frac{\mathrm{d}n_i}{\mathrm{d}t}=\frac{1}{V}\times\frac{\nu_i\mathrm{d}\xi}{\mathrm{d}t}$$

这种定义较为合理，因$\left(\frac{1}{V}\times\frac{\mathrm{d}n_i}{\mathrm{d}t}\right)$与$\frac{\mathrm{d}\xi}{\mathrm{d}t}$成比例，且与体系的大小无关。

用$\left(\frac{1}{V}\times\frac{\nu_i\mathrm{d}\xi}{\mathrm{d}t}\right)$表示反应的快慢还会有一个问题，就是当反应向右进行时，对于反应物，$\frac{1}{V}\times\frac{\nu_i\mathrm{d}\xi}{\mathrm{d}t}<0$；对于生成物，$\frac{1}{V}\times\frac{\nu_i\mathrm{d}\xi}{\mathrm{d}t}>0$。同一个反应，用反应物和用生成物表示反应的快慢得到符号相反的结果，这也不合适。为了解决这个问题，可用$\left(\frac{1}{V}\times\frac{|\nu_i|\mathrm{d}\xi}{\mathrm{d}t}\right)$表示反应的快慢。

最后遇到的一个问题是，对于同一个反应的不同的物质，用上式表示化学反应的快慢会有不同的值。因此最好用$\left(\frac{1}{V}\times\frac{\mathrm{d}\xi}{\mathrm{d}t}\right)$表示化学反应的快慢，于是定义均相化学反应的速率为

$$r=\frac{1}{V}\times\frac{\mathrm{d}\xi}{\mathrm{d}t}=\frac{1}{V}\times\frac{1}{\nu_i}\times\frac{\mathrm{d}n_i}{\mathrm{d}t}\tag{9.1.1}$$

对于凝聚相反应或恒容气相反应，式（9.1.1）成为

$$r=\frac{1}{\nu_i}\times\frac{\mathrm{d}c_i}{\mathrm{d}t}\tag{9.1.2}$$

对于恒容气相反应，式（9.1.2）又可写为

$$r=\frac{1}{\nu_iRT}\times\frac{\mathrm{d}p_i}{\mathrm{d}t}\tag{9.1.3}$$

类似地，多相反应的速率定义为

$$r = \frac{1}{A} \times \frac{1}{\nu_i} \times \frac{dn_i}{dt} = \frac{1}{A} \times \frac{d\xi}{dt} \tag{9.1.4}$$

式中，A 为多相反应的界面面积。

9.1.2 化学反应速率的测定方法

对于凝聚相反应或恒容气相反应，测定不同时刻反应物或生成物的浓度或分压，然后将它们对时间作图，在图上作切线，求出的切线斜率即为反应的速率，见图 9.1.1。

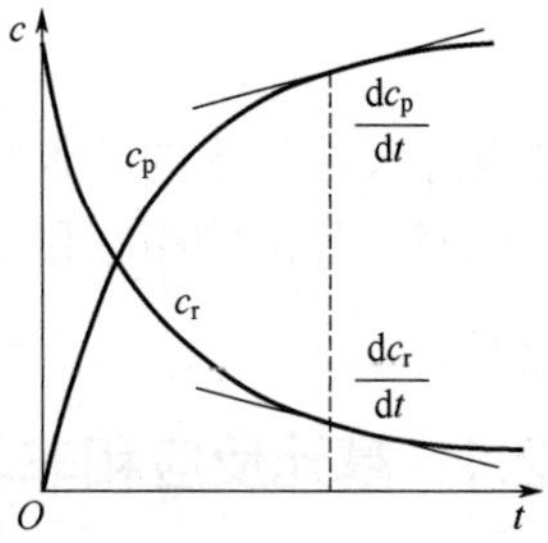

图 9.1.1 化学反应速率测定示意图

测定反应物或生成物在不同时刻的浓度既可用化学的方法也可用物理的方法。化学方法是在某一时刻直接从反应体系取样分析，取出的样品必须立即“冻结”，即立即停止其反应（用骤冷、冲稀、加阻化剂和撤去催化剂等方法），否则所测出的浓度就不是取样时的浓度。化学方法的优点是设备简单，缺点是分析操作往往较复杂、数据不连续，而且冻结不好时误差大。物理方法是在反应过程中对某一种与物质浓度有关的物理量进行连续监测，从而获得有关物质浓度的信息，如测定压力、体积、质量、旋光度、折射率、吸收光谱、电导、电动势、介电常数、黏度、热导率和进行比色等。例如，对于反应分子数有变化的恒容气相反应，测量系统的总压；对于反应系统体积发生变化的反应，如高分子聚合反应，用膨胀计测量体积随时间的变化；对于手性化合物参与的反应，测量系统的旋光度；对于有离子参与的反应，测量反应系统的电导或电导率；对于产物或反应物在紫外、可见光范围有吸收的反应，测量其吸光度；等等。物理方法的优点是迅速、数据连续、便于自动记录，缺点是如果反应体系有副反应或存在对所测定的物理性质有较灵敏影响的其他因素时，则易造成较大的误差。

现代动力学研究中各种现代分析方法被广泛应用：

① 气相色谱或液相色谱。其原理是利用反应混合物各组分在固定相和流动相中的分配系数不同从而对其加以分离、定量（用峰面积）。对组分的确定常将其与光谱（液体样品）、质谱（气体样品）联用来实现。

② 质谱。将样品汽化并用电子束对其加以轰击使之电离，电离的分子及其分解产生的碎片被导入与离子流运动方向相垂直的磁场，这些离子将按质量/电荷（质荷比）进行分布，形成质谱，从而对化合物进行鉴别及确定其分子量。

③ 光谱技术。包括微波光谱、红外光谱、拉曼光谱、紫外-可见光谱等。这些光谱谱线的位置（频率）及谱带的精细结构被用于化合物的鉴别，谱线的强度用于确定化合物的含量，而谱线的宽度则可用于过渡态及激发态的确定。

④ 核磁共振谱。当这些核处于磁场中时，其简并的自旋能级发生分裂，用垂直于该磁场的微波照射样品使核自旋发生跃迁而产生光谱。谱线的位置（化学位移）依赖于核所处的化学环境，而谱线的分裂则反应了相邻核之间的耦合。核磁共振谱主要用于化合物的鉴别。

⑤ 电子自旋共振谱。同核一样电子具有自旋，其有两个简并的自旋量子态。同核磁共振一样，电子的自旋量子态在磁场中被分裂，然后用微波使其激发跃迁而产生电子自旋共振谱。

该谱对于自由基和含有未配对电子的分子是极其重要的检测手段。

这些方法不仅用于实时地监测反应系统组分浓度随时间的变化，而且由于其能够精确地检测反应系统中微量的中间体，在反应机理的研究中起着关键性的作用。

9.2 化学反应的速率方程

影响化学反应速率的因素有反应物本性、介质、浓度、温度、光、电、磁、催化剂、杂质、反应器壁、反应物相态和分散度等。本节主要讨论浓度与反应速率的关系，即化学反应的速率方程。

9.2.1 基元反应和非基元反应

通常所写的化学反应式绝大多数并不代表反应的真正历程，而仅仅代表反应的总的结果，所以它只是化学反应的计量式。

例如，长期以来，人们认为 HI 是由下面反应直接生成的：

$$H_2 + I_2 = 2HI \tag{9.2.1}$$

但 20 世纪 70 年代以后，实验证实，HI 是通过下面步骤生成的：

$$I_2 \longrightarrow 2I\cdot \tag{9.2.2}$$

$$2I\cdot \longrightarrow I_2 \tag{9.2.3}$$

$$H_2 + 2I\cdot = 2HI \tag{9.2.4}$$

如果一个化学反应，反应物分子在碰撞中相互作用直接转化为生成物，则这种化学反应称为基元反应，否则就是非基元反应。如式（9.2.2）～式（9.2.4）就是基元反应，式（9.2.1）是非基元反应。非基元反应也称为总包反应，或简称为总反应。如果一个反应的基元反应和总反应相同，则称这个反应为简单反应。大多数反应要经过若干个基元反应才能完成，动力学上称这些基元反应为反应机理或反应历程。所以式（9.2.2）～式（9.2.4）是式（9.2.1）的反应历程或反应机理。

9.2.2 基元反应速率方程——质量作用定律

表示反应速率与浓度之间的关系式，即 $r = f(c_1, c_2, \cdots)$，或表示浓度和时间之间的关系式，即 $c_i = f(t)$，称为化学反应速率方程或动力学方程，前者为化学反应速率方程的微分形式，后者为积分形式。一般反应速率方程必须由实验确定，但基元反应的速率方程可根据质量作用定律直接写出。

1863 年，古德伯格（Guldberg，1836—1902 年）和瓦格（Waage，1833—1900 年）从大量的溶液反应实验中，总结出如下规律：在一定温度下，基元反应的速率与各反应物浓度 c_i 的 $|\nu_i|$ 次方（即 $c_i^{|\nu_i|}$）的乘积成正比。此为质量作用定律。如对基元反应

$$a\mathrm{A} + b\mathrm{B} = c\mathrm{C} + d\mathrm{D}$$

由均相反应速率的定义式（9.1.1）得

$$r=\frac{1}{V}\times\frac{1}{\nu_i}\times\frac{\mathrm{d}n_i}{\mathrm{d}t}=\frac{1}{V}\times\frac{\mathrm{d}\xi}{\mathrm{d}t}=kc_\mathrm{A}^a c_\mathrm{B}^b \tag{9.2.5}$$

式中，k 为比例系数，称为速率常数，它与浓度无关，但与温度等因素有关。

对于恒容反应，式（9.2.5）可写为

$$r=\frac{1}{\nu_i}\times\frac{\mathrm{d}c_i}{\mathrm{d}t}=\frac{\mathrm{d}}{\mathrm{d}t}\left(\frac{\xi}{V}\right)=kc_\mathrm{A}^a c_\mathrm{B}^b \tag{9.2.6}$$

由式（9.2.6）可知，k 的单位与具体的化学反应有关。上式也可写为

$$r=-\frac{1}{a}\times\frac{\mathrm{d}c_\mathrm{A}}{\mathrm{d}t}=-\frac{1}{b}\times\frac{\mathrm{d}c_\mathrm{B}}{\mathrm{d}t}=\frac{1}{c}\times\frac{\mathrm{d}c_\mathrm{C}}{\mathrm{d}t}=\frac{1}{d}\times\frac{\mathrm{d}c_\mathrm{D}}{\mathrm{d}t}=\frac{\mathrm{d}}{\mathrm{d}t}\left(\frac{\xi}{V}\right)=kc_\mathrm{A}^a c_\mathrm{B}^b \tag{9.2.7}$$

或

$$r_\mathrm{A}=-\frac{\mathrm{d}c_\mathrm{A}}{\mathrm{d}t}=akc_\mathrm{A}^a c_\mathrm{B}^b=k_\mathrm{A}c_\mathrm{A}^a c_\mathrm{B}^b \tag{9.2.8a}$$

$$r_\mathrm{B}=-\frac{\mathrm{d}c_\mathrm{B}}{\mathrm{d}t}=bkc_\mathrm{A}^a c_\mathrm{B}^b=k_\mathrm{B}c_\mathrm{A}^a c_\mathrm{B}^b \tag{9.2.8b}$$

$$r_\mathrm{C}=\frac{\mathrm{d}c_\mathrm{C}}{\mathrm{d}t}=ckc_\mathrm{A}^a c_\mathrm{B}^b=k_\mathrm{C}c_\mathrm{A}^a c_\mathrm{B}^b \tag{9.2.8c}$$

$$r_\mathrm{D}=\frac{\mathrm{d}c_\mathrm{D}}{\mathrm{d}t}=dkc_\mathrm{A}^a c_\mathrm{B}^b=k_\mathrm{D}c_\mathrm{A}^a c_\mathrm{B}^b \tag{9.2.8d}$$

所以

$$\frac{r_\mathrm{A}}{a}=\frac{r_\mathrm{B}}{b}=\frac{r_\mathrm{C}}{c}=\frac{r_\mathrm{D}}{d}=\frac{r_i}{|\nu_i|}=r \tag{9.2.8e}$$

$$\frac{k_\mathrm{A}}{a}=\frac{k_\mathrm{B}}{b}=\frac{k_\mathrm{C}}{c}=\frac{k_\mathrm{D}}{d}=\frac{k_i}{|\nu_i|}=k \tag{9.2.8f}$$

9.2.3 反应级数

在化学反应的速率方程中，各物质浓度的指数的代数和称为反应级数，用 n 表示。如反应 $a\mathrm{A}+b\mathrm{B}=\!=\!=c\mathrm{C}+d\mathrm{D}$ 的反应级数为（a+b）级。基元反应的动力学方程具有简单的整数级数，如 0、1、2、3 级（只有少数反应是 3 级）。非基元反应的动力学方程往往不具有简单的整数级数，它可以是整数，也可以是分数；可以是正数和 0，也可以是负数。如果反应级数是负数，则表示增加该物质的浓度，反而抑制了反应，使反应速率下降。有的反应无所谓的反应级数，如反应 $H_2+Br_2=\!=\!=2HBr$ 的动力学方程为

$$\frac{\mathrm{d}c_\mathrm{HBr}}{\mathrm{d}t}\times\frac{kc_{\mathrm{H}_2}c_{\mathrm{Br}_2}^{1/2}}{1+k'c_\mathrm{HBr}/c_{\mathrm{Br}_2}}$$

这个动力学方程说不清是几级。

9.2.4 反应分子数

反应分子数是基元反应中直接参与反应的分子数目。如：
单分子反应：

$$I_2 \longrightarrow 2I\cdot$$

双分子反应：

$$2I\cdot \longrightarrow I_2$$

三分子反应：

$$H_2 + 2I\cdot = 2HI$$

在实际反应中，绝大多数是双分子反应，单分子和三分子反应很少见，四分子和四分子以上的反应尚未见过。

对于基元反应，反应分子数和反应级数是一致的。对于非基元反应，反应分子数无意义。

反应级数和反应分子数是两个不同的概念，各有各的作用和意义。反应分子数是从微观的角度提出的，是属于认识化学变化基本作用的理论概念；而反应级数是从表观上归纳反应物浓度对反应速率影响的经验性数据。

9.3 具有简单级数的反应

下面讨论具有简单级数的反应，介绍其速率方程的微分形式和积分形式、速率常数的量纲、半衰期及其特征。

9.3.1 一级反应

凡是反应速率与反应物浓度一次方成正比的反应为一级反应。放射性元素的蜕变是典型的一级反应，如镭蜕变为氡和氦，即

$$^{226}_{88}Ra \longrightarrow {}^{222}_{86}Rn + {}^{4}_{2}He$$

五氧化二氮的分解反应也是一级反应，即

$$N_2O_5 = N_2O_4 + \frac{1}{2}O_2$$

一级反应的通式为

$$A \longrightarrow 生成物$$

用反应物 A 的浓度表示的动力学方程为

$$-\frac{dc}{dt} = k_1 c \tag{9.3.1}$$

积分式（9.3.1），得

$$-\int_{c_0}^{c}\frac{dc}{c}=k_1\int_0^t dt$$

即

$$\ln\frac{c}{c_0}=-k_1 t \tag{9.3.2}$$

或

$$c=c_0\exp(-k_1 t) \tag{9.3.3}$$

可见，一级反应的反应物浓度随时间按负指数函数规律衰减，$\ln\frac{c}{c_0}$ 与 t 是直线关系，直线的斜率为 $-k_1$，如图 9.3.1 所示。

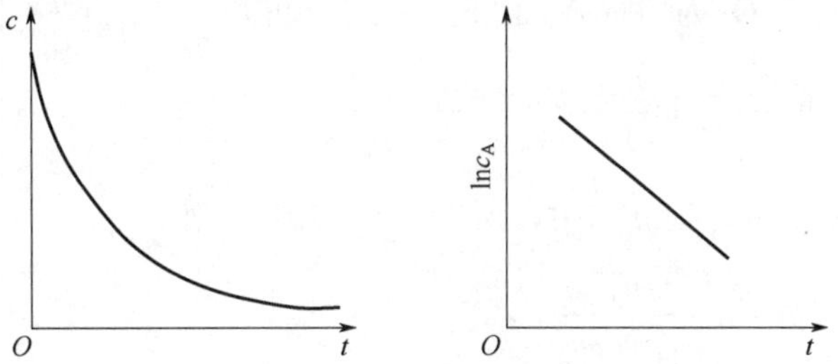

图 9.3.1　一级反应 c-t 关系图

反应物浓度降低一半所需要的时间称为半衰期。由式（9.3.2）得一级反应的半衰期为

$$t=-\frac{1}{k_1}\ln\frac{c}{c_0}=-\frac{1}{k_1}\ln\frac{c_0/2}{c_0}=\frac{\ln 2}{k_1}$$

即

$$t_{1/2}=\frac{\ln 2}{k_1} \tag{9.3.4}$$

根据上述讨论知，一级反应有如下一些特征：

① 一级反应的速率与反应物浓度的一次方成正比，其速率常数的单位为时间单位的倒数。

② 一级反应的反应物浓度的对数与时间呈直线关系，直线的斜率只与 k_1 有关。

③ 一级反应的半衰期与速率常数成反比。

❖ **例 9.3.1**　303.15 K 时，在 CCl_4 溶剂中发生如下分解反应：

$$\begin{array}{c}2N_2O_5 = 2N_2O_4 + O_2\\ \quad\quad\quad\quad\quad\ \rightleftharpoons\\ \quad\quad\quad\quad\quad\ 4NO_2\end{array}$$

N_2O_4 和 NO_2 都留在溶液中，只有 O_2 放出，其实验数据见表前两栏。表中，V_t 为反应经历时间 t 后所放出氧气的体积；V_∞ 为反应完全所放出氧气的体积。试按一级反应求其速

率常数 k_1。

t / s	V_t / dm^3	$(V_\infty - V_t)$ / dm^3	$\lg\frac{V_\infty - V_t}{\text{dm}^3}$
0	0	84.95	1.9287
240	15.75	69.20	1.8401
480	27.75	57.20	1.7574
720	37.80	47.15	1.6735
960	45.95	39.00	1.5911
1200	52.77	32.18	1.5057
1440	58.40	26.55	1.4241
1680	63.10	21.85	1.3395
1690	66.95	18.00	1.2553
∞	84.95	0	—

解：设 N_2O_5 为物质 A，O_2 为物质 B。由式（9.3.2）可知

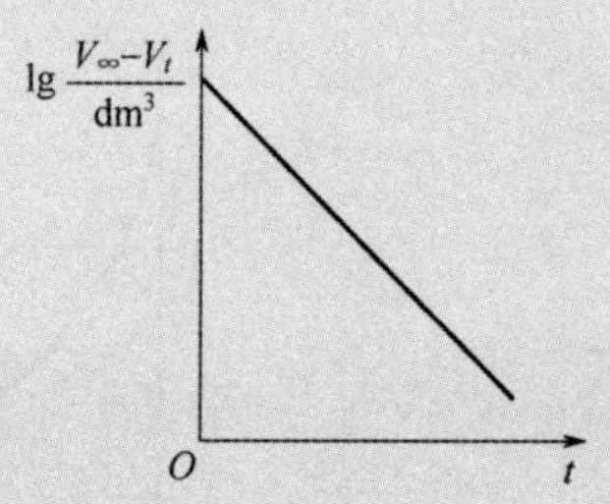

$$k_1 t = \ln\frac{c_{\text{A},0}}{c_\text{A}} = \ln\frac{n_{\text{A},0}}{n_\text{A}} = \ln\frac{n_{\text{A},0}}{n_{\text{A},0} - 2n_\text{B}}$$

反应完全时，$n_\text{A}^\infty = n_{\text{A},0} - 2n_\text{B}^\infty = 0$，所以 $n_{\text{A},0} = 2n_\text{B}^\infty$，则

$$\begin{aligned} k_1 t &= \ln\frac{2n_\text{B}^\infty}{2n_\text{B}^\infty - 2n_\text{B}} \\ &= \ln\frac{n_\text{B}^\infty}{n_\text{B}^\infty - n_\text{B}} \\ &= \ln\frac{V_\infty}{V_\infty - V_t} \\ &= -\ln\frac{V_\infty - V_t}{\text{dm}^3} + \ln\frac{V_\infty}{\text{dm}^3} \end{aligned}$$

即

$$\lg\frac{V_\infty - V_t}{\text{dm}^3} = -\frac{k_1}{2.303}t + \lg\frac{V_\infty}{\text{dm}^3}$$

以 $\lg\frac{V_\infty - V_t}{\text{dm}^3}$ 对 t 作图，得直线，见下图，直线的斜率为 $-\frac{k_1}{2.303}$，由此求出 $k_1 = 8.1\times10^{-4}\ \text{s}^{-1}$。

9.3.2 二级反应

凡是反应速率与反应物浓度二次方成正比的反应为二级反应。二级反应的通式为

$$2\text{A} \longrightarrow \text{生成物} \tag{9.3.5a}$$

或

$$\text{A} + \text{B} \longrightarrow \text{生成物} \tag{9.3.5b}$$

用反应物 A 的浓度表示的动力学方程为

$$-\frac{dc_A}{dt}=k_2c_A^2 \quad 或 \quad -\frac{dc_A}{dt}=k_2c_Ac_B \tag{9.3.6a}$$

如果反应式（9.4.5b）中，$c_A=c_B$，则

$$-\frac{dc_A}{dt}=k_2c_Ac_B=k_2c_A^2$$

或

$$-\frac{dc}{dt}=k_2c^2 \tag{9.3.6b}$$

对上式积分，得

$$-\int_{c_0}^{c}\frac{dc}{c^2}=k_2\int_0^t dt$$

即

$$\frac{1}{c}-\frac{1}{c_0}=k_2t \tag{9.3.7}$$

可见，二级反应的反应物浓度随时间按反比函数规律衰减，$\frac{1}{c}$与t是直线关系，直线的斜率为k_2，见图 9.3.2。

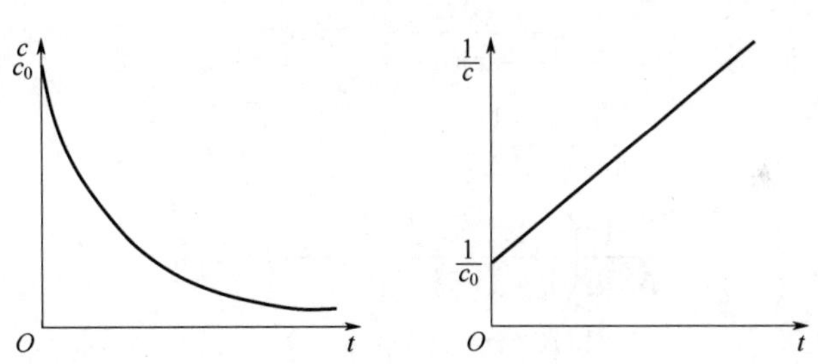

图 9.3.2　二级反应

由式（9.3.7）得二级反应的半衰期为

$$t_{1/2}=\frac{1}{k_2}\left(\frac{1}{c_0/2}-\frac{1}{c_0}\right)=\frac{1}{k_2c_0} \tag{9.3.8}$$

根据上述讨论知，二级反应有如下一些特征：

① 二级反应的速率与反应物浓度的二次方成正比，其速率常数的单位为时间单位和浓度单位乘积的倒数。

② 二级反应的反应物浓度的倒数与时间呈直线关系，直线的斜率为k_2。

③ 二级反应的半衰期为速率常数和反应物初始浓度乘积的倒数。

❖ 例 9.3.2　298.15 K 时，水溶液中乙酸乙酯的皂化反应为

$$CH_3COOC_2H_5 + NaOH \longrightarrow CH_3COONa + C_2H_5OH$$

$CH_3COOC_2H_5$ 和 NaOH 初始浓度分别为 $4.86\times10^{-3}\ mol \cdot dm^{-3}$ 及 $9.8\times10^{-3}\ mol \cdot dm^{-3}$。反应 t 时刻后 $CH_3COOC_2H_5$ 和 NaOH 的浓度见下表。试按二级反应求速率常数 k_2。

t / s	0	178	273	531	866	1918	2401
$(a-x)\times10^3$ / $(mol \cdot dm^{-3})$	9.80	8.92	8.64	7.92	7.24	6.03	5.74
$(b-x)\times10^3$ / $(mol \cdot dm^{-3})$	4.86	3.98	3.70	2.97	2.30	1.09	0.80
$\lg\dfrac{b(a-x)}{a(b-x)}$	0	0.041	0.064	0.121	0.194	0.439	0.552
k_2 / $[(mol \cdot dm^{-3})^{-1} \cdot s^{-1}]$	—	0.108	0.109	0.106	0.104	0.106	0.107

解：

$$\begin{array}{lcccc} & CH_3COOC_2H_5 + & NaOH \longrightarrow & CH_3COONa + & C_2H_5OH \\ t=0 & b & a & 0 & 0 \\ t=t & b-x & a-x & x & x \end{array}$$

$$-\frac{d(a-x)}{dt} = -\frac{d(b-x)}{dt} = \frac{dx}{dt} = k_2(a-x)(b-x)$$

$$\frac{dx}{(a-x)(b-x)} = k_2 dt$$

$$\frac{1}{b-a}\left(\frac{1}{a-x} - \frac{1}{b-x}\right)dx = k_2 dt$$

$$\frac{-1}{b-a}\left(\frac{1}{a-x} - \frac{1}{b-x}\right)d(-x) = k_2 dt$$

$$\frac{-1}{b-a}\left(\ln\frac{a-x}{b-x} - \ln\frac{a-0}{b-0}\right) = k_2 t$$

$$\frac{1}{a-b}\ln\frac{b(a-x)}{a(b-x)} = k_2 t \qquad (9.3.9a)$$

即

$$\frac{2.303}{a-b}\lg\frac{b(a-x)}{a(b-x)} = k_2 t \qquad (9.3.9b)$$

则

$$k_2 = \frac{2.303}{t(a-b)}\lg\frac{b(a-x)}{a(b-x)} \qquad (9.3.9c)$$

用式（9.3.9）计算得到的 k_2 列于表格的最后一行。将 $\lg\dfrac{b(a-x)}{a(b-x)}$ 对 t 作图，得直线的斜率为 $\dfrac{a-b}{2.303}k_2$，见下图，由此得

$$k_2 = 0.107\ \mathrm{mol^{-1} \cdot dm^3 \cdot s^{-1}}$$

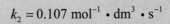

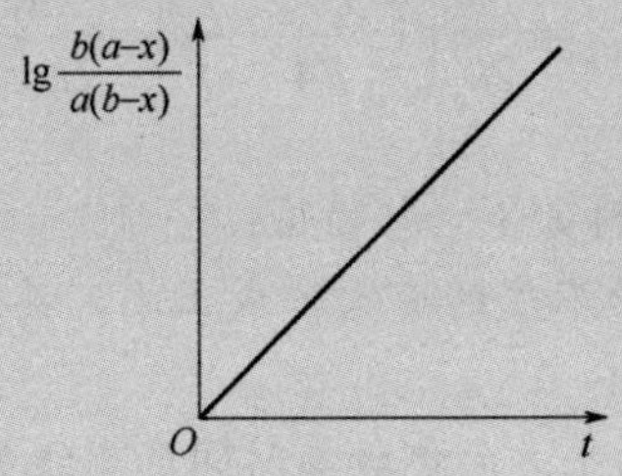

9.3.3 三级反应

凡是反应速率与反应物浓度三次方成正比的反应为三级反应。三级反应的通式为

$$3\mathrm{A} \longrightarrow \text{生成物}$$

或

$$2\mathrm{A} + \mathrm{B} \longrightarrow \text{生成物}$$

或

$$\mathrm{A} + \mathrm{B} + \mathrm{C} \longrightarrow \text{生成物}$$

动力学方程为

$$-\frac{\mathrm{d}c_\mathrm{A}}{\mathrm{d}t} = k_3 c_\mathrm{A}^2 c_\mathrm{B}$$

或

$$-\frac{\mathrm{d}c_\mathrm{A}}{\mathrm{d}t} = k_3 c_\mathrm{A} c_\mathrm{B} c_\mathrm{C}$$

如果 $c_\mathrm{A} = c_\mathrm{B} = c_\mathrm{C}$，则

$$-\frac{\mathrm{d}c_\mathrm{A}}{\mathrm{d}t} = k_3 c_\mathrm{A}^3$$

或

$$-\frac{\mathrm{d}c}{\mathrm{d}t} = k_3 c^3 \tag{9.3.10}$$

积分上式，得

$$-\int_{c_0}^{c} \frac{\mathrm{d}c}{c^3} = k_3 \int_0^t \mathrm{d}t$$

即

$$\frac{1}{c^2} - \frac{1}{c_0^2} = 2k_3 t \tag{9.3.11}$$

由式（9.3.11）得三级反应的半衰期为

$$t_{1/2}=\frac{1}{2k_3}\left(\frac{1}{c_0^2/4}-\frac{1}{c_0^2}\right)=\frac{3}{2k_3c_0^2} \tag{9.3.12}$$

根据上述讨论知，三级反应有如下一些特征：

① 三级反应的速率与反应物浓度的三次方成正比，其速率常数的单位为时间单位和浓度单位的平方的乘积的倒数。

② 三级反应的反应物浓度的平方的倒数与时间呈直线关系，直线的斜率为 $2k_3$。

③ 三级反应的半衰期与速率常数和反应物初始浓度的平方的乘积成反比。

三级反应的实例不多，目前仅知气体反应中有下面几个反应是三级的：

$$2NO + H_2 \longrightarrow N_2O + H_2O$$
$$2NO + O_2 \longrightarrow 2NO_2$$
$$2NO + Cl_2 \longrightarrow 2NOCl$$
$$2NO + Br_2 \longrightarrow 2NOBr$$

在溶液中也有三级反应，如硝基苯溶液中含 C═C 键的不饱和化合物的加成反应常为三级反应。

9.3.4 其他级数的反应

反应速率为常数的反应为零级反应，即

$$-\frac{dc}{dt}=k_0 \tag{9.3.13a}$$

$$c=c_0-k_0t \tag{9.3.13b}$$

$$t_{1/2}=\frac{c_0}{2k_0} \tag{9.3.13c}$$

对于 n 级反应，有

$$-\frac{dc}{dt}=k_nc^n \tag{9.3.14a}$$

$$-\frac{dc}{c^n}=k_n dt \tag{9.3.14b}$$

$$\frac{1}{c^{n-1}}-\frac{1}{c_0^{n-1}}=(n-1)k_nt \tag{9.3.15}$$

$$t_{1/2}=\frac{1}{(n-1)k_n}\left(\frac{2^{n-1}}{c_0^{n-1}}-\frac{1}{c_0^{n-1}}\right)=\frac{2^{n-1}-1}{(n-1)k_nc_0^{n-1}} \tag{9.3.16}$$

9.3.5 反应级数的确定

确定反应级数有如下一些方法。

（1）积分法

依次尝试用一级反应、二级反应、三级反应等的动力学方程的积分式作图，如果$\ln\frac{c}{c_0}$和t呈直线关系，则为一级反应；如果$\frac{1}{c}$和t呈直线关系，则为二级反应；如果$\frac{1}{c^2}$和t呈直线关系，则为三级反应。这种方法的缺点是不够灵敏，如果实验的浓度范围不够大，则很难区分究竟是几级反应。积分法对反应级数是简单整数时，结果较好；当级数是分数时，很难尝试成功。

（2）微分法

反应的动力学方程可表示为

$$r = -\frac{\mathrm{d}c}{\mathrm{d}t} = k_n c^n$$

$$\ln r = \ln\left(-\frac{\mathrm{d}c}{\mathrm{d}t}\right) = \ln k_n + n\ln c \qquad (9.3.17)$$

作c-t曲线，在曲线上取若干点作切线，求出切线的斜率即得到反应速率r，以$\ln r$对$\ln c$作图，得直线，斜率为n，截距为$\ln k_n$。

（3）半衰期法

由于

$$t_{1/2} = \frac{2^{n-1}-1}{(n-1)k_n c_0^{n-1}}$$

取两个不同的初始浓度c_0'和c_0''，对应的半衰期为$t_{1/2}'$和$t_{1/2}''$，由上式得

$$\frac{t_{1/2}'}{t_{1/2}''} = \left(\frac{c_0''}{c_0'}\right)^{n-1}$$

或

$$n = 1 + \frac{\ln\left(t_{1/2}' / t_{1/2}''\right)}{\ln\frac{c_0''}{c_0'}} \qquad (9.3.18a)$$

也可取一系列初浓度c_0，由$\ln t_{1/2}$对$\ln c_0$作图，即图 9.3.3。

$$\ln t_{1/2} = \ln\left[\frac{2^{n-1}-1}{(n-1)k_n}\right] - (n-1)\ln c_0 \qquad (9.3.18b)$$

$$= A - (n-1)\ln c_0$$

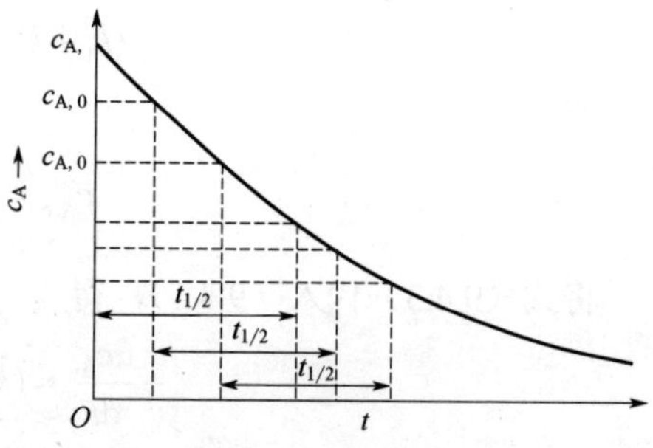

图 9.3.3　不同初始浓度下的半衰期

由直线的斜率求 n。

(4)改变物质数量比例的方法

若

$$r = kc_A^{\alpha}c_B^{\beta}c_C^{\gamma}$$

保持其他物质浓度不变，将 c_A 扩大一倍，若 r 也扩大一倍，则 $\alpha=1$；若 r 扩大至原来的四倍，则 $\alpha=2$。

9.4 典型复杂反应

前面讨论的都是简单反应（总反应等于基元反应），下面讨论复杂反应。复杂反应是由两个或两个以上基元反应组合而成的。最简单的组合反应为对峙反应、平行反应和连续反应。

9.4.1 对峙反应

正、反两个方向都能进行的反应称为对峙反应。如

$$2NO_2 \rightleftharpoons N_2O_4$$

原则上，一切反应都是对峙反应，前面讨论的单向反应只不过是逆反应速率小到可忽略的对峙反应。现在讨论最简单的对峙反应的特点与处理方法。

最简单的对峙反应是正、逆向都是一级的对峙反应，即

$$A \underset{k_{-1}}{\overset{k_1}{\rightleftharpoons}} B$$

$$\begin{array}{lll} t=0 & c_{A,0} & c_{B,0} \\ t=t & c_A & c_{B,0}+c_{A,0}-c_A \end{array}$$

$$\begin{aligned} -\frac{dc_A}{dt} &= k_1c_A - k_{-1}c_B \\ &= k_1c_A - k_{-1}(c_{B,0}+c_{A,0}-c_A) \\ &= (k_1+k_{-1})c_A - k_{-1}(c_{B,0}+c_{A,0}) \end{aligned} \tag{9.4.1}$$

平衡时，$-\frac{dc_A}{dt}=0$，所以

$$(k_1+k_{-1})c_{A,e} = k_{-1}(c_{B,0}+c_{A,0}) \tag{9.4.2}$$

或

$$c_{A,e} = \frac{k_{-1}}{k_1+k_{-1}}(c_{B,0}+c_{A,0}) \tag{9.4.3}$$

将式（9.4.3）代入（9.4.1），得

$$-\frac{dc_A}{dt} = (k_1+k_{-1})c_A - (k_1+k_{-1})c_{A,e}$$

$$-\frac{d(c_A-c_{A,e})}{dt} = (k_1+k_{-1})\ (c_A-c_{A,e})$$

即

$$-\frac{\mathrm{d}\Delta c}{\mathrm{d}t} = (k_1 + k_{-1})\Delta c \tag{9.4.4}$$

可见，Δc 随时间的变化符合一级反应规律。

由式（9.4.1）知，平衡条件也可写为

$$k_1 c_{A,e} = k_{-1} c_{B,e} \qquad 或 \qquad \frac{c_{B,e}}{c_{A,e}} = \frac{k_1}{k_{-1}} = K_c \tag{9.4.5}$$

式中，K_c 为平衡常数。

式（9.4.4）的积分为

$$-\ln\frac{\Delta c}{\Delta c_0} = (k_1 + k_{-1})t \tag{9.4.6a}$$

或

$$-\ln\frac{c_A - c_{A,e}}{c_{A,0} - c_{A,e}} = (k_1 + k_{-1})t \tag{9.4.6b}$$

式中，$c_{A,e}$ 由式（9.4.3）决定。由式（9.4.6b）左边对时间作图，得直线，由直线的斜率可求得 $k_1 + k_{-1}$，由式（9.4.5）中的平衡常数可求得 $\dfrac{k_1}{k_{-1}}$，然后可联立解出 k_1 和 k_{-1}。

定义当 $\Delta c = \dfrac{\Delta c_0}{2}$ 时对应的时间为半衰期，所以由式（9.4.6）得

$$t_{1/2} = \frac{\ln 2}{k_1 + k_{-1}} \tag{9.4.7}$$

而

$$c_B = c_{B,0} + c_{A,0} - c_A$$

c_A 和 c_B 随时间的变化如图 9.4.1 所示。

9.4.2 平行反应

反应物能同时进行几个不同的反应称为平行反应。如乙醇脱水成为乙烯和脱氢成为乙醛的反应就是平行反应，即

$$C_2H_5OH \underset{k_1'}{\overset{k_1}{\rlap{\raise2pt{\nearrow}}\lower6pt{\searrow}}} \begin{array}{l} C_2H_4+H_2O \\[4pt] CH_3CHO+H_2 \end{array}$$

最简单的平行反应是两个反应都是一级反

图 9.4.1 对峙反应 c-t 关系图

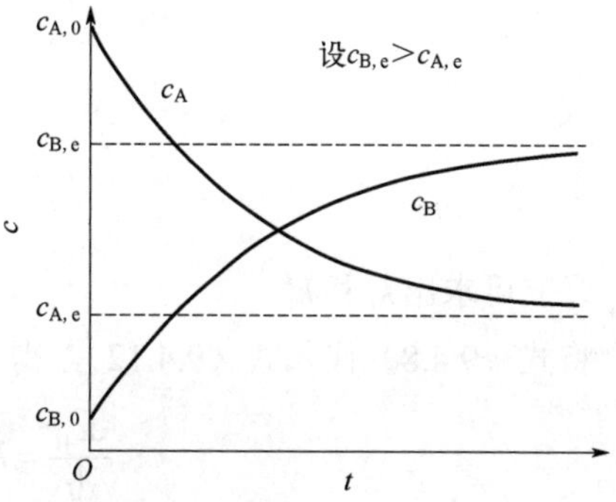

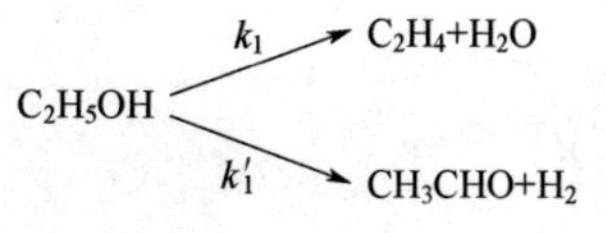

应的平行反应，即

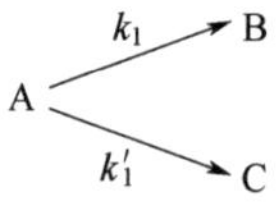

$$\frac{\mathrm{d}c_{\mathrm{B}}}{\mathrm{d}t}=k_1c_{\mathrm{A}} \tag{9.4.8a}$$

$$\frac{\mathrm{d}c_{\mathrm{C}}}{\mathrm{d}t}=k_1'c_{\mathrm{A}} \tag{9.4.8b}$$

由于两个反应都是物质的量不变的反应，所以各物质浓度之和为常数，即

$$c_{\mathrm{A}}+c_{\mathrm{B}}+c_{\mathrm{C}}=c_{\mathrm{A},0}+c_{\mathrm{B},0}+c_{\mathrm{C},0}$$

所以

$$\frac{\mathrm{d}c_{\mathrm{A}}}{\mathrm{d}t}+\frac{\mathrm{d}c_{\mathrm{B}}}{\mathrm{d}t}+\frac{\mathrm{d}c_{\mathrm{C}}}{\mathrm{d}t}=0 \tag{9.4.9}$$

$$-\frac{\mathrm{d}c_{\mathrm{A}}}{\mathrm{d}t}=\frac{\mathrm{d}c_{\mathrm{B}}}{\mathrm{d}t}+\frac{\mathrm{d}c_{\mathrm{C}}}{\mathrm{d}t} \tag{9.4.10}$$

将式（9.4.8）代入式（9.4.10），得

$$-\frac{\mathrm{d}c_{\mathrm{A}}}{\mathrm{d}t}=(k_1+k_1')c_{\mathrm{A}} \tag{9.4.11}$$

这和简单一级反应的动力学方程式相似。所以

$$-\ln\frac{c_{\mathrm{A}}}{c_{\mathrm{A},0}}=(k_1+k_1')t \tag{9.4.12}$$

式（9.4.8a）与式（9.4.8b）相除，得

$$\frac{\mathrm{d}c_{\mathrm{B}}}{\mathrm{d}c_{\mathrm{C}}}=\frac{k_1}{k_1'} \qquad 或 \qquad \mathrm{d}c_{\mathrm{B}}=\frac{k_1}{k_1'}\mathrm{d}c_{\mathrm{C}}$$

积分，得

$$c_{\mathrm{B}}-c_{\mathrm{B},0}=\frac{k_1}{k_1'}(c_{\mathrm{C}}-c_{\mathrm{C},0})$$

或

$$\frac{c_{\mathrm{B}}-c_{\mathrm{B},0}}{c_{\mathrm{C}}-c_{\mathrm{C},0}}=\frac{k_1}{k_1'}$$

联立可求出 k_1 和 k_1'。

将式（9.4.8）代入式（9.4.12），得

$$\frac{\mathrm{d}c_{\mathrm{B}}}{\mathrm{d}t}=k_1c_{\mathrm{A},0}\exp[-(k_1+k_1')t] \tag{9.4.13}$$

$$\frac{\mathrm{d}c_{\mathrm{C}}}{\mathrm{d}t}=k_1'c_{\mathrm{A},0}\exp[-(k_1+k_1')t] \tag{9.4.14}$$

积分两式，得

$$c_{\mathrm{B}}=c_{\mathrm{B},0}+\frac{k_1c_{\mathrm{A},0}}{k_1+k_1'}\{1-\exp[-(k_1+k_1')t]\} \tag{9.4.15}$$

$$c_{\mathrm{C}}=c_{\mathrm{C},0}+\frac{k_1'c_{\mathrm{A},0}}{k_1+k_1'}\{1-\exp[-(k_1+k_1')t]\} \tag{9.4.16}$$

c_{A}、c_{B}和c_{C}随时间变化如图 9.4.2 所示。

9.4.3 连续反应

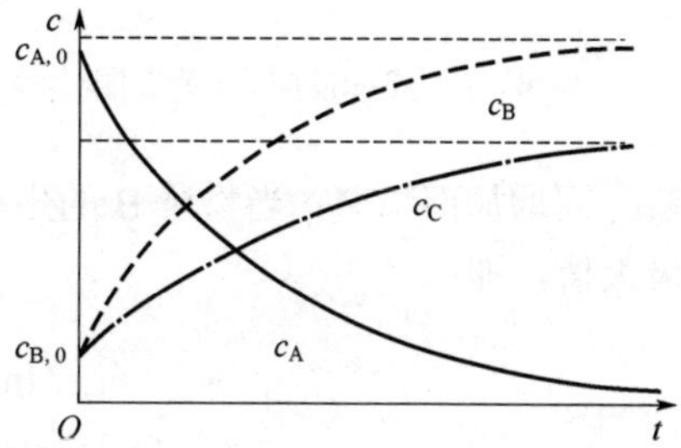

图 9.4.2 平行反应 c-t 关系图

如果反应物 A 生成产物 B 后，产物 B 还可继续反应生成产物 C，则这样的反应称为连续反应。如乙烷热解转变成乙烯和氢，乙烯又进一步脱氢，即

$$C_2H_6 \longrightarrow CH_2{=\!=}CH_2 + H_2$$
$$CH_2{=\!=}CH_2 \longrightarrow 2C + 2H_2$$

最简单的连续反应是一级连续反应，即

$$\mathrm{A}\xrightarrow{k_1}\mathrm{B}\xrightarrow{k_1'}\mathrm{C}$$

$$t=0 \quad c_{\mathrm{A},0} \quad 0 \quad 0$$

$$-\frac{\mathrm{d}c_{\mathrm{A}}}{\mathrm{d}t}=k_1c_{\mathrm{A}} \tag{9.4.17a}$$

$$\frac{\mathrm{d}c_{\mathrm{C}}}{\mathrm{d}t}=k_1'c_{\mathrm{B}} \tag{9.4.17b}$$

$$\frac{\mathrm{d}c_{\mathrm{B}}}{\mathrm{d}t}=k_1c_{\mathrm{A}}-k_1'c_{\mathrm{B}} \tag{9.4.17c}$$

式（9.4.17a）的解为

$$-\ln\frac{c_{\mathrm{A}}}{c_{\mathrm{A},0}}=k_1t \tag{9.4.18}$$

将式（9.4.17c）代入式（9.4.18），得

$$\frac{\mathrm{d}c_{\mathrm{B}}}{\mathrm{d}t}+k_1'c_{\mathrm{B}}=k_1c_{\mathrm{A},0}\exp(-k_1t) \tag{9.4.19}$$

这是一阶线性常系数非齐次方程，即$\frac{\mathrm{d}y}{\mathrm{d}x}+py=Q(x)$，其解为

$$c_{\mathrm{B}}=\frac{k_1c_{\mathrm{A},0}}{k_1'-k_1}[\exp(-k_1t)-\exp(-k_1't)] \tag{9.4.20}$$

因$c_{\mathrm{C}}=c_{\mathrm{A},0}-c_{\mathrm{A}}-c_{\mathrm{B}}$，所以将式（9.4.18）和（9.4.20）代入$c_{\mathrm{C}}=c_{\mathrm{A},0}-c_{\mathrm{A}}-c_{\mathrm{B}}$，得

$$c_{\mathrm{C}}=c_{\mathrm{A},0}\left[1-\frac{k_1'}{k_1'-k_1}\exp(-k_1t)+\frac{k_1}{k_1'-k_1}\exp(-k_1't)\right] \tag{9.4.21}$$

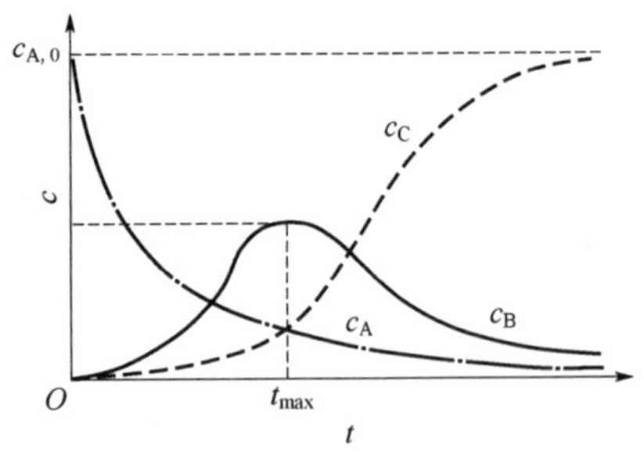

图 9.4.3 连续反应 c-t 关系图

c_A、c_B和c_C随时间变化如图 9.4.3 所示。由图知，物质 A 的浓度随时间增加而单调下降；物质 C 的浓度随时间增加而单调上升；物质 B 的浓度随时间增加有极大值，这是连续反应的突出特征。物质 B 的浓度随时间增加有极大值的原因：反应前期，物质 A 的浓度较大，物质 B 的浓度较小，所以物质 B 的生成速率较大，而消耗速率较小，因而物质 B 的浓度随时间增加而增加；反应后期，物质 A 的浓度较小，物质 B 的浓度较大，所以物质 B 的生成速率变小，而消耗速率变大，因而物质 B 的浓度随时间增加而下降；当物质 B 的生成速率和消耗速率相等时，物质 B 的浓度瞬时不变，出现极大值，即

$$t_{max}=\frac{\ln\dfrac{k_1'}{k_1}}{k_1'-k_1} \qquad c_{B,max}=c_{A,0}\left(\frac{k_1}{k_1'}\right)^{\frac{k_1'}{k_1'-k_1}}$$

如果目的产物是 B，则t_{max}是反应的最佳时间，反应时间应控制在最佳时间附近。

9.5 温度对反应速率的影响

9.5.1 范特霍夫经验规则

温度对反应速率的影响很大。1884 年，范特霍夫根据实验事实总结出一条近似规则：温度每升高 10 K，反应速率大约增至原来的 2～4 倍，即

$$\frac{k_{T+10\,K}}{k_T}=2\sim4 \tag{9.5.1}$$

如果不需要精确的数据或手边数据不全，则可根据这个规则粗略地估计温度对反应速率的影响。

9.5.2 温度对反应速率影响的类型

并不是所有的反应速率都是随温度的升高而增加。温度对反应速率的影响可分为如下五种类型，见图 9.5.1。

下面我们主要讨论第 I 种类型的反应。

9.5.3 阿仑尼乌斯公式

关于温度对化学反应速率的影响，范特霍夫除了提出前面的经验规则外，还做了以下工作。

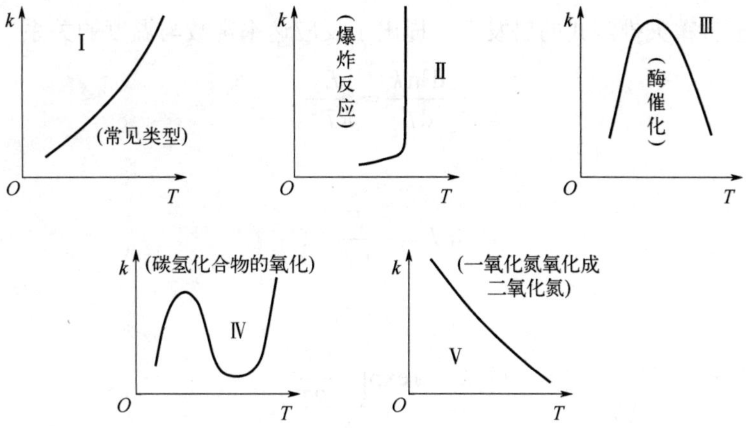

图 9.5.1 温度对反应速率影响的几种类型

他根据其著名公式即平衡常数与温度的关系式，即

$$\frac{\mathrm{d}\ln K_\mathrm{c}}{\mathrm{d}T}=\frac{\Delta U}{RT^2}$$

并借助于气相对峙反应的平衡常数与正、逆反应的速率常数的关系 $K_\mathrm{c}=\frac{k_1}{k_{-1}}$，导出

$$\frac{\mathrm{d}\ln k_1}{\mathrm{d}T}-\frac{\mathrm{d}\ln k_{-1}}{\mathrm{d}T}=\frac{\Delta U}{RT^2} \tag{9.5.2}$$

如果把反应的内能变化看作是两项表征某种特殊性质的能量之差，即 $\Delta U=E_+-E_-$，则式（9.5.2）可写为

$$\frac{\mathrm{d}\ln k_1}{\mathrm{d}T}-\frac{\mathrm{d}\ln k_{-1}}{\mathrm{d}T}=\frac{E_+}{RT^2}-\frac{E_-}{RT^2} \tag{9.5.3}$$

式（9.5.3）可拆开写成分别属于正、逆反应的两个式子，即

$$\frac{\mathrm{d}\ln k_1}{\mathrm{d}T}=\frac{E_+}{RT^2}+B \qquad \frac{\mathrm{d}\ln k_{-1}}{\mathrm{d}T}=\frac{E_-}{RT^2}+B \tag{9.5.4}$$

这就是范特霍夫推测出来的速率常数与温度的关系式，但他没有解释公式中 E_+、E_- 和 B 的物理意义。

1889 年，阿仑尼乌斯在范特霍夫等人研究的基础上，通过实验测得了许多化学反应的速率常数与温度关系的数据，以 $\ln k$ 对 $\frac{1}{T}$ 作图，结果都得直线，直线的斜率因反应的不同而不同，但都小于零，即

$$\frac{\mathrm{d}\ln k}{\mathrm{d}\left(\frac{1}{T}\right)}=b<0$$

即

$$\frac{\mathrm{d}\ln k}{\mathrm{d}T}=-\frac{b}{T^2}>0 \tag{9.5.5}$$

阿仑尼乌斯根据式（9.5.5）得知范特霍夫的推测式（9.5.4）中的 $B=0$，$b=-\frac{E}{R}$。因此

阿仑尼乌斯在范特霍夫推测式的启发下，提出了反应速率常数与温度的关系，即

$$\frac{\mathrm{d}\ln k}{\mathrm{d}T}=\frac{E}{RT^2} \tag{9.5.6a}$$

或

$$\ln k=-\frac{E}{RT}+C \tag{9.5.6b}$$

或

$$k=A\exp\left(-\frac{E}{RT}\right) \tag{9.5.6c}$$

上述三式都称为阿仑尼乌斯公式，式中$C=\ln A$。A和E对于给定反应为常数。A称为指前因子，或频率因子，它与速率常数的量纲相同，且具有较大的数值，如一些双分子反应（二级反应）的A约为$10^{12}\ \mathrm{dm^3\cdot mol^{-1}\cdot s^{-1}}$。$E$是一个具有能量量纲的物理量，是一个大于零的常数，阿仑尼乌斯称之为活化能。在较小的温度范围内，温度对E的影响可不考虑。

9.5.4 活化能

阿仑尼乌斯公式的提出，大大促进了反应动力学理论的发展。阿仑尼乌斯提出的活化分子和活化能的概念，在解释动力学现象时非常成功，现在仍然有效。但也应指出，阿仑尼乌斯提出的活化能，其物理意义并不十分明确。随着物质结构理论的发展，人们对活化能的理解在阿仑尼乌斯的思想基础上逐渐深化。

现在人们知道，分子发生反应的必要条件是它们必须接触，即碰撞。根据分子运动论的计算，当气体的浓度为$1\ \mathrm{mol\cdot dm^{-3}}$时，每秒钟每$1\ \mathrm{cm^3}$中气体分子间可发生$10^{23}$次碰撞。如果每次碰撞都是有效的，则一切气体反应都将瞬时$(10^{-5}\mathrm{s})$完成。但实际上许多气体反应并不是这样的。因此，阿仑尼乌斯提出一个假想，即认为反应物分子之间的任何一次碰撞未必都能发生反应，只有那些能量足够高的分子之间的碰撞才能发生反应。这些能量足够高的分子被称为活化分子。活化分子的平均能量与普通分子的平均能量的差值就称为反应的活化能。

如对于对峙反应

$$\mathrm{A}\underset{k_{-1}}{\overset{k_1}{\rightleftharpoons}}\mathrm{B}$$

要使反应发生，总得先供给反应物分子足够的能量，反应物分子的旧键才能破坏，生成物分子的新键才能形成。因此反应体系的能量随反应进程的变化可用图 9.5.2 表示。

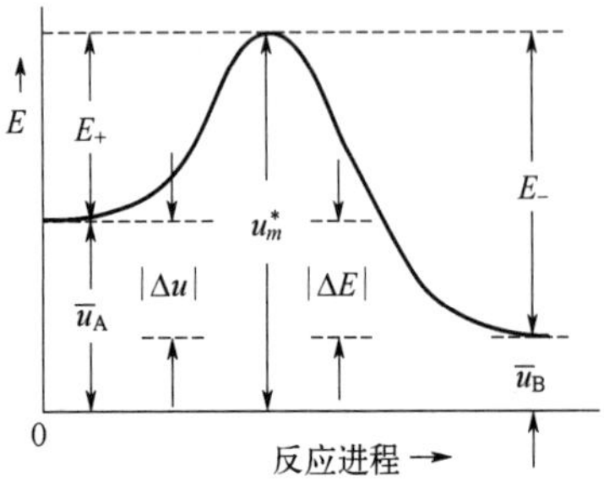

图 9.5.2　反应进程示意图

由图 9.5.2 可知，反应物分子的平均能量为$\bar{u}_{\mathrm{A}}$，产物分子的平均能量为$\bar{u}_{\mathrm{B}}$，二者的差值为$|\Delta u|$。从反应物变为产物必须翻越一个能峰，能峰的高度为E_+。因此，反应物分子必须变为具有能量为u_{m}^*的活化分子才能翻越这个能峰而变为产物。反过来，产物分子必须翻越一个高度为E_-的能峰才能变为反应物。反应物分子反应变为产物的过程是一个能量降低的过程，降低的能量以热的形式释放

出来，即

$$Q_{V,+}=\overline{u}_{\mathrm{B}}-\overline{u}_{\mathrm{A}}=\Delta u=(u_{\mathrm{m}}^{*}-\overline{u}_{\mathrm{A}})-(u_{\mathrm{m}}^{*}-\overline{u}_{\mathrm{B}})=E_{+}-E_{-}=\Delta E<0$$

E_+ 和 E_- 就是正、逆反应的活化能，它们是活化分子的能量与普通分子的平均能量的差值。逆反应为吸热反应，有

$$Q_{V,-}=E_{-}-E_{+}>0$$

在阿仑尼乌斯公式中，活化能被看作是一个与温度无关的经验常数，而实际上它随温度变化而略有变化。

阿仑尼乌斯方程不仅能适用于基元反应，也能适用于大多数非基元反应。阿仑尼乌斯活化能对于非基元反应，也具有能峰的意义。

对非基元反应，阿仑尼乌斯公式中的活化能称为表观活化能。表观活化能没有明确的物理意义，如对于反应

$$H_2+I_2\longrightarrow 2HI$$

实验测得

$$r=\frac{\mathrm{d}c_{\mathrm{HI}}}{\mathrm{d}t}=kc_{\mathrm{H_2}}c_{\mathrm{I_2}} \tag{9.5.7}$$

反应的历程为

$$I_2+M\underset{k_{-1}}{\overset{k_1}{\rightleftharpoons}}2I\cdot+M\text{（快速平衡）}$$

$$H_2+2I\cdot\xrightarrow{k_2}2HI\text{（慢反应）}$$

根据质量作用定律得

$$r_2=\frac{\mathrm{d}c_{\mathrm{HI}}}{\mathrm{d}t}=k_2c_{\mathrm{H_2}}c_{\mathrm{I\cdot}}^2 \tag{9.5.8a}$$

$$K_c=\frac{k_1}{k_{-1}}=\frac{c_{\mathrm{I\cdot}}^2}{c_{\mathrm{I_2}}} \tag{9.5.8b}$$

将式（9.5.8b）中的 c_{I}^2 代入式（9.5.8a），得

$$r_2=\frac{\mathrm{d}c_{\mathrm{HI}}}{\mathrm{d}t}=k_2\frac{k_1}{k_{-1}}c_{\mathrm{H_2}}c_{\mathrm{I_2}} \tag{9.5.9}$$

将式（9.5.7）与式（9.5.9）比较，得

$$k=k_2\frac{k_1}{k_{-1}} \tag{9.5.10}$$

将式（9.5.6c）代入式（9.5.10），得

$$A\exp\left(-\frac{E}{RT}\right)=\frac{A_1A_2}{A_{-1}}\exp\left(-\frac{E_1+E_2-E_{-1}}{RT}\right)$$

所以

$$A = \frac{A_1 A_2}{A_{-1}}$$

$$E = E_1 + E_2 - E_{-1} \tag{9.5.11}$$

9.6 复合反应速率的近似处理法

化学反应由一系列的基元反应组成，其中每一个基元反应的速率方程由质量作用定律给出，因此一个反应系统的动力学行为就由一微分方程组确定。由于反应中涉及的每一个中间体均参与一个以上的基元反应，因此这一微分方程组是耦合的。虽然可用拉普拉斯变换法、矩阵法或数值法等对其加以求解，但随着反应步骤和组分数的增加，其求解的复杂程度将急剧增加，甚至无法求解。因此，研究速率方程的近似处理方法就是一个很现实的问题。常用的近似方法有以下几种。

9.6.1 控制步骤法

连续反应的总速率等于最慢一步反应的速率。最慢的一步称为反应速率的控制步骤。控制步骤的反应速率常数越小，其他各串联步骤的速率常数越大，则此规律就越准确。这时要想使反应加速进行，关键就在于提高控制步骤的速率。

利用控制步骤法，可以大大简化速率方程的求解过程。

例如，连续反应 $A \xrightarrow{k_1} B \xrightarrow{k_2} C$，当 $k_1 \ll k_2$，有

$$C_c = C_{A,0}(1 - e^{-k_1 t}) \tag{9.6.1}$$

如果用控制步骤法进行近似处理，则不必求精确解也能得到同样的结果，因为 $k_1 \ll k_2$ 表明第一步是最慢的一步，为控制步骤，所以第一步速率为总速率，同样可以得到式（9.6.1）。

可见用控制步骤法，虽然没有求精确解，却也得到近似的结果，且处理方法也大大简化了。当然也应该看到，这种方法只有当控制步骤比其他串联步骤慢得多时，其精确度才能更高一些。

9.6.2 平衡态近似法

对于反应

$$A + B \underset{k_{-1}}{\overset{k_1}{\rightleftharpoons}} C \text{（快）}$$

$$C \xrightarrow{k_2} D \text{（慢）}$$

若 k_1 或 k_{-1} 很大，且 $k_1 + k_{-1} \gg k_2$，则第二步为控制步骤，而第一步对峙反应事实上处于化学平衡，其正向、逆向反应速率应近似相等，$k_1 c_A c_B = k_{-1} c_C$，即

$$K_c = \frac{k_1}{k_{-1}} = \frac{c_C}{c_A c_B}$$

反应的总速率等于控制步骤的反应速率，即

$$\frac{dc_D}{dt} = k_2 c_C \tag{9.6.2}$$

将 $c_C = K_c c_A c_B$ 代入，得

$$\frac{dc_D}{dt} = K_c k_2 c_A c_B = \frac{k_1 k_2}{k_{-1}} c_A c_B$$

令 $k = k_1 k_2 / k_{-1}$，得速率方程

$$dc_D/dt = kc_A c_B$$

这就是用平衡态近似法由反应机理求得的速率方程。

由气相反应 $H_2 + I_2 == 2HI$ 的反应机理推导得出的非基元反应的速率方程，与实验结果相符合。由此可见，若已知某反应的机理，则将质量作用定律应用于每个基元反应，就能推导出该总反应的速率方程。但是，要想找出一个反应的合理机理，却是一项繁重而细致的研究课题。一般情况下，须先根据反应的中间产物或副产物（也可能是活泼的中间物）及其他实验事实，假设一个机理，然后对此机理进行实验验证。为此，第一步常常是比较由此机理导出的速率方程和实验测得的速率方程，看它们是否一致。如果不一致，说明机理是错的；但是如果一致，仍不能充分证明机理一定是正确的。这是因为不同的机理有时往往得出相同的速率方程。上面列举的反应 $H_2 + I_2 == 2HI$ 就是一个很好的例子。因为若认为它是一个基元反应，按质量作用定律立即可以得出与实验结果完全一致的速率方程。但是实验发现，加入自由基 I· 或用光照射，能明显地加快此反应的速率，这一事实用一步反应的机理是无法解释的，若用上述有 I· 参加的机理，则能圆满地得到解释。可见机理的证实，须作周密的研究，而速率方程的一致性，只是一个必要的条件，并不是充分条件。

用平衡态近似法从机理推导速率方程的思路首先是找出控制步骤，并将其速率除以该反应的计量数作为总反应的速率，然后应用控制步骤前的快速平衡步骤的平衡关系式消除该反应速率表达式中出现的任何中间体的浓度。

9.6.3 稳态近似法

对于连续反应 $A \xrightarrow{k_1} B \xrightarrow{k_2} C$，如中间物 B 很活泼，则 $k_1 \ll k_2$，就是说第二步反应比第一步反应快得多，B 一旦生成，就立即经第二步反应消耗掉，所以反应系统中 B 基本上没什么积累，c_B 很小。此时曲线将如图 9.6.1 所示，为一条紧靠横坐标的扁平曲线，因而除了反应初期，在较长的反应阶段内，均可近似认为曲线斜率 $dc_B/dt=0$。

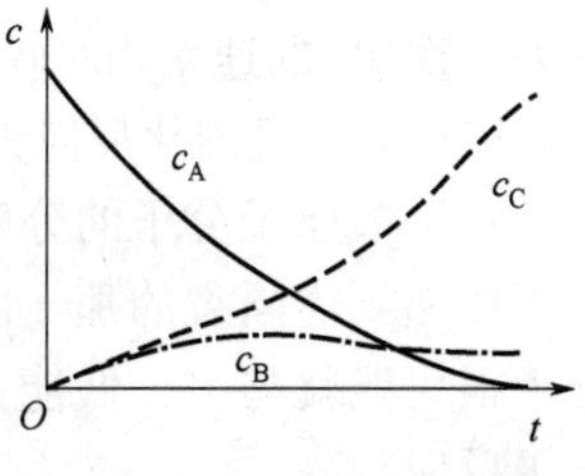

图 9.6.1　连串反应的 $c(t)$-t 图

稳态或定态就是指某中间物的生成速率与消耗速率相等以致其浓度不随时间变化的状态。一般来说，活泼的中间物，例如自由原子或自由基等，它们的反应能力很强、浓度很低，在一定的反应阶段内，符合稳态的条件，故可近似认为它们处于稳态。由机理推导速率方程时，方程中往往会出现活泼中间

物的浓度，而这些活泼中间物的浓度一般不易测定，所以总希望用反应物或产物的浓度来代替。这时最简单的办法就是利用稳态近似法来找出这些活泼中间物与反应物间的浓度关系。

应用稳态近似法时，选择计量反应的反应物或生成物之一作为推导的起点，选择的标准是该组分在反应机理中涉及最少的基元反应；根据反应机理写出该组分的消耗（反应物）或生成（产物）速率表达式，并对表达式中出现的每个中间体应用稳态近似，从而得到一系列关于中间体浓度的代数方程。如果该组代数方程中出现新的中间体浓度，则继续对其应用稳态近似直至能够解出所有在速率表达式中涉及的中间体浓度为止。

实验表明一些单物质气相反应 $A \longrightarrow P$，在高压下为一级反应，低压下为二级反应。如何解释这一现象？

1922 年林德曼（Lindemann）提出的反应历程，认为单分子反应也需要通过碰撞先形成活化分子 A^*，其再进一步反应生成产物，同时活化分子也可以失去活性回到基态。

$$A + A \underset{k_{-1}}{\overset{k_1}{\rightleftharpoons}} A^* + A$$

$$A^* \xrightarrow{k_2} P$$

活化分子 A^* 为活泼物质，在气相中浓度极小，可用稳态近似法，其净生成速率为零。因 A^* 参与三个基元反应，对每个基元反应应用质量作用定律，有

$$\frac{d[A^*]}{dt} = k_1[A]^2 - k_{-1}[A][A^*] - k_2[A^*] = 0$$

$$[A^*] = \frac{k_1[A]^2}{k_{-1}[A] + k_2}$$

将 $d[P]/dt = k_2[A^*]$代入上式，得

$$\frac{d[P]}{dt} = \frac{k_1 k_2 [A]^2}{k_{-1}[A] + k_2}$$

若 k_{-1} 和 k_2 数值相差不大，高压时，A 浓度大，$k_2 \ll k_{-1}[A]$，$k_2 + k_{-1}[A] \approx k_{-1}[A]$，整个反应表现为一级反应。高压时 A 的浓度较大，活化反应及失活反应均为双分子反应，反应速率快，相比之下，式中 $k_2[A]$项可忽略，故活化与失活处于平衡态，产物 P 的生成速率取决于第三个基元反应，按照质量作用定律，正比于$[A^*]$，也就正比于[A]，故表现为一级反应。这也是稳态近似法得到的结果。

低压时，A 浓度较小，$k_2 \gg k_{-1}[A]$，$k_2 \ll k_{-1}[A]$，$k_2 + k_{-1}[A] \approx k_2$，$dc_P/dt = k_1[A]^2$。这时整个反应表现为二级反应。低压时 A 浓度较小，活化反应及失活反应速率均较慢，活化分子 A^* 变为产物 P 的速率相对较快，于是整个反应可以看作是活化反应及 A^* 生成产物这两步形成的连续反应，且活化反应为控制步骤，于是表现为二级反应。

对于多原子分子的分解或异构化反应，经碰撞而被活化的分子，其分子内部的过剩能量要传递到需断裂的那一两个键上才能起反应，而在一般压力下还没等能量传递完，活化分子很可能就与另一低能分子碰撞而失活，所以多原子分子的分解和异构化反应常表现为一级反应。

9.7 链反应

链反应又称连锁反应，是一种具有特殊规律的、常见的复合反应，它主要由大量反复循环的连续反应所组成，在化工生产中具有重要的意义。例如高聚物的合成、石油的裂解、碳氢化合物的氧化和卤化、一些有机物的热分解以及燃烧和爆炸反应等，都与链反应有关。

链反应可分为单链与支链两类。

9.7.1 单链反应

实验表明：一定条件下，气相反应 $H_2+Cl_2 \longequal 2HCl$ 的速率方程为 $r=k[H_2][Cl_2]^{1/2}$。人们根据基元反应的质量作用定律拟定了如下机理：

① 链引发：

$$Cl_2+M = 2Cl\cdot+M$$

② 链传递：

$$Cl\cdot+H_2 = HCl+H\cdot$$
$$H\cdot+Cl_2 = HCl+Cl\cdot$$

③ 链终止：

$$Cl\cdot+Cl\cdot+M = Cl_2+M$$

Cl·代表自由基具有一个未配对电子。基元反应①为 Cl_2 分子与一个能量大的分子 M 相碰撞而解离为两个自由基 Cl·。活泼的 Cl·在反应②中与 H_2 反应转化为产物 HCl，自身被消耗，同时生成另一个自由基 H·。H·也很活泼，与 Cl_2 反应生成产物 HCl，同时重新生成自由基 Cl·，Cl·又重复与 H_2 反应，再生成 H·，如此循环往复，一直进行下去，直至所有的反应物被转化为产物，或者按基元反应③，两个 Cl·与不活泼分子 M 或与容器壁相碰撞而复合为 Cl_2。也就是说，由反应①产生的每一个 Cl·，都会如锁链一般地一环扣一环地进行下去。据统计，一个 Cl·往往能循环反应生成 10^4～10^6 个 HCl 分子。

从这个例子可以看出，链反应一般由三个步骤组成：

① 链的开始（或链的引发）。产生自由基，如反应①。

② 链的传递（或链的增长）。如反应②，自由基与一般分子反应，在生成产物的同时，能够再生自由基，因而可以使反应一个传一个地不断进行下去。链的传递是链反应的主体。这里自由基等活泼粒子称为链的传递物。显然，链传递过程的产物是链反应的主要产物。

③ 链的终止（或链的销毁）。如反应③，自由基等传递物一旦变为一般分子而销毁，则由原始传递物引发的这一条链就被中断。

在链的传递步骤中，消耗一个链的传递物的同时只产生一个新的链的传递物的链反应称为单链反应。对于单链反应，链的传递步骤中链的传递物的数量不变。因此，上述 $H_2+Cl_2 = HCl$ 即为单链反应。

链是由产生传递物（自由基）开始的，生成 HCl 的气相反应是由热分解产生传递物的，此外，光的照射、放电、加入引发剂等，也都可以产生传递物。

自由基都有未配对电子，它们都具有很高的能量，所以它们与器壁或能量低的第三体相撞，把高的能量传出就会自相结合变成稳定分子。因此，增加壁面与容积之比，或加入固体粉末，若反应速率显著变慢或停止，则可推测该反应可能是链反应。另外某些化合物，例如 NO 含有未配对电子，很容易与自由基反应。因为一个传递物会产生大量产物分子，而一个 NO 分子能中断一个链，所以，若加入微量的阻滞物（如 NO），能对反应产生很显著的阻滞作用，则可以判断该反应可能是链反应。

9.7.2 由单链反应的机理推导反应速率方程

有了反应机理，就可以用质量作用定律，并结合稳态近似法导出其速率方程。

由 $H_2+Cl_2 = 2HCl$ 的反应机理推导其速率方程为

$$\frac{d[HCl]}{dt}=k_2[Cl\cdot][H_2]+k_3[H\cdot][Cl_2] \qquad (9.7.1)$$

$$\frac{d[Cl\cdot]}{dt}=2k_1[Cl_2][M]-k_2[Cl\cdot][H_2]+k_3[H\cdot][Cl_2]-2k_4[Cl\cdot]^2[M]=0 \qquad (9.7.2)$$

$$\frac{d[H\cdot]}{dt}=k_2[Cl\cdot][H_2]-k_3[H\cdot][Cl_2]=0 \qquad (9.7.3)$$

将式（9.7.3）代入式（9.7.2）得：

$$[Cl\cdot]=\left(\frac{k_1}{k_4}\right)^{1/2}[Cl_2]^{1/2} \qquad (9.7.4)$$

将式（9.7.3）、式（9.7.4）代入式（9.7.1）得

$$\frac{d[HCl]}{dt}=2k_2[Cl\cdot][H_2]=2k_2\left(\frac{k_1}{k_4}\right)^{1/2}[H_2][Cl_2]^{1/2}$$

这与实验结果一致。

$$k(\text{表观})=k_2\left(\frac{k_1}{k_4}\right)^{1/2}$$

$$\begin{aligned}E(\text{表观})&=E_{a,2}+\frac{1}{2}(E_{a,1}-E_{a,4})\\&=\left[25+\frac{1}{2}(243-0)\right]kJ\cdot mol^{-1}\\&=146.5\ kJ\cdot mol^{-1}\end{aligned}$$

如果是 H_2 和 Cl_2 直接反应机理，则

$$\begin{aligned}E_a&=(E_{H-H}+E_{Cl-Cl})\times 30\%\\&=(435.1+243)\ kJ\cdot mol^{-1}\times 30\%\\&=203.4\ kJ\cdot mol^{-1}\end{aligned}$$

如果是 H_2 首先裂解，则 E=435.1 kJ • mol^{-1}。

所以只有 Cl_2 首先裂解的机理最为合理。

1906 年博登施坦通过实验测得反应 $H_2 + Br_2 \longrightarrow 2HBr$ 的速率方程为 $d[HBr]/dt \propto [H^2][Br^2]^{1/2}/\{1+A[HBr]/[Br^2]\}$，13 年后克里斯琴斯提出的反应机理解析了该速率方程，相关内容可自行查阅有关资料。

9.7.3 用键能估算元反应的活化能

① 分子分解为自由基的基元反应，其活化能等于键解离能。

$$Cl_2 + M \longrightarrow 2Cl\cdot + M$$

② 自由基复合的基元反应的活化能为零。

$$Cl\cdot + Cl\cdot + M \longrightarrow Cl_2 + M$$

③ 自由基和分子之间的基元反应（5%规则），其活化能为

$$E_a = 0.05E_{B\text{-}C} \quad \text{（仅适用于放热反应）}$$

④ 分子间的基元反应（30%规则），其活化能为

$$E_a = 0.3(E_{A\text{-}B} + E_{C\text{-}D}) \quad \text{（仅适用于放热反应）}$$

9.7.4 支链反应与爆炸界限

爆炸是瞬间即完成的高速化学反应。它的研究对于化工安全生产、经济建设和国防都具有重要意义。

① 若某一放热反应在一个小空间内进行，反应热来不及散出，则温度升高。温度升高，促使反应速率加快，放热就更多，温升更快。如此恶性循环，结果是反应速率在瞬间大到无法控制而引起爆炸，这就是热爆炸。

② 发生爆炸的更重要的原因是支链反应。前面讲的单链反应是消耗一个传递物的同时，再生一个传递物，传递物不增不减，所以反应稳步进行。而支链反应则是消耗一个传递物的同时，再生成两个或更多传递物的反应，可以一瞬间就达到爆炸的程度。这就是链爆炸，由支链反应引起，随着支链的发展，链传递物（活性质点）剧增，反应速率愈来愈大，最后导致爆炸。

链爆炸反应的温度、压力、组成有一定的爆炸区间，称为爆炸界限。

以分子比为 2∶1 的氢、氧混合气体为例，说明温度和压力对支链爆炸反应的影响。当混合气在一个内径为 7.4 cm 且内壁有 KCl 的玻璃反应管中进行时，实验结果如图 9.7.1。低于 673 K 时，系统在任何压力下都不爆炸，在有火花引发的情况下，H_2 和 O_2 将平稳地反应。混合气体在 773 K 时，压力只要不超过 0.2 kPa 就不会爆炸，高于 0.2 kPa，就发生剧烈的支链反应而爆炸。

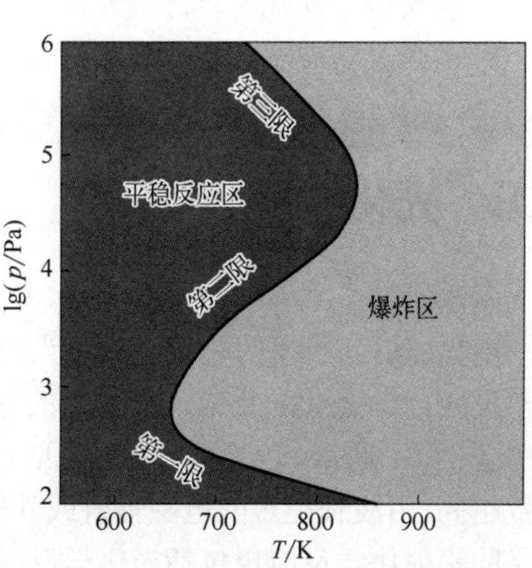

图 9.7.1 H_2 与 O_2 按 2∶1 混合的爆炸界限

773 K 时压力在 0.2～7 kPa 之间都会爆炸，但若压力高于 7 kPa，则又不发生爆炸；若压力再高到一定程度还会爆炸。所以 773 K 时的爆炸下限（或爆炸低限）为 0.2 kPa，爆炸上限（或爆炸高限）为 7 kPa，压力再高又爆炸，则是第三限。其他温度也有类似情况，温度越高，则爆炸界限越宽而且上限对温度更为敏感，下限还受容器大小及表面形状、表面性质等因素的影响。

其他物质有类似的规律，低于第一限时反应极慢；在第一限和第二限之间时，发生爆炸；压力高于第二限后反应又平稳进行，但速率随压力增高而增大；达到和超过第三限后则又发生爆炸。低压下，链传递体易扩散至器壁，销毁压力在第一限和第二限之间时，发生爆炸。因当压力逐步增加时，链传递体向器壁扩散受到阻碍，器壁断链作用很小，而气相断链作用又不够大，所以压力到达第一限(低限)以后，就进入了爆炸区。第二和第三限之间为平稳反应区，因为随着压力增加，分子相碰机会增多，链传递在气相的销毁作用加强，达到和超过第三限后则又发生爆炸。第三限的出现一般认为是热爆炸，但很可能不是单纯的热爆炸，除温度和压力影响之外，爆炸还与气体的成分有关。

以上讨论了温度和压力对爆炸反应的影响。下面再介绍一下气体组成的影响。例如，对氢、氧混合气体，氢的体积分数在 4%～94%，点火都可能发生爆炸，若氢在 4%以下，或 94%以上就不会爆炸。所以 4%为爆炸下限，94%为爆炸上限。氢与空气混合，则爆炸下限为 4%，爆炸上限为 74%。其他可燃气体在空气中，也都有一个爆炸下限和爆炸上限。表 9.7.1 中列出某些可燃气体在空气中的爆炸界限。

表 9.7.1　一些可燃气体常温常压下在空气中的爆炸界限(用体积分数 φ_B 表示)

可燃气体	爆炸界限 $\varphi_B \times 100$	可燃气体	爆炸界限 $\varphi_B \times 100$
H_2	4~74	CO	12.5~74
NH_3	16~27	CH_4	5.3~14
CS_2	1.25~14	C_2H_6	3.2~12.5
C_2H_4	3.0~29	C_6H_6	1.4~6.7

思考

1. 在实验室发现有机溶剂发生泄漏，第一时间如何处理可以避免爆炸事故？
2. 举例说明哪些场所存在爆炸的风险和应该采取的措施。

9.8　光化学反应

由光照射而引发的化学反应称为光化学反应，光化学研究的是物质在光的作用下发生的化学反应，即光化学反应。如眼睛的感光作用、绿色植物的光合作用、胶片的感光作用、染料的褪色等。通常，包括紫外线、可见光和近红外线，波长在 100～1000 nm 之间。波长越短，能量越高。由波长更短的电磁辐射或其他高能离子辐射所引起的化学反应称为辐射化学反应。广义的辐射化学反应也包括光化学反应。

光反应或光化学反应就是光活化的反应。光反应的实质就是光能和化学能的相互转变，由于吸收光能相当于外界对系统做非体积功，因而光反应可以向吉布斯函数增加的方向进行，由于是光活化，温度系数较小，一般温度升高 10 ℃，反应速率只升高 0.1～1 倍。

一些自发的化学反应可以发光，在光的作用下也可以发生化学反应。热反应的发生依靠热活化，热活化的能量来自热运动，分子的能量分布服从玻尔兹曼分布，故反应速率受温度影响很大。光化学反应的发生依靠光活化，光活化的能量来自光子，取决于光的波长。由于光活化分子的数目与光的强度成比例，故在足够强的光源下常温时就能达到热活化在高温时的反应速率，所以光化学反应可在低温下进行。反应温度的降低，往往能有效地抑制副反应的发生，若再选用波长适当的光，则可进一步提高反应的选择性。

除了使某些自发的化学反应能进行外，光还可以使某些非自发的化学反应发生。例如，植物在叶绿素存在下，CO_2 和 H_2O 发生光合作用生成碳水化合物和 O_2。

9.8.1 光化学反应的初级过程、次级过程和猝灭

光化学反应是从物质吸收光能开始的，这称为光化学反应的初级过程。在初级过程中，分子或原子吸收适当波长的光子发生电子跃迁而成为激发态。

初级过程的产物还要进行一系列的过程，称为次级过程。

激发态的分子或原子是很不稳定的，其寿命约为 10^{-8} s。若不与其他粒子碰撞，它就会自动地回到基态而放出光子。从单线态返回基态的跃迁发出的光称为荧光，波长一般与入射光波长相同，偶尔也有例外。10^{-8} s 是很短的，所以切断光源，荧光立即停止。此外，由于该跃迁是允许的，故荧光的强度较高。但有的被照射物质，在切断光源后仍能继续发光，有时甚至延续长达若干秒或更长时间，这种光称为磷光。磷光是由三线态向基态的跃迁引起的，由于该跃迁为禁阻的，故磷光的强度较弱。若激发态分子与其他分子碰撞，就会将过剩的能量传出，或使被碰分子（或原子）激发，或使相撞分子解离，或与相撞分子反应。

当一个反应混合物处于光照之下，若反应物对光不敏感，则不发生反应。但可以引入能吸收光的分子或原子，使它变为激发态，然后将能量传给反应物，使反应物活化。能起这样作用的物质称为光敏物质或光敏剂。如和 H_2 的反应中，汞蒸气是光敏剂。因为以 $\lambda = 253.7$ nm 的光照射 H_2 并不能使之解离，而这一波长的光却能使 Hg 激发成 Hg^*，激发态 Hg^*则可以使 H_2 发生解离。上述反应产物中的激发态分子、自由原子，还要发生次级过程。如果激发态分子与其他分子或器壁碰撞发生无辐射的失活而回到基态，则称为猝灭。初级反应如果产生自由原子或者自由基，次级反应将会发生链反应。

有的药物对热很稳定，而对光却很不稳定，其贮存期主要取决于光照量。在光源一定时，药物在光照射下的含量下降的程度与入射光的累积光量（E_t），即照度 E（单位面积单位时间内入射光的能量）和时间 t 的乘积有关。研究药物在光照射下的稳定性和预测其贮存期就需要在较高的照度下测定药物含量变化，找出药物含量 C 与累积光量 E_t 的关系，由此算得在自然贮存条件的较低照度下，药物含量降低至合格限所需的时间，即贮存期。

9.8.2 光化学定律

格鲁西斯-德拉帕（Grothus-Draper）认为只有被分子所吸收的光，才能有效地导致光化学变化。该定律常称为光化学第一定律。

并非任意波长的光都能被吸收，只有分子从基态到激发态所需的能量与光子的能量相匹

配，才能导致电子能级的跃迁而产生电子激发态，从而引起光化学变化。

斯塔克（Stark）与爱因斯坦（Einstein）认为在光化学初级过程中，系统每吸收一个光子，则活化一个分子（或原子）。该定律又称为光化学第二定律。按照此定律，在光化学初级过程中要活化 1 mol 分子，需要 1 mol 的光子。波长为 λ 的 1 个光子的能量为

$$\varepsilon = h\nu = \frac{hc}{\lambda}$$

式中，h 为普朗克常量；ν 为光的频率；c 为光速。因此 1 mol 波长为 λ 的光子的能量为

$$E = Lh\nu = \frac{Lhc}{\lambda}$$

式中，L 为阿伏伽德罗常数。

1 mol 光量子所具有的能量称为 1 Einstein。

$$\begin{aligned}1\,\text{Einstein} &= Lh\nu = \frac{Lhc}{\lambda} \\ &= \frac{6.022\times10^{23}\ \text{mol}^{-1}\times6.626\times10^{-34}\ \text{J}\cdot\text{s}^{-1}\times2.998\times10^{8}\ \text{m}\cdot\text{s}^{-1}}{\lambda} \\ &= \frac{0.1196}{\lambda}\ \text{J}\cdot\text{m}\cdot\text{mol}^{-1}\end{aligned}$$

式中，L 为 Avogadro 常数；λ 为波长，m。

光化学第二定律在绝大多数情况下是成立的，但当所用光的强度很高，如在激光照射的情况下，则双光子或多光子吸收的可能性不能忽略。光化学第二定律是光子学说的自然结果。但必须注意，这里只是说吸收一个光子能使一个分子活化，而没有说能使一个分子发生反应。一方面，在初级过程中一个分子活化后，在随后的次级过程中可能引起多个分子发生反应。例如光引发的链反应，一个分子活化产生自由基后，可能引起一连串的分子发生反应。另一方面，吸收一个光子而达到电子激发态的活化分子，如果在还没有反应以前就又失去能量返回基态而失活，那么这个被吸收过的光子就没有产生化学变化。因此，一个分子活化，不一定会使一个分子发生反应。也就是说，光化学第二定律只能严格地适用于初级过程。

为了衡量光化学反应的效率，引入了量子产率的概念，用 Φ 表示。

$$\begin{aligned}\Phi &= \text{发生反应的分子数/被吸收的光子数} \\ &= \text{发生反应的物质量/被吸收光子的物质量}\end{aligned}$$

不同的光化反应有不同的量子产率，其数值差别很大。

量子产率小于 1 是由于初级过程吸收光子后产生的激发态分子在进一步反应前失活；而量子产率大于 1 是由于次级反应过程是链反应。

9.8.3 温度对光化学反应速率的影响

温度对光化学反应的影响与热反应大不相同。热反应的温度系数较大，温度升高 10 ℃，反应速率约增加为原来的 2～4 倍。而同样升温，光化学反应速率却增加甚小，大多数光化学反应的温度系数接近于 1。个别如草酸钾与碘的反应，其温度系数也竟然接近于热反应，但这只是少数例外。甚至，在某些光化学反应中，如苯的氯化，温度升高，反应速率反而下降。

为了解释光化学反应的温度系数，有必要研究初级与次级过程的温度系数。初级过程应当是与温度无关的过程，次级过程因为具有热反应的特征，所以它的温度系数应与一般热反应无异。但是多数光化学次级过程含有原子、自由基以及它们与分子之间的相互作用，所以活化能很小或为零。因为温度系数取决于活化能的大小，所以，可以肯定地说：即使是次级过程，其温度系数也比一般的热反应要小。因此总的结果是整个反应的温度系数很小，这是通常的情况。

但在光化学反应中，偶尔也出现较大的温度系数。一般地说，这表明有一个或几个中间步骤具有较高的活化能。但这也可能表明反应系列的某些步骤处于平衡而且表示平衡常数 K 与 T 关系的等容方程式中含有一个较大的正反应热。

9.8.4 化学激光

近年来在扩大激光波长范围，以及发展激光辐射频率的可调、可控和稳定性方面进展很大，为系统地进行激光化学研究创造了必要的条件。在激光的作用下，选择性地进行光化反应，研究得最多、最有成效的是用激光分离同位素。

例如，天然氢主要含 H 和 D 两种同位素，所以一般甲醇中的氢也是这两种同位素，即 CH_3OH 和 CD_3OD。CH_3OH 中—OH 的一个振动吸收带的波数在 3681 cm^{-1}（或 $3.681\times10^5\ m^{-1}$）附近，而 CD_3OD 中的同一个吸收带在 2724 cm^{-1} 附近。当用输出为 3644 cm^{-1} 的 HF 气体激光器为光源来激发 CH_3OH 的—OH 吸收带时，CD_3OD 的同一吸收带不受影响，因此 CH_3OH 光化反应在室温下能迅速进行，CD_3OD 不能吸收这个频率的光子而不反应，于是 CD_3OD 便留下来得到富集。据报道，用总功率为 100 W 的连续 HF 激光照射 CH_3OH、CD_3OD 和 Br_2 的混合物 60 s 后，经进一步处理，可使 CD_3OD 的含量从 50%增加到 95%以上。

9.9 溶液反应和多相反应

尽管有不少气相和固相反应，但大多数反应发生在液相。因此，溶液的性质及溶剂在反应中所起的作用对于溶液中化学反应的动力学研究至关重要。

与气相比较，液相中自由空间很少，存在大量溶剂分子。溶液中的溶质分子，也如同气体分子一样，须经碰撞接近才能发生反应。然而溶质分子在溶剂分子的包围之中，它必须穿过这种包围进行扩散，才能与另一溶质分子接触而发生反应。因此，研究溶液中溶质分子间的反应，必须考虑反应组分（溶质）与溶剂间的相互作用，以及它们在溶剂中的扩散。下面按反应组分与溶剂间有无明显的相互作用，分别进行讨论。

9.9.1 溶剂对反应组分无明显相互作用

（1）笼效应

在溶液反应中，溶剂是大量的，溶剂分子环绕在反应物分子周围，好像一个笼把反应物围在中间，使同一笼中的反应物分子进行多次碰撞，其碰撞频率并不低于气相反应中的碰撞频率，因而发生反应的机会也较多，这种现象称为笼效应。

液体分子间平均距离比气体的近得多，分子间存在强的相互作用。虽然这种作用不足以强到限制分子的运动，但它可以使液体具有局部的结构。液体中溶质分子实际上都被周围溶剂分子所包围，就好像关在周围分子构成的溶剂笼中。笼中的分子不能像气体分子那样自由地运动，只能不停地在笼中振动，不断地与周围分子碰撞。如果某一个分子具有足够的能量，或正在向某方向振动，且恰好该方向的周围分子让开，那么这个分子就可冲破溶剂笼扩散出去，但是它立刻就又陷入另一个笼中（图 9.9.1）。据估计，分子在一个笼中的停留时间约为 10^{-12}～10^{-8}s，这期间约发生 10^{2}～10^{4} 次碰撞，频率与气相反应近似。

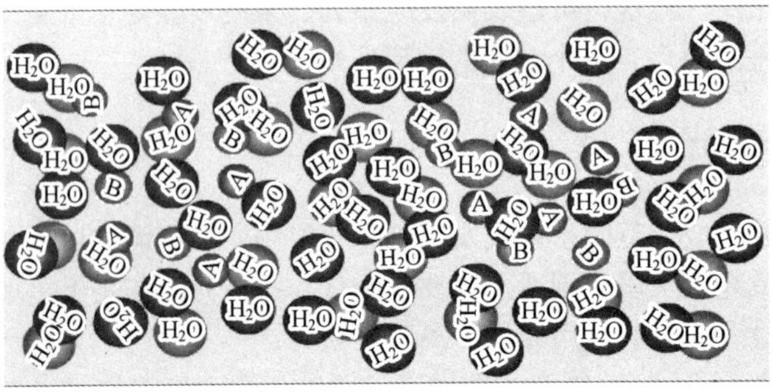

图 9.9.1　笼效应示意图

反应物分子处在某一个溶剂笼中，发生连续重复的碰撞（称为一次遭遇），直至反应物分子挤出溶剂笼，扩散到另一个溶剂笼中。在一次遭遇中，反应物分子有可能发生反应，也有可能不发生反应。

若两个溶质分子扩散到同一个笼中互相接触，则称为遭遇。两个溶质分子只有遭遇才能反应。扩散与反应为两个串联的步骤，即

$$\mathrm{A}+\mathrm{B}\xrightarrow{\text{扩散}}\{\mathrm{A}\cdots\mathrm{B}\}\xrightarrow{\text{反应}}\text{产物}$$

式中 $\{\mathrm{A}\cdots\mathrm{B}\}$ 表示反应物 A 和 B 扩散到一起而形成的遭遇对。如果反应的活化能很小，反应速率很快，则为扩散控制；反之，若反应活化能大，反应速率慢，则为反应控制或活化控制。扩散速率与温度的关系也符合阿仑尼乌斯方程，但扩散活化能，即分子冲破溶剂笼所需的能量，一般要比反应活化能小得多，因此，活化控制的反应对温度比较敏感，而扩散控制的反应对温度就不那么敏感。一些快速反应，如自由基复合反应或酸碱中和反应，多为扩散控制的反应。扩散控制的反应其总速率等于扩散速率，扩散速率可按扩散定律计算。

（2）扩散定律

溶液中每一个溶质分子向任一方向运动的概率都是相等的，但浓度高处单位体积中的分子数比浓度低处多，所以扩散方向总是由高浓度向低浓度。若距离 x 处物质 B 的浓度为 c_{B}，浓度梯度为 $\mathrm{d}c_{\mathrm{B}}/\mathrm{d}x$，则按菲克（Fick）扩散第一定律，即在一定温度下，单位时间内通过垂直于扩散方向的单位截面积 A 的物质 B 的物质的量 $\mathrm{d}n_{\mathrm{B}}/\mathrm{d}t$，正比于截面积 A 和浓度梯度 $\mathrm{d}c_{\mathrm{B}}/\mathrm{d}x$ 的乘积，即

$$\mathrm{d}n_{\mathrm{B}}/\mathrm{d}t=-DA\mathrm{d}c_{\mathrm{B}}/\mathrm{d}x$$

因为扩散向着 x 增大的方向，同时也向着 c_{B} 减小的方向，所以浓度梯度 $\mathrm{d}c_{\mathrm{B}}/\mathrm{d}x$ 为负值，

为保持扩散为正值，故上式右边加负号。式中，比例常数 D 为扩散系数，单位为 $m^2 \cdot s^{-1}$。对于球形粒子，D 可按下式计算，即

$$D=RT/(6L\pi\eta r)$$

上式称为爱因斯坦（Einstein）-斯托克斯（Stokes）方程。式中，L 为阿伏伽德罗常数；η 为黏度；r 为球形粒子的半径。

活化控制的反应若反应活化能较大，反应速率较慢，相对来说扩散较快，则为活化控制。在溶剂对反应组分无明显作用的情况下，活化控制的溶液反应速率与气相反应相似。原因包括：

① 溶剂无明显作用，故对活化能影响不大。

② 与气体分子的碰撞相比较，由于笼效应的存在，溶液中溶质分子扩散到同一个笼中要慢得多，但是两个反应分子一旦遭遇到一起，它们在笼中的重复碰撞则快得多。因此，笼效应的总结果是对碰撞只起到分批的作用，即使溶质分子的碰撞一批一批地进行，而对碰撞总数影响不大。

综上，溶液中的一些二级反应（可能是双分子反应）的速率，与按气体碰撞理论的计算值相当接近；溶液中的某些一级反应，如 M_2O_5、Cl_2O 或 CH_2I_2 的分解反应的速率，也与气相反应速率很相近。

（3）溶剂对反应速率的影响

在许多情况下，溶剂对反应物确有作用，因而往往对反应速率产生显著的影响。比较突出的例子是 C_6H_5CHO 在溶液中的溴化反应，此反应在 CCl_4 中进行比在 $CHCl_3$ 中进行快 1000 倍。而且对于平行反应，有时一定的溶剂只加速其中一种反应。溶剂对反应速率影响的原因比较复杂，下面只简略地作一些定性的介绍。

溶液中的反应有很多为离子反应，若溶剂的介电常数大，则会减弱异号离子间的引力，因此，介电常数大的溶剂常不利于异号离子间的化合反应，而有利于解离为阴、阳离子的反应。

高介电常数的物质多为极性大的物质。所以，一般是溶剂的极性越大，则越有利于产生离子的反应。若活化络合物或产物的极性比反应物的大，则极性溶剂往往能促进反应的进行；反之，若活化络合物或产物的极性比反应物的小，则极性溶剂往往能抑制反应的进行。

此外，极性物质常能使离子溶剂化，而溶剂化往往能显著地改变反应速率。例如，加入少量的水，介电常数不会有很大的改变，但对有些反应，加少量的水却能大大促进反应的进行，这就是由于水的溶剂化作用。一般说来，若在某溶剂中，活化络合物的溶剂化比反应物的强，则该溶剂能降低反应的活化能而加速反应的进行；反之，若活化络合物的溶剂化不如反应物的强，则会升高活化能而不利于反应。

9.9.2 多相反应

在化工过程中，也常遇到多相反应，或称非均相反应，即反应物处于不同的相中。例如，煤的燃烧或水蒸气与碳作用制取 CO，反应物分别处于气相和固相，是气-固相反应；水与碳化钙作用制取乙炔则是液-固相反应；用水吸收氧化氮是气-液相反应；用硫酸处理石油产品是液-液相反应；陶瓷的烧结是固-固相反应。

多相反应大多数是在相的界面上进行，但也有少数多相反应发生在不同的相中，例如，

以硫酸为催化剂，用浓硝酸水溶液对苯进行硝化反应，为液-液相反应，此反应在两个液相中都能进行，但主要在酸相与有机相的界面间进行，酸相中的速率为有机相的近百倍。

多相反应由于大多数在相的界面上进行，所以反应物向界面扩散是必不可少的步骤，即使反应发生于不同的相中，反应物也必须向相的界面扩散，以便进入另一相中发生反应。因此，反应物必须向相的界面扩散，这是多相反应的一个重要特征。由此也自然引出另一个特征，即相界面大小和性质是影响多相反应的一个重要因素。界面越大，或分散度越大，则越有利于多相反应。

在多相反应中一方面反应物要向界面扩散，以便进行反应；另一方面产物由于浓度梯度的存在，也要由界面向外扩散。因此，扩散与反应是多相反应中互相串联的步骤。过程的总速率，由互相串联的几个步骤中最慢的一步所控制。有目的地改变影响不同步骤的因素，可以判别不同条件下的控制步骤。

9.9.3 催化作用与催化剂

（1）催化作用

如果把一种（或多种）少量的物质加入反应体系中，能使化学反应的速率显著改变，而此物质本身在反应前后的数量及化学性质都没有变化，则称该物质为催化剂（catalyst）。这种因外加物质而引起化学反应速率明显改变的作用称为催化作用（catalysis）。加快反应速率的物质称为正催化剂，减慢反应速率的物质称为负催化剂。

催化剂可以是有意识地加入反应体系的，也可以是反应过程中自发产生的。后者是一种或几种反应的产物或中间物，称为自催化剂（autocatalyst），这种现象称为自催化作用（autocatalysis）。通常的化学反应，都是开始时反应速率最大，之后逐渐变慢；而自动催化反应，却随产物的增加而加快，之后由于反应物太少，才逐渐慢下来。例如，在有硫酸存在时高锰酸钾和草酸的反应，产物 $MnSO_4$ 即起到自动催化作用。

催化反应可分为单相催化和多相催化。催化剂与反应物均存在于同一相为单相催化，或称均相催化。例如，酯的水解就是单相催化，加入酸或碱则反应速率加快。若催化剂在反应系统中自成一相，则为多相催化，或称非均相催化。例如用固体催化剂来加速液相或气相反应，就是多相催化。多相催化中，尤以气-固相催化应用最广。例如，用铁催化剂将氢气与氮气合成氨，或用铂催化剂将氨氧化制成硝酸，就是气-固相催化反应。

催化作用很普遍，不但有意加入的催化剂可加快反应的速率，有时一些偶然的杂质、尘埃，甚至容器的表面等，也可能产生催化作用。例如 200 ℃下，在玻璃容器中进行的溴对乙烯的气相加成反应，起初曾认为是单纯的气体反应，后来发现该反应若在较小的玻璃容器中进行，则反应速率加快；若再加入一些小玻璃管或玻璃球，则加速更为显著；若将容器内壁涂上石蜡，反应就几乎停止。这说明该反应是在玻璃表面的催化作用下进行的。

（2）催化剂

催化在现代化学工业中起着关键作用，约有 85%～90%的化工产品涉及催化过程，尤其在石油的精制、精细化学品的制备、尾气污染减轻等方面，催化剂的作用不可替代。

① 催化剂参与了化学反应，但在反应前后的数量及化学性质不变。例如生产硫酸所用的三氧化硫的制备：

$$2SO_2 + O_2 \longrightarrow 2SO_3 \qquad (1)$$

当用 NO 作为催化剂时，可以加快反应速率。其机理为

$$2NO+O_2 \longrightarrow 2NO_2 \tag{2}$$

$$NO_2+SO_2 \longrightarrow NO+SO_3 \tag{3}$$

催化剂 NO 参与了反应，但反应终了时又生成 NO，其化学性质和数量不变。

② 催化剂不改变化学平衡，不能使热力学中不可能进行的反应发生。重要推论：对于一个对峙反应，催化剂通常可使正、逆反应加快同样的倍数。

催化剂只能缩短达到平衡的时间，而不能改变平衡状态。任何自发的化学反应都有一定的推动力，在恒温恒压下，该反应的推动力就是化学亲和势 $A=-\Delta G$。催化剂在反应前后没有变化，所以从热力学上看，催化剂的存在与否不会改变反应系统的始末状态，当然也不会改变 ΔG。催化剂只能使 $\Delta G<0$ 的反应加速进行，直到 $\Delta G=0$，即反应达到平衡为止。它不能改变反应系统的平衡状态，也不能使已达平衡的反应继续进行，以致超过平衡转化率。

这一特征还说明，催化剂不能改变平衡常数 K，而 $K=k_1/k_{-1}$，所以，能加速正反应速率的催化剂，也必定能加速逆反应速率。这就是说，加速 NH_3 分解为 N_2 和 H_2 的催化剂，也必定是 N_2 和 H_2 合成 NH_3 的催化剂；加氢反应的优良催化剂必定也是脱氢反应的优良催化剂。这一规律为寻找催化剂提供了很大的方便，例如，合成氨反应需要高压，可以在常压下用氨的分解实验来寻找合成氨的催化剂。

③ 催化剂不改变反应系统的始、末状态，因而也不改变系统状态函数的变化，如 ΔU、ΔH、ΔA、ΔG 等。如果反应在恒容或恒压下进行，自然也不会改变反应热。这一特点可以方便地用来在较低温度下测定反应热。许多非催化反应常需在高温下进行量热实验，在有适当催化剂时，实验可在接近常温下进行，这显然比在高温下测定要容易得多。

④ 催化剂对反应的加速作用具有选择性。例如对于连续反应，选用适当的催化剂，可使反应停留在某步或某几步上，从而得到所希望的产物。可见催化剂的选择性在实际应用上是很可贵的，它是使化学反应在动力学具有竞争力的重要手段。工业上常用下式来定义选择性，即

$$选择性=转化为目标产物的原料量/原料总的转化量\times100\%$$

对于合成氨来说，因无副反应，已转化的原料都生成了氨，所以选择性为 100%。

许多催化剂对杂质很敏感。能使催化剂的活性、选择性、稳定性增强者称为助催化剂（catalytic accelerator）或促进剂（promoter），而能使催化剂的上述性能减弱者称为阻化剂或抑制剂（inhibitor）。作用很强的阻化剂只要极微小的量就能严重阻碍催化反应的进行，这些物质称为催化剂的毒物（poison）。

（3）催化反应的机理

催化作用根本上是反应历程的改变。为什么加入催化剂，反应速率会加快呢？这主要是因为催化剂与反应物生成不稳定的中间化合物，改变了反应途径，降低了表观活化能，或增大了表观指前因子。因为活化能在阿伦尼乌斯公式的指数项上，所以活化能的降低对反应的加速尤为显著。

假设催化剂 K 能加速反应 A＋B══AB，其催化反应机理可用能峰示意图表示，如图 9.9.2 所示。图中，非催化反应要克服一个高的能峰，活化能为 E。在催化剂 K 参与下，反应途径改变，反应只需翻越两个小的能峰，这两个小能峰总的表观活化能 E 为 E_1、E_{-1} 与 E_2 的代数和。因此，只要催化反应的表观活化能 E 小于非催化反应的活化能，则在指前因子变化不大

的情况下，反应速率显然是要增加的。由这个机理并结合图 9.9.2 可以推想，催化剂应易于与反应物作用，即 E_1 要小；但二者的中间化合物 AK 不应太稳定，即 AK 的能量不应太低，否则下一步反应的活化能 E_2 就要增大，而不利于反应到底。因此，那些不易与反应物作用，或虽能作用但会生成稳定中间化合物的物质，不能作为催化剂。从上述例子可以看出，相对于非催化反应，催化剂提供了一种在能量上有利的反应机理，从而使得反应能在工业上可行的压力和温度下进行。

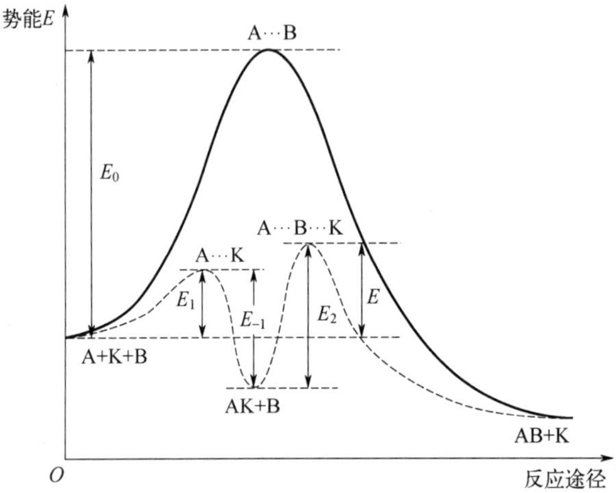

图 9.9.2　活化能与反应途径示意图

催化反应的机理是复杂而多样的，上述机理只是示意地说明催化剂改变反应途径，降低活化能，从而加速反应的道理。

习题

1. 现在的天然铀矿中 $^{238}U / ^{235}U = 139.0 / 1$。已知 ^{238}U 的蜕变反应速率常数为 $1.520 \times 10^{-10}\ a^{-1}$，$^{235}U$ 的蜕变反应速率常数为 $9.72 \times 10^{-10}\ a^{-1}$。问在20亿年（$2 \times 10^{9}$ a）前，$^{238}U / ^{235}U$ 等于多少？（a是时间单位年的符号）

答：26.96∶1

2. 298 K 时，$N_2O_5(g) \longrightarrow N_2O_4(g) + \frac{1}{2} O_2(g)$，该分解反应的半衰期 $t_{1/2} = 5.7$ h，此值与 $N_2O(g)$ 的起始浓度无关。试求：

（1）该反应的速率常数。

（2）$N_2O_5(g)$ 转化掉 90%所需的时间。

答：（1）$0.1216\ h^{-1}$

（2）18.94 h

3. 在 780 K 及 p_0=100 kPa 时，某碳氢化合物的气相热分解反应的半衰期为 2 s；若 p_0 降为 10 kPa 时，半衰期为 20 s。求该反应的级数和速率常数。

答： 二级；$0.005\ s^{-1} \cdot kPa^{-1}$

4. 298K 时，NaOH 和 CH_3COOCH_3 皂化反应的速率常数 k_1 与 NaOH 和 $CH_3COOC_2H_5$ 皂化反应的速率常数 k_2 的关系为 $k_1 = 2.8k_2$，试计算在相同的实验条件下，当有 90% 的 CH_3COOCH_3 分解时，$CH_3COOC_2H_5$ 的分解分数（设碱与酯的浓度均相等，已知该反应是二级反应）。

答：73.7%

5. 对于一级反应：

（1）试证明转化率达到 87.5%所需时间为转化率达到 50%所需时间的 3 倍。

（2）对于二级反应又应为多少？

答：（1）略

（2）7 倍

6. 偶氮甲烷气体的分解反应为 $CH_3NNCH_3(g) \longrightarrow C_2H_6(g) + N_2(g)$，为一级反应。在 287 ℃的真空密闭恒容容器中充入初始压力为 21.332 kPa 的偶氮甲烷气体，反应进行 1000 s 时测得系统的总压力为 22.732 kPa，求速率常数 k 及半衰期 $t_{1/2}$。

答：$6.79\times10^{-5}\ s^{-1}$，$1.02\times10^{4}\ s$

7. 溶液反应 $A + 2B \longrightarrow 2C + 2D$ 的速率方程为 $-\dfrac{d[B]}{dt} = k \cdot [A][B]$。若反应开始时只有两种反应物，且其初始浓度依次为 $c_{A,0} = 0.01\ mol \cdot dm^{-3}$，$c_{B,0} = 0.02\ mol \cdot dm^{-3}$，反应 20 h 后，测得 $c_B = 0.01111\ mol \cdot dm^{-3}$，求 k。

答：$4\ mol^{-1} \cdot dm^{3} \cdot h^{-1}$

8. 恒温恒容条件下发生某化学反应 $2AB(g) \longrightarrow A_2(g) + B_2(g)$。当 AB(g)的初始浓度分别为 $0.02\ mol \cdot dm^{-3}$ 和 $0.2\ mol \cdot dm^{-3}$ 时，反应的半衰期分别为 125.5 s 和 12.55 s。求该反应的级数 n 和速率常数 k_{AB}。

答：2，$0.398\ dm^{3} \cdot mol^{-1} \cdot s^{-1}$

9. 反应 $A + 2B \longrightarrow D$ 的速率方程为 $-\dfrac{dc_A}{dt} = kc_Ac_B$，25 ℃时 $k = 2\times10^{-4}\ dm^{3} \cdot mol^{-1} \cdot s^{-1}$。

（1）若初始浓度 $c_{A,0} = 0.02\ mol \cdot dm^{-3}$，$c_{B,0} = 0.04\ mol \cdot dm^{-3}$，求 $t_{1/2}$。

（2）将过量的挥发性固体反应物 A 与 B 装入 $5dm^3$ 密闭容器中，25 ℃时 0.5 mol A 转化为产物需要多长时间？已知 A 与 B 的饱和蒸气压分别为 10 kPa 和 2 kPa。若该反应的活化能为 $50\ kJ \cdot mol^{-1}$，30 ℃时 0.5 mol A 转化为产物需多长时间？

答：（1）$1.25\times10^{5}\ s$

（2）$1.54\times10^{8}\ s$，$1.76\times10^{4}\ s$

10. 某药物分解反应的速率常数与温度的关系为 $\ln(k / h^{-1}) = -8900 / (T / K) + 20.4$。

（1）如药物分解 20%时即认为失效，在 298 K 下保存的有效期为多少？

（2）药物有效期延长到 1 年以上，则保存温度不能超过多少？

（3）计算药物分解的活化能。

答：（1）$t = 2.882\times10^{3}\ h$

（2）287 K

（3）$73.99\ kJ \cdot mol^{-1}$

11. 某药物的有效成分分解 30%即为失效，在 276 K 时，保存期为 2 年。如果将该药物在 298 K 时放置 14 天，通过计算说明此药物是否已失效。已知分解活化能 $E_a = 130\ kJ \cdot mol^{-1}$，设该药物分解百分数与浓度无关。

提示：一级反应

12. 将纯的 $BHF_2(g)$ 引入恒温在 292 K 的密闭真空容器中，发生如下反应：

$$6BHF_2(g) \longrightarrow B_2H_6(g) + 4BF_3(g)$$

不论起始压力如何，发现 1 h 后反应物的分解分数都是 8%。求：

（1）反应级数。

（2）速率常数。

（3）当起始压力为 101.325 kPa 时，2 h 后容器中的总压力。

答：（1）一级

（2）$1.087\ h^{-1}$

（3）100.32 kPa

13. 已知反应 $A_2 + B_2 \longrightarrow 2AB$，设其速率方程可表示为 $r = k[A_2]^{\alpha}[B_2]^{\beta}[AB]^{\gamma}$。在 300 K 时测定如下数据，试根据实验结果确定反应级数 α、β、γ 的值。

实验编号	$[A_2]_0/(mol \cdot dm^{-3})$	$[B_2]_0/(mol \cdot dm^{-3})$	$[AB]_0/(mol \cdot dm^{-3})$	初始速率 r_0
1	0.1	0.1	2	r_0
2	0.1	0.4	2	$8r_0$
3	0.2	0.4	2	$16r_0$
4	0.1	0.2	3	$1.88r_0$

答：1，1.5，−1

14. 甲醇分解的速率常数与初始压力无关，反应为 $CH_3OH(g) \!=\!=\!= CO(g) + 2H_2(g)$。将一定量的甲醇迅速引入一个 280 ℃的抽空容器中，经 751 s 测得系统压力为 2710 Pa，反应完全后系统压力为 4008 Pa。在 305 ℃下进行另一次实验，方法同上，经 320 s 后系统压力为 2838 Pa，反应完全后系统压力为 3554 Pa，求反应的活化能。

答：$1.44 \times 10^5\ kJ \cdot mol^{-1}$

15. 已知 N_2O_5 的分解反应机理为

$$N_2O_5 \underset{k_2}{\overset{k_1}{\rightleftharpoons}} NO_2 + NO_3$$

$$NO_2 + NO_3 \xrightarrow{k_2} NO_2 + O_2 + NO$$

$$NO + NO_3 \xrightarrow{k_3} 2NO_2$$

（1）用稳态近似法证明它在表观上为一级反应。

（2）在 298 K 时，N_2O_5 分解的半衰期为 342 min，求表观速率常数和分解完成 80%所需要的时间。

答：（1）略

（2）$0.002\ min^{-1}$，250 min

16. 有反应 $A(g) \underset{k_2}{\overset{k_1}{\rightleftharpoons}} B(g) + C(g)$，在不同温度时测得其正、逆反应的速率常数如下：

T / K	298	308
k_1 / s^{-1}	0.2	0.4
k_{-2} / [$(100\ kPa)^{-1} \cdot s^{-1}$]	3.9×10^{-4}	7.8×10^{-6}

（1）计算在 298 K 时的标准平衡常数 $K_p^{\ominus}$。

（2）计算正、逆反应的活化能 $E_{a,1}$ 和 $E_{a,-2}$。

（3）计算该反应的摩尔反应焓的变化值 $\Delta_r H_m$。

（4）设为恒容，298 K 该反应开始时只有 A(g)，且 $p_A^0 = 100\ kPa$，求当系统总压 $p_{总} = 150\ kPa$ 时所需的时间。

答：（1）506

（2）52.9 kJ · mol^{-1}，55.5 kJ · mol^{-1}

（3）−2.52 kJ · mol^{-1}

（4）3.67 s

17. 若某定容基元反应的热效应为 100 kJ · mol^{-1}，则该正反应的实验活化能 E 值将大于、等于还是小于 100 kJ · mol^{-1}？或是不能确定？如果反应热效应为−100 kJ · mol^{-1}，则 E 值又将如何？

答： 小于；大于

18. 某反应的 E 值为 190 kJ · mol^{-1}，加入催化剂后活化能降为 136 kJ · mol^{-1}。设加入催化剂前后指前因子 A 值保持不变，则在 773 K 时，加入催化剂后反应的速率常数是原来的多少倍？

答： 22.8

19. N_2O(g)的热分解反应为 $2N_2O = 2N_2(g) + O_2(g)$，在一定温度下，反应的半衰期与起始压力成反比。在 970 K 时 N_2O(g)的起始压力为 39.2 kPa，测得半衰期为 1529 s；在 1030 K 时 N_2O(g)的起始压力为 48.0 kPa，测得半衰期为 212 s。

（1）判断该反应的级数。

（2）计算两个温度下的速率常数。

（3）求反应的实验活化能。

（4）在 1030 K，当 N_2O(g)的起始压力为 53.3kPa 时，计算总压达到 64.0 kPa 所需的时间。

答：（1）2

（2）$1.668\times10^{-5}\ kPa^{-1}\cdot s^{-1}$，$9.827\times10^{-5}\ kPa^{-1}\cdot s^{-1}$

（3）245.53 kJ · mol^{-1}

（4）128.1 s

20. 硝酸异丙烷在水中被碱中和为二级反应，其速率常数可用下式表示：

$$\lg[k / (dm^3 \cdot mol^{-1} \cdot min^{-1})] = -3163\ K / T + 11.899$$

（1）求表观活化能。

（2）313 K 时反应物起始浓度均为 0.008 mol · dm^{-3}，求反应物浓度均达到 0.004 mol · dm^{-3} 需多少时间？

21. 实验测得气相反应 $I_2(g)+H_2(g) \longrightarrow 2HI(g)$是二级反应，在 673.2 K 时，其速率常数 $k=9.869\times10^{-9}\,(kPa\cdot s)^{-1}$。现在一反应器中加入 50.663 kPa 的 $H_2(g)$，反应器中已含有过量的固体碘，固体碘在 673.2 K 时的蒸气压为 121.59 kPa（假定固体碘和它的蒸气很快达到平衡），没有逆向反应。

（1）计算所加入的 $H_2(g)$反应掉一半所需要的时间。

（2）证明下面的反应机理是否正确。

$$I_2(g) \rightleftharpoons 2I(g) \qquad 快速平衡，K=k_1/k_{-1}$$

$$H_2(g)+2I(g) \longrightarrow 2HI(g) \qquad 慢步骤$$

22. 有一反应 $A+2B \longrightarrow P$，其可能历程为

$$A+B \underset{k-1}{\overset{k-1}{\rightleftharpoons}} I$$

$$I+B \longrightarrow P$$

其中 I 为不稳定的中间产物。若以产物 P 的生成速率表示反应速率，试问：

（1）什么条件下，总反应表现为二级反应?

（2）什么条件下，总反应表现为三级反应?

23. 某气体 A 分解反应 $A(g) \longrightarrow 2B(g)$为一级反应。将一定量 A 迅速引入一个 280 ℃的容器中，751 s 后测得系统的压力为 2.710 kPa；经过长时间反应完成后系统压力为 4.008 kPa。305 ℃时重复实验，经 320 s 系统压力为 2.838 kPa；反应完成后系统压力为 3.554 kPa。求活化能。

答： $169.31\ kJ\cdot mol^{-1}$

24. 在气相中，A 异构化为 B 是一级反应。其速率常数 k 与温度 T 的关系为 $k=5.4\cdot10^{11}\ s^{-1}\exp[-122.5\ kJ\cdot mol^{-1}/(RT)]$。150 ℃时，由 101.325 kPa 的 A 开始，需要多长时间 B 的分压可达到 40.023 kPa？

答：1233 s

25. 对于一级反应 $A(g) \underset{k_{-1}}{\overset{k_1}{\rightleftharpoons}} B(g)$。

（1）达到 $\dfrac{c_{A,0}+c_{A,e}}{2}$ 所需要的时间为半衰期，试证 $t_{1/2}=\dfrac{\ln 2}{k_1+k_{-1}}$。

（2）反应开始时系统只有 A，初始速率为每分钟消耗 A 0.2%，平衡时有 80%的 A 转化为 B，求半衰期。

答：（1）略

（2）277.3 min

26. 高温下乙酸分解反应如下：

$$CH_3COOH(A) \xrightarrow{k_1} CH_4(B)$$

$$CH_3COOH(A) \xrightarrow{k_2} H_2C{=}CO(C)+H_2O$$

在 1089 K 时，$k_1=3.74\ s^{-1}$，$k_2=4.65\ s^{-1}$。

（1）试计算乙酸反应掉 99%所需的时间。

（2）当初始浓度为 $c_{A,0}$ 的乙酸全部分解时，在给定温度下能够获得乙烯酮的最大产量是多少？

答：（1）0.55 s

（2）$0.554[A]_0$

27. 气相反应 $I_2(g) + H_2(g) \xrightarrow{k} 2HI(g)$ 是二级反应。今向一含有过量固体碘的反应器中充入 50.663 kPa 的 $H_2(g)$。已知 673.2 K 时该反应的速率常数 $k = 9.869 \cdot 10^{-9}\ kPa^{-1} \cdot s^{-1}$，固体碘的饱和蒸气压为 121.59 kPa（固体碘与碘蒸气处于快速平衡），且没有逆反应。

（1）计算所加入的 H_2 反应掉一半所需要的时间。

（2）验证下述机理符合二级反应速率方程。

$$I_2(g) \underset{k_2}{\overset{k_1}{\rightleftharpoons}} 2I\cdot \qquad 快平衡，\ K = k_1 / k_{-1}$$

$$H_2(g) + 2I\cdot \xrightarrow{k_2} 2HI(g) \qquad 慢步骤$$

答：（1）5.777×10^5 s

（2）略

28. 某气相反应的机理如下：

$$A \underset{k_{-1}}{\overset{k_1}{\rightleftharpoons}} B$$

$$B + C \xrightarrow{k_2} D$$

其中 B 可以用稳态法近似处理。求该反应的速率方程，并证明此反应在高压下为一级反应，低压下为二级反应。

答：$d[D] / dt = k_1 k_2 [A][C] / (k_{-1} + k_2[C])$

29. 反应 $H_2 + I_2 \longrightarrow 2HI$ 的机理为

$$I_2 + M \xrightarrow{k_1} 2I\cdot + M \qquad E_{a,1} = 150.6\ kJ \cdot mol^{-1}$$

$$H_2 + 2I\cdot \xrightarrow{k_2} 2HI \qquad E_{a,2} = 20.9\ kJ \cdot mol^{-1}$$

$$2I\cdot + M \xrightarrow{k_3} I_2 + M \qquad E_{a,3} = 0$$

（1）推导该反应的速率方程（k_1、k_2 均是以 I· 表示的速率常数）。

（2）计算反应的表观活化能。

答：（1）$\dfrac{d[H_2]}{dt} = \dfrac{k_1 k_2}{k_3}[I_2][H_2]$

（2）171.5 $kJ \cdot mol^{-1}$

30. 汞蒸气存在下的乙烯加氢反应 $C_2H_4 + H_2 \xrightarrow{Hg} C_2H_6$ 按下列反应机理进行：

$$H_2 \xrightarrow[k_1]{Hg} 2H\cdot$$

$$H\cdot + C_2H_4 \xrightarrow{k_2} C_2H_5\cdot$$

$$C_2H_5\cdot + H_2 \xrightarrow{k_3} C_2H_6 + H\cdot$$

$$H\cdot + H\cdot \xrightarrow[k_4]{Hg} H_2$$

求 C_2H_6 的生成速率表达式（注：汞蒸气为催化剂）。

31. 气相反应 $C_2H_6 + H_2 \longrightarrow 2CH_4$ 的机理如下：

$$C_2H_6 \xrightarrow{k_1} 2CH_3\cdot$$

$$2CH_3\cdot \xrightarrow{k_{-1}} C_2H_6$$

$$CH_3\cdot + H_2 \xrightarrow{k_2} CH_4 + H\cdot$$

$$H\cdot + C_2H_6 \xrightarrow{k_3} CH_4 + CH_3\cdot$$

用稳态法求以 $d[CH_4]/dt$ 表示的速率方程。

$$答：\frac{d[CH_4]}{dt} = 2k_2[H_2][CH_3\cdot] = 2k_2\left(\frac{k_1}{k_{-1}}\right)^{\frac{1}{2}}[H_2][C_2H_6]^{\frac{1}{2}} = k[H_2][C_2H_6]^{\frac{1}{2}}$$

32. KI 催化过氧化氢的分解反应是一个一级反应：

$$H_2O_2 \longrightarrow H_2O + \frac{1}{2}O_2$$

在恒温恒压下，用量气管测定 O_2 的体积，以确定反应的进程。298 K 时进行实验，$t=0$ 时，O_2 的体积为零；$t=519$ s 时，O_2 的体积为 30 cm^3；$t=\infty$ 时，过氧化氢完全分解，O_2 的体积为 125 cm^3。根据以上数据，请计算此反应的速率常数和半衰期。

33. N_2O_5在惰性溶剂四氯化碳中的分解反应是一级反应：

$$N_2O_5(l) \longrightarrow 2NO_2(l) + \frac{1}{2}O_2(g)$$

分解产物NO_2溶解于四氯化碳中，而O_2逸出。恒温恒压下，用量气管测量O_2的体积，以确定反应的进程。在40 ℃时，当O_2体积为5.00 cm^3时开始计时（$t=0$）。当$t=1800$ s时，O_2体积为25.00 cm^3；$t=\infty$时，N_2O_5完全分解，O_2的体积为50.00 cm^3。根据上述数据求反应的速率常数和半衰期。

	$N_2O_5(l) \longrightarrow$	$2NO_2(l) + \frac{1}{2}O_2(g)$
$t=0$	$c_{A,0}$	V_0
$t=t$	c_A	V_t
$t=\infty$	$c_{A,\infty}=0$	V_∞

答：$k=3.85\times10^{-4}\ s^{-1}$；1800 s

34. 某药物分解反应的速率常数与温度的关系为

$$\ln(k/h^{-1}) = -\frac{8938}{T/K} + 20.40$$

（1）在30 ℃时，药物每小时的分解率是多少？

（2）若此药物分解30%时即视为失效，那么药物在30 ℃下保存的有效期为多长时间？

（3）欲使有效期延长至2年以上，则保存温度不超过多少℃？

答：（1）1.135×10^4

（2）3.143×10^3 h

（3）13.30 ℃

35. 当有I_2存在作为催化剂时，氯苯与Cl_2在$CS_2(l)$溶液中发生如下的平行反应（均为二级反应）：

$$C_6H_5Cl + Cl_2 \xrightarrow{k_1} o\text{-}C_6H_4Cl_2 + HCl$$
$$C_6H_5Cl + Cl_2 \xrightarrow{k_2} p\text{-}C_6H_4Cl_2 + HCl$$

设温度和I_2浓度一定时，氯苯和Cl_2在$CS_2(l)$溶液中的起始浓度均为0.5 $mol\cdot dm^{-3}$，30 min后，有15%的氯苯转变为o-$C_6H_4Cl_2$，有25%的氯苯转变为p-$C_6H_4Cl_2$，试计算两个速率常数。

答：$k_1 = 0.01667$，$k_2 = 0.02778$

36. 有正、逆反应均为一级的对峙反应：$D\text{-}R_1R_2R_3CBr \underset{k_{-1}}{\overset{k_1}{\rightleftharpoons}} L\text{-}R_1R_2R_3CBr$，正、逆反应的半衰期 $t_{1/2} = 10\ \text{min}$。若 $D\text{-}R_1R_2R_3CBr$ 的起始浓度为 $0.2\ \text{mol}\cdot\text{dm}^{-3}$，试计算 10 min 后，生成 $L\text{-}R_1R_2R_3CBr$ 的量。

答：0.375 mol

37. 对于平行反应 $A \begin{cases} \xrightarrow{k_1} Y \\ \xrightarrow{k_2} Z \end{cases}$，已知反应速率与产物浓度无关，速率常数与温度$T$有如下关系：

$$\ln\left(\frac{k_1}{\text{dm}^3\cdot\text{mol}^{-1}\cdot\text{s}^{-1}}\right) = -\frac{10.8\times10^3}{T/\text{K}} + 13.00$$

$$\ln\left(\frac{k_2}{\text{dm}^3\cdot\text{mol}^{-1}\cdot\text{s}^{-1}}\right) = -\frac{9.5\times10^3}{T/\text{K}} + 12.00$$

（1）若$c_{A,0} = 1.0\ \text{mol}\cdot\text{dm}^{-3}$，试计算500 K时，A转化60%所需时间。

（2）若反应开始时系统中只有反应物A，为使产物中 $c_Z/c_Y = 4$，反应温度为多少？

答：（1）1.4×10^3 s

（2）544.8 K

38. A分解反应为$A \longrightarrow Y + Z$。已知在557 K时，A分解50%时需21.0 s，A分解75%时需42.0 s，此反应活化能为$14.43\times10^4\ \text{J}\cdot\text{mol}^{-1}$。

（1）该反应为几级反应？

（2）557 K时反应的速率常数为多少？

（3）欲使该反应在10 min内A分解90%，反应温度应为多少？

答：（1）一级

（2）k=0.033 s^{-1}

（3）521 K

39. 在557 K时，某药物（A）发生分解反应。已知A分解50%时需10 s，A分解75%时需20 s，此反应活化能为$56.3\ \text{kJ}\cdot\text{mol}^{-1}$。

（1）该反应为几级反应？

（2）557 K时反应的速率常数为多少？

（3）欲使该反应在10 min内A分解90%，反应温度应为多少？

答：（1）一级

（2）k=0.069 s^{-1}

（3）450 K

第10章 胶体化学

10.1 概 论

10.1.1 分散系统的分类

把一种或几种物质分散在另一种物质中所构成的体系称为分散系统，被分散的物质称为分散相，它是不连续的；另一种物质称为分散介质，它是连续的。自然界中所遇到的实际系统，严格地讲均为一种或几种物质分散在另一种物质中的分散系统。例如，地壳、海洋、大气、人体、生物体、工业原料及其产品等，无一不是分散系统。分散系统如此广泛地存在，因此研究它们的性质及其有关规律是十分重要的。分散系统按分散相的分散程度分类如表 10.1.1 所示。

表 10.1.1 分散系统分类——按分散相的分散程度

分散系统类型	分散相粒子半径	分散相	性 质	举 例
低分子分散系统（溶液）	$<10^{-9}$ m	原子、离子、分子	均相，热力学稳定系统，扩散快，能透过半透膜，形成真溶液，透明，无光散射	Au-Ag 固溶体、乙醇水溶液、氯化钠水溶液、混合气体
高分子化合物溶液（亲液溶胶）	10^{-9} m～10^{-7} m	高分子	均相，热力学稳定系统，扩散慢，不能透过半透膜，形成真溶液，透明，无光散射	聚乙烯醇的水溶液
胶体分散系统（憎液溶胶）	10^{-9} m～10^{-7} m	胶 粒（原子、离子或分子的聚集体）	多相，热力学不稳定系统，扩散慢，不能透过半透膜，形成胶体，不透明，有光散射	金溶胶、氢氧化铁溶胶
粗分散系统	$>10^{-7}$ m	粗颗粒	多相，热力学不稳定系统，扩散慢或不扩散，不能透过半透膜及滤纸，形成悬浮液或乳状液，不透明，有光反射	浑浊泥水、牛奶或豆浆
缔合胶体	10^{-9} m～10^{-7} m	胶束	均相，热力学稳定系统，扩散慢，不能透过半透膜	表面活性剂水溶液（c>CMC）

由上面的分类可知，多相性、高度分散性、热力学不稳定性是胶体系统的主要特征。还可将分散系统按分散相和分散介质的聚集状态分类，如表 10.1.2 所示。

表 10.1.2　分散系统分类-按分散相和分散介质的聚集状态

分散相	分散介质	名　称	实　例
气			泡沫（肥皂泡沫）
液	液	液溶胶	乳状液（牛奶）
固			悬浮液，溶胶（泥浆、金溶胶）
气			浮石，泡沫玻璃
液	固	固溶胶	珍珠，某些矿石
固			某些合金
气			空气
液	气	气溶胶	云，雾
固			烟，尘

10.1.2　胶体和胶体科学

（1）胶体的定义

1861 年英国化学家格雷厄姆（Graham）研究溶液中分子的扩散，发现有些物质，如蔗糖和无机盐类在水中扩散很快，能透过羊皮纸；而另一类物质如明胶、蛋白质和氢氧化铝等扩散慢，很难或者不能透过羊皮纸。当蒸发掉溶剂时，前者易呈晶体析出，后者则呈胶状物质。因此当时格雷厄姆把物质分成两类，一类称为凝晶质（crystalloid)，一类称为胶体。后来经过大量的研究发现这种分类是不合适的，特别是俄国化学家韦曼在 1905 年用 200 多种物质进行实验，结果表明任何典型晶体物质都可以用降低其溶解度或选用适当的分散介质而制成胶体物系，此胶体也能具有扩散慢、不透过羊皮纸等特点。例如，氯化钠分散在苯中可形成胶体系统，而硫分散在酒精中可形成真溶液。因此，他提出：胶体是物质以一定的分散度而存在的一种状态，而不是一种特殊的物质。

国际纯粹与应用化学联合会（IUPAC）对胶体的定义：

Colloid is any materials that at least its one dimension within the range of 1-1000 nanometers（胶体是指分散相粒子的大小在至少一个尺度上处于 1～1000 nm 的分散系统）。

对于胶体定义的理解：

① 胶体是任何一种物质，只要其在至少一个尺度上处于 1～1000 nm 即可。

② 胶体研究的粒子大小为 1～1000 nm，说明胶体的比表面积是非常大的。

③ 胶体往往不单独存在，它总是一种物质以一定的颗粒分散于另一种介质中，因而是多相分散体系。

（2）胶体的应用

胶体与人类的生活密切相关。如江河湖海、工业废水是广泛的胶体系统，为了保护水源、净化水质、提取贵重元素、变废为宝，就要研究胶体系统的形成与破坏。大气层是由微尘、水滴和分散介质所组成的气溶胶。近年来，严重的雾霾天气给人们的生产生活带来很大困扰，研究气溶胶的性质，对环境保护等具有重要意义。人类不可缺少的衣（丝、毛皮、棉和合成纤维）、食（牛奶、啤酒、淀粉、糖类、脂肪、蛋白）、住（木材、水泥、砖瓦、陶瓷等建筑材料）、行（石油能源开发利用，钢铁、合金、橡胶等制成的交通工具）无一不与胶体有关，当然与之有关的石油、化学、纺织、冶金、电子、食品等工业中的若干工艺过程均离不开胶体化学的基本原理。在安全方面，粉尘爆炸与气溶胶性质有很大关系。近年来，随着科学技术的飞速发展，胶体在单分散溶胶、纳米（超细）颗粒及纳米材料的制备，以及生命医学现象的揭示与机理探求等方面将发挥越来越重要的作用。

（3）胶体科学的发展

胶体科学的发展历史悠久，其起源可以追溯到古代文明时期。在中国，在有历史记载以前，我们的祖先在新石器时代就掌握了陶器的制作技术；在汉朝已出现用天然高聚物纤维造出来的纸；后汉时期，墨水和豆腐的制作工艺得到了发展。这些都是胶体应用的生动实例，充分说明中华民族是富有创造性的。古埃及人则巧妙地利用木材浸泡水膨胀的特性来破裂山岩石。

1777 年，瑞典化学家做了木炭吸附气体的实验，这一发现为后来对胶体性质的研究奠定了基础。1809 年，俄国化学家发现了土粒的电泳现象，揭示了胶体粒子带电的特性。1829 年，英国植物学家布朗观察到了花粉的布朗运动，进一步证明了胶体粒子在不断运动的特性。1861 年，胶体化学作为一门独立的学科正式创立，创始人是英国科学家托马斯·格雷厄姆。他首先提出了晶体和胶体的概念，如溶胶、凝胶、胶溶、渗析、离浆等。随着科学技术的不断进步，胶体化学逐渐成为一门重要的学科。1907 年，第一本胶体化学专业刊物《胶体化学和工业杂志》创刊，标志着胶体化学真正成为了一门独立学科。

在中国，胶体化学的发展也取得了显著的成就。1954 年，傅鹰院士在北京大学建立了中国的胶体化学研究机构之一。随后，戴安邦院士于 1955 年在南京大学培养出了中国第一批胶体化学毕业生。20 世纪 90 年代以前，北京大学、南京大学、山东大学和华东师范大学等高校都设立了胶体界面化学的研究机构。1983 年，北京大学成功举办了全国第一届胶体与界面化学会议，这标志着中国在胶体化学领域的研究已经达到了较高的水平。

思考

如何定义胶体？总结胶体系统的主要特征。

10.2　胶体的制备

10.2.1　胶体系统的制备

胶体系统的制备有两种方法：分散法和凝聚法。分散法是使粒子较大的物质分散成胶体系统，通常利用机械能和电能等以达到分散的目的，最常用的是胶体磨、气流粉碎，也可用超声波、电弧等。凝聚法是使溶质分子、原子或离子自行结合成胶粒大小而制成凝胶的方法，通常分物理凝聚法和化学凝聚法两类。胶体系统的制备方法如图 10.2.1 所示。

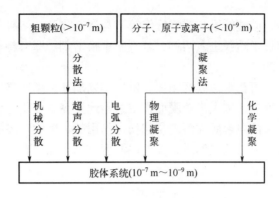

图 10.2.1　胶体的制备

（1）分散法

① 机械分散主要使用胶体磨和气流粉碎机。物料进胶体磨之前，先入球磨机粉碎至 0.2 mm 左右，再进胶体磨粉碎到 1 μm(1000 nm)以下，最小可达 10 nm。为了防止极微小颗粒聚结，一般还加少量表面活性物质如丹宁或明胶等作稳定剂。工业上常利用此法制备胶体石墨、油漆和矿物颜料等。气流粉碎机是一种高效超细粉碎设备，它被广泛用于染料、技术陶瓷及制药等行业，可将物料粉碎至 1 μm 以下。

② 超声分散是用频率大于 20000 Hz、人耳不能听到的弹性波将物料撕碎。实验室常用此法将某些松软的物质分散，或将一种液体分散在另一种液体中以形成乳状液。

③ 电弧分散主要用于制备金属的水溶胶。该方法是将被分散的金属作电极，插入水中，通电使之产生电弧。电弧高温使金属变为气体，遇水冷凝成胶粒。此方法需加少量碱作稳定剂。

（2）凝聚法

① 物理凝聚是将被分散物质的蒸气骤冷或改换溶剂或骤冷饱和溶液等使被分散物质凝聚成胶体粒子。如将汞蒸气通入冷水中就可得到汞溶胶；将含松香的酒精溶液滴入水中，由于松香在水中的溶解度低，溶质呈胶粒大小析出，形成松香的水溶胶；用冰骤冷苯的饱和水溶液得到苯的水溶胶。

② 化学凝聚是利用化学反应在适宜的反应条件（反应物的浓度、溶剂、温度、pH 值和搅拌等）下，生成的不溶物由分子分散状态逐步凝聚达到胶体状态的方法。为此必须使反应物的浓度很低，并缓慢混合，而不至于生成沉淀。按照化学反应的类别，可分为复分解反应、分解反应、还原反应、氧化反应和水解反应等。例如，用 $AgNO_3$ 稀溶液与 KCl 稀溶液进行复分解反应：

$$AgNO_3 + KCl \Longrightarrow AgCl\downarrow + KNO_3$$

其中任何一种适当地过量，就可制得稳定的 AgCl 溶胶。再如，将 $FeCl_3$ 缓慢滴入沸水中，即得红棕色的 $Fe(OH)_3$ 胶体：

$$FeCl_3 + H_2O \Longrightarrow Fe(OH)_3(溶胶) + 3HCl$$

10.2.2　胶体系统的纯化

最初制备的溶胶常含有过多的电解质或其他杂质，它们不利于溶胶的稳定，因此需将其除去，此即为胶体系统的净化，最普遍的方法是渗析法。渗析法是将待净化的溶胶用半透膜

（羊皮纸、动物膀胱膜、硝酸纤维和醋酸纤维等）与溶剂隔开，溶胶中的电解质或其他杂质（分子、离子）就可穿过半透膜进入溶剂。若不断更换溶剂，即可将多余的电解质或其他杂质移去，达到净化的目的。

为了提高渗透速度，可在半透膜两侧加一电场，以加速离子迁移，这就是电渗析法。另外，增加半透膜两边浓度差、扩大半透膜面积或适当地提高温度均可使渗析加速。

应当指出，适当数量的电解质对溶胶是起稳定作用的，因此，渗析法净化溶胶要注意控制时间，以保证稳定溶胶所需的电解质。此外，温度过高将加剧布朗运动，也会破坏溶胶的稳定性。

10.3 胶体的动力性质

对胶体系统动力性质的研究是以分子运动论为基础的。胶体溶液中的胶粒与气体分子及稀溶液中的溶质分子一样，永远在不停地运动着。因此，分子运动论不仅适用于气体和稀溶液，也适用于胶体溶液。气体分子有扩散性、热膨胀性、可压缩性等性质，胶体粒子也具有相似的性质；稀溶液有渗透压力、沸点升高和冰点降低等依数性质，胶体溶液也同样具有这些性质。由于胶体粒子比分子大得多，所以胶体溶液的粒子浓度比一般稀溶液的浓度要小得多，因而胶体溶液的依数性质表现得很微弱，有时甚至测不出来。通过对胶体动力性质的研究，可以说明胶粒不会因重力作用而沉降的原因，也可求得胶粒的大小和形状，并证明分子运动的正确性。下面分别讨论溶胶的布朗运动、扩散和渗透压及沉降和沉降平衡等问题。

10.3.1 布朗运动

1872 年植物学家布朗在显微镜下观察到悬浮在水中的花粉颗粒作永不停息的无规则运动。后来人们还发现其他微粒（如矿石、金属和碳等）也有同样的现象，这种现象称为布朗运动。悬浮在液体中的微粒之所以能不断地运动是因为其周围处于热运动状态的介质分子不断撞击这些微粒。在悬浮体中，比较大的颗粒每秒钟在各个方向可以受到几百万次撞击，结果这些碰撞都互相抵消，因而看不到布朗运动。如果悬浮颗粒小到胶体粒子的程度，那么它每秒所受到的撞击次数比大颗粒要少得多,因此各个方向的撞击彼此完全抵消的可能性很小。由于这些原因，各个颗粒就发生了不断改变方向的无秩序的运动，如图 10.3.1 所示。图中黑点是在相等的时间间隔内在显微镜中观察到的颗粒的位置，它是空间运动在平面上的投影。布朗运动的剧烈程度随颗粒变小和温度升高而增加，但不随时间而改变。

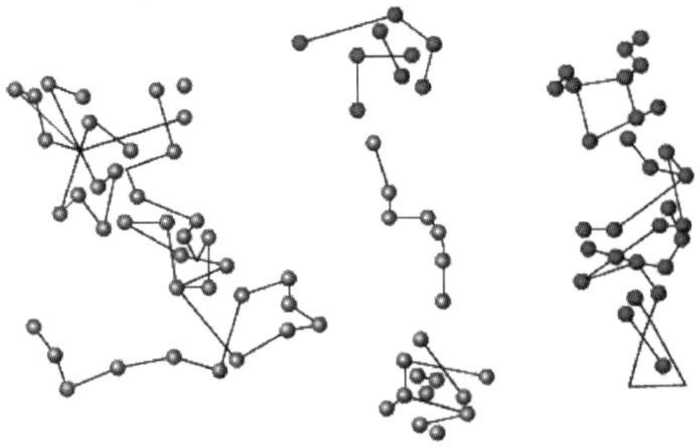

图 10.3.1　胶粒的布朗运动示意图

1905 年和 1906 年，爱因斯坦和斯莫鲁霍夫斯基分别创立了布朗运动理论，他们假定胶粒运动与分子运动类似，每个粒子的平均动能和液体（分散介质）分子一样，都是 $\frac{3}{2}kT$，因而导出了如下公式：

$$\bar{x}=\sqrt{\frac{RT}{L}\times\frac{t}{3\pi\eta r}} \tag{10.3.1}$$

式中，$\bar{x}$ 是粒子在时间间隔 t 内在 x 方向的平均位移；L 是阿伏伽德罗常数；η 是介质的黏度；r 是粒子的半径。这个公式与实验结果相符，说明分子运动论适用于胶体分散系统。

布朗运动是胶体系统动力稳定性的一个原因。布朗运动的存在，使胶粒从周围分子不断获得动能，从而抗衡重力作用而不发生聚沉。但布朗运动同时有可能使胶粒因相互碰撞而聚集，颗粒由小变大而沉淀。

10.3.2 扩散和渗透压

胶体质点的半径较大，扩散速度较小。扩散速度的大小可用扩散系数 D 来衡量。爱因斯坦曾导出了 D 与平均位移 $\bar{x}$ 的关系为

$$\bar{x}=\sqrt{2Dt} \tag{10.3.2}$$

式（10.3.2）就是爱因斯坦-斯莫鲁霍夫斯基方程。由式（10.3.1）和式（10.3.2）消去 $\bar{x}$，可得

$$D=\frac{RT}{6L\pi\eta r} \tag{10.3.3}$$

这就是爱因斯坦-斯托克斯方程。由式（10.3.3）可求出胶粒半径，进而可算出胶粒的摩尔质量，即

$$M=\frac{4}{3}\pi r^3\rho L \tag{10.3.4}$$

胶体系统的浓度很低，其渗透压可借用稀溶液的渗透压公式 $\varPi V=nRT$。

❖ **例 10.3.1** 273 K 时质量分数 $w=7.46\times10^{-3}$ 的硫化砷溶胶的胶粒半径 $r=1\times10^{-8}$ m，粒子密度 $\rho=2.8\times10^{3}\ \mathrm{kg\cdot m^{-3}}$，溶胶体积为 $1\times10^{-3}\ \mathrm{m^3}$，质量近似为分散介质水的质量 1 kg。求该溶胶的渗透压。

解：

$$n=\frac{7.46\times10^{-3}\times1\ \mathrm{kg}}{\frac{4}{3}\pi\left(1\times10^{-8}\ \mathrm{m}\right)^3\times2.8\times10^{3}\ \mathrm{kg\cdot m^{-3}}\times6.023\times10^{23}\ \mathrm{mol^{-1}}}$$

$$=1.0566\times10^{-6}\ \mathrm{mol}$$

$$\varPi=\frac{n}{V}RT=\frac{1.0566\times10^{-6}\ \mathrm{mol}}{1\times10^{-3}\ \mathrm{m^3}}\times8.314\ \mathrm{J\cdot K\cdot mol^{-1}}\times273\ \mathrm{K}=2.398\ \mathrm{Pa}$$

显然，这个数字是很难测出来的。同理，溶胶的其他依数性质也是很难测出来的。

10.3.3 沉降和沉降平衡

悬浮在流体中的固体颗粒在重力的作用下下降而与流体分离的过程称为沉降。对于分散度较高的系统，由布朗运动引起的扩散作用与沉降作用的方向相反，当沉降作用使底部粒子的浓度高于上部时，由浓度差引起的扩散作用则使粒子趋于均匀分布，所以扩散成了阻碍沉降的因素。颗粒越小，这种影响越显著。当粒子很小，受重力影响很小可忽略时，主要表现为扩散，如真溶液；当粒子较大，重力影响占主导作用时，主要表现为沉降，如一些粗分散系统，像浑浊的泥水悬浮液等；当粒子的大小相当，沉降作用和扩散作用相近时，粒子沿高度方向形成浓度梯度，沉降速度与扩散速度相等，系统就达到了平衡状态，这种现象称为沉降平衡。

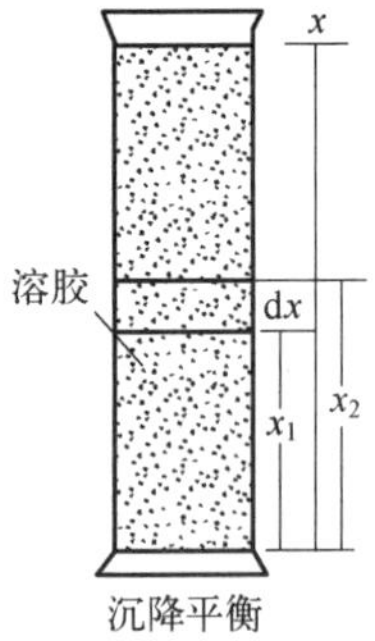

图 10.3.2　沉降平衡示意图

如图 10.3.2 所示，粒子质量越大，其浓度随高度变化越大。含有各种大小不同粒子的系统称为多级分散系统，这类系统沉降平衡时，溶液上部粒子平均半径比底部小，在底部粒子的物质的量浓度较高，在上部粒子的物质的量浓度较低，一些胶体系统在适当条件下会出现沉降平衡。由于溶胶粒子的沉降与扩散速度都很慢，因此要达到沉降平衡，往往需要很长时间。而在普通条件下，温度的波动即可引起溶胶的对流而妨碍沉降平衡的建立。所以实际上，很难看到高分散系统的沉降平衡。

10.4 胶体的光学性质

胶体的光学性质是胶体多相性和高度分散性特征的反映。通过对胶体系统光学性质的研究，可以帮助理解胶体系统的性质，观察胶体粒子的运动和测定其大小及形状。

10.4.1 丁铎尔效应

由光学知识知，当均匀系统粒子尺寸远小于光的波长时，光照射到透明系统（如玻璃和清水）上后，除了正对着入射光的方向能看到光线外，在其他方向是看不到光线的。当系统粒子尺寸达到光的波长数量级时（如溶胶），光照射到物系上后，除了正对着入射光的方向能看到光线外，在其他方向也能看到光线，这就是光的散射或衍射。当系统粒子尺寸远大于光的波长数量级时(如粗分散系统)，光照射到系统上后，除了正对着入射光的方向能看到光线外，在其他方向仍可看到光线，不过此时的散射又可看作反射或折射。

散射可分为两类：

① 悬浮颗粒的散射。如胶体、乳浊液、烟、云、雾、灰尘等。

② 分子散射。如液体或气体。

为什么液体和气体也会对光散射呢？原因是分子的热运动造成局部密度涨落而使系统的均匀性遭到了破坏。在暗室中，如果让一束聚焦的光线通过胶体系统，在与入射光垂直的方向上，可看到一个发光的圆锥体，如图 10.4.1 所示。

这就是丁铎尔效应，它是英国物理学家丁铎尔于 1869 年发现的。丁铎尔效应就是胶体系统对光的散射，这种散射出来的光称为乳光。因此，丁铎尔效应表明胶体粒子的尺寸与光的波长（10^{-7} m）是相同的数量级。

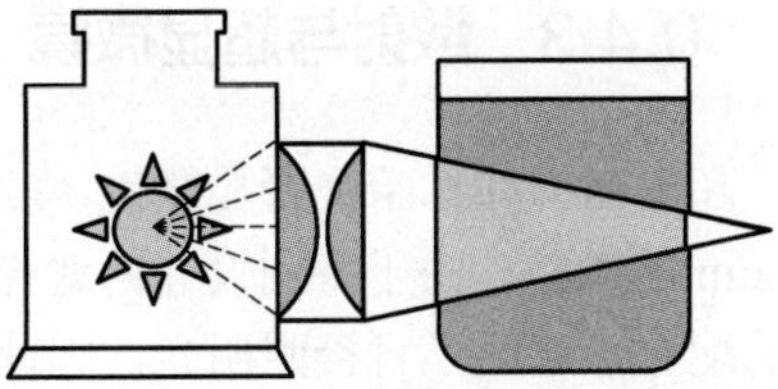

图 10.4.1　散射示意图

10.4.2　瑞利公式

1871 年，瑞利研究了气相介质中不吸收光（不导电）的球形小粒子（即气溶胶）对光的散射作用，得出了散射光强度的计算公式，即

$$I_\theta = I\frac{9\pi^2}{2r^2\lambda^4}\left(\frac{n_1^2 - n_2^2}{n_1^2 + 2n_2^2}\right)^2 NV^2\left(1+\cos^2\theta\right) \tag{10.4.1}$$

式中，I_θ 为单位体积内散射光强度；n_2 为分散相的折射率；I 为入射光强度；N 为单位体积内粒子数；r 为观察者到散射点的距离；V 为单个粒子的体积；λ 为入射光的波长；θ 为矢径 $\bar{r}$ 与透射光方向的夹角；n_1 为分散介质的折射率。

由瑞利公式可知：

① 散射光强度与粒子体积的平方成正比，即与系统的分散度有关。真溶液分子体积很小，虽有乳光，但很微弱。粗分散系统粒子尺寸远大于可见光波长，无散射光，只有反射光，如由水滴构成的白云呈白色就是反射太阳光的结果。因此丁铎尔效应是鉴别溶胶、真溶液和悬浮液简便而有效的方法。

② 散射光的强度与入射光的波长的四次方成反比，故入射光的波长越短，散射光越强。白光中的蓝光与紫光的波长最短，橙红色光的波长最长，故当白光照射到溶胶上时，侧面的散射光将呈现淡蓝色，而透射光呈现橙红色。晴天，看到天空是蔚蓝色的，这是大气强烈散射蓝光和紫光的结果。朝霞和夕阳是橙红色的，也是大气散射掉了短波成分，留下长波成分的结果。

③ 分散相和分散介质的折射率相差越大，粒子的散射光越强。溶胶的分散相和分散介质之间有明显的界线，两者的折射率相差很大，散射光很强。而高分子溶液的溶质和溶剂之间有亲和力，溶质被一层溶剂分子裹住，使得溶质和溶剂的折射率相差不大，散射光很弱。因此，可根据散射光的强弱来区分溶胶和高分子溶液。

对于纯液体或纯气体，$n_1 = n_2$，应该没有散射现象。但实际上它们也有微弱的散射，即前述的分子散射。这是分子的热运动而引起局部密度涨落或波动，导致体系的密度不均匀而造成的。雨过天晴时，大气的散射主要是分子散射。一般情况下，大气的散射包括分子散射和悬浮颗粒的散射。白天天空是亮的，这是大气散射阳光的结果。如果没有大气，那么即使在白天，我们仰望天空，看到的将是一轮光辉夺目的太阳悬挂在漆黑的背景中。而这种景象，是宇航员们司空见惯的。

④ 在其他条件一定时，散射光的强度与粒子的浓度成正比。因此可通过测定散射光的强度来确定胶体粒子的浓度。浊度计就是根据这个原理设计的。

瑞利公式对非金属溶胶是适用的，但对金属溶胶，由于其不仅有散射作用，还有光的吸收现象，所以情况要复杂得多。

10.4.3 散射与超显微镜

超显微镜亦称暗视野显微镜，其具有超过普通光学显微镜的析像能力，能观察到 0.004～0.2 μm 的微粒。由于特别设计的遮光板，各种型号的聚光镜与数值孔径小的物镜或限制式物镜的配合，遮断了直接照明光，因此超显微镜只观察到碰上微粒子后的反射光或散射光。凭借这种特性，超显微镜能够清晰呈现生物的细微结构，也能检测到胶体粒子的存在。此外，还有一种方法是在显微镜的光轴上以直角方式，将微光束直接照射到实验材料上。

超显微镜是根据丁铎尔效应，来观察溶胶粒子的存在和运动的一种显微镜。它可以观察普通显微镜所观察不到的溶胶粒子，是研究胶体化学的一种重要仪器。普通显微镜之所以观察不到溶胶的微粒，是由于人在入射光的反方向观察时，胶粒的散射光受到透射光的干扰，显得非常微弱，就如同白昼看星星，一无所见。而超显微镜则是用强光源（常用弧光）照射，在黑暗的视野中从垂直于入射光的方向上（即入射光侧面）观察。这样就避开了透射光的干扰，所看到的是粒子的散射，只要粒子散射的光线有足够的强度，就可以在整个黑暗的背景内看到一个个闪闪发光、不断移动的光点，这恰似黑夜观天，可见满天星斗闪烁。应当指出，在超显微镜下看到的并非粒子本身的大小，而是其散射光，而散射光的影像要比胶粒的投影大数倍之多。虽然超显微镜看不到溶胶粒子（实际为胶核）的形状与大小，但可用它来估算溶胶粒子的平均大小。如已知单位体积溶胶中分散相的总质量 W 和所含溶胶粒子的个数 C（可由超显微镜测出），则两者相除可求得每个溶胶粒子的质量 m；再假设粒子为球形，其半径为 r，密度为 ρ，则可求得溶胶粒子的半径 r。此外，利用超显微镜观察粒子的散射光变化，也可粗略推测其形状。例如，粒子为球形时，则不论粒子怎样转动，各方向所显现的散射光均相同，即每个粒子的散射光不因方向而变。如果粒子为片状和棒状，则不同方向所散射的光强度不等，因此胶粒明暗不定。要测定溶胶粒子的真正大小和形状，还必须借助于电子显微镜。

思考

1. 丁铎尔效应的实质及产生条件是什么？它是由光的什么作用引起的？其强度与入射光波长有什么关系？粒子大小范围落在什么区间内可以观察到丁铎尔效应？
2. 为什么危险信号要用红灯显示？
3. 为什么早霞、晚霞的色彩特别鲜艳？

10.5 胶体的电学性质

胶体系统的主要特征是多相性、高度分散性和热力学不稳定性，粒子有聚结变大而下沉的趋势。但实际上很多胶体系统可以在相当长的时间内稳定存在而不聚结。研究表明，这与胶体粒子带电有直接关系，胶体粒子带电是溶胶稳定存在的重要原因。

10.5.1 电动现象

分散相的固体粒子与分散介质之间存在着明显的相界面，实验发现：在外电场的作用下，固、液两相可发生相对运动；反过来，在外力的作用下，迫使固、液两相进行相对运动时，又可产生电势差。人们把溶胶这种与电势差有关的相对运动称为电动现象。

这里介绍四种电动现象：电泳、电渗、流动电势、沉降电势。

（1）电泳

在外电场的作用下，胶体粒子在分散介质中定向移动的现象称为电泳。中性粒子不可能在外电场中定向移动，所以电泳现象的存在，说明胶体粒子是带电的。测定电泳速度的实验装置如图 10.5.1 所示。

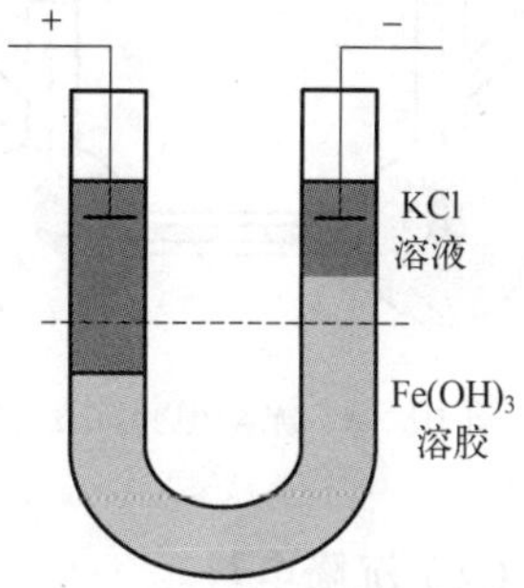

图 10.5.1 电泳测定示意图

胶体粒子的电泳速度与粒子所带电量及外加电势梯度成正比，而与介质黏度及粒子的大小成反比。胶体粒子要比离子大得多，而实验表明胶体粒子的速度与离子的速度的数量基本相同。这说明胶体粒子所带的电量是相当大的。实验表明，溶胶中加入电解质会使电泳速度降低，直至为零，甚至可改变胶粒的带电符号。

以 $Fe(OH)_3$ 胶体为例，实验时先在 U 形管中装入适量的辅助液如稀的 KCl 溶液，再通过支管从辅助液的下面缓慢地压入棕红色的 $Fe(OH)_3$ 溶胶，使其与辅助液之间始终保持有清晰的界面。通入直流电后可以观察到电泳管中阳极一端界面下降，阴极一端界面上升，显然 $Fe(OH)_3$ 溶胶向阴极方向发生了移动。这说明 $Fe(OH)_3$ 溶胶粒子带正电荷。测出在一定时间内界面移动的距离，即可求得粒子的电泳速度。可想而知，电势梯度越大、粒子带电荷越多、粒子的体积越小，电泳速度越大；而介质的黏度越大，电泳速度则越小。

电泳的测定方法还有显微电泳、界面移动电泳、区域电泳。

在生物化学中，利用不同蛋白质分子、氨基酸电泳速度的不同可实现物质的分离，医学上用于肝病诊断的“血清纸上电泳”是根据血液中血清蛋白及不同类型的球蛋白（相对分子质量、电荷密度不同）电泳速度的不同，在滤纸上分离、显色后，由电泳图谱做出初步诊断。

（2）电渗

若没有溶胶存在，液体（如水）与多孔材料或毛细管接触后，固、液两相多会带上符号相反的电荷，此时，若在多孔材料或毛细管两端施加一定电压，在外电场作用下，于棉花或凝胶等多孔性物质中，液体介质作定向流动，这种现象称为电渗。

电渗的实验装置如图 10.5.2 所示。多孔塞及毛细管之间的循环管路中装满溶液，再吹入气体，使其在毛细管中形成一个小气泡。通电后，溶液将通过多孔塞而定向流动。这时可通过水平毛细管中小气泡的移动，来观察流动的方向。流动的方向及流速的大小与多孔塞的材料及流体的性质有关。例如，用玻璃毛细管时，水向阴极流动，表明流体带正电荷；若用氧化铝、碳酸钡等物质做成的多孔隔膜，水向阳极流动，表明这时流体带负电荷。与电泳一样，液体或溶液中加入电解质会使电渗速度降低，直至为零，甚至可以改变电渗的方向。

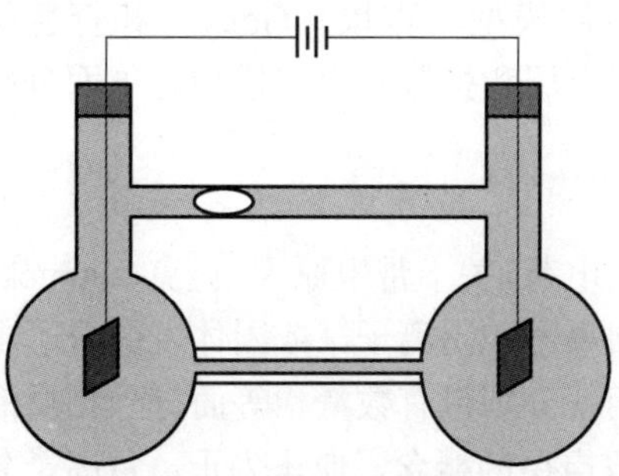

图 10.5.2 电渗测定示意图

电渗的应用包括生产纯净水、海水淡化和苦咸水淡化、除氟化物和废水处理、动力设备给水除盐。

饮用纯净水生产的工艺流程：原水→机械过滤器→

活性炭过滤器→精密过滤器→电渗析装置→阳离子交换器→阴离子交换器→混合离子交换器→中空纤维超滤器→紫外线杀菌器→臭氧灭菌装置→成品水。

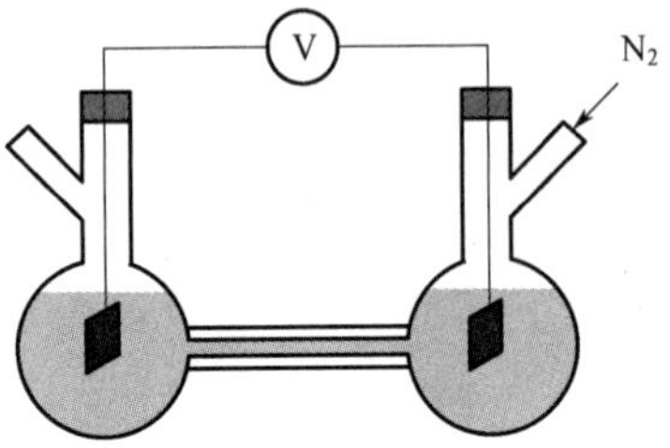

图 10.5.3　流动电势测定示意图

（3）流动电势

当外力迫使液体或溶液流经毛细管或者多孔隔膜时，在毛细管或者多孔隔膜两端将产生电势差，这个电势差称为流动电势。显然，流动电势产生的过程可视为电渗的逆过程。流动电势测定装置图见图 10.5.3。

用泵输送碳氢化合物时，在流动过程中产生流动电势，高压下易于产生火花。由于此类液体易燃，故应采取相应的防护措施，如油管接地或加入油溶性的电解质以增加介质的电导等。

（4）沉降电势

在重力或离心离力的作用下，分散相粒子在分散介质中迅速沉降而在沉降方向产生的电势差称沉降电势。显然，它是与电泳现象相反的过程。其测定装置见图 10.5.4。

储油罐中的油内常含有水滴，水滴的沉降常形成很高的沉降电势，消除的办法是加入有机电解质，以增加介质的电导。

图 10.5.5 归纳了电泳、电渗、流动电势和沉降电势，其电学性质都与固-液相之间的相对运动有关，故统称为电动现象。其中电泳和电渗最为重要。通过对电泳和电渗现象的研究，可进一步了解胶体粒子的结构，以及外加电解质对溶胶稳定性的影响。而电动现象产生的原因，直到建立了双电层理论以后才得到了解释。

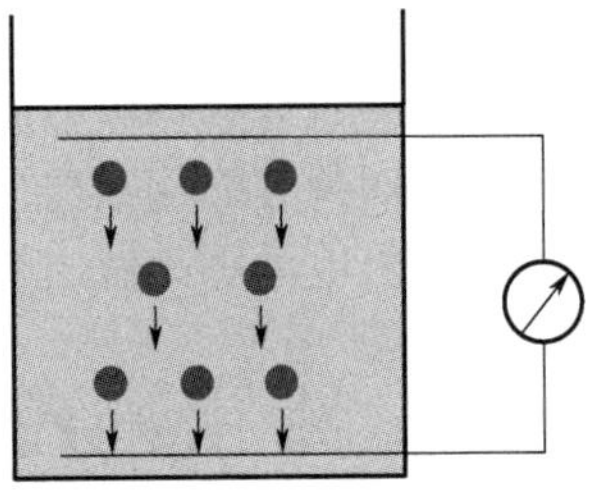

图 10.5.4　沉降电势测定示意图

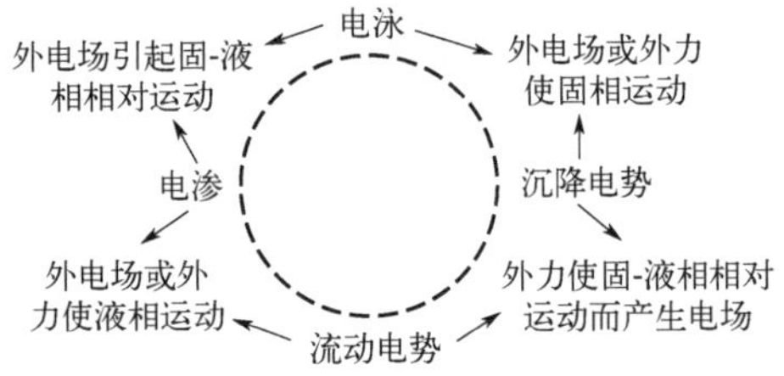

图 10.5.5　电动现象归纳图

10.5.2　双电层理论

双电层理论模型有亥姆霍兹（Helmholtz）平板双电层模型、古埃（Gouy）和查普曼（Chapman）扩散双电层模型以及斯特恩（Stern）紧密双电层和扩散双电层模型。下面分别介绍。

（1）亥姆霍兹平板双电层模型

电动现象说明分散相粒子和分散介质带有相反符号的电荷。关于带电原因，昆克（Quincke）提出了以下假说：固体表面在溶液中可以有选择地吸附阳离子和阴离子，或固体表面分子电离，电离后的正离子或负离子分布到溶液中去，结果两相就分别带有数量相等而符号相反的电荷。1879 年，亥姆霍兹根据昆克的假说，首先提出了双电层的概念，他认为正、负离子分别平行地排列在固、液两相的界面上，与平板电容器相似，如图 10.5.6 所示。

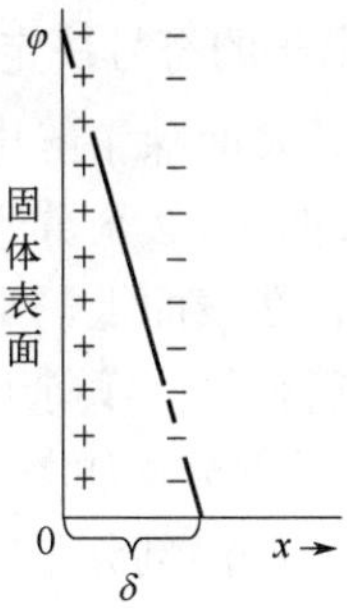

图 10.5.6　平板双电层模型

$\delta \approx 10^{-10}$ m，为一个水化离子半径的大小；φ 为电极电势的绝对值。由物理知识可知，平板电容器的电容为

$$C = \frac{q}{\varphi} = \varepsilon \frac{A}{\delta}$$

式中，ε 为介质的绝对介电常数。所以电荷面密度为

$$\sigma = \frac{q}{A} = \varepsilon \frac{\varphi}{\delta} = \varepsilon_r \varepsilon_0 \frac{\varphi}{\delta} = \varepsilon_r \frac{1}{4\pi k} \times \frac{\varphi}{\delta}$$

即

$$\varphi = \frac{4\pi k}{\varepsilon_r} \sigma\delta \tag{10.5.1}$$

式中，ε_0 为真空中绝对介电常数；ε_r 为介质的相对介电常数，无量纲，常温下水的相对介电常数约为 80；k 为静电力常量，$k = 9 \times 10^9\ N \cdot m^2 \cdot C^{-2}$。

平板双电层理论能解释一些电动现象，对早期电动现象的研究起了一定的作用，如电解质浓度高的范围内，电容不随电位变化。但是此理论也存在着许多问题，例如，不能解释带电粒子表面电势 φ_0 与粒子运动时固、液两相发生相对移动时，边界处与液体内部的电势差，即 ζ 电势（又称电动电势）的区别；也不能解释电解质对 ζ 电势的影响。而且后来的研究表明，与带电粒子一起运动的水化层的厚度远比平板双电层的厚度大，这样滑动面的 ζ 电势就应为零，粒子应不发生电动现象，但这显然是与实际情况不符合的，亥姆霍兹的平板双电层模型与离子做热运动的事实相矛盾。

（2）古埃和查普曼扩散双电层模型

古埃（Gouy，于 1910 年）和查普曼（Chapman，于 1913 年）对平板双电层模型进行了修正，提出了扩散双电层模型。他们认为，溶液中的带电离子一方面由于异电吸引，有集中在电极表面附近的趋势，另一方面由于热运动又有均匀分布于整个溶液的趋势，这两种因素共同作用的结果是在溶液中异电离子形成这样一个分布：在电极表面附近浓度大，远处浓度小。这种分布有些像地球上的大气分布，如图 10.5.7 所示。古埃和查普曼扩散双电层模型正确反映了反离子在扩散层的分布及相应电势的变化，当离开固体表面距离足够远时，对应的电势为零，这与实验结果符合，对亥姆霍兹的紧密双电层模型有所改进，但没有考虑固体表面和离子之间的范德华力。此外，他们把离子看作没有体积的点电荷，没有考虑溶剂化和反离子的作用，也与实际不符。因而他们得到的电势分布曲线与实际仍有偏差。

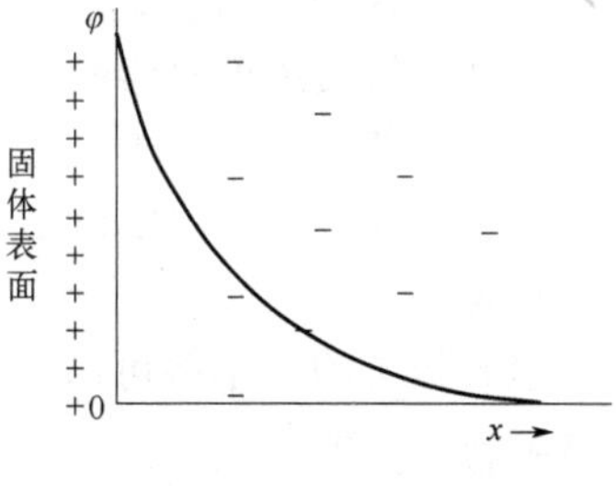

图 10.5.7　扩散双电层模型

（3）斯特恩双电层模型

1924 年，斯特恩将亥姆霍兹平板双电层模型和古埃-查普曼扩散双电层模型结合起来，提出了一个改进的双电层模型，其主要论点：①离子是有体积的，离子中心靠近固体表面的距离一般不小于其水化半径；②双电层靠溶液一侧由两层组成，第一层为吸附在固体表面的离子，称斯特恩层，又称紧密层，第二层为扩散层。如图 10.5.8 所示，图中宽度为 δ 的异电离子层为紧密层，即斯特恩层；宽度为 d 的异电离子层为分散层；垂直虚线处为滑动面，即固、

液做相对运动时的分界面。φ_0 为热力学电势；φ_s 为斯特恩电势；ζ 为电动电势（只有胶体粒子和分散介质作反向移动时，它才显示出来）。ζ 电势的符号由被吸附离子的符号决定。

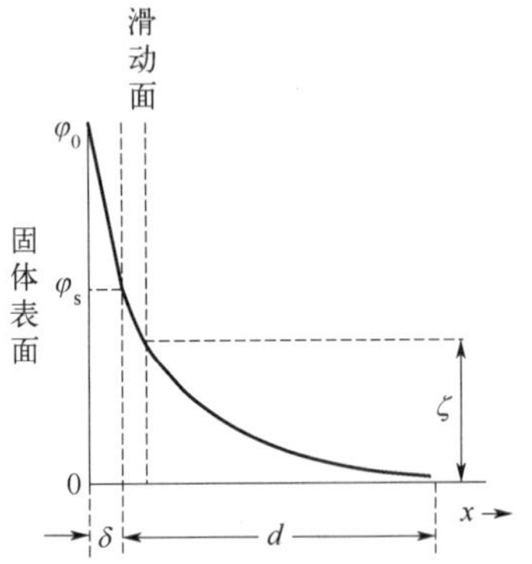

图 10.5.8　斯特恩双电层模型

离子有一定体积，而且离子与粒子表面除了静电作用外，还有范德华吸引力。所以在靠近表面 1～2 个分子厚度区域内，反离子受到强烈的吸引而结合在表面上，形成一个紧密的吸附层，称为固定吸附层或斯特恩层；其余反离子扩散地分布在溶液中，构成双电层的扩散部分，如图 10.5.8 所示。在斯特恩层中，除反离子外还有一些溶剂分子同时被吸附。反离子的电性中心所形成的假想面，称为斯特恩面。在斯特恩面内，电势变化与亥姆霍兹平板模型相似，电势呈直线下降，由表面的 φ_0 直线下降到斯特恩面的 φ_s。φ_s 称为斯特恩电势。在扩散层中，电势由 φ_s 降至零，其变化情况与古依-查普曼的扩散双电层模型完全一致。所以说斯特恩模型是亥姆霍兹平板模型和古依-查普曼扩散双电层模型的结合。

当固、液两相发生相对移动时，紧密层中吸附在固体表面的反离子和溶剂分子与粒子作为一个整体一起运动，其滑动面在斯特恩面稍靠外一些。这个滑动面与溶液本体之间的电势差，称为 ζ 电势。由图 10.5.8 可以看出，ζ 电势与 φ_s 电势在量值上相差甚小，但却具有不同的含义。应当指出，只有在固、液两相发生相对移动时，才能呈现出 ζ 电势。

电动电势的大小反映了胶粒带电荷的程度。ζ 电势越高，表明胶粒带电荷越多，其滑动面与溶液本体之间的电势差越大，扩散层也越厚。当溶液中电解质浓度增加时，介质中反离子的浓度加大，将压缩扩散层使其变薄，把更多的反离子挤进滑动面以内而中和固体表面电荷，使 ζ 电势在数值上变小，当电解质浓度足够大时，可使 ζ 电势为零。此时相应的状态，称为等电态。处于等电态的溶胶粒子不带电荷，因此不会发生电动现象，电泳、电渗速度也必然为零，这时的溶胶非常容易聚沉。

斯特恩模型给出了 ζ 电势明确的物理意义，很好地解释了溶胶的电动现象，并且可以定性地解释电解质浓度对溶胶稳定性的影响，使人们对双电层的结构有了更深入的认识。

胶粒表面吸附正离子，ζ 电势为正；胶粒表面吸附负离子，ζ 电势为负。紧密层中异电离子越多，胶粒所带净电荷越少，ζ 电势的绝对值越小。因此 ζ 电势是反映胶粒带电多少的一个物理量。

溶胶粒子的 ζ 电势可以用电泳实验测定，对于球形粒子，电泳速度可以用斯莫鲁霍夫斯基公式描述，即

$$E = \frac{v}{E} = \frac{\varepsilon\zeta}{\eta} \qquad (10.5.2)$$

式中，η 为分散介质的黏度，Pa • s；v 为电泳速度，m • s^{-1}。式（10.5.2）也可改为

$$\zeta = \frac{\eta v}{\varepsilon E} \qquad (10.5.3)$$

由式（10.5.3）可知，胶体粒子的电泳速度与粒子所带电量（电量越大，ζ 越大）成正比，而与介质的黏度 η 成反比。外加电解质越多，ζ 越小，因而 u 也越小。在等电点，$\zeta = 0$，$u = 0$，

无电泳发生。超过等电点，ζ 为负，$u<0$，电泳反向。

因此，只要实验测得 v 和已知体系的 η，就可由式（10.5.3）算出 ζ。

如果在溶液中加入电解质，离子浓度增大，电解质中与异电离子有相同符号的离子会把异电离子挤入紧密层。这样，紧密层内异电离子就会增加，分散层内过剩的异电离子就会减少，于是分散层变薄，ζ 电势下降。当分散层厚度被压缩至 0 时，ζ 电势变为 0，这就是等电态。处在等电态下，胶粒不带电，电场对胶粒没影响，也不可能有电泳现象，此时溶胶的稳定性最低。当某些高价异电离子或大的异电离子由于高的吸附性能而大量进入紧密层时，则可能使 ζ 反号；而同号大离子由于强烈的范德华力吸引，可能克服静电排斥力而进入紧密层，从而使 ζ 高于 φ，如图 10.5.9 所示。

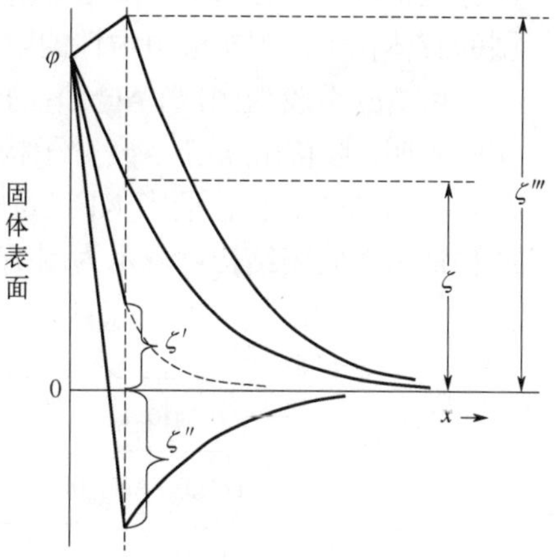

图 10.5.9　特性吸附模型

ζ 电势也可由电渗实验求出。设毛细管横截面积为 A，则每秒流过毛细管的体积为

$$V = uA = \frac{\varepsilon_r \zeta}{4\pi k\eta} \times \frac{U}{l} A$$

$$\zeta = V\frac{4\pi k\eta\kappa}{\varepsilon_r I} \qquad (10.5.4)$$

因此只要测出 V 和 I 及体系的 κ 和 η，就可算出 ζ。几种物质的水溶胶的 ζ 电势见表 10.5.1。由表知，溶胶的电动电势绝对值只有几十毫伏。

表 10.5.1　几种物质水溶胶的 ζ 电势

胶粒	ζ / V
As_2S_3	−0.032
Ag	−0.034
Au	−0.032
SiO_2	−0.044
$Fe(OH)_3$	+0.044

10.5.3　溶胶的胶团结构

根据双电层理论，就可以设想溶胶的胶团结构。把构成胶粒的分子和原子的聚集体称为胶核。一般情况下，胶核具有晶体结构，其不带电。由于胶核有很大的比表面，故易于在界面上有选择性地吸附某种与胶核有相同的组分而容易建成胶核晶格的那些离子。由胶核和紧密层所组成的部分称为胶粒，胶粒带电。胶粒和扩散层一起称为胶团，胶团不带电。在电场中，胶粒向某一电极移动，扩散层内的异电离子向另一极移动，这就是电泳的实质。

实验证明，晶体表面对那能与组成固体表面的离子生成难溶物的离子具有优先吸附作用，这一规则称为法杨斯-博尼斯规则。依据这一规则，用 $AgNO_3$ 和 KI 制备 AgI 溶胶时，AgI 微

粒易于吸附 Ag^+或I^-，而对 K^+和 NO_3^- 吸附极弱，因而 AgI 微粒的带电符号取决于 Ag^+或I^-中哪种离子过量。胶核因吸附离子带电后，介质中的反离子一部分分布在滑动面以内，另一部分呈扩散状态分布于介质中。滑动面所包围的带电体称为胶体粒子；整个扩散层及其所包围的胶体粒子，则构成电中性的胶团。

以 AgI 溶胶为例，当 $AgNO_3$ 的稀溶液与 KI 的稀溶液作用时，就能制得稳定的 AgI 溶胶。实验表明，胶核由 m 个 AgI 分子构成，当 $AgNO_3$ 过量时，它的表面就吸附 Ag^+，因而可制得带正电的 AgI 胶粒；而当 KI 过量时，它的表面就吸附I^-，因而制得带负电的 AgI 胶粒。这两种情形的胶团结构可表示为图 10.5.10。

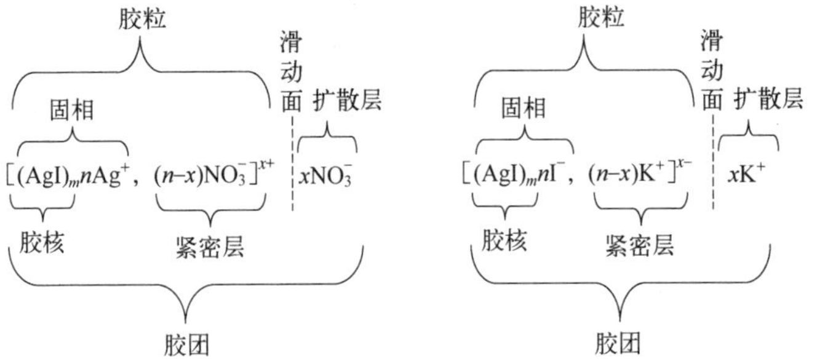

图 10.5.10 AgI 胶团结构示意图

m 表示胶核中物质的分子数，一般来说它是一个很大的数目，约为10^3；n 表示胶核所吸附的离子数，n 的数字要小得多；$n-x$ 是包含在紧密层中过剩异电离子数。胶团结构也可用图 10.5.11 表示。

再以硅酸的溶胶为例，这种溶胶粒子不是因吸附离子而带电，而是由于胶核本身的表面层电离而带电。胶核表面的 SiO_2 分子与水分子作用先生成 H_2SiO_3，它是弱酸，能按下面方式电离：

$$H_2SiO_3 = SiO_3^{2-} + 2H^+$$

其形成的胶团如图 10.5.12 所示。

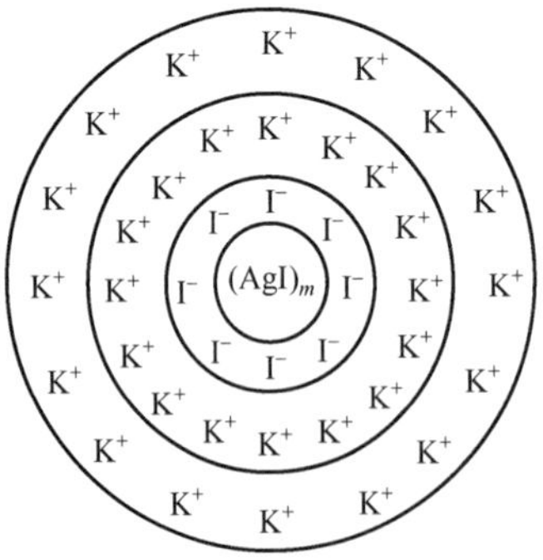

图 10.5.11 AgI 胶团结构剖面图

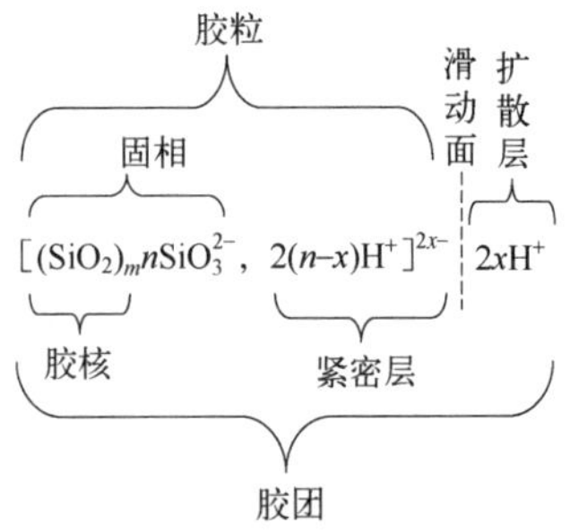

图 10.5.12 硅胶胶团结构示意图

思考

1. 简述斯特恩双电层模型的要点，指出热力学电势、斯特恩电势和 ζ 电势的区别。

2. 在以 KI 和 $AgNO_3$ 为原料制备 AgI 溶胶时，使 KI 过量，或者使 $AgNO_3$ 过量，这两种情况所制得的 AgI 溶胶的胶团结构有何不同?

3. 胶核吸附稳定离子时有何规律?

4. 电泳和电渗有何异同点?流动电势和沉降电势有何不同?这些现象有什么应用?

5. 在两个充有 0.001 mol · dm^{-3} KCl 溶液的容器之间放一个 AgCl 晶体组成的多孔塞，其细孔道中也充满了 KCl 溶液。在多孔塞两侧放两个接直流电源的电极。通电时，溶液将向哪一极方向移动?若改用 0.01 mol · dm^{-3} KCl 溶液，在相同外加电场中，溶液流动速度是变快还是变慢? 若用 $AgNO_3$ 溶液代替原来用的 KCl 溶液，情形又将如何?

10.6 胶体的稳定与聚沉

10.6.1 胶体稳定理论

(1) DLVO 理论

DLVO 理论是研究带电胶体稳定性的经典理论，它是由苏联科学家德查金（Darjaguin）、郎道（Landan）及荷兰科学家维韦（Verwey）、奥弗比克（Overbeek）于 1941 年和 1948 年分别独立提出来的，主要研究胶体系统的稳定性。DLVO 理论的要点：

① 胶体系统存在着斥力势能，也存在着引力势能。前者是带电胶粒相互靠近时扩散双电层相互重叠而产生的静电斥力和离子在双电层内积聚产生的渗透压而产生的，而后者是由组成胶体粒子的分子间的范德华力引起的。对于任何一种胶体系统，存在的范德华力都是系统中分子之间的色散力、取向力和诱导力三者之和。它们都与距离密切相关，与距离的六次方成反比，因此也称之为六次律。

② 胶体粒子之间存在的斥力势能和引力势能的相对大小决定着系统的总势能，同时也决定着系统的稳定性。当斥力势能大于引力势能时，系统有足够能量阻止胶体粒子因布朗运动造成粒子之间相互碰撞而产生的并聚；当引力势能大于斥力势能，胶体粒子相互并聚而发生聚沉。

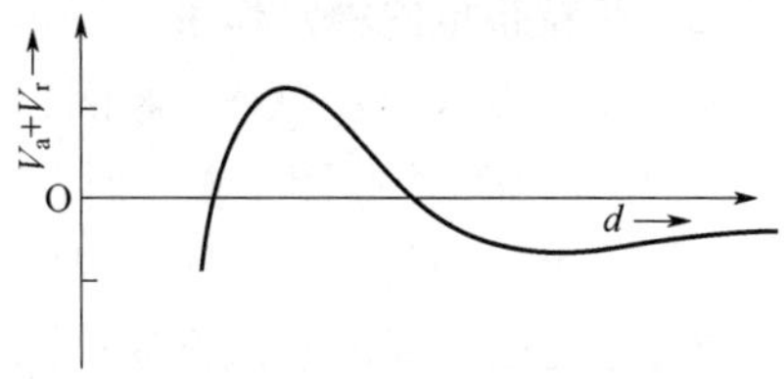

图 10.6.1　胶粒作用力与距离关系曲线

③ 胶体系统的总势能、引力势能和斥力势能都随着粒子之间距离的变化而变化，见图 10.6.1。由于引力势能和斥力势能与距离的关系呈现不同的形式，因此在一定的距离范围内引力势能占据主要地位，而在一定的距离范围内斥力势能占据主要地位。当粒子相距较大时，主要为吸引力，总势能为负值；当靠近到一定距离，双电层重叠，排斥力起主要作用，势能升高。要使粒子聚沉必须克服这个势垒。

$V = V_R + V_A$ 即系统的总势能，V 的变化决定着系统的稳定性。V_R、V_A 及 V 均是胶粒之间的距离 d 的函数，如图 10.6.2 所示。当 d 减小，先出现一极小值 F，此时发生的粒子聚集称为絮凝（可逆的）；当 d 再缩小，出现极大值 V_{max}。只有两胶粒通过热运动积聚的动能超过 15 kT 时才有可能超过此能量值，进而出现极小值 C，此时发生粒子间的聚沉（不可逆）。

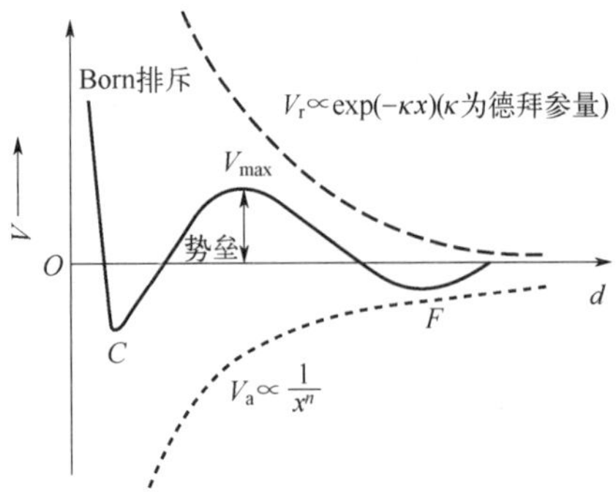

图 10.6.2 胶粒间斥力势能、引力势能及总势能曲线

④ 电解质的加入对系统斥力势能的影响大，而对引力势能的影响小。因此电解质的加入对胶体系统的稳定性影响较大。适当调整电解质浓度，可以得到相对稳定的胶体。

（2）空间稳定理论

向溶胶中加入高聚物或非离子表面活性剂，虽降低了电动电势，但却显著地提高了溶胶系统的稳定性，这是用 DLVO 理论所解释不了的。这种结果可用空间稳定理论加以解释。空间稳定理论认为，由于胶体粒子表面吸附了大量的聚合物分子，形成了大分子吸附层，阻止了质点的聚结，对胶体体系起稳定作用，这种作用称为空间稳定作用。带电聚合物被吸附，会增加胶体粒子之间的静电斥力势能，这点可用 DLVO 理论处理。空间稳定理论认为吸附高聚物层所产生的弹性力亦对溶胶起稳定作用。

10.6.2 溶胶稳定的原因

根据胶体的各种性质，溶胶稳定的原因可归纳为以下几种。

（1）溶胶的动力稳定性

胶粒因颗粒很小，布朗运动较强，能克服重力影响不下沉而保持均匀分散。这种性质称为溶胶的动力稳定性。影响溶胶动力稳定性的主要因素是分散度。分散度越大，颗粒越小，布朗运动越剧烈，扩散能力越强，动力稳定性就越大，胶粒越不容易下沉。此外分散介质的黏度越大，胶粒与分散介质的密度差越小，溶胶的动力稳定性也越大，胶粒也越不容易下沉。

（2）胶粒带电的稳定作用

图 10.6.3 表示的是一个个胶团。虚线圆是扩散层的边界，虚线圆以外没有净电荷，呈电中性。因此，当两个胶团不重叠时，如图 10.6.3（a），它们之间没有静电作用力，只有胶粒间的引力，这种引力与它们之间距离的三次方成反比，这和分子之间的作用力（分子之间的作用力与分子之间距离的六次方成反比）相比，是一种远程力，这种远程力驱使胶团互相靠近。当两个胶团重叠时，如图 10.6.3（b），它们之间就产生静电排斥力。重叠越多，静电排斥力越大。如果静电排斥力大于胶粒之间的吸引力，两胶粒相撞后又分开，保持了溶胶的稳定。胶粒必须带有一定的电荷才具有足够的静电排斥力，而胶粒的带电量与 ζ 电势的绝对值成正比。因此，胶粒具有一定的 ζ 电势是胶粒稳定的主要原因，也是最重要的原因。

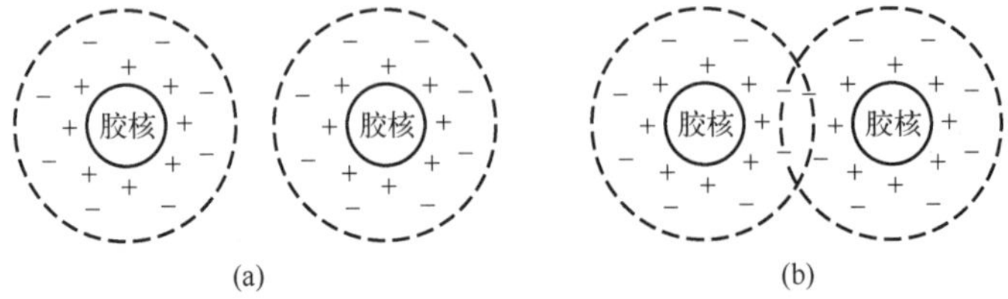

图 10.6.3 胶团相互作用示意图

（3）溶剂化的稳定作用

物质和溶剂之间所起的化合作用称为溶剂化，溶剂若为水，则称为水化。憎液溶胶的胶核是憎水的，但它吸附的离子都是水化的，因此增加了胶粒的稳定性。由于紧密层和分散层中的离子都是水化的，这样在胶粒周围形成了水化层。实验证明，水化层具有定向排列结构，当胶粒接近时，水化层被挤压变形，它有力图恢复定向排列结构的能力，使水化层具有弹性，增加了胶粒接近时的机械阻力，防止了溶胶的聚沉。

10.6.3 溶胶的聚沉

溶胶中的分散相颗粒相互聚结而变大，以致最后发生沉降的现象称为聚沉。一般ζ电势的绝对值大于 0.03 V 时，溶胶是稳定的。造成溶胶聚沉的因素很多，如浓度、温度、光的作用、搅拌、外加电解质、胶体相互作用和高分子化合物的作用等，其中尤以外加电解质和胶体相互作用最为重要。

（1）电解质的作用

由实验得知，不断向胶体溶液中加入电解质，胶粒的ζ电势的绝对值不断下降；当ζ电势的绝对值小至某一数值时，溶胶开始聚沉。ζ电势的绝对值越小，聚沉速度越快；ζ电势的绝对值等于 0，即等电态时，聚沉速度达到最大。在电解质的作用下，溶胶开始聚沉的电动电势称为临界电势。多数溶胶的临界电势在 ±(25～30) mV 之间。

所有电解质达到某一浓度时，都能使溶胶聚沉。引起溶胶明显聚沉所需电解质的最小浓度，称为该电解质的聚沉值。而聚沉值的倒数定义为聚沉能力。电解质的聚沉能力一般有如下规律：

① 电解质中能使溶胶聚沉的离子是与胶粒电荷相反的异电离子，随着异电离子价数的增高，聚沉能力迅速增加。这就是舒尔策-哈代（Schulze-Hardy）价数规则。

例如，对带负电的 As_2S_3 胶粒起聚沉作用的是阳离子，含不同价数阳离子的盐如 KCl、$MgCl_2$ 和 $AlCl_3$ 对 As_2S_3 溶胶的聚沉值分别为 49.5 $mol \cdot m^{-3}$、0.7 $mol \cdot m^{-3}$、0.093 $mol \cdot m^{-3}$。

若以一价阳离子为标准，其聚沉能力有如下关系：

$$M^+ : M^{2+} : M^{3+} = 1 : 71 : 532$$

一般可认为

$$M^+ : M^{2+} : M^{3+} = 1^6 : 2^6 : 3^6 = 1 : 64 : 729$$

这种将带有相同电荷的离子，按聚沉能力大小排列的顺序，称为感胶离子序。这样的顺序与离子的水化有关。正离子的水化能力很强，而且离子半径越小，水化能力越强，水化层越厚，被吸附能力越低，进入紧密层的数量越少，所以聚沉能力越低；负离子的水化能力很弱，所以负离子的半径越小，吸附能力越强，聚沉能力也越强。

向豆浆（带负电荷的大豆蛋白溶胶）中加入含 Ca^{2+}、Mg^{2+}等离子的电解质溶液来制作豆腐的过程，实际就是利用电解质使溶胶发生聚沉的实例。

应该指出，舒尔策-哈代价数规则是很粗略的，不同的人得出的数据有较大的差别，但价数不同的离子的聚沉能力的显著差别仍然存在，并且保持着上述顺序。另外，价数规则不适用的例子也很多，如 H^+虽为一价，却有很高的聚沉能力；又如有机化合物离子不论价数如何，其聚沉能力都很强。几种物质的聚沉值见表 10.6.1。

表 10.6.1 几种物质的聚沉值（单位为 $mmol \cdot dm^{-3}$）

As_2S_3		Al_2O_3		AgI	
电解质	聚沉值	电解质	聚沉值	电解质	聚沉值
LiCl	58	NaCl	43.5	$LiNO_3$	165
NaCl	51	KCl	46	$NaNO_3$	140
KCl	49.5	KNO_3	60	KNO_3	135
KNO_3	50			$RbNO_3$	126
				$AgNO_3$	0.01
$CaCl_2$	0.65	K_2SO_4	0.30	$Ca(NO_3)_2$	2.4
$MgCl_2$	0.72	$K_2Cr_2O_7$	0.63	$Mg(NO_3)_2$	2.60
$MgSO_4$	0.81	$K_2C_2O_4$	0.69	$Pb(NO_3)_2$	2.43
$BaCl_2$	0.69			$Sr(NO_3)_2$	2.38
				$Ba(NO_3)_2$	2.26
$AlCl_3$	0.093	$K_3[Fe(CN)_6]$	0.08	$Al(NO_3)_3$	0.067
$\frac{1}{2}Al_2(SO_4)_3$	0.096			$La(NO_3)_3$	0.069
$Al(NO_3)_3$	0.095			$Ce(NO_3)_3$	0.069
$C_6H_5NH_3Cl$（盐酸苯胺）	2.5				
$C_{20}H_{19}N_3Cl$（新品红）	0.11				

② 相同价数离子的聚沉能力不同，如同一种阴离子 NO_3^- 的各种一价盐，其阳离子对负溶胶的聚沉能力顺序为

$$H^+ > Cs^+ > Rb^+ > NH_4^+ > K^+ > Na^+ > Li^+$$

这个顺序与它们的水化作用相反。同一种阳离子的各种一价盐，其阴离子对正溶胶的聚沉能力顺序为

$$F^- > Cl^- > Br^- > NO_3^- > I^- > SCN^- > OH^-$$

（2）胶体的相互作用

将带相反电荷的溶胶互相混合，也会发生聚沉。明矾[$KAl(SO_4)_3 \cdot 12H_2O$]在水中形成 $Al(OH)_3$ 正溶胶与水中微粒一起沉淀就是一例。然而与电解质聚沉作用的不同之处在于两种溶胶用量应恰能使其所带的总电量相同时，才会完全聚沉，否则可能不完全聚沉，甚至不聚沉。表 10.6.2 是用不同数量（mg）的氢氧化铁正溶胶和定量的硫化锑负溶胶（含 0.56 mg Sb_2S_3）作用时观察到的情况。

表 10.6.2 溶胶的相互聚沉作用

$Fe(OH)_3$ 的质量 / mg	结 果	混合后的电荷
0.8	不聚沉	−

续表

$Fe(OH)_3$ 的质量 / mg	结　果	混合后的电荷
3.2	微呈浑浊	−
4.8	高度浑浊	−
6.1	完全聚沉	0
8.0	局部聚沉	+
12.8	微呈浑浊	+
20.8	不聚沉	+

（3）高分子化合物对溶胶的作用

在胶体中加入高分子化合物，可以稳定胶体，也可以使胶体聚沉。作为一个好的聚沉剂，应当是分子量很大的线型聚合物，如聚丙烯酰胺（PAM）分子量高达几百万。聚沉剂可以是离子型的，也可以是非离子型的。接下来从以下三个方面来说明高分子化合物对溶胶的聚沉作用。

① 搭桥效应。一个长碳链的高分子化合物，可以同时和许多个分散相的微粒发生吸附，起到搭桥的作用，把胶粒联结起来，变成较大的聚集体而聚沉，如图 10.6.4（a）所示。

② 脱水效应。若高分子化合物对水有更强的亲和力，由于它的溶解与水化作用，胶粒脱水，失去水化外壳而聚沉。

③ 电中和效应。离子型的高分子化合物吸附在带电荷的胶粒上，可以中和分散相粒子的表面电荷，降低粒子间的斥力势能，而使溶胶聚沉。

在溶胶中加入少量的高分子化合物，使溶胶的稳定性降低，甚至发生聚沉的现象称为敏化作用。产生这种现象的原因：高分子化合物数量少，无法将胶体颗粒完全覆盖，使附着在高分子化合物上的胶粒变多，质量变大而引起聚沉，如图 10.6.4（a）。但加入较多的高分子化合物后，许多个高分子化合物的一端吸附在同一个分散相粒子的表面上，或者是许多个高分子线团环绕在胶粒的周围，形成水化外壳，将分散相粒子完全包围起来，使胶粒对分散介质的亲和力增加，从而增加了溶胶的稳定性，如图 10.6.4（b）所示。这种现象称为高分子化合物对溶胶的保护作用。

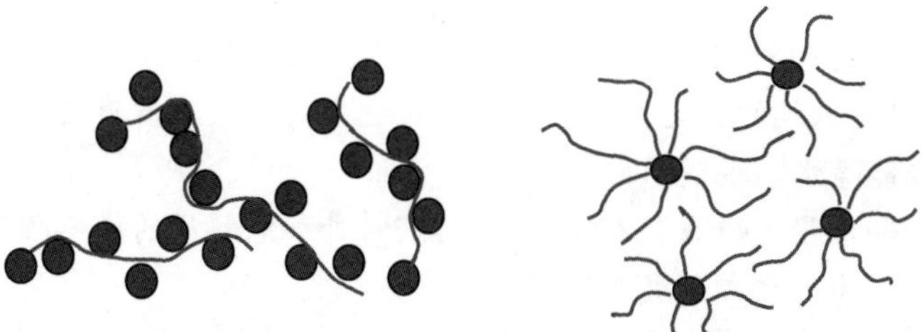

(a) 敏化作用　　(b) 保护作用

图 10.6.4　敏化和保护作用示意图

高分子化合物的这种保护作用应用很广，例如血液中所含的难溶盐类，如碳酸钙和磷酸钙等，就是靠血液中蛋白质的保护而存在的。医药上用的蛋白银就是蛋白质保护的银溶胶；照相用的软片是用明胶所保护的 AgBr 悬浮体。在工业生产中，如氧化铝球磨料在酸洗除铁杂质时，为防止 Al_2O_3 细颗粒变成胶粒流失，就加入 0.21%～0.23%的阿拉伯树胶，促使 Al_2O_3 粒子快速聚沉。

胶体稳定性的应用包括墨水、油墨、化妆品、涂料、油漆、乳化沥青、乳化柴油的制作等。胶体不稳定的应用包括水处理、破乳。

加速颗粒沉降的措施包括加电解质、加高分子聚合物、加热、加电场、光照。确保胶体稳定的措施包括加大量高分子化合物、采用分散措施（超声波、研磨）、避免光照、避免电场和加热。

10.6.4 胶体稳定性的应用实例——污水处理的絮凝

影响絮凝效果的主要因素：水温、水的 pH 值、水的浊度、搅拌状况、絮凝剂性质（种类、加入量、加入顺序）、处理工艺等。

① 水温。无机絮凝剂水解时为吸热反应，因此，低温时不利于水解反应的发生；同时水温低，水的黏度增大，水流阻力增大，使絮体的形成、长大受到阻碍，从而影响絮凝效果。

② 水的 pH 值。无机絮凝剂如铝盐或铁盐水解时，对水的 pH 值和碱度有一定要求。如铝盐最佳 pH 值在 6.5～8.5 之间，高了或低了都影响铝盐、铁盐的水解过程，从而影响絮凝效果。

③ 水的浊度。当水中浊度较低、颗粒细小而均一且投加的絮凝剂量少时，仅靠絮凝剂与悬浮微粒之间相互接触，很难达到预期的絮凝目的，必须投加絮凝剂、助凝剂，加快絮体形成的速度。

④ 搅拌状况。适当搅拌可促进絮凝剂在水中的分散和细小微粒的碰撞，利于形成大絮体。

⑤ 絮凝剂性质（种类、加入量、加入顺序）。絮凝剂种类及加量决定着胶体系统的破坏速度，不同种类的污水适应不同类型的絮凝剂，因此要达到良好的处理效果，必须依靠实验来确定哪一种絮凝剂适合。实验方法有静态实验法和动态实验法。

絮凝剂实验需依照相应的标准进行。

思考

1. 溶胶能够在一定的时间内稳定存在的主要原因是什么？破坏溶胶最有效的方法是什么？哪些因素影响胶体系统的稳定？影响胶体系统稳定的因素有没有规律？

2. 明矾为什么能净水？说明原因。

3. 大分子溶液和溶胶（憎液）有哪些异同点?对外加电解质的敏感程度有何不同?

4. 江河入海处，为什么常形成三角洲?

5. 使用不同型号的墨水，为什么有时会使钢笔堵塞而写不出来?

6. 为什么重金属离子中毒的患者喝了牛奶可使症状减轻?

7. 做豆腐时“点浆”的原理是什么?哪些盐溶液可用来点浆?

8. 在进行重量分析时为了使沉淀完全，通常要加入相当数量的电解质（非反应物）或将溶液适当加热，从胶体化学的观点进行解释。

10.7 乳状液

10.7.1 乳状液的基本概念

乳状液是指一种或多种液体分散在另一种与它不相溶（或者部分互溶）的液体中形成的分散体系。人类生产及生活中常会遇到乳状液，如含水石油、炼油厂废水、乳化农药、动植物的乳汁等。根据需要，有些乳状液必须设法破坏，以实现分离的目的，如石油脱水、废水净化；有些乳状液则应设法使之稳定，如乳化农药、牛奶、化妆品、乳液涂料等。因此，乳状液研究也有两方面的任务，即乳状液的稳定与破坏。

由经验可知，将两种纯的不互溶液体（如油和水）放在一起振荡，静置后很快就分为两层，即得不到稳定的乳状液。这是因为当液体分散成许多小液滴后，相界面增大，界面吉布斯函数增高，成为热力学不稳定系统。该系统有自发趋于吉布斯函数降低的倾向，所以小液滴会发生聚结而成为大液滴，最后分成两层。要想得到稳定的乳状液，必须有第三种物质的存在，它能形成保护膜，并能显著地降低界面吉布斯函数，这种物质称为乳化剂。乳化剂使乳状液稳定的作用称为乳化作用。乳化剂对形成稳定的乳状液是极为重要的。常用的乳化剂多为表面活性物质，此外还有固体粉末等。

将乳状液中以连续相存在的称为外相，把以液滴形式存在的称为内相。

乳状液有两类：水包油型（O/W）（见图 10.7.1）和油包水型（W/O）（见图 10.7.2）。

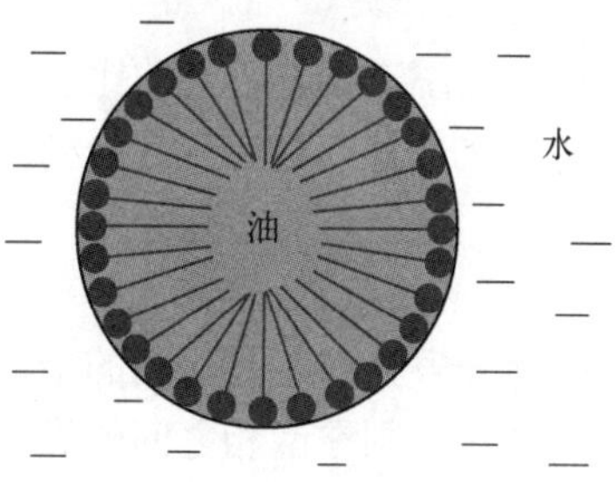

图 10.7.1　O/W 型乳状液

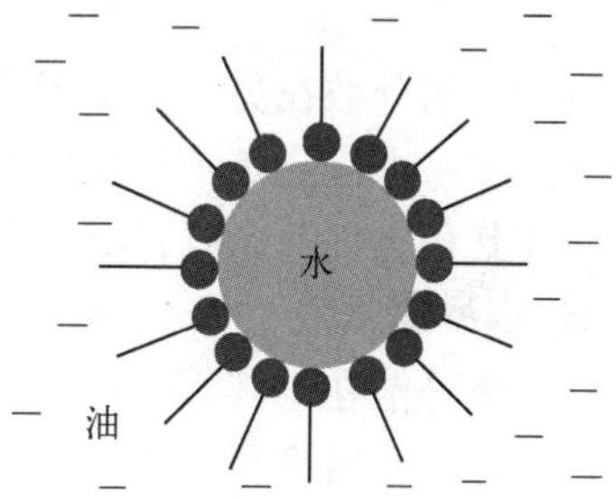

图 10.7.2　W/O 型乳状液

乳状液类型的确定：

① 稀释法：将乳状液置于外相中，它很容易分散。如 W/O 型乳状液能够分散在油相，而 O/W 型乳状液能够分散在水相。

② 染色法：将染料溶于相应的溶剂中制成染料溶液，然后将染料溶液加到乳状液中，能够分散的，则外相与染料溶液的溶剂相同。常用染料为亚甲基蓝（水溶性）和苏丹Ⅲ（油溶性）。

③ 电导法：一般水的电导率较高而油的电导率较低，因此应用电导率仪测定待测乳状液的电导率，并根据测定值的高低来判断乳状液的类型。

④ 显微镜法：通过显微镜可观察出乳状液的液滴大小和类型。

前面讲过，乳状液有两类：油包水型（W/O）和水包油型（O/W）。这是在极端情况下出现的现象。而实际中则出现 W/O 型中有一定量的 O/W 存在，在 O/W 型中有一定量的 W/O 存在。因此乳状液类型是指主要成分的类型。

10.7.2 乳状液的性质

（1）外观和液珠的大小

用不同方法制备的不同大小的乳状液，对光的吸收、散射、反射等性质不同，因此具有不同的外观。

（2）光学性质

因不同大小的乳状液对光的吸收、散射、反射等性质不同，因此其光学性质较复杂。常见的乳状液液滴在 0.1～10 μm 之间，而可见光波长为 0.4～0.8 μm，因此常见的乳状液多为乳白色。

（3）黏度

影响乳状液黏度的因素较多，如外相黏度、内相黏度、内相的体积分数、液滴的大小、乳化剂性质等。

乳化剂对黏度的影响有三个方面：①部分乳化剂进入油相，与油相中的物质生成凝胶；②改变内、外相的分散程度，因此改变 φ；③水溶液中，乳化剂有增溶作用，因此影响黏度。

（4）电学性质

乳状液属于胶体，吸附、电离等作用，也使其带电。这方面研究较多的是应用电导率仪进行乳状液类型的确定；调整界面带电性质使乳状液稳定或破坏。

10.7.3 影响乳状液稳定性的因素

乳状液是一相分散在另一相中形成的高度分散的不稳定系统，具有较大的比表面积，因此从热力学角度考虑，它是不稳定体系。由于有乳化剂的存在，其尚具有一定的稳定性。因此有必要研究其稳定性及影响稳定性的因素。

（1）油-水界面张力

将一种液体分散在与其不互溶的另一种液体中，这必然导致系统相界面积的增加，表面吉布斯函数增加，系统变得不稳定。若加入少量的表面活性剂，则在两相之间的界面层产生正吸附，显著地降低油-水界面的界面张力，使界面吉布斯函数降低，稳定性增加。

通常，乳化剂乳化能力越强、加入的浓度越高，所得乳状液的稳定性就越好。室温下液态石蜡与水之间的界面张力为 40.6 mN • m^{-1}，加入乳化剂油酸将水相变成 1 mol • m^{-3} 的油酸溶液，界面张力则降至 31.05 mN • m^{-1}，此时可形成相当稳定的乳状液。若将此水相用 NaOH 中和，界面张力降至 7.2 mN • m^{-1}，稳定性会进一步提高。

表面活性剂的 HLB 值可决定形成乳状液的类型。一般来说，HLB 值在 2～6 的亲油性乳化剂可形成 W/O 型乳状液；HLB 值在 12～16 的亲水性乳化剂可形成 O/W 型乳状液。

（2）界面电荷

乳状液表面的电荷来源有：①电离；②吸附；③液珠之间的摩擦。

其中最主要的是界面上吸附了电离的乳化剂离子，它使乳状液液滴带有与该离子相同的电荷。对于离子型表面活性物质（如阴离子型钠皂 RCOONa），在 O/W 型乳状液中，可设想伸入水相的羧基“头”有一部分解离，则组成液珠界面的基团是—COO^-（带负电荷），异电离子（Na^+）分布在其周围，形成双电层。对于非离子型表面活性物质，特别是在 W/O 型乳状液中，液珠带电荷是由于液珠与介质摩擦，犹如玻璃棒与毛皮摩擦而生电一样。带电荷符号取决于相接触的两物质介电常数的高低，介电常数高的物质带正电荷。在乳状液中，水的介电常数远比常遇到的其他液相高，故 O/W 型乳状液中的油珠多带负电荷，而 W/O 型乳状液中的水珠则带正电荷。两相间双电层的存在，可阻止乳状液因分散相粒子的相互碰撞、聚集而遭到破坏。

（3）界面膜强度

在油-水体系中加入表面活性剂后，在降低油-水界面张力的同时，必然要在界面上吸附，从而形成吸附膜，对分散体系起到保护作用。表面活性剂分子具有一端亲水而另一端亲油的特性，且其两端的横截面常大小不等。当它作为乳化剂被吸附在乳状液的界面层，常呈现“大头”朝外、“小头”向里的几何构形，就如同一个个的楔子密集地钉在圆球上，极性的基团（大头）指向水相，而非极性一端（小头）则指向油相。采这样的几何构形，可使分散相液滴的表面积最小，界面吉布斯函数最低，同时使界面膜更牢固，对乳状液的分散相起到保护作用。

乳化过程也可理解为分散相液滴表面的成膜过程，界面膜的厚度，特别是膜的强度和韧性，对乳状液的稳定性起着举足轻重的作用。例如，水溶性的十六烷基磺酸钠与等量的油溶性乳化剂胆固醇所组成的混合乳化剂，可形成带负电荷的 O/W 型乳状液。这是十六烷基磺酸钠在界面层中解离，而Na^+又向水中扩散的结果。两种乳化剂皆定向地排列在油-水界面层中，形成比较牢固的界面膜，而且分散相的油滴皆带有负电荷，当两油滴互相靠近时，产生静电斥力，而更有利于乳状液的稳定。

（4）固体粉末的稳定作用

体系中有固体粉末时，由于润湿作用，固体粉末会吸附到油-水界面上，并使界面膜强度和厚度加大，增强乳状液的稳定性。

为了能使固体粒子在分散相的周围排列成紧密的固体膜，固体粒子的大部分应当处在分散介质之中。易被水润湿的黏土、Al_2O_3等固体粒子，可形成 O/W 型乳状液；而易被油类润湿的炭黑、石墨粉等可作为 W/O 型乳状液的稳定剂。另外，吸附在乳状液界面层中的固体粒子的尺寸应当远小于分散相的尺寸。固体粒子的表面越粗糙，形状越不对称，越有利于形成牢固的固体膜，使乳状液更加稳定。

此外，乳状液的黏度、分散相与分散介质密度差的大小皆能影响乳状液的稳定性。

10.7.4 影响乳状液类型的因素

（1）相体积

一般，若油的相体积分数大于 74.02%，乳液只能形成 W/O 型；若油的相体积分数少于25.98%时，就只能形成 W/O 型；若油的相体积分数在 25.98%～74.02%时，则可能形成 O/W 型或 WO 型中的一种。然而，事实上液珠的相体积分数在超过 74.02%以后，并不一定会发生变形。

（2）乳化剂类型

乳化剂性质决定着所得乳状液的类型。一般油溶性乳化剂多数能够得到稳定的 W/O 型乳状液，而水溶性乳化剂多数能够得到稳定的 O/W 型乳状液。

向一乳状液中加入另一种乳化剂时，乳状液类型有可能发生变化（或逆转）。

（3）器壁类型

一般，极性器壁利于得到 O/W 型乳状液，而非极性器壁利于得到 W/O 型乳状液。

（4）界面张力

界面张力大小有时也影响所得到乳状液的类型。

10.7.5 乳状液的制备

① 机械搅拌法：应用高速转动的机械使两相在乳化剂存在下剧烈搅拌，形成乳状液。所需要的搅拌速度一般在 10000 $r \cdot min^{-1}$ 以上。这种机械称为做乳化机。

② 胶体磨：应用胶体磨的研磨作用使两相在乳化剂存在下剧烈搅拌，形成乳状液。

③ 超声波乳化器：应用超声波的作用使两相在乳化剂存在下剧烈搅拌，形成乳状液。

10.7.6 微乳液

（1）微乳液的概念

微乳液最初是 1943 年由 Hoar 和 Schulman 提出的，目前的定义是由 Danielsson 和 Lindman 提出的。微乳液是一个由水、油和两亲性物质（分子）组成的、光学上各向同性、热力学上稳定的溶液体系。

微乳液能够自发形成，属于热力学稳定系统；液滴被表面活性剂和助表面活性剂组成的混合界面膜所稳定，直径一般在 10～100 nm 范围内。微乳液的结构有三种:水包油型（O/W）、油包水型（W/O）和油水双连续型。

油水双连续结构最初由 Scriven 提出，是指油与水同时成为连续相，体系中任一部分油在形成油液滴被水连续相包围的同时，与其他部分的油液滴一起组成了油连续相，将介于液滴之间的水包围。同样，体系中的水液滴也组成了水连续相，将介于水液滴之间的油相包围，最终形成了油、水双连续结构。

微乳液粒径介于胶束和宏观微乳液之间，微乳液液滴大小一般为 10～100 nm，而乳状液一般大于 100 nm，胶束一般小于 10 nm。

微乳液一般为澄清、透明或者半透明的分散体系，有的有乳光，而一般的乳状液通常为不透明的乳白色。因微乳液颗粒太小，用通常的光学显微镜观察不到其颗粒。

微乳液具有超低界面张力，在三次采油、日用化工和化学反应领域有着广阔的应用前景。

（2）微乳液的制备——HLB 法

表面活性剂的 HLB 值对微乳液的形成至关重要。一般认为：HLB 值为 4～7 的表面活性剂可形成 W/O 型的微乳液；HLB 值为 9～20 的表面活性剂则可形成 O/W 型的微乳液。

当体系中油的成分确定、油与水的体积比确定为 1、体系中表面活性剂和助表面活性剂的比例和浓度确定之后，改变体系的盐度（由低往高增加），往往可以得到三种状态的微乳液，即：Winson Ⅰ型(O/W 型的微乳液与剩余油达到平衡状) ；Winson Ⅲ型（双连续型微乳液与剩余油和剩余水达到平衡状态）；Winson Ⅱ型（W/O 型的微乳液与剩余水达到平衡状态）。

助表面活性剂在微乳液形成过程中的作用：降低界面张力；增加界面膜的流动性；调节表面活性剂的 HLB 值。

（3）微乳液的应用

① 用微乳液提高原油采收率。微乳液是三次采油中一种较先进的方法，效果最好，尤其

是中相微乳液体系，其两个界面的界面张力都能达到超低值，这种体系能使水驱后的残余油全部被驱出，因此受到人们的普遍青睐。

② 微乳液萃取。在一般的液膜萃取中，液膜本身的稳定性和机械强度性能较差，难免出现液膜破裂，从而造成已被萃取的物质返回到料液相，大大降低了萃取效率。用微乳液萃取时，溶质一旦被萃取就溶于油相中，当萃取达到饱和时，油相是单一的，便于对油相进行洗涤以纯化溶质，这是一般液膜所没有的特性。

③ 微乳燃料。2002 年张高勇等以水-柴油-聚乙二醇十二烷基醚等组成为主的 W/O 型的微乳液体系作燃料。该体系含水的质量分数可达到 20%～30%；节油率为 5 %～15%；排气温度下降 20%～60%；烟度下降 40%～77%；而 NO_x 和 CO 排放量为普通汽油的 25%。

④ 其他应用。制备微乳清洁剂、微乳剂型药物、微乳农药，以及用微乳液作为反应介质，如微乳介质中的有机反应、微乳聚合、酶催化反应；微乳法制备纳米材料。

10.7.7 乳状液的去乳化

使乳状液破坏的过程，称为破乳或去乳化作用。此过程一般分为两步：分散相的微小液滴首先絮凝成团，但这时仍未完全失去原来各自独立的属性；第二步为凝聚过程，即分散相结合成更大的液滴，在重力场的作用下自动地分层。乳状液稳定的主要原因是乳化剂的存在，所以凡能消除或削弱乳化剂保护作用的因素，皆可达到破乳的目的。常用的方法有：

① 用不能形成牢固膜的表面活性物质代替原来的乳化剂，如异戊醇，它的表面活性很强，但因碳氢链分叉而无法形成牢固的界面膜。

② 加入某些能与乳化剂发生化学反应的物质，消除乳化剂的保护作用。如在以油酸钠为稳定剂的乳状液中加入无机酸，使油酸钠变成不具有乳化作用的油酸，而达到破乳的目的。

③ 加入类型相反的乳化剂，如向 O/W 型乳状液中加入 W/O 型乳化剂。

④ 加热，温度升高可降低乳化剂在油-水界面的吸附量，削弱保护膜对乳状液的保护作用，降低分散介质的黏度。

⑤ 物理方法，如离心分离、电泳破乳等。

10.8 泡沫

不溶性气体分散在液体或熔融固体中所形成的分散系统称为泡沫。例如，肥皂泡沫、啤酒泡沫等都是气体分散在液体中的泡沫。而泡沫塑料、泡沫橡胶和泡沫玻璃等则是气体分散在黏度较大的熔融体中，冷却后形成的气体分散在固体中的泡沫。泡沫中作为分散相的气泡，其半径一般在 1000 nm 以上，其形状常因环境而异。

在生产和科研中所遇到的泡沫多数以液体为分散介质（称为液体泡沫），因此对这类泡沫的研究和论述较多。要制得比较稳定的液体泡沫，必须加入起泡剂或称稳定剂，肥皂、蛋白质和植物胶等都是很好的泡沫稳定剂或起泡剂，其作用与乳状液中的乳化剂很相似，只不过分散相不是液体而是气体。起泡剂的稳定作用说明：当起泡剂被吸附于气-液界面上，就形成较牢固的液膜，并使界面张力下降，因此生成的泡沫就比较稳定。某些不易被水润湿的固体粉末，对泡沫也能起到稳定作用。例如，在水中加入一些粉末状的烟煤，经强烈的振荡，可形成三相泡沫。煤末排列在气泡的周围，类似于形成牢固的固体膜，使泡沫变得更加稳定。

泡沫技术的应用也很广泛，矿物的浮选就是其中的一例。先将矿石粉碎成尺寸在 0.1 mm 以下的颗粒，加入足量的水、适量的浮选剂及少量的起泡剂，再强烈鼓入空气，即形成大量气泡。这时憎水性强的有用矿物附着在气泡上并随之上浮至液面，而被水润湿的长石、石英等废石则沉于水底，加入浮选剂的目的是增加矿物的憎水性。一般当水对矿物的接触角在 50°～70° 以上时即能达到浮选的效果。浮选后提高了矿物的品位，而利于冶炼。此外，在泡沫灭火剂、泡沫杀虫剂、泡沫除尘、泡沫分离及泡沫陶瓷等方面皆用到泡沫技术。

但在发酵、精馏、造纸、印染及污水处理等工艺过程中，泡沫的出现将会给操作带来诸多不便，因此在这类工艺操作中，必须设法防止泡沫的出现或破坏泡沫的存在，通常是加入消泡剂。

10.9 气溶胶

以液体或固体为分散相而以气体为分散介质所形成的胶体系统，称为气溶胶。例如，烟、尘是固体粒子分散在空气中的气溶胶，云雾是小水滴分散在空气之中的气溶胶，可见，自然界中人们常遇到的是以空气为分散介质的空气溶胶。

在自然界和人们的生活中经常遇到气溶胶，如自然界中水分的循环（蒸发→云雾→降雨）离不开气溶胶；很多植物的授粉过程，要借助花粉气溶胶的流动（风作用下）来完成；医学和发酵工业必须重视悬浮在空气中的微生物，很多传染病也是通过悬浮在空气中的病菌（如结核菌等）由空气传播的。在矿山的开采、机械加工、燃料的燃烧、金属的冶炼、纺纱织布等工艺过程中，所产生的大量烟雾及粉尘，都严重污染环境，危害各类生物。例如，人若长期吸入含有硅酸盐的粉尘将引起硅肺病。据分析，煤烟中含有致癌性很强的碳氢化合物，如 3,4-苯并芘等。因此，对此类有危害的烟雾及粉尘必须进行排放前的处理，以保护环境。

此外，气溶胶在科学技术上的应用也十分广泛。例如，过冷水蒸气在气体离子上凝结时形成雾的现象，成为研究 α 射线、β 射线粒子轨迹的近代物理仪器之一，即威尔逊（Wilson）云雾室；将液体燃料喷成雾状或固体燃料以粉尘的形式进行燃烧，都可大大提高燃料的利用率，而且燃烧完全，减少污染；将催化剂分散成颗粒状，悬浮于气流之中的流态化技术，可以加大气-固传质速率，提高催化效果；军事技术上常用烟雾来掩蔽敌人攻击的目标；等等。

由上述讨论可知，气溶胶的稳定与破坏都具有明显的应用价值。接下来以粉尘为代表来研究气溶胶的性质。

10.9.1 粉尘的分类

粉尘有多种分类方法，如按化学性质分类，或按有无毒性分类。现介绍按粉尘在静止的空气中的沉降性质分类。

① 尘埃。粒子的直径为 10～100 μm，颗粒较大，在静止的空气中呈加速沉降的尘粒。

② 尘雾。粒子的直径为 0.25～10 μm，在静止的空气中可呈现等速沉降的尘粒。

③ 尘云。粒子的直径在 0.1 μm 以下，颗粒甚小，在静止的空气中不能自动地下沉，而是处于无规则布朗运动状态的浮尘。

10.9.2 粉尘的性质

（1）润湿性

粉尘被水润湿的情况与粉尘的化学性质、颗粒大小、带电情况、温度及接触时间的长短等因素皆有关。新产生的粉尘具有很强的吸附能力，它易于吸附空气中的粒子并在其表面上形成一层较牢固的气膜。一般说来粉尘的颗粒越小，吸附能力越强，所形成的气膜越牢固，水对其润湿性越弱，甚至可使亲水性的大块固体变成憎水性粉尘。影响水对粉尘润湿效果的另一原因是悬浮于空气中的粉尘质量很小，遇到净化水幕的雾滴时，将产生环绕作用，而使粉尘不易与水滴接触。因此若能提高水滴的分布密度，增加粉尘与水滴相对运动的速度，皆有利于水对粉尘的润湿。

（2）粉尘沉降的速度

粉尘沉降的速度与粉尘颗粒的大小、形状、密度等因素有关。直径大于 10 μm 的尘粒，在静止的空气中表现为加速沉降。只有分散程度较高，在静止的空气中表现为等速沉降的尘粒，才可用斯托克斯方程计算其沉降速度。

由表 10.9.1 中数据可知，直径在 10 μm 以上的可见尘粒，它们在静止的空气中可以很快地沉降下来；而直径小于 1 μm 的尘粒将长期地飘浮于空气之中而难以沉降于地面。

表 10.9.1 球形石英粉尘在空气中的沉降速度

尘粒直径 d / μm	沉降速度	
	u / (m • s^{-1})	u / (m • h^{-1})
50	0.197	709
10	7.89×10^{-3}	28.4
5	1.97×10^{-3}	7.10
1	7.89×10^{-5}	0.284

在自然界，经常出现大气的流动；在厂房及矿井内由于各种机械设备的运转、人的行走等，空气不可能处于静止的状态，而且粉尘的形状又是不规则的，因此粉尘的沉降速度变得更慢。

（3）粉尘的荷电性

在粉尘产生的过程中，由于物料之间激烈摩擦、撞击，以及放射性射线的照射及高压电场的影响，粉尘带电荷。粉尘若带有异性电荷，粒子间的引力加大，易于聚结成颗粒而沉降；若带有相同的电荷，由于粒子间存在静电斥力，而不利于沉降。研究表明，带电荷的粉尘更易于黏附在人的支气管和肺泡上，对人类产生更大的危害。

（4）粉尘的爆炸性

粉尘是高度分散的多相系统，可燃性粉尘于空气中，在适当条件下就会发生爆炸。例如，镁或碳化钙的粉尘与水接触后会引起燃烧或爆炸。对这类粉尘不能采用湿式的净化设备除尘。

粉尘在空气中的爆炸现象，实质上是激烈的化学反应，然而爆炸只有在一定浓度范围内才可能发生。发生爆炸时粉尘的最高浓度，称为粉尘的爆炸上限，最低浓度则称为粉尘的爆炸下限。粉尘在空气中的浓度达到或高于爆炸下限时，遇明火会立即爆炸。下限越低，能够发生爆炸的温度越低，发生爆炸的危险性就越大。一些粉尘的爆炸下限（质量浓度）见表 10.9.2。

表 10.9.2　一些粉尘的爆炸下限

名称	爆炸下限 / ($g \cdot m^{-3}$)	名称	爆炸下限 / ($g \cdot m^{-3}$)	名称	爆炸下限 / ($g \cdot m^{-3}$)
铝粉末	58.0	松香	5.0	棉花	25.2
煤末	114.0	染料	270.0	Ⅰ级硬橡	7.6
沥青	15.0	萘	2.5	面粉	30.2
虫胶	15.0	硫矿粉	13.9	奶粉	7.6
木屑	65.0	页岩粉	58.0	茶叶粉末	32.6
樟脑	10.1	泥炭粉	10.1	烟草粉末	68.0

（5）粉尘的光学性质

气溶胶的丁铎尔效应基本上也服从瑞利公式，即散射光的强度与入射光波长的 4 次方成反比。通过气溶胶的透射光呈橙红色，散射光呈淡蓝色。例如，缕缕上升的炊烟呈淡蓝色就是太阳光被烟尘散射的结果。

在污染的大气层中，有时会出现一种“光化学烟雾”，据分析它是由汽车、工厂的烟囱中排放出的氮的氧化物及碳氢化合物等物质，经太阳光紫外线照射，生成的一种淡蓝色的毒性很大的气体，其中含有臭氧、醛类、过氧乙酰基硝酸酯、烷基硝酸盐、酮等物质。由于大气中常飘浮有体积较大的物质粒子，丁铎尔效应则被浑浊现象所代替，这时的烟雾好像是乳白色的。大气中的烟雾有时可达到遮天蔽日的程度。

（6）粉尘的凝聚性

干燥粉尘的表面常带有电荷，由于空气的流动、声波的振动及磁力的作用，尘粒处于杂乱无章的运动状态。经相互碰撞，微小的粉尘聚结成较大的粒子，当其质量足够大时，即使有空气流动，也能自动地沉降，这对除尘的机理起着不可忽视的作用，近年来研制成的新型除尘设备，都设法利用这一特点。

思考

1. 乳状液是什么？乳状液有哪些类型？乳化剂为何能使乳状液稳定存在？通常鉴别乳状液的类型有哪些方法？其根据是什么？破乳是什么？破乳剂是什么？有哪些常用的破乳方法？

2. 凝胶中分散相颗粒间相互联结形成骨架，按其作用力不同可以分为哪几种？各种的稳定性如何？

3. 钾、钠等碱金属的皂类作为乳化剂时，易于形成 O/W 型的乳状液；钙、镁等二价金属的皂类作为乳化剂时，则易于形成 W/O 型的乳状液，试说明原因。

10.10 高分子化合物

10.10.1 高分子化合物基本性质

高分子化合物是指摩尔质量 $M>1\sim10^4$ kg·mol^{-1} 的大分子化合物。它们在适当的溶剂中，可自动地分散成为高分子（或大分子）溶液。

高分子化合物以分子或离子的状态均匀地分布在溶液中，在分散相与分散介质之间无相界面存在。故高分子溶液是均匀分布的热力学稳定系统。这是高分子溶液与溶胶最本质的差别。由于高分子化合物分子的大小，恰好在胶体范围之内，而且又具有胶体的某些特性，因此又将高分子溶液称为亲液胶体。为了便于比较，现将高分子溶液与溶胶在主要性质上的异同列于表 10.10.1 中。

表 10.10.1 高分子溶液与溶胶性质的比较

高分子溶液	溶胶
高分子化合物的尺度为 $10^{-9}\sim10^{-7}$ m	分散相粒子的尺度为 $10^{-9}\sim10^{-7}$ m
扩散慢	扩散慢
不能通过半透膜	不能通过半透膜
热力学稳定系统	热力学不稳定系统
稳定的原因主要是溶剂化	稳定的原因主要是分散相粒子带电荷
均相系统，丁铎尔效应微弱	多相系统，丁铎尔效应强
对电解质稳定性大	加入少量电解质就会聚沉
黏度大	黏度小，与纯溶剂的黏度相似
将溶剂蒸发除去，可得干燥的高分子化合物，再加入溶剂又可自动地溶解成溶液，即具有可逆性	将溶剂蒸发除去，可得干燥沉淀物，若再加入溶剂，不能复原成溶胶，即具有不可逆性

10.10.2 高分子溶液的性质

(1) 盐析作用

前面讨论过电解质对于溶胶（主要指水溶胶）的聚沉作用。溶胶对电解质是很敏感的，但对于高分子溶液来说，加入少量电解质时，它的稳定性并不会受到影响，到了等电点也不会聚沉，直到加入更多的电解质，才能使它发生聚沉。高分子溶液的这种聚沉现象称为盐析。

离子在水溶液中都是水化的。当大量电解质加入高分子溶液时，由于离子发生强烈的水化作用，原来高度水化的高分子化合物去水化，因而发生聚沉作用。可见，发生盐析作用的主要原因应为去水化。

有些高分子化合物中存在着可以解离的极性基团，解离可使分子带电荷，对于这样的高分子溶液，少量电解质的加入可以引起电动电势降低，但这并不能使它失去稳定性，这时高分子化合物的分子仍是高度水化的，只有继续加入较多的电解质时，才出现盐析现象。实验表明，盐析能力的大小与离子的种类有关。

（2）胶凝作用

高分子溶液在适当条件下，可以失去流动性，整个系统变为弹性半固体状态。这是因为系统中大量的高分子化合物好像许多弯曲的细线，它们互相联结形成立体网状结构，网架间充满的溶剂不能自由流动，而构成网架的高分子化合物仍具有一定柔顺性，所以表现出弹性半固体状态，这种系统称为凝胶，液体含量较多的凝胶称为胶冻，其中水分有时可达99%以上。高分子溶液（或溶胶）形成凝胶的过程称为胶凝作用。分散相粒子形状不对称，降低温度、加入胶凝剂、提高分散物质的浓度、延长放置时间都能促进凝胶的形成。

胶凝作用与盐析作用相比较，前者所用的胶凝剂一般比后者少，胶凝剂的浓度必须适当。胶凝作用不是凝聚过程的终点，胶凝有时能继续转变而出现盐析，使凝胶最终分离为两相。

胶凝现象不限于高分子溶液，氢氧化铝、氢氧化铁、氢氧化铬和五氧化二钒等也有这种现象。由于这些物质的胶粒有一定程度的亲液性质，胶粒的形状不是球状的（如杆状的、片状的等），因此它们之间也能互相联结形成网状结构而成为凝胶。

（3）触变现象

有些凝胶（如低浓度的明胶、生物细胞中的原形质及可塑性黏土等）的网状结构不稳定，可因机械力（如摇动或振动等）变成有较大流动性（稀化）的溶液状态，外力解除静置后又恢复成凝胶状态（重新稠化），这种现象称为触变。触变现象的发生是因为振动时，网状结构受到破坏，线状粒子互相离散，系统出现流动性，静置时线状粒子又重新交联形成网状结构。

触变现象在自然界和工业生产中常可遇到。如草原上的沼泽地、可塑性黏土、混凝土注浆等的触变，这些将会影响生产。为了控制触变，在生产中一般采取掺入旧料、适当控制酸性等方法。

（4）脱水收缩

胶凝作用并非凝聚过程的终点，在许多情况下，如将凝胶放置时，就开始渗出微小的液滴，这些液滴逐渐合并而形成一个液相，与此同时凝胶本身的体积将缩小，且乳光度亦随之增加。这种使凝胶分为两相的过程，称为脱水收缩。脱水收缩后，凝胶体积虽变小，但仍能保持最初的几何形状。脱水收缩现象一般是粒子在系统内所发生的相互吸引作用的结果，各成分间并不发生任何化学反应，它们的总体积一般没有变化，这时脱水收缩过程并未引起溶剂化程度的改变。脱水收缩现象在许多实际生产中，如纺织工业、人造纤维工业和糖果工业等都会遇到。

10.10.3 凝胶的溶胀

凝胶按其性质，可分为脆性凝胶和弹性凝胶。脆性凝胶当失去或重新吸收分散介质时，体积和形状基本不改变，而弹性凝胶当失去分散介质后，体积显著缩小，但当重新吸收分散介质时，体积又重新膨胀，如琼脂、白明胶，以及皮革、纸张等。干燥的弹性凝胶吸收分散介质而体积增大的现象称为溶胀。

溶胀是高分子化合物溶解的第一阶段。某些物质在一定溶剂中，如生橡胶在苯中，随着溶胀的进行，最后达到全部溶解，称为无限溶胀。但另一些高分子化合物，如硫化橡胶，由于形成了有交联的网状结构，在溶胀过程中，所吸收的液体量达到最大值，而不再继续膨胀，这种溶胀现象称为有限溶胀。

弹性凝胶的溶胀对溶剂是有选择性的。例如，琼脂和白明胶仅能在水和甘油的水溶液中溶胀，而不能在酒精和其他有机液体中溶胀。橡胶只能在二硫化碳和苯等有机液体中溶胀，而不能在水中溶胀。

溶胀时除溶胀物的体积增大外，还伴随有热交换，这种热称为溶胀热，除个别情况外，溶胀都是放热的。当一物质溶胀时，它对外界施加一定的压力，称为溶胀压力。这种压力在某些情况下可能达到很大。在古代就有利用溶胀压力来分裂岩石的例子，在岩石裂缝中间，塞入木块，再注入大量的水，于是木质纤维发生溶胀，产生巨大的溶胀压力使岩石裂开。

习题

1．通过电泳实验测定 $BaSO_4$ 溶胶的 ζ 电势。实验中，两极之间电势差为 150 V，距离为 30 cm，通电 30 min 后溶胶界面移动 25.5 mm。已知分散介质的相对介电常数为 81.1，黏度为 1.03×10^{-3} Pa • s。

答：40.6×10^{-3} V

2．在 NaOH 溶液中用 HCHO 还原 $HAuCl_4$ 可制得金溶胶：

$$HAuCl_4 + 5NaOH = NaAuO_2 + 4NaCl + 3H_2O$$

$$2NaAuO_2 + 3HCHO + NaOH = 2Au(s) + 3HCOONa + 2H_2O$$

$NaAuO_2$ 是上述方法制得金溶胶的稳定剂，写出该金溶胶胶团结构的表示式。

答：$\{(Au)_m \cdot nAuO_2^- \cdot (n-x)Na^+\}^- \cdot xNa^+$

3．在 $Ba(NO_3)_2$ 溶液中滴加 Na_2SO_4 溶液可制备 $BaSO_4$ 溶胶，分别写出以下两种情况的胶团结构表示式：

（1）$Ba(NO_3)_2$ 溶液过量。

（2）Na_2SO_4 溶液过量时。

答：（1）$\{[Ba(NO_3)_2]_m \cdot nBa^{2+} \cdot (2n-x)NO_3^-\}^{x+} \cdot xNO_3^-$

（2）$\{[Ba(NO_3)_2]_m \cdot nSO_4^{2-} \cdot (2n-x)Na^+\}^{x-} \cdot xNa^+$

4．在 H_3AsO_3 的稀溶液中通入 H_2S 气体，生成 As_2S_3 溶胶，已知 HS^-为稳定剂，写出 As_2S_3 胶团的结构，比较电解质 $AlCl_3$、$MgSO_4$ 和 KCl 对该溶胶聚沉能力大小。

答：$\{(Au_2S_3)_m \cdot nHS^- \cdot (n-x)H^+\}^{x-} \cdot xH^+$；$AlCl_3 > MgSO_4 > KCl$

5．用 $FeCl_3$ 在热水中的水解来制备 $Fe(OH)_3$ 溶胶，未水解的 $FeCl_3$ 为稳定剂，写出 $Fe(OH)_3$ 溶胶的胶团结构以及电泳时溶胶的移动方向。

答：$\{[Fe(OH)_3]_m \cdot nFe^{3+} \cdot (3n-x)Cl^-\}^{x+} \cdot xCl^-$；负极

6．将 0.001 dm^3 的 0.02 mol • dm^{-3} $AgNO_3$ 溶液，缓慢地滴加在 0.100 dm^3 的 0.005 mol • dm^{-3} 的 KCl 溶液中，可得到 AgCl 溶胶。

（1）写出其胶团结构的表示式。

（2）由电泳实验测得溶胶在 210 V（两极距离为 38.5 cm）时，通过电流的时间为

36 min 12 s，引起界面移动 3.20 cm，该溶胶分散介质的介电常数 ε 为 7.18×10^{-10} F·m^{-1}，黏度系数 $\eta = 1.03\times10^{-3}$ Pa·s，求该溶胶的 ζ 电势。

（3）相同物质的量浓度的 $AlCl_3$、$MgSO_4$ 和 Na_3PO_4 溶液，哪一种更容易使溶胶聚沉？其中加入 0.5 mol·dm^{-3} 的 Na_3PO_4 溶液 7.5×10^{-3} dm^3，溶胶开始发生凝结，计算其聚沉值。

答：（1）略
（2）38.7 mV
（3）0.292 mol·dm^{-3}

7. 以等体积的 0.08 mol·dm^{-3} $AgNO_3$ 溶液和 0.1 mol·dm^{-3} KCl 溶液制备 AgCl 溶胶。

（1）写出胶团结构式，指出电场中胶体粒子的移动方向。

（2）加入电解质 $MgSO_4$、$AlCl_3$ 和 Na_3PO_4 使上述溶胶发生聚沉，则电解质聚沉能力大小顺序是什么？

答：（1）正极
（2）$AlCl_3 > MgSO_4 > Na_3PO_4$

8. 某带正电荷溶胶，当用 KNO_3 作为沉淀剂时，聚沉值为 50×10^{-3} mol·dm^{-3}，若用 K_2SO_4 溶液作为沉淀剂，其聚沉值大约为多少？

答：0.78×10^{-3} mol·dm^{-3}

9. 制备 $Fe(OH)_3$ 溶液时，可用稍过量的 $FeCl_3$ 与 H_2O 作用制得。

（1）写出其胶团结构式，以及进行电泳实验时，胶体的移动方向。

（2）如上述溶胶在电压 220 V 下（两极相距 38 cm），通过电流的时间为 26 min 36 s，溶胶界面移动 2.8 cm，求该胶团的 ζ 电势。已知介电常数 $\varepsilon = 7.18\times10^{-10}$ F·m^{-1}，黏度 η 为 1.03×10^{-3} Pa·s。

（3）在三支各盛有 0.020 dm^3 $Fe(OH)_3$ 溶胶的试管中，分别加入 0.5 mol·dm^{-3} NaCl 溶液 4.2×10^{-3} dm^3、0.005 mol·dm^{-3} Na_2SO_4 溶液 12.5×10^{-3} dm^3、0.0003 mol·dm^{-3} Na_3PO_4 溶液 7.5×10^{-3} dm^3，溶胶开始发生凝结，计算各电解质的聚沉值，并比较他们的聚沉能力。

答：NaCl 为 512×10^{-3} mol·dm^{-3}，Na_2SO_4 为 4.31×10^{-3} mol·dm^{-3}，
Na_3PO_4 为 0.90×10^{-3} mol·dm^{-3}

附 录

附录 1　基本常数

名称	符号	数值	单位
自由落体加速度或重力加速度	g	9.80665	$m \cdot s^{-2}$
真空介电常数(真空电容率)	ε_0	8.854×10^{-12}	$F \cdot m^{-1}$
阿伏伽德罗常数	L，N_A	6.0221×10^{-23}	mol^{-1}
摩尔气体常数	R	8.314	$J \cdot mol^{-1} \cdot K^{-1}$
玻尔兹曼常数	k	1.381×10^{-23}	$J \cdot K^{-1}$
元电荷	e	1.602×10^{-19}	C
电子质量	M_e	9.109×10^{-31}	kg
质子质量	M_p	1.672×10^{-27}	kg
法拉第常数	—	96485	$C \cdot mol^{-1}$
普朗克常数	—	6.626×10^{-34}	$J \cdot s$

附录 2　一些物质的临界参数

物质		临界温度 T_c / K	临界压力 p_c / MPa	临界体积 $V / (10^{-6} m^3 \cdot mol^{-1})$	临界密度 $\rho / (kg \cdot m^{-3})$	临界压缩因子 Z_c
He	氦	5.19	0.227	57	70.2	0.300
Ar	氩	150.87	4.898	75	532	0.293
H_2	氢	33.25	1.297	65	31.0	0.307
N_2	氮	126.15	3.39	90	311	0.291
O_2	氧	154.59	5.043	73	438	0.286
F_2	氟	144.13	5.172	66	576	0.285
Cl_2	氯	416.9	7.991	123	576	0.284
Br_2	溴	588	10.34	127	1258	0.269
H_2O	水	647.14	22.06	56	322	0.230
NH_3	氨	405.48	11.313	72	236	0.242
HCl	氯化氢	324.7	8.31	81	450	0.249

	物质	临界温度	临界压力	临界体积	临界密度	临界压缩因子
		T_c / K	p_c / MPa	V / (10^{-6} m^3 · mol^{-1})	ρ / (kg · m^{-3})	Z_c
H$_2$S	硫化氢	373.2	8.94	99	344	0.285
CO	一氧化碳	132.91	3.499	93	301	0.295
CO$_2$	二氧化碳	304.13	7.375	94	468	0.274
SO$_2$	二氧化硫	430.8	7.884	122	525	0.269
CH$_4$	甲烷	190.56	4.599	98.60	163	0.286
C$_2$H$_6$	乙烷	305.32	4.872	145.5	207	0.279
C$_3$H$_8$	丙烷	369.83	4.248	200	220	0.276
C$_2$H$_4$	乙烯	282.34	5.041	131	214	0.281
C$_3$H$_6$	丙烯	364.9	4.60	185	227	0.281
C$_2$H$_2$	乙炔	308.3	6.138	122.2	213	0.293
CHCl$_3$	氯仿	536.4	5.47	239	499	0.293
CCl$_4$	四氯化碳	556.6	4.516	276	557	0.269
CH$_3$OH	甲醇	512.5	8.084	117	274	0.222
C$_2$H$_5$OH	乙醇	514.0	6.137	168	234	0.241
C$_6$H$_6$	苯	562.05	4.895	256	305	0.268
C$_6$H$_5$CH$_3$	甲苯	591.80	4.110	316	292	0.264

附录 3　一些气体的范德华常数

气体		a / (10^{-3} Pa · m^6 · mol^{-2})	B / (10^6 m^3 · mol^{-1})
Ar	氩	135.5	32.0
H$_2$	氢	24.52	26.5
N$_2$	氮	137.0	38.7
O$_2$	氧	137.8	31.9
Cl$_2$	氯	634.3	54.2
H$_2$O	水	553.7	30.5
NH$_3$	氨	422.5	37.1
HCl	氯化氢	370.0	40.6
H$_2$S	硫化氢	454.4	43.4
CO	一氧化碳	147.2	39.5
CO$_2$	二氧化碳	365.8	42.9
SO$_2$	二氧化硫	686.5	56.8
CH$_4$	甲烷	230.3	43.1
C$_2$H$_6$	乙烷	558.0	65.1
C$_3$H$_8$	丙烷	939	90.5

续表

气体		a / (10^{-3} Pa · m^6 · mol^{-2})	B / (10^6 m^3 · mol^{-1})
C_2H_4	乙烯	461.2	58.2
C_3H_6	丙烯	842.2	82.4
C_2H_2	乙炔	451.6	52.2
$CHCl_3$	氯仿	1534	101.9
CCl_4	四氯化碳	2001	128.1
CH_3OH	甲醇	947.6	65.9
C_2H_5OH	乙醇	1256	87.1
$(C_2H_5)_2O$	乙醚	1746	133.3
$(CH_3)_2CO$	丙酮	1602	112.4
C_6H_6	苯	1882	119.3

附录 4　一些气体的摩尔定压热容与温度的关系($C_{p,m}=a+bT+cT^2$)

分子式	物质	a / (J · mol^{-1} · K^{-1})	b / (10^{-3} J · mol^{-1} · K^{-1})	c / (10^{-6} J · mol^{-1} · K^{-1})	温度范围 / K
H_2	氢气	26.88	4.347	−0.3265	273～3800
Cl_2	氯气	31.696	10.144	−4.038	300～1500
Br_2	溴气	35.241	4.075	−1.487	300～1500
O_2	氧气	36.16	0.845	−0.7494	273～3800
N_2	氮气	27.32	6.226	−0.9502	273～3800
HCl	氯化氢	28.17	1.810	1.547	300～1500
H_2O	水蒸气	29.16	10.7	−2.022	273～3800
CO	一氧化碳	26.537	7.6831	−1.172	300～1500
CO_2	二氧化碳	26.75	42.258	−14.25	300～1500
CH_4	甲烷	14.15	75.496	−17.99	298～1500
C_2H_6	乙烷	9.401	159.83	−46.229	298～1500
C_2H_4	乙烯	11.84	119.67	−36.51	298～1500
C_3H_6	丙烯	9.427	188.77	−57.488	298～1500
C_2H_2	乙炔	30.67	52.810	−16.27	298～1500
C_3H_4	丙炔	26.50	120.66	−39.57	298～1500
C_6H_6	苯	−1.71	324.77	−110.58	298～1500
$C_6H_5CH_3$	甲苯	2.41	391.17	−130.65	298～1500
CH_3OH	甲醇	18.40	101.56	−28.68	273～1000
C_2H_5OH	乙醇	29.25	166.28	−48.898	298～1500
$(C_2H_5)_2O$	二乙醚	−103.9	1417	−248	300～400
HCHO	甲醛	18.82	58.379	−15.61	291～1500
CH_3CHO	乙醛	31.05	121.46	−36.58	298～1500
$(CH_3)_2CO$	丙酮	22.47	205.97	−63.521	298～1500

续表

分子式	物质	a / (J·mol^{-1}·K^{-1})	b / (10^{-3} J·mol^{-1}·K^{-1})	c / (10^{-6} J·mol^{-1}·K^{-1})	温度范围 / K
HCOOH	甲酸	30.7	89.20	-34.54	300～700
$CHCl_3$	氯仿	29.51	148.94	-90.734	273～773

附录 5　一些物质的标准摩尔生成焓、标准摩尔生成吉布斯函数、标准摩尔熵及摩尔定压热容

物质	$\Delta_f H_m^\ominus$ / (kJ·mol^{-1})	$\Delta_f G_m^\ominus$ / (kJ·mol^{-1})	$S_m^\ominus$ / (J·mol^{-1}·K^{-1})	$C_{p,m}$ / (J·mol^{-1}·K^{-1})
Ag(s)	0	0	42.55	25.351
AgCl(s)	-127.068	-109.789	96.2	50.79
Ag_2O(s)	-31.05	-11.20	121.3	65.86
Al(s)	0	0	28.33	24.35
Al_2O_3(α，刚玉)	-1675.7	-1582.3	50.92	79.04
Br_2(l)	0	0	152.231	75.689
Br_2(g)	30.907	3.110	245.463	36.02
HBr(g)	-36.40	-53.45	198.695	29.142
Ca(s)	0	0	41.42	25.31
CaC_2(s)	-59.8	-64.9	69.96	62.72
$CaCO_3$(方解石)	-1206.92	-1128.79	92.9	81.88
CaO(s)	-635.09	-604.03	39.75	42.80
$Ca(OH)_2$(s)	-986.09	-898.49	83.39	87.49
C(石墨)	0	0	5.740	8.527
C(金刚石)	1.895	2.900	2.38	6.113
CO(g)	-110.525	-137.168	197.674	29.142
CO_2(g)	-393.509	-394.359	213.74	37.11
CS_2(l)	89.70	65.27	151.34	75.7
CS_2(g)	117.36	67.12	237.84	45.40
CCl_4(l)	-135.44	-65.21	216.40	131.75
CCl_4(g)	-102.9	-60.59	309.85	83.30
HCN(l)	108.87	124.97	112.84	70.63
HCN(g)	135.1	124.7	201.78	35.86
Cl_2(g)	0	0	223.066	33.907
HCl(g)	-92.307	-95.299	186.908	29.12
Cu(s)	0	0	33.150	24.435
CuO(s)	-157.3	-129.7	42.63	42.30
Cu_2O(s)	-168.6	-146.0	93.14	63.64
F_2(g)	0	0	202.780	31.30
HF(g)	-271.1	-273.2	173.779	29.133
Fe(s)	0	0	27.28	25.10
FeCl(s)	-341.79	-302.30	117.95	76.65

续表

物质	$\Delta_f H_m^\ominus$ / (kJ·mol^{-1})	$\Delta_f G_m^\ominus$ / (kJ·mol^{-1})	$S_m^\ominus$ / (J·mol^{-1}·K^{-1})	$C_{p,m}$ / (J·mol^{-1}·K^{-1})
$FeCl_2$(s)	−399.49	−334.00	142.3	96.65
Fe_2O_3(赤铁矿)	−824.2	−742.2	87.40	103.85
Fe_3O_4(磁铁矿)	−1118.4	−1015.4	146.4	143.43
$FeSO_4$(s)	−928.4	−820.8	107.5	100.58
H_2(g)	0	0	130.684	28.824
H_2O(l)	−285.830	−237.129	69.91	75.291
H_2O(g)	−241.818	−228.572	188.825	33.577
I_2(s)	0	0	116.135	54.438
I_2(g)	62.438	19.327	260.69	36.90
HI(g)	26.48	1.70	206.594	29.158
Mg(s)	0	0	32.68	24.89
$MgCl_2$(s)	−641.32	−591.79	89.62	71.38
MgO(s)	−601.70	−569.43	26.94	37.15
$Mg(OH)_2$(s)	−924.54	−833.51	63.18	77.03
Na(s)	0	0	51.21	28.24
Na_2CO_3(s)	−1130.68	−1044.44	134.98	112.30
$NaHCO_3$(s)	−950.81	−851.0	101.7	87.61
NaCl(s)	−411.153	−384.138	72.13	50.50
$NaNO_3$(s)	−467.85	−367.00	116.52	92.88
NaOH(s)	−425.609	−379.494	64.455	59.54
Na_2SO_4(s)	−1387.08	−1270.16	149.58	128.20
N_2(g)	0	0	191.61	29.125
NH_3(g)	−46.11	−16.45	192.45	35.06
NO(g)	90.25	86.55	210.761	29.844
NO_2(g)	33.18	51.31	240.06	37.20
N_2O(g)	82.05	104.20	219.85	38.45
N_2O_3(g)	83.72	139.46	312.28	65.61
N_2O_4(g)	9.16	97.89	304.29	77.28
N_2O_5(g)	11.3	115.1	355.7	84.5
HNO(l)	−174.10	−80.71	155.60	109.87
HNO_3(g)	−135.06	−74.72	266.38	53.35
NH_4NO_3(s)	−365.56	−183.87	151.08	139.3
O_2(g)	0	0	205.138	29.355
O_3(g)	142.7	163.2	238.93	39.20
P(α-白磷)	0	0	41.09	23.840
P(红磷，三斜晶系)	−17.6	−12.1	22.80	21.21
PCl_3(g)	−287.0	−267.8	311.78	71.84

续表

物质	$\Delta_f H_m^\ominus$ / (kJ · mol^{-1})	$\Delta_f G_m^\ominus$ / (kJ · mol^{-1})	$S_m^\ominus$ / (J · mol^{-1} · K^{-1})	$C_{p,m}$ / (J · mol^{-1} · K^{-1})
PCl_5(g)	−374.9	−305.0	364.58	112.80
H_3PO_4(s)	−1279.0	−1119.1	110.50	106.06
S(正交晶系)	0	0	31.80	22.64
S(g)	278.805	238.250	167.821	23.673
H_2S(g)	−20.63	−32.93	205.79	34.23
SO_2(g)	−296.830	−300.194	248.22	39.87
SO_3(g)	−395.72	−371.06	256.76	50.67
H_2SO_4(l)	−813.989	−690.003	156.904	138.91
Si(s)	0	0	18.83	20.00
$SiCl_4$(l)	−687.0	−619.84	239.7	145.30
$SiCl_4$(g)	−657.01	−616.98	330.73	90.25
SiH_4(g)	34.3	56.9	204.62	42.84
SiO_2(α, 石英)	−910.94	−856.64	41.84	44.43
Zn(s)	0	0	41.63	25.40
$ZnCO_3$(s)	−812.78	−731.52	82.4	79.71
$ZnCl_2$(s)	−415.05	−369.398	111.46	71.34
ZnO(s)	−348.28	−318.30	43.64	40.25
CH_4(g)	−74.81	−50.72	186.264	35.309
C_2H_6(g)	−84.68	−32.82	229.60	52.63
C_2H_4(g)	52.26	68.15	219.56	43.56
C_2H_2(g)	226.73	209.20	200.94	43.93
CH_3OH(l)	−238.66	−166.27	126.8	81.6
CH_3OH(g)	−200.66	−161.96	239.81	43.89
C_2H_5OH(l)	−277.69	−174.78	160.7	111.46
C_2H_5OH(g)	−235.10	−168.49	282.70	65.44
$(CH_2OH)_2$(l)	−454.80	−323.08	166.9	149.8
$(CH_3)_2O$(g)	−184.05	−112.59	266.38	64.39
HCHO(g)	−108.57	−102.53	218.77	35.40
CH_3CHO(g)	−166.19	−128.86	250.3	57.3
HCOOH(l)	−424.72	−361.35	128.95	99.04
CH_3COOH(l)	−484.5	−389.9	159.8	124.3
CH_3COOH(g)	−432.25	−374.0	282.5	66.5
$(CH_2)_2O$ (l)	−77.82	−11.76	153.85	87.95
$(CH_2)_2O$ (g)	−52.63	−13.01	242.53	47.91
$CHCl_3$(l)	−134.47	−73.66	201.7	113.8
$CHCl_3$(g)	−103.14	−70.34	295.71	65.69
C_2H_5Cl(l)	−136.52	−59.31	190.79	104.35

续表

物质	$\Delta_f H_m^\ominus$ / (kJ · mol^{-1})	$\Delta_f G_m^\ominus$ / (kJ · mol^{-1})	$S_m^\ominus$ / (J · mol^{-1} · K^{-1})	$C_{p,m}$/ (J · mol^{-1} · K^{-1})
$C_2H_5Cl(g)$	−112.17	−60.39	276.00	62.8
$C_2H_5Br(l)$	−92.01	−27.70	198.7	100.8
$C_2H_5Br(g)$	−64.52	−26.48	286.71	64.52
$CH_2CHCl(l)$	35.6	51.9	263.99	53.72
$CH_3COCl(l)$	−273.80	−207.99	200.8	117
$CH_3COCl(g)$	−243.51	−205.80	295.1	67.8
$CH_3NH_2(g)$	−22.97	32.16	243.41	53.1
$CO(NH_2)_2(s)$	−333.51	−197.33	104.60	93.14

附录 6　一些有机化合物的标准摩尔燃烧焓

分子式	物质	$-\Delta_c H_m^\ominus$ / (kJ · mol^{-1})	分子式	物质	$-\Delta_c H_m^\ominus$ / (kJ · mol^{-1})
$CH_4(g)$	甲烷	890.31	$C_2H_5CHO(l)$	丙醛	1816.3
$C_2H_6(g)$	乙烷	1559.8	$(CH_3)_2CO(l)$	丙酮	1790.4
$C_3H_8(g)$	丙烷	2219.9	$CH_3COC_2H_5(l)$	甲乙酮	2444.2
$C_5H_{12}(l)$	正戊烷	3509.5	$HCOOH(l)$	甲酸	254.6
$C_5H_{12}(g)$	正戊烷	3536.1	$CH_3COOH(l)$	乙酸	874.54
$C_6H_{14}(l)$	正己烷	4163.1	$C_2H_5COOH(l)$	丙酸	1527.3
$C_2H_4(g)$	乙烯	1411.0	$C_3H_7COOH(l)$	正丁酸	2183.5
$C_2H_2(g)$	乙炔	1299.6	$CH_2(COOH)_2(s)$	丙二酸	861.15
$C_3H_6(g)$	环丙烷	2091.5	$(CH_2COOH)_2(s)$	丁二酸	1491.0
$C_4H_8(l)$	环丁烷	2720.5	$(CH_3CO)_2O(l)$	乙酸酐	1806.2
$C_5H_{10}(l)$	环戊烷	3290.9	$HCOOCH_3(l)$	甲酸甲酯	979.5
$C_6H_{12}(l)$	环己烷	3919.9	$C_6H_5OH(s)$	苯酚	3053.5
$C_6H_6(l)$	苯	3267.5	$C_6H_5CHO(l)$	苯甲醛	3527.9
$C_{10}H_8(s)$	萘	5153.9	$C_6H_5COCH_3(l)$	苯乙酮	4148.9
$CH_3OH(l)$	甲醇	726.51	$C_6H_5COOH(s)$	苯甲酸	3226.9
$C_2H_5OH(l)$	乙醇	1366.8	$C_6H_4(COOH)_2(s)$	邻苯二甲酸	3223.5
$C_3H_7OH(l)$	正丙醇	2019.8	$C_6H_5COOCH_3(l)$	苯甲酸甲酯	3957.6
$C_4H_9OH(l)$	正丁醇	2675.8	$C_{12}H_{22}O_{11}(s)$	蔗糖	5640.9
$CH_3OC_2H_5(g)$	甲乙醚	2107.4	$CH_3NH_2(l)$	甲胺	1060.6
$(C_2H_5)_2O(l)$	二乙醚	2751.1	$C_2H_5NH_2(l)$	乙胺	1713.3
$HCHO(g)$	甲醛	570.78	$(NH_3)_2CO(s)$	尿素	631.66
$CH_3CHO(l)$	乙醛	1166.4	$C_5H_5N(l)$	吡啶	2782.4

参 考 文 献

[1] 胡英. 物理化学. 3 版. 北京：高等教育出版社，2007.

[2] 傅献彩，沈文霞，姚天扬，等. 物理化学. 5 版. 北京：高等教育出版社，2005.

[3] Atkins P W，Paula J de. Physical chemistry.8th ed. Oxford：Oxford University Press，2006.

[4] Levine lra N. Physical chemistry.5th ed. New York：McGraw-Hill，2001.

[5] 傅鹰. 化学热力学导论. 北京：科学出版社，1963.

[6] 韩德刚，高执棣. 化学热力学. 北京：高等教育出版社，1997.

[7] 范康年. 物理化学. 2 版. 北京：高等教育出版社，2005.

[8] Poling B E，Prausnitz M，Connell J P. The properties of gases and liquids. New York：McGraw-Hill，2004.

[9] 周公度，段连运. 结构化学基础. 4 版. 北京：北京大学出版社，2008.

[10] Levine lra N. Quantum chemistry. 5th ed. New Jersey：Prentice-Hall lnc.，2000.

[11] 唐有棋. 统计热力学及其在物理化学中的应用. 北京：科学出版社，1964.

[12] Casser R P H，Richards W G. An introduction to statistieal thermodynamies. New Jersey：World Scientific Publishing Co. Pte. Ltd.，1995.

[13] Wright M R. An introduction to chemical kinetics. West Sussex：John Wiley& Sons Ltd.，2004.

[14] Chorkendorff I，Niemantsverdriet J W. Concepts of modern catalysis and kinetics. Weinheim：Wiley-VCH Verlag GmbH & Co.，2003.

[15] Eyring H，Lin S H，Lin S M. 基础化学动力学. 王作新，潘强余，译. 北京：科学出版社，1984.

[16] Bard A J，Faulkner L R. 电化学方法原理和应用. 邵元华，朱果逸，董献堆，等译. 2 版. 北京：化学工业出版社，2005.

[17] 朱步瑶，赵振国. 界面化学基础. 北京：化学工业出版社，1996.

[18] Adamson A W，Gast A P. Physical chemistry surfaces. 6th ed. New York：John Wiley & Sons，1990.

[19] Shaw D J. Introduction to colloid & surface chemistry. 4th ed. London：Butterworth-Heinemann，1999.

[20] 梁文平，杨俊林，陈拥军，等. 新世纪的物理化学. 北京：科学出版社，2004.

[21] 张礼和. 化学学科进展. 北京：化学工业出版社，2005.